Lexikon der Heraldik

Gert Oswald

# LEXIKON DER HERALDIK

Bibliografische Information Der Deutschen Bibliothek

Die deutsche Bibiliothek verzeichnet diese Publikation in der Deutschen Nationalbibliografie; detaillierte bibliografische Daten sind im Internet über http://dnb.ddb.de abrufbar.

ISBN-13: 978-3-86646-077-5

3. unveränderte Auflage 2011

ISBN-13: 978-3-86646-077-5

# Vorwort

Wenn sich ein Buch über 20 Jahre konkurrenzlos am Markt behauptet hat, sagt das viel über die Qualität dieses Buches. Zu dieser Art Bücher gehört das von dem leider viel zu früh verstorbenen Gert Oswald verfaßte „Lexikon der Heraldik", das in erster Auflage 1984 in Leipzig erschienen war. Das Werk ist seit vielen Jahren vergriffen und für Interessenten nur in öffentlichen Bibliotheken zugänglich oder mühsam über Antiquariate beschaffbar. Da aber das Interesse an der Heraldik, der Lehre von den Wappen, nach wie vor ungebrochen ist, legt der Battenberg Verlag hier eine unveränderte zweite Auflage vor.

Die Bedeutung der Heraldik als historische Hilfswissenschaft beruht nicht zuletzt auch auf ihren Beziehungen zu anderen Gebieten, wie Numismatik (Münzkunde), Sphragistik (Siegelkunde), Genealogie (Familienforschung, Geschlechterkunde), Vexillogie (Flaggenkunde), Territorial-, Kunst- und Kirchengeschichte sowie der Geschichte überhaupt. Der hohe Stellenwert der Heraldik als historisches Zeugnis wird in der Zukunft wahrscheinlich noch wachsen, wenn im Zuge der Sparpolitik an den Universitäten gerade bei den historischen Hilfswissenschaften der Rotstift angesetzt wird.

Die Heraldik bedient sich einer speziellen Fachsprache zur Beschreibung (Blasonierung) von Wappen. Diese Fachsprache wird in dem Lexikon, das etwa 4000 Stichwörter umfaßt, verständlich und durch die hohe Zahl von Abbildungen auch sehr anschaulich erläutert. Durch die zusätzliche Aufnahme von Begriffen aus dem historischen, kunstgeschichtlichen, politischen und gesellschaftlichen Umfeld der Heraldik soll dem Benutzer die Möglichkeit gegeben werden, das Wappenwesen aus der jeweiligen gesellschaftlichen Situation richtig beurteilen zu können.

Die Wappen überdauerten das Mittelalter sowie den Wandel der Zeiten und Stilauffassungen. Auch die Französische Revolution und das Ende des Heiligen Römischen Reichs Deutscher Nation vor 200 Jahren bedeuteten nicht das Ende der Heraldik. Natürlich liegt in der Gegenwart deren Schwerpunkt nicht mehr bei den Adelswappen, sondern bei der staatlichen und kommunalen Heraldik aber auch verstärkt bei der bürgerlichen Heraldik. Auch heute noch kann sich doch jeder unter Beachtung bestimmter Kriterien ein persönliches oder ein Familienwappen zulegen.

Gerade für Numismatiker und Münzsammler sind Kenntnisse über die Wappenkunde von erheblicher Bedeutung, sind doch zahlreiche Prägungen nur über die auf ihnen dargestellten Wappenabbildungen überhaupt exakt bestimmbar. Doch man muß nicht unbedingt Numismatiker sein, um von einem vielfeldrigen Wappenschild fasziniert zu sein. Die prächtigen, seit Jahren häufig wieder in Farbe restaurierten Wappenschilde an alten Burgen und Schlössern regen auch manchen Touristen zu Deutungen an. Das „Lexikon der Heraldik" ermöglicht es dem Fachmann aber auch dem Nichtheraldiker, sich über die Begriffe und die Bildsprache des Wappenwesens rasch zu informieren. In diesem Sinne ist das vorliegende Lexikon eine weitgehende Kompilation der Termini dieser historischen Hilfswissenschaft.

Regenstauf,
im Sommer 2006 — Helmut Kahnt

*Grafiker:*
Harald Stier, Leipzig, Klaus Thieme, Leipzig.

*Fotografien:*
Günter Büttner, Karl-Marx-Stadt, Deutsche Fotothek Dresden,
Helmut Kahnt, Leipzig, Rosemarie Kunze, Großpösna,
Gert Oswald, Dresden, Roger Rössing, Leipzig,
Fred Schindler, Leipzig

*Quellen:*
Heraldisches ABC-Buch, München 1857 · Heraldischer Atlas,
Stuttgart 1900 · Deutsche Wappenrolle, Stuttgart 1897 ·
Wappenbuch der Stadt Schaffhausen, Schaffhausen 1844 ·
Das sächsische Stammbuch. Eine Sammlung sächsischer
Fürstenbildnisse (etwa 1500–1548) · Große Heidelberger
Liederhandschrift · Württembergisches Wappenbuch, Halle 1846 ·
Conrad Grünenbergs Wappenbuch 1483, Neuausgabe von 1840 ·
Der Wappensammler, Kahla 1901 ·
Wappenkalender auf das Jahr 1738, Nürnberg 1738 ·
Archiv des Verfassers

# Einleitung

Über Wappen sind in den vergangenen Jahrhunderten die unterschiedlichsten Ansichten und Theorien verbreitet worden, die sich zum Teil bis in die heutige Zeit erhalten haben. Man erkannte nicht, daß das Wappenwesen ein selbständiges Produkt der westeuropäischen Kultur des hohen Mittelalters ist, sich aus der Notwendigkeit der Unterscheidung der bis zur Unkenntlichkeit gepanzerten Ritter entwickelte und keine direkten Vorbilder in der Geschichte hatte. So können weder die auf den Münzen einiger griechischer Städte des Altertums befindlichen wappenartigen Symbole noch die antiken Feldzeichen mit dem europäischen Wappenwesen in Verbindung gebracht werden. Ebenso verhält es sich in bezug auf das bereits im Altertum in Japan entstandene hochentwickelte Wappenwesen. Ein weiterer Umstand erschwerte das Verständnis und die richtige Anwendung des Begriffes «Wappen». Der Heraldiker *Philippi* prägte deshalb den Satz: «Das Wappenwesen ist eine Erscheinung der Kultur-, nicht aber der Rechtsgeschichte.» Jahrhundertelang war nämlich die irrige Ansicht verbreitet, das Wappenwesen sei ein Gegenstand des Rechtes und schon bei seiner Entstehung juristisch geregelt gewesen. Diese Meinung führte zu vielen Fehleinschätzungen und verbaute die Sicht dafür, daß das Wappenwesen als Erscheinung der Mode und mittelalterlichen Sitte entstand und sich entwickelte. Natürlich bildeten sich im Laufe der Zeit auch hier «Gesetze» heraus, jedoch nicht im Rechtssinne, denn ihre Einhaltung konnte nicht gerichtlich erzwungen werden, sondern Gesetze im übertragenen, im modischen Sinne. Ihre Befolgung wurde weder von einer staatlichen Macht überwacht, noch durch Strafen durchgesetzt. Es gibt wohl kaum andere Gesetze, die im Laufe der Jahrhunderte immer wieder straffrei übertreten wurden, wie die des Wappenwesens. Die Erforschung des Weges der Heraldik von ihrer Entstehung bis zur Erstarrung in der Zeit, als die Wappen nicht mehr wirklich an den getragenen Waffen angebracht waren, gibt allein Aufschluß über das Wesen dieser eigentümlichen Kulturerscheinung. Ausgangspunkt soll die klare und spezifische Begriffsbestimmung nach *Philippi* sein: «Unter Wappen verstehe ich ... die in die Form der mittelalterlichen Schutzwaffen (Helm und Schild) gekleideten farbigen Zeichen, welche dazu dienen, die Beziehungen zwischen ihrem Eigentümer und den Gegenständen, auf welchen sie angebracht sind, zum Ausdruck zu bringen. Ursprünglich eigneten diese Zeichen nur den Einzelpersonen, auf deren Waffen sie angebracht waren, wurden dann aber mit den Rüstungen erblich und schließlich von wirklichen Personen auch auf juristische übertragen.»

Der Begriff Wappen ist offensichtlich von dem Wort Waffen abgeleitet. Da die Wappensymbole zuerst als Zierde und Erkennungszeichen des mittelalterlichen Ritters an dessen Schutzwaffe, dem Schild, angebracht waren, ist in vielen europäischen Sprachen eine Verwandtschaft des Wortes feststellbar, z. B. französisch armoires – armes, italienisch arma, englisch arms, schwedisch Vapen, lateinisch arma – armorum insignia, was alles soviel wie Waffen und im übertragenen Sinne Wappen bedeutet.

Im ausgehenden Mittelalter hatte man für den wappenähnlichen Schmuck, der sich in der Literatur bis in die Mitte des 12. Jahrhunderts zurückverfolgen läßt, noch keine besondere Bezeichnungen. Diese Bilder waren namenlos, d. h. sie hatten keinen Gattungsnamen, und die verschiedenen Begriffe dafür waren noch nicht an einen bestimmten Träger gebunden. Das ist wahrscheinlich darauf zurückzuführen, daß diese gerade erst in Mode gekommenen Zeichen noch überall dort angebracht waren, wo sich ein Raum dafür anbot, z. B. auf dem Waffenrock, dem Schild, der Fahne oder dem Banner. Die Fahne bzw. das Banner nahm übrigens im 12. Jahrhundert eine besondere Stellung ein, wofür auch die Tatsache spricht, daß die Begriffe Fahne, Banner und Zeichen gleiche Bedeutung hatten.

Ab etwa 1180 trat der Schild als Wappenträger in den Vordergrund, während die Fahne bzw. das Banner nicht mehr als Zeichen, sondern allgemein nur noch als Fahne bezeichnet wurden. Jedoch noch *Herbord von Fritzlar* (1210) und der Minnesänger *Wolfram von Eschenbach* (um 1170/nach 1220) verstanden z. B. unter Zeichen einen bestimmten Schlachtruf und weniger die Wappenbilder. *Walther von der Vogelweide* (um 1170/um 1230) nannte das Wappen bereits «herezeichen an dem schilte». Von der Mitte des 13. Jahrhunderts an ist dann der Begriff «Zeichen» immer ein Synonym für Wappen. Allerdings fehlte am Anfang des eigentlichen Wappenwesens noch die sich erst später entwickelnde heraldische Kunstsprache, so daß noch kein spezieller Begriff für das den Schild kennzeichnende Bild bekannt war. In den frühesten Erwähnungen der Wappen wurden deshalb nur einfache Umschreibungen, wie «er führt einen Löwen an seinem Schilde» vorgenommen. Das altdeutsche Wort «wapen» oder «wafen» hatte anfangs die Bedeutung von Schwert, es konnte aber auch den Notschrei «wafen!», d. h. «Zu den Waffen!» ausdrücken. Für den Schild jedoch wurde es selten verwendet. Erst am Ende des 12. Jahrhunderts wurde das Wort auch als Bezeichnung für «Schild» und «Schildzeichen» benutzt. Mit diesem Begriff konnte sowohl der Wappenschild als auch der Wappenhelm bezeichnet werden. Das Wappen war also noch nicht ein allein dem Schild zugeordnetes Zeichen. Gegen Ende des 14. Jahrhunderts dann wurden diese Bestandteile als ein einheitliches Ganzes verstanden, und die nun störende Pluralform begann um 1430 dem Singular zu weichen. Das Wort «wapen» bezeichnete nicht mehr den Schild mit dem Bild, sondern das Bild auf dem Schild. Es gibt jedoch noch aus dieser Zeit literarische Quellen, in denen die Pluralform des Begriffes verwendet wurde, allerdings handelt es sich dabei um Ausnahmen. Die Tatsache, daß mit dem Ausdruck «wapen» das Bild auf dem Schild und nicht die Kombination von Bild und Schild gemeint war, zeigt, daß in der heraldischen Frühzeit der Schild noch nicht der alleinige Wappenträger war. Auch die Siegel der zweiten Hälfte des 12. Jahrhunderts stützen diese Theorie. Diese Siegel zeigen oft die wappenmäßigen Bilder noch nicht in einen Schild gesetzt. Erst im 13. Jahrhundert werden die Wappen auf dem Schilde häufiger, so daß dieser nunmehr der Hauptträger der Wappenbilder wurde. Die Folge war, daß nun eine ganze Reihe neuer Formen in das Wappenwesen aufgenommen werden konnte. Der ursprüngliche Schildschmuck aus vorheraldischer Zeit, der zumeist neben der dekorativen Wirkung auch praktischen Sinn hatte, wurde nun zu Wappenbildern umgestaltet.

Im Laufe der Zeit entwickelten die Herolde ein gewisses System, nach dem die Wappen eingeteilt bzw. bezeichnet wurden. Die erste Gruppe bildeten die *Familien-* oder *Geschlechterwappen.* Weiterhin unterschied man *Gemeinschafts-* und *Amtswappen.* Erstere wurden von Ländern, Städten, Gemeinden, Bistümern, Abteien, Zünften und Gesellschaften geführt, letztere dokumentierten eine gewisse Würde, die in der Regel vom Kaiser an bestimmte Geschlechter verliehen und dann als besondere Bereicherung im Familienwappen dieser Geschlechter geführt wurde. So zeigten z. B. die Inhaber von Erzämtern des Römisch-Deutschen Reiches die entsprechenden Symbole in ihren Wappen: die *Pfalzgrafen bei Rhein* den Reichsapfel wegen des Erztruchsessenamtes, die *Herzöge von Württemberg* die Reichssturmfahne wegen des Erbbannerherrenamtes, die *Kurfürsten von Sachsen* die gekreuzten Schwerter wegen des Erzmarschallamtes,

die *Markgrafen von Brandenburg* das Zepter des Erzkämmereramtes, die *Kurfürsten von Hannover* die sogenannte Krone Karls des Großen wegen des Erzschatzmeisteramtes.
Man kann die Wappen jedoch noch weiter unterscheiden, so z. B. in *Heiratswappen*, die durch das Zusammensetzen der Wappenschilde beider Eheleute entstanden, in *Gedächtniswappen*, die von einer Familie oder Gemeinde zum Andenken an ihren Ursprung o. a. bedeutende Ereignisse geführt wurden. *Anspruchswappen* sollten die Rechte auf einen noch streitigen oder verlorengegangenen Besitz bezeugen, z. B. im sächsischen Wappen die Schilde von Jülich, Cleve und Berg. Eine weitere Kategorie sind die *Schutz-* oder *Gnadenwappen*. Sie wurden von einem Herren (nicht in jedem Falle vom Landesherren) als Zeichen seines Schutzes über eine Familie oder Stadt oder auch als besondere Auszeichnung verliehen. Meist bestand diese Auszeichnung in der Bewilligung der Aufnahme des Herrenwappens in das der ausgezeichneten Familie oder Stadt.
Grundsätzlich teilt die heraldische Wissenschaft die Wappen in Urwappen und Briefwappen ein. Zu den *Urwappen* zählen alle jene, die mit dem Brauch, Wappen zu führen, entstanden sind und seit dieser Zeit «ihre Gültigkeit stillschweigender Anerkennung verdanken» (*v. Sacken*). Die *Briefwappen*, etwa seit dem 14. Jahrhundert üblich, wurden vom Staatsoberhaupt oder einem von ihm Bevollmächtigten durch ein Dokument, den Wappenbrief, verliehen. Diese Bevollmächtigten waren die Hofpfalzgrafen (comes palatinus). Sie gehörten dem höheren Adel an oder waren ursprünglich Rechtsgelehrte. Es existierte ein großes und ein kleines Komitiv. Ersteres hatte die Befugnis, jährlich einige Personen erblich zu adeln und ihnen Wappen zu erteilen, letzteres durfte zwar Wappen erteilen, jedoch nicht adeln.
Weit schwieriger als die eindeutige Definition der Wappen ist die Frage zu beantworten, wann und warum sie überhaupt entstanden. Der Zeitpunkt ihrer Entstehung ist nicht exakt festlegbar. Ebenso verhält es sich mit der Frage, wie sie entstanden, welche genauen Umstände dazu führten. Die Erkenntnisse der heutigen Forschung lassen es jedoch zu, einige falsche Auffassungen der Vergangenheit auszuschließen. Die Wappen entwickelten sich z. B. nicht aus den Familien- oder Städteabzeichen des klassischen Altertumes, was die Heraldiker der akademischen Richtung im 18. Jahrhundert noch annahmen. Auch ist die Ansicht nicht haltbar, daß das Wappenwesen durch die Kreuzritter von den Orientalen übernommen worden sei. Allerdings ist es sehr wahrscheinlich, daß durch die Kreuzzüge das in Europa bereits in seinen Anfängen bestehende Wappenwesen beeinflußt wurde. Dieser Begegnung mit dem Orient verdankt die Heraldik u. a. die Aufnahme von Fabelwesen in die Wappenbilder.
Von besonderer Bedeutung für die Herausbildung des Wappenwesens war die Einführung der geschlossenen Helme. Solange der Helm noch offen getragen wurde, bedurfte es eines äußeren Erkennungszeichens, das die Wappen anfangs darstellten, noch nicht. So lassen sich erst im letzten Viertel des 12. Jahrhunderts, als die Helmvisiere die Gesichter der Ritter verdeckten, diese Unterscheidungsmerkmale sachlich begründen. In diese Zeit also ist der Ausgangspunkt der Wappenentstehung zu legen. Genauere Kenntnisse über die Entstehungszeit liefern Untersuchungen der bildlichen Darstellungen des hohen Mittelalters sowie die Erforschung der Siegel dieser Zeit.
Der französische Siegelforscher *G. Demay* wertete eine Reihe Reitersiegel aus der zweiten Hälfte des 12. Jahrhunderts aus, die von ein und derselben Person nacheinander verwendet wurden und sich nur dadurch unterschieden, daß die älteren Stücke auf den Schilden nur einen Beschlag oder eine einfache Verzierung aufwiesen, während die jüngeren schon deutliche Wappenbilder zeigten. Aus dieser Tatsache schloß er, daß in Frankreich die Wappen in der Zeit zwischen 1150 und 1190 in Mode gekommen sein müssen. Auch in der französischen Literatur dieser Epoche werden schon Wap-

pen erwähnt. Der Chronist *Jean Rapilcault* (etwa 1140/1210) berichtete in seiner Schilderung der Hochzeit *Gottfrieds von Anjou* mit *Mathilde von England* im Jahre 1127, daß König *Heinrich I.* (1100–1135) seinem Schwiegersohn einen Schild mit einem goldenen Löwen darauf um den Hals gehängt habe. Dargestellt ist diese Szene auf einem um 1151 in Le Mans gefertigten Emaillebild. Es ist wohl kaum wahrscheinlich, daß eine derartige Mode in den verschiedenen Gegenden gleichzeitig entstanden ist. Vielmehr ist anzunehmen, daß sie sich über Nordfrankreich und Flandern, einem damals bedeutenden Kulturzentrum, über die Nachbarländer ausgebreitet hat.

Neben ihrer Eigenschaft als Erkennungszeichen begannen die Wappen mehr und mehr das Symbol einer Person zu werden, denn sie erschienen im 12. Jahrhundert als rein persönliche Zeichen. Eine Erblichkeit ist noch nicht feststellbar; daher benutzten Mitglieder einer Familie auch unterschiedliche Wappen. Erst ab etwa 1200 begannen die Wappen erblich zu werden. Auch in der Zeit nach 1200 konnten für mehrere Familien des hohen deutschen Adels noch zwei oder mehr gleichzeitig geführte Wappen nachgewiesen werden. Erst mit der Erblichkeit der Fahnenlehen, die sich im 14. Jahrhundert durchsetzte, wurden die Heerzeichen und somit die Wappen der Fürsten und reichsunmittelbaren Grafen eindeutig erblich. Das Wappenwesen wurde also nicht durch einen gesetzgeberischen Vorgang begründet, sondern entwickelte sich als Zeiterscheinung, für die sich allmählich feste Gepflogenheiten herausbildeten. Das verlief so lange folgerichtig und frei von Auswüchsen, solange die Waffen, auf denen die Wappen angebracht waren, noch wirklich getragen bzw. im Kampf verwendet wurden.

Zusammenfassend ist also festzustellen, daß die ersten Wappen auf die die einzelnen Ritter kennzeichnenden Unterscheidungsmerkmale in Form von verschiedener Bemalung oder Gestaltung ihrer Waffen, besonders der Schilde, zurückzuführen sind. Auch die Feldzeichen der durch die Zersplitterung der kaiserlichen Zentralmacht entstandenen zahlreichen Einzelherrschaften trugen zur Entwicklung des Wappenwesens entscheidend bei. Vorbilder für den Wappengebrauch waren auch die weit älteren und bereits früher erblichen Siegel.

Nach den Auffassungen des 12. und 13. Jahrhunderts waren die Wappen nicht nur mit der sie führenden Person, sondern auch mit deren Grundbesitz verbunden. So sind also die zahlreichen Fälle, wo nahe Verwandte völlig verschiedene Wappen führten, aus ihrem Grundbesitz zu erklären. Nicht immer sind jedoch die ältesten Wappen eines Geschlechtes gleichzeitig auch Herrschafts- oder Länderwappen, sondern vielfach waren sie ausgesprochene Familienabzeichen.

Ein genau umrissenes Wappenrecht hat es niemals gegeben. In den vergangenen Jahrhunderten fehlte es aber nicht an Versuchen, ein solches zu schaffen. Zu Beginn des 20. Jahrhunderts schrieb der Jurist *Felix Hauptmann* ein umfangreiches Buch über dieses Gebiet. Obwohl er versuchte, ein Wappenrecht historisch nachzuweisen, mußte er eingestehen, daß es dieses im Sinne gesetzlicher Verfügungen seitens der Obrigkeit weder im Heiligen Römischen Reich Deutscher Nation noch anderswo gegeben hat, sondern daß man unter Wappenrecht stets ein gewisses Gewohnheitsrecht zu verstehen habe. Da jedoch Mode und Gewohnheit in ihren Erscheinungsformen nahe beieinanderliegen, so sind sie stetigen, den Anschauungen der jeweiligen Zeit entsprechenden Veränderungen unterworfen, haben also keine bindende Kraft. So tauchte immer wieder die Frage auf, wer denn eigentlich berechtigt war, ein Wappen zu führen. Diese Problematik wurde und wird vielfach mit dem Begriff «Wappenfähigkeit» in Zusammenhang gebracht. In der Zeit, als die Wappen noch auf den wirklich geführten Waffen angebracht waren, wurden sie ausschließlich auch von Waffenträgern, also den Rittern, benötigt. Es war dies jedoch keine Frage eines besonderen Rechtes, sondern die Notwendigkeit, Freund und Feind im Kampf auseinanderhalten zu können.

Stadtbürger und Bauern hatten also überhaupt kein Interesse, diese damals noch ausschließlich mit den Waffen zusammenhängenden Zeichen ebenfalls zu führen. Die Behauptung, eine Wappenfähigkeit hätte in dieser Zeit nur dem Adel zugestanden, berücksichtigt also nicht den konkreten historischen Sachverhalt. Als sich die Wappen dann am Ende des 13. Jahrhunderts von den Waffen lösten, ihre Erkennungsfunktion im Kampf also nicht mehr so ausgeprägt bestand, erhielten diese Zeichen den Charakter von reinen Symbolen. Dadurch wurde der Weg frei, daß auch andere Kreise ein Wappen übernehmen konnten. Wesentlich war dafür der Umstand, daß die Wappen schon sehr früh in die Siegel aufgenommen wurden. Zu einem nicht unwesentlichen Teil kamen die Wappen über das Siegelwesen zum Bürgertum. Von der Geistlichkeit abgesehen, waren es zuerst die Ratsgeschlechter und angesehenen Bürger der Städte, die sich ein Wappensiegel zulegten, da sie für ihre Rechts- und Handelsgeschäfte Siegel benötigten. So führten in der Grafschaft Artois zwischen 1285 und 1401 bereits 75 von 136 Bürgern ein Wappensiegel. Wappen von Städten, Bistümern, Abteien, Bürgern und Handwerkern sind schon aus dem ausgehenden 13. Jahrhundert bekannt. Ein Jahrhundert später wurden Wappen dann auch bei den Bauern und den Juden verwendet. Daß es schon im 13. und 14. Jahrhundert kein Vorrecht des Adels war, sich der Wappen zu bedienen, beweisen auch bürgerliche Wappen auf Grabplatten in Kirchen von Frankfurt am Main, Erfurt, Augsburg u. a. Städten. Erhaltene Urkunden zeigen neben den Siegeln des Adels und der Geistlichkeit auch solche von Bürgern. Es ist kein Fall bekannt, daß der damalige Adel irgendwelche Einsprüche gegen die bürgerlichen Wappen erhoben hätte. Auch der Rechtsgelehrte und Rat *Kaiser Karls IV.* (1347–1378), *Bartolus de Saxoferrato* (1314/1357), schrieb, daß es in der Mitte des 14. Jahrhunderts nicht nur den Adligen, sondern auch den Bürgern gestattet war, ein Wappen anzunehmen und unbeanstandet zu führen. Das gewählte Wappen durfte nur nicht das einer anderen Familie sein. Bereits hieraus geht hervor, daß ein Wappen nicht vom Landesherren verliehen worden sein mußte. Allerdings sind Wappenverleihungen durch die Landesherren schon aus dem 13. Jahrhundert bekannt. Die verschiedenen Dynasten konnten ihre Wappen ganz oder auch nur teilweise verschenken, verkaufen oder als Lehen vergeben. Der *Pfalzgraf Rudolph I.* (1294–1317, gest. 1319) verkaufte seinen goldenen Löwen im schwarzen Schild den Vögten von Plauen, Gera und Weida (spätere *Fürsten Reuß*). Von *König Johann von Böhmen* (1310–1346) ist bekannt, daß er 1339 das alte Wappen des Königreiches Böhmen dem Bistum Trient verlieh. Den französischen Lilienschild erhielten die *Herren d'Albret* von *König Karl V.* (1364–1380). Auch der deutsche König verlieh seit der Mitte des 14. Jahrhunderts Wappen. Aufschlußreich ist die Schilderung des *Bartolus de Saxoferrato*: «Es gibt Zeichen oder Wappen von Privatleuten, seien sie nun von Adel oder aus dem Volke. Unter ihnen findet man einige, welche ihre Wappen und Zeichen tragen auf Grund einer Bewilligung des Kaisers oder eines anderen Herren, wie ich denn gesehen habe, daß von dem durchlauchtigsten Fürsten Karl IV., dem römischen Kaiser und König von Böhmen, vielen solche Abzeichen verliehen wurden, und zwar verliehen unter anderen auch mir, der ich damals sein Rat war, daß ich und die übrigen meiner Verwandtschaft einen roten doppeltgeschwänzten Löwen im goldenen Schilde führen sollten; und es ist unbezweifelbar, daß es ihnen erlaubt ist, solche Zeichen zu führen. Aber einige nehmen sich Wappen und Zeichen aus eigener Machtvollkommenheit an, und es ist nachzuprüfen, ob auch ihnen zusteht, diese zu führen, und ich glaube, daß es ihnen zusteht.» Es gab also schon im 14. Jahrhundert nicht nur verliehene Wappen, sondern die Mehrzahl der Wappen war zu jener Zeit wahrscheinlich willkürlich angenommen, nicht nur vom Adel, sondern auch von Stadtbürgern. Abschließend noch ein Beispiel aus dem «Buch Weinsberg» von 1541: «Min gutter

Gesel Ihan van Dutz wart auch zum Scheffen erwelt. Dieweil auch jeder Scheffen ein zirlich Wapen und Siegel moist haben und Johan van Dutz nit den ein sclecht Mirk hatte, habe ich ihm ein hubsch Wapen geben: stande Balken, sint oben bla, unden weis, etliche unden bla, oben weis, wie er das noch heutichen tags mit seinem Helmzeichen furt; und stunde wol, wart van menichlich gelobt, und ich war heirin sin Keiser, dan das Gelt sparte er in diessem Fall, das er kein Schilt am Keiser dorft erwerben.» Aus dem Zitat wird deutlich, warum der Kaiser und die Landesfürsten so großen Wert darauf legten, Wappen zu verleihen. Nach den Anschauungen des ausgehenden 14. Jahrhunderts jedoch konnten nur Wappen verschenkt, verkauft oder verliehen werden, die man selbst besaß. Sehr bald erkannten die Fürsten in den Wappenverleihungen eine willkommene Geldquelle, versuchten sich des Wappenwesens zu bemächtigen und durch gesetzliche Regelungen das alleinige Recht für Verleihungen zu sichern. Wie erfolglos der Versuch zur Einführung eines solchen «Wappenrechts» war, über das nur der Landesherr verfügen konnte, zeigten die ständigen Wiederholungen der Ge- und Verbote. Um immer größere Geldquellen zu erschließen, verlieh nun der Kaiser völlig neu erfundene Wappen oder bestätigte gegen Zahlung hoher Geldbeträge die von den einzelnen Personen sich schon vorher selbst zugelegten. Viele Wappeninhaber holten diese Bestätigungen ein. Das ist vor allem auf die damalige Auffassung zurückzuführen, ein vom Kaiser bestätigtes Wappen erhalte dadurch erst die richtige offizielle «Weihe». So brachte dann besonders das 15. Jahrhundert eine wahre Flut von Wappenbriefen. Es wurden von anderen bereits geführte sowie auch viele neue Wappen, je nach dem Bedürfnis der zu beleihenden, durch den Wappenbrief bekräftigt. Das allgemein geübte Recht, sich aus eigener Machtvollkommenheit ein Wappen zuzulegen, wurde jedoch durch die zunehmende Zahl der landesherrlichen Wappenbriefe nicht ernsthaft beeinträchtigt, trotz der Versuche der Landesherren, diese «Eigenmächtigkeiten» zu unterbinden. In der Wahlkapitulation *Kaiser Leopolds I.* (1658–1705) ist ein Passus enthalten, der die eigenmächtige Annahme von Geschlechterwappen bei Strafe verbot. Unter *Joseph I.* (1705–1711) und *Karl VI.* (1711–1740) fehlen diese Strafandrohungen, die jedoch von *Joseph II.* (1765–1790) und *Franz II.* (1792–1806/1835) abermals wiederholt wurden. Im 18. Jahrhundert verbreitete sich dann die Meinung, daß es nicht schicklich oder erlaubt sei, ohne «höhere» Erlaubnis ein Familienwappen anzunehmen. Auch kritisierten die Heraldiker die den Adelswappen immer ähnlicher werdenden bürgerlichen Wappen. Das betraf die besonders in den Niederlanden aufgekommene Sitte, über die bürgerlichen Wappen Kronen zu setzen, die den Rangkronen des Adels stark ähnelten.

Die Auswirkungen der Französischen Revolution von 1789 ließen das Interesse an den Wappen schwinden. Das wirkte sich vor allem auf das bürgerliche Wappenwesen aus. Erst das 19. Jahrhundert brachte dann einen großen Zuwachs vor allem an bürgerlichen Wappen, die sich zum größeren Teil die Familien selbst zulegten. Die im 19. Jahrhundert gegründeten landesherrlichen Heroldsämter beschränkten ihre Tätigkeit im wesentlichen auf die Verleihung adliger Wappen. Landesherrliche Verleihungen von Wappen an Bürgerliche sind nur in wenigen Fällen überliefert, um so ungewöhnlicher war es, daß der *König Friedrich August III. von Sachsen* (1904–1918) zwischen 1912 und 1918 wieder bürgerliche Wappenbriefe ausstellen ließ.

Heraldiker aller Epochen setzten sich mit der Frage auseinander, ob den Wappendarstellungen bereits bei ihrer Entstehung ein symbolhafter Sinn innewohnte. Die Entwicklung des Wappenwesens beweist, daß diese mittelalterliche Kulturerscheinung aus rein praktischen Erwägungen sowie zum größten Teil aus willkürlich und spontan gewählten Unterscheidungsmerkmalen entstand. Eine ausschließlich dem Wappenwesen eigene Symbolik konnte es also ursprünglich nicht geben. Erst in der Zeit, als sich die Wappen von ihrer ursprünglichen Bestimmung lösten und sich allmählich die an der Antike orientierte humanistische Bildung Geltung verschaffte, wurde das anders. Die bereits bestehenden Wappen mit ihren mannigfaltigen Bildern und geometrischen Figuren boten sich geradezu an, daß man in sie nachträglich eine gewisse Symbolik hineinlas. Nach und nach entstanden dann Deutungen sagenhaften Charakters, die meist den Zweck verfolgten, den Wappeninhaber bzw. dessen Geschlecht zu verherrlichen. Bei den dann seit etwa dem 14. Jahrhundert entstandenen Wappendarstellungen des Adels, der Bürger sowie auch der Städte kann man jedoch schon erkennen, daß vielfach die allgemeine mittelalterliche Symbolik bewußt angewandt wurde. Wenn damals die Herolde aus persönlichem Interesse dafür sorgten, daß sich über ihre «Kunst» etwas Mystisches und Geheimnisvolles breitete, so dürfte das auch den Gebildeten unter den damaligen Wappeninhabern nur recht gewesen sein. Der urwüchsigen Fantasie des Volkes entsprangen die meisten der noch in unserer Zeit bekannten Wappensagen. Wenn diese jedoch meist auch keine Aufklärung über die Entstehung dieses oder jenes Wappens geben können, so gewähren sie doch einen Einblick in das Denken des Volkes der damaligen Zeit. Mißverstandene Wappensymbolik sowie kleinliche Deutelei wurden zu den Wegbereitern späterer pseudowissenschaftlicher Theorien. Der für die Entwicklung der Heraldik maßgebende Geistliche *Philipp Jacob Spener* (1635/1705) verbannte gegen Ende des 17. Jahrhunderts viele dieser bis dahin verbreiteten irrigen Ansichten aus der Heraldik, doch ein großer Teil davon konnte sich in das 18. Jahrhundert «retten». So sah beispielsweise der Heraldiker *Johann Ehrenfried Zschackwitz* zu Beginn des 18. Jahrhunderts noch in allen Heroldsbildern ausschließlich Kriegsgerät und symbolisierte Verteidigungs- und Festungsanlagen.

Den «Höhepunkt» gewollter Wappenauslegungen brachte dann jedoch das 20. Jahrhundert mit den Lehren des österreichischen Dichters *Guido von List* (1848/1917) und seines Schülers, des Mitarbeiters am ehemaligen Königlich-Preußischen Heroldsamt, *Bernhard Koerner* (1875/1952). Beide setzten sich über alle mühsam gewonnenen heraldischen Erkenntnisse hinweg und propagierten, daß in allen Wappen «allerhand geheimnisvolle Beziehungen» sowie «ein tieferer, verborgener Sinn» zu suchen sei. Allen Wappen würden die germanischen Runen zugrunde liegen und diese seien in ihnen verborgen. Der namhafte Heraldiker *Otto Hupp* (1859/1949) jedoch widerlegte diese Theorien in seiner Schrift «Wider die Schwarmgeister» bereits 1918.

Ähnlich wie jede andere Zunft, entwickelten auch die Herolde eine eigene Fachsprache für ihre Kunst. Diese Fachsprache diente zwar schon von Anfang an der Beschreibung der Wappen, war aber ursprünglich nichts anderes als die blumenreiche Schilderung der Farben und Symbole. Erst im Laufe der Zeit entwickelte sich hieraus eine Kunstsprache, deren Termini zu einem sehr großen Teil nur noch für die Heraldik verwendet werden konnten und somit außerhalb des Wappenwesens unverständlich erschienen. Das Beschreiben der Wappen wird von den Heraldikern als «blasonieren» [franz. blason, Wappen(schild)] bezeichnet. Im deutschsprachigen Raum kommt dieser Begriff zuerst um 1320 vor. Vorher verwendete man hier für das Beschreiben der Wappen das Wort «pruven», das später auch die Bedeutung von «schmeichlerisch loben» annahm. Der Ausdruck blasonieren kommt in der älteren deutschen Literatur in verschiedenen sprachlichen Varianten vor, z. B. blasunieren, blasnieren, plesenieren. Man versteht heute darunter das Beschreiben der Wappen nach den heraldischen Grundsätzen und Regeln. Eine gute Blasonierung soll möglichst kurz und konkret sein. Die heraldischen Kunstausdrücke ermöglichen eine klare und deutliche Vorstellung des Wappens, so daß z. B. ein Grafiker in die Lage versetzt werden kann, nach einer solchen Beschreibung das Wappen richtig zu zeichnen.

Für die gesamte romanische Welt und England war die französische Kunstsprache grundlegend. Schon im 13. Jahrhundert fest gestaltet, hat sie sich in Frankreich und England bis in die heutige Zeit kaum verändert. Anders dagegen verhielt es sich im deutschsprachigen Raum. Hier war die heraldische Kunstsprache stets das Stiefkind des Wappenwesens und befand sich zeitweilig in einem chaotischen Zustand. Die ersten deutschen Wappenbeschreibungen stammen von den Minnesängern. Sie besangen jedoch noch nicht die Wappen, sondern die Schilde, Helme, Banner usw. Obwohl die Verse in der zeitgenössischen Dichtersprache abgefaßt waren, enthielten sie schon einige französische heraldische Kunstausdrücke. Erst im 14. Jahrhundert beschrieb die deutsche Heroldsdichtung wirkliche Wappen.

Nach dem 15. Jahrhundert ging im damaligen Deutschland die eigentliche Heroldssprache jedoch wieder verloren. Die späteren, von Kanzleibeamten ausgestellten Wappenbriefe lassen eine exakte Blasonierung vermissen. Jeder beschrieb nun die Wappen nach eigenem Gutdünken.

Eine einheitliche Regelung der Kunstsprache und des Blasonierens erfolgte im deutschsprachigen Gebiet erst um die Mitte des 19. Jahrhunderts. Ihren Höhepunkt und Abschluß fanden diese Bemühungen dann durch den Heraldiker *Maximilian Gritzner* (1843/1902), dessen um 1870 abgeschlossene heraldische Terminologie als grundlegend von den damaligen Heroldsämtern angenommen wurde und die fast alle nachfolgenden Heraldiker benutzten.

Die Heraldik, die Lehre von den Wappen, war ursprünglich nichts anderes als der Versuch, dem in seiner Blüte stehenden Wappenwesen gewisse Regeln und Gesetze zu geben und durch die Schaffung einer eigens für die Wappenkunst erdachten Kunstsprache eine einheitliche Beschreibung der Wappen zu ermöglichen. Abgeleitet ist der Begriff Heraldik von den Herolden, was soviel wie Boten bedeutet. Es gibt für das Wort Herold jedoch verschiedene Deutungen. So leitete der Heraldiker *Hugo Ströhl* (1846/1919) den Begriff von den altgermanischen Worten «hariowisius» oder «hariowaldus» ab, die diejenigen bezeichneten, die die Symbole aller Stammesgötter und die Geschlechter, denen diese zukamen, kannten. Die moderne Sprachforschung sieht den Ursprung des Begriffes Herold in dem altdeutschen Wort «heriwalto», d. h. der im Heere Waltende. Aus dem ursprünglich von den Herolden geheimgehaltenen Wissen hat sich die Heraldik zu einer für Historiker, Museologen, Archivare, Denkmalspfleger, Numismatiker und alle allgemein historisch Interessierten heute unentbehrlichen historischen Hilfswissenschaft entwickelt.

Die Herolde übten ihre «Kunst» anfangs nur praktisch aus. Es gab keine niedergeschriebenen Anleitungen zur Unterweisung und Übung ihres Faches. Aus der Überlieferung und der Tradition stammende Erkenntnisse gaben die Wappenkönige und Herolde innerhalb ihrer Gilde oder Familie nur mündlich weiter. Als die Wappenschilde nicht mehr im Kampfe getragen, sondern lediglich als Träger der Symbole betrachtet wurden, suchten die Herolde nach Gesetzen für ihre «Wissenschaft». Infolge dieser Bemühungen wurden aus den empirisch entstandenen Regeln für den Aufbau von Wappen allmählich feste Vorschriften. Dadurch wurden die Wappen zunehmend zu toten Sinnbildern und in eine erstarrte Systematik gebracht.

Neben ihren gesellschaftlichen und diplomatischen Missionen traten die Herolde, besonders im 15. und 16. Jahrhundert, auch als ausgezeichnete Kenner ihres eigentlichen Faches, der Wappendarstellungen, hervor. Nicht nur in der Theorie erwiesen sie sich als Meister, sondern auch in der Praxis, dem Aufreißen, d. h. dem Malen der Wappen. Viele der erhaltenen gemalten Wappenbücher und -rollen sind Zeugnisse höchster künstlerischer Vollendung. Als frühestes Wappenbuch kann das des Herolds von Geldern, *Heynen*, der den Amtsnamen «Gelre» führte, angenommen werden. Sein zwischen 1369 und 1396 entstandenes Buch enthält über 1800 auf Pergamentblätter gemalte Wappendarstellungen und bestätigt ihn als erstklassigen Wappenmaler seiner Zeit. Das heute in der königlichen Bibliothek in Brüssel aufbewahrte Werk gehört zu den wichtigsten Quellenwerken aus der Blütezeit der Heraldik. Ebenfalls zu den kostbarsten Wappenhandschriften zählt das 1459 von *Hans Ingeram*, Persevant und Knecht der Turniergesellschaft «Zum Esel» (kraichgauische Ritterschaft), geschaffene Wappenbuch. Es zeigt, daß der Verfasser als Figurenzeichner mit den namhaftesten Künstlern seiner Zeit konkurrieren konnte. Neben der Wappenkunde und Wappenkunst betätigten sich einige Herolde auch als Geschichtsschreiber und Poeten.

Mit dem Verfall des Rittertumes verlor auch die Stellung der Herolde immer mehr an Bedeutung. Am längsten erhielt sich diese Institution am Kaiserhof in Wien. Bei den im 17. und 18. Jahrhundert als Herolde bezeichneten Personen handelt es sich um sogenannte «ausgekleidete», d. h. beliebige als Herold gekleidete Personen. Als 1745 der Schlesische Frieden ausgerufen werden sollte, fungierte der preußische Hofrat *Klaubert* als Herold, indem er die in der Berliner Rüstkammer aufbewahrten verstaubten Heroldsgewänder anlegte. Die noch im 18. Jahrhundert gelegentlich in verschiedenen Staaten erwähnten Herolde hatten also mit den ursprünglichen nicht mehr viel gemein. Ihre Funktionen gingen mehr und mehr auf andere Hofämter über. Bereits 1698 schrieb der Heraldiker *Rudolphi* (eigentlich *J. A. Kroll von Freyen*) über den Ausklang dieser alten traditionsreichen Zunft: «Heut zu Tag aber ist ihr (der Herolde, d. Verf.) Ansehen sehr gefallen, und nirgend mehr größer als in Frankreich, indeme sie in Deutschland selten mehr gebraucht werden, außer bei öffentlichen Ceremonien, oder wann von denen Ständen, vom Kayser oder Reiches wegen etwas zu insintuirn ist, als die Reichsacht und dergleichen wie aus denen Exemplen der Stadt Erfurt und Bremen erhellet...». Für die 1706 im Spanischen Erbfolgekrieg gegen Kurköln und Bayern verkündete Reichsacht bediente sich der Kaiser jedoch noch eines Heroldes. Ein halbes Jahrhundert später schrieb der Reichshofrat *Freiherr von Senckenberg*: «Wie dann noch heutigen Tages bey der Reichskanzlei ein Wappeninspektor ist. Dieses Amt hat nicht mehr alles dasjenige zu besorgen, was ihm ehedem oblegen hatte, sondern nur die Überbleibsel davon, daher hat dann auch niemand als der Wappenmahler unter ihm steht.» Einer der Gründe für das Erlöschen des Heroldswesens in seiner ursprünglichen Form ist auch in dem Umstand zu sehen, daß sich bereits seit dem 15. Jahrhundert die Wissenschaft mit dem Wappenwesen beschäftigte. Die von *König Friedrich I.* (1688 bzw. 1701–1713) im Jahre 1703 veranlaßte Gründung des Königlich Preußischen Oberheroldsamtes war ein Versuch, die Heroldsinstitution zu erneuern. Der prunkliebende König war ein großer Freund der Heraldik, und schon ein Jahr nach seiner Krönung zum König in Preußen 1701 faßte er diesen Plan. Er berief Wissenschaftler seiner Universitäten an das neugeschaffene Amt, so daß dadurch ein gewisser Kompromiß zwischen den traditionellen Heroldien und der nun schon zur Wissenschaft gewordenen Heraldik sichtbar wurde. Doch schon kurz nach dem Tode des Königs fiel das Amt der Sparsamkeit seines Nachfolgers *Friedrich Wilhelm I.* (1713–1740) zum Opfer.

Während die Wappenkunst im 16. und 17. Jahrhundert im damaligen Deutschland auf einer hohen Stufe stand, war die Wappenwissenschaft äußerst unvollkommen entwickelt. Die richtige Anwendung des Rohmateriales der großartigen Wappensammlungen mußten die deutschen Heraldiker erst vom Ausland erlernen, das wiederum die deutschen Sammlungen trefflich zu nutzen verstand. So berichtete der italienische Jesuitenpater *Sylvester Petra Sancta*, einer der Lehrmeister der deutschen Heraldik, von ausgiebigen Vorstudien zu seinen heraldischen Arbeiten in Deutschland und Holland. *Petra Sancta* lehrte in der Mitte des 16. Jahrhunderts als einer der ersten, daß man das Wesen dieser Wissenschaft nur erkennen kann, wenn man die einzelnen Substrate der Wappen einer wissenschaftlichen Prüfung unterzieht. Die systematische Gliederung der Wappendarstellungen hielt er für eine unerläßliche Vorbedingung für die Entwicklung einer einheitlichen Kunstsprache sowie für die Sammlung der Heroldsgesetze oder -regeln. In dieser Richtung arbeitete auch der Marburger Professor der Geschichte und Beredsamkeit *Theodor Höpingk* (1591/1641). Erschwerend für die Erforschung der Heraldik waren die in den vergangenen Jahrhunderten entstandenen irrigen Anschauungen über das Wesen der Wappen. Deshalb sind die im Mittelalter gemalten Wappenrollen und -bücher auch von großer Bedeutung. Nur sie vermitteln einen klaren Einblick in den Entwicklungsstand des damaligen Wappenwesens, während die theoretischen Publikationen vergangener Zeiten für uns meist nur einen kulturgeschichtlichen Wert besitzen.

Bereits gegen Ende des 17. Jahrhunderts wurde die Wappenwissenschaft zu einem Unterrichtsfach. In Marburg trat am 18. August 1685 der aus Frankreich emigrierte Edelmann *Jacob de Maliverne* die Professur für französische Sprache und Heraldik an. Der Verfasser der ersten akademischen Lehrschrift über Heraldik, *M. F. Schuhmacher,* hielt 1694 in Jena Vorlesungen über Wappenkunde, und der Gießener Professor *Imanuel Weber* erteilte 1695 den jungen *Grafen von Schwarzburg-Sondershausen* Privatunterricht in diesem Fach. Für die ganze spätere Entwicklung der Heraldik als Wissenschaft wurden jedoch die Arbeiten des Geistlichen *Philipp Jacob Spener* (1635/1705) bahnbrechend. Seine Arbeiten lösten in der Folgezeit eine wahre Flut heraldischer Schriften und Traktate mehr oder weniger guter Qualität aus. Die Erkenntnisse des Geistlichen wurden jedoch mehr und mehr mißverstanden, und die Epigonen des großen Heraldikers machten diese Wissenschaft in den meisten Fällen zu einer Hilfsdisziplin abgeschmacktester Blumensprache. Eine Ausnahme davon bildete das Buch «Heraldica curiosa», das unter dem Verfassernamen *J. A. Rudolphi* 1698 erschien.

Die Wappenkunde, nun als Unterrichtsfach an den Universitäten gelehrt, wurde im 18. Jahrhundert schlagartig eine populäre Wissenschaft, wodurch eine lebhafte Nachfrage nach deutschen Lehrschriften hervorgerufen wurde. Als Kern der Heraldik wurde nun allerdings die Kunstsprache angesehen, um die sich die ganze Tätigkeit dieser «Heraldiker» drehte. Durch das kleinliche Auszirkeln und Benennen der einzelnen Heroldsbilder wurde der Blick für das Ganze, vor allem für die Geschichte und Entwicklung der Wappen, getrübt. Dazu kam noch, daß im 18. Jahrhundert die Kenntnisse um das Mittelalter, der einzigen wirklichen Quelle des Wappenwesens, sehr dürftig waren. Die Ausbildung der heraldischen Kunstsprache war im damaligen deutschsprachigen Gebiet etwas Neues und ist auf *Spener* zurückzuführen. Die höchste Stufe ihrer formalen Ausbildung erlangte die Wappenwissenschaft unter *Johann Christoph Gatterer* (1727/1799). Er kritisierte die heraldische Unkenntnis seiner Zeit und erkannte nach gründlichen Studien, daß nur die Kenntnis der geometrisch-mathematischen Grundlagen der Heroldsbilder den Kern dieser Wissenschaft bilden. So schrieb er u. a.: «Die ganze Theorie der Wappen und insonderheit des Wappenbildes gründet sich, vermöge der Erfahrung fürnehmlich auf die Veränderungen, welche der Gebrauch der geraden und krummen Linien verursacht.» Seine oft komplizierten Theorien wurden aber von vielen seiner Zeitgenossen abgelehnt, die sich zum großen Teil noch nicht von unheraldischen Deutungen trennen konnten. *Gatterers* drei Hauptwerke wurden jedoch zum Vorbild späterer Autoren und zu einer der Grundlagen der modernen Wappenkunde.

Aufbauend auf der Fülle des in den Jahrhunderten zusammengetragenen Materiales sowie auf den in dieser Zeit gewonnenen Erkenntnissen war es erst den Forschern des 19. Jahrhunderts möglich, die Heraldik in den Rang einer Wissenschaft im heutigen Sinne zu erheben. Seit etwa der Mitte des 19. Jahrhunderts verschwand die Heraldik als Lehrfach von den Universitäten und Hochschulen. Neben den auf dieses Fach spezialisierten Wissenschaftlern übernahmen nun die heraldischen Vereine die Pflege der Heraldik.

# A

**Aal:** gemeine Figur, die z. B. als redendes Wappenbild in den Stadtwappen von Ahlen (Westfalen) und Aalen (Württemberg) erscheint.
**abflatternd:** Ausdruck für die an einigen Kaiser- bzw. Königskronen befindlichen Bänder. Vgl. bebändert.

*Abgekürzter silberner Pfahl im roten Feld*

*Abgeledigter schwarzer Sparren (links)*
*Abgeledigter schwarzer Schrägbalken (rechts)*

*Zwei abgewendete rote Löwen im goldenen Feld (von Rechberg)*

**abgehauen:** Bezeichnung für durch glatten Hieb oder Schnitt von Menschen- oder Tierkörpern abgetrennte Köpfe bzw. Glieder in heraldischen Darstellungen. Vgl. abgerissen.
**abgekürzt:** Heroldsfiguren, die an einem ihrer Enden den Schildrand nicht berühren. Abb.
**abgekürztes Kreuz** ↑ Griechisches Kreuz.
**abgeledigt:** Heroldsfiguren, die an den Enden verkürzt sind und den Schildrand nicht berühren, also schwebend in der Fläche erscheinen. Abb.
**abgerissen:** Glied oder Teil eines Tieres, das durch Herausreißen von dessen Körper abgetrennt ist. Bei den Darstellungen hängen Hautfetzen von diesem herab. Abb. auf S. 18.
**abgeschnitten:** Teil des menschlichen oder tierischen Körpers, der durch einen glatten Schnitt abgetrennt ist. Bei den Wappendarstellungen ist meist die untere oder hintere Hälfte a.
**abgesetzt** ↑ verschoben.
**abgestanden:** Fisch (auch Delphin), der mit geöffnetem Maul dargestellt ist. Vgl. Abb. bei Delphin.
**abgestuft,** *abgetreppt, gestuft*: Heroldsfiguren, deren Begrenzungslinie bzw. -linien durch ↑ Stufenschnitt gebildet sind. Es muß sich jedoch immer um rechtwinklige Absätze bzw. Stufen handeln.
**abgewendet:** heraldische Figuren, die einander die Rückseite zukehren. Entgegengesetzte Darstellungen werden als ↑ zugewendet bezeichnet. Abb.
**Abime,** *Abyssus* [franz., mittlere Vertiefung]: bei *Menestrier* die Stelle im Wappenschild, auf der sich inmitten größerer Figuren eine kleinere befindet. Der Ausdruck A. bezieht sich immer auf mehrere Wappenfiguren im Schild und bezeichnet in jedem Falle das in der Mitte derselben befindliche kleinere Stück.
**ablang geteilt** ↑ gespalten.
**abnehmender Halbmond** ↑ Halbmond.
**Absatz** ↑ Stufe.
**Absatzkreuz** ↑ Schwellenkreuz.
**Abschnitt:** mit abweichender Tinktur dargestellte Schnittflächen abgeschnittener Men-

schen- und Tierglieder. Vgl. abgeschnitten. Abb.

**Abstufe:** besondere Bezeichnung für die rechte ↑ Stufe.

*Abgerissener schwarzer Adlerkopf mit ausgeschlagener roter Zunge*

*Abschnitt eines schwarzen Eberkopfes im silbernen Feld (von Reischach)*

**Abt, Äbtissin:** Vorsteher bzw. Vorsteherin eines Klosters bei den älteren Orden (Benediktiner, Zisterzienser). Der Titel A. entstand aus einem allgemeinen kirchlichen Ehrennamen (aramäisch *Abba,* Vater). Bei den jüngeren Bettelorden heißt der Klostervorsteher Guardian, Prior, Rektor usw. Das von einem A. oder einer Ä. geleitete Kloster wird als *Abtei* bezeichnet. Einige Äbte, z. B. die zu Corvey und Fulda, hatten volle bischöfliche Gewalt und eigene Diözesen, andere, die *infulierten Äbte,* nur bischöfliche Titel und Insignien. In der früheren Zeit gab es auch *Laienäbte.* Das waren Adlige, denen die Einkünfte eines Klosters vom König zugewiesen wurden. Den Äbten der Mönchskloster entsprechen die Ä.nen der Nonnenklöster, die die geistlichen Funktionen, die sie selbst nicht ausüben konnten, durch einen Vikar verwalten ließen. Zahlreiche Abteien, besonders des Ordens der Benediktiner, hatten im Mittelalter und zum Teil noch später Reichsbesitz als königliche Lehen, wodurch die Äbte den Rang von Reichsfürsten erhielten, z. B. Corvey, Ellwangen, Fulda, Echternach, Hersfeld, Kempten, St. Gallen, Essen, Quedlinburg, Gandersheim usw. Als *Kommendatar-A.* wird derjenige bezeichnet, der die Einkünfte des Klosters genießt, aber keine geistliche Amtsgewalt ausübt. Über das Wappenwesen der Äbte vgl. Klosterheraldik.

**Abtei** ↑ Abt.

**Abtstab:** Würdezeichen der Äbte und Äbtissinnen. Der A. unterscheidet sich vom Bischofsstab (vgl. Krummstab) nicht wesentlich. Ursprünglich sollten die Äbte und Äbtissinnen, die nicht exemt (frei von der bischöflichen Jurisdiktion) waren, den A. bei den Wappendarstellungen zum Zeichen der nur auf ihr Kloster beschränkten Gewalt mit der Krümmung nach innen tragen. Viele Denkmäler, Abbildungen und Siegel beweisen aber, daß diese Darstellung in den wenigsten Fällen verwendet wurde. Einige Äbtissinnen und nichtexemte Äbte führten an dem Stab noch ein Schweißtüchlein. Vgl. Krummstab, Klosterheraldik.

**Abts- und Äbtissinnenwappen** ↑ Klosterheraldik.

**abwärts gebogener Balken:** selbständiges Heroldsbild, das aus einem nach unten gebogenen Balken besteht. In einigen Wappen, besonders des 18. Jahrhunderts, er-

*Abwärts gebogener silberner Balken im roten Feld*

scheint der normale Balken wegen einer gewollten plastischen Wirkung in dieser Form. Derartige Darstellungsarten sind vom heraldischen Standpunkt aus zu verwerfen, da sie ein Heroldsbild als ein anderes erscheinen lassen. Abb.

**abwärts gekehrt** ↑ gestürzt.

**abwechselnde Tinktur:** in älteren Wappenbüchern, z. B. von ↑ *Trier*, für ↑ verwechselte Farben verwendeter Begriff.

**Abyssus** ↑ Abime.

**Abzeichen der Turniergesellschaften:** Symbole, die die einzelnen mittelalterlichen Turniergesellschaften kennzeichneten. Die Abzeichen wurden von den Turniergesellschaften frei gewählt und den einzelnen Mitgliedern übergeben. Eine landesherrliche Genehmigung war dazu nicht erforderlich, da es sich um reine Vereinsabzeichen handelte. Die in den Kreuzzügen aufgekommene Sitte, sich mit Kreuzen zu schmücken, und die Abzeichen der späteren Ritterbünde waren die Grundlagen dieser Abzeichen und damit auch der Ordenszeichen im heutigen Sinne überhaupt.

**Académie Internationale d'Héraldique:** im Jahre 1949 von dem belgischen *Baron Gaston Stalins* sowie den bekannten französischen Heraldikern *Eugen Olivier* und *Jaques Meurgey de Tupigny* u. a. gegründete internationale heraldische Vereinigung mit Sitz in Paris. Ihr gehören Mitglieder aus 30 Staaten West- und Osteuropas sowie aus Übersee an.

*Publikation*

Vocabulaire-Atlas héraldique en six Langues. Paris 1952.

**Achseln:** andere, seltenere Bezeichnung der ↑ Sachsen.

**achtspitziges Kreuz** ↑ Malteserkreuz.

**Acollé** [franz., angehängt, angefügt]: in der französischen Heraldik Begriff für alles, was aneinandergefügt ist oder zusammensteht. Mit A. bezeichnen die französischen Heraldiker z. B. die eng zusammengestellten Wappenschilde von Frankreich und Navarra unter einer Krone sowie die nebeneinander gestellten Schilde bei ↑ Ehewappen. Der Begriff wird auch für Hunde, Kühe und andere Tiere, die Halsbänder oder Kronen um den Hals tragen, benutzt. Man verwendet den Ausdruck auch für hinter den Schild gestellte Schlüssel, Schwerter oder Fahnen.

**AD ASTRA PER ASPERA** [lat., durch Fährnisse zu den Sternen]: Wahlspruch im Wappen des US-Bundesstaates Kansas.

**Adel:** in der Feudalzeit aus der Oberschicht der Stämme, den Gefolgschaften der Fürsten und durch Fürstendienst hervorgegangene, herrschende, den überwiegenden Teil des Bodens als Eigentum besitzende Klasse. Seit den bürgerlichen Revolutionen in einigen kapitalistischen Ländern personen-, teilweise auch vermögens- und steuerrechtlich bevorzugte Personengruppe.

Der deutsche A. bildete sich vom 5. bis zum 7. Jahrhundert im fränkischen Reich heraus. Mit der Entstehung des Lehenswesens im 8. Jahrhundert formierten sich juristische Beziehungen der A.sgruppen zueinander in Form einer hierarchischen Abstufung (Lehenspyramide) mit dem König an der Spitze. Durch Ernennung von Adligen aus dem Maas- und Moselraum zu hohen Ämtern unter den *Karolingern* entwickelte sich im 8. Jahrhundert ein Reichs-A. Aus dieser «Reichsaristokratie» bildete sich durch Versippung mit dem Königshaus ein engerer Kreis bedeutender Familien heraus. Diese höchste A.sschicht wurde durch Einheiraten in fränkische und andere Königsgeschlechter «königsbar», d. h. ebenbürtig.

Vom 10. bis 12. Jahrhundert entstand mit den Ministerialen eine neue Schicht des niederen A. Während der folgenden Zeit verschmolzen Geschlechter- und Dienst-A. zum *freien Ritterstand* (vgl. Reichsritterschaft). Über ihm erhob sich der Hoch-A. (Fürsten und Grafen), der eine bevorzugte Stellung einnahm. Der niedere A. ging aus dem Stand der ↑ Ministerialen und Dienstmannen hervor. Im 13. und 14. Jahrhundert verloren die Ministerialen ihre Unfreiheit und entwickelten sich aus belehnten Eigenleuten zum freien Lehns-A. Die ursprünglich ein Gemisch von Geburts- und Berufsstand bildende Ritterschaft wurde allmählich zu einem Geburtsstand. Zum Geburts- oder *Ur-A.* zählt man die bereits vor 1400 bzw. 1350 nachgewiesenen Geschlechter. Die Aufnahme in diesen Stand konnte auch durch königliches Diplom erfolgen. Zum hohen A. gehörten die Geschlechter mit

Sitz und Stimme auf den Reichstagen. Der niedere A., der keine Stimme besaß, unterteilte sich in den Reichs- und Landes-A. Ersterer war reichsunmittelbar, d. h. nicht der Landeshoheit unterworfen wie der Landes-A. Mitunter findet sich der Begriff *geschichtlich entstandener A.* Hierbei handelt es sich um die Bezeichnung des vor 1350 entstandenen Ur-A. sowie auch um den in früher Zeit durch Urkunde eines Landesherren ernannten *Brief-A.* Dazu sind der ritterbürtige Land-A., der städtische Geschlechter-A. sowie der später entstandene Beamten- und Offiziers-A. zu rechnen. Die ↑ Gothaischen Taschenbücher zählen nur den vor 1400 nachweisbaren ritterbürtigen Land-A. als Ur-A., den städtischen Geschlechter-A. jedoch, unabhängig, ob er vor oder nach 1400 entstanden ist, als *alten A.*

Der deutsche A. im Römisch-Deutschen Reich genoß staats-, kirchen- und privatrechtliche Privilegien von bedeutendem Umfang. Dazu gehörten die Schriftsässigkeit, Steuer-, Zoll- und Militärfreiheit, ein ausschließliches Recht auf den Geschlechternamen und das Geschlechterwappen. Nach der Auflösung des Römisch-Deutschen Reiches 1806 standen die wirklichen Vorrechte nur noch dem hohen A. zu. Die deutsche Bundesakte vom 8. Juni 1815 bestimmte, daß auch die mediatisierten Geschlechter künftig zum hohen A. zu rechnen seien. Durch die in dieser Zeit erlangte volle Souveränität war es allen Landesfürsten möglich, A.stitel zu verleihen. Vor 1806 gehörte das Recht zu adeln zu den Reservatrechten des Kaisers. Die weltlichen Kurfürsten erkannten die kaiserlichen A.sbriefe nur dann an, wenn seitens der Beliehenen die Bestätigung in aller Form nachgesucht wurde. Neben dem Kaiser beanspruchten auch andere Fürsten das Recht, A.stitel zu verleihen. Den *Erzherzögen von Österreich* wurde es 1453 verliehen, die *Kurfürsten von Bayern und der Pfalz* übten es in ihrer Eigenschaft als Erzpfalzgrafen in umfangreicher Weise aus. Die *Kurfürsten von Brandenburg* adelten als souveräne Herzöge von Preußen. Seit dem 14. Jahrhundert erteilten die *Herzöge von Lothringen* A.sbriefe. Aufgrund kaiserlicher Privilegien konnten auch geistliche Fürsten den A. verleihen, z. B. der *Erzbischof von Salzburg*, die *Bischöfe von Metz, Toul* usw., sowie seit dem Anfang des 17. Jahrhunderts auch kleinere Fürsten und selbst Familien des niederen A., z. B. die *Grafen Schönborn.* Der persönliche und auch erbliche A.stitel war auch mit dem Besitz verschiedener Orden verbunden. Eine andere Art, den A. zu erwerben, war die Verjährung, die die Zahl der Deutschen A.sfamilien nicht unbeträchtlich vermehrt hat. Zu dem *Verjährungs-A.* zählen die Familien, die etwa einhundert Jahre unbestritten, wenn auch unberechtigt, sich eines A.sprädikates bedienten, das nach diesem Zeitraum dann A.squalität erlangte.

In Frankreich bestand ein so großer Unterschied zwischen hohem und niederem A. nicht. Die *Princes, Ducs, Marquis* und einige *Comtes* und *Vicomtes* zählten zum hohen, alle übrigen Edelleute zum niederen A. Während der Revolution hob die Nationalversammlung 1789 die Vorrechte des A., 1790 den Erb-A. selbst auf. *Napoleon I.* schuf 1806 bzw. 1808 einen neuen Erb-A. Während der Restauration von 1814/1815 bis 1830 wurden die Vorrechte des alten A. wieder hergestellt, die dann durch ein Dekret der provisorischen Regierung 1848 wieder abgeschafft wurden.

In Italien entstand der A. ähnlich wie im Römisch-Deutschen Reich. Hier war das Majoratswesen stärker ausgebildet und der A. ging nur auf den ältesten Sohn über. Dem Papst stand ebenfalls das Recht zu, A.stitel zu verleihen. Bei den Kardinälen ging der ihnen zustehende A.stitel automatisch auf ihr Geschlecht über.

In Spanien gibt es einen hohen und einen niederen A. Zum hohen A. gehören die *Granden*, die sich in drei Klassen teilen. Der niedere besteht aus den *Hidalgos* (eigentlich Higos d'algo, d. h. Söhne von etwas), deren Zahl sehr groß ist. Jeder, der kein bürgerliches Gewerbe trieb, konnte sich als Hidalgo bezeichnen.

Eine eigentümliche Entwicklung nahm der A. in England. Die Gesamtheit des hohen A., die Peerschaft, wird mit dem Namen

*Lord* oder auch *Baron* bezeichnet. Jeder, selbst die Herzöge, sind auch Lord oder Baron. Der Titel Baron bezeichnete einen Kronvasallen und kam mit den Normannen 1066 nach England. Seit 1440 wurde der Titel *Viscount* als A.sbezeichnung gebräuchlich. Diese Würde wurde in der Regel Baronen als Beförderung erteilt, später mit der Baronie verliehen. In der heutigen Zeit wird er auch ohne Baronie erteilt. Die Würde eines *Earls* war ursprünglich an den Besitz eines gewissen Landstriches gebunden, später war er nichts anderes als die erste Klasse der Barone ohne Grafenamt, jedoch in vielen Fällen mit großem Grundbesitz. Das Grundeigentum mußte in der alten Zeit die Lehnsherrlichkeit der normannischen Könige anerkennen und war nicht steuerfrei. Später wurde der Titel durch Urkunden zuerkannt, indem die Krone diesen von einem Landsitz oder Familiennamen hernahm. Der Titel *Markgraf* war ursprünglich die Bezeichnung eines Grafen, der an den Grenzen zu Schottland und Wales befehligte, wurde aber seit 1386 ein bloßer Ehrentitel, der durch Urkunden erteilt werden konnte. Die herzogliche Würde wurde 1337 eingeführt. Einen niederen A., ähnlich wie im damaligen Deutschland, gibt es in England nicht. Die untersten A.sstufen bilden die ↑ *Baronets* und die *Knights*, die Ritter der hohen Orden, sowie die *Esquires*. Letztere Würde gebührt den Abkömmlingen adliger Familien, die zwar ein Wappen führen, aber keinen Titel besitzen, sowie höheren Hofbeamten und Offizieren, Doktoren der Rechte und der Medizin und den Mitgliedern der Royal Academy.

In den Niederlanden und Belgien gibt es einen A.sstand, der sich aus Grafen, Baronen und Rittern zusammensetzt, aber ohne politische Bedeutung ist. In Dänemark wurden 1848 die Vorrechte des A. zum größten Teil abgeschafft. In Schweden gab es ursprünglich keinen Unterschied zwischen hohem und niederem A., bis dann *Erich XIV.* (1560–1577) bei seiner Krönung im Jahre 1560 Grafen und Freiherren ernannte, deren Zahl mit der Zeit bedeutend vermehrt wurde. Der schwedische A. teilt sich in *Herrar*, Herrenstand (Grafen und Freiherren), *Riddare*, Ritterstand (Geschlechter, die nachweisen können, daß einer oder mehrere ihrer Vorfahren eine Reichsratstelle innehatten) und *Swenner*, die einfachen Edelleute ohne Titel. In Norwegen wurde durch das Reichsgrundgesetz vom 4. November 1814 der A. abgeschafft. In der Schweiz bestand bis zur Befreiung von der österreichischen Vorherrschaft ein A. ähnlich dem in Deutschland, der sich später in ein Patriziat umgestaltete. Im alten Polen existierte kein Unterschied zwischen hohem und niederem A. Hier handelte es sich ursprünglich um einen reinen Krieger-A. Fürsten- und Grafentitel wurden von ausländischen Dynasten verliehen und beinhalteten keine besonderen Vorrechte. Im zaristischen Rußland war der A. ursprünglich mit dem Grundbesitz verknüpft. *Peter der Große* (1689–1725) beseitigte diesen alten A. durch Einführung von Rangklassen, bei denen alle Standesvorzüge mit den kaiserlichen Dienstverhältnissen verbunden waren. Die höheren Rangklassen erhielten den erblichen, die niederen den persönlichen A. Den persönlichen A. hatten die Inhaber der russischen Orden sowie alle Zivilbeamten von Offiziersrang. In Ungarn unterschied man zwischen *Magnaten* und gewöhnlichem A. Erstere erschienen persönlich auf dem Reichstag, letztere waren durch Abgeordnete vertreten. Jeder adlige Grundbesitzer hatte Sitz und Stimme auf den Komitatsversammlungen und war steuerfrei. Der titulierte A. wurde in Ungarn erst später eingeführt. Brief-A. ohne Grundbesitz war selten. Die Vorrechte des A. wurden im Deutschen Reich durch die Reichsverfassung vom 11. August 1919, in Österreich durch das A.sgesetz vom 3. April 1919 und in der Tschechoslowakei bereits 1918 abgeschafft.

*Literatur*

*Strantz, C. F. F. v.:* Geschichte des deutschen Adels urkundlich nachgewiesen von seinem Ursprung bis auf die neueste Zeit. Waldenburg 1851

*Gneist, A.:* Adel und Ritterschaft in England. Berlin 1853

*Heffter, A. W.:* Die Sonderrechte der souveränen und der mediatisierten, vormals reichsständischen Häuser in Deutschland. Berlin 1871
*Rose, O.:* Der Adel Deutschlands und seine Stellung im Deutschen Reich und in dessen Einzelstaaten. Berlin 1883
*Rößler, H.* (Hrsg.): Deutscher Adel 1550–1740. Darmstadt 1965
*Schneider, H.:* Adel, Burgen, Waffen. Berlin, München 1968
Artikel «Adel», in: Lexikon des Mittelalters, Bd. 1. München 1977

**Adelsbrief,** *Adelsdiplom*: Urkunde über die Aufnahme einer Person oder einer Familie in den Adelsstand. A. stellte der römisch-deutsche Kaiser seit der zweiten Hälfte des 14. Jahrhunderts den bisher nichtadligen neugeadelten Personen oder Familien aus. Die hierdurch Geadelten werden im Gegensatz zum Uradel als *Briefadel* bezeichnet. Das Recht, Personen in den persönlichen oder erblichen Adelsstand zu erheben, stand neben dem Kaiser auch den anderen Landesherren zu, sofern sie souverän oder besonders dazu ermächtigt waren. In den noch bestehenden Monarchien werden auch gegenwärtig noch vereinzelt A. ausgestellt. Die geschichtlichen und genealogischen Angaben in den A.en, besonders in denen des 17. und 18. Jahrhunderts, sind mit Vorsicht aufzunehmen, da sie in den meisten Fällen unglaubwürdig sind. Die oft vorkommenden Redewendungen, daß der betreffende Adel «erneuert» bzw. «anerkannt» werde, ist fast immer eine Umschreibung für «in den Adelsstand erhoben» und hat selten eine geschichtliche Bedeutung. Die durch die A. des 17. bis 19. Jahrhunderts verliehenen Wappen sind zum größten Teil unheraldisch erdacht und somit Produkte der ↑ Kanzleiheraldik. Abb.

*Literatur*

*Frank, K. F. v.:* Standeserhebungen und Gnadenakte für das Deutsche Reich und die Österreichischen Erblande bis 1806 sowie kaiserlich österreichische bis 1823. Senftenegg 1967–1974

**Adelsbuch** ↑ Adelsmatrikel.

**Adelsdiplom** ↑ Adelsbrief.

*Adelsbrief Kaiser Franz' II. (1792–1806/1835) für den Oberst Sigismund, Freiherrn von Riesch, bei seiner Erhebung in den erblichen Grafenstand im Jahre 1793*

**Adelserneuerung:** Neuverleihung des Adelstitels an eine Person oder Familie, wenn dieser abgelegt worden oder im Laufe der Zeit außer Gebrauch gekommen war. Eine A. konnte durch den Landesfürsten oder andere höhere Lehensträger, meist durch Vermittlung der Heroldsämter, vorgenommen werden. Fehlte der Besitznachweis eines früheren Adelstitels, war dies jedoch nur durch die Bestätigung des Landesherren möglich. Mit einer A. war in den meisten Fällen auch die Annahme eines neuen oder zumindest eines veränderten Wappens verbunden.

**Adelsgenossenschaft** ↑ Deutsche Adelsgenossenschaft.

**Adelskrone,** *Ritterkrone*: nur als heraldische Darstellung existierender, mit Perlen und Steinen besetzter Goldreif, der oben mit

fünf sichtbaren Zacken versehen ist, von denen der mittlere und die äußeren blattartig, die beiden anderen mit Perlen versehen sind. Die Verleihung der A. auf dem Helm in Adelsdiplomen bildete sich als Vorrecht des Adels in der zweiten Hälfte des 16. Jahrhunderts heraus. Die A. unterscheidet sich nicht von der ↑ Helmkrone, darf aber mit dieser keinesfalls verwechselt werden. Unterschiede zwischen der A. des Uradels und des Briefadels sind in der Heraldik nicht vorhanden. Seit etwa dem 17. Jahrhundert wurde die A. von den modernen ↑ Rangkronen abgelöst.
Die moderne A. wird als ein goldener, mit Perlen und Edelsteinen verzierter Reif dargestellt, der fünf sichtbare perlentragende Spitzen zeigt. Die Verwendung einer solchen Abbildung stand dem untitulierten Adel zu. Vgl. Tafel Rangkronen.

**Adelslexika:** meist nach den Anfangsbuchstaben der Namen geordnete Nachschlagewerke, die kurze Beschreibungen der Geschichte, Namen und Wappen, des Güterbesitzes sowie einige Literaturhinweise des betreffenden Adelsgeschlechtes enthalten. Oft sind die Angaben in den A. nicht ganz zuverlässig, und es ergeben sich Unterschiede zu anderen genealogischen Werken. Für das deutschsprachige Gebiet sind die wichtigsten A.:
*Gauhe, J. F.:* Adelslexicon. Leipzig 1740 bis 1747
*Hellbach, J. C. v.:* Adelslexicon. Ilmenau 1825 bis 1826
*Zedlitz-Neukirch, L. Freiherr v.:* Neues Preußisches Adelslexicon. Leipzig 1836
*Ledebur, L. Freiherr v.:* Adelslexicon der Preußischen Monarchie. Berlin 1855
*Hefner, O. T. v.:* Stammbuch des blühenden und abgestorbenen Adels in Deutschland. Regensburg 1860
*Kneschke, E. H.:* Neues allgemeines deutsches Adelslexicon. Leipzig 1860, unveränderter Nachdruck 1929
Adelslexikon. Limburg/ Lahn 1972

**Adelsmarschall** ↑ Deutsche Adelsgenossenschaft.

**Adelsmatrikel,** *Adelsbuch*: in einigen Ländern amtliches, von besonderen Behörden geführtes Register, in das sich alle adligen Geschlechter des betreffenden Landes eintragen zu lassen verpflichtet sind. Nur die eingetragenen Familien wurden bzw. werden als adlig anerkannt. Die A. wurden in den einzelnen Ländern zu verschiedenen Zeiten eingeführt. In Kurland bestand diese Einrichtung bereits Anfang des 17. Jahrhunderts. Nachdem ein derartiger Versuch Anfang des 18. Jahrhunderts in Preußen gescheitert war, entstanden A. im deutschsprachigen Gebiet erst Anfang des 19. Jahrhunderts. In Bayern wurden A. durch Edikt vom 28. Juli 1808 eingeführt. Hier legte man Personalmatrikel an, die alljährlich nach den erfolgten genealogischen Veränderungen ergänzt wurden und den bayrischen Adel in fünf Klassen einteilte: Fürsten, Grafen, Freiherren, Ritter und Adlige mit dem Prädikat «von». Die württembergische A. wurde durch Dekret vom 15. Januar 1818 angeordnet. Sie gliederte sich in eine Personal- und Realmatrikel. Erstere beinhaltete die persönlichen Verhältnisse, letztere die Rittergüter und die Besitzungen, auf denen ehemals eine Reichs- oder Kreistagsstimme ruhte. In Preußen unterstanden die A. seit 1855 dem Heroldsamt, in Baden dem Ministerium für auswärtige Angelegenheiten. Das Adelsgesetz vom 19. September 1902 in Sachsen schrieb vor, daß beim Ministerium des Innern ein Adelsbuch angelegt werden sollte, das der Beurkundung der im Königreich Sachsen bestehenden Adelsverhältnisse dient. Eintragsfähig waren nur Familien, von denen wenigstens ein Mitglied sächsischer Staatsbürger war. Befreit von der Eintragung waren nur die Mitglieder der landesherrlichen Familie sowie die der *Häuser Schönburg* und *Solms-Wildenfels*. In Österreich-Ungarn bestand eine A. nicht. Die Adelsangelegenheiten wurden mit Hilfe des K. u. K. Adelsarchives im Ministerium des Innern bearbeitet. Für Ungarn war das Ungarische Ministerium in Wien mit diesen Angelegenheiten betraut. Nach der Revolution 1918 wurden im Deutschen Reich und in Österreich die A. bedeutungslos. In Frankreich existierten nach der Revolution von 1789 keine Adelsbehörden mehr. In Großbritannien werden die A. beim ↑ Herald's College geführt. Belgien, die Niederlande, Dänemark und Schweden (Italien bis 1946) besitzen ebenfalls Adelsbehörden und A. Im zaristischen Rußland unterstanden die Adelsangelegenheiten dem Heroldie-Departement des Dirigierenden Senates. Die A. sind eine wichtige Quelle für die heraldische und genealogische Forschung.

**Adelsprädikat:** besonderer Zusatz am Namen, der die adlige Herkunft symbolisiert. Ursprünglich war die spätere Adelsbezeichnung «von» eine Herkunfts- oder Besitzbezeichnung. So hieß z. B. der Besitzer der Burg Querfurt «von Querfurt», der der Herrschaft Wettin «von Wettin» usw. Die spätere Sitte, etwa seit 1630, einem Geadelten das «von» vor seinen Namen zu setzen, ist demnach streng historisch gesehen unkorrekt, z. B. «von Lehmann» oder «von Müller». Trotz des sprachlichen Widersinnes wurde aber die Qualität des Adelsprädikates «von» eindeutig. Das Prädikat «von und zu» gebührt eigentlich nur solchen Geschlechtern, die sich noch im Besitz ihrer Stammgüter befinden, wurde aber auch durch Adelsbriefe besonders verliehen. Nicht alle Familien mit dem «von» vor ihrem Namen gehören dem Adel an. Besonders in Nordwestdeutschland existieren einige bürgerliche Geschlechter, bei denen das Wort zum Namen gehört. Auch das holländische «van» ohne einen Adelstitel ist keine Adelsbezeichnung. Das bei einigen Geschlechtern vorkommende «de» bedeutet nicht das dem deutschen «von» entsprechende französische Adelsprädikat, sondern das niederländische «der», z. B. de Lange bedeutet «der Lange» usw. Nach der deutschen Reichsverfassung vom 11. August 1919 galten alle Adelsbezeichnungen nur noch als Teil des Namens.

**Adelsprobe:** gemeinsam mit der Ahnenprobe urkundlicher Nachweis der adligen Abstammung eines Geschlechtes oder einer Person. Durch die Einführung des Briefadels verlor die A. viel von ihrer ursprünglichen Bedeutung. Um die Neugeadelten von der Mitgliedschaft in Orden, Domstiften usw. auszuschließen, forderte der Lehnsadel jedoch immer strengere Maßstäbe bei den A. In Schlesien und in der Lausitz konnte lange Zeit nur der «vierschildrige», d. h. der von vier adligen Urgroßelternpaaren abstammende, teilhaftig an den adligen Privilegien werden. Wer einen Adel nachzuweisen hatte, führte die gemalten Wappenschilde seiner Vorfahren vor, die dann von den Angehörigen der betreffenden Geschlechter beschworen werden mußten. Die schlesische A. war rein heraldisch. In den übrigen Gebieten des alten Reiches bediente man sich der Ahnentafeln, in denen sämtliche zu beweisende Ahnen sowie deren richtige Wappen eingetragen sein mußten. Besonders streng wurde die A. in den Stiftern beachtet. Kapitelbeschlüsse, in denen man z. B. die erforderliche Ahnenzahl erhöhte oder von den Kandidaten forderte, daß er und seine Ahnen zur Reichsritterschaft gehörten, erschwerten die Aufnahme. Mit der Säkularisierung der Kirchengüter Anfang des 19. Jahrhunderts verloren die A. in den meisten Fällen ihre rechtliche Bedeutung. Gegen Ende dieses Jahrhunderts war die A. nur noch für den Eintritt in das Domkapitel zu Olmütz, den Malteserorden, den preußischen Johanniterorden und einige andere Orden sowie für das Kammerherrenamt erforderlich.

**Adelsrecht:** Inbegriff der auf den Adel bezogenen Rechtssätze. Das A. wurde bis 1918 in Preußen durch einen besonderen Teil des Allgemeinen Landrechts, in Bayern durch das «Organische Edikt über den Adel» vom 28. Juli 1808 geregelt. Durch die Reichsverfassung vom 11. August 1919 wurden alle öffentlich-rechtlichen Vorrechte des Adels aufgehoben. Adelsbezeichnungen galten von da an nur noch als Teil des Namens und durften nicht mehr verliehen werden. Ein besonders geregeltes A. besteht heute noch in Großbritannien. Vgl. Adel.

*Literatur*

*Hoffmann, L.:* Das Recht des Adels und der Fideikommisse in Bayern. München 1896

*Bornbak, C.:* Deutsches Adelsrecht. Leipzig 1929

**Adelswappen:** besondere, nur für den Adel typische Wappendarstellungen. In der Entstehungszeit der Heraldik kannte man keine Unterschiede zwischen den Wappen adliger und bürgerlicher Geschlechter. Das Recht, Wappen beliebig anzunehmen, war völlig frei und blieb es auch in der Zeit, als die Kaiser das Recht beanspruchten, bürgerliche Wappen zu verleihen. Im 14. und 15. Jahrhundert entstand dann nach und nach das Bedürfnis, die gesellschaftliche Stellung auch durch das Wappen äußerlich zum Ausdruck zu bringen. Als im 15. Jahrhundert der ↑ Spangenhelm zu höherem Ansehen gelangte, beanspruchte der Adel für sich das ausschließliche Recht, diesen auf seinen Wappen zu führen. Bürgerliche Familien mußten den ↑ Stechhelm verwenden. Auch die in diesem Jahrhundert aufgekommene Mode, sich der Rangkronen zu bedienen, war naturgemäß ein Vorrecht des Adels, was dann auch die Wappen unterschied.
Diese frühesten heraldischen Zeugnisse wurden von der Gesetzgebung durch besondere Vorschriften geschützt, was bei den bürgerlichen Wappen nicht der Fall war. Seit 1919 wurden im Deutschen Reich die A. den bürgerlichen gleichgestellt, die ↑ Rangkronen, ↑ Wappenmäntel usw. blieben jedoch erhalten.
*Literatur*
*Achen, S. T.:* Danske adelsvabener – En heraldisk nogle (Dänische Adelswappen – ein heraldischer Schlüssel). Kopenhagen 1973
**Adler:** neben dem Löwen das am häufigsten gewählte Wappentier. Schon in der Antike galt der A. als Symbol, dessen Bedeutung aus den Eigenschaften des Tieres abgeleitet wurde. Im alten Griechenland und im Römischen Reich galt er als Ausdruck der Unsterblichkeit, der menschlichen Seele und der irdischen Macht. Im Wappenwesen unterlag er immer der Stilisierung. In der heraldischen Frühzeit kommt er auffliegend von vorn gesehen, mit zur Seite gewendetem Kopf vor. Die Flügel sind meist nur halb ausgebreitet, die Krallen gespreizt. Auf dem Körper liegen die Federn regelmäßig, wie spitze Schuppen mit einer Rippe. In der älteren Heraldik stehen am Hals zwei Federn beiderseits ab. Später zeigen sich an dessen oberer Seite häufig eine Reihe gesträubter Federn. Die Flügel bilden im ganzen einen Halbkreis. Sie haben in der Regel nur drei bis zwölf symmetrisch angeordnete, etwas aufgebogene Federn, die nach unten in der Länge zunehmen (entgegengesetzt dem natürlichen Verlauf). Die Flügelknochen sind knotig dargestellt und mit kurzen Federn besetzt. Der Schweif ist ornamental behandelt und besteht aus wenigen, symmetrisch angeordneten Federn, die sich in geschwungenen Linien seitwärts ausbreiten. In der Mitte befindet sich eine senkrechte, spitze Feder. Der seitwärts gewendete Kopf hat einen stark abwärts gekrümmten Schnabel, meist offen mit ausgeschlagener Zunge. Die Füße sind oft unverhältnismäßig groß und die untere Hälfte unbefiedert dargestellt. Aus balligen Zehen wachsen die stark gekrümmten Fänge, auch Waffen genannt, heraus. Der A. kommt in der Heraldik in fast allen Farben vor, doch sind Rot, Schwarz und Silber dominierend. Schnabel und Waffen werden in der Regel andersfarbig, meist golden, tingiert, selbst wenn das Feld ebenfalls golden ist. Über Körper und Flügel ist bisweilen eine metallene Sichel, die mit den Spitzen aufwärts gekehrt ist, zu sehen, die mitunter in Kleeblattform endet, z. B. im Wappen von Tirol. Sie ist höchstwahrscheinlich auf die früheren, der Befestigung auf dem Schild dienenden Metallspangen zurückzuführen. Der gekrönte A. ist etwa seit der Mitte des 13. Jahrhunderts nachweisbar. Vom A. können auch einzelne Teile, z. B. Köpfe, Fänge, einzelne Flügel (↑ Flug) in den Wappen vorkommen. Der heraldische A. wurde immer auf die beschriebene Weise dargestellt, wenn sich auch die entsprechenden Kunstauffassungen der jeweiligen Zeiten auf die heraldische Gestaltung auswirkten. Natürliche, fliegende oder «römische» A. sind unheraldisch.
Da man im Mittelalter dem A. vorzügliche Eigenschaften nachrühmte, nahmen ihn bald viele Fürsten zu ihrem Wappenbild, z. B. die deutschen Könige, die Herzöge

von Bayern, Schlesien und Österreich, die Könige von Polen und die Markgrafen von Brandenburg. Nach der Einführung der ↑ Wappenbriefe wurde der A. zum verbreitetsten Wappenbild. Seit dem 13. und 14. Jahrhundert erscheint er dann auch in den Wappen der Grafen von Anhalt, Tirol und der Herzöge von Preußen sowie in vielen Städtewappen. Zu den Staaten, die das A.symbol im Wappen führten bzw. führen gehören z. B.:

*Preußen*: Der preußische A. ist auf den ↑ Deutschen Ritterorden zurückzuführen. *Kaiser Friedrich II.* (1220–1250) übertrug im März 1226 mit der «Goldbulle von Rimini» dem Hochmeister des Deutschen Ritterordens, *Hermann von Salza,* das Land Preußen. Seit 1310 ist im Hochmeisterwappen der kaiserliche Schild, ein schwarzer A. auf goldenem Grund, nachweisbar. Wahrscheinlich führte der Hochmeister den kaiserlichen A., um sich als Inhaber von Reichsland zu bekennen. Nach der ↑ Säkularisation des Ordenslandes 1525 belehnte *König Sigismund I. von Polen* (1506–1548) den Hochmeister *Albrecht von Brandenburg-Culmbach* (1525–1568) mit diesem Gebiet, das die Bezeichnung Herzogtum Preußen erhielt. Die Lehensfahne trug einen halsbekrönten schwarzen A. mit kleestengelartigen Beschlägen auf den Flügeln und einem silbernen «S» *(Sigismund)* auf der Brust. Nach dem Tode *Herzog Albert Friedrichs* (1568–1618) im Jahre 1618 fiel das Herzogtum an den *Kurfürsten Johann Sigismund von Brandenburg* (1608–1619). Die volle Souveränität über das Herzogtum Preußen erlangte *Friedrich Wilhelm, der Große Kurfürst* (1640–1688) im Vertrag von Wehlau 1657 und dann endgültig im Frieden von Oliva 1660. Sein Sohn, *Friedrich III.* (1688–1713), krönte sich am 18. Januar 1701 in Königsberg zum König in Preußen. Durch Erlaß vom 27. Januar 1701 änderte er sein Wappen dahingehend, «... daß in der Mitte des Schildes, woselbst bisher der Chur-Zepter gestanden, ein von den übrigen distinguierter Schild mit dem Preußischen Adler gesetzt und solchem Adler auf die Brust die beiden Buchstaben FR ineinander gezogen und um den Hals eine

*Adler*
*13./14. Jahrhundert, 15. Jahrhundert, 16. Jahrhundert, dreiköpfiger Adler (Wappen des Reinmar von Zweter aus der Großen ↑ Heidelberger Liederhandschrift)*

offene herzogliche Krone, über dem Haupte des Adlers aber in dem Schilde eine geschlossene königliche Krone eingegraben werde, daß der Chur-Zepter an den Ort, woselbst der Märkische Adler, bisher gestanden, und der Märkische hinwieder an den Ort, woselbst der Preußische bisher seinen Platz gehabt, verrücket werde». Auch das bei der Krönung hinter dem König hergetragene «Reichs-Bannier» zeigte den schwarzen, goldgekrönten und bewehrten A. mit silbernem Kleestengelbeschlag auf den Flügeln, der im linken Fang den Reichsapfel, im rechten das preußische, wiederum adlergekrönte Zepter trägt. Eine Erläuterung der Symbolik des preußischen A. findet sich in den Statuten des ↑ Schwarzen Adlerordens. Dort heißt es: «... nicht allein, weilen die meisten Königlichen Orden von einem gewissen Thiere den Namen führen, sondern weil auch unter den Thieren der Adler sonderlich edel, weilen er ein König des Geflügels und ein Sinnbild der Gerechtigkeit ist». Der preußische A. wurde in der folgenden Zeit einigen unwesentlichen Veränderungen unterworfen. Neben dem A. im Schild gab es um die Mitte des 18. Jahrhunderts auch einen natürlichen, freischwebenden, auffliegenden A. mit Königskrone, Zepter und Reichsapfel als preußisches Staatssymbol. Bei diesem A. handelt es sich im streng heraldischen Sinne nicht um ein Wappen, sondern um ein Hoheitszeichen. Diese A.darstellung wurde 1921 zum Vorbild des preußischen Landeswappens.

*Deutsches Reich* 1871 bis 1919: Durch einen kaiserlichen Erlaß vom 3. August 1871 wurde verfügt, «... daß als Kaiserliches Wappen der schwarze, einköpfige, rechtssehende Adler mit rotem Schnabel, Zunge und Klauen ohne Zepter und Reichsapfel, auf dem Brustschilde den mit dem Hohenzollernschilde belegten Preußischen Adler, über demselben die Krone in der Form der Krone Karls des Großen, jedoch mit zwei sich kreuzenden Bügeln, in Anwendung gebracht werde». Seit dem 15. Oktober 1871 wurde die Kette des ↑ Schwarzen Adlerordens um den Mittelschild gelegt. Von einer geringfügigen Abänderung, die Gestalt betreffend, abgesehen, blieb dieser A. bis 1919 das Wappenbild des Deutschen Reiches. Der 1928 eingeführte Reichs-A. wurde von *Tobias Schwab* entworfen und diente dem heutigen Adler der Bundesrepublik Deutschland zum Vorbild.

*Republik Österreich*: Aufgrund des Gesetzes vom 8. Mai 1919 wurden die Symbole des Kaiserreiches beseitigt und ein einköpfiger, schwarzer, goldbewehrter und rotbezungter A. als Symbol der Republik eingeführt. Dieser A. war mit dem österreichischen Bindenschild belegt und von einer ↑ Mauerkrone, als Symbol des Bürgertumes, gekrönt. Die im rechten Fang des A. gehaltene goldene Sichel galt als Symbol des Bauernstandes, der goldene Hammer im linken Fang als Symbol der Arbeiterschaft. Dieses Wappenbild bestand bis 1934 und wurde mit dem Gesetz vom 1. Mai 1945 wieder eingeführt und «zur Erinnerung an die Wiedererringung der Unabhängigkeit Österreichs und den Wiederaufbau des Staatswesens im Jahre 1945» durch eine von dem A. in den Fängen gehaltene, gesprengte Kette ergänzt.

*Polen*: Der polnische A. ist auf das seit der Mitte des 13. Jahrhunderts von den *Piasten* geführte Wappenbild zurückzuführen. Im Jahre 1295 erschien er im Siegel *König Przemyslaws* (1295–1296) und blieb bis zum Ende des polnischen Staates durch die dritte polnische Teilung im Jahre 1795 das Wappen des Königreiches. In der Folgezeit erscheint er dann nur noch als Provinzwappen auf den Flügeln des zaristischen Doppeladlers und im Wappen der preußischen Provinz Posen. Erst durch die von den Mittelmächten am 5. November 1916 erfolgte Proklamation des neuen Staates Polen wurde er wieder zum Staatssymbol. Die erste Republik führte ihn dann in seiner «königlichen Form» bis 1939. Nach 1945 wurde der nun ungekrönte silberne A. auf rotem Grund das Wappenbild der Volksrepublik Polen.

*Frankreich*: Der goldene A. im blauen Feld, mit Blitzbündel und Lorbeerzweig in den Fängen wurde zum Wappen des französischen Kaiserreiches unter *Napoleon I.* (1804–1814,1815). Der A. sollte das Imperium Romanum symbolisieren, die Farben Blau und Gold knüpfen an die Tradition der französischen Könige an. Mit dem Ende des Kaiserreiches 1814/15 verschwand auch der napoleonische A., der erst wieder unter *Napoleon III.* (1852–1870) bis zum Ende des zweiten Kaiserreiches 1870 Staatssymbol wurde.

*Italien*: Im Siegel des *Grafen Thomas von Savoyen* (1188–1233) befand sich ein A. als Zeichen der Lehnsabhängigkeit der Savoyer Grafen vom deutschen König. Dieser, nach 1282 aus dem Wappen verschwundene A. tauchte unter *Herzog Viktor Amadeus II.* (1675–1730, König seit 1720) im Herzschild seines vielfeldrigen Wappens wieder auf. Auf Münzen des Königreiches Sardinien *(Dynastie Savoyen)* befand sich bis zur Regierungszeit von *Karl Felix* (1821–1831) der A. entweder allein im Wappenschild oder im Herzschild des mehrfeldrigen Wappens. Obwohl das Wappen des vereinigten Königreiches Italien von 1861 keinen A. zeigte, wurden unter *Viktor Emanuel III.* (1900–1946) in den Jahren nach 1900 wieder Münzen mit dem A., belegt mit dem Brustschild von Savoyen, geprägt. In der Zeit des Faschismus wurde dann der A. als Symbol des antiken Rom wieder zum Wappenbild. Durch Dekret vom 27. März 1927 wurde ein Wappen für die staatlichen Behörden Italiens festgelegt, das auf dem oberen Schildrand des grünweiß gespaltenen Schildes, in dessen weißem Teil ein Liktorenbündel steht, einen A. mit ausgebreiteten Flügeln nach dem Vorbild der römischen Legions-A. zeigt.

*Spanien*: Das 1938 angenommene Wappen Spaniens zeigt den mit einem Heiligenschein umgebenen ↑Johannisadler als ↑Schildhalter. Im Jahre 1980 wurde er jedoch wieder aus dem Wappen entfernt.

*Vereinigte Staaten von Amerika:* Das Wappen des Bundesstaates wurde vom Kongreß der Vereinigten Staaten von Amerika am 20. Juni 1782 angenommen. Es besteht aus einem braunen A. mit weißem Kopf und weißen Schwanzfedern. Der A. trägt einen Brustschild mit blauem Schildhaupt und 13 abwechselnd silbernen und roten Pfählen. Im rechten Fang hält er einen Olivenzweig, im linken ein Bündel mit 13 Pfeilen und im Schnabel ein Schriftband mit der Devise «E PLURIBUS UNUM» [lat., aus mehreren eines]. Über dem A. schweben im blauen Feld 13 silberne Sterne innerhalb eines von Wolken umgebenen goldenen Glorienscheins. Die rot-weißen Streifen sowie die 13 Pfeile und die Sterne beziehen sich auf die 13 Staaten, die am 4. Juli 1776 ihre Unabhängigkeit erklärten. Eine Erläuterung des Wappens gibt *G. E.. Shankle* in seinem unten zitierten Werk: «Das Schildhaupt repräsentiert den Kongreß der Vereinigten Staaten, die Pfähle oder Streifen darunter bezeichnen die Staaten der Union. Das Schildhaupt wird als der Ehrenplatz im Schilde angesehen; im Wappen der Vereinigten Staaten wird dieser Platz der Zentralregierung zum Zeichen ihrer hervorragenden Stellung eingeräumt. Die blaue Farbe des Schildhauptes steht für den Schutz des Himmels über den neuen Staatenbund ... Die einzelner Staaten werden von ihrem Haupte, dem Kongreß, zusammengehalten. Jeder Staat hilft, die anderen zusammenzuhalten und so den Bund zu stützen... Daß der Schild nur den Adler als Schildhalter hat, bedeutet, daß die amerikanische Regierung souverän ist ... Der Adler, oft als König der Vögel genannt, ist durch die Jahrhunderte als Symbol von oberster Autorität, Macht, Stärke und Adel angesehen worden. Im Wappen der Vereinigten Staaten bezeichnet er die Macht und Autorität des Kongresses.» (Das Zitat wurde der Abhandlung «Adler und Doppeladler» von *J. E. Korn* in: «Der Herold», Band 6, Heft 9, Berlin 1968 entnommen).

Während im Wappen die Zahl 13 der verschiedenen Elemente unverändert blieb, wuchs die Anzahl der Sterne in der Nationalflagge durch die Aufnahme weiterer Staaten in die Union auf gegenwärtig 50 an.

*Mexiko*: Bei dem im mexikanischen Wappen befindlichen braunen, eine Schlange zerbeißenden A. handelt es sich um ein Symbol der Azteken. Der Legende nach fanden sie nach langen Wanderungen die von ihren

Göttern unter dem Vorzeichen des A. und des Kaktus verheißene Heimat inmitten eines Sees. Einer anderen Sage nach steht die Stadt Mexiko an der Stelle, wo ein auf einem Kaktus sitzender A. eine Schlange zerbiß.
*Arabische Staaten*: Ägypten, Libyen, Irak, Syrien und die Volksdemokratische Republik Jemen führen den ↑ Saladinadler.
Der auf einer blauen Weltkugel sitzende, in der schwarzen Farbe des Propheten tingierte A. im Wappen des Königreiches Jordanien wurde vom damaligen Emir und späteren *König Abdullah Ibn al Hussein* (1946–1951) im Jahre 1921 entworfen. Vgl. alerion, Doppeladler, Abb. bei Buchstabendevise. Abb.
*Literatur*
*Feulner, A.:* Der Frankfurter Adler. Frankfurt/Main 1935
*Shankle, G. E.:* State Names, Flags, Seals, Songs, Birds, Flowers and other Symbols. New York 1941
*Schwarzenberg, K. Fürst v.:* Adler und Drache. Der Weltherrschaftsgedanke. Wien, München 1958
*Korn, J. E.:* Adler und Doppeladler. Ein Zeichen im Wandel der Geschichte. Diss. Göttingen 1967
*Diederich, R., Grübling, R.:* Der deutsche Adler. Funktionen eines politischen Symbols. Frankfurt/Main 1973

**«Adler»:** am 1. Mai 1870 von dem Heraldiker und Numismatiker *Ernst ↑ Hartmann von Franzenshuld* gegründete, 1938 aufgelöste und 1946 wiedererrichtete heraldische Gesellschaft Österreichs mit Sitz in Wien.
*Publikationen*
Monatsblatt der Heraldischen Gesellschaft Adler. Wien 1881–1938
Zeitschrift der Heraldischen Gesellschaft Adler. Wien 1870–1873, neue Folge seit 1947
Jahrbuch der Heraldisch-Genealogischen Gesellschaft Adler. Wien 1874–1931, neue Folge seit 1946
Österreichischer Wappenkalender. Wien 1957–1961
Österreichischer Wappenalmanach. Wien seit 1966

**Adlerdalmatica:** um 1350 erstmals erwähnter, zu den Krönungsgewändern der römisch-deutschen Kaiser gehörender, mit Adlern bestickter Mantel. Er wurde wahrscheinlich um 1300 aus chinesischem Stoff angefertigt. Die Borten aus chinesischem Damast und die mit schwarzer Seide aufgenähten Adler sind eine süddeutsche Arbeit aus der ersten Hälfte des 14. Jahrhunderts. Die Adleraugen bestehen aus Schmelzfluß. Die Borten aus Gold und Seide sind mit Herrscherbildnissen verziert. Dieser Mantel, der fälschlicherweise den Insignien *Karls des Großen* (768–814) zugeschrieben wurde, dürfte manchmal anstelle der sizilianischen Dalmatika bei Krönungen verwendet worden sein. *Albrecht Dürer* stellt in seinem Idealbild Karl den Großen in diesem Mantel dar. Eine zu der A. gehörige ↑ Gugel ging 1797 bei der Umlagerung der Insignien von Nürnberg nach Wien verloren. Heute befindet sich die A. in der weltlichen Schatzkammer in Wien.
*Literatur*
*Fillitz, H.:* Die Insignien und Kleinodien des Heiligen Römischen Reiches. Wien 1954

**Adlerfang:** gemeine Wappenfigur, die den Fuß mit den Krallen des Adlers zeigt. Bisweilen befinden sich in der oberen Hälfte des Fußes noch einige Federn. In einigen Wappen erscheint der A. mit einer Waffe oder einem Gegenstand in den Klauen. Abb.

**Adlerknopf, heraldischer:** Dekorationsknopf der preußischen Armeeuniform bis 1918, auf dem sich ein heraldischer Adler befand. Gefreite trugen je einen kleinen

*Schwarzer Adlerfang im gelben Feld (von Hollenfer)*

*Aeskulapstab*

h. A., Feldwebel und Sergeanten je einen großen zu beiden Seiten des Kragens über den Achselklappen. Unteroffiziere trugen heraldische Adlerknöpfe auf den Ärmelpatten, wenn sie die Schießschule absolviert hatten.

In den Armeen der anderen Bundesstaaten des Deutschen Reiches befand sich auf den betreffenden Uniformknöpfen das Wappen des jeweiligen Staates.

**Adlerkopf:** häufige gemeine Wappenfigur. In einigen Fällen ist der A. gekrönt. In älteren Darstellungen befinden sich unten einzelne Federn.

**Adlerkopfschnitt:** Schildteilung, bei der durch die Teilungslinie die Form von zwei Adlerköpfen entsteht. Vgl. Rachenschnitt.

**Adlerlöwe:** in der Heraldik selten vorkommendes Fantasietier, das die Kombination eines Löwen mit einem Adlerkopf darstellt.

**Adlermann:** Fantasiefigur mit dem Oberkörper eines Adlers und den Beinen eines Menschen.

**Adlerschild:** mit dem gekrönten ↑ Doppeladler belegter Schild des römisch-deutschen Kaisers. Der A. galt als Symbol der Reichsfreiheit und wurde deshalb von vielen Freien Reichsstädten als Wappen geführt. In der Schweiz war der A. auch noch nach der endgültigen Trennung vom Reich im Jahre 1648 ein Sinnbild der Unabhängigkeit.

**Adlerstellung:** Bezeichnung für in der typischen heraldischen Darstellung des Adlers gezeigte andere Vögel.

**Adlerweibchen** ↑ Jungfrauenadler.

**Adoption:** Annahme an Kindes Statt. Wurde ein Nichtadliger von einem Adligen adoptiert, ging auch das Adelsprädikat mit dem Namen des Adoptivvaters bzw. der -mutter auf diesen über. Dieser personengebundene Adelstitel konnte mit Genehmigung des Landesherren erblich werden.

**Aeskulap** [griech.]: Gott der Heilkunde bei den Griechen und Römern. Er wird meist als bärtiger alter Mann mit einer Schlange dargestellt. Häufig windet sich die Schlange um einen Stab. Dieser Schlangenstab wurde als *A.stab* zum Symbol der Mediziner. Abb.

**Affe:** redendes Wappenbild z. B. der *Familien Affenstein, Eppe* und *Apen.* In der älteren Heraldik wurde der A. oft mit der Meerkatze identifiziert und galt als Symbol der List, Reizbarkeit und Geselligkeit. Nach der Ansicht einiger Heraldiker kündet er von weiten Reisen des Stammvaters der betreffenden Familie, die er im Auftrag seines Lehnsherren unternahm.

**Affenbrotbaum:** Savannenbaum im tropischen Afrika mit auffallend dickem, wasserspeicherndem Stamm. Ein A. befindet sich z. B. im Wappen der Republik Senegal über

*Affenbrotbaum im Staatswappen von Senegal*

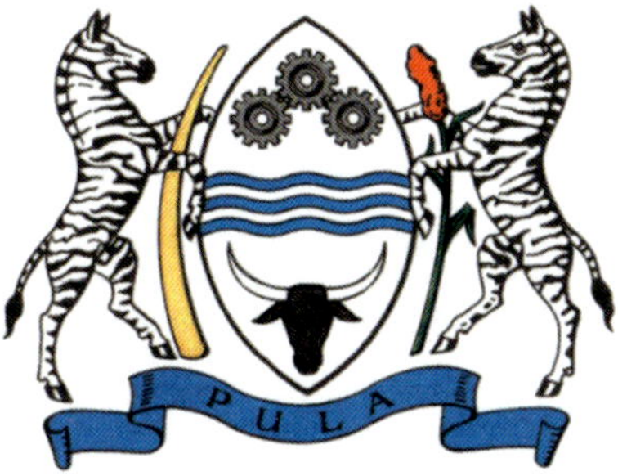


*Zwei Zebras als Schildhalter des Wappens von Botswana als Beispiel für afrikanische Heraldik*

einem grünen Wellenbalken, der den Senegalstrom symbolisiert. Abb.

**Affenhelm:** Helm des 16. Jahrhunderts, der wegen des stark hervortretenden Visiers eine Ähnlichkeit mit einem Affenkopf zeigte. Vgl. Spangenhelm.

**afrikanische Heraldik:** Das ältere Wappenwesen Afrikas war ausschließlich von der Heraldik der jeweiligen Kolonialmächte geprägt (vgl. Kolonialheraldik), wenn man von den Wappen Liberias und Äthiopiens (vgl. Löwe von Juda) absieht. Erste heraldische Zeugnisse stammen aus Südafrika (Burenrepubliken, Kapkolonie). Dort lassen sich spezifische Wappenbilder und nationale Bildmotive zuerst in Familien- und Gesellschaftswappen als gemeine Figuren und Schildhalter nachweisen.

In den Wappen der ab 1960 unabhängig gewordenen Staaten dominieren Darstellungen aus der einheimischen Flora, Fauna und auch Folklore. Neben den übernommenen traditionellen europäischen Schildformen erscheinen typische afrikanische Kampfschilde (vgl. Bantu-Schild, Massai-Schild).

Die islamischen afrikanischen Staaten lehnen sich in der Wahl ihrer Wappenbilder eng an die traditionelle islamische Symbolik an. Vgl. Abb. bei Elefant. Abb.

**Afterlehen:** ein durch einen bereits Belehnten weiterverliehenes Lehen. Der Inhaber eines A. war Lehnsmann des ersten Vasallen, dieser wiederum der seines Herren. Dieser Oberlehnsherr hatte, wenn das Recht seines Vasallen wegfiel, die Wahl, einen neuen Unterherren zu belehnen oder den A.smann als unmittelbaren Vasallen anzunehmen.

**Afterwappen:** seltener Begriff, der z. B. von *G. A.* ↑ *Seyler* (Geschichte der Heraldik) für Wappenführungen benutzt wird, die nach dem Wappenrecht unrechtmäßig sind.

**Ägidius:** christlicher Heiliger, gest. um 725 in Frankreich. Ä. wurde in Athen geboren, er verließ seine Heimat und führte in der Nähe der Rhônemündung das Leben eines Einsiedlers. Mit den sich ihm anschließenden Schülern gründete er später ein Kloster zu Ehren der *Heiligen Petrus* und *Paulus*, bei dem später die nach ihm benannte Stadt St. Gilles entstand. Er zählt zu den Vierzehn Nothelfern. In bischöflichem Gewand erscheint er z. B. im Wappen der Stadt Brücken an der Helme sowie in dem der sächsischen Stadt Lengenfeld. Abb.

**Agnus Dei** [lat., Lamm Gottes]: Bezeichnung für das Osterlamm oder ↑ Lamm Gottes. Vgl. Abb. bei Kleeblatt.

*St. Ägidius im Wappen der Stadt Lengenfeld*

**AGRICULTURE COMMERCE** [engl., Landwirtschaft, Handel]: Wahlspruch im Wappen des US-Bundesstaates Tennessee. Die im oberen Teil des Wappens befindliche Zahl XVI soll zum Ausdruck bringen, daß Tennessee als 16. Staat in die Union aufgenommen wurde.

**Agrippa von Nettesheim,** eigentlich *Heinrich Cornelis*: 1486/1535, Wundarzt, Jurist, vor allem aber Theologe. Sein Hauptwerk «De occulta philosophia» (1510, gedruckt 1531) zeigt ihn als okkultistischen Gelehrten. Er leitete aus der Heraldik Argumente zur Bekämpfung und Verlästerung der Institution der Monarchie und des Adels ab und verurteilte gemeinsam mit dem Wiedertäufer *Sebastian Franck* (gest. 1545) die Herolde, die den Wappen theologischen, philosophischen und astrologischen Inhalt unterschieben wollten. A. v. N. kritisierte z. B. die Tatsache, daß für die Wappendarstellungen hauptsächlich Raubtiere verwendet wurden und sah darin ein Symbol für die Handlungsweise des Adels seiner Zeit.

**ägyptisches Henkelkreuz:** ↑ Antoniuskreuz, bei dem oben in der Mitte eine runde Öse angebracht ist. Dieses Kreuz gilt als Sinnbild des künftigen Lebens und ist auch unter dem Namen *Nil-* bzw. *Lebensschlüssel* bekannt. Abb.

*ägyptisches Henkelkreuz*

**Ahnen:** Personen, von denen man in unmittelbarer Stammfolge väter- und mütterlicherseits abstammt. Jeder Mensch hat zwei Eltern, vier Großeltern, acht Urgroßeltern, sechzehn Ururgroßeltern usw., falls kein Ahnenverlust infolge von Verwandtenheirat eintritt. Die Kinder aus einer Ehe zwischen Vetter und Base z. B. haben nur sechs Urgroßeltern.

**Ahnentafel,** *Stammtafel*: Zusammenstellung der Ahnen einzelner Personen. Die A. enthält die Eltern, Großeltern, Urgroßeltern usw. eines einzelnen Menschen einschließlich seiner leiblichen Geschwister. Demzufolge existieren A. zu vier, acht, sechzehn, zweiunddreißig usw. Ahnen, wobei sich naturgemäß in jeder Ahnenreihe die Zahl verdoppelt. Für die Erlangung gewisser Hofwürden sowie für die Aufnahme in bestimmte Stifter und Orden war die Einreichung einer *aufgeschworenen*, d. h. einer von den Standesgenossen als richtig beglaubigten, A. erforderlich. So wird der Adel von Personen, die mindestens vier adlig geborene Ahnen aufweisen konnten, als «stiftsmäßig» bezeichnet. Der A. wurden vielfach auch die entsprechenden Wappen beigefügt, was aber meist nur in der oberen Reihe geschah. Vgl. Stammbaum.

*Literatur*

*Kekulé von Stradonitz, S.:* Ahnentafel-Atlas. Berlin 1898

*Isenburg, W. K., Prinz v.:* Stammtafeln zur Geschichte der europäischen Staaten. Berlin 1936

*Isenburg, W. K., Prinz v.:* Stammtafeln zur Geschichte der deutschen Staaten. Berlin 1936

*Isenburg, W. K., Prinz v.:* Ahnentafeln der Regenten Europas und ihrer Gemahlinnen. Berlin 1938

*Freytag von Loringhoven, F., Baron:* Stammtafeln zur Geschichte der europäischen Staaten. Marburg 1956

**Ahnenverlust,** *Implese*: wiederholtes Auftreten eines Ahnenpaares in einer Ahnentafel. Infolge von Verwandtenheiraten tritt der A. in Ahnentafeln fürstlicher Personen besonders häufig auf.

**Ahnenverschiebung:** ein in einer Ahnenreihe erscheinendes Ahnenpaar, das bereits in der vorhergehenden Reihe enthalten war.

**Ahnenwappen:** die auf einigen Grabdenkmälern (↑ Grabdenkmal) rechts und links, mitunter auch oben und unten, angebrachten Wappen der Ahnen des Verstorbenen.

**Ahornblatt:** seit dem 19. Jahrhundert nationales Symbol Kanadas. Im Wappen dieses Staates erscheinen drei rote Ahornblätter im ↑ Schildfuß sowie ein von einem Löwen gehaltenes A. als Helmzier (↑ Helmkleinod). Auch in den Provinzwappen von Quebec und Ontario befinden sich je drei Ahornblätter. Die Flagge zeigt ein rotes A.

*ajouré*

*Auf rotem Schrägbalken im gelben Feld drei weiße alerions (Lothringen)*

*Alcántarakreuz*

*St. Albanus im Stadtwappen von Schkeuditz*

**Ähre:** hauptsächlich in bürgerlichen Wappen vorkommende gemeine Figur. Die *Familie Campi* führte Ä. mit Beziehung auf ihren Wahlspruch «Campi tui replebuntur ubertate» [lat., deine Felder werden erfüllt werden vom Überfluß].

**Aigrette** [franz.]: als Helmschmuck dienender Federbusch. Ein Busch aus Reiherfedern war besonders beliebt.

**ajouré** [franz., durchbrochen, mit Öffnungen]: nur in der französischen Heraldik vorkommende Gestaltungsart des ↑ Schildhauptes oder ↑ Ortes. In der deutschen heraldischen Kunstsprache mitunter auch als *Schildhauptscharte* bezeichnet. Vgl. durchbrochen. Abb.

**albanische Mütze** ↑ tatarische Mütze.

**Albanus,** *Alban*: christlicher Heiliger, Bischof, gest. 301, nach anderer Quelle 406. Der Legende nach wurde dem Bischof von den Hunnen der Kopf abgeschlagen. St. A. wird mit dem Kopf in der Hand und einem Schwert dargestellt. Er ist Schutzpatron von Mainz, Winterthur und Köln. Er erscheint u. a. auf dem Wappen von Schkeuditz (bei Leipzig) sowie im Schild des Bistumes Merseburg. Auch auf Münzen (Dukaten) des Stiftes St. A. (bei Mainz) wurde der Heilige häufig aufgeprägt. Abb.

**Albany** ↑ Herald's College.

**Albenkreuz** ↑ Alpenkreuz.

**Album** ↑ Stammbuch.

**Alcántarakreuz:** Ordenszeichen des 1156 von den Brüdern *Don Suero* und *Don Gomez Fernando Barrientos* gestifteten kastilischen Militär-Ritterordens von Alcántara. Das gleiche Kreuz führte auch der 1158 gegründete kastilische Militär-Ritterorden von Calatrava (↑ Lilienkreuz). Abb.

**alerion** [franz.]: kleiner Wappenadler mit ausgebreiteten Flügeln und ohne Fänge, seit dem 16. Jahrhundert auch ohne Schnabel. Nach den Auffassungen der französischen Heraldiker war der a. das Zeichen eines Sieges über Ausländer. Dieses Wappenbild kann auch in der Mehrzahl vorkommen, z. B. seit dem 13. Jahrhundert im Wappen von Lothringen. Abb.

**Alfenfuß** ↑ Pentalpha.

**Allegorie:** in der bildenden Kunst sowie

*Allegorisches Wappen des Todes von Albrecht Dürer*

auch in der Heraldik sinnbildliche Darstellung abstrakter Begriffe, wie Tugend, Weisheit usw., durch menschliche Personen unter Zuhilfenahme von Attributen oder Symbolen, z. B. Fortuna mit dem Füllhorn als A. des Glückes.

**allegorische Wappen:** in vielen Fällen nach den Regeln der Heraldik gestaltete Wappen, die jedoch nicht auf eine Person bezogen sind, sondern als Gleichnis bzw. sinnbildliche Darstellung von abstrakten Begriffen dienen. Die schönsten Beispiele für a. W. brachte die Zeit der Renaissance hervor, z. B. *Albrecht Dürers* Wappen des Todes. Abb.

**ALL FOR OUR COUNTRY** [engl., alles für unser Land]: Wahlspruch unter dem Wappen des US-Bundesstaates Nevada.

**Allianzwappen:** **1.** in unterschiedlicher Form vereinigte Wappen (vgl. zusammengesetzte Wappen) ursprünglich staatsrechtlich nicht gemeinsam regierter Länder, die meistens durch eine Personalunion (gemeinsamer Herrscher) verbunden waren.

Ein A. führten z. B. England und Schottland während ihrer Personalunion von 1603 bis 1707 sowie Sachsen und Polen ebenfalls während ihrer Personalunion in den Jahren 1697 bis 1763. Vgl. Abb. bei Wappenkreis. – **2.**↑ Ehewappen.

**Allod,** *Allodium*: ursprünglich Eigengut eines adligen oder bäuerlichen Inhabers im Gegensatz zum Lehngut. Später war A. das vom Lehns- oder Fideikommisverband freie Grundstück; im späten Mittelalter auch gleichbedeutend mit Rittergut.

**Almanach de Gotha** ↑ Gothaische Taschenbücher.

**Almanach royal** ↑ Wappenalmanach.

**Alpenkreuz,** *Albenkreuz*: seltene, alte Bezeichnung für ↑ Drudenfuß. Das A. stellt kein Kreuz dar.

**Altar:** seltenes Wappenbild. Ein A. zwischen zwei Priesterinnen befindet sich z. B. im Wappen des Karibikstaates Saint Vincent. Abb.

**alte Heraldik:** häufig verwendeter Begriff für die Blütezeit der Heraldik, etwa vom 13. bis zum 15. Jahrhundert.

**Altfeh:** das heraldische Pelzwerk Feh (↑ Eisenhütlein) in wellenförmiger Anordnung. Abb.

**altfränkische Decke** ↑ Helmdecke.

**Altfürsten** ↑ altfürstliche Häuser.

**altfürstliche Häuser,** *Altfürsten*: im Römisch-Deutschen Reich Bezeichnung für alle Fürstenhäuser, die bereits 1582 im Reichstag eine einzeln gerechnete Stimme besaßen. Die Gegenüberstellung von alt- und neufürstlichen Häusern beruht auf der irrigen Annahme, daß gerade 1582 der Kaiser das Recht verloren habe, durch Ernennung neuer fürstlicher Reichsstände den Reichsfürstenrat zu erweitern. Tatsächlich setzten die Reichsstände erst im 17. Jahrhundert durch, daß zwar nicht die Verleihung des Titels der Reichsstandschaft, wohl aber die Ausübung der reichsstandschaftlichen Befugnisse von ihrer Zustimmung abhängig gemacht wurde.

**Altho:** gest. 770, schottischer Prinz, Missionar, Gründer von Altomünster in Oberbayern. Der Legende nach fällte er die zum Bau des Klosters verwendeten Bäume selbst, die

*Altfeh*

dann von Vögeln fortgetragen wurden. Als Bischof gekleidet, mit einem Kirchenmodell in der Hand, erschien der Heilige bereits 1346 im Siegel und später im Wappen der oberbayrischen Gemeinde Altomünster.

**A MARI USQUE AD MARE** [lat., von Meer zu Meer]: Spruch unter dem Staatswappen von Kanada mit Bezug auf die geographische Lage des Landes zwischen Stillem und Atlantischem Ozean.

**Amausen:** im Mittelalter Ausdruck für künstlichen Glasfluß, Email oder imitierte Edelsteine.

*Altar im Staatswappen von Saint Vincent*

*Wappen der Herzöge von Württemberg aus dem Wappenbuch des Jost Amman*

**Ameise:** selten vorkommende gemeine Figur, die nach älteren Ansichten Klugheit und Kunstsinn symbolisieren soll. Sie erscheint z. B. im Wappen der *Grafen von Saint-Quentin.*

**Amethyst:** alte, für die heraldische ↑ Tinktur Purpur verwendete Bezeichnung.

**Amman,** Jost: 1539/1591, Maler und Grafiker, war in Nürnberg tätig. Seine zahlreichen Holzschnitte vermitteln ein anschauliches Bild der Kultur seiner Zeit. Neben dem «Turnierbuch» (1566) und anderen kulturgeschichtlich interessanten Holzschnittwerken schuf er im Jahre 1589 das für die zeitgenössische Heraldik wichtige «Wappen- und Stammbuch». Die in diesem Werk enthaltenen siebzig Holzschnitte zeigen neben den Wappen des hohen Adels auch eine Vielzahl Bürgerwappen, vor allem der Nürnberger Patriziergeschlechter.
Eine Faksimilereproduktion dieses Werkes erschien 1893 in München bei *Georg Hirth.* Vgl. Abb. bei Schildhalter. Abb.

**amphibisch:** von einigen Heraldikern für

Ausnahmen der heraldischen Farbregeln verwendeter Terminus. Da nach diesen Regeln niemals Farbe auf oder in Farbe sowie Metall nicht auf oder in Metall stehen darf, bilden das heraldische Pelzwerk und die Tinktur Purpur den Ausnahmefall. Eine, wenn auch seltene, Kombination dieser beiden Tinkturen mit den anderen Farben bezeichnet die Fachsprache als a. Während in der deutschen Heraldik Purpur als Schildfarbe äußerst selten vorkommt, finden sich in England und Frankreich zahlreiche Beispiele.

**Amphisbäne,** *Amphisbaene* [griech.]: Ausdruck der alten Heraldik für den ungeflügelten Drachen.

**Amphistere** [griech.]: in der alten Heraldik für den geflügelten Drachen verwendeter Begriff.

**am Rande gespitzt,** *zum Rand gespitzt:* Bezeichnung für eine Schildteilung durch Spitzen, die an einem gemeinsamen Punkt am Schildrand zusammenstoßen. Dieser Punkt kann sich rechts oder links, oben oder unten befinden. Abb.

**am Schildrand:** Ausdruck für Figurenhälften, deren Schnittflächen an den vorderen oder hinteren Schildrand angeheftet sind. Beim Blasonieren (↑ Blasonierung) ist anzugeben, welche Schildhälfte gemeint ist.

**Amsel** [franz. merlette, merle]: in der französischen und rheinländischen Heraldik oft vorkommendes Wappentier. Besonders in französischen Wappen erscheint die A. ↑ gestutzt, d. h. ohne Schnabel und Klauen und mit eng am Leib anliegenden Flügeln. In ihrer natürlichen Form ist sie meist schwarz tingiert; gestutzt erscheint die A. mitunter in blauer Färbung. Vgl. Merlette.

**am Spalt:** zur Hälfte dargestellte gemeine Figuren, die mit ihrer Schnittfläche eine Spaltungslinie berühren. Abb.

**Amtskette:** Amtsabzeichen der Bürgermeister, Rektoren von Hochschulen und Universitäten usw. Schon in früher Zeit waren die A. auch heraldisch geschmückt. In den meisten Fällen tragen sie das Wappen der Landesherren, Staaten oder Städte.

**Amts- und Würdezeichen:** besondere Symbole einiger Wappeninhaber. Neben den Abzeichen der Erzämter (↑ Amtswappen) zählen zu diesem Begriff die päpstlichen Schlüssel (↑ Bindeschlüssel), Bischofstäbe, Zepter und in die Wappen aufgenommene Ordenszeichen. Im 15. Jahrhundert bestand noch kein Zusammenhang der A. u. W. mit den Wappen, so daß beide häufig nebeneinander angebracht waren.

*Schwarzer Adler im goldenen Feld am Spalt (Nürnberg)*

*Dreimal blau am Rande gespitzt*

*An die Teilung geschlossenes weißes Pferd im goldenen Feld (von Reuss)*

**Amtswappen,** *Dignitätswappen:* Wappen, die gewisse, in der Regel vom römisch-deutschen Kaiser verliehene Rechte zum Ausdruck bringen sollten. Die an bestimmte

Geschlechter verliehenen A. wurden von diesen dann später als besondere Bereicherung im Familienwappen geführt. So z. B. befanden sich im Wappen der Pfalz der Reichsapfel wegen des Erztruchsessenamtes, im Wappen von Württemberg die Reichssturmfahne wegen des Erbpannerherrenamtes, im kursächsischen Wappen die gekreuzten Schwerter wegen des Erzmarschallamtes. Vgl. Abb. bei fasciolam. Abb.

**Ancienitätsstander:** Flagge (Stander) des Kommodore, d. h. des als Geschwaderchef fungierenden ältesten Kapitäns, die am Topp des Großmastes befestigt war. Sein Stellvertreter führt sie am Vortopp.

**Ancile:** bereits in der Antike bekannter, rund herum ausgekerbter Schild.

**an die Teilung geschlossen:** halbe (zerschnittene) gemeine oder Heroldsfiguren, die mit der Schnittfläche an eine Quer- oder Schrägteilungslinie geheftet sind. Abb. auf S. 37.

**Andreas:** christlicher Heiliger, Apostel, Bruder des ↑ *Petrus*. Nach dem Johannes-Evangelium war A. einer der ersten Jünger, die sich *Jesus* anschlossen. Der Überlieferung nach lagen seine Missionsgebiete in Kleinasien sowie in den Ländern südlich des Schwarzen Meeres, auch in Thrakien und Griechenland. Wahrscheinlich erlitt er unter dem Prokonsul von Achaia *Aegeas* im Jahre 60 in Patras den Kreuzestod. Spätere Darstellungen zeigen ihn am ↑ Andreaskreuz. Die seit dem 4. Jahrhundert in Konstantinopel aufbewahrten Reliquien des Heiligen wurden 1208 nach Amalfi verschleppt. Das 1462 nach Rom gelangte Haupt des Heiligen wurde 1964 als Geste der Versöhnung mit der griechisch-orthodoxen Kirche zurückgegeben und nach Patras gebracht. Der heilige A. ist Patron vieler Länder, Städte und Kirchen, z. B. von Schottland, Burgund, Holstein und Minden. Er erscheint auch in vielen Städtewappen, z. B. von St. Andreasberg (Harz) und Norden (Ostfriesland).

**Andreaskreuz,** *Schildzehner, Schrägkreuz, sizilianisches Kreuz*: aus zwei Schrägbalken gebildetes Kreuz. Der Name A. rührt von dem

*Zwei gekreuzte goldene Zepter im blauen Feld als Amtswappen der Fürsten von Hohenzollern als Erbkämmerer*

*Andreaskreuz*

*aneinandergeschobener Pfahl*

*Anfangsbuchstabe von Zittau im Herzschild des mit dem böhmischen Löwen und schlesischen Adler gevierten Stadtwappens*

heiligen Apostel *Andreas* her, der zu Patras an einem derartigen Kreuz gekreuzigt worden sein soll. Es wurde schon sehr früh ein christliches Glaubenssymbol, z. B. das X als griechischer Buchstabe Chi, die Abkürzung für Christus. Später erscheint es, zum Teil zusammen mit der Darstellung des Apostels, z. B. auf Wappen und Münzen von Schottland, Brabant, Braunschweig, Hohnstein und Rußland. Das A. als Heroldsbild bezeichnet die heraldische Terminologie als ↑ Schragen. Abb.

**Andreasorden:** am 30. November 1698 von *Peter I. von Rußland* (1689–1725) gestifteter, bis zum Jahre 1917 höchster Orden Rußlands. Der Orden hatte nur eine Klasse und wurde nur Personen vom Generalleutnantsrang aufwärts verliehen. Voraussetzung war der Besitz des Alexander-Newski-Ordens. Die Ordensdekoration besteht aus einem gekrönten, schwarzemaillierten Doppeladler, auf den ein ↑ Andreaskreuz mit der Abbildung des Heiligen gelegt ist. Das Ordenskleinod wurde an einem hellblauen Band getragen, dazu ein silberner Bruststern. Im Laufe der Zeit wurde die Form des A. mehrfach verändert. Wappendarstellungen vom Anfang des 18. Jahrhunderts zeigen das Kreuz allein, ohne den Adler. Bis 1917 erschien der A. immer im großen Staatswappen des Zarenreiches.

**aneinandergeschobener Pfahl:** zwei in ihrer Breite verringerte Pfähle von verschiedenen Tinkturen, die sich an ihren inneren Begrenzungslinien berühren. Abb.

**Anfangsbuchstaben:** eigentlich unheraldische, zu den gemeinen Figuren zählende Wappenbilder. A. treten auf den mittelalterlichen Münzen der Städte häufiger auf als in den Wappen. Meist handelt es sich um den A. des Namens der Stadt, bisweilen auch um den Namen des Landesherrn. Vielfach sind sie auf den älteren Namen der Städte bezogen, so daß eine Identifizierung oft Schwierigkeiten bereitet. Das im alten Wappen von Breslau (Wrocław) befindliche W bezog sich auf deren lateinischen Namen Wratislawia. Vgl. Buchstabenwappen. Abb.

**angehackter Pfahl:** sehr seltenes Heroldsbild, das aus einem ↑ Pfahl besteht, an dessen linker bzw. rechter Seite sich ein kerbenförmiger Einschnitt befindet. Abb.

*Roter angehackter Pfahl im silbernen Feld*

**angekürzt** ↑ angestückt.

**Angelhaken:** in verschiedensten Formen vorkommendes Wappenbild. Der Widerhaken des A. ist meist nach innen gebogen dargestellt. Die im Wappen derer *von Hagen* befindlichen A. wurden fälschlicherweise oft als *Schlittenkufen* blasoniert. Abb.

*Zwei gegengewendete Angelhaken*

**angereihet:** Bezeichnung für Figuren, die sich neben oder an einer gemeinen Figur oder einem Heroldsbild anreihen.

**angeschoben:** Ausdruck für einen ↑ Turnierkragen, der mit seiner oberen Seite am oberen Schildrand anstößt. Diese Darstellungsart muß beim Blasonieren besonders gemeldet werden. Abb.

*An den oberen Schildrand angeschobener Turnierkragen*

*Golden angestücktes gemeines Kreuz im schwarzen Feld*

*Rotes Ankerkreuz im silbernen Feld (Pyrmont)*

**angestückt,** *angekürzt*: Heroldsfiguren, z. B. Kreuze, an deren Enden andersfarbige Stücke angesetzt sind. Abb.

**angestückter Schild:** in alten Wappenbüchern, z. B. bei ↑ *Rudolphi*, Bezeichnung für ein oberes oder unteres ↑ Schrägeck, mitunter auch für eine schmale ↑ Flanke oder ↑ Spickelflanke. Diese in die Wappen eingeschobenen Heroldsbilder haben in den meisten Fällen eine abweichende Farbe gegenüber den anderen Tinkturen. Der Heraldiker ↑ *Zschackwitz* sieht diese Darstellungen als ↑ Beizeichen.

**Anker:** beliebtes, zu den gemeinen Figuren zählendes Wappenbild, das auch ↑ gestürzt dargestellt wurde. A. kommen in der Heraldik in fast allen Farben vor. Fehlt das oben unter dem Ring befindliche Schwammholz, so ist das beim Blasonieren besonders anzugeben. Der A. findet sich besonders in den Wappen von Hafenstädten. Im 18. Jahrhundert wurde er als Glaubenssymbol verwendet. Ein A. als Attribut des heiligen *Clemens* befindet sich z. B. im Stadtwappen von Solingen.

**Ankerkettenkreuz:** aus zwei übereinandergelegten Ketten gebildetes Kreuz.

**Ankerkreuz:** gewöhnliches Kreuz mit geraden Balken, die an den Enden in je zwei Widerhaken auslaufen. Es kommt in roter Tinktur z. B. im Wappen des Fürstentumes Pyrmont vor (vgl. Schutzumschlag). Als gemeine Figur befand sich ein A. im Wappen des ehemaligen österreichischen Kronlandes Görz und Gradisca. Abb.

**Anna selbdritt:** in der bildenden Kunst Darstellung der heiligen Anna, die auf ihrem Schoß ihre Tochter Maria und das Jesuskind hält. Die heilige Anna gilt als Schutzpatronin des Bergbaues und erscheint z. B. im Wappen der 1497 gegründeten Bergstadt Annaberg. Abb.

**Anniversar von Elgg:** im Zeitraum zwischen 1439 und 1465 entstandenes und mit späteren Eintragungen versehenes, handgemaltes Wappenbuch; im Besitz der Gemeinde Elgg. Das Buch enthält 48 Blatt mit Wappen, hauptsächlich von Bürgern von Elgg. Es existiert eine Kopie aus den Jahren 1506 bis 1508.

**Anniversar von Ulster:** zwischen 1469 und 1473, wahrscheinlich von dem Geistlichen *Felix Kaltschmidt*, angelegtes und gezeichnetes Wappenbuch; im Besitz der Zentralbibliothek Zürich. Das Buch enthält 58 Blatt mit etwa 60 meist Vollwappen der *Familien Landenberg-Greiffensee* und *Bonstetten*, den Wappen ihrer angeheirateten Frauen sowie einigen Bürger- und Bauernwappen.

**Annunziatenorden** [ital. Ordine supremo dell'Annunziata, höchster Orden der Verkündigung (Marias)]: von *Amadeus VI. von*

*Anna selbdritt im Wappen der Stadt Annaberg (Erzgebirge)*

*Savoyen,* genannt der «grüne Graf» (1343–1383), unter dem Namen «Orden vom Halsbande zur Ehre Gottes, der heiligen Jungfrau Maria, der fünfzehn Freuden derselben, der Heiligen des Paradieses und des ganzen himmlischen Hofes» gestifteter Orden. *Graf Amadeus VIII.* (1391–1434) gab ihm 1409 die ersten Statuten. 1518 wurde der A. dem «Geheimnis der Verkündigung» geweiht und Ordenszeichen und Name dahingehend umgewandelt. Dieser ursprünglich savoyische, seit 1725 sardinische Orden war von 1860 bis 1946 die höchste Auszeichnung des Königreiches Italien und wurde von der Republik 1950 aufgehoben. Das Ordenszeichen bestand aus einem von Liebesknoten (↑ Liebesseile) umgebenen Medaillon mit der Darstellung der Verkündigung Mariä, das an einer goldenen Kette um den Hals getragen wurde. In der Ordenskette wechselten Schleifen und Schilder ab. Auf letzteren waren die Buchstaben F. E. R. T. [Fortitudo Ejus Rhodum Tenuit, lat., seine Tapferkeit hielt Rhodos]. Sie beziehen sich auf den *Grafen Amadeus V.* (1285–1323), der 1310 die Türken bei Rhodos besiegte.

**Ansbacher Wappenbuch:** zwischen 1485 und 1490 entstandene teilweise Kopie des ↑ Pfälzer Wappenbuches; im Besitz des Historischen Vereins für Mittelfranken in Ansbach. Das handgemalte Buch enthält etwa 750 Wappen süddeutscher und einiger österreichischer Geschlechter.

**anschauend:** Menschen- und Tierfiguren, deren Kopf auf den Betrachter gerichtet ist, so daß beide Augen und Ohren sichtbar sind.

**ansprechen:** das Benennen oder Bezeichnen eines Wappenbildes oder eines bestimmten Teiles der Wappen.

**anspringend:** Tiere, die einen vor sich befindlichen Gegenstand, dem sie zugewendet sind, anspringen. Halten sie dabei einen anderen Gegenstand mit zwei oder drei Füßen, so ist das beim Blasonieren besonders zu melden. Abb.

**Anspruchwappen:** Wappen, meist von Fürstlichkeiten, die den Anspruch auf Länder, Herrschaften oder Städte zum Ausdruck bringen sollten. Die Könige von England führten z. B. bis zu Beginn des 19. Jahrhunderts das Wappen Frankreichs als A. Ebenso finden sich im Wappen der Herzöge von Savoyen die Wappen der Königreiche Zypern und Jerusalem. Das sächsische Gesamtwappen enthält als A. die Schilde von Engern und Westfalen, Jülich, Cleve und Berg (wegen der Ansprüche auf diese Gebiete). Das *Haus Savoyen* wiederum führte ebenfalls diese Schilde, einschließlich des sächsischen Rautenwappens, da es sich von den alten Herzögen von Sachsen abstammend betrachtete. Vgl. Besitzwappen.

**anstoßend:** Herolds- oder gemeine Figuren, die sich gegenseitig mit ihren Enden berühren.

**antike Krone** ↑ Zackenkrone.

**Antilope:** besonders in der englischen Heraldik bevorzugtes Wappentier. In der alten Heraldik stark stilisiert, meist aufrecht stehend mit stark betonten Hörnern und Klauen, nimmt die A. in neuerer Zeit eine fast naturalistische Gestalt an. Sie diente mitunter auch als Schildhalter, z. B. im Wappen der ehemaligen englischen Kolonie Kapland und noch heute im Wappen der Republik Südafrika.

**Antoniuskreuz,** *ägyptisches Henkelkreuz, Plattkreuz:* Kreuz, dessen waagerechter Querbalken auf dem oberen Ende des senkrechten Balkens liegt. Wegen seiner Ähnlichkeit mit

*Im goldenen Feld ein schwarzer Löwe, einen gezinnten roten Turm anspringend (Stadtwappen von Meißen)*

*St. Antonius mit Krummstab (in der Krümmung das Antoniuskreuz) und Buch auf einem Taler des Bistumes Hildesheim von 1698*

*Antoniuskreuz*

dem griechischen Buchstaben Tau wird es mitunter auch *Taukreuz* genannt. Das A. ist Symbol des als Vater des Mönchstumes in die Kirchengeschichte eingegangenen Einsiedlers *Antonius* (etwa 250/356 u. Z.). Dieses dreiarmige Kreuz bildete auch den Grundriß der altchristlichen, aus der antiken Basilika hervorgegangenen Kirchenform. Ein blau emailliertes A. trugen auch die Mitglieder des 1095 gestifteten und 1774 mit dem Malteserorden (↑ Johanniterorden) vereinigten Antoniusordens auf ihren schwarzen Gewändern. Das A. war auch Symbolzeichen des Tempelherrenordens. Abb.

**Antony von Siegenfeld,** Alfred: 1854/1929, Vizedirektor des Haus-, Hof- und Staatsarchives Wien, Heraldiker. Neben einigen heraldischen Publikationen («Das Landeswappen der Steyermark», Graz 1900) war der Autor als Mitarbeiter (Verfasser und Zeichner) am ↑ Neuen Siebmacher beteiligt (Band Steiermark).

**Apfelkreuz:** seltene Bezeichnung für ↑ Kugelstabkreuz.

**Apian,** Philipp: 1531/1589, Mathematiker, Geograph. Der Sohn des Geographen und Astronomen *Peter A.* (1495/1552) erhielt 1552 das Amt seines Vaters. Wegen seines Übertrittes zum Protestantismus war er 1568 gezwungen, Ingolstadt zu verlassen und erhielt ein Jahr später eine Professur der Mathematik in Tübingen. A. legte Sammlungen von Wappen der Stifter, Klöster, des Adels, der Städte und Märkte Bayerns an. Diese 1562 abgeschlossene Sammlung ließ er in Holz schneiden. Die 660 Wappen enthaltende Sammlung wurde 1880 in München von *K. Primbs* unter dem Titel «Philipp Apians Wappensammlung der altbayr. Landschaft, wie des zu seiner Zeit abgegangenen Adels. Anhang zu Apians Topographie von Bayern, zur Feier des 700-jährigen Herrscherjubiläum des erlauchten Hauses Wittelsbach» herausgegeben.

**apokryphe Wappen:** untergeschobene, zweifelhafte oder später erdichtete Wappen. Vgl. Fantasiewappen.

**APRES BONDIE C'EST LA TER** [kreol., neben dem lieben Gott (lieben wir) die Erde]: Wahlspruch unter dem Wappen des Commonwealth-Staates Dominica.

**Archidux** ↑ Erzherzog.

**Archives Héraldiques Suisses** *(AHS), Schweizerisches Archiv für Heraldik*: seit 1887 in der Schweiz erscheinende heraldische Fachzeitschrift, die seit 1953 in das in deutscher und französischer Sprache herausgegebene ↑ Archivum Heraldicum (AH) und in das Jahrbuch unterteilt wird.

**Archiv für Stamm- und Wappenkunde:** im Jahre 1900 in Kahla (Thüringen) erschienene Zeitschrift mit dem Titel «Der Wappensammler», Allgemeines Organ zum Austausch für Wappensammler, Genealogen, Heraldiker sowie für heraldische Vereine. Unter Mitwirkung hervorragender Fachleute herausgegeben vom Verlag *A. Wellers.* Ab dem dritten Jahrgang (1902/1903) erschien diese Zeitschrift unter der Bezeichnung «Organ des Roland», zum Teil mit andersfarbigem Umschlag. 1922 fusionierte

diese Publikation mit den «Familiengeschichtlichen Blättern» in Leipzig.
Alle Jahrgänge enthalten wertvolle heraldische und genealogische Beiträge sowie hervorragende Abbildungen von Wappen, Exlibris usw.
**Archivum Heraldicum:** seit 1953 in Lausanne in deutscher und französischer Sprache erscheinende Vierteljahresschrift der internationalen Heraldik. Diese Zeitschrift wird von der *Schweizerischen Heraldischen Gesellschaft* im Zusammenwirken mit allen europäischen und einigen überseeischen Fachgesellschaften herausgegeben. Daneben erscheint ein Jahrbuch, das sich speziell mit schweizerischer Heraldik befaßt.
**Armalisten** ↑ Wappengenossen.
**Armatur:** besonders im 18. Jahrhundert beliebtes, unheraldisches Wappendekor. Die A.en bestehen z. B. aus hinter bzw. neben den Wappenschilden angehäuften Fahnen, Lanzen, Gewehren, Kanonen, aufgestapelten Kanonenkugeln innerhalb arabeskenhafter Verzierungen.
**Armbrust:** besonders in der süddeutschen und schweizerischen Heraldik vorkommendes Wappenbild. Von den älteren Heraldikern mitunter verkannt, wurden z. B. die im Wappen der *Familie von Bennigsen* befindlichen beiden A.schäfte als *Wagenwinde* blasoniert.
**Armbrustjoch:** Bügel der mittelalterlichen Armbrust, von einigen Heraldikern des 18. Jahrhunderts als *Ochsenjoch* angesprochen. Abb.
**Arme:** Bezeichnung für die einzelnen Balken der Kreuze.
**Ärmel:** besonders in der englischen, rheinischen und lothringschen Heraldik beliebtes Wappenbild. Die Ä. haben dabei zumeist Frauengewänder als Vorlage. Wappen mit Ä., an denen Buchbeutel hängen, führten die Burgmannen des Kurfürsten von Trier auf Burg Neuerburg. Ein naturfarbener Arm mit weitem Ä. und erhobener Hand auf rotem Grund befindet sich im Wappen des Bistumes Graz-Seckau.
**Armillarsphäre:** aus mehreren Ringen gebildete Kugel, die dem Ablesen der Sternstellungen dient. Eine A. erschien bzw. erscheint z. B. im Wappen des Kaiserreiches Brasilien sowie im Wappen der brasilianischen Stadt Guanabara. Die mitunter als «Himmelsglobus des Königs Manuel» bezeichnete, das Hinterwappen Portugals bildende A. bezieht sich auf die bedeutende Rolle Portugals bei den Entdeckungen in Afrika und Amerika. Abb.

*Armillarsphäre auf einem 960-Reis-Stück von Brasilien 1813*

*Drei silberne Armbrustjoche im schwarzen Feld*

**Armorial d'Assignies:** um 1500 entstandenes Buch, das die Wappen und Schlachtrufe von 31 Rittern aus Flandern, Hennegau, Artois und Cambresis enthält. Veröffentlicht wurde es durch *A. Dinaux* im «Archives historiques et littéraires du Nord de la France et du Midi de la Belgique», 1842.
**Armorial de l'ordre du Croissant:** Wappenbuch der Mitglieder des von *René von Anjou* (1435–1442, gest. 1480) im Jahre 1448 erneuerten Ordens vom Halbmond. Das Manuskript aus dem 16. Jahrhundert befindet sich in der Bibliothèque Nationale in Paris.
**Armorial Général:** seit dem Jahre 1615 unter dem bourbonischen Königtum Frank-

reichs bestehendes staatliches Wappenbuch. Ab 1696 (Edikt *König Ludwigs XIV.* [1643–1715]) waren in Frankreich alle wappenführenden Familien und Institutionen verpflichtet, ihre Wappen in dem staatlich geführten A. G. registrieren zu lassen. Das 1709 aufgehobene Edikt wurde 1760 in wesentlichen Punkten modifiziert, die staatliche Wappenregistrierung aber beibehalten. Während der Revolution von 1789 wurde diese Wappenbehörde aufgelöst.

**Armorial Lowestoft:** im England des 18. Jahrhunderts Bezeichnung für das aus China eingeführte ↑ Wappenporzellan, das mit der 1757 in Lowestoft (Grafschaft Suffolk) errichteten Weichporzellanmanufaktur lediglich die Bezeichnung gemein hat.

**Armorial Wijnbergen:** zwischen 1265 und 1288 entstandene Wappensammlung. Sie ist in französischer Sprache abgefaßt und enthält 1302 farbige Wappendarstellungen mit über die Schilde gesetzten Namen der Wappeninhaber. Die Sammlung zeigt u. a. auch die Wappen von Familien der Marche d'Artois. Der Urheber des Werkes bemühte sich, innerhalb der «Marches» auf Verwandtschaft beruhende Wappengruppen zu zeigen, die aber zum großen Teil nur auf zufälligen Ähnlichkeiten beruhen. Das Original befindet sich im Besitz der Koninklijk Nederlandsche Genootschap voor Geslacht- en Wapenkunde in 's-Gravenhage.

*Aschokalöwen*
*als Staatssymbol der Republik Indien*

**Aschfarbe:** im Wappenwesen selten vorkommender unheraldischer grauer Farbton. Als Feldfarbe findet man sie nur bei den *Geschlechtern Aschau* in Bayern (auf den Namen anspielend) und *Osterhausen* in Thüringen.

**Aschokalöwen:** das Staatssymbol Indiens darstellende, im Dreipaß auf einem mit Tieren und Ornamenten verzierten Sockel stehende goldene Löwen. Die drei Löwen bilden das Kapitell einer von *Kaiser Aschoka* (272–222 v. u. Z.) in Sarnath errichteten Säule. Abb.

**äsend:** ↑ Hirsch mit zum Fressen gesenktem Kopf.

**Aspre:** von dem unter dem Namen *Heraldus Brittanus* bekannten mittelalterlichen Herold stammender und für die heraldische ↑ Tinktur Silber verwendeter Begriff.

**Ast:** gemeine Figur oder auch Heroldsbild in Form eines stilisierten A.es. Als Heroldsbild vielfach zu Sektionen (↑ Schildesteilung) verwendet. Abb.

**Astbalken:** das Heroldsbild ↑ Balken mit stilisierten Ästen an den Begrenzungslinien. Abb.

**astend:** Ausdruck für einen oder mehrere auf einem Ast sitzende Vögel.

**Astkreuz:** **1.** Heroldsbild, das aus einem Kreuz besteht, dessen Arme aus stilisierten Ästen gebildet sind. Abb.
**2.** als gemeine Figur vorkommendes Kreuz, dessen Balken aus knorrigen Ästen bestehen.

**Astpfahl:** das Heroldsbild ↑ Pfahl mit stilisierten Ästen an den Begrenzungslinien. Abb.

**Astschragen:** das Heroldsbild ↑ Schragen, dessen Arme aus stilisierten Ästen gebildet sind. Als gemeine Figur wird der A. auch als ↑ Burgunderkreuz bezeichnet. Abb.

*Mit Eichenblättern versehener Ast im Wappen der Ostman von der Leye*

*Schwarzer Astbalken im silbernen Feld*

*Astkreuz*

*Astpfahl*

*Astschragen*

**äthiopisches Kreuz:** schwebendes lateinisches Kreuz (↑ Passionskreuz), dessen obere drei Kreuzarme sich nach außen verbreitern.

**Athlone** ↑ Herald's College.

**Attribut:** als Erkennungszeichen dienender, für eine Person typischer Gegenstand bei bildlichen Darstellungen. Für fast jeden christlichen Heiligen oder antiken Gott gibt es spezielle A., mit denen sie dann in den Wappen oder z. B. auf Münzen vertreten sind.

*Auswahl von christlichen Heiligen und die ihnen zugeordneten A.*

*Adalbert,* Apostel der Preußen, Bischof von Prag (982–997): Keule, Lanze

*Adelgunda:* Taube mit Schleier

*Afra,* Märtyrerin unter *Diocletianus* 304: Flammen, Baum, Säule, Scheiterhaufen

*Agatha,* Märtyrerin unter *Traianus Decius* 251: Zange, Kohlebecken

*Ägidius,* Abt von Saint-Gilles, gest. um 725: Pfeil, Hirschkuh

*Agnes,* Märtyrerin unter *Traianus Decius* 251: Scheiterhaufen bzw. Flammen, Schwert, Lamm

*Albanus* (4. Jahrhundert), Bischof: Kopf in der Hand, Schwert

*Albertus Magnus,* Bischof von Regensburg (1260–1262, gest. 1280): Buch

*Aloysius von Gonzaga* (1568/1591): Lilie, Kreuz, Totenkopf

*Ambrosius,* Bischof von Mailand (375–397): Bienenkorb, Geißel

*Andreas,* Apostel, Bruder des *Petrus*: ↑ Andreaskreuz

*Anna,* Mutter *Marias*: Kind (↑ Anna selbdritt)

*Antonius* (um 250/356): Stab und Glöckchen, ↑ Antoniuskreuz

*Antonius von Padua* (1195/1231): Fische, Christuskind, Lilie, Esel

*Augustinus* (354/430), Bischof von Hippo: Christkind, Wasser mit einem Löffel schöpfend, Adler

*Barbara,* Märtyrerin: Kelch mit Hostie, Pfau, Schwert

*Bartholomäus,* Apostel: Messer

*Bavo* (gest. um 655): Stein, hohle Buche, Falke

*Bernhard von Clairvaux* (1090/1153): Buch, Hund, Bienenkorb
*Bernward,* Bischof des Bistumes Hildesheim (993–1022): ↑ Bernwardskreuz, Hammer, Kelch
*Corbinianus,* Bischof von Freising (724–730): Bär
*Cosmas* und *Damianus*: Arzneigläser
*Cyprianus* (um 200/258), Bischof von Karthago: Schwert, Bischof, Buch
*Cyriacus,* Märtyrer unter *Diocletianus*: Drache, Schwert, Teufel
*Deodatus (Adeodatus),* Papst (615–618): Kirche
*Dionysius* (gest. nach 250), Bischof von Athen, später von Paris: trägt den abgeschlagenen Kopf in der Hand
*Dominikus,* Gründer des Dominikanerordens (1170/1221): Hund, Fackel, Sperling, Erdkugel
*Donatus,* Bischof von Arezzo, Märtyrer unter *Julianus Apostata* 362: mit Lichtern besetztes Rad, Schwert, Baum, Beil
*Eduard (Edward II.),* König von England (975–978): Becher, Dolch
*Elias* (9. Jh. v. u. Z.), Prophet: Schwert
*Eligius* (um 590/660), Bischof von Noyon: Hammer, Zange, Hufeisen
*Elisabeth von Thüringen* (1207/1231): drei Kronen, Rosen, drei Brote, Fische
*Emmeranus* (7. Jahrhundert), Bischof von Poitiers: Lanze und Leiter
*Fabianus,* Bischof von Rom (236–251), Märtyrer unter *Traianus Decius*: Taube und Schwert
*Florianus,* Märtyrer unter *Diocletianus*: Feuer, Kübel, Wasser
*Franz von Assisi,* Stifter des Ordens der Franziskaner (1182/1226): Lilie, Totenkopf, Kruzifix
*Franz Xaver,* Missionar des Jesuitenordens: Kreuz mit Buchstaben I.H.S.
↑ *Georg*: zu Pferd einen Drachen erstechend
*Gotthard (Godehardus),* Bischof von Hildesheim (1022–1038): Kirchenmodell im Arm
*Hedwig,* Gemahlin *Herzog Heinrich I. des Bärtigen von Schlesien* (1201/1238): Schuhe, Krone
*Hubertus* (gest. 727), Bischof von Lüttich: weißer Hirsch mit Kruzifix im Geweih
*Jakobus der Ältere* (gest. 44 u. Z.), Apostel: Pilgerstab, Muschel, Pilgertasche
*Jakobus der Jüngere,* Apostel: lange Stange, mitunter mit Fahne
*Ignatius von Loyola,* Begründer des Jesuitenordens: Buchstaben I.H.S. (In hoc signo [lat., in diesem Zeichen]) auf der Brust
*Joachim,* Vater *Marias*: *Maria* als Kind auf dem Arm, zwei Tauben, Lamm
*Johannes der Täufer,* unter *Herodes Antipas* (4 v. u. Z.–37 u. Z.) hingerichtet: mit Fell bekleidet, Lamm, Kreuzstab
*Johannes,* Evangelist: Adler, Becher, aus dem sich eine Schlange windet
*Joseph:* trägt das Christuskind auf dem Arm, Zimmermannsgeräte
*Karolus Magnus* [lat., Karl der Große]: als Kaiser mit Krone und Zepter, manchmal mit Kirchenmodell
*Katharina,* Märtyrerin unter *Maxentius* 307: zerbrochenes Rad, Krone und Buch
↑ *Laurentius:* Rost
*Leopold III.,* Markgraf von Österreich (1073–1136): fürstliche Insignien, Kirchenmodell
*Ludwig IX.,* König von Frankreich (1226–1270): Lilienzepter, Dornenkrone
*Maria,* Mutter *Jesu*: auf Mondsichel mit Christuskind in ↑ Mandorla
↑ *Martin* von Tours, Bischof (4. Jahrhundert): zu Pferd, den Mantel zerschneidend, Gans
*Nikolaus,* Bischof von Myra in der Mitte des 4. Jahrhunderts: Brote, Schiff, Anker
*Norbert,* Stifter des Prämonstratenserordens, Erzbischof von Magdeburg (1126–1134): Kelch in der Hand, an dem sich eine Spinne befindet
*Olaf,* König von Norwegen (1015–1030): Krone, in der Hand einen Dolch
*Otto,* Bischof von Bamberg (1102–1139): Pfeile, Löwe, Nägel
↑ *Patrick,* Apostel von Irland: Schlange
*Paulus,* Apostel: Schwert
*Petrus,* Apostel: umgekehrtes Kreuz, zwei Schlüssel
*Remigius* (um 440/535), Bischof von Reims: Taube, Ölflasche

*Rudbertus,* Bischof von Salzburg: Salzkübel
*Sebaldus* (8. Jahrhundert): Einsiedler, Pilger, Ritter, Kirchenmodell
↑ *Sebastian,* Märtyrer um 290: von Pfeilen durchbohrt, Baum, Brunnen
*Severus* (gest. um 390), Bischof von Ravenna: Taube, Schuhmachergeräte
*Simon,* Apostel: Säge
*Stanislaus,* Bischof von Krakau (1072–1079): Bischof mit Schwert
*Stephanus,* Protomartyr [griech., erster Märtyrer]: Palme, Steine
*Thomas,* Apostel: Lanze, Winkelmaß
*Thomas Becket,* Erzbischof von Canterbury (1162–1170): Schwert im Kopf, Dohlen
*Urbanus* (5. Jahrhundert), Bischof von Langres: Weinstock, Weintraube
*Ursula:* Pfeil, Märtyrerkrone, Schiff
*Virgilius,* Bischof von Salzburg (um 780): Kirchenmodell
*Vitus (Veit),* Märtyrer unter *Diocletanius*: Buch, Hahn, Kessel
*Wenzel (Vaclav),* Herzog von Böhmen (928–935): königliche Tracht, Fahne mit Adler
*Wolfgang,* Bischof des Bistumes Regensburg (972–994): Beil, Kirche

*Literatur*

*Pfleiderer, R.:* Die Attribute der Heiligen. Ulm 1920
*Braun, H.:* Tracht und Attribute der Heiligen. Stuttgart 1943
*Wimmer, O.:* Die Attribute der Heiligen. Innsbruck 1966

**AUDAX ET FIDELIS** [lat., kühn und treu]: Wahlspruch unter dem Wappen des australischen Bundestaates Queensland.

**aufbäumend:** Ausdruck für Wappentiere, meist Pferde, die auf den Hinterbeinen stehend den Körper fast aufrecht ausstrekken.

**auf der Hut:** stehender Hirsch mit dem Kopf «im Visier», d. h. den Kopf in normaler Stellung von vorn gesehen.

**auf der Lauer:** Gemse, die alle vier Füße keilförmig zusammengestellt hat. Da das die gewöhnliche Stellung in der Heraldik ist, wird die Verwendung dieses Begriffes überflüssig.

**Auff:** alter Ausdruck für Eule. Auf diesen Namen ist das redende Wappenbild der österreichischen *Familie von Auffenberg* zurückzuführen.

**auffliegend:** Vögel, meist Adler, die aus stehender Stellung mit in die Höhe gerichtetem Kopf und ausgebreiteten Flügeln sich in die Luft erheben. Abb.

*Auffliegender schwarzer Adler im Wappen derer von Reichenbach*

*Auf ein Malteserkreuz aufgelegter leerer Wappenschild*

**aufgeblüht:** Blumen mit völlig entfalteten Blütenblättern.

**aufgehend:** von den älteren Heraldikern verwendeter Begriff, wenn sich eine Sonne im rechten Obereck des Schildes befindet.

**aufgekantet** ↑ verschoben.

**aufgelegt:** auf einen Wappenschild oder ein Ordenskreuz gelegter kleinerer Schild bzw. eine auf ein Heroldsbild oder eine gemeine Figur gelegte andere Wappenfigur. Abb.

**aufgelehnt:** veralteter heraldischer Begriff für ↑ mutig.

**aufgereiht:** Ausdruck für das Aufreihen von Dingen an oder auf irgendeinen Gegenstand, z. B. Kränze auf ein waagerechtes Schwert.

*Aufgerichteter goldener Löwe im blauen Feld*

**aufgerichtet:** Ausdruck für jedes vierfüßige Tier, das auf den Hinterfüßen stehend und mit ausgestreckten Vorderfüßen dargestellt ist. Abb.

**aufgerichteter Balken:** älterer Terminus für das Heroldsbild ↑ Pfahl.

**aufgeschworen** ↑ Ahnentafel.

**aufgestiegen,** *bäumend*: Tier mit weit ausgestreckten Hinterbeinen, fliegender Mähne und erhobenem Schweif. Diese Art der Darstellung wird mitunter auch als *wild*, bei Stieren als *wütig* bezeichnet.

**aufgetan:** anderes Wort für ausgebreitet (↑ Flug). Dieser Begriff wird vorzugsweise für die Flügel des Adlers benutzt.

**aufgewunden:** rückwärts gebogener ↑ Zogel des Löwen.

**Auflegung** ↑ Einverleibung.

**aufrecht,** veraltet auch *zum Raube geschickt*: ein auf den Hinterbeinen stehendes Raubtier mit aufgerichtetem Oberkörper und erhobenen Pranken. Bei anderen größeren Tieren sagt man besser *sich erhebend* oder *aufsteigend*.

**aufreißen:** ein neues Wappen erfinden oder zwei oder mehrere gegebene miteinander verbinden. Dabei sollte mit wenigen Strichen ein bezeichnendes Bild der Herolds- oder gemeinen Figur gegeben werden.

**Aufriß:** in der Heraldik Bezeichnung für den Entwurf eines neuen Wappens.

**aufsteigend** ↑ aufrecht.

**Aufstufe:** besondere Bezeichnung für die linke ↑ Stufe.

**aufwachsend,** *hervorwachsend*: Darstellungen, bei der die ganze obere oder vordere Hälfte, Menschen bis zur Hüfte oder Knie, Tiere bis zum Leib, sichtbar ist. Bei den Löwen ist der größte Teil des über dem Rükken zusammengeschlagenen Schwanzes zu sehen. Vgl. wachsend.

**Aureole:** bei bildlichen Darstellungen Bezeichnung für den die ganze Gestalt des *Christus* bzw. der *Maria* umgebenden runden Heiligenschein (vgl. nimbiert). Nach *Thomas von Aquino* (1225/1274) ist die A. eine besondere Auszeichnung der Märtyrer und Heiligen im ewigen Leben. In der bildenden Kunst kommt die A. seltener vor als die ↑ Mandorla.

**Aurorafarbe** [engl. Kunstausdruck *tenny*]: in der englischen Heraldik Bezeichnung für Orange (↑ Kugeln). Vgl. Hyacinth.

**ausblasen:** altheraldischer Ausdruck für das Deuten der Sinnbilder des Schildes oder der Wappen durch die Herolde. Bereits die Gedichte der Troubadoure des 12. und 13. Jahrhunderts berichten, daß, wenn auf einem Turnier ein neuer Ritter erschien, ein Herold blasen mußte. Da die Ritter mit geschlossenem Visier auftraten, hatten die Herolde die Aufgabe, aufgrund ihrer Wappenkenntnis den Namen des Ankömmlings zu ermitteln. Weil dabei auch mit Trompeten oder Hörnern geblasen wurde, nannte man im damaligen Deutschland diesen Vorgang das Wappen a.

**ausgebogen** ↑ gebogen.

**ausgebogene Spitze,** *ausgerundete Spitze*: sehr selten vorkommendes Heroldsbild, das aus einer ↑ Spitze besteht, die entweder nach rechts oder links stark gebogen ist.

**ausgebreitet** ↑ Flug.

**ausgebrochen** ↑ durchbrochen.

**ausgebrochene Vierung:** sehr selten vorkommende Abart des Heroldsbildes ↑ Vie-

*Ausgebrochene Vierung im roten Feld*

*Ausgerissener roter Lindenbaum im silbernen Feld (Forster von Wildenforst)*

rung, die hier nur als schmaler Rahmen erscheint, in dem die Tinktur des Feldes sichtbar ist. Es existieren rechte und linke a.V.en, die wiederum oben und unten im Schild angebracht sein können. Abb.

**ausgeeckt:** veraltete Bezeichnung für gezinnet (↑ gedeckt).

**ausgefüllt:** ↑ durchbrochene Heroldsbilder, deren freigewordene innere Flächen mit einer anderen Tinktur als der des Feldes ausgefüllt sind.

**ausgerissen:** Gewächse aller Art, die mit Wurzeln dargestellt sind. Abb.

**ausgerundet:** bei ↑ *Trier* auch für ↑ eingebogen verwendeter Begriff.

**ausgerundete Seite:** Seite (↑ Flanke) mit einwärts gebogener Kurve, die dadurch von den übrigen Tinkturen des Schildes getrennt ist.

**ausgerundetes Kreuz** ↑ Tatzenkreuz.

**ausgerundete Spitze** ↑ ausgebogene Spitze.

**ausgeschlagen:** heraldischer Ausdruck für die ausgestreckte Zunge eines Tieres.

**ausgeschnitten:** Heroldsbilder, die durch einen geraden Schnitt teilweise den Zusammenhang verloren haben. Abb.

**ausgeschuppt,** *gekerbt*: eine von Schuppenbogen (↑ Schuppenschnitt) begrenzte Heroldsfigur, bei der die Schuppen nach den Schildrändern gerichtet sind. Als *eingeschuppt* wird sie bezeichnet, wenn die Schuppen einwärts gekehrt sind. Vgl. Bogenschnitt, geschuppt. Abb.

**ausgespält,** *ausgespalten*: eine veraltete heraldische Bezeichnung für ausgebreitet (↑ Flug).

**AUSPICE BRITANNIA LIBER** [lat., frei unter Britanniens Führung]: Wahlspruch unter dem Wappen der ehemaligen britischen Kolonie Sierra Leone.

**Ausschnitte** ↑ Decoupe-Feh.

**Ausschuß für Adelssachen beim Ministerium des Innern:** im Jahre 1902 im Königreich Sachsen geschaffene Einrichtung, die die Funktion eines ↑ Heroldsamtes innehatte. Dieser Ausschuß wurde durch das Anfang 1918 geschaffene Heroldsamt abgelöst.

**Außenbibliothekszeichen** ↑ Superexlibris.

**äußerer Fuß** ↑ innerer Fuß.

**Azur:** in älteren Wappenbüchern Bezeichnung der blauen heraldischen ↑ Tinktur.

*Ausgeschnittener schwarzer Balken im silbernen Feld*

*Ausgeschnittener silberner Sparren im schwarzen Feld*

*Ausgeschuppter goldener Pfahl im schwarzen Feld*

# B

**Bachstein:** von einigen älteren Heraldikern für das Heroldsbild ↑ Schindel verwendeter Ausdruck.

**Badge** [engl.], *cognizance* [von normann. cognoissance]: wappenmäßige Figur der englischen Heraldik, die die Bedeutung von Erkennungszeichen hat. Allein auftretend oder neben das Wappen gestellt waren B. erblich wie das Wappen selbst. B. sind zumeist freischwebende Figuren, die entweder aus dem Wappen abgeleitet sind oder in irgendeinen Bezug zum Namen des Eigentümers stehen bzw. auf eine historische Begebenheit oder Familienallianz anspielen. Als erster bediente sich *König Heinrich II.* (1154–1189) eines B. Der von ihm geführte Ginsterzweig (Planta genista) gab dem damaligen englischen *Königshaus Plantagenet* seinen Namen. Für die Schaffung der B. dürfte wahrscheinlich das Bedürfnis nach Raumersparnis ausschlaggebend gewesen sein. Die immer vielfältiger und umfangreicher werdenden Wappenbilder waren nicht überall anzubringen. Das B. wurde auf den Ärmeln, dem Rücken oder der Brust der Soldaten und Diener getragen, mitunter ist es auch auf der Standarte und den Lanzenfähnlein zu sehen. Dagegen war auf den Bannern und den Tapperts der Herolde stets das Wappen angebracht. Eine besondere Rolle spielten die B. in den Auseinandersetzungen der sich feindlich gegenüberstehenden *Häuser Lancaster* (rote Rose) und *York* (weiße Rose) im 15. Jahrhundert. Sie gaben dem Krieg den Namen. Ähnlich wie bei den Wappen, so war auch eine Zusammenschiebung (↑ zusammengesetzte Wappen) zweier B. möglich. Bei einem Festturnier, das *König Heinrich VIII.* (1491–1547) zu Ehren seiner ersten Gemahlin *Katharina von Aragon* im Jahre 1510 veranstaltete, wurde auf den Pferdedecken ein zusammengeschobenes B., halbe Rose und halber Granatapfel, angebracht. Die einzelnen englischen Könige führten jeweils verschiedene B., ebenso der englische Hochadel. Die persönlichen Erkennungszeichen der Mitglieder des Königshauses wurden bis in die Regierungszeit der *Königin Anna* (1702–1714) benutzt, danach symbolisierten sie nur noch das Land, für England die Rose, für Schottland die Distel, für Irland das Kleeblatt und für Wales der Winterlauch. In neuerer Zeit wählte man für Indien eine Lotosblüte. Besonders beliebte B. im königlichen Hause waren Straußenfedern, die gewöhnlich an den Seiten des Wappens angebracht waren. Der König führte eine weiße mit goldenem Kiel, der Kronprinz eine ganz weiße oder silberne, der Herzog von Lancaster eine goldene mit Hermelinkiel usw. Nach der Regierungszeit des *Hauses Plantagenet* bildeten sich drei Straußenfedern zum ständigen B. des jeweiligen Kronprinzen (Prince of Wales) heraus. Neben den normalen kennt die englische Heraldik noch ganz eigenartige Formen von B., die Knoten (knots). Aus verschlungenen Bändern oder Stricken be-

*Badge des Prince of Wales*

stehend, tragen sie ganz bestimmte Namen, z. B. Stafford Knot, Wake and Ormond Knot usw. Diese Knoten können wiederum mit anderen B. verbunden werden. Das in vielen englischen Geschlechterwappen auftauchende B. von Ulster (Irland), eine rote, abgeschnittene Hand, ist eigentlich das Zeichen der Baronetswürde und somit zu den Rang- und Würdezeichen zu zählen. Abb.

*Literatur*

*Palliser, F. B.:* Historic Devises, Badges and war Cries. London 1870

*Ströbl, H. G.:* Beiträge zur Geschichte der Badges, in: Jahrbuch der heraldischen Gesellschaft «Adler», Neue Folge, 12. Band. Wien 1902

*Fox-Davies, A.:* Heraldic Badges. London 1906

**Baghwafarbe:** Farbton der indischen Heraldik, der die heilige Erde am Ganges symbolisiert. Von den englischen Heraldikern wurde die B. als Ziegel- oder Orangerot wiedergegeben.

**Bairland:** Amtsname des ↑ Persevanten *Herzog Georgs von Nieder- und Oberbayern* (Landshut) (1479–1503).

**Bajonett:** seltene, unheraldische Wappenfigur, z. B. im Wappen der 1816 in Preußen geadelten *Familie von Brandt.* Vgl. Türhaspe.

**Baldachin:** Bezeichnung des oberen Teiles des ↑ Wappenzeltes. Der B. ist in der Regel mit Ornamenten, Schnüren, Kronenreifen und manchmal mit der ↑ Devise versehen.

**Balduineum:** zwischen 1340 und 1350 entstandenes Wappenbuch. Auf 37 Pergamentblättern enthält es 73 Bilder mit den Wappen von 57 Teilnehmern am Zug *Kaiser Heinrichs VII.* (1274–1310) nach Rom. Auf sich häufig wiederholenden Kampfschilden sind die Wappen der Lehensleute des Kaisers und seines Bruders, des *Erzbischofes Balduin von Trier* (1307–1354) – meist rheinische und schwäbische Adelsfamilien – sowie die einiger schweizer und italienischer Geschlechter dargestellt. Das B. enthält auch einige Fantasiewappen. Das B. wurde 1881 vom Königlich Preußischen Staatsarchiv neu herausgegeben.

**Balken,** *Band, Gürtel, Ritterstraße, Straße, Strebe, Strich*: Heroldsbild, das durch zwei Teilungslinien im Feld entsteht. Der mittlere Platz muß jedoch stets eine andere Farbe haben als der obere und untere. Der Regel nach muß der B. eine Breite von zwei Siebenteln der Schildhöhe haben, es tauchen aber vielfach B. von einem Drittel Schildhöhe auf. Der B. kann in einem Schild auch mehrfach vorkommen. In diesem Falle ist er dann entsprechend der Proportion schmaler. Das Heroldsbild B. gehört zu den häufigsten Schildfiguren und kann auf mannigfaltige Weise variiert werden. Erscheint er in der oberen Hälfte des Schildes, so spricht man von einem *erhöhten B.*, in der unteren von einem *erniedrigten B.* Befindet sich an seiner unteren Begrenzungslinie ein Stab-B. (↑ Strichbalken), bezeichnet man ihn als *unterstützten B.*, ist der Stab-B. an der oberen Begrenzungslinie, so heißt er *überhöhter B.*. Die Begrenzungslinien können eingebogen, wellenförmig, gezinnt (↑ Zinne), beiderseitig gezinnt, eingekerbt oder auch gezahnt sein. Der B. kann auch mit den verschiedensten Heroldsbildern belegt werden sowie einmal oder mehrmals gebrochen sein. In seiner normalen Form gibt es den B. z. B. in folgenden Wappen: des Bistumes Münster, der Städte Werne, Lahr, Geroldseck (blau auf gelbem Feld), und Löwen (Belgien), der Herrschaft Vianen (Niederlande) sowie im Wappen von Österreich (weiß im roten Feld), des Stiftes Herford und der *Herzöge von Bethune* (Frankreich) (rot im weißen Feld), im Wappen des Propstes *Cajetan Anton von Nothaft von Berchtesgaden* (1732–1757) sowie des Fürstentumes Münster in Westfalen – seit 1804 in das preußische Staatswappen aufgenommen – (gelb im blauen Feld), Herrschaft Vinstingen (Saarland) und der bayrischen Grafschaft Hals (weiß im blauen Feld), Grafschaft Mörs (schwarz im gelben Feld), Erzbistum Prag (gelb im schwarzen Feld), Stadt Gelnhausen (schwarz im weißen Feld), der *Herren van Borssele* in Seeland und der *Herren von Waldsee* in Württemberg (weiß im schwarzen Feld), Stadt Groningen (grün im weißen Feld). Zwei rote B. im gelben Feld führen die Grafschaft Oldenburg (gegenwärtig im Mittelschild des dänischen Wappens) und die Stadt Haselünne in Niedersachsen. Zwei schwarze B. im weißen Feld ist das Wappenbild der *Fürsten von Isenburg.* Drei schwarze B. im weißen Feld führten die im Jahre 1732 ausgestorbenen *Herren von Bicken* in Hessen. Vier rote B. im weißen Schild führt das Domkapitel von Mainz. Sechs rote B. im goldenen Feld befinden sich im Wappen der Stadt Rheydt. Vgl. Binde, Querbalken. Abb.

**Balkenfaden** ↑ Strichbalken.

**Balkenflanke:** das Heroldsbild ↑ Flanke in der gewöhnlichen Balkenbreite, das ohne Trennungsstrich von einem Balken gleicher Farbe durchzogen ist. Abb.

**Balkenkreuz** ↑ gemeines Kreuz.

**Balkenreihe,** *Balkenstelle, Bandreihe, Bandstelle, Gürtelreihe, Gürtelstelle, Mittelreihe, Mittelstelle*: die mittleren Plätze der Einteilung des Schildes.

**Balkenschild:** Begriff, der von einigen Heraldikern für einen mit mehreren ↑ Balken versehenen Schild verwendet wurde. So wurde z. B. der Schild des sächsischen Wappens mitunter als ein B. mit aufgelegtem ↑ Rautenkranz blasoniert. Korrekt müßte der Schild jedoch als zehnfach geteilt angesprochen werden. Abb.

**Balkensteckkreuz:** ↑ gemeines Kreuz, dessen unterer Arm mit einer Spitze versehen ist.

*Zwei goldene Balken im grünen Feld (links) Balkenflanke (rechts)*

*Balkenschild als sächsisches Stammwappen*

**Balkenstelle** ↑ Balkenreihe.

**balkenweise:** drei und mehr Figuren, die in der Richtung eines gedachten Balkens nebeneinander stehen. Befinden sie sich im Schildhaupt oder -fuß, so ist das beim Blasonieren besonders zu melden.

**balkenweise geteilt** ↑ gefascht.

**Bälle:** von einigen Heraldikern für die ↑ Kugel mit silberner Tinktur verwendeter Begriff.

**Ballen:** seltener Ausdruck für ↑ Kugel.

**Ballenkreuz** ↑ Kugelkreuz.

**Band:** **1.** vor allem in der älteren Heraldik vorkommender Ausdruck für ↑ Balken. – **2.** ↑ Fußgestell.

**Bande:** von einigen älteren Heraldikern überflüssigerweise für den schräglinken Balken verwendeter Begriff. Andere wiederum verstanden unter B. den schrägrechten Balken. In der französischen Heraldik wird *bande* für den rechten und *barre* für den linken ↑ Schrägbalken verwendet.

**Bandelier:** von älteren Heraldikern für den schräglinken Balken verwendeter Begriff. Vgl. Gehr.

**Banderole:** **1.** langgestreckte Fahne.
**2.** schmales Schmuckband am Fahnenstock, das in den meisten Fällen als Auszeichnung verliehen wurde.

**Bandmesser:** zum Handwerkszeug des Gerbers gehörendes Instrument. Außer auf Zunft- und Handwerkerwappen kommt es als Wappenbild selten vor.

**Bandreihe** ↑ Balkenreihe.

**Bandstelle** ↑ Balkenreihe.

**Bank:** anderer Name für ↑ Turnierkragen. Die in einigen rheinischen Wappen als Zeichen der Gerichtsbarkeit vorkommenden «Bänke» haben allerdings mit dem Turnierkragen nichts gemein.

**Banner,** *Panier*: mittelalterliches Feldzeichen, unter dem sich das Aufgebot des jeweiligen Landes- bzw. ↑ Bannerherren versammelte. Im Gegensatz zur Fahne ist das B. an einer mit dem Schaft verbundenen Querstange befestigt. Die B. des Fußvolkes waren im 15. und 16. Jahrhundert quadratisch und wurden an kurzen Stäben frei in der Hand getragen. Vgl. Reichsbanner, Reichssturmfahne.

**Banneret:** in Frankreich Bezeichnung des Bannerherren.
**Bannerfähnlein,** *Sturmfähnlein*: in der Regel an Lanzen befestigte, kleine, meist rechtekkige Fähnlein, die als ↑ Hilfskleinode das Wappenbild wiederholen. Ursprünglich waren die B. steif und unbeweglich. Sie waren aus Leder, Pergament oder Blech gefertigt, erst später aus Stoff. Die dargestellten Wappentiere waren immer gegen die Stange gerichtet. Die B. erscheinen als Kleinode meist paarweise, selten einzeln. Die Stangen waren vergoldet, silbern, oft mit zwei Farben umwunden sowie auch holzfarbig. Mitunter wurden sie auch von den Schildhaltern gehalten, z. B. im Gesamtwappen der Fürstentümer Schwarzburg.
**Bannerflug:** ein rechteckig gestalteter ↑ Flug, manchmal nur auf zwei magere Federbüschel reduziert, jedoch oft nur als Bretter erscheinende Helmzier. Abb.

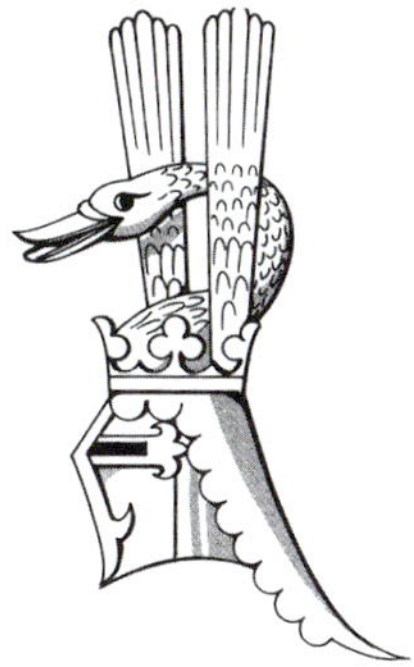

*Bannerflug*

**Bannerherr:** Lehnsherr, der zum Kriegsgefolge bis zu einhundert streitbare Männer hatte. Die B.en führten ein in der Regel mit Wappen versehenes Banner, das um ein Drittel länger als breit war.
**Bannerherrenkrone:** im Mittelalter Rangzeichen des ↑ Bannerherren. Die B. bestand aus einem mit Edelsteinen besetzten schmalen Stirnreifen. Vgl. Tafel Rangkronen.
**Bannerschild:** nach den Vorstellungen der älteren Heraldiker ein viereckiger, völlig quadratischer Wappenschild. Höchstwahrscheinlich handelt es sich hierbei um eine Verwechslung mit dem im Mittelalter gebräuchlichen ↑ Bannerfähnlein.
**Bannerträger:** meist als ↑ Schildhalter erscheinende, bannertragende, geharnischte oder ungeharnischte Männer. Bereits 1489 kommt ein B. als Wappenhalter des Wappens der Stadt Bern vor. In der späteren Zeit erscheinen die B. auch in Landsknechtskleidung.
**Bannschild:** anderer Ausdruck für das ↑ Regalienfeld bzw. für den Regalienschild.
**Bantu-Schild:** im Wappenwesen einiger afrikanischer Staaten vorkommender, typisch geformter Schild afrikanischer Krieger der Bantuvölker. Ein goldener bzw. gelber B. trägt z. B. das Wappenbild, ein Krokodil, des Königreiches Lesotho. Abb.
**Bär:** bereits im Mittelalter vorkommendes Wappentier. In der ersten Hälfte des 14. Jahrhunderts erschien der B. z. B. erstmalig in einem ↑ Sekretsiegel der Bernburger Linie des *Hauses Askanien*. Schon um 1500 war er gekrönt und mit einem Halsband versehen. In der zweiten Hälfte des 15. Jahrhunderts wurde der B. in einem Siegel *Bernhards VI.* (1404–1468), mit dem die alte Bernburger Linie endete, auf einer gezinnten Mauer schreitend dargestellt. Im späteren herzoglich anhaltinischen Gesamt-

*Bantu-Schild im Staatswappen des Königreiches Lesotho*

wappen befand sich der B. in zwei Feldern mit verschieden gefärbtem Beiwerk, einmal als Wappen des beringerschen Geschlechts, das zweite Mal als Wappen der Herrschaft Bernburg. Da es sich bei beiden Feldern um ein und dasselbe Wappen handelte, das die Linie Anhalt-Bernburg führte, war es warscheinlich eine Verkennung eines ehemals gevierten Schildes.

Als Wappentier der Stadt Berlin wird der B. erstmalig in einem Siegel aus der Mitte des 15. Jahrhunderts nachgewiesen. Ein aufrechter, rotbewehrter, schwarzer B. in silbernem Felde befindet sich im Wappen des schweizerischen Kantons und der Stadt Appenzell. Das erstmalig in einem Siegel von Appenzell aus dem Jahre 1405 auftretende Wappentier ist der Legende des *St. Gallus* entnommen. Abb.

**Barbe,** *Barme, Pärme*: meist einwärtsgekrümmter Fisch als gemeine Figur. Häufig werden zwei, die Rücken gegeneinander gekehrte Fische dargestellt. Im Wappen der seit 1497 reichsfreien, 1659 zum größten Teil an Kursachsen gefallenen Grafschaft Barby erscheinen die B. als redendes Wappensymbol. B. können mit Karpfen verwechselt werden, da die Zeichnungen mitunter nicht genau definierbar sind. Für genaue Bestimmungen kann jedoch z. B. der Name des Wappeninhabers von Bedeutung sein. Vgl. Abb. bei begleitet. Abb.

**Barde** ↑ Barte.

**Barme,** *Pärme*: älterer Ausdruck für ↑ Barbe.

**barocke Schilde,** *cartouche* [franz.]: reich verzierte und verschnörkelte Fantasieschilde der Barockzeit. Da diese als Gebrauchswaffen in Wirklichkeit nicht existierten und teilweise nicht einmal an diese erinnern, werden sie von einigen Heraldikern als unheraldisch abgelehnt. Als kulturhistorische, äußerst dekorative Zeitdokumente sind sie jedoch mitunter von künstlerischem Wert. Abb.

**Baron:** französischer und englischer Adelstitel, der etwa dem deutschen Freiherrn entspricht. Im Mittelalter bekleideten die B. in England und Frankreich einflußreiche Ämter und waren hohe Lehnsträger (Kronvasallen). Seit etwa dem 16. Jahrhundert wurden im deutschsprachigen Gebiet die Freiherren fälschlicherweise mit dem Titel B. angesprochen. In Großbritannien wird der Titel B. noch gegenwärtig verliehen. Damit verbunden ist ein Sitz im britischen Oberhaus (House of Lords).

*Bär ähnlich wie im Wappen von Berlin*

*Zwei gegengewendete blaue Barben im silbernen Feld*

*Barocker Schild um 1750*

**Baronet** [engl.]: englischer erblicher Titel eines Vertreters des niederen Adels. Die B.-würde wurde von dem *König Jakob I.* (1603–1625) zur Ermutigung der Besiedlung der irischen Provinz Ulster am 22. Mai 1611 gestiftet. Als Würdezeichen wurde

1612 den in diesen Stand Erhobenen ein besonderes ↑ Badge verliehen. Das Badge von Ulster konnte in ein Feld oder als Schildchen auf die Herz- oder Ortstelle bzw. in das rechte Obereck des Wappens gesetzt werden. Auf der Schnittlinie zweier zusammenstoßender oder gevierter Wappenfelder konnte es nur angebracht werden, wenn der Betreffende zwei Geschlechternamen führte und zwei Wappen besaß. Die irische B.würde wurde 1619, die schottische 1625 als Auszeichnung für die Ansiedlung in Neuschottland eingeführt. Jeder B. erhielt 18 Quadratmeilen Land an der Seeküste oder am Ufer eines schiffbaren Flusses, davon drei Meilen am Ufer und sechs Meilen landeinwärts. Seit dem Jahre 1707 erfolgten keine neuen Ernennungen mehr.

**Baronskrone:** Rangzeichen der Barone. Die B. in Spanien und Portugal besteht aus einem mit einer Perlenschnur umwundenen Stirnreif, der vier ungestielte Perlen trägt. Die alte spanische B. dagegen hatte sieben leere Zinken. In Frankreich und Italien ist sie ein einfacher Stirnreif, der von einer Perlenschnur dreimal umwunden ist, in Italien liegt die Schnur in der Regel schräglinks. In England ist die B. in Form einer Purpurmütze gestaltet, deren Stirnreif mit vier großen ungestielten Perlen belegt ist. Vgl. Tafel Rangkronen.

**barre** ↑ Bande.

**Bart,** *Bret, Glocke*: der Kropf oder das an der Kehle eines Vogels herabhängende Säckchen.

**Barte,** *Barde*: älterer Ausdruck für Beil. Bei den Bergleuten ist dieser Begriff für ihre bei feierlichen Anlässen getragene Paradehacke noch heute im Gebrauch. Er ist auch in dem Wort Hellebarde enthalten. Zwei gekreuzte B. bildeten z. B. das redende Wappen der Stadt Bartenstein (Bartoszyce).

**Bartholomäus:** christlicher Apostel. B. ist einer der Jünger von *Jesus*, von dem nur sehr wenig überliefert wurde. Der Apostel soll in Indien und später in Armenien gepredigt haben, wo er den Märtyrertod durch Schinden (Abziehen der Haut) und Enthauptung erlitt. Im 6. Jahrhundert gelangten seine Reliquien aus dem Orient auf die Insel Lipari, seine Hirnschale soll sich seit 1238 im Dom zu Frankfurt am Main befinden. Der Heilige wird in der Regel stehend und in weitem Gewande, in der Rechten ein Schwert, in der Linken ein offenes Buch, dargestellt. Als Wappenbild erscheint B. z. B. im Schild der Städte Wiehe und Mörlenbach im Odenwald.

**Bärtigen,** *Spitzen*: alte heraldische Bezeichnung für die länglichen Blätter der stilisierten Rose.

**Baseler Gräberbuch:** um 1490 entstandene Handschrift; im Besitz des General-Landesarchives in Karlsruhe. Das Buch enthält auf 113 Blatt 134 Wappen, davon acht mit Helmzier, sowie Anniversarien des Baseler Münsters mit den Wappen der Gründer.

**Baseler Universitätsmatrikel:** Aufnahmeverzeichnis der Universität Basel. Der erste Band wurde in der Zeit von 1460 bis 1567 angelegt, zwei weitere Bände wurden bis 1764 weitergeführt; im Besitz der Universitätsbibliothek Basel. Auf 228 Blatt zeigt die Schrift 41 Vollwappen und 30 Schilde (meist mit Schildhaltern) der Rektoren, teils adlige, teils bürgerliche aus der Gegend des Oberrheins, einzelne aus Wallis, Franken, Bayern und Holland.

**Baseler Wappenbuch:** um 1480 entstandenes, heute in der Universitätsbibliothek Basel befindliches, gemaltes Wappenbuch. Das unvollständige B. W. – der Rest soll sich in Baseler Privatbesitz befinden – zeigt auf sieben Blättern mit je vier Vollwappen auf der Seite die Wappen von Geschlechtern aus der Nordschweiz, vom Oberrhein und aus Schwaben.

**Baselstab:** im Wappen von Basel befindlicher stilisierter Krummstab, der mitunter auch als Futteral dieses beschöflichen Würdezeichens gedeutet wird.

**Basilikaschirm** ↑ päpstliches Banner.

**Basilisk:** zu den ↑ Ungeheuern zu rechnendes Fantasietier mit dem Körper eines Drachens und dem Kopf eines Hahnes. Der Legende nach entspringt der B. einem von einer Kröte auf dem Mist ausgebrüteten Ei, das ein neunjähriger Hahn gelegt hat. Als Wappenmotiv erscheint der B. bereits in der heraldischen Frühzeit. Seit dem

16. Jahrhundert ist der B. Schildhalter des Wappens der Stadt Basel. Als gemeine Figur befindet er sich im Wappen der *Edlen von Kuepach* in Bayern. Nach Meinung des Heraldikers *Maximilian* ↑ *Gritzner* handelt es sich bei der Schildfigur derer *von Wurmbrand* ebenfalls um einen B.

**Bastardbalken:** stärker dargestellter ↑ Bastardfaden.

**Bastardfaden:** schräglinks über das Geschlechterwappen verlaufender Faden, der der Kennzeichnung der unehelichen Geburt des Wappenführenden dienen sollte, ↑ Beizeichen vorrangig der altfranzösischen Heraldik. Später wurde er durch den linken Einbruch (↑ Faden) verdrängt.

Der B. konnte auch zur Kennzeichnung nachgeborener Linien verwendet werden. Da es sich um gleiche Beizeichen handelt, ist der Unterschied oft nur schwer feststellbar. Abb.

**Bath** ↑ Herald's College.

*Bastardfaden*

*Begattertes Tor*
*im Stadtwappen von Magdeburg*

**Bauernwappen:** von Bauern geführte Wappen. Bereits im 14. Jahrhundert aufgekommen, sind die B. im Mittelalter relativ selten. Später kommen sie dann nur in Friesland, Niedersachsen und der Schweiz vor. Im Gegensatz zu den Bürgerwappen ist eine mangelnde Stetigkeit in der Führung, teilweise nur einmaliger, persönlicher Gebrauch, festzustellen, so daß sie als erbliche Wappen nur in wenigen Fällen nachgewiesen werden können. In der Regel verwendeten die Bauern statt Wappen Hausmarken, die dann teilweise später heraldisiert wurden. Die Schildbilder der B. spielen fast immer auf die Tätigkeit des Wappenführenden an, z. B. Pflug, Winzermesser usw.

*Literatur*

*Kahlke, M., Kahlke, W.:* Wappen der alten Bauernfamilien in den holsteinischen Elbmarschen. Altona 1920

**Baum:** in der Heraldik gerade aufgewachsen oder ausgerissen, d. h. mit sichtbaren Wurzeln (Stadtwappen von Hagen [Westfalen]), mit dünnem Stamm, wenigen symmetrisch verteilten Ästen und unverhältnismäßig großen Blättern, Blüten oder Früchten dargestellte Wappenfigur. In der Regel ist die Farbe des Laubes grün, der Stamm aber von einer anderen Tinktur. Als Wappenbild läßt sich der B. bereits im hohen Mittelalter nachweisen, z. B. der heraldische Linden-B. auf einem Siegel des 14. Jahrhunderts von der Reichsstadt Lindau am Bodensee. Die in der europäischen Heraldik am häufigsten anzutreffenden Bäume sind die *Linde*, die meist mit stilisierten, herzförmigen Blättern dargestellt wird, die ↑ Eiche, mit oder ohne Früchte, die Birke als grüner oder goldener Busch mit silbernem Stamm und die ↑ Tanne als geschlossener Kegel. Bei den Obstbäumen wurden die Früchte besonders groß gezeichnet, z. B. in den Wappen Ghanas und Südafrikas. Aus einem Berg oder einem Schildfuß hervorwachsende Bäume gehören der neueren Heraldik an, z. B. im Wappen der Seychellen.

Ein B. ist z. B. in den Staatswappen von Äquatorial-Guinea, Barbados und Libanon (Libanonzeder) die dominierende gemeine Figur.

**bäumend:** älterer heraldischer Ausdruck für ↑ aufgestiegen.
**Baumstamm** ↑ Stubben.
**Bausch,** *Pausch* ↑ Wulst.
**Bausche:** Bezeichnung für die zu den Helmkleinoden gehörende ↑ Binde (2.) oder ↑ Wulst, die eine Verbindung des Kleinodes zum Helm bilden.
**Bayeux-Teppich** ↑ Normannenschild.
**bebändert:** Kaiser- bzw. Königskrone, von der zwei mit Fransen versehene Bänder herabhängen, z. B. die Kaiserkronen des Römisch-Deutschen Reiches, von Österreich und Rußland. Vgl. Kaiserkrone.
**bebandet:** Gegenstand, z. B. ein Jagdhorn, an dem ein Band von einer anderen Farbe angebracht ist.
**bebartet:** andersfarbig tingierte Blätter der heraldischen ↑ Rose.
**bebindet:** Kopf einer Wappenfigur, meist die Köpfe von Mohren, um den eine andersfarbige Binde gelegt ist.
**beblättert:** Baum, dessen Äste oder Laub bzw. Blätter in anderer Farbe als der Stamm im Wappen erscheinen. Abb.
**beblattet** ↑ beblumt.
**beblumt:** Heroldsbild, bei dem ein Teil oder mehrere Teile mit Blumen besetzt sind. Erscheinen hier Blätter, so bezeichnet man es als *beblattet.* Abb.
**Beck,** Edward: 1884/1966, Dr. jur., Präsident der Landesversicherungs-Anstalt Rheinland-Pfalz in Speyer, Heraldiker.
*Werk*
Grundfragen der Wappenlehre und des Wappenrechts (Veröffentlichung der Pfälzer Gesellschaft zur Förderung der Wissenschaften, Band XX). Speyer 1931
**bedacht: 1.** ↑ Gebäude, bei dem das Dach in einer anderen Farbe dargestellt ist. – **2.** ↑ couvert.
**bedeckt: 1.** ↑ Heroldsbild, das von einem anderen Herolds- oder Wappenbild teilweise verdeckt, also nicht vollständig sichtbar ist. – **2.** ↑ couvert.
**Bedeutung der Wappenfiguren** ↑ Wappensymbolik.
**befahnt,** *bekielt*: Vogel, bei dem einzelne Federn andersfarbig dargestellt sind.
**beffroi** [franz., Wachtturm]: in der französischen Heraldik Bezeichnung für ↑ Großfeh.

*Beblätterte ausgerissene Eiche*

*Beblumter silberner Schrägbalken im blauen Feld*

*Von vier goldenen Rosen begleitete, gegengewendete, goldene Barben (Grafschaft Barby)*

**befiedert:** Pfeil, dessen am unteren Ende befindlichen Federn in einer anderen Farbe erscheinen.
**beflaggt:** Schiffe oder Fahrzeuge, deren Flaggen oder Fahnen in einer anderen Farbe gehalten sind.
**beflitscht:** Pfeil, dessen Ende mit Federn versehen ist. Sind Pfeile andersfarbig b., muß das gemeldet werden.
**beflosset,** *berudelt*: Fische mit andersfarbig dargestellten Flossen. Der Wal«fisch» mit

Flossen oder Schwanz in einer anderen Farbe wird als *gefiedert* bezeichnet.

**befranst:** farblich abgesetzte Fransen an Gewändern, Fahnen, Wappenmänteln usw.

**befruchtet:** Baum oder Lorbeerkranz, dessen Früchte eine andere Farbe haben.

**begattert:** Turm oder Mauer, an denen ein ↑ Schutzgatter (Porticulli) angebracht ist. Abb. auf S. 56.

**begleitet,** *bemühlt*: Hauptbild, um das eine bestimmte Anzahl anderer Bilder steht, ohne es zu berühren. Vgl. eingeschaltet. Abb. auf S. 57.

**beglocket:** Tier, an dessen Halsband eine Schelle oder Glocke angebracht ist.

**begrast:** Schildfuß, in dem sich ein mit Gras oder Kräutern bewachsenes Stück Erdboden befindet.

**begriffet,** *bebeftet*: Waffen und Werkzeuge, deren Griffe, Stiele, Hefte usw. in anderer Farbe gehalten sind.

**Begünstigungswappen:** in einigen älteren heraldischen Werken für ↑ Gnadenwappen verwendeter Begriff.

**begurtet:** gemeine Figuren, hauptsächlich Männer, die mit Gürteln oder Gurten dargestellt sind.

**behalsbandet:** **1.** gemeine Figur, Mensch oder Tier, die ein Halsband trägt. – **2.** ↑ halsberingt.

**Behänge** ↑ Bracke.

**behangen:** Unterkante eines Schildhauptes, die mit einem gerundetem Schnitt versehen ist. Abb.

**behaubet** ↑ Haube.

**beheftet:** **1.** Schildfigur, die zum Teil mit einer anderen belegt ist, so daß letztere diesen Teil verdeckt oder überragt. – **2.** ↑ begriffet.

**Beheimerland:** mittelalterlicher Amtsname des Heroldes von Böhmen, der von Böhmerland abgeleitet wurde.

**behelmt:** Kopf eines Tieres, der einen Helm trägt.

**Beil:** in der Heraldik meist als Streit-B. vorkommendes Wappenbild in den verschiedensten Varianten. Es war das Ordenszeichen des 1148 gestifteten aragonischen Ordens der *Damen von der Axt* sowie des zu Anfang des 14. Jahrhunderts im Fürstentum Liegnitz (Schlesien) bestehenden Ordens *der alten Hacke*. Im Staatswappen von Norwegen z. B. trägt der Löwe das B. als Attribut des heiligen *Olaf*. Vgl. Barte.

**Beizeichen,** *mark of cadency, difference* [engl.], *brisure* [franz.]: spezielle Darstellung zur Kennzeichnung der Wappen von Nebenlinien, jüngeren Mitgliedern der Familie oder sonstiger Personen, die an sich gemeinsam mit dem Hauptstamm das gleiche Wappenbild führen. Zur Unterscheidung bedienten sich die Herolde bereits im Mittelalter einer besonderen Art von Schildbildern, die als B. bezeichnet werden. Diese Wappenveränderungen konnten erfolgen durch: 1. Veränderung des Helmkleinodes, 2. Veränderung der einzelnen Tinkturen, 3. Veränderung der Wappenfiguren, 4. Verstümmelung einer bzw. mehrerer Figuren, 5. Weglassen einer bzw. mehrerer Figuren (Wappenminderung, Minderungswappen), 6. Hinzufügen einer oder mehrerer Figuren, 7. Vermehrung der Figuren, 8. Veränderung der Stellung der Figuren, 9. Verminderung der Figuren, 10. Hinzufügen eines fremden Helmes bzw. Helmkleinodes, 11. Hinzufügen eines fremden Schildes, 12. Hinzufügen eines fremden Wappens. Kommen die B. im Schild als Schildfigur, als Kleinodfigur oder an den Schildhaltern vor, so sind sie nicht immer ohne weiteres als solche zu erkennen, was zu einer völligen Mißdeutung des Wappens führen kann. Da jedoch all diese Unterscheidungsmerkmale nicht charakteristisch genug waren und möglicherweise auch eine andere Familie zufällig das gleiche Bild führen konnte, entstanden schon sehr bald die sogenannten *eigentlichen B.* Ihr Hauptmerkmal ist, daß sie auf den bereits

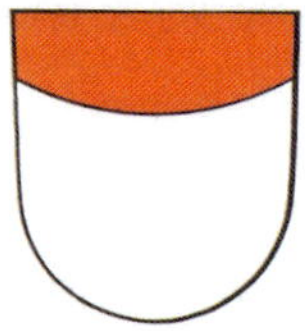

*behangen*

fertigen Schild gesetzt wurden, ohne jedoch selbst Schildfigur zu sein. Zu den eigentlichen B. gehören der aus der französischen Heraldik stammende ↑ Turnierkragen sowie der ↑ Faden. Zu den B. kann man auch die mittelalterliche Sitte, den Schild teilweise zu übermalen, rechnen. Dies geschah als Strafe für unritterliche, schimpfliche Handlungen. Die weit verbreitete irrige Meinung, ein linksgekehrter Schild oder eine linksgerichtete Wappenfigur seien ein Zeichen unehelicher Geburt, ist wissenschaftlich unhaltbar, da sich die Schildfiguren immer nach der Stellung des Schildes richten.

*Literatur*

*Leemans-Prins, E.*: Les brisures de la haute noblesse de Pays-Bas septentrionaux. Bern 1968

**Bejeren,** eigentlich *Claus Heinenzsoon*: gest. 1415, Wappenkönig von Geldern und Herold des *Herzoges Wilhelm VI. von Bayern,* Graf von Holland (1404–1417); schuf um 1400 ein Wappenbuch (↑ Bejerens Wappenbuch) und im Jahre 1409 eine Holländische Chronik.

**Bejerens Holländische Chronik:** von ↑ *Bejeren* 1409 verfaßte Wappenhandschrift; im Besitz der Königlichen Bibliothek Brüssel. Die Handschrift enthält 99 gemalte Wappen des Kaisers, der Bischöfe von Utrecht, der Grafen von Holland sowie einiger holländischer Herren. Davon sind vier mit Helm und einige mit besonders groß dargestellten Kronen versehen.

**Bejerens Wappenbuch:** um 1400 von ↑ *Bejeren* angelegte Wappenhandschrift; im Besitz der Königlich Niederländischen Gesellschaft für Wappenkunde. B. W. enthält die Wappen der am Turnier zu Compiègne 1238, an der Belagerung von Gorinchem 1402 (120 Schilde), am Turnier zu Mons 1310 (191 Schilde) und der am Feldzug in Friesland 1396 (404 Schilde) Beteiligten sowie 42 Wappen von Geschlechtern aus dem heutigen Belgien und den Niederlanden nebst angrenzenden Gebieten, auch die der Landsleute des *Herzoges Albrecht I. von Bayern,* Graf von Holland (1358–1377 Regent für *Wilhelm V.* [1356–1377], Graf 1377 bis 1404). Außerdem enthält es unter der Bezeichnung «Der besten drei» die Wappen der *Herzöge Johann III.* (1417–1425), *Wilhelm V.* (1356–1377) und *Adolf.*

**bekammt:** ein Hahn, der mit einem andersfarbigen Kamm dargestellt ist.

**bekappt** ↑ Haube.

**bekettet:** Tiere, von deren Halsbändern, -ringen, -kronen eine Kette über dem Rükken herabhängt. Diese Art der Darstellung ist besonders in der englischen Heraldik beliebt. Ist statt der Kette ein Strick zu sehen, so spricht man von *bestrickt.*

**bekielt: 1.** Bezeichnung für Federn, deren Kiel von einer anderen Farbe ist, mitunter werden sie auch als *befahnt* angesprochen. – **2.** ↑ befahnt.

**beklöpfelt:** Klöppel an Glocken, die von anderer Farbe oder aus einem anderen Metall sind.

**bekreuzt:** auf einem Reichsapfel befindliches Kreuz von anderer Farbe als die Kugel.

**beladen,** *belegt*: Kennzeichnung eines Heroldsbildes oder einer gemeinen Figur, auf die ein anderes oder mehrere aufgelegt sind. Der Unterschied zu dem Ausdruck ↑ überdeckt besteht darin, das hier die untenliegenden Teile hervorstehen.

**belaubt:** Ausdruck für wenige an einem Baum oder Strauch befindliche Blätter sowie für Wappenteile, die kleinere Pflanzen und Blumen enthalten.

**belebt:** Delphin, dessen Maul geschlossen ist und dessen Augen, Ohren, Bart und Kamm in einer anderen Farbe dargestellt sind. Einfarbig, mit geöffnetem Maul, bezeichnet man ihn als *abgestanden.*

**belegt** ↑ beladen.

**belegter Bord:** ein mit Herolds- oder gemeinen Figuren belegter ↑ Bord. Diese Kombination kommt besonders in der französischen, englischen und portugiesischen Heraldik vor. Abb. auf S. 60.

**bemantelt** ↑ mantelé.

**bemaulkorbet:** heraldischer Ausdruck für ein einen Maulkorb tragendes Tier.

**bemühlt** ↑ begleitet.

**bemundstückt:** Blasinstrument, z. B. ein Jagdhorn, dessen Mundstück in einer anderen Farbe dargestellt ist.

*Mit Kastellen belegter Bord im Wappen von Portugal (links) Benageltes Gitter (rechts)*

*Benestelter Schild (links) Golden bequastetes Kissen (rechts)*

*Dreiberg im goldenen Feld*

**benagelt:** Kennzeichnung des Heroldsbildes ↑ Flechtgitter, wenn es an den Kreuzungsstellen mit Nägeln beschlagen ist. Dieser Begriff wird auch für die gemeine Figur ↑ Hufeisen verwendet, sofern dieses andersfarbige Nägel aufweist. Abb.

**benebelt:** alter heraldischer Ausdruck für *im Nebelschnitt geteilt* (↑ Wolkenschnitt).

**benestelt:** alte Bezeichnung für eine schmale, vielfache Querteilung des Schildes. Vgl. Nestel. Abb.

**bequastet:** mit meist goldenen Quasten versehene Kissen (als Helmkissen oder gemeine Figur) und Wappenmäntel bzw. -zelte. Vgl. Beutelstand. Abb.

**Berchem,** Egon Freiherr von: 1876/1946, Verlagsbuchhändler, Heraldiker. B., der von 1918 bis 1946 Mitglied des Vereins ↑ «Der Herold» war, gehörte zu den bedeutendsten Heraldikern des 20. Jahrhunderts. Zu seinen interessantesten Arbeiten gehört die Zusammenstellung der gemalten Wappenbücher des Mittelalters, die er gemeinsam mit den Heraldikern ↑ *Hupp* und ↑ *Galbreath* schuf.

**bereift:** ↑ Reichsapfel, dessen Reif von anderer Farbe ist.

**Berg:** Heroldsbild oder gemeine Figur in der Heraldik. Am häufigsten findet man den Drei-B. – drei bogenförmige Erhöhungen, von denen die mittlere höher ist. Fünf- und Sechs-B. kommen relativ selten vor. Befinden sie sich freischwebend im Feld, so zählen sie zu den gemeinen Figuren, berühren sie aber mit ihrer unteren Fläche den unteren Schildrand, so wurden sie von einigen Heraldikern als Heroldsbild angesehen, jedoch nicht bei einer naturalistischen Darstellung. In der alten Heraldik ersetzte der Drei-B. vielfach den ↑ Schildfuß, z. B. im alten ungarischen Wappen. Vgl. blühender Berg, Sechsberg. Abb.

**Bergbauwappen:** Wappendarstellungen, in denen durch in der Regel zwei gekreuzte Schlägel bzw. ↑ Schlägel und Eisen der Bergbau bei den entsprechenden Städten symbolisiert werden soll, z. B. in den Stadtwappen von Geising, Ronneburg, Johanngeorgenstadt u. a. Vgl. Abb. bei Anna selbdritt. Abb.

**Bergmann:** in einigen Wappen von Städten in Bergbaugebieten sowie auch als Schildhalter verwendete Wappenfigur, z. B. als Schildhalter auf sächsischen Ausbeutetalern von 1858 bis 1871. Abb.

**beriemt:** Falke, an dessen Bein ein Riemen angebracht ist.

**beringt:** heraldischer Ausdruck für Tiere, die einen Metallring in der Nase tragen. Dieser Begriff wird auch für Geräte und Waffen verwendet, an denen sich Ringe von einer anderen Farbe befinden.

**Berliner Wappenbuch:** um 1460 entstandene gemalte Wappenhandschrift; im Besitz der Staatsbibliothek Berlin. Das im Jahre 1922 als *Österreichisches Wappenbuch* in der Berliner Staatsbibliothek entdeckte Werk enthält auf 254 Seiten etwa 900 Wappendarstellungen. Eine vergrößerte Kopie ist das *Puchbergische Wappenbuch* im Germanischen Nationalmuseum Nürnberg.

**Bernd,** Christian Samuel Theodor: 1775 bis 1854, Mitbegründer der wissenschaftlichen Heraldik. B. studierte Theologie an der Universität Jena und wurde später Hauslehrer. In den Jahren 1807 bis 1811 beteiligte er sich in Braunschweig bei *Campe* an der Herausgabe des «Wörterbuch der deutschen Sprache», danach war er als Bibliothekar in Breslau tätig. 1813 erhielt er eine Professur am Gymnasium in Kalisch, 1815 in Posen. Im Jahre 1818 wurde er zunächst Bibliothekssekretär an der Universitätsbibliothek Bonn, ab 1822 a. o. Professor für Diplomatik, Sphragistik und Heraldik. In dieser Stellung verblieb er bis zu seinem Tode. B. erwarb sich außerordentliche Verdienste um die moderne heraldische Wissenschaft. Durch die Schaffung immer neuer, vielfach überflüssiger Kunstworte trug er allerdings dazu bei, Verwirrung in die zu dieser Zeit noch nicht völlig ausgebildete heraldische Terminologie zu bringen. Ebenso versuchte er, die Skala der heraldischen Tinkturen zu erweitern und somit unheraldische Farben zu heraldischen zu qualifizieren. Alle diese «Neuerungen» konnten sich jedoch in der Folgezeit nicht durchsetzen.

*Werke*

Allgemeine Schriftenkunde der sogenannten Wappenwissenschaft, Teil I. und II. Bonn 1830

Das Wappenwesen der Griechen und Römer. Bonn 1841

Die Hauptstücke der Wappenwissenschaft. Bonn 1841–1849

Wappenbuch der preußischen Rheinprovinz. Bonn 1835, Nachtrag Bonn 1842

Handbuch der Wappenwissenschaft. Leipzig 1856

**Bernhardswappen:** nach dem heiligen *Bernhard von Clairvaux* benanntes Wappen des Zisterzienserordens (↑ Ordenswappen 1.). Das Wappen zeigt auf schwarzem Feld einen rot-weiß geschachten Balken.

**Bernwardskreuz:** nach *Bischof Bernward von Hildesheim* (993–1022) benanntes Kreuz, dessen Kreuzenden aus überstehenden Rechtecken bestehen. Aus dieser Kreuzform entstand später wahrscheinlich das ↑ Krückenkreuz.

**Berry:** französischer Herold des 15. Jahrhunderts. Er war der Verfasser eines Wap-

*Stadtwappen von Oberwiesenthal als Beispiel eines Bergbauwappens*

*Bergmann im Stadtwappen von Oelsnitz*

*Mit goldenen Schindeln besäter niederländischer Löwenschild*

penbuches, dessen Manuskript sich im Besitz der Nationalbibliothek Paris befindet. Es enthält eine Genealogie der Könige von Frankreich von *Ludwig IX., dem Heiligen* (1226–1270), bis *Karl VII.* (1422–1461).

**BERSEKUTU BERTAMBAH MUTU** [malaiisch, Einigkeit ist Stärke]: Spruch unter dem Staatswappen von Malaysia.

**berudelt** ↑ beflosset.

**besät,** *bestreut*: Schild, über dessen ganze Fläche verstreut sich kleinere, in die Schildränder übergehende andere Bilder befinden. Abb. auf S. 61.

**besaitet,** *bezogen*: Harfen, Geigen, Lauten usw., deren Saiten in einer anderen Farbe dargestellt sind.

**besamt:** eine Blüte, deren Inneres in einer anderen Farbe als die Blütenblätter gehalten ist. Vgl. Abb. bei bewinkelt.

**Besant: 1.** ↑ Kugeln. – **2.** ↑ Byzantiner Münze.

**besäumt:** ein Heroldsbild, das mit einem Saum, d. h. einer schmalen Einfassung, versehen ist, um Farbe von Farbe oder Metall von Metall zu scheiden bzw. dieses besonders hervorzuheben. Verläuft diese Einfassung um das ganze Bild, so bezeichnet man es als *umsäumt*. Abb.

*Golden besäumter roter Sparren (links)*
*Golden umsäumter Balken (rechts)*

*Mit Eichenblättern besetztes silbernes Dreiblatt,*
*Wappen derer von Bismarck (links)*
*Mit drei Lilien bestecktes Jagdhorn (rechts)*

**beschellt:** Falke, dessen Füße oder Hals Schellen tragen.

**beschlagen:** Hufe eines Pferdes, die andersfarbig dargestellt sind.

**beschnabelt:** Vogel, der mit einem andersfarbigen Schnabel versehen ist.

**beschnurt:** Schnur eines Gegenstandes, z. B. eines Jagdhornes, die in einer anderen Farbe dargestellt ist.

**beschornsteinet:** heraldische Bezeichnung für Gebäude mit andersfarbigen Schornsteinen.

**beschoßt:** in der alten Heraldik mitunter für *geständert* verwendeter Begriff. Der ↑ Ständer wurde auch als *Schoß* bezeichnet.

**beschurzt:** Wappenfiguren, in der Hauptsache Mohren oder «Wilde Männer», die um die Hüften einen Schurz von gleicher oder anderer Farbe tragen.

**beschweift:** Pferd mit farblich abgesetztem Schweif.

**besegelt:** Ausdruck für ein Schiff mit andersfarbigem Segel.

**besehnt:** Bogen oder Armbrust mit andersfarbigen Sehnen. Mitunter werden diese auch als *bespannt* angesprochen.

**beseitet:** Herolds- oder gemeine Figur, der zu beiden Seiten kleinere Nebenfiguren beigeordnet sind. Bei nur einseitiger Zuordnung wird dies als rechts bzw. links b. besonders gemeldet. Abb.

**besetzt: 1.** heraldische Charakterisierung einer Figur, die über den Stand oder die Begrenzung einer anderen gestellt ist. Abb. **2.** ↑ comble.

**Besitzwappen:** Wappen, die auf einen bestimmten Besitz einer Familie oder eines Geschlechtes bezogen sind oder von einem solchen abgeleitet wurden. So stellt z. B. das im Gesamtwappen des Fürstentumes Waldeck befindliche Wappen des 1668 an Waldeck gekommenen Fürstentumes Pyrmont (rotes Ankerkreuz auf silbernem Feld) ein B. dar, während es im königlich preußischen Wappen nur als ↑ Anspruchswappen anzusehen ist.

**besonders bezeichnen** ↑ melden.

*Betagleuchtete und beturmte Stadtbefestigung mit begattertem Tor im Stadtwappen von Meerane (Sachsen). In der Mitte der Wappenschild der Grafen und späteren Fürsten von Schönburg*

*Vom schönburgischen Wappen und einem silbernen Halbmond beseiteter Turm (der Halbmond ist abnehmend, der Turm ist bedacht) im Wappen der Stadt Glauchau. Tor und Fensteröffnungen sind betagleuchtet*

*Golden bewehrter und gekrönter silberner Adler im Stadtwappen von Frankfurt am Main*

**bespannt** ↑ besehnt.

**bestammt:** Baum, dessen Stamm andersfarbig dargestellt ist.

**besteckt:** größere Gegenstände, an denen kleinere befestigt sind. Erstere werden nur mit den Spitzen bzw. den hervorstehenden Teilen der letzteren berührt. Abb.

**Besteckung:** Bezeichnung für die besonders im 18. Jahrhundert beliebte Bereicherung der Wappenbilder durch das Anbringen von Fahnen, Waffen, Kanonenrohren usw. hinter oder unter denselben. Auch die hinter dem türkischen Sultanswappen befindlichen Roßschweife werden als B. bezeichnet. Vgl. Abb. bei Halbmond.

**bestreut** ↑ besät.

**bestrickt** ↑ bekettet.

**betagleuchtet:** von älteren Heraldikern für Türme, Häuser, Mauern usw. verwendeter Ausdruck, wenn bei diesen durch ein geöffnetes Tor oder Fenster die Tinktur des dahinter liegenden Feldes sichtbar ist. Vgl. Abb. bei beseitet. Abb.

**beturmt:** Terminus für eine mit einem Turm versehene Burg bzw. ein Schloß. Handelt es sich um kleinere Türmchen, so spricht man von *betürmet.*

**Beutelärmel:** besonders in der englischen Heraldik beliebte Wappenfigur, die aus einem weiten stilisierten Ärmel mit daran hängendem Beutel besteht. Einen schwarzen B. in Silber führte der Hosenbandritter *Wilhelm von Hastings* 1442 im Wappen. Es befindet sich noch heute in der Ordenskapelle zu Windsor.

**Beutelstand:** hohe, beutelförmige Haube, häufig mit zwei Quasten oder Troddeln an den Enden. In der älteren Literatur wird die Narrenkappe ebenfalls als B. bezeichnet. Der B. bestand aus Stoff oder Leder und war teilweise bemalt oder mit gepreßten Mustern versehen. Auf den Helm gestülpt kommt er als ↑ Hilfskleinod nur in der frühen Zeit des Wappenwesens, besonders auf den Wappenhelmen des älteren Adels im Elsaß, vor. Ab dem 16. Jahrhundert wurde er dann seltener. Abb. auf S. 64.

**Bewehrung,** *Waffen*: Schnäbel, Zähne, Hörner und Krallen der Wappentiere. Einige Heraldiker zählen auch die Ohren, Augen

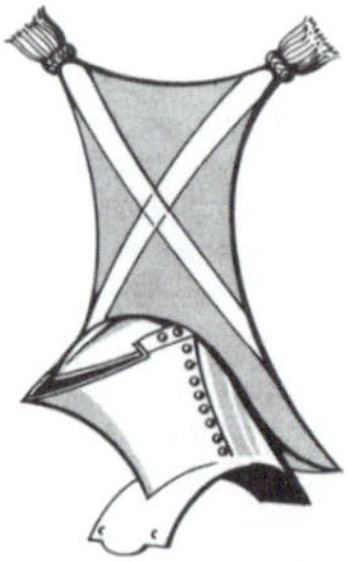

*Beutelstand*

sowie den Bart und Kamm des Hahnes und die Flossen der Fische zur B. Nach der heraldischen Regel ist die B. immer anders als der Körper des Tieres zu tingieren. Abweichungen davon sind bei der ↑ Blasonierung besonders zu melden. Abb. auf S. 63.

**bewimpelt:** Ausdruck für Schiffe oder Türme, an deren Masten oder Spitzen Wimpel von einer anderen Farbe angebracht sind.

**bewindfahnet:** Turm oder Dach mit einer Windfahne von anderer Farbe.

**bewinkelt:** nur für Kreuze, Halbkreuze und ↑ Schragen verwendeter Ausdruck, wenn bei diesen eine Anzahl kleiner Nebenfiguren gleichmäßig in den vier bzw. zwei Winkeln verteilt sind, z. B. das ↑ Jerusalemkreuz im Wappen des Kreuzfahrerkönigreiches Jerusalem. Abb.

**bewurzelt:** Baum, dessen Wurzeln in einer anderen Farbe dargestellt sind als der Stamm.

*Zwei schräggekreuzte rote Stäbe, bewinkelt von vier besamten roten Rosen im Stadtwappen von Gützkow (Mecklenburg)*

**bezinkt:** Begriff für die Zählung der Enden (Zinken) des Hirschgeweihes.

**bezogen** ↑ besaitet.

**BHINNEKA TUNGGAL IKA** [indones., Einheit in der Vielfalt]: Wappenspruch der Republik Indonesien, den der ↑ Garuda in den Fängen hält.

**Biber:** seltenes, meist bläulich tingiertes, manchmal bekröntes Wappentier, dessen Schwanz gewöhnlich sehr ausgeprägt dargestellt wird. Ein B. erscheint z. B. im Wappen derer *von Bibra, Beverförde, Quasser* in der Steiermark und der elsässischen *Familie Hübschmann von Biberbach* sowie im Wappen der Stadt Biberach a. d. Riß. Abb.

**Bibliographie, heraldische:** Verzeichnis der heraldischen Fachliteratur sowie, meist

*Biber als redendes Wappenbild der Stadt Bad Bibra*

nach Ländern geordnet, verschiedener Wappenbücher. Die erste wissenschaftliche h. B. wurde von dem Heraldiker ↑ *Bernd* in den Jahren 1830 bis 1841 erarbeitet.

*Werke*

*Bernd, C. S. T.*: Allgemeine Schriftenkunde der gesamten Wappenwissenschaft. Bonn und Leipzig 1830–1841

Classed Catalogue of books on Heraldry, hrsg. von Victoria and Albert Museum London. London 1912

Wappenbücher des deutschen Mittelalters, hrsg. vom Schweizer Archiv für Heraldik. Lausanne 1925–1928

*Berchem, E. v.*: Heraldische Bibliographie. Leipzig 1937

Gemalte Wappenbücher des Mittelalters (zusammengestellt von *E. v. Berchem, D. L. Galbreath* und *O. Hupp*, überarbeitet von *K. Mayer*), in: Beiträge zur Geschichte der Heraldik. Berlin 1939

**Bibliothekszeichen** ↑ Bücherzeichen.

**Biene:** in der Heraldik meist in der Mehrzahl vorkommendes Wappentier. Am bekanntesten wurde die B. als Wappenbild der korsischen *Familie Buonaparte.* Sie wurde als Symbol der Arbeitsamkeit, des Ordnungssinnes und des emsigen Fleißes angesehen.

*Napoleon I.* verlieh einigen Städten (bonnes villes) als Auszeichnung mehrere B. in ein eigens dafür geschaffenes rotes ↑ Schildhaupt, z. B. auch der Stadt Mainz, die unter dem Namen Mayence Frankreich direkt einverleibt war. Vgl. bonnes villes.

**Bierzeiger:** im ↑ Siebmacher'schen Wappenbuch Name für den ↑ Drudenfuß.

**Bilddevise,** *Imprese*: Spruch, der mit einer bildlichen Darstellung in Zusammenhang gebracht oder von dieser abgeleitet wurde. Seit dem 15. Jahrhundert bürgerte sich bei einigen Familien die Sitte ein, neben dem ererbten eigentlichen Wappen noch ein persönliches, in einigen Fällen von den Vorfahren übernommenes Zeichen zu führen, das aus der Kombination von Bild und Wort oder auch aus nur einem Bild allein bestand. Die Worte standen immer in einem inneren Zusammenhang mit dem Bild. Diese Zusammenhänge sind jedoch heute in den meisten Fällen schwer zu deuten, z. B. die B. des *Lorenzo (il Magnifico) de Medici* (gest. 1492) – ein Lorbeerbaum mit dem Spruch «semper viret» [lat., er bleibt immer grün]. Zu den bekanntesten B. gehören die ↑ Säulen des Herkules *Kaiser Karls V.* (1519–1556) mit dem Spruch «plus ultra» [lat., darüber hinaus] und das Stachelschwein *König Ludwigs XII. von Frankreich* (1498–1515) mit den Worten «cominus et eminus» [aus der Nähe, wie aus der Ferne] (Im Mittelalter war man der Ansicht, daß das Stachelschwein seine Stacheln verschießen kann). Zu den neueren B. gehören die Sonne *König Ludwigs XIV. von Frankreich* (1643–1715) mit der Devise «nec pluribus impar» [lat., auch vielen gewachsen] und der gegen die Sonne fliegende Adler *König Friedrichs I. in Preußen* ([1688] 1701–1713) mit den Worten «non soli cedit» [lat., er weicht selbst nicht der Sonne]. Die letzte bedeutende B. war der Kriegsadler *Friedrichs II. von Preußen* (1740–1786) mit dem Spruch «pro gloria et patria» [lat., für Ruhm und Vaterland]. Die bekanntesten B. ohne Worte sind die rote Rose des *Hauses Lancaster* und die weiße des *Hauses York* (vgl. Badge). Im 20. Jahrhundert erlangten in Spanien das Joch (Yugo) und die Pfeile (Flechas) des Königs *Ferdinand V. von Aragon* (1479–1516) wieder Bedeutung (falangistisches Symbol). Beide Symbole sollten die Namensbuchstaben der beiden Ehepartner – das Y für *Isabella (Ysabel) von Kastilien* (1474–1504) – zum Ausdruck bringen.

**Bilder: 1.** ↑ Heroldsbild. – **2.** ↑ gemeine Figuren.

**Bildnissiegel:** Siegel, die das Bild des Siegelführenden zeigen. B. kommen schon in vor-

*Österreichischer Bindenschild*

heraldischer Zeit vor. Der Siegelführende erscheint allein kniend, auf einem Throne sitzend, stehend sowie auch zu Pferde.

**Billen** ↑ Kugeln.

**Billet:** einer der Ausdrücke für das Heroldsbild ↑ Schindeln.

**Binde: 1.** anderer Terminus für das Heroldsbild ↑ Balken bzw. Balkenfaden. Die Bezeichnung B. ist besonders in Österreich gebräuchlich, da dort der Balken allgemein B. genannt wird. So wird vielfach das Mittelschildchen des Hauswappens der Habsburger, heute österreichisches Staatswappen – ein weißer Balken im roten Feld – als *B.nschild* bezeichnet.

Im 18. Jahrhundert war B. auch die Bezeich-

nung für den verringerten Balken, z. B. bei ↑ *Schmeitzel.* Abb. auf S. 65.
**2.** Bezeichnung für das mitunter auf den Helmen befindliche Verbindungsstück zwischen Helm und ↑ Helmkleinod. Die die ↑ Helmkrone ersetzende B. hat die Form eines verschlungenen Tuches, das in der Regel die Farben des Wappens zeigt.
**Bindenschild** ↑ Binde.
**Bindeschlüssel:** Name des goldenen und schräggestellten Schlüssels der päpstlichen ↑ Hinterwappen. Der silberne, mit dem B. gekreuzte andere Schlüssel wird als *Löseschlüssel* bezeichnet. Beide Schlüssel symbolisieren die nach katholischer Überlieferung den Päpsten verliehene Vollmacht, zu «binden» und zu «lösen». In der älteren Heraldik (bis etwa in das 15. Jahrhundert hinein) sind sie meist einfarbig, überwiegend golden dargestellt. Als Sitz der Päpste im 14. Jahrhundert führt die Stadt Avignon (Frankreich) den Binde- und den Löseschlüssel zusammen mit einem dritten, der die Unterwerfung der Stadt unter die kirchliche Macht symbolisiert, im Stadtwappen. Die Stadt war durch Kauf von 1348 bis 1797 päpstlicher Besitz. Abb.

*Binde- und Löseschlüssel über dem päpstlichen Wappen (Paul III. Farnese, 1534–1549) auf einer Medaille des Kirchenstaates von 1549*

**Birke** ↑ Baum.
**Birkenrindesiegel:** vor der Erfindung des Siegellackes um 1563 häufig von den Graveuren angefertigte Siegelabdrücke auf Birkenrinde. Die B. haben ein sehr schönes Aussehen und sind durch ihre Biegsamkeit außerordentlich haltbar. Sie zeigen in einem gleichmäßigen dunkelbraunen Ton einen äußerst scharfen Abdruck. Welche Bedeutung man diesen Abdrücken beimaß, zeigt ein Schreiben des Nürnberger Graveurs *Anthoni Tucher des Älteren* an den *Kurfürsten Friedrich III. von Sachsen* (1486–1525) aus dem Jahre 1510, in dem es heißt: «Schick hierinne verwart E. Ch. G. ein Abdruck davon auf einer Birkenrinde das ist meines Ansehens wol und dem zugeschickten Muster gantz gemäss gemacht.»
**Bischof** [lat., griech. episcopus, Aufseher]: **1.** in der katholischen Kirche vom Papst ernannter Träger der höchsten geistlichen Amtsgewalt in einem Bistum. Nach der Trennung von Rom behielten auch die orthodoxen Kirchen, einige lutherische und die anglikanische Kirche das B.samt bei.

*Bischofshut über einem von einer Mitra bekrönten leeren Schild, als Hinterwappen Krummstab und Vortragskreuz*

Die katholischen Bischöfe führten meist neben dem Wappen ihres Bistumes auch ihr persönliches Familienwappen. Dies geschah in der Regel durch das Nebeneinanderstellen, Zusammenschieben oder Einverleiben des persönlichen mit dem Wappen des Bistumes.
**2.** Wappenfigur, die besonders in Städtewappen zu finden ist und durch Krummstab und Mitra gekennzeichnet wird. Häufig ist der betreffende B. auch gleichzeitig ein Heiliger und der Stadtpatron.
**Bischofshut:** zu den Rang- und Würdezeichen eines Bischofes gehörender grüner, flacher, breitkrempiger Hut mit sechs grünen herabhängenden Quasten (fiocchi) auf

*Wappen des Bistumes Lüttich auf gekreuztem Krummstab und Schwert (als Zeichen der geistlichen und weltlichen Gewalt) und mit der Bischofsmütze bekrönt. Das Wappen des regierenden Bischofes ist nicht enthalten. Es bedeuten die Felder: 1 Lüttich, 2 Herzogtum Bouillon, 3 Markgrafschaft Franchimont, 4 Grafschaft Looz*

jeder Seite. Der von *Papst Innozenz IV.* (1243–1254) eingeführte B. trat in der kirchlichen Heraldik vielfach an Stelle des Helmes oder der Rangkrone. Eine Kombination von beiden war in der älteren Zeit unerwünscht. Erst seit etwa dem 16. Jahrhundert häuften sich die Wappendarstellungen, wo über der Rangkrone oder dem Helm der B. erschien. Abb.

**Bischofsmütze,** *Inful, Mitra*: von Erzbischöfen, Bischöfen und infulierten Pröpsten und Äbten als Amts- und Würdezeichen getragene und über dem Wappen geführte Kopfbedeckung. Die B. besteht aus einer schiffartigen, in zwei Spitzen ausgehenden *Mütze*, die in älterer Zeit von fast dreieckiger Form und sehr niedrig war. Später wurde sie höher und in der Mitte etwas breiter. In vielen Fällen ist sie in der Mitte und an den Seiten mit Borten eingefaßt und reich mit Edelsteinen und Perlen bestickt. An den Seiten hängen zwei Bänder herab.

Vereinzelt wurde die B. auch auf einen Kronenreif gesetzt (*Kronenmitra*, vgl. kirchliche Heraldik).

Als Schildfigur erscheint die B. meist in den Wappen von Geschlechtern, die einst an einem fürstbischöflichen oder anderen geistlichen Hofe in Diensten oder in einem Lehnsverhältnis zu einem Bistum oder Domstift standen. Eine B. befindet sich auch im Staatswappen von Andorra (vgl. Krummstab). Abb.

**Bischofsstab** ↑ Krummstab.

**Bison:** besonders in der nordamerikanischen Heraldik vorkommendes Schildbild. So zeigt z. B. das 1905 der kanadischen Provinz Manitoba verliehene Wappen einen B. unter einem mit dem ↑ Georgskreuz versehenen ↑ Schildhaupt.

**Bistum,** *Diözese*: Amtsbereich eines ↑ Bischofes.

**Blasius:** christlicher Heiliger und Märtyrer, gest. um 316. Der Legende nach war B. ein Armenier, der eine ärztliche Praxis ausübte. Da er als Christ vorbildlich lebte, wählte ihn die Gemeinde von Sebaste zum Bischof. Unter dem Statthalter *Agricola*, der um das Jahr 316 eine von dem *Kaiser Licinius* (308–324) angeordnete Christenverfolgung in Sebaste durchführte, wurde B. ergriffen, gefoltert und hingerichtet. Der Kult dieses Heiligen verbreitete sich im 9. Jahrhundert über das ganze christliche Europa. Reliquien des Heiligen werden in Tarent, St. Blasien, Mainz, Trier, Lübeck, Ragusa (heute Dubrovnik) und Paris aufbewahrt. In Ragusa wurde er Schutzpatron der Stadtrepublik. Zahlreiche Kirchen von Rom bis Konstantinopel wurden ihm geweiht. Im späten Mittelalter zählte man ihn zu den Vierzehn Nothelfern. In dieser Zeit wurde er in der Regel in bischöflichen Gewändern oder im Chormantel, seit dem 15. Jahrhundert mit dem Bischofsstab und gekreuzten Kerzen oder mit einem Schweinskopf und einer Hechel (zur Erinnerung an den Eisen-

kamm, mit dem ihm der Legende nach das Fleisch vom Körper gerissen wurde) dargestellt. B. wurde bei Koliken, Pest, Geschwüren und Blasenkrankheiten (vom Namen her) um Hilfe angefleht. Er ist Patron der Ärzte, Wachszieher, Wollhändler, Windmüller und Musikanten.
Der Heilige wurde auf Münzen der ehemaligen Republik Ragusa (Dubrovnik) abgebildet und befindet sich als Wappenbild z. B. im Wappen der thüringischen Stadt Zella-Mehlis mit Krummstab, Bischofsmütze, Heiligenschein und zwei Kerzen. Abb.

*St. Blasius im Stadtwappen von Zella-Mehlis*

**Blason:** französischer Ausdruck für das ↑ Vollwappen, in der neueren Zeit auch allgemein für ↑ Heraldik.

**Blasonierung** [franz. blasoner, ein Wappen erklären]: wissenschaftliche Beschreibung eines Wappen oder einzelner Wappenteile nach heraldischen Grundsätzen bzw. Regeln. Eine gute B. sollte möglichst kurz und konkret sein. Alles Unnötige, Selbstverständliche und häufig Wiederkehrende ist wegzulassen. Die heraldische ↑ Kunstsprache ermöglicht eine klare und deutliche Vorstellung des Wappens, so daß z. B. ein Grafiker in die Lage versetzt werden kann, nach dieser Beschreibung ein Wappen richtig zu zeichnen. Vor allem muß man sich die Anordnung – den Plan – des zu blasonierenden Wappens klar machen. Begonnen wird immer mit den wichtigsten Wappen, gleich ob diese im Mittel- oder Hauptschild stehen. In der Regel steht der Mittelschild auf der ↑ Herzstelle des Hauptwappens.
Seit einigen Jahrzehnten setzte sich das System des Heraldikers ↑ *Galbreath* als das zweckmäßigste durch: «Man beginnt beim Blasonieren mit dem Feld des Schildes; ist er gespalten oder geteilt, so wird die Farbe, die oben rechts steht, zuerst genannt. Dann bezeichnet man die eventuell ins Schildfeld gestreuten Figuren, darauf die Hauptfigur. Endlich spricht man von den das Ganze bedeckenden Figuren oder Heroldsbildern, die ihrerseits wieder mit anderen Figuren belegt sein können, auch die Hauptfigur kann wiederum mit Figuren belegt oder von ihnen ↑ begleitet sein. Schildhaupt oder ↑ Schildfuß werden nach den anderen Heroldsbildern erwähnt. Wird die Ordnung durch das Übergreifen eines Heroldsbildes über das andere bedingt, wird die unterste Lage zuerst erwähnt, z. B.: in blau ein goldener Schildrand und ein roter Schrägbalken. Hieße es: in blau ein roter Schrägbalken und ein goldener Schildrand, so müßte der Schrägbalken vor dem Schildrand haltmachen. ↑ Beizeichen werden immer zuletzt angesprochen.
Die Stellung einer einzelnen Figur im Schilde wird nur gemeldet, wenn sie von der üblichen (aufrecht oder waagerecht) abweicht. Zwei Figuren sind je nach ihrer Form über- oder nebeneinander gestellt, zwei Adler nebeneinander, zwei Fische übereinander müßte besonders vermerkt werden, ebenso jede andere unübliche Stellung. Bei drei Figuren versteht sich als Norm die Stellung 2.1. (zwei oben, eine unten), alles andere wird besonders angegeben. Vier oder fünf Figuren stehen gewöhnlich kreuz- oder schragenweise (im ↑ Andreaskreuz). Finden sich im Schilde mehrere Figuren, so meldet man zuerst die bedeutendste, um darauf die Stellung der anderen mit Hilfe der Ausdrücke ↑ begleitet, ↑ beseitet, ↑ überhöht, ↑ besteckt oder ↑ besetzt usw. zu bezeichnen. Ist eine ↑ gemeine Figur mit einem ↑ Heroldsbild belegt, so sagt man besser überzogen oder überlegt. Von Figuren begleitete Kreuze und ↑ Schragen sind ↑ bewinkelt, doch kann

man sich einfacher fassen, z. B.: in weiß ein rotes gekerbtes Kreuz und vier schwarze Wasserbeutel, da die Stellung der Figuren durch die Farbregel bedingt ist. Figuren, die Heroldsbilder belegen oder begleiten, folgen diesen in der Richtung. Abweichende Stellungen sind zu melden.
Sind in einem Schilde mehrere Wappen vereinigt, so meldet man zuerst die Einteilung des Schildes: gespalten, quadriert (↑ Quadrierung), ↑ geteilt, einmal gespalten und zweimal geteilt, gespalten mit eingepfropfter Spitze usw. Jedes Feld wird darauf einzeln blasoniert. Ein dem schon bestehenden Wappen angefügtes Schildhaupt wird zuletzt erwähnt. Ist der Schild quadriert, so meldet man: im 1. (oder im ersten Viertel), dann im 2. usw. Wiederholt sich dasselbe Wappen in zwei Vierteln, so heißt es: im 1. und 4. bzw. im 2. und 3. Der Kürze halber kann man auch sagen: geviert von rot und grün, im 1. und 2. eine natürliche Ente auf Wasser, im 2. und 3. ein goldenes Füllhorn. Nach dem Hauptschild wird der Mittelschild, nach diesem der eventuell noch auf diesen gelegte ↑ Herzschild blasoniert. Sind im Felde an verschiedenen Stellen Herzschilde angebracht, so wird der in der Herzstelle zuerst, darauf der im Schildhaupt usw. angesprochen. Sind mehrere Einzelschilde zusammengestellt, so blasoniert man: zwei nebeneinander gestellte Schilde, rechts oder vorn usw., bei drei Schilden im Dreipaß zuerst den oberen, dann den rechten, danach den linken. Nach dem Schild blasoniert man dann das ↑ Oberwappen, die ↑ Schildhalter und die heraldischen ↑ Prachtstücke, endlich den Wahlspruch. Beim Helm vermerkt man die Helmart (besonders, ob Stech- oder Spangenhelm) sowie die Helmkrone. Die diplomatische Formel, ein freioffener rechtsgedrehter, blau angelaufener, rotgefütterter, gekrönter, mit goldenem umhängendem Kleinod gezierter Turnierhelm mit goldenem Rost und Gitter, läßt sich völlig genügend auf ein gekrönter Spangenhelm beschränken.
Stehen mehrere Helme auf einem Schild, so fängt man rechts an und nimmt die Helme der Reihe nach vor, oder man spricht den mittelsten zuerst an, dann die rechts von ihm befindlichen usw. Der Zusammenhang der Helmzierden mit den Schildvierteln ist meist ersichtlich und für das Erkennen der Reihenfolge nützlich. Neben dem Schild angebrachte oder den Schildhaltern aufgestülpte Helme sind besonders zu berufen. Bei der B. der Prachtstücke usw. vermeide man unnütze Detailbeschreibungen. Für den Wahlspruch genügt die Angabe der Worte; Bezeichnung der Buchstabenart und der Farben ist unnütz.» (Text gekürzt, Verweispfeile ergänzt).
Bei jeder B. muß die heraldische Bezeichnung von «rechts» und «links» beachtet werden. Diese Begriffe sind in der Heraldik immer vom Standpunkt des (gedachten) Schildträgers zu verstehen. Also alles, was dem Betrachter der Wappen rechts erscheint, steht dem Schildträger zur Linken und wird daher «links» genannt bzw. umgekehrt.
Für die B. verwendet man Abkürzungen für die Tinkturen: g. – Gelb bzw. Gold, w. – Weiß bzw. Silber, r. – Rot, b. – Blau, schw. – Schwarz, gr. – Grün. Das heraldische Pelzwerk (Hermelin, Kürsch usw.) wird nicht abgekürzt.
In England ist die B. der deutschen ähnlich. Auch dort wird die Tinktur des Feldes zuerst angesprochen, danach folgen die Figuren und deren Tinkturen. Eigentümlich ist die B. mehrerer sich wiederholender Tinkturen. In diesem Falle werden sie der Reihe nach numeriert und bei Wiederholungen nur die entsprechende Nummer angegeben, was bei felderreichen Wappen zu Komplikationen führen kann. Die B. in der französischen Heraldik ist bedeutend kürzer als die deutsche, da in wenigen Worten das ausgedrückt wird, was in der deutschen heraldischen Kunstsprache mehrere Sätze erfordert. Diese Kürze geht aber in vielen Fällen auf Kosten der nötigen Klarheit. Vgl. Knappen von den Wappen. Abb.
*Beispiel einer Blasonierung am großen Wappen des Königreiches Preußen (um 1900)*
«Das Große Königliche Preußische Wappen zeigt einen fünfmal gespaltenen und siebenmal geteilten Hauptschild mit Schildes-

fuß, die Herz-, Ehren- und Nabelstelle mit gekrönten Schilden belegt.
A. Auf der Herzstelle ruht der königlich gekrönte Schild des Königreiches Preußen: in Silber ein schwarzer, goldbewehrter, königlich gekrönter Adler, in der rechten Klaue das preußische Königszepter, in der linken den Reichsapfel haltend. Die Sachsen der Flügel sind mit goldenen Kleestengeln belegt. Auf der Brust trägt der Adler den goldenen Namenszug König Friedrichs I., FR (Fridericus Rex).
B. Auf der Ehrenstelle erscheint der mit dem Kurhut bedeckte Schild der Markgrafschaft Brandenburg: in Silber ein roter, goldbewehrter Adler mit dem Kurhut auf dem Haupt. In der rechten Klaue hält er ein goldenes Zepter, in der linken ein Schwert. Die Flügel sind ebenfalls mit goldenen Kleestengeln belegt. Auf der Brust des Adlers liegt ein blaues Schildchen, in dem ein goldenes Zepter erscheint.
C. Auf der Nabelstelle ruht ein mit einem Fürstenhut bedeckter, quergeteilter Schild. Er zeigt oben das Wappen des Burggraftums Nürnberg: im goldenen Feld mit von Silber und Rot zwölfmal gestückter Borde ein schwarzer, rot gekrönter und bewehrter Löwe mit Doppelschweif; unten das Wappen der Grafschaft Hohenzollern: von Silber und Schwarz geviert. Die 48 Felder des Hauptschildes enthalten folgende nach ihrem Rang geordnete, von der Mittelachse des Schildes aus gezählte Wappenbilder, deren Anordnung wir in dem nebenstehenden Schema zur leichteren Auffindung in der farbigen Darstellung notiert haben.
1. Souveränes Herzogtum Schlesien: in Gold ein schwarzer, goldbewehrter, herzoglich gekrönter Adler mit silberner, halbmondförmiger Bruststpange, die in der Mitte mit einem silbernen Tatzenkreuzchen besetzt ist.
2. Großherzogtum Nieder-Rhein: in Silber der preußische Adler, auf der Brust ein mit einer fünfblättrigen Laubkrone gekrönter, grüner Schild, der einen silbernen Schrägrechtsfluß (Rhein) zeigt.
3. Großherzogtum Posen: in Silber der preußische Adler, auf der Brust ein mit einer fünfblättrigen Laubkrone gekrönter, roter Schild, in dem ein silberner, goldbewehrter und gekrönter Adler (Polen) erscheint.
4. Herzogtum Sachsen: in von Gold und Schwarz zehnfach quergestreiftem Feld ein schrägrechter (gebogener) grüner Rautenkranz.
5. Herzogtum Westfalen: in Rot ein springendes, silbernes Roß.
6. Herzogtum Engern: in Silber drei (2.1. gestellte) rote Seeblätter, irrtümlich Schröterhörner genannt.

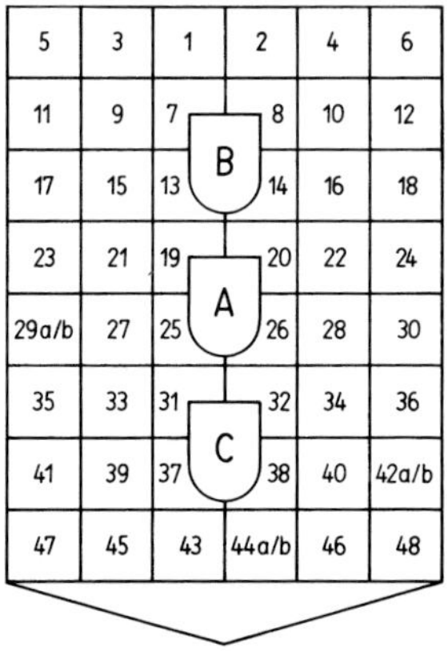


*Reihenfolge der Blasonierung bei mehrfeldrigen Wappen am Beispiel des preußischen Gesamtwappens*

7. Herzogtum Pommern: in Silber ein roter, goldbewehrter Greif.
8. Herzogtum Lüneburg: im goldenen, mit roten Herzen bestreuten Feld ein blauer Löwe.
9. Herzogtum Holstein: in Rot ein von Silber über Rot geteiltes Schildchen, das von drei Nesselblattstücken beseitet ist; zwischen diesen, die Spitzen nach einwärts gekehrt, erscheinen drei silberne Nägel.
10. Herzogtum Schleswig: in Gold zwei blaue Löwen übereinander.
11. Herzogtum Magdeburg: von Rot über Silber geteilt.

12. Herzogtum Bremen: in Rot zwei gekreuzte, silberne Schlüssel mit nach abwärts gekehrten Bärten. Im oberen Winkel ein silbernes Stabkreuz.
13. Herzogtum Geldern: in Blau ein gekrönter, goldener Löwe.
14. Herzogtum Cleve: in Rot ein goldener Lilienhaspel, belegt mit einem silbernen Schildchen.
15. Herzogtum Jülich: in Gold ein schwarzer Löwe.
16. Herzogtum Berg: in Silber ein blaugekrönter, bewehrter und gezungter roter Löwe.
17. Herzogtum Wenden: in Silber ein von Rot und Grün sechsmal schräglinks gestreifter Greif.
18. Herzogtum Kassuben: in Gold ein schwarzer Greif.
19. Herzogtum Krossen: in Gold ein schwarzer, goldbewehrter Adler mit silbernem Brustmond.
20. Herzogtum Lauenburg: im roten Felde mit von Silber und Schwarz zwölffach gestückter Borde ein silberner Pferdekopf.
21. Herzogtum Mecklenburg: in Gold ein vorwärts gekehrter, abgerissener, rot gekrönter und gezungter schwarzer Büffel-

kopf mit silbernen Hörnern und silbernem Nasenring.
22. Landgrafschaft Hessen: in Blau ein goldgekrönter und bewehrter, von Silber und Rot achtfach quergestreifter Löwe.
23. Landgrafschaft Thüringen: in Blau ein goldgekrönter und bewehrter von Rot und Silber achtfach quergestreifter Löwe.
24. Markgrafschaft Ober-Lausitz: in Blau eine goldene Mauer mit drei Zinnen.
25. Markgrafschaft Nieder-Lausitz: in Silber ein schreitender, roter Stier.
26. Fürstentum Oranien: in Gold ein nach links gekehrtes, goldbeschlagenes, blaues Jagdhorn am blauen Bande.
27. Fürstentum Rügen: von Gold über Blau quergeteilt; oben ein rot gekrönter und bewehrter, schwarzer Löwe mit Doppelschweif, der aus dem im unteren Felde befindlichen, aus fünf roten Steinen gebildeten Stufengiebel hervorwächst.
28. Fürstentum Ostfriesland: in Schwarz eine gekrönte, goldene Harpye (Jungfrauenadler), oben und unten von je zwei sechsstrahligen, goldenen Sternen begleitet.
29. Gespalten; vorn Fürstentum Paderborn: in Rot ein goldenes Kreuz; rückwärts: Grafschaft Pyrmont: in Silber ein rotes Ankerkreuz.
30. Fürstentum Halberstadt: von Silber und Rot gespalten.
31. Fürstentum Münster: in Blau ein goldener Querbalken.
32. Fürstentum Minden: in Rot zwei gekreuzte, die Bärte abwärts kehrende, silberne Schlüssel.
33. Fürstentum Osnabrück: in Silber ein achtspeichiges rotes Wagenrad.
34. Fürstentum Hildesheim: von Rot und Gold gespalten.
35. Fürstentum Verden: in Silber ein schwarzes Nagelspitzenkreuz.
36. Fürstentum Kammin: in Rot ein silbernes Ankerkreuz.
37. Fürstentum Fulda: in Silber ein schwarzes Kreuz.
38. Fürstentum Nassau: im blauen, mit querliegenden, schrägrechts beschnittenen, goldenen Schindeln bestreuten Felde ein gekrönter goldener Löwe.
39. Fürstentum Mörs: in Gold ein schwarzer Querbalken.
40. Gefürstete Grafschaft Henneberg: in Gold auf grünem Hügel eine goldbewehrte, schwarze Henne mit rotem Kamm und Lappen.
41. Grafschaft Glatz (zum souveränen Herzogtum Schlesien gehörig): in Rot zwei goldene, gebogene Schräglinksbalken.
42. Gespalten; vorn Grafschaft Mark: in Gold ein von Rot und Silber in drei Reihen geschachter Querbalken; rückwärts Grafschaft Ravensberg: in Silber drei rote Sparren übereinander.
43. Grafschaft Hohenstein (richtiger Hohnstein): von Rot und Silber dreimal in vier Reihen geschacht.
44. gespalten; vorn Grafschaft Tecklenburg: in Silber drei (2.1.) rote Herzen; rückwärts Grafschaft Lingen: in Blau ein goldener Anker.
45. Grafschaft Mansfeld: in Silber sechs rote, in zwei Reihen gestellte Rauten.
46. Grafschaft Sigmaringen: in Blau auf grünem Dreiberg schreitender goldener Hirsch.
47. Grafschaft Veringen: in Gold drei blaue, vierzinkige Hirchstangen übereinander.
48. Herrschaft Frankfurt am Main: in Rot ein goldbewehrter, silberner Adler.
Der Schildfuß, ein rotes Feld, wird wegen der Regalien geführt. Auf dem Schild ruht ein offener, goldener, sogenannter königlicher Helm mit schwarz-silberner Decke, der mit der preußischen Königskrone geschmückt ist. Um den Schild hängt die Kette des Hohen Ordens vom Schwarzen Adler. Der Schild ist ferner noch unterzogen von folgenden Ordensketten: der Rote Adlerorden (Großkreuz), der königliche Hausorden von Hohenzollern. An einem himmelblauen Band hängt der königliche Kronenorden. Als Schildhalter dienen zwei graubärtige, mit Eichenlaub umgürtete und bekränzte, gegeneinander gekehrte wilde Männer, die auf einer verzierten Konsole stehen und sich auf den Rand des Schildes stützen. Der rechts stehende Mann hält die preußische, der links stehende die brandenburgische Standarte. Die goldenen Lanzen

endigen in durchbrochene Spitzen, die den Namenszug FR zeigen. Die Fahnen sind mit goldenen Fransen besetzt und mit Schnüren und Quasten in den betreffenden Wappenfarben geschmückt. Die Standarten tragen die Wappenbilder des ersten und zweiten Mittelschildes, die Köpfe der Adler nach einwärts gewendet. Das Ganze steht unter einem purpurfarbigen, mit preußischen Adlern und Königskronen gemusterten, mit Hermelin gefütterten und verbrämten Zelt, dessen Kuppel von einem goldgeränderten blauen Reifen umschlossen ist, der den Wahlspruch König Friedrichs I. ‹Gott mit uns› in Goldschrift trägt. Am oberen Rande des Reifes fußen zwölf goldene Adler mit gesenkten Flügeln, vom unteren Rande fallen mit Edelsteinen geschmückte, goldbordierte und bequastete Lätze herab. Die Kuppel trägt als Bekrönung die preußische Königskrone, wie sie am Helme des Schildes erscheint. Hinter der Krone wird ein schwarz-silbern gestreifter Mast sichtbar, an dem mit goldenen Schnüren das preußische Reichsbanner befestigt ist. Dieses, in zwei goldgesäumte und bequastete Spitzen endigend, zeigt auf silbernem Grund den preußischen Adler. Das Banner hängt mittels goldener Ringe an einem silbernen Querstab, der auf beiden Seiten mit goldenen Königskronen abschließt. Auch der Mast endigt mit einer Königskrone, auf der ein preußischer Adler fußt.»
(Aus: H. G. Ströhl: Deutsche Wappenrolle. Stuttgart 1897). Abb.

**Blattkreuz:** veraltete Bezeichnung für ↑ Tolosanerkreuz.

**Blattkrone:** in einigen Wappenbüchern Bezeichnung der ↑ Helmkrone sowie der alten ↑ Königskrone.

**Blattschnitt:** Teilungslinie im Schild oder Feld, die nach jeder Seite eine derartige Abweichung hat, daß beiderseits die Form eines Blattes entsteht. Es kommen verschiedene Varianten vor, z. B. in Form des Lindenblattes, wobei andere Blattformen äußerst selten sind. Vgl. Abb. bei Kleeblattschnitt.

**Blattstäbe:** Ausdruck für die an einigen Helmzierden (↑ Helmkleinod) angebrachten, in der Regel mit Lindenblättern versehenen Stäbe, z. B. am Helm des Wappens der Landgrafschaft Thüringen.

**Blažek,** Conrad: 1839/1903, Pfarrer, Heraldiker. B. bearbeitete drei Bände des ↑ Neuen Siebmacher.

**Blitz:** seltenes Wappenbild. Nach einigen Heraldikern bezieht sich der B. als Wappenfigur auf ein wichtiges Ereignis im Leben des Stammvaters der Wappenführenden. Darauf deutet wahrscheinlich auch die Devise der *Chlopicki* «fulgura frangit» [lat., er nimmt dem Blitz seine Macht]. In der modernen Heraldik ist der B. das Symbol der Elektrizität, z. B. die drei goldenen B. im Stadtwappen von Hermsdorf (Thüringen). Zwei von einem Adler gehaltene schwarze B. befinden sich z. B. im Stadtwappen von Pirmasens. Vgl. Abb. bei auffliegend. Abb.

*Drei Blitze im Wappen von Hermsdorf (Thüringen) als Symbol für die in der Stadt ansässige Elekroindustrie*

**Bluemantle** ↑ Herald's College.

**blühend:** **1.** Ausdruck für eine Pflanze oder einen Zweig, der mit einer blühenden Blume dargestellt ist.
**2.** noch bestehende, d. h. nicht ausgestorbene, Fürsten- oder Adelsfamilie.

**blühender Berg:** Darstellung eines wappenmäßigen ↑ Berges, der mit einer heraldischen Blume, meist einer Lilie, besetzt ist. Der b. B. ist eine charakteristische Figur der katalonischen Heraldik. So führt z. B. Claramont in Katalonien einen roten, mit einer Lilie besetzten Berg auf gelbem Grund.

**Blumen:** Ausdruck für nicht besonders bezeichnete, wurzel- und stiellose, rein ornamental stilisierte, blumenähnliche Figuren in unbestimmter Anzahl.

**Blutbanner** ↑ Regalienfeld.

**Blutegel:** zu den gemeinen Figuren zählende, äußerst seltene Wappenfigur. Als redende Wappenfigur erscheinen B. im Wappen der russischen *Grafen von Igelström.* Das Stammwappen der Familie erscheint im Mittelschild, der im blauen Feld einen silbernen, schrägrechten Strom enthält, in dem fünf (2.1.2.; ↑ Blasonierung) schwarze B. schwimmen. Anläßlich der Erhebung in den Freiherrenstand im Jahre 1739 (Grafen seit 1792) wurde dieses außergewöhnliche Wappenbild dann noch durch die Darstellungen im Rückenschild vermehrt: 1 und 4 wie der Mittelschild, jedoch auf rotem Feld, 2 und 3 in Blau auf grünem Boden ein silberner Reiher mit einem B. im Schnabel. Auch die bayrische *Familie Igloff* führt ein ähnliches Bild: in Blau ein goldener, rechtsschräger Strom (↑ Fluß) mit drei schwarzen B. Abb.

**Blutfarbe** [engl. sanguine]: nur in der englischen Heraldik vorhandene dunklere Farbvariante der heraldischen ↑ Tinktur Rot.

**Blutstropfen:** in einigen Wappenbildern vorkommende rot tingierte, tropfenförmige Gebilde, den ↑ Tränen ähnlich. Die B. zählen zu den gemeinen Figuren und kommen in den Wappendarstellungen meist in der Mehrzahl vor.

**bluttriefend:** **1.** Pelikan, der der Sage nach sich mit dem Schnabel die Brust öffnet, um mit seinem Blut die Jungen zu tränken. Bei der Blasonierung muß die Zahl der Jungen angegeben werden.

**2.** von Menschen und Tieren abgerissene Teile, von denen Blutstropfen herabfallen.

**Bock:** in der Regel ein im Wappenwesen mit stark betonten Hörnern dargestellter Stein- oder ↑ Gemsbock. Mit Beziehung auf den in ihrem Wappen befindlichen Stein-B. führen die *Steiger* den Wahlspruch «Ich strebe nach oben». Außerdem symbolisiert der B. das Emporklimmen. Wahrscheinlich ist hiervon der Wahlspruch der *Wallmoden,* «Ich hoffe Neid», abgeleitet.

**Boden:** ein auf ein Siebentel der Schildhöhe, d. h. auf die Hälfte seiner gewöhnlichen Höhe, reduzierter ↑ Schildfuß. Ist er grün tingiert, so bezeichnet man ihn als ↑ Rasen. In der alten Heraldik war der B. unbekannt; an seiner Stelle finden sich hier Dreiberge (↑ Berg).

*Mit Pfeil belegter Bogen im Wappen derer von Vangerow*

*Linke Bogenflanke (links) Blutegel im Wappen derer von Igelström (rechts)*

**Bogen:** gemeine Figur der Heraldik. Der B. kommt als Wappenbild gespannt und mit einem Pfeil belegt, z. B. im Wappen der sächsischen *Familie von Schütz,* oder auch ungespannt, wie im Wappen der bayrischen *Grafen von Arco,* vor. Abb.

**Bogenbalken:** nach oben bzw. unten gebogener ↑ Balken.

**Bogenbrücke:** in der Heraldik mit gewölbtem oder glattem Brückenjoch dargestelltes Wappenbild. Die B. ist häufig Bestandteil von Städtewappen, z. B. von Hadersleben, Simbach am Inn, Bruch. Vgl. Brücke.

**Bogenflanke:** Sonderform des Heroldsbildes ↑ Flanke, wenn deren Begrenzungslinie einen flachen Bogen bildet. Abb.

**Bogenkreuz:** aus acht mit den Spitzen zusammengestellten Halbbogen gebildetes Kreuz.

**Bogenlinie:** gegen den Mittelpunkt des Schildes ein- oder ausgebogene Linie, die ein Kreissegment bildet.
**Bogenpfähle:** zwei nach innen gebogene Pfähle (↑ Pfahl).
**Bogenschnitt:** durch eine aus kleinen Bogen bestehende Linie (Bogenlinie) hervorgerufene Schildteilung, die auch als *gekerbt* angesprochen wird.
**Bogenständerung:** ↑ Ständerung, die nicht durch gerade, sondern durch Bogenlinien (↑ Bogenschnitt) bewirkt wird.
**Bolzen:** in der älteren Heraldik für ↑ Butzen verwendeter Ausdruck.
**Bombe:** hohle, mit Pulver gefüllte Kanonenkugel. Als Wappenbild erscheint die B. als eine schwarz tingierte, mit zwei Henkeln versehene Kugel. In einigen Fällen wurde sie auch explodierend dargestellt.
**Bonifatius:** christlicher Heiliger und Märtyrer, geb. 672 oder 673 in Wessex (England), gest. 754 bei Dokkum in Friesland. Der häufig auch als Apostel der Deutschen bezeichnete Heilige wurde zunächst Mönch in Nhutscelle. Später unternahm er Missionsreisen zur Bekehrung der heidnischen Germanen. Im Jahre 722 wurde er in Rom zum Bischof und 732 zum Erzbischof und päpstlichen Legaten für Germanien bestellt. Er schuf in Bayern, Hessen und Thüringen kirchliche Organisationen und erneuerte auch die fränkische Kirche. Seit 747 Erzbischof von Mainz, zog er im hohen Alter mit einigen Gefährten nach Friesland, wo er den Märtyrertod erlitt.
Der Heilige wird in der Regel im bischöflichen Ornat mit einem Buch in der Hand dargestellt und erscheint z. B. als Brustbild im Stadtwappen von Clingen (Thüringen). Abb.
**bonnes villes** [franz., gute Städte]: im Königreich Frankreich sowie im französischen Kaiserreich *Napoleons I.* (1804–1814, 1815) Städte der sogenannten ersten Ordnung. Unter den *Bourbonen* erhielten diese Städte als Wappengemeinsamkeit ein blaues Schildhaupt mit drei goldenen Lilien, das unter *Napoleon I.* durch ein rotes mit drei goldenen Bienen ersetzt wurde. Ein derartiges Wappen führte bis zu den Befreiungskriegen z. B. auch die deutsche Stadt Mainz, die Frankreich direkt angegliedert war. Vgl. napoleonische Heraldik.
**bonnet d'honneur** ↑ napoleonische Heraldik.
**Bord,** *Einfassung, Leiste, Rand, Schildesrand, Umschweif*: um den Schildrand gelegte Einfassung, die sich vom Schild in Farbe oder

*St. Bonifatius mit Krummstab und Buch, in dem drei Nägel stecken, auf einem Taler der Stadt Hameln von 1555*

Pelzwerk unterscheiden muß. Der B. zählt zu den Heroldsbildern, obwohl es kein echtes bzw. eigentliches ist. B. kommen in verschiedenen Breiten vor. Bei einer Breite von einem Siebentel oder einem Vierzehntel spricht man von einem Stab-B. Der B. kann wiederum selbst Heroldsbilder (↑ belegter Bord) tragen. So erscheint er mitunter ↑ geschacht, ↑ gerautet, gespickelt (↑ Spikkel) usw. Oft sind hier auch die Ausgänge der Heroldsbilder des Schildes zu sehen, so daß der Eindruck entsteht, er bildet den Rand eines Schildes, auf dem ein kleinerer aufgelegt ist. Bei einem sehr breiten B. ist der mittlere Platz ein ↑ Schildlein. Ein aus zwei Linien gebildeter B. heißt ↑ innere Einfassung. Seinen Ursprung hat der B. wahrscheinlich in den metallenen oder mit Pelzwerk besetzten Schildrändern des Mittelalters.
Der B. kommt auch als ↑ Beizeichen vor. So befindet sich z. B. im Wappen der *Herzöge von Anjou* (aus dem jüngeren Hause) der Schild von Frankreich innerhalb eines roten B.es. Die *Herzöge von Alençon* führten einen

roten, mit silbernen Münzen belegten B. um das Lilienwappen, die *Herzöge von Berry* den gleichen Schild, jedoch mit einem roten Dornen-B. umgeben. Die mit dem französischen Könighaus *Bourbon* verwandten *Grafen d'Etampes* bedienten sich eines von Hermelin und Rot gestückten B.es usw. Auch der jeweilige Kronprinz des Deutschen Kaiserreiches führte das väterliche Wappen, das mit einem schmalen roten B. umgeben war. In der preußischen Heraldik der Zeit der Befreiungskriege wurde der B. als Auszeichnung verliehen. So erhielt z. B. das Wappen des *Grafen Bülow von Dennewitz* einen roten B. mit der goldenen Inschrift *Dennewitz 6. September 1813.*

**bordiert:** Ausdruck für einen mit einem ↑ Schildrand umgebenen Schild; mitunter auch als *eingefaßt* bezeichnet.

**Bordüre** ↑ Schildrand.

**bordweise gestellt:** dicht am ↑ Schildrand befindliche Heroldsbilder oder gemeine Figuren. Abb.

**bourlet** [franz.]: am Ende fliegend dargestellte Wülste (↑ Wulst), die zwei oder drei mit dem Schild und den Helmdecken übereinstimmende Farben aufweisen.

**bouses** ↑ waterbudges.

**Boutell,** Charles: 1812/1877, englischer Pfarrer, Historiker und Heraldiker.

*Werke*

Heraldry, historical and popular. London 1865

English Heraldry, 9. Auflage. London 1907

**bouterolle** ↑ Seeblatt.

**Bracke,** *Molosser*: **1.** starker Fanghund mit als *Behänge* bezeichneten breiten herabhängenden Ohren. Der B.nkopf (↑ Brackenhaupt), in einigen Wappen mit Halsabschnitt, stand im Mittelalter als Symbol der Jagdgerechtigkeit in hohem Ansehen. Vollständige B. oder einzelne Köpfe finden sich im Wappenwesen selten, z. B. führt die Stadt Brackenheim (Württemberg) eine B. als redendes Wappen. In einigen älteren Wappenbeschreibungen wird die B. oft fälschlich als *Fischotter* erklärt. – **2.** ↑ Lenkscheit.

**Brackenhaupt:** vorwiegend als Helmzier (↑ Helmkleinod) auftretender Kopf einer ↑ Bracke. Das B. wird in der Regel mit einem Stück Hals dargestellt. Das auf den Wappen der *Hohenzollern* befindliche B. wurde im Jahre 1317 von dieser Familie erkauft. Bekannt ist das B. auch als ↑ Hilfskleinod der *Fürsten von Öttingen.* Seit der Mitte des 15. Jahrhunderts wurde es von allen Linien der Grafen und späteren *Fürsten Reuß* auf dem Wappenhelm geführt. Als Schildbild erscheint es z. B. im Wappen der thüringischen Stadt Lobenstein, in der zeitweilig eine Linie des *Hauses Reuß* residierte. Die Stadt hat diese Helmzier der *Fürsten Reuß* bereits seit dem 15. Jahrhundert im Wappen. Abb.

**Brand:** schwarz tingierter, knotiger Ast mit Flammen an den Enden. Im Wappen der *Fürsten von Schwarzenberg* findet sich ein B. als redendes Wappenbild für die der Familie gehörende Herrschaft Brandis. Abb.

**Braun:** später den ursprünglichen heraldischen ↑ Tinkturen zugeordnete, eigentlich unheraldische Farbe. Wahrscheinlich ist die braune Tinktur aus einem später stark nachgedunkelten Rot, das im Laufe der Zeit mißverstanden wurde, entstanden. Auch erübrigt sich die besondere Benennung B., da für Gegenstände dieser Färbung die Bezeichnung ↑ Naturfarbe ausreichend ist. So kann auch die im 19. Jahrhundert für B. geschaffene heraldische Schraffur als überflüssig betrachtet werden.

**Breitbalkenflanke:** ↑ Flanke mit einem in diese hineinragenden ↑ Balken, der eine Höhe von der Hälfte der Schildhöhe hat. Die Flanke behält hier im Ober- und Untereck nur noch ein Viertel der Schildhöhe. Für dieses Heroldsbild gibt es auch umständliche, die Größenverhältnisse nicht treffende Blasonierungen. So wird es z. B. mitunter auch als *Ober-* oder *Untereck* angesprochen. Abb.

**breitendig:** Heroldsbilder, die sich nach ihren Enden hin verbreitern.

**Breitschartenkreuz:** ↑ gemeines Kreuz, dessen Kreuzenden mit ↑ Scharten dargestellt sind.

**Breitständer:** falsche Bezeichnung für die ↑ Querspitze. Man gab die Rechts- und Linksspitze nicht besonders an.

*Brackenhaupt im Wappen der Stadt Lobenstein*

*Brand im Wappen derer von Hagen*

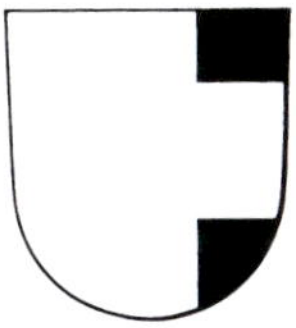

*Bordweise gestellte ↑ Merletten im Wappen der Grafen von Maldeghem (links)*
*Linke Breitbalkenflanke (rechts)*

*Bremse (links) · Brog (rechts)*

**Breitzinne:** nach oben breiter werdende ↑ Zinne.

**breitzinnenförmig geteilt:** Schildteilung mittels mehrerer ↑ Breitzinnen.

**Bremse:** zur Zähmung der Pferde beim Beschlagen verwendetes Gerät. Durch das Zusammenziehen der an der B. befindlichen Riemen oder Ketten wurde den Pferden die Nase eingequetscht. Als gemeine Figur kommt die B. in den verschiedensten Formen vor und war vor allem in der westfälischen Heraldik beliebt. Abb.

**Bret:** alter Ausdruck für die Glocke bzw. den ↑ Bart eines Vogels.

**Briefadel:** Personen oder Familien, denen mittels eines Adelsbriefes vom Kaiser oder einem dazu berechtigten Landesherren bzw. Hofpfalzgrafen der Adel verliehen wurde.
Der älteste bekannte Adelsbrief ist der dem Hofkaplan *Wicker Frosch*, Scholaster von St. Stephan zu Mainz, am 30. September 1360 ausgestellte. Nach dem Dreißigjährigen Krieg war ein Überhandnehmen des B. zu verzeichnen. Man begann damit, den Neugeadelten Wappenfiguren zu verleihen, die auf den Beruf oder die Verdienste des in den Adelsstand Erhobenen anspielten. So wurde z. B. dem Standhaften eine Säule, dem Sieger ein Lorbeerkranz, dem Fleißigen eine oder mehrere Bienen usw. als Wappenbild zugedacht. Die mit dem B. ausgezeichneten Personen oder Familien konnten jedoch nicht die Rechte, die dem Uradel (↑ Adel) zustanden, erlangen.

**Brieflänge:** in der alten Heraldik ein unexakter Ausdruck für ↑ Schindel.

**Brieflein:** veralteter Ausdruck für ↑ Schindel.

**Briefwappen** ↑ Wappenbrief.

**brisure** ↑ Beizeichen.

**Brog** [poln., Heuschober]: ein auf vier Pfählen ruhendes Strohdach. Dieses Wappenbild war vor allem in der polnischen Heraldik sehr beliebt, z. B. im Wappen der polnischen *Uradelsfamilie von Radolinski*, den späteren *Fürsten von Radolin*. Abb.

**Bruch** ↑ Faden.

**Bruchbalken:** das Heroldsbild ↑ Balken, in dessen Mitte ein Stück fehlt. Es kommen auch mehrfach *zerbrochene Balken* vor.

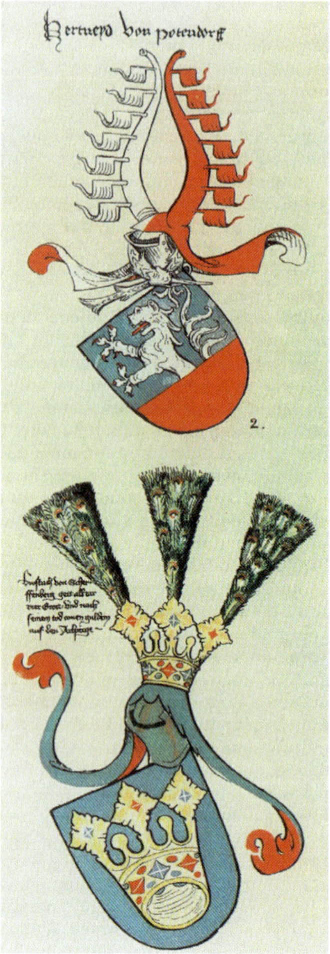


*Wappenbeispiele aus dem Bruderschaftsbuch von St. Christoph auf dem Arlberg, oben Hertneyd von Potendorff, unten Eustachius von Scherffenberg*

**Brücke: 1.** häufig als redendes Wappenbild verwendete gemeine Figur, z. B. im Wappen der sächsischen Stadt Königsbrück. Eine Schiffs-B. erscheint im Wappen der Stadt Innsbruck, und im Stadtwappen von Aue (Erzgebirge) befinden sich sogar zwei B. Vgl. Bogenbrücke. – **2.** ↑ Turnierkragen.

**Bruderschaftsbuch des St. Hubertusordens:** im letzten Drittel des 15. Jahrhunderts entstandene Handschrift; im Besitz der Staatsbibliothek München. Das Buch enthält auf 142 Blatt 390 Vollwappen der Mitglieder des 1444 gegründeten Ordens. Um 1568 fertigte der Reichsherold *Johann von Gymnich* einen Sammelband mit diesen Wappen an, der sich im Besitz des bekannten Heraldikers *Otto* ↑ *Hupp* befand.

**Bruderschaftsbücher von St. Christoph auf dem Arlberg:** um 1400 angelegte, bis etwa 1786 weitergeführte, gemalte Wappenbücher; über ein Buch verfügt das Hof- und Staatsarchiv Wien, ein zweites Buch ist im Besitz der St. Georgsritter in München, ein drittes ist in Wiener Privatbesitz.

Die Bruderschaft wurde 1390 von dem Hirten *Heinrich Findelkind* begründet, um den auf dem Arlbergpaß verunglückten Pilgern zu helfen. Viele Adlige des damaligen Deutschland traten der Bruderschaft bei. Die Namen und Wappen wurden in Pergamentbücher eingetragen, mit denen die Brüder zur Werbung neuer Mitglieder auszogen. Nach dem ersten Jahrzehnt des 15. Jahrhunderts nahm die Mitgliederzahl ab, nach 1420 erfolgte kein Beitritt auswärtiger Adliger mehr. Die um 1550 unbedeutende Bruderschaft begann erst nach dem Dreißigjährigen Krieg wieder aufzuleben. Seit 1648 finden sich wieder neue Wappeneintragungen. 1786 wurde die Bruderschaft aufgehoben.

Im ersten Buch sind 250 alte, beidseits bemalte Blätter, die später im 17. Jahrhundert um 520 ganzen Wappen und etwa 400 Schilde vermehrt wurden. Die Wappendarstellungen sind mit Blattgold und Silber verziert. Das zweite Buch enthält 135 beidseits bemalte Blätter mit 360 Ganzwappen und 480 Schilden, das dritte 54 beidseits bemalte Blätter mit 21 Ganzwappen und 500 Schilden. Eine um 1552 von dem Maler *Vigil Raber* aus Sterzing angefertigte Kopie (im Besitz der Landesbibliothek Weimar) enthält 450 Blätter mit über 7 500 Wappen, eine weitere aus der Zeit um 1579 300 Blätter und 94 Ganzwappen sowie 3 472 Schilde (im Besitz des Niederösterreichischen Landesarchives in Wien). Abb.

**Bruges,** William: erster Wappenkönig des ↑ Hosenbandordens, gest. 1450. Er schuf das bekannte ↑ Bruges' Garter Book. Es ist das erste englische Wappenbuch, dessen Autor namentlich bekannt ist.

**Bruges' Garter Book:** um 1430 entstandenes englisches Wappenbuch, in dem die 26 farbigen Porträts der Gründungsritter des ↑ Hosenbandordens enthalten sind. Das Original des Buches befindet sich im Britischen Museum in London. Vgl. Bruges.

**Brünlöhr** ↑ Wulst.

**Brunshoffen,** Herrmann von: Verfasser des um 1480 entstandenen «Heroldsbuch des Jülichschen St. Hubertusordens».

**Brustbild:** Ausdruck für eine Figur (speziell Menschen), deren Kopf mit Hals bis zur Brust dargestellt ist.

**Brustharnisch:** bis in das 19. Jahrhundert zum Schutz des Oberkörpers getragener Eisenpanzer. Der B. kommt hauptsächlich in der neueren Heraldik vor. Er wurde auch als Bestandteil der besonders im 18. Jahrhundert beliebten, hinter oder neben den Wappen befindlichen ↑ Armaturen (Waffen, Fahnen, Kanonenrohre usw.) gern dargestellt.

**Brustlatz,** *Kegel*: alter Ausdruck für eine seltene Abart des ↑ Ständers. Bei ↑ *Rudolphi* als «von der rechten absteigender Kegel» bezeichnet.

**Brustmond,** *Brustspange*: Bezeichnung der halbmondförmigen, meist in Kleeblättern endenden Verzierung auf der Brust einiger heraldischer Adler, die wahrscheinlich ursprünglich der Befestigung des Wappenbildes auf dem Schild diente, z. B. im Wappen des Herzogtumes Schlesien sowie der gefürsteten Grafschaft Tirol. Vgl. Abb. bei Wappenbuch des ↑ Conrad Grünenberg.

**Bucelin,** Gabriel: 1599/1691, Prior in Feldkirch, Heraldiker. In den Jahren von 1655 bis 1657 war B. Mitarbeiter am ↑ Siebmacher'schen Wappenbuch.

*Buch im Staatswappen von Afghanistan*

**Buch:** gemeine Figur, die als Symbol der Gelehrsamkeit z. B. schon in ↑ Richentals Chronik des Konzils zu Konstanz in den Wappen der Universitäten enthalten war. Auch der ↑ Markuslöwe hält ein B. Die russische Stadt Perm führte bereits im 17. Jahrhundert in ihrem Wappen einen Bären, der ein B. auf dem Rücken trägt. In der modernen Heraldik erscheinen Bücher z. B. in den Wappen von Afghanistan, Angola und der Dominikanischen Republik. Die Stadt Bochum (Ruhrgebiet) führt ein B. als redendes Wappenbild. Abb.

**Buchdruckerwappen:** dieser Zunft von *Kaiser Friedrich III.* (1440–1493) verliehenes Wappen, das einen schwarzen, zum Fluge gerichteten Adler im goldenen Feld zeigt. Die Helmzier besteht aus einem wachsenden Greif, der mit den Klauen zwei Buchdruckerballen gegeneinander drückt. Die Helmdecken sind silbern und rot.

**Buche:** in der Heraldik relativ selten vorkommender Baum, der durch seine stilisierten, eiförmigen, am Rande leicht gezackten Blätter zu erkennen ist. Die B. galt ursprünglich als Zeichen der Festigkeit. Eine B. erscheint z. B. als redendes Wappenbild im Stadtwappen von Bocholt (Westfalen), im Wappen des Amtes Entlebuch (Schweiz) und im Stadtwappen der ehemaligen Freien Reichsstadt Buchhorn (heute Friedrichshafen, Bodensee).

**Büchel:** In manchen Gegenden Deutschlands übliche alte Bezeichnung kleiner Berge oder Hügel. In älteren Wappenbüchern werden diese mitunter als B. bezeichnet. Drei B. (Bühel) befinden sich z. B. als redendes Wappen im Schild der Stadt Bühl (Baden).

*Beispiel für Buchstaben als gemeine Figuren im Stadtwappen von Karlsruhe (Devise des badischen Hausordens der Treue) (links) Buchstabenwappen der Stadt Sangerhausen (rechts)*

**Bücherzeichen,** *Bucheignerzeichen, Bibliothekszeichen, Exlibris*: in den Buchdeckeln eingeklebte, oft künstlerisch gestaltete, mit Namen, Monogrammen, Wappen oder Symbolen des Eigentümers versehene Besitzerzeichen. Um die Mitte des 15. Jahrhunderts kam die Sitte auf, Wappen in die Innenseite des Buchdeckels zu kleben oder zu drukken. Die Blütezeit dieses Brauches war das 16. und 17. Jahrhundert. Die in dieser Zeit in den B. dargestellten Wappen trugen anfangs wesentlich zur Entwicklung der Wappenkunst bei, da die Holzschnitte oder Kupferstiche meist von erstrangigen Künstlern gefertigt wurden. Im 18. Jahrhundert ging jedoch auch an den B. der Verfall der Heraldik nicht vorüber. Die auf den Bucheinbänden angebrachten Wappen sollten der offenen Seite des Buches, in die Innenseite des Deckels eingeklebte dem Titel des Buches zugewendet dargestellt sein. Vgl. Superexlibris.

*Literatur*

*Warnecke, F.*: Die Deutschen Bücherzeichen. Berlin 1890

*Seyler, G. A.*: Illustriertes Handbuch der Exlibris-Kunde. München 1895

*Leiningen-Westerburg, K. E. Graf zu*: Deutsche und österreichische Bibliothekszeichen und Exlibris. Stuttgart 1901, Reprint Leipzig 1982

*Stawa, G. v.*: Alte Exlibris aus Tirol. Innsbruck 1958

**Buchstabe:** Bestandteil des Alphabets, in Wappen hauptsächlich in der spanischen und italienischen Heraldik vorkommend. B. werden allein auf oder neben den Wappenschilden angebracht. Im Laufe der Zeit entstanden aus den Anfangs-B. der entsprechenden Namen ganze Wörter, mitunter auch kurze Sprüche, die in die Wappen aufgenommen wurden. Letztere erscheinen in der Regel als ↑ Devise außerhalb der Wappenschilde und zählen zu den heraldischen ↑ Prachtstücken. Im Wappen befindliche B. werden zu den gemeinen Figuren gerechnet, z. B. in denen von Obervolta und Togo. Vgl. Buchstabendevise, Buchstabenwappen. Abb.

**Buchstabendevise,** *Rätseldevise*: ein Wahlspruch, der nur durch die Initialen der Worte angedeutet wurde, z. B. «W. G. W.» [Wie Gott Will]. Zu den bekanntesten B. gehört die von *Kaiser Friedrich III.* (1440–1493). Die Buchstaben der Devise «A. E. I. O. V.» (V. = U.) lassen mehrere Deutungen zu, z. B. Aquila Electa Juste Omnia Vincit (lat., der erwählte Adler besiegt mit Recht alles], oder Austriae Est Imperare Orbi Universo [lat., Aller Erden Ist Oesterreich Untertan]. Es bieten sich auch die Lesungen «Aller Ehren Ist Oesterreich Voll» und «Auf Erden Ist Oesterreich Unsterblich» an. Abb.

**Buchstabengemerke** ↑ Initialwappen.

**Buchstabenwappen:** bereits im 15. Jahrhundert vorkommende Wappen, deren Schildfigur aus einem oder mehreren ↑ Buchstaben besteht, z. B. das «A» im Stadtwappen von Aurich. In diesem Falle werden die Buchstaben zu den gemeinen Figuren gezählt. Vgl. Initialwappen. Abb.

**Büffel:** selteneres Wappentier. In der jüngsten Vergangenheit wurde der B. in die Wappen verschiedener Staaten aufgenom-

*Buchstabendevise König Friedrichs IV. (1440–1493) vom Jahre 1446 aus der im Besitz des Staatsarchives Wien befindlichen «Handregistratur» dieses Herrschers. Der einköpfige Adler ist das Symbol des deutschen Königs. Nach seiner Wahl und Krönung zum Kaiser 1452 führte er als Friedrich III. den Doppeladler*

men, z. B. ein Büffelkopf im Wappen Indonesiens.

**Büffelhörner,** *Füllhörner, Lohehörner*: als heraldische Helmzier verwendete Hörner des Büffels, später Sammelbegriff für alle an den Helmen angebrachten *Hörner*. Die B. kommen in der Heraldik immer paarweise, gebogen in Form eines Halbmondes vor. Gegen Ende des 14. Jahrhunderts wurden die B. immer größer, doppelt gebogen und an den Spitzen abgesägt, so daß sie sich schon wesentlich von den anfänglichen kleinen und sichelförmigen unterschieden. Im 15. Jahrhundert entstanden die sogenannten *offenen Hörner*, deren nach außen erweiterte Mündung von einem Ring umgeben ist. In der älteren Literatur werden diese dann irrtümlich als *Elefantenzähne, -rüssel* bzw. *-schnauze, offene Füllhörner* oder *Trompeten* angesprochen. Die Darstellung der B. – ob spitz, sichelförmig oder geschweift – ist heraldisch unbedeutend. Vielfach sind sie dann noch mit Fähnchen, Blätter- oder Kleestengeln bzw. Blumen bestückt. Dieses Beiwerk wurde fast ausschließlich in der Farbe der Haupttinktur des Schildes dargestellt. Als Helmkleinod verwendete B. können auch mit Heroldsbildern verziert als ↑ Hilfskleinode vorkommen. In der Regel erscheinen alle B. in der Hauptfarbe des Schildes. Kommen im Schilde Balken vor, so sind die Hörner in entsprechender Weise mit Querspangen versehen. Vielfach befindet sich zwischen ihnen noch eine gemeine Figur. Neben den B. finden sich auf den Helmen auch die Hörner des Steinbockes sowie in einigen Fällen auch Hirschgeweihe. Bei diesen handelt es sich meist um selbständige Kleinode, die mit dem Wappenbild in keinen Zusammenhang zu bringen sind. Abb.

**Bügelhelm** ↑ Spangenhelm.

**Bulle** ↑ Siegel.

**Bundesadler:** seit dem 20. Januar 1950 staatliches Hoheitszeichen der Bundesrepublik Deutschland. Die offizielle Form des B. entspricht dem im Jahre 1928 von *Tobias Schwab* entworfenen deutschen Reichsadler. Auf Münzen erscheinen mitunter abgewandelte bzw. modernisierte Formen des B., die in vielen Fällen einer heraldischen Gestaltung nicht entsprechen.

Als B. wurde auch der 1934 eingeführte und bis 1938 das Symbol des Bundesstaates Österreich bildende doppelköpfige Adler bezeichnet.

**Bundeszeichen, eidgenössisches:** weißes griechisches Kreuz auf rotem Grund, das seit dem 15. Jahrhundert das gemeinsame Abzeichen der Schweizer Eidgenossen bildete und bei der Neugründung der Eidgenossenschaft im Jahre 1814 zum Bundes-

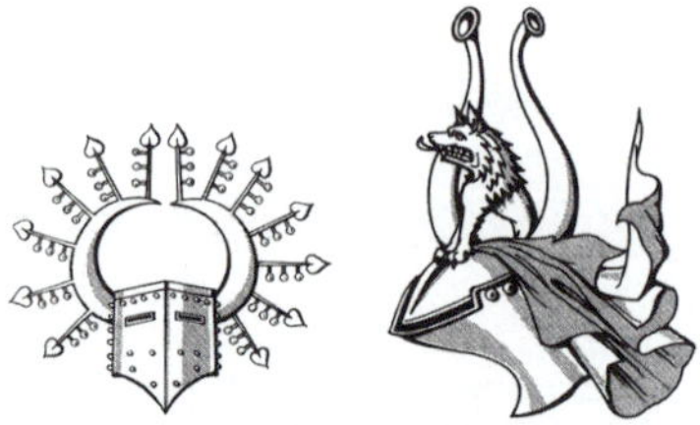

*Büffelhörner,*
*links auf Topfhelm, 13. Jahrhundert,*
*rechts auf Stechhelm, 15. Jahrhundert*

*Buntfeh*

*Burg im Stadtwappen von Leisnig*

wappen erklärt wurde. Außerdem erscheint es noch in den Kantonalwappen von Schwyz und seit 1848 auch von Neuenburg.

**bunter Löwe:** Beiname des hessischen Wappenlöwens, der weiß-rot gestreift und schon seit dem frühen 13. Jahrhundert nachgewiesen ist, als Thüringen und Hessen noch eine gemeinsame Landgrafschaft bildeten. Der b. L. entstand aus der Wappenvereinigung nach der Hochzeit *Ludwigs IV.* (1217–1227) mit *Elisabeth von Ungarn* (1207/1231). Der b. L. ist deshalb Wappenfigur in vielen thüringischen und hessischen Stadtwappen, z. B. Hildburghausen, Ummerstadt, Schleusingen, Schmalkalden. Vgl. Hessenlöwe, Abb. bei Großherzog.

**Buntfeh:** Abart der ↑ Eisenhütlein, hauptsächlich in der englischen Heraldik (↑ vaire), die in silberner, roter, schwarzer und goldener Tinktur erscheinen. Abb.

**burelé:** in der französischen Heraldik Bezeichnung eines mit Balken belegten Wappenschildes, der mehr als neun Plätze (Balken) aufweist. In diesem Fall werden dann die einzelnen Plätze nicht mehr gezählt. So blasoniert man z. B. das aus fünf roten und fünf goldenen Balken bestehende Schildbild der belgischen Grafschaft Looz mit b. Vgl. Abb. bei Bischofsmütze.

**Burg:** frühgeschichtliche oder mittelalterliche Verteidigungsanlage. In der Heraldik wird die B. meist stilisiert im Aufriß, also nicht perspektivisch, dargestellt. Es existieren jedoch auch Ausnahmen, die meist aus der Verfallszeit der Heraldik stammen. In der Regel ist die B. als eine von zwei Türmen flankierte Mauer auf den Wappen zu sehen. Die Anzahl der Türme, Tore mit oder ohne Fallgatter sowie andere Einzelheiten sind bei der Blasonierung besonders zu melden. Abb.

**Bürgerkrone:** bereits in der römischen Antike nachweisbare kronenartige Kopfbedekkungen, die als Auszeichnung verliehen wurden. Personen, die sich in offener Feldschlacht hervorgetan hatten, bekamen einen Eichenkranz, bei Belagerungen eine Krone mit Mauerzinnen, bei einer Seeschlacht eine Krone mit Schiffsschnäbeln (vgl. Schiffskrone). Bauern bekamen als Auszeichnung einen Ährenkranz. Diese Kronen waren mitunter aus edlen Metallen gearbeitet. Später wurden sie von Städten, Universitäten und Akademien ähnlich wie der Doktorhut vergeben. In der neueren Zeit wird unter dem Begriff B. die ↑ Mauerkrone verstanden.

**bürgerliche Kronen:** unberechtigt auf bürgerlichen Wappen angebrachte Adelskronen. Bürgerlichen Familien oder Personen war es nicht gestattet, irgendwelche Kronen über ihren Wappen zu führen, obwohl es an solchen Bestrebungen, besonders im Holland des 18. Jahrhunderts, nicht mangelte. Bei bürgerlichen Wappen erhebt sich die Helmzier (↑ Helmkleinod) entweder unmittelbar aus dem Helm oder aus einem anstelle des Helmes angebrachten ↑ Wulst oder Pausch, der immer die Farben der Helmdecken aufweisen muß.

**Bürgerliches Wappenbuch:** Teil V des 1854 von ↑ *Hefner* herausgegebenen «Neuen Siebmacher» (↑ Neuer Siebmacher). Dieses Werk enthält etwa 20 000 bürgerliche Wappen Deutschlands.

**bürgerliche Wappen:** von bürgerlichen Personen oder Familien geführte Wappen. Schon um 1275 lassen sich selbst bei «geringen Ständen» b. W. nachweisen. Die Symbole der beruflichen Tätigkeit des Wappenführenden bilden in den meisten Fällen auch die Wappenbilder. Daneben tauchen auch Ähren, beblätterte Stengel und Herzen häufig auf. Die b. W. wurden zu allen Zeiten in vielen Fällen eigenmächtig angenommen, was vor allem in der Frühzeit des Wappenwesens üblich war. Die im 16. und 17. Jahrhundert bei bürgerlichen Familien besonders verbreitete Sitte, Geschlechterwappen zu führen, wurde durch die vom Kaiser oder dessen Bevollmächtigten, den ↑ Hofpfalzgrafen, ausgestellten ↑ Wappenbriefe wesentlich gefördert. Durch die Französische Revolution von 1789 und deren progressive Ideen verlor sich im Bürgertum das Interesse an Wappen. Erst seit der Mitte des 19. Jahrhunderts wurde dann in weiten Kreisen des Bürgertumes wieder Wert auf Wappenführung gelegt. Seit der Auflösung

*Bürgerliche Wappenbeispiele der Schweiz aus dem Wappenbuch der Stadt Schaffhausen von 1819. Die Wappenschilde sind mit den an sich Adelswappen vorbehaltenen Spangenhelmen versehen*

des Römisch-Deutschen Reiches im Jahre 1806 wurden keine Wappenbriefe an Bürgerliche mehr verausgabt. Erst 1912 verlieh der *König Friedrich August III. von Sachsen* (1904–1918) wieder einen Wappenbrief. Abb.

*Literatur*

*Kenfenhauer, J. J.*: Alphabetisches Namensregister bürgerlicher deutscher Wappenvorkommen. Köln 1937

*Hauptmann, F.*: Das Wappenrecht der Bürgerlichen. Bonn 1882

*Knötel, P.*: Bürgerliche Heraldik. Tarnowitz 1903, Breslau 1922

*Holtmanns, J.*: Bergisches Wappenbuch bürgerlicher Familien, Bremen 1912

*Bauer, K. F.*: Das Bürgerwappen. Frankfurt/Main 1935

*Hennig, E.*: Nachweise bürgerlicher Wappen in Deutschland 1937–1973. Neustadt a. d. Aisch 1975

**Burggraf:** im hohen Mittelalter vom deutschen König eingesetzter, dem Hochadel entstammender Befehlshaber einer Reichsburg. In einigen Fällen standen B.en auch im Dienst von Reichsfürsten.

**Burggraf,** auch *Burckgraff*, Hans: ↑ Persevant des *Markgrafen Friedrich II. von Brandenburg* (1440–1471). B. legte um die Mitte des 15. Jahrhunderts ein Wappenbuch an, in dem etwa 600 deutsche und ausländische Wappen enthalten sind. Er wurde auch als «persevant Knecht in Bayern» erwähnt und soll 1485 beim Turnier in Ansbach zugegen gewesen sein. War dies der Fall, so dürfte sein in anderen Quellen angegebenes Todesjahr 1471 zweifelhaft sein.

**Burgunderhelm:** um das Jahr 1500 vermutlich aus den ↑ Schallern hervorgegangene jüngste Form der wirklichen Kriegshelme. Der B. war mit einem kurzen, engen Hals versehen, hatte ein aufklappbares Visier und war an der Seite zu öffnen. Mit heraldischen Abzeichen versehen, wurde er erst in der Zeit des Verfalls der Heraldik in das Wappenwesen integriert.

**Burgunderkreuz:** fälschliche und unbegründete, aber gebräuchliche Bezeichnung für ein aus Ästen gebildetes ↑ Andreaskreuz. Vgl. Astschragen.

**Busch:** im Wappenwesen meist grün tingiert dargestelltes Schildbild, aus dem in den meisten Fällen ein Tier hervorspringt, z. B. im Wappen der *Grafen von Wartensleben,* in dem ein roter Wolf aus einem grünen B. herauskommt. Im Wappen derer *von Schoening* ist es ein Hirsch. Vgl. Abb. bei hervorspringend.

**Bussing,** Caspar: 1658/1732, Theologe, Mathematiker, Heraldiker. Der am 9. März 1658 im Stift Neukloster in Mecklenburg geborene Sohn eines Pfarrers wurde 1691 Konrektor an der Kathedralschule zu Bremen, 1694 Prediger an der Michaeliskirche und 1699 Pastor an der Kathedralkirche zu Bremen. 1708 wurde er Superintendent von Oldenburg und Delmenhorst, 1711 Generalsuperintendent des Herzogtumes Bremen. Dieses Amt bekleidete er bis zu seinem Tode. Wie viele Theologen seiner Zeit beschäftigte er sich intensiv mit der Heraldik.

*Werke*

Bremen-Verdischer Rittersaal. Einleitung zu der Herolds-Kunst. Hamburg 1693 (lat.) und 1694 (dt.)

Kurtzgefasste Herolds-Kunst, 3. Auflage. Hamburg 1713

Kurtze Anleitung zur Teutschen Wappenkunst. Nürnberg o. J.

**Bütte:** Tragegefäß der Winzer. Diese besonders in rheinischen Wappen vorhandene gemeine Figur wird gewöhnlich mit den Trageriemen dargestellt.

**Butzen,** *Bolzen, Knopf, Plätzlein, Plötzlein, Putzen*: Samenkapsel einer Blume. Die in den Wappen vorhandenen B., von einigen Heraldikern auch *Samen-B.* genannt, werden meist in abstechender Tinktur gezeigt.

**Byzantiner Münze,** *Besant*: Ausdruck für eine goldene ↑ Kugel, die zumindest eine Andeutung von Geprägen oder Schriftzeichen erkennen läßt. Die Bezeichnung B. M. resultiert daraus, daß die Kreuzfahrer oft byzantinische Münzen aus dem Morgenland mitbrachten und diese auf ihren Schilden befestigten, ebenso wie andere, im Mittelalter vorkommende, plastische Schildverzierungen.

**byzantinisches Tor** ↑ Tor.

# C

**Caballero** [span.]: in Spanien und Portugal Bezeichnung für ↑ Ritter.
**cabinet d' armes:** Bezeichnung für die nach altfranzösischer Sitte in der Kirche aufgehängten Waffen, Ausrüstungsgegenstände und Ahnenwappen eines Verstorbenen. Auf einem ausgespannten Tuch waren – umgeben von den vier Ahnenwappen – Helm, Panzerhemd, Schwert und die Scheide, Handschuhe und Sporen des Adligen angebracht. Vgl. Funeralbanner, Funeralheraldik.
**Calatravakreuz:** aus vier heraldischen Lilien gebildetes Ordenszeichen des kastilischen, später spanischen Militärischen Ritterordens von Calatrava (↑ Calatravaorden).
**Calatravaorden,** *Militärischer Ritterorden von Calatrava*: im Jahre 1158 von dem *König Sancho III. von Kastilien* (1157–1158) gestifteter

*Rock der Calatravaritter aus der ersten Hälfte des 16. Jahrhunderts mit aufgesticktem Ordenskreuz*

Ritterorden. Bei der Stiftung schenkte der König den Rittern die den Mauren abgerungene Stadt und Burg Calatrava. Als sie 1197 diese Burg wieder an die Mauren verloren, zogen sich die stark dezimierten Ritter nach dem Schlosse Salvatierra zurück und nannten sich in dieser Zeit «Ritter von Salvatierra». Die Ritter versahen teils Waffen-, teils geistlichen Dienst und lebten nach der Regel des Zisterzienserordens. Sie mußten eine Ahnenprobe ablegen und nachweisen, daß sich unter ihren Vorfahren weder Mauren noch Juden befanden. Nach der Trennung zwischen geistlichen und weltlichen Rittern erhielt der nun entstandene weltliche Ritterorden neue Gesetze, die 1187 von *Papst Gregor VIII.* (1187) bestätigt wurden. *Papst Innozenz VIII.* (1484–1492) verband die Großmeisterwürde mit der Krone Spaniens. Seit Anfang des 19. Jahrhunderts wurde der Orden, wie auch der Alcántaraorden (↑ Alcántarakreuz), von den spanischen Königen bis zur Revolution im Jahre 1931 als Verdienstorden verliehen. Die Ritter trugen als Ordenszeichen ein grünes ↑ Calatravakreuz, das seit dem 19. Jahrhundert in einen goldenen Rhombus gesetzt war. Das Ordenszeichen konnte von den Ordensrittern in ihr Wappen aufgenommen werden. Abb.
**Calvarienkreuz** ↑ Passionskreuz.
**calvary** ↑ Kruzifix.
**cantonniert** [franz.]: ein Schild, auf dem ein durchbrochenes Kreuz oder eine andere durchbrochene Wappenfigur dargestellt ist, bei der zwischen den Durchbrüchen das Feld oder der Untergrund sichtbar ist.
**Capo d'Angiò:** ↑ Parteizeichen der im 12. bis 15. Jahrhundert bestehenden politischen Gruppierung der päpstlichen Partei der Guelfen und Anhänger des *Hauses Anjou.* Es bestand aus einem blauen ↑ Schildhaupt, mit vierlätzigem rotem Turnierkragen über drei goldenen Lilien.
**Capo dell'Imperio:** ↑ Parteizeichen der im 12. bis 15. Jahrhundert bestehenden italienischen politischen Gruppierung der Ghibellinen. Es zeigte den schwarzen kaiserlichen Adler im goldenen ↑ Schildhaupt.
**Carlowitz-Maxen,** Viktor von: 1809/1856,

königlich sächsischer Legationsrat, Heraldiker. C. gehörte zu den ersten Mitarbeitern am ↑ Neuen Siebmacher (Band Souveräne).

**Carrick** ↑ Herald's College.

**Cartouche** [franz., Zierrahmen]: in der Barockzeit vielfach den Schild ersetzender Zierrahmen der Wappen mit aufgerollten oder umgebogenen Enden. Vgl. barocker Schild.

**Courteois,** Jean: Herold des *Königs Alfons' V. von Aragon* (1416–1458) mit dem Amtsnamen ↑ Sicile. Er verfaßte die für seine Zeit maßgeblichste schriftliche Fixierung der Rechte und Pflichten der Herolde.

**Cassaneus,** Bartholomäus: 1480/1542, Jurist, Heraldiker. C., geb. in Issy l'Eveque, studierte in Pavia Jura und erhielt dort im Jahre 1502 den Doktortitel. Später wurde er Oberpräsident des Parlamentes der Provence. Sein zuerst 1529 erschienenes Werk «Catalogus gloriae mundi» stellt einen beachtenswerten Versuch dar, die französische und deutsche Richtung des Wappenwesens zu vereinen und war die bis dahin umfangreichste Arbeit auf diesem Gebiet. Dieses Buch fand besonders im damaligen Deutschland, wo die Kunst des Blasonierens fast verlorengegangen war, sehr große Verbreitung. In 200 Jahren erschien das Werk in fast 20 Auflagen, davon vier in Deutschland.

**chaperonné** [franz., überkappt]: Ausdruck für ein nur in der französischen Heraldik vorkommendes ↑ Schildhaupt. Im gewöhnlichen Schildhaupt befindet sich dabei eine in der Mitte halbkreisförmige, geschweifte Erhebung, die mitunter auch mit Heroldsbildern, vielfach aber mit ↑ Hermelin (1.), besetzt ist. Abb.

**chaussé** [franz., geschuht]: in der französischen Heraldik Ausdruck für eine niedrige gestürzte ↑ Spitze.

**chef** [franz.]: in der französischen Heraldik Name des ↑ Schildhauptes. Das blaue, mit goldenen Lilien besäte Schildhaupt einiger Mitglieder des ehemaligen französischen Königshauses *Bourbon* bzw. einiger französischer Städte heißt *c. de France.*

**Cherubkopf:** nach jüdischer und christlicher Vorstellung ein geflügelter menschlicher Kopf (Engelskopf). Die Heraldik unterscheidet den C. mit zwei Flügeln von dem mehrflügligen *Seraphskopf.*

**Chester** ↑ Herald's College.

**Chevalier** [franz.]: in Frankreich und Belgien Bezeichnung für ↑ Ritter. Im alten Frankreich war C. ein Titel des mittleren Adels. *C. d'honneur* hießen die Hofkavaliere und Ehrenbegleiter fürstlicher Personen. Vgl. Tortillon.

**chevronel** [franz. chevron, Sparren]: in der französischen Heraldik Ausdruck für einen verjüngten ↑ Sparren.

**Christina:** christliche Heilige und Märtyrerin, gest. 278. Der Legende nach war sie die Tochter eines römischen Präfekten. Da sie als Christin die goldenen Götterbilder ihres Vaters zerstörte, wurde ihr mit einer Zange die Zunge herausgerissen und sie dann mit einem Mühlstein um den Hals ins Wasser geworfen. Nachdem sie von einem Engel gerettet wurde, erschoß man sie mit Pfeilen. Ihre Attribute sind ein Messer, ein Mühlstein, Pfeile, mitunter auch eine Armbrust. Die Heilige war Schutzpatronin der Brauerzunft und erschien mitunter in deren Zunftwappen.

*Chaperonné mit Hermelin besetzt*

**Christogramm** ↑ Labarum.

**Christophorus:** christlicher Heiliger. Der Legende nach starb er um 250 in Lykien den Märtyrertod. Der an Verehrung viele der historisch verbürgten Heiligen übertreffende C. gehört zur Gruppe derjenigen christlichen Heiligen, für die sich kein Nachweis der tatsächlichen Existenz erbringen läßt. Bereits 452 wurde dem C. in Chalzedon eine Kirche geweiht. Der seit jeher als Schutzpatron der Reisenden verehrte Heilige wird im Wasser stehend, mit weitem Gewand, das Christuskind auf der linken Schulter und in der Rechten ein Buch haltend dargestellt. Mitunter hält das Christuskind auch eine Weltkugel. Diese Darstellung geht auf die Legende zurück, nach der der riesenhafte C. von der Idee besessen war, nur dem Mächtigsten, den er finden konnte, zu dienen. Auf der langen Suche nach Christus gelangte er zu einem Eremiten, der ihm riet, er möge doch seine

*St. Christophorus auf einer Medaille von Oexlein vom Bistum Speyer aus dem Jahre 1761*

Kräfte dazu gebrauchen, hilflose Pilger über die Furt eines reißenden Flusses zu tragen. Nachdem er sich eine Hütte am Flusse erbaut hatte, trug C. Tag für Tag die Menschen durch die Fluten. Eines Tages erbat ein kleines Kind seine Dienste. Nachdem er mit dem Kind die Mitte des Flusses erreicht hatte, drückte ihn plötzlich eine ungeheure Last auf die Schulter. Nur unter größten Anstrengungen brachte er das Kind an das andere Ufer. Dort sagte ihm der Knabe: «Was auf deiner Schulter lastete, war schwerer als die ganze Welt. Denn es war ihr Schöpfer, den du getragen hast. Ich bin nämlich Christus, dem du dienst.»
Der Kult des Heiligen breitete sich bald über einen großen Teil von Europa aus. Die Darstellung der C.legende findet sich z. B. auf Münzen von Württemberg, und die Städte Hohenstein-Ernstthal und Werne an der Lippe führen den Heiligen im Wappen. Abb.

**Christuskreuz:** selten verwendeter Ausdruck für ↑ Labarum.

**Christusorden: 1.** im Jahre 1319 als Ritterorden gestifteter, eigentlich in Portugal nach Auflösung des Tempelherrenordens 1312 gegründeter, höchster vatikanischer Orden. Der Orden wurde durch eine Bulle des *Papstes Johannes XXII.* (1316–1334) bestätigt, in der er sich das Recht vorbehielt, auch seinerseits den Orden zu verleihen. Der C. hat nur eine Klasse und besteht aus einem goldgesäumten, dunkelrot emaillierten Kreuz mit breiten Enden, auf dem sich ein weißes lateinisches Kreuz befindet.
**2.** vierklassiger höchster Orden Portugals. Seit 1789 bestehen die inländischen Ordensmitglieder, die römisch-katholisch und adlig sein mußten, aus dem Großmeister, dem Großkomtur, 450 Komturen und Rittern in uneingeschränkter Anzahl. Für Fremde hatte der Orden den Charakter eines Ehrenzeichens. Der Orden wird noch heute verliehen.
Im 18. Jahrhundert erschien das Ordenszeichen an einer Gliederkette hängend, später am roten Ordensband unter dem Wappen des Königreiches Portugal. Die Ritter des Ordens waren berechtigt, das Ordenskreuz unter ihren Wappen anzubringen.
Die bedeutende Rolle, die der C. bei der Kolonisation Brasiliens gespielt hatte, wurde durch die Aufnahme des geharnischten Armes mit der Ordensfahne in das Wappen des brasilianischen Bundesstaates Matto Grosso gewürdigt.

**Christusordenskreuz: 1.** ↑ Prankenkreuz. **2.** ↑ Christusorden.

**Chrysanthemumblüte:** in gelber Tingierung Wappenbild des Kaisers (*Tenno* [jap., Himmelskönig]) von Japan. Die C. ist das ↑ Mon des japanischen Kaiserhauses und gab auch Japans höchstem Orden, dem Chrysanthemumorden, den Namen.

**Chulahkrone:** pagodenförmige, mit Edelsteinen besetzte goldene Krone der Könige von Siam (Thailand). Über dem großen Staatswappen von Siam befand sich die C. zwischen zwei königlichen Schirmen mit je sieben goldenen, rotgefütterten Dächern.

**Cimir** [franz., altdt. Zimir, Zimirde]: schon von den Minnesängern verwendeter Begriff für ↑ Helmkleinod.

**civitas** [lat.]: ursprünglich für die Gesamtheit der freien römischen Bürger im Gegensatz zu den Nichtrömern verwendeter Begriff, im Mittelalter Bezeichnung für die voll ausgebildete, mit Stadtrecht versehene, größere Stadt (im Unterschied zu ↑ oppidum). Der Ausdruck c. findet sich in Verbindung mit dem Stadtnamen auf vielen alten Städtesiegeln.
**Clarenceux** ↑ Herald's College.
**CLARIOR E TENEBRIS** [lat., heller aus der Finsternis]: Wahlspruch im Wappen der ehemaligen britischen Kolonie Grenada.
**Clemens:** christlicher Märtyrer und Heiliger, gest. um 101. Nach der von *Bischof Irenäus von Lyon* am Ende des 2. Jahrhunderts aufgestellten Liste der römischen Bischöfe war St. C. nach den apostolischen Gründern der dritte Bischof von Rom (*Clemens I.*). Um 96 griff die römische Gemeinde in den innerkirchlichen Streit der Gemeinde von Korinth ein, bei dem es um die Führung der Gemeinde und um die Amtsträger ging. Die römische Gemeinde richtete ein ernstes Mahnschreiben an die Korinther, als dessen Verfasser C. gilt. Der Legende nach wurde der Heilige unter *Kaiser Traianus* (98–117) später auf die Halbinsel Krim verbannt, wo er mit den anderen verbannten Christen in den Marmorbrüchen arbeiten mußte und schließlich an einen Anker gebunden im Meer ertränkt wurde. C. war z. B. Schutzpatron des Bistumes Metz und erscheint auf einer Münzprägung dieses Bistumes. Als Wappenbild befindet er sich z. B. in den Wappen des Nordseebades Büsum und der Stadt Kaldenkirchen bei Kempen.
**Clipearius Teutonicorum:** ein lateinisches Lehrgedicht mit Wappenbeschreibungen aus dem 13. Jahrhundert. Das zwischen 1242 und 1249 von dem Züricher Chorherren ↑ *Mure* niedergeschriebene Original ist verlorengegangen und nur durch eine Abschrift des Züricher Chorherren ↑ *Hemmerlin* überliefert. Das in leoninischen Versen verfaßte Lehrgedicht enthält 73 Wappenbeschreibungen, die teilweise sehr ungenau sind. Neben einigen ↑ Fantasiewappen sind es die Wappen des römisch-deutschen und zwölf anderen Königen, von 13 Herzögen, einigen Grafen und eine Siegelbeschreibung der Reichsministerialen *von Bolanden.*
**Coccin:** von dem unter dem Namen *Heraldus Britannus* bekannten mittelalterlichen Herold für die rote Tinktur verwendete Bezeichnung.
**Codex Seffken** ↑ Wappenbuch «Von den Ersten».
**Cognaten:** Verwandte im Frauenstamm. Bei C. findet keine Wappenvererbung statt. Nur die namenführenden Töchter, nicht aber deren Kinder, können das elterliche Wappen erben.
**cognizance** ↑ Badge.
**Collane** ↑ Herald's College.
**College of Arms** ↑ Herald's College.
**Collegio Araldico:** im Jahre 1853 gegründete heraldische Gesellschaft Italiens mit Sitz in Rom.
*Publikationen*
Rivista Araldica. Rom seit 1893
Libro d'oro della Nobiltá. Rom seit 1910
**Colombiere,** Markus Vulson de la: französischer Heraldiker um die Mitte des 17. Jahrhunderts. C. gilt als Erfinder der heraldischen ↑ Schraffuren. Er pflegte den Austausch mit bedeutenden Heraldikern seiner Zeit, z. B. *Silvester* ↑ *Petra Sancta.*
**comble** [franz., besetzt, überfüllt]: in der französischen Heraldik Ausdruck für ein in der Höhe verringertes ↑ Schildhaupt.
**comes palatinus** ↑ Hofpfalzgraf.
**COMMERCIA EXPULSIS PIRATIS RESTITUTA** [lat., der Handel wurde nach der Vertreibung der Seeräuber wieder hergestellt]: Wahlspruch um das Wappen der ehemaligen britischen Kolonie Bahamas. Dieser ungewöhnliche Wappenspruch hat folgenden historischen Hintergrund: An den Küsten der Bahamas hatten sich zu Beginn des 18. Jahrhunderts Seeräuber niedergelassen, die – von den Bewohnern unterstützt – die Inseln als Stützpunkt für ihre Kaperfahrten nutzten. 1718 landeten deshalb britische Truppen in der Kolonie und vertrieben die Piraten. Als Folge wurde der Wappenspruch dann 1728 angenommen.
**Comte:** dem ↑ Graf entsprechender französischer Adelstitel.
**Conrad Grünenbergs Wappenbuch:** von

*Ausschnitt aus dem Wappenbuch des Conrad Grünenberg mit den Wappen der Herzöge von Schlesien und Mecklenburg sowie den Wappen einiger Teilherrschaften*

↑ *Grünenberg* um 1483 in Konstanz gemaltes Wappenbuch; heute im Staatsarchiv Berlin-Dahlem (Westberlin), vorher im Besitz des Königlich Preußischen Heroldsamtes. Das Buch enthält 190 Blatt mit etwa 2 000 Wappendarstellungen des Kaisers, der Fürsten sowie – nach Turniergesellschaften geordnet – die Wappen des hohen und niederen Adels. 1875–1883 wurde es in Görlitz neu verlegt. Abb.

**Conseil héraldique de Belgique:** 1844 im Königreich Belgien errichtetes Heroldsamt (Heroldsrat), dessen Funktionen dem ↑ Hooge Raad von Adel im Königreich der Niederlande gleichen. Der Heroldsrat besteht aus sieben Mitgliedern mit entscheidender Stimme, einem Schriftführer (greffier) mit beratender Stimme sowie zwei Ersatzmitgliedern. Die Mitglieder werden vom König ernannt. Den Vorsitzenden wählt der Rat jährlich aus seiner Mitte. Der Schriftführer hat die schriftliche Abfassung der mündlichen Verhandlungen und Beratungen zu besorgen, die er unter Gegenzeichnung des Vorsitzenden unterschreibt. Der Heroldsrat wird befragt, wenn der Minister des Äußeren dem König über ein Gesuch um Anerkennung oder Bestätigung des Adels oder eines höheren Titels Vortrag zu halten hat. Er ist zur Prüfung berufen, wenn um Ausdehnung eines Titels auf andere Mitglieder des betreffenden Geschlechtes oder um eine Wappenänderung gebeten wird. Der Rat führt ein Stammbuch (matrikula) der Edelleute und ein Verzeichnis der Adelsbriefe und ist befugt, Adels-, Ahnen- und Wappenbriefe auszustellen.

**Conseil héraldique du Luxembourg:** aus der bis 1945 bestehenden «Société Héraldique Luxembourgeoise» hervorgegangene, am 5. April 1948 gegründete heraldische Gesellschaft im Großherzogtum Luxemburg mit Sitz in Luxemburg. Ihre Bibliothek befindet sich im Regierungsarchiv in Luxemburg.

*Publikation*

Bulletin d'Information (1948–1954)

**CONSTITUTION WISDOM JUSTICE MODERATION** [engl., Verfassung, Weisheit, Gerechtigkeit, Mäßigung]: Wahlspruch über und im Wappen des US-Bundesstaates Georgia.

**Consulta Araldica:** bis zur Abschaffung der Monarchie 1946 tätiges Heroldsamt des Königreiches Italien. Diese Behörde war für alle Angelegenheiten der kommunalen und Familienheraldik zuständig.

**Cookes Ordinary:** ältestes Wappenregister der Welt. Das um 1340 angefertigte, nach einem Vorbesitzer, *Robert Cooke, Clarenceux,* Herold des Jahres 1576, benannte Werk zeigt schon ein ständiges Interesse an einer Wappenregistrierung. Das offenbart sich vor allem darin, daß jede betreffende Gruppe mit einer an einer Lanze befestigten rechteckigen Fahne beginnt. Dieser Methode bediente man sich auch in der etwa gleichzeitig entstandenen ↑ Züricher Wappenrolle. Hier finden sich auf den ersten Seiten ebenfalls Fahnen, jedoch für die einzelnen Territorien. Das C. O. befindet sich heute im Besitz des Chefs des englischen Heroldsamtes, *Sir Anthony Wagner.*

**cordelière** [franz., Knotenstrick]: in der französischen Heraldik Ausdruck für ↑ Liebesseil.

**Cornelius:** christlicher Heiliger, Märtyrer, Papst 251–253. Nach der Christenverfolgung unter *Kaiser Traianus Decius* (249–251) wurde C. nach der Hinrichtung des *Papstes Fabianus* (236–250) zum Kirchenoberhaupt gewählt. Als unter *Kaiser Trebonianus Gallus* (251–253) die Christenverfolgungen fortgesetzt wurden, verbannte man C. nach Centumcellae (Civita vecchia), wo er starb. Das Grab des von der katholischen Kirche als Blutzeugen verehrten Heiligen befindet sich in der Calixtus-Katakombe in Rom. Im päpstlichen Ornat erscheint St. C. im Wappen der rheinischen Ortschaft Kornelimünster, deren Schutzpatron er ist.

**corno** ↑ Dogenmütze.

**Couronne de Charlemagne** [franz., Krone Karls des Großen]: Kaiserkrone *Napoleons I.* (1804–1814, 1815), die so benannt wurde, um den Anschein einer Legitimität zu erwecken. Sie befindet sich heute in der Apollogalerie des Louvre in Paris.
Die aus vergoldetem Silber und Kupfer mit Gemmen und Kameen besetzte Bügelkrone wurde von den Hofjuwelieren *Nitot* für die Krönung *Napoleons* im Jahre 1804 angefertigt, von diesem aber in letzter Stunde gegen einen goldenen Lorbeerkranz getauscht. Im Krönungszug wurde sie im Rahmen der «Honneurs de Charlemagne» mitgeführt.

**Courtoisie, heraldische** [franz.]: Bezeichnung für zwei gegeneinandergewendete Wappen. Vgl. Ehewappen.

**couvert** [franz., bedacht, bedeckt]: nur in der französischen Heraldik vorkommendes ↑ Schildhaupt, an dessen Oberkante sich ein flacher halbkreisförmiger Bogen befindet. Abb.

*couvert*

**Crampen** ↑ Hausanker.

**cramponnée** ↑ Krückenkreuz.

**CRESCIT FUNDO** [lat., er wächst von Grund auf]: Wahlspruch unter dem Wappen des US-Bundesstaates Neu-Mexiko.

**crest** [engl.]: englische Bezeichnung des ↑ Helmkleinodes, das vielfach allein ohne den Helm unter dem Wappen erscheint.

**Crispinus und Crispinianus:** christliche Heilige und Märtyrer. Sie waren ursprünglich römische Edelleute, die 303 oder 308 enthauptet wurden. Beide sollen in Gallien das Evangelium verkündet und ihren Lebensunterhalt als Schuhmacher verdient haben. Die Legende berichtet von ihnen, daß sie den Reichen das Leder stahlen, um daraus Schuhe für die Armen anzufertigen. Den Märtyrertod erlitten sie angeblich in Soissons. C. u. C. sind die Schutzpatrone von Osnabrück sowie der Schuster und Weber, in deren ↑ Zunftwappen sie mitunter erschienen. Ihre Attribute sind Schuhmachergerätschaften.

**Crogierare** [franz.]: zum mittelalterlichen «fahrenden» Volk gehörende Spielleute. Erste Nachrichten von Leuten, die sich mit Wappen beschäftigen, wurden durch die Minnesänger überliefert. Zu den von ihnen als «gehrendes» oder «fahrendes» Volk bezeichneten Leuten gehörten die um 1180 auftauchenden C. und Garzune. In den letzten Jahren des 12. Jahrhunderts erschienen sie dann immer häufiger bei Kampfspielen, Turnieren und anderen höfischen Festlichkeiten. In farbenreicher, auffallender Kleidung überbrachten sie den Gästen die Einladungen, verrichteten Botendienste, bereiteten an der Seite der Turniervögte die Kampfspiele vor und halfen, diese zu überwachen. Am Ende des Turnieres verherrlichten sie die Taten der Kämpfer in Liedern. Der aus dem Französischen stammende Begriff *Garzun* bedeutet soviel wie «gehender Bote» (*Fußbote*). Die Garzune und C. standen in einem engen Dienstverhältnis zu ihrem Herren, führten einen Stab aus Elfenbein als Amtszeichen und hatten die gleichen Obliegenheiten wie die späteren Herolde. Eine genaue Grenze zwischen der Stellung der C. und der Garzune läßt sich nicht mehr feststellen. Ebenso bestand zwischen ihnen und den Spielleuten kein

*Cuivre des Wappens der Visconti (links)*
*Cymbelschnitt (rechts)*

nennenswerter Unterschied. Die zeitgenössischen Angaben hierzu sind sehr undeutlich. Wahrscheinlich standen die Garzune eine Rangstufe höher als die C. Beide profitierten auch materiell von ihrer Tätigkeit, so mußten z. B. die Sieger im Turnier ihnen die Kleider und Pferde des Besiegten überlassen. Gegen Ende des 13. Jahrhunderts kamen die C. und Garzune nur noch vereinzelt vor und verschwanden mehr und mehr aus der zeitgenössischen Literatur. An ihre Stelle traten die ↑ Knappen von den Wappen.

**cruce di populi** ↑ Volkskreuz.

**crux gemina** ↑ Doppelkreuz.

**Csergheö von Némes Tacskand,** Geza: königlich ungarischer Major, Heraldiker. In den Jahren von 1893 bis 1895 war er Mitarbeiter am ↑ Neuen Siebmacher.

**cuivre** [franz.]: grüne, kinderfressende ↑ Schlange im Wappen der *Visconti* zu Mailand. Abb.

**Cymbelschnitt:** durch Spitzen (↑ Eisenhütlein) bewirkte Schildteilung. Manche Heraldiker bezeichnen den C. als *zugespitzten Zinnenschnitt* oder *Eisenhutschnitt.* Die Ableitung von letzterem ist unverkennbar. Abb.

**Cyriacus:** christlicher Heiliger und Märtyrer, gest. 309 in Rom. Der Legende nach soll der Diakon C. z. B. durch sein Gebet die Tochter des römischen *Kaisers Diocletianus* (284–305) von einem bösen Geist befreit haben. Zu dem *Perserkönig Schapur II.* (309–379) gesandt, soll er auch dessen Tochter geheilt haben. Nachdem er angeblich den König und 430 Perser zum Christentum bekehrt hatte, ging er nach Rom zurück. Auf Befehl des *Kaisers Galerius* (305–311) wurde er verhaftet, mit siedendem Pech übergossen und an der Via Salaria bei den Gärten des *Sallust* enthauptet. Die sterblichen Überreste wurden an der Via Salaria bestattet. Später wurden sie nach Rom gebracht und in der Kirche St. Praxedis und anderen Kirchen beigesetzt. Eine Überführung der Gebeine des Heiligen nach Neuhausen bei Worms gehört in das Reich der Legende. Darstellungen des C. finden sich z. B. auf Münzen des Kirchenstaates (*Leo X.* [1513–1521] und *Clemens VII.* [1523–1534]) und der Stadt Ancona. Als Wappenfigur erscheint der Heilige z. B. im Herzschild des Probstwappens des Stiftes St. Cyriacus in Braunschweig und im Stadtwappen von Málaga (Spanien).

**Cytrine:** von dem unter dem Namen *Heraldus Britannus* bekannten mittelalterlichen Herold für die heraldische Tinktur Gold verwendeter Begriff.

# D

**Dachs:** seltenes Wappentier. Im Wappen der *Fürsten von Thurn und Taxis* erscheint er als redendes Wappenbild.

**Dachziegel** ↑ Ziegel.

**Damaszierung** [nach der Stadt Damaskus], *Musterung*: Füllung leerer Schild- bzw. Feldflächen mit Ornamenten oder Zierlinien. Die D. hat einen rein dekorativen Charakter und war immer dem entsprechenden künstlerischen Zeitgeschmack untergeordnet. Am häufigsten findet man verschnörkelte Ornamente oder Ranken und Rauten. Da die D. kein Wappenbild bzw. keine Wappenveränderung darstellt, kann sie bei der Darstellung und Blasonierung des Wappens auch weggelassen werden. Abb.

**Damenschilde:** besondere für die Darstellung von ↑ Frauenwappen verwendete Schildformen. Die D. wurden zu keiner Zeit im Kampf oder bei Turnieren wirklich getragen, sondern nur für die Darstellungen von Frauenwappen und -siegeln verwendet. Während in der deutschen Heraldik keine ausschließlich für Damen bestimmte Schildform üblich war, führten die Frauen in England und in Frankreich den sogenannten ↑ Rautenschild. In der Frühzeit der Heraldik verwendeten die Damen vielfach den auch von den Geistlichen benutzten spitzovalen Schild. Diese Schildform kommt jedoch seltener bei Wappen, sondern häufig bei Siegeln vor. In den Siegeldarstellungen ist die Schildinhaberin meist sitzend oder stehend als Halterin ihres angestammten Wappens und dem ihres Gemahles dargestellt. In deutschen Gebieten führten sie meist den Schild ihres Gemahles allein.

**dammaschene Schilde:** verballhornte Bezeichnung für damaszierte Schilde. Vgl. Damaszierung.

**DAMUS PETIMUSQUE VICISSIM** [lat., wir geben und fordern auch wiederum]: Wahlspruch um das Wappen der ehemaligen Kolonie Britisch-Guayana.

**Danebrog:** dänische Nationalflagge (ein rotes Tuch, das durch ein weißes Kreuz in vier Rechtecke geteilt ist), die der Legende entsprechend nach einer Schlacht im Jahre 1219 gegen die Esten vom Himmel gefallen sein soll. Wahrscheinlich handelt es sich um ein Geschenk des Papstes für einen Christianisierungsfeldzug. Abb.

**Danebrogorden:** am 12. Oktober 1671 von *König Christian V.* (1670–1699) gestifteter, heute zweithöchster Orden Dänemarks. Diese Stiftung war die Erneuerung eines bereits im Jahre 1219 von *König Waldemar II.* (1202–1241) nach der Schlacht bei Reval errichteten Ordens gleichen Namens. Statuten erhielt der D. am 1. Dezember 1693. Der D. kann Zivil- und Militärpersonen für hervorragende Verdienste verliehen werden. Die Wappenschilde der Großkommandeure und Großkreuzritter werden in der Frederiksborg-Schloßkirche in Hillerod aufgehängt. Der Orden hat eine Großkommandeursklasse und drei weitere Ordensklassen, von denen die zweite und dritte in je zwei Grade unterteilt sind. Das Ordenszeichen besteht aus einem weißemaillierten, rotbordierten, länglichen Kreuz, das an dem

*Beispiele für Damaszierungen, oben Gotik, unten Renaissance*

*Danebrog*

gekrönten Monogramm des regierenden Monarchen hängt. Die Vorderseite des Kreuzes trägt das gekrönte Monogramm *Christians V.* sowie die Inschrift «GUD OG KONGEN» [dän., Gott und dem König]. Auf der Rückseite befinden sich die Namenszüge der *Könige Waldemar II.* und *Frederik VI.* (1808–1839) sowie die Jahreszahlen 1219, 1671 und 1808. In den Kreuzwinkeln ist jeweils eine goldene dänische Königskrone. Bei der Großkommandeursklasse ist die Emaille durch Edelsteine ersetzt. Der an der ↑ Kollane hängende D. befindet sich über dem ↑ Elefantenorden unter dem Staatswappen des Königreiches Dänemark. Das Ordenskreuz ist auf das Gesamtwappen aufgelegt.

**darübergehend,** *darüberlaufend, darübergezogen*: Ausdruck für eine über eine andere gelegte Figur, die an beiden Seiten über diese hinausragt. Abb.

**Dauphin** ↑ Kronprinz.

**Davidskrone** ↑ Zackenkrone.

**Davidstern:** erstmalig im 14. Jahrhundert nachweisbares Siegelzeichen der jüdischen Magie. Das mit dem Schild *König Davids* (1. Hälfte des 10. Jahrhunderts v. u. Z.) in Zusammenhang gebrachte Symbol diente dem Abwehrzauber böser Geister. Im 17. Jahrhundert, zuerst in Prag, wurde der D. allgemeines Glaubenssymbol des Judentumes. Seit 1948 erscheint er in der Flagge des Staates Israel und ist auch im Wappen und der Flagge Marokkos enthalten. Abb.

**Decoupe-Feh,** *découpures* [franz., Ausschnitte]: hauptsächlich in alten französischen Wappen vorkommende Streuung von kleinen, eigenartig gestalteten Bildausschnitten von ursprünglich unterschiedlicher Form, jedoch meist in Gestalt nach oben offener, roter Winkel. Das Wappen von Anglure (Champagne) z. B. besteht aus einem goldenen, mit silbernen Schellen besätem Schild mit rotem D. Nach Meinung einiger Heraldiker entstand das D. aus dem ↑ Schmetterlingsfeh. Wahrscheinlich symbolisierte das D. anfangs kostbare Stoffe.

**Degen:** leichte, zwei-, drei-, oder vierschneidige Stichwaffe. Der D. ist eine hauptsächlich in der moderneren Heraldik verwendete Schildfigur. In einigen, vor allem preußischen, Wappen kommen D. gekreuzt oder von einer geharnischten Hand gehalten vor. Die Parierstange beim D. wurde meist oval, beim Stoß-D. kreisrund dargestellt. Ungarische, Türken- oder Tatarensäbel finden sich besonders in ungarischen und moldauischen Wappen.

**Deichsel, Gabel:** Heroldsbild, das durch zwei Spalt- und zwei rechte und linke Schräglinien gebildet wird. Die D. kann auch ↑ gestürzt vorkommen, sie wird dann als ↑ Göpel bezeichnet. Die *Familie von Deychsler* führt eine D. als redendes Wappen. Abb.

**Deichselkreuz:** ↑ gemeines Kreuz, dessen Kreuzarme in ↑ Deichseln enden.

*darübergehend*

*Davidstern*

*Silberne Deichsel im blauen Feld (links)*
*Deichselteilung (rechts)*

*Delphin*

**Deichselstück** ↑ Gabelstück.

**Deichselteilung,** *Deichselschnitt, Gabelteilung*: Schildteilung, die aus einer Spaltlinie in der Mitte und zwei Schräglinien oben gebildet wird. Ist sie ↑ gestürzt, so spricht man von einer *Göpelteilung*. Vgl. Wellendeichsel. Abb.

**Delphin,** *Meerschwein*: in einer besonderen Form mit kammartigen Rückenflossen vorkommende gemeine Figur, z. B. im Wappen der Dauphiné. Einen D. führte bis zur Revolution von 1789 und von 1814 bis 1830 der *Dauphin* [lat. Delphinus], d. h. der jeweilige Thronfolger von Frankreich, in seinem persönlichen Wappen (vgl. Kronprinz). Die Stadt Dünkirchen (Dunkerque, Frankreich) führt einen D. als Wappentier. Abb.

**DEO JUVANTE** [lat., mit Gottes Beistand]: Wahlspruch unter dem Wappen des Fürstentumes Monaco und des monegassischen ↑ Karlsordens.

**«Der Herold»**: am 3. November 1869 in Berlin gegründeter Verein für Heraldik, Genealogie und verwandte Wissenschaften. Dem Verein wurden durch königliche Kabinettsorder vom 14. August 1882 die Rechte einer juristischen Person erteilt. 1889 begründete der Verein das Genealogische Handbuch bürgerlicher Familien (heute ↑ Deutsches Geschlechterbuch). Seit 1909 wurde verdienten Mitgliedern die im gleichen Jahr gestiftete Bardeleben-Medaille verliehen. Im Jahre 1911 trat «D. H.» in den Geschäftsführenden Ausschuß der Zentralstelle für Deutsche Personen- und Familiengeschichte ein. 1922 begründete er die ↑ Deutsche Wappenrolle und war 1924 Mitbegründer der «Arbeitsgemeinschaft der deutschen familien- und wappenkundlichen Vereine». 1945 fiel der Verein unter das allgemeine Tätigkeitsverbot für Personenvereinigungen, das 1949 aufgehoben wurde. Seit 1955 gibt «D. H.» gemeinsam mit anderen internationalen Fachgesellschaften das ↑ Archivum Heraldicum heraus.

Der Verein befaßt sich ebenso intensiv mit den der Heraldik verwandten Wissenschaften, wie Siegel- und Flaggenkunde, Ordenskunde, Kunstgeschichte, allgemeine politische und Kulturgeschichte, Landesgeschichte und Soziologie, Vererbungswissenschaft und Genealogie.

*Publikationen*

Der Deutsche Herold, Monatsschrift 1872–1931

Der Herold, Vierteljahresschrift für Heraldik, Genealogie und verwandte Wissenschaften, Neue Folge, 1940–1943, 1959 bis 1971, seit 1975

Mitteilungen des Herold 1949–1958

↑ Deutsche Wappenrolle seit 1959

Generalregister zur Deutschen Wappenrolle. Berlin 1962

Festschrift zum hundertjährigen Bestehen des Herold zu Berlin. Berlin 1969

Herold-Jahrbücher 1972–1974

**der Länge nach:** Figuren auf einem Schrägbalken, die die Front, d. h. das Oberteil, dem freien Obereck zukehren.

**«Der Wappensammler»**: in den Jahren 1900/1901 vom Verlag *A. Wellers* in Kahla (Thüringen) herausgegebenes «allgemeines Organ zum Austausch für Wappensammler, Genealogen, Heraldiker sowie für heraldische Vereine». Die unter Mitwirkung hervorragender Fachleute entstandene Monatsschrift enthielt wissenschaftlich wertvolle Beiträge zur Heraldik und Familiengeschichte sowie zahlreiche, zum Teil farbige Wappenabbildungen. Von 1901 bis 1903 wurde die Zeitschrift unter dem Namen «Wellers Archiv für Stamm- und Wappenkunde» und von 1904 bis 1921 unter der Bezeichnung «Roland, Archiv für Stamm- und Wappenkunde» herausgegeben. Im Jahre 1922 wurde die Zeitschrift mit der bis 1935 bestehenden Monatsschrift «Familiengeschichtliche Blätter» vereinigt.

**DESIRE THE RIGHT** [engl., wünsche das Recht]: Wahlspruch um das Wappen der britischen Kolonie Falkland-Inseln.

**Deutsche Adelsgenossenschaft,** Abk. *D.A.G.*: eine am 26. Februar 1874 gegründete Vereinigung des deutschen Adels mit damaligem Sitz in Berlin. Sie gliederte sich in Landesabteilungen. Jedes Jahr wurde ein Adelskapitel einberufen, dem die Wahl des amtierenden Leiters, des auf zehn Jahre gewählten *Adelsmarschalles,* sowie die Entge-

gennahme des Haushaltplanes oblag. Für die Aufnahme in die D.A.G. war ein Ahnennachweis bis zum Jahre 1750 erforderlich. Die D.A.G. bestand bis 1945. Ihre Fortsetzung fand sie in der 1956 in der Bundesrepublik Deutschland gegründeten *Vereinigung der deutschen Adelsverbände (VdDA)*. Diese besteht aus 14 den Adel einer bestimmten Landschaft umfassenden regionalen Vereinigungen, aus drei ritterschaftlichen Verbänden, in denen der alteingesessene Adel einzelner Länder vereinigt ist, aus drei landsmannschaftlichen Zusammenschlüssen des Adels nicht mehr zu Deutschland gehöriger Gebiete sowie aus dem Verband der Angehörigen der Baltischen Ritterschaften.
Publikationsorgane der D.A.G. waren bzw. ist: von 1883 bis 1944 «Das deutsche Adelsblatt», von 1956 bis 1961 «Das deutsche Adelsarchiv» und seit 1962 «Das deutsche Adelsblatt».

**Deutscher Orden,** *Deutscher Orden St. Mariens zu Jerusalem*: **1.** von *Papst Pius XI.* (1922–1939) im Jahre 1929 als katholische religiöse Konfraternität bestätigte Nachfolgeorganisation des ↑ Deutschen Ritterordens mit dem Sitz in Wien. Die Mitglieder des Ordens, der in der Republik Österreich als juristische Person des öffentlichen Rechtes anerkannt ist, bestehen aus Priestern, Laienbrüdern und -schwestern. Die als Bettlerorden bezeichnete Organisation begrenzt ihre Tätigkeit hauptsächlich auf die Bundesrepublik Deutschland, Italien und Österreich, wo ihre Hauptaufgabe in der Mission, für die Ordensschwestern im Hospitaldienst liegt. Das Oberhaupt des Ordens führt den alten Titel «Großmeister» und ist Prälat mit dem Rang eines Abtes. Er genießt das Privilegium «pileolus violaceus», d. h., er hat das Recht, das violette Käppchen zu tragen. Wohltäter des Ordens können als Ehrenritter bzw. Marianer aufgenommen werden. Sie tragen ein besonderes Ordenskreuz und bei zeremoniellen Anlässen einen Ordensmantel mit aufgenähtem Ordenszeichen. Als Ehrenritter wird eine geringe Anzahl römisch-katholischer Persönlichkeiten in bedeutenden sozialen Stellungen aufgenommen. Ebenso existieren auch Ehrendamen des Ordens. Als Marianer nimmt der Orden eine begrenzte Anzahl prominenter, streng katholischer Persönlichkeiten, z. B. Ärzte, Geistliche sowie Männer und Frauen, die den Orden geistig oder wirtschaftlich unterstützt haben, auf. Da der Orden kein österreichischer ist, unterliegt er als klerikaler katholischer den Regeln des kanonischen Rechtes. Die Ordenszeichen der Kleriker und affilierten (angegliederten) Laien, die in einigen Fällen auch heraldisch zum Ausdruck gebracht werden, sind keine Dekorationen, sondern Zeichen der Zugehörigkeit zu dieser Gemeinschaft. Das Ordenszeichen des autonomen Ordens besteht aus einem schwarzen, silberbordierten, lateinischen Kreuz mit sich nach außen verbreiternden Kreuzenden. Der Großmeister trägt als Amtsabzeichen ein besonderes Kreuz am schwarzen Halsband, dazu ein entsprechendes Brustkreuz. – **2.** ↑ Deutscher Ritterorden.

*Literatur*

*Tumler, P. M.*: Der Deutsche Orden. Wien 1965

*Hieronymussen, O. O.*: Handbuch der europäischen Orden in Farben. Kopenhagen 1966

*Hanstein, R.*: Der Deutsche Orden nach dem Zweiten Weltkriege – Ballei Deutschland. Bad Godesberg 1967

**Deutscher Ritterorden,** *Ordo equitum Teutonicorum*: noch heute unter der Bezeichnung ↑ Deutscher Orden bestehender geistlicher Ritterorden. Er entstand im Jahre 1198 aus der zunächst in Jerusalem, später in Akkon gebildeten Bruderschaft zur Pflege von kranken und verwundeten Kreuzfahrern. 1199 bestätigte der Papst den geistlichen Ritterorden. Die Ritter mußten dem Adel entstammen, die Mönchsgelübde ablegen und sich der Bekämpfung der «Ungläubigen» sowie der Krankenpflege widmen. Der D. R. war nach den Templern und dem ↑ Johanniterorden der dritte Ritterorden im Orient. Der erste Hochmeister war *Hermann von Salza* (1210–1239). 1211 war der Orden von dem ungarischen *König Andreas II.* (1205–1235) in das Burzenland gerufen worden, das von 1211 bis 1225 in Ordensbesitz war. Im Jahre 1228 erbat *Herzog Konrad von Masowien* (1210–1247) die Hilfe des D. R. im Kampf gegen die heidnischen Pruzzen. Er erhielt das Recht, alle von den «Heiden» eroberten Gebiete auf ewige Zeiten zu besitzen. 1309 verlegte dann der Hochmeister *Siegfried von Feuchtwangen* (1302[09]–1310) seinen Sitz auf die Marienburg (Malbork) in Preußen. Nach der Schlacht von Tannenberg (Grunwald) am 15. Juli 1410 und dem Vertrag von Thorn (Toruń) im Jahre 1466 verlor der Orden einen großen Teil seines Besitzes, zu dem seit 1237 auch Livland und Kurland gehörte. Unter dem Einfluß der Reformation legte der letzte Hochmeister *Albrecht von Brandenburg* (1510–1525) seinen Ordensmantel ab und wandelte das Land Preußen in ein weltliches Herzogtum um. Der «Deutschmeister» der Besitzungen im «Reich» westlich der Oder erkannte das nicht an und verlegte 1527 seinen Sitz nach Mergentheim (bis 1809). Dieser hatte nun bis 1806 den Rang eines Reichsfürsten inne und nannte sich (offiziell erst ab 1834) Hoch- und Deutschmeister. Durch den Frieden zu Preßburg (Bratislava) im Jahre 1805 wurde die Großmeisterwürde prinzipiell mit dem Mannesstamm des *Hauses Habsburg-Lothringen* verbunden. Auf dem Gebiet des damaligen Rheinbundes wurde der Orden 1809 aufgehoben. Der *Kaiser Franz I. von Österreich* (1804–1834) nahm 1806 den Titel «Großmeister des Deutschen Ritterordens in Österreich» an. Durch kaiserliches Reskript vom 8. März 1834 wurde der Orden als «selbständiges geistlich-militärisches Institut unter dem Bande eines kaiserlichen unmittelbaren Lehens» mit seinem Hoch- und Deutschmeister übernommen und ein Erzherzog an die Spitze gestellt. Letzter Hoch- und Deutschmeister war *Erzherzog Eugen von Österreich*, der im Jahre 1923 resignierte. 1929 wurde der D. R. als Ritterorden aufgehoben, besteht aber als geistlicher Orden weiter (vgl. Deutscher Orden).

Das ↑ Hochmeisterkreuz erschien z. B. in dem 1836 festgesetzten österreichischen ↑ Majestätswappen. Die Professritter belegten den Wappenschild des Ordens mit ihrem Wappen, die Landkomture vierten das Ordenswappen mit ihrem Geschlechterwappen und setzten auch den Helm mit dem ↑ Flug auf ihren Schild.

*Literatur*

*Oelsnitz, A. B. E. v. d.*: Herkunft und Wappen der Hochmeister des Deutschen Ordens 1198–1525. Königsberg 1926

*Neubecker, O.*: Deutschritterorden, in: Reallexikon zur Deutschen Kunstgeschichte. Stuttgart, Wallsee 1954

*Tumler, M.*: Der Deutsche Orden im Werden, Wachsen und Werken bis um 1400. Wien 1955

**deutsche Schilde:** von einigen ausländischen Heraldikern für barocke oder verschnörkelte Schilde verwendeter Begriff. Eine typische deutsche Schildform existierte nicht.

**Deutsches Geschlechterbuch:** Sammelwerk deutscher bürgerlicher Stammfolgen, verlegt vom C. A. Starke-Verlag, früher Görlitz, heute Limburg/Lahn. Das vom heraldischen Verein «Herold» in Berlin 1889 begründete D. G. ist das bedeutendste genealogische Sammelwerk bürgerlicher Stammfolgen. Von 1889 bis 1944 erschienen 119 Bände der sogenannten «alten Reihe» mit etwa 3 000 Stammfolgen. Die seit 1955 erscheinende «neue Reihe» erhöhte bis 1980 die Bandzahl auf 181. Jährlich kommen drei bis fünf weitere dazu. Jeder Band enthält auf rund 600 Druckseiten 20 Stammreihen mit eingestreuten Töchter-Nachkommen, Eltern-Vorfahren und Ahnenreihen. Jedes Buch ist reich mit Bildern und Wappen versehen.

**Deutsche Wappenrolle,** Abk. *DWR*: nach dem Muster der Warenzeichenrolle gemäß ihrer Satzung vom 5. Mai 1949 vom Verein ↑ «Der Herold» veranstaltete Registrierung bzw. Schaffung neuer, bürgerlicher Wappen. Die erste Einrichtung dieser als Fortsetzung des ↑ Neuen Siebmacher gedachten Wappenregistrierung entstand im Jahre 1922 («Deutsche Wappenrolle bürgerlicher Geschlechter»), die 1925 durch den Zentralverband der genealogischen Vereine anerkannt wurde. Die Entscheidung über Auf-

nahme, Beurkundung und Veröffentlichung der Wappen deutscher bürgerlicher Familien wird durch einen aus drei Personen bestehenden Heroldausschuß getroffen.
Die Eintragung bedarf einer Antragserfordernis. Nach der Prüfung der Wappen aus heraldischer und wappenrechtlicher Sicht erfolgt die urkundliche Bestätigung. Die Veröffentlichung erfolgt seit 1959 durch die Buchreihe «Deutsche Wappenrolle»; bis 1981 erschienen 35 Bände.

**Deutschherrenkreuz und Deutschmeisterkreuz** ↑ Hochmeisterkreuz.

**Devise,** *Wahlspruch*: kurzer auf Zettel oder Bänder geschriebener, unter dem Wappen angebrachter Spruch. Die schon am Ende des 14. Jahrhunderts im Wappenwesen auftauchenden D. waren der freien Wahl durch

*Persönliche Devise des Herzoges Johann Friedrich von Braunschweig-Lüneburg (1666–1679), «EX DURIS GLORIA» [lat., aus Bedrängnis wächst der Ruhm], auf der Vorderseite eines Ausbeute-Lösers zu $1^1/_2$ Taler von 1671. Im ↑ Wappenkreis sind folgende Einzelwappen zusammengestellt (von oben in Uhrzeigerrichtung): Braunschweig, Eberstein, Lohra, Diepholz, Diepholz, Lutterberg, Reinstein (Regenstein), Klettenberg, Blankenburg, Hohnstein, Bruchhausen, Hoya, Homburg und Lüneburg*

den Wappenherren überlassen. Wahlsprüche, die konstant bei den Wappen verblieben, werden als *Wappensprüche* bezeichnet, z. B. «Gott mit uns» beim preußischen oder «Furchtlos und treu» beim württembergischen Wappen. Hierher gehören auch die Rätsel- oder ↑ Buchstabendevisen sowie die ↑ Bilddevisen.
Von den D. ist der vererbbare Kriegs- oder Feldruf zu unterscheiden, der nur in der englischen und französischen Heraldik wappenmäßig wurde und sich oberhalb und unterhalb des Wappens befindet, z. B. «Dieu et mon droit» [franz., Gott und mein Recht] im englischen Wappen. Vgl. Legende. Eine Zusammenstellung von über 14 000 D. aller Länder findet sich in: *Dielitz, J.*, «Die Wahl- und Denksprüche, Feldgeschreie, Losungen, Schlacht- und Volksrufe ...» Frankfurt/M. 1884. Abb.

**Devotionswappen:** auf verschiedenste Art kombinierte Wappenvereinigungen neuernannter Kardinäle. Um ihre Ergebenheit gegenüber dem Kirchenoberhaupt auszudrükken, erschien das Wappen des ↑ Papstes stets an bevorzugter Stelle im persönlichen oder ↑ Familienwappen des zum ↑ Kardinal erhobenen Geistlichen.

**dexter:** moderne internationale Bezeichnung für heraldisch rechts.

**Dharma Tschakra** ↑ Tschakra.

**Dhau:** typisches arabisches Segelschiff, das sich z. B. im Mittelschild des Adlers der Vereinigten Arabischen Emirate sowie in den Wappen von Kuweit und des Scheichtumes Katar befindet.

**Diamant:** ein von älteren Heraldikern für die schwarze Tinktur verwendeter Ausdruck.

**Dielitz,** Julius: 1805/1896, preußischer Geheimer Regierungsrat, Generalsekretär der Königlichen Museen. Sein Werk «Die Wahl- und Denksprüche, Feldgeschreie, Losungen, Schlacht- und Volksrufe besonders des Mittelalters und der Neuzeit», Frankfurt/Main 1884, gehört zu den bedeutendsten Publikationen über dieses Gebiet.

**dienende Stellung** ↑ sitzend.

**Dienstadel** ↑ Adel.

**Dienstflagge:** in der Regel aus Staatsfarben,

Staatswappen und spezifischem ↑ Emblem bestehende, dem Gebrauch durch staatliche Dienststellen vorbehaltene ↑ Flagge. Die D. wird mitunter auch als Staatsflagge bezeichnet.

**DIEU ET MON DROIT** [franz., Gott und mein Recht]: Wahlspruch unter dem Wappen von Großbritannien und zugleich der Könige von Großbritannien seit *Eduard I.* (1272–1307). Es war auch die persönliche ↑ Devise des *Kurfürsten Georg Wilhelm von Brandenburg* (1619–1640).

**die von den Wappen** ↑ Knappen von den Wappen.

**difference** ↑ Beizeichen.

**Dignitätswappen** ↑ Amtswappen.

**Dingswall** ↑ Herald's College.

**Dionysius:** christlicher Heiliger und Märtyrer, gest. wahrscheinlich nach 250 in Paris. Der Überlieferung nach war D. ein gallo-romanischer Bischof, der um die Mitte des 3. Jahrhunderts die zu dieser Zeit noch bedeutungslose Ortschaft Lutetia Parisiorum (Paris) missionierte und deren kirchliches Leben als erster Bischof organisierte. Während der Christenverfolgungen unter *Kaiser Traianus Decius* (249–251) oder unter *Kaiser Valerianus* (253–259/260) soll er mit einigen seiner kirchlichen Amtsbrüder enthauptet worden sein. Verschiedenen Quellen der merowingisch-fränkischen Frühzeit nach errichtete die *heilige Genoveva* (gest. um 502) dem heiligen Märtyrer zu Ehren eine Basilika, die durch Schenkungen und Gaben der Gläubigen reich und berühmt wurde. Die fränkischen Könige verwandelten die Basilika des St. D. in eine Abtei und begründeten damit das Kloster von Saint-Denis, das später zu einer der berühmtesten Abteien des Mittelalters und zum fränkisch-französischen Nationalheiligtum heranwachsen sollte. Mit der Bedeutung des Klosters sollte auch die Bedeutung des Schutzheiligen wachsen. So behauptete *Abt Hilduin von Saint-Denis* im Jahre 835, daß der wenig bekannte Märtyrer-Bischof D. und der in der Apostelgeschichte erwähnte und von *Paulus* bekehrte *Dionysius Areopagita* identisch seien und somit der apostolische Ursprung der Diözese, des Klosters und der Kirche Galliens erwiesen sei. Diese neue Legende wurde aber von Zeitgenossen des Abtes angezweifelt.

D. war und ist der Schutzpatron mehrerer Länder, Kirchen und Klöster. Die Städte Krefeld und Hagenow z. B. führen den Heiligen im Wappen.

**DIOS PATRIA LIBERTAD** [span., Gott, Vaterland, Freiheit]: Wahlspruch über dem Wappen der Dominikanischen Republik.

**DIOS UNION LIBERTAD** [span., Gott, Einheit, Freiheit]: Wahlspruch unter dem Wappen der Republik El Salvador.

**Diözese** ↑ Bistum.

**Diplom** ↑ Wappenbrief.

**Dippold:** sagenhafter Einsiedler, der in der Heide bei der sächsischen Stadt Dippoldiswalde gelebt haben soll. Die wirkliche Existenz dieses Einsiedlers ist historisch nicht nachweisbar und ist wohl mit der Gründungssage der Stadt in Zusammenhang zu bringen. Er gehörte angeblich dem Geschlecht *von Clomen* (oder *Lohmen*) an, dem das Schloß Lohmen an der Elbe als böhmisches Lehen gehörte, und soll sich später in ein «gottwohlgefälliges Einsiedlerleben» zurückgezogen haben. Während einer Jagd soll er einen Böhmenherzog getroffen und zum Christentum bekehrt haben. Dieser ließ im Weißeritztal eine Kapelle bauen, und der um sie herum entstandene Ort wurde Dippoldiswalde genannt. Um 1588 tauchte erstmalig ein Barhäuptiger im Wap-

*Stadtwappen von Dippoldiswalde*

pen der Stadt auf, dessen Darstellung sich mehrmals änderte. Erst im Jahre 1894 wurde verfügt, daß die Stadt das Brustbild eines Einsiedlers in goldenem Felde unter zwei gekreuzten Kiefern mit je drei Zapfen zu führen habe. Abb.

**DIRIGO** [lat., ich leite]: Wahlspruch über dem Wappen des US-Staates Maine.

**Distel:** Wappenblume Schottlands. Zwei D. befinden sich zusammen mit den Wappenblumen Englands (Rose) und Irlands (Sonnenklee) auf dem ↑ Postament des britischen Gesamtwappens. Auch in der kanadischen Heraldik ist die D. verbreitet, z. B. im kanadischen Gesamtwappen und im Stadtwappen von Montreal. Auf schottischen Münzen und auch noch gegenwärtig auf britischen Münzen ist die D. häufig als heraldisches Symbol gewählt worden.

Auf die D. im Stadtwappen von Nancy (Frankreich) bezieht sich auch der Wappenspruch «Qui s'y frotte s'y pique» [franz., wer sich daran reibt, sticht sich daran]. Der Spruch entstand nach dem Tod *Karls des Kühnen von Burgund* (1467–1477) bei der Belagerung von Nancy.

**DITAT DEUS** [lat., Gott macht reich]: Wahlspruch unter dem Wappen des US-Bundesstaates Arizona.

**Doepler,** Emil: 1855/1922, Wappenmaler, Zeichner, Kunstgewerbler, Heraldiker. D. war Schüler seines Vaters, des Malers und Illustrators *Karl Emil D.* (1824/1905). Durch seine heraldisch genauen Wappenzeichnungen wurde er bald bekannt. Im Jahre 1889 entwarf er die neue Form des deutschen Reichsadlers, und 1919 schuf er einen Entwurf für das Staatssymbol der Weimarer Republik. Die Zeichnungen im «Heraldischen Musterbuch» von *F.* ↑ *Warnecke* stammen ebenfalls von seiner Hand.

*Werk*

Heraldischer Formenschatz. Berlin 1898

**Doge** [lat. dux, Herzog]: Titel des jährlich wechselnden Staats- bzw. Stadtoberhauptes der Republik Venedig. Der im Jahre 697 eingeführte Titel wurde seit 1339 auch vom Stadtoberhaupt von Genua übernommen. 1797 wurde er von *Napoleon Bonaparte* abgeschafft.

**Dogenmütze:** Rang- und Würdezeichen sowie Kopfbedeckung des ↑ Dogen von Venedig. Die D. hat die Form einer altitalienischen Fischermütze mit einem reich mit Perlen und Edelsteinen geschmückten Stirnreif, der mitunter auch einer Laufkrone ähnelt. Die mit dem letzten Dogen von Venedig, *Lodovico Manin* (1789–1797), am 12. Mai 1797 aus der Geschichte verschwundene D. wurde von einigen venezianischen Adelsfamilien (*Giustiniani, Manin, Sagredo, Vendrami* usw.) in ihren Wappen weitergeführt. Wegen ihrer krummen Gestalt wurde die D. von den Venezianern *corno* genannt. Abb.

*Dogenmütze*

**Dohle:** gemeine Figur der Heraldik. D. zählen auch zu den Attributen des heiligen *Thomas Becket*, Erzbischof von Canterbury (1162–1170). Darauf beziehen sich die drei D. im Stadtwappen von Canterbury, wo der Erzbischof in der Kathedrale ermordet worden war.

**Dominikuskreuz:** Doppel-↑ Lilienkreuz von schwarz-weiß abwechselnder Tinktur. Ob das Kreuz auf den Stifter des Dominikanerordens zurückzuführen ist, konnte bisher noch nicht geklärt werden.

**Donaueschinger Wappenbuch:** 1433 entstandenes, mit wenigen späteren Eintragungen versehenes, gemaltes Wappenbuch; heute in der Bibliothek des *Fürsten von Fürstenberg* in Donaueschingen. Das D. W. enthält etwa 1100 nur teilweise bezeichnete Vollwappen. Neben einigen Fabelwappen zeigt es das Wappen *Kaiser Sigismunds* (1410/1433–1437) und die der Fürsten seiner Zeit sowie die Länderwappen der habsburgischen Stammlande, die Wappen des

*Donnerkeil im Wappen des napoleonischen Königreiches Italien auf einer zeitgenössischen Medaille o. J.*

Turnieradels, darunter einige französische, spanische, böhmische, schlesische und polnische.

**Donnerkeil:** zigarrenförmige, mehr oder weniger ornamentierte Figur, aus deren Mitte, manchmal auch aus den Enden, Flammen oder gezackte Blitze hervorbrechen. Der im Wappen des napoleonischen Frankreich befindliche Adler ist z. B. auf einem D. dargestellt. Als Schildfigur führt z. B. die dänische *Familie von Blixen* einen D. Abb.

**Doppeladler:** Adler mit zwei voneinander abgewendeten Köpfen. Während dieses uralte Tierornament im Orient schon 1000 Jahre vor der Zeitrechnung nachweisbar ist, erscheint es in Europa erstmalig im 12. Jahrhundert auf den Siegeln des niederen Adels, auf Städtesiegeln erst im 13. Jahrhundert. Ab 1410 bzw. 1433 nahm der römisch-deutsche Kaiser den D. als Wappenbild an. Seit dieser Zeit blieb er Symbol des Reiches bis zu dessen Auflösung 1806 und wurde dann von dem neu gebildeten Kaiserreich Österreich übernommen. Nach der Revolution 1918 verschwand er als österreichisches Staatssymbol und wurde durch einen einköpfigen Adler ersetzt. 1935 etwas verändert wieder eingeführt, bildete der D. bis 1938 das Staatswappen der Republik Österreich.
Um sich als Rechtsnachfolger der byzantinischen Herrscher zu kennzeichnen, nahm *Iwan III.* (1462–1505), Großfürst und Selbstherrscher aller Reußen, das Wappen des byzantinischen Kaisers, den D., an, der bis 1917 das Wappen des zaristischen Rußlands war.
In Serbien trugen die Könige bereits seit Beginn des 13. Jahrhunderts zum Zeichen ihres Ranges als byzantinische Despoten den D. auf ihren Gewändern. Als im Jahre 1838 unter türkischer Oberhoheit das Fürstentum Serbien entstand, wählte man den D. als Wappen, das dann 1882 nach der Proklamation des Königreiches beibehalten und auch 1918 von dem Königreich Jugoslawien übernommen wurde.
Der letzte heute noch von einem Staat geführte D. befindet sich im Wappen der Volksrepublik Albanien. Er geht auf den albanischen Nationalhelden *Georg Kastriota (Skanderbeg)* (1405/1468) zurück, der erfolgreich gegen die Türken kämpfte. Der D. ist bereits 1450 auf einem Siegel *Skanderbegs* nachweisbar.
Als Figur der vom römisch-deutschen Kaiser verliehenen ↑ Gnadenwappen kommt der D. auch in einigen Wappen des höheren Adels Deutschlands und Italiens vor, z. B. im Wappen der *Fürsten von Schwarzburg,* der *Herzöge von Mirandola* usw. Während des Reichsvikariates waren auch die *Kurfürsten von Sachsen* und *Pfalzbayern* berechtigt, ihre Wappen auf den kaiserlichen D. zu legen.
Über Ursprung und Grund der Aufnahme des D. in das Wappenwesen existieren die verschiedensten Theorien. Eine Zuordnung zu den heraldischen Fabeltieren, wie sie z. B. der Heraldiker ↑ *Hefner* vornimmt, dürfte unglücklich gewählt sein. Der Heraldiker ↑ *Seyler* bezeichnet den D. als «Schöpfung und spezielles Eigentum des Wappenwesens» und sieht in ihm ein eine doppelte Handlung ausdrückendes Symbol (römisch-deutscher Kaiser und deutscher König). Diese Deutung leitete er aus dem um 1380 erschienenen «Ritterspiegel» des *Johann*

*Rothe* ab. Nach anderen entstand der D. aus der Zusammenziehung zweier halbierter Adler. Vgl. Abb. bei Vikar. Abb.

*Literatur*

*Korn, J. E.:* Adler und Doppeladler. Ein Zeichen im Wandel der Geschichte. Diss. Göttingen 1967

**Doppelbändel:** seltener und veralteter Ausdruck für ↑ Zwillingsstreifen.

**Doppelbord:** ein durch mehrere, parallel zu seiner Begrenzung laufende Linien mit zwei oder mehreren Farben gebildeter ↑ Bord. Abb.

**Doppelhafte:** wahrscheinlich zum Hausbau verwendeter Eisenbeschlag. Diese selten vorkommende Wappenfigur wurde in einigen Beschreibungen oft mit dem ↑ Hausanker und dem ↑ Mühleisen verwechselt.

**Doppelhaken** ↑ Mauerhaken.

**Doppelkleeblattkreuz** ↑ Kardinalskreuz.

**doppelkörperlich:** seltener Ausdruck für die heraldische Darstellung eines Tieres, seltener eines Menschen, mit zwei Körpern und einem Kopf.

**Doppelkreuz,** *Patriarchenkreuz, erzbischöfliches Kreuz, ungarisches Kreuz* [lat. crux gemina]: **1.** Kreuz, dessen Querbalken kürzer als der Längsbalken sind, mit Andeutung des Titulus (Inschrift I.N.R.I. [lat., Iesus Nazarenus Rex Iudaeorum, Jesus von Nazareth, König der Juden]) über dem Querholz.

Das sich seit dem 6. Jahrhundert vom Orient her ausbreitende D. kommt als Wappenfigur sehr selten vor. Als Rangzeichen der Erzbischöfe befindet es sich mitunter hinter deren Wappen. Sind die beiden Hauptarme von gleicher Länge, so bezeichnet man dieses D. als *Lothringer Kreuz.* In diesem Falle ist der obere, den Titulus andeutende Querarm oft schräg. In der Heraldik wird das D. vielfach auch *doppeltes Kreuz* genannt. Vgl. Prozessionskreuz.

**2.** bei einigen Heraldikern Bezeichnung für die Kombination eines ↑ gemeinen Kreuzes mit dem ↑ Andreaskreuz bzw. mit einem schwebenden Andreaskreuz. Vgl. spanisches Kreuz. Abb.

**Doppelkrückenkreuz:** schmales ↑ gemeines Kreuz, dessen Kreuzarme mit je zwei ↑ Krücken versehen sind.

*Doppeladler*

*Doppelbord*

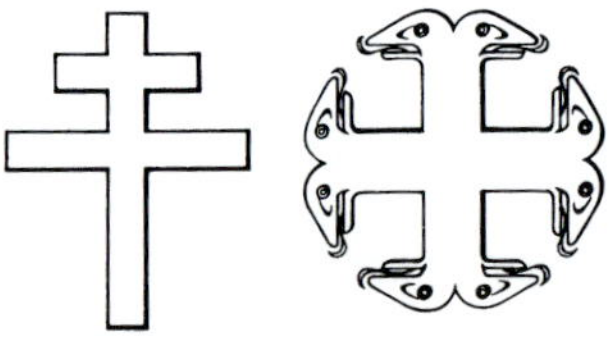

*Doppelkreuz (links)*
*Doppelschlangenkreuz (rechts)*

*Drache*

**Doppelkugelkreuz:** ↑ gemeines Kreuz, dessen Kreuzenden aus je zwei Kugeln gebildet werden.
**doppeltquadriert:** gevierter Wappenschild, bei dem jedes Viertel abermals geviert ist.
**Doppelschlangenkreuz:** ↑ Schlangenkreuz mit zwei sich voneinander abwendenden Köpfen an den Kreuzenden. Abb.
**Doppelschlüssel** ↑ Schlüssel.
**Doppelschlüsselkreuz:** ein Kreuz, dessen Arme aus zwei Schlüsselbärten bestehen.
**Doppelschweif:** der oftmals achtförmig geschlungene, doppelte Schwanz des Löwen, z. B. im Wappen des ehemaligen Königreiches Böhmen sowie der ČSSR.
**Doppelsparren:** zwei nebeneinander gestellte ↑ Sparren, deren Innenseiten in der Mitte zusammengefügt sind.
**Doppelstander,** *Splittflagge*: als Kommandozeichen oder Rangabzeichen dienende militärische oder Dienstflagge, deren Flugseite durch einen dreieckigen Einschnitt schwalbenschwanzförmig gestaltet ist. Es gibt besondere Formen des D., die in der Mitte des Einschnittes eine *Zunge* aufweisen. Man spricht hier von einem «gezungten D.»
**Doppelsturzsparren:** zwei in der umgekehrten Richtung dargestellte ↑ Doppelsparren.
**doppelte Einfassung** ↑ innere Einfassung.
**doppelte Lilie:** in einigen Wappenbeschreibungen und -diplomen Bezeichnung für die gewöhnliche heraldische ↑ Lilie mit sich oben und unten ähnlich wiederholender Gestalt.
**doppelter Innenbord:** zwei in den Schild gerückte ↑ Borde mit in der Regel gleicher Tinktur.
**doppeltes Kreuz** ↑ Doppelkreuz.
**Doppelwolfseisen** ↑ Wolfseisen.
**Doppelwolke:** das Heroldsbild ↑ Wolke, das in der Mitte geteilt, etwas eingeschnitten ist.
**Doppelwolkenbalken:** in normaler Balkenbreite angeordnete heraldische ↑ Doppelwolken.
**Doppelwolkenkreuz:** Kreuz, dessen Arme aus je zwei heraldischen ↑ Wolken gebildet werden.
**Doppelzinnen:** Sonderform des Heroldsbildes ↑ Zinnen, wobei jedoch hier die einzelnen Zinnen beiderseits einmal abgestuft sind.
**Döringerland:** Amtsname der Herolde der Landgrafschaft Thüringen.
**Dorn des Türschlosses:** in der älteren Heraldik oft als *gestürzter Turm* angesprochene gemeine Figur. Dieses seltene Wappenbild erscheint z. B. im Wappen der badischen *Familie Rink von Baldenstein.*
**Dornenbalken:** ↑ Balken, dessen Begrenzungslinien mit Dornenschnitt versehen sind.
**Dornenbord:** das Heroldsbild ↑ Bord, dessen Begrenzungslinien zum Schild in der Form kleiner Dornen gehalten sind.
**Dornenschnitt:** durch eine aus kleinen, dornenartigen Spitzen bestehende Linie gebildete Schildteilung. Die Spitzen können nach oben, nach rechts oder zur Schildmitte gerichtet sein. Zeigen sie nach unten, so handelt es sich um einen Schuppen- oder Lappenschnitt.
**Dornenschragenkreuz:** ↑ Schragen, dessen Begrenzungslinien mit kleinen Dornen versehen sind.
**Dornensparren:** das Heroldsbild ↑ Sparren mit dornenförmig gestalteten Rändern. Ein grüner, erniedrigter D. auf goldenem Grund, von drei Hirschen beseitet, befindet sich z. B. im Wappen der englischen *Baronets Rosmead.*
**Dornenspitze:** das Heroldsbild ↑ Spitze, dessen Begrenzungslinien aus kleinen dornenförmigen Spitzen gebildet werden.
**Dornentatzenkreuz:** ↑ Tatzenkreuz mit stilisierten Dornen an den Kreuzenden.
**Drache:** ein von antiken, germanischen und biblischen Vorstellungen geprägtes, mehrköpfiges, feuerspeiendes, oft fliegendes Sagentier, das auch schon im alten China bekannt war. In die Heraldik dürfte der D. durch die Kreuzfahrer gekommen sein. Als Wappentier wird er meist mit großem, spitzem Kopf, aus dessen Nüstern Flammen züngeln, dargestellt. Die Zunge und die stachelhäutigen Flügel sowie die Waffen (↑ Bewehrung) wurden meist in abstechender Tinktur gemalt. Der heraldische D. kommt in den verschiedensten Tinkturen,

meist aber grün oder schwarz, vor, z. B. in den Stadtwappen von Klagenfurt und Le Havre. Als ↑ Fantasiewappen findet man den D. z. B. in ↑ Conrad Grünenbergs Wappenbuch von 1483 als Wappenbild des «Erst Kaisser Jullius». Auch als ↑ Schildhalter wurde der D. verwendet. So z. B. im 1673 der schottischen Stadt Dundee verliehenen Wappen, das von zwei grünen D. gehalten wird, deren Schwänze sich unter dem Schild ornamental verschlingen. Als Attribut des heiligen ↑ *Georg* enthalten auch viele Stadtwappen einen D. Im Staatswappen von Bhutan befinden sich zwei geschuppte D., in der Nationalflagge einer (in Ostasien gilt der D. als Glückssymbol). Abb.

*Literatur*

*Schwarzenberg, K., Fürst v.:* Adler und Drache. Der Weltherrschaftsgedanke. Wien, München 1958

*Friedrichs, H. F.:* Die Frankfurter Ministerialengruppe mit dem Drachenwappen, in: Festschrift zum hundertjährigen Bestehen des Herold zu Berlin. Berlin 1969

**Drachenflug:** einzeln dargestellte Hautflügel des ↑ Drachen.

**Drachenorden** [lat. Ordo equestris Draconis Hungaria]: nach Beendigung des Konzils von Konstanz am 12. Dezember 1418 von *König Sigismund von Ungarn* (1386–1437, Kaiser ab 1433) gestifteter Ritterorden, der auch als «Gesellschaft mit dem Trakchen» oder «Orden des überwundenen (mitunter auch fälschlich «verkehrten») Drachens in Ungarn» bezeichnet wurde und schon zu Beginn des 16. Jahrhunderts erlosch. Das Ordenszeichen wurde an einer doppelten, von grünemaillierten Patriarchenkreuzen zusammengehaltenen, goldenen Halskette getragen und bestand aus einem nach links gekehrten, blutbefleckten, gold-grünen, vierbeinigen Drachen, der sich in seinen unten nach vorn gebogenen und zweimal um seinen Hals gewickelten Schwanz beißt. Das Zeremonialschwert des Ordens befindet sich in der Österreichischen Staatlichen Waffensammlung in der neuen Hofburg in Wien, ein großes gesticktes Ordenszeichen im Bayerischen Nationalmuseum in München. Der im Gebiet des Römisch-Deutschen Reiches, besonders in Österreich, sowie in Ungarn weit verbreitete Ritterorden, dessen Abzeichen um den Wappenschild der Ordensritter geschlungen war, erschien z. B. in Böhmen im Familienwappen der *Freiherren von Wartenberg* und der *Freiherren Odkolek von Augezd.* In den ↑ Bruderschaftsbüchern von St. Christoph auf dem Arlberg ist z. B. ein D. neben dem Wappen derer *von Dachsperg* abgebildet.

*Die Heiligen Drei Könige auf einem Taler der Stadt Köln um 1520. Die drei Kronen im Stadtschild symbolisieren nochmals die Heiligen Drei Könige*

*Literatur*

Der Drachenorden und seine Insignien, in: Ausstellungskatalog «Europäische Kunst um 1400». Wien 1962

*Erikson, B.:* The European Orders of Chivalry. Stockholm 1971

**Dreibein** ↑ Triquetra.

**Dreiberg** ↑ Berg.

**Dreiblatt:** drei stilisierte Blätter, die ein Segment des ↑ Rautenkranzes bilden.

**Dreiblattkreuz** ↑ Kleeblattkreuz.

**dreieckige Wappenflügel:** altheraldischer Ausdruck für ↑ Ständer.

**Dreieckschild:** älteste Form des heraldischen ↑ Schildes. Vom 12. bis in die erste Hälfte des 13. Jahrhunderts war der D. noch sehr groß, etwa von halber Mannshöhe, gewölbt und oben etwas abgerundet, so daß er den Körper halb umschloß. Der Größe wegen wurde er an einem Bande um die Schulter getragen. Erst in der zweiten Hälfte des

13. und im 14. Jahrhunderts wird der D. kleiner und hat die Form eines an den Seiten etwas ausgebogenen, fast gleichseitigen Dreiecks. Der D. kam in der Regel nur den Wappendarstellungen des Uradels zu und wurde in den meisten Fällen gelehnt dargestellt. Erst in späteren Zeiten bedienten sich auch andere Adelsgeschlechter, teilweise auch bürgerliche Familien, dieses Schildes.

**Dreifachbord:** drei ↑ Borde, die um einen Schild gezogen sind und von denen jeder anders tingiert ist.

**Drei Könige, Heilige:** nach biblischer Überlieferung Weise bzw. Magier aus dem Morgenland, die dem neugeborenen Christkind huldigten und ihm Geschenke darbrachten. Die Personenzahl ist im Neuen Testament nicht genannt und wurde erst später aus der Dreizahl der erwähnten Gaben, Gold, Weihrauch und Myrrhe, geschlossen. Im 9. Jahrhundert erhielten sie die Personennamen *Melchior, Balthasar* und *Caspar* und erst im 10. Jahrhundert wurden sie in der bildenden Kunst als Könige dargestellt. Seit etwa 1430 erschien *Caspar* im deutschen Kunstbereich mit schwarzer Hautfarbe. Seit 1164 wurde der Kult der H. D. K. in Köln gepflegt. In diesem Jahr nämlich ließ *Kaiser Friedrich I. Barbarossa* (1152–1190) die Reliquien der Heiligen als Geschenk an seinen Kanzler, den Erzbischof von Köln, *Rainald von Dassel* (1159–1167), von Mailand nach Köln überführen, wo sie um 1200 in den wertvollen Dreikönigsschrein gebettet wurden. So erschienen sie auch auf Münzprägungen des Erzbistumes und der Stadt Köln. Seit dem 14. Jahrhundert trägt der Wappenschild der Stadt die drei auf die H. D. K. bezüglichen Kronen; der untere Teil des Schildes war ursprünglich leer oder damasziert. Gegen Ende des 15. Jahrhunderts wurde dieser Teil mit Hermelin besetzt. Im 17. Jahrhundert wurde dann in die elf Hermelinschwänzchen ein Bezug auf die 11 000 Jungfrauen hineingedeutet, die der Legende nach in Köln den Martertod gefunden haben sollen. Abb.

*Kleines Staatswappen des Königreiches Schweden*

**dreiköpfiger Adler:** Adler, dessen ↑ Sachsen in einwärts gerichteten Adlerköpfen enden. Dieses wohl einmalige Wappentier kommt in der Großen Heidelberger Liederhandschrift im Wappen des *Reinmar von Zweter* aus dem pfälzischen Geschlecht der *Herren von Ziutern* als Wappenbild und als Kleinod ↑ wachsend vor. Auch ↑ Conrad Grünenbergs Wappenbuch enthält einen d. A. als Wappenbild des römisch-deutschen Kaisers.

**Drei-Kronen-Wappen:** seit dem 14. Jahrhundert das eigentliche Landeswappen Schwedens. Das älteste schwedische Staatswappen war gleichzeitig das der Dynastie der *Folkunger*, ein goldener Löwe im blau-weiß, schräg gewellten Feld (Löwenfeld). Warum *König Albrecht* (aus dem *Hause Mecklenburg*, 1363–1389) im Jahre 1364 als erster mit den drei Kronen siegelte, ist bisher nicht geklärt. Eventuell stellen sie einen Bezug auf den *König Erich IX.*, den Heiligen (1150–1160), dar, dessen Attribute drei Kronen sind. Ältere Heraldiker sahen in den drei Kronen Symbole der Königreiche der Schweden, Goten und Wenden. *Königin Margarethe von Dänemark* (gest. 1412), die

*Drudenfuß im Stadtwappen von Schlotheim*

durch die Kalmarer Union gleichzeitig auch Königin von Schweden und Norwegen wurde, brachte dies durch das Siegeln mit dem D. zum Ausdruck. Dieses Wappen befindet sich im Gesamtwappen Schwedens und bildet gegenwärtig als einzelner Schild das kleine Staatswappen des Königreiches.

Drei Kronen, ebenfalls auf blauem Feld, schrieb die Nachwelt dem sagenhaften *König Artus* zu.

Die drei Kronen im Stadtwappen von Köln symbolisieren die Heiligen Drei Könige als Schutzpatrone der Stadt. Vgl. Abb. bei Drei Könige, Heilige. Abb.

**dreimal gebrochener Balken** ↑ eckig gezogen.

**Dreipaß:** Anordnung von drei gemeinen Figuren im Schild oder Feld, wenn sie radial auf die Mitte des Schildes oder Feldes ausgerichtet sind. Bei der gleichen Anordnung von vier, fünf oder mehr Figuren spricht man vom *Vierpaß, Fünfpaß* usw. Abb.

**Dreizack** ↑ Ger.

**Dreizackkreuz,** *Gereisenkreuz*: Kreuz, dessen Arme aus vier Dreizacken (↑ Ger) bestehen.

**Drillingsfadenkreuz:** ↑ gemeines Kreuz, dessen Arme aus drei dünnen parallellaufenden Fäden (↑ Faden) bestehen.

**Drillingsleiste:** drei übereinander gestellte ↑ Leisten. Die Abstände entsprechen der Breite der Leisten.

**Drillingsstreifen** ↑ Zwillingsstreifen.

**Dromedar:** seltene gemeine Figur. Auf die französische Invasion in Ägypten von 1798 anspielend, erhielt der damals bedeutende Chirurg *Jean Dominique Larrey* ein blau tingiertes D. in das Wappen, als er im Jahre

*Drei rote Herzen im goldenen Feld im Dreipaß gestellt*

*Panzerarm mit Schwert und durchspießtem Herz (links) Von einem Zepter durchsteckte Krone, Wappen derer von König (rechts)*

*Durchbohrte Rauten*

*Durchbrochener Sparren im roten Feld (links) Durchbrochenes gemeines Kreuz im roten Feld (rechts)*

1810 von *Napoleon I.* (1804–1814, 1815) zum Baron ernannt wurde (vgl. Abb. bei Ehrenlegion). Ein D. befindet sich auch im Wappen der *Familie Hennequin* (Holland).

**Drudenfuß,** *Alpenkreuz, Pentagramm, Pentalpha, Fünfstern*: regelmäßiges Sternfünfeck, das nach abergläubigen Vorstellungen vor bösen Geistern schützen sollte. Der D. wird durch das Zeichnen der Diagonalen eines regelmäßigen, ebenen Fünfecks in einem Zuge gewonnen. Das als Wappenfigur selten auftauchende Symbol wird mitunter auch fälschlich als *Druydenfuß* bezeichnet. Ein D. befindet sich z. B. im Stadtwappen von Schlotheim (Thüringen). Abb.

**Druydenfuß** ↑ Drudenfuß.

**Duc** [lat. Dux, ital. Duca]: in Frankreich Bezeichnung für Herzog. Der D. bildete im alten Frankreich die höchste Rangstufe des Adels und lag zwischen den königlichen Prinzen und den Marquis.

**DULCE ET DECORUM EST PRO PATRIA MORI** [lat., süß und ehrenvoll ist der Tod für das Vaterland]: Wahlspruch unter dem alten Wappen des Königreiches Nepal.

**DUM SPIRO SPERO** [lat., ich hoffe, so lange ich lebe]: Wahlspruch unter dem Wappen des Fürstentumes Schwarzburg-Rudolstadt und als Devise der *Dynastie Brooke* unter dem Wappen von Sarawak, jetzt Gliedstaat von Malaysia.

**durchbohrt:** nur bei ↑ Rauten verwendeter Ausdruck für ↑ durchstochen. Abb.

**durchbrochen** [franz. ajouré], *ausgebrochen*: Bezeichnung einer Heroldsfigur, aus deren Mitte ein Stück in gleicher Form herausgenommen ist, so daß die Farbe des Feldes sichtbar wird. Vgl. ajouré. Abb.

**durchbrochenes Kreuz:** ältere, falsche Bezeichnung für ↑ Mühlkreuz.

**durchgeschwungen** ↑ untergeschlagen.

**durchgesteckt,** *durchschlungen*: Ausdruck für eine durch die Öffnung einer anderen laufende Figur. Vgl. durchsteckt.

**durchschlungen** ↑ durchgesteckt.

**durchschnitten** ↑ schräg geteilt.

**durchspießt:** gemeine Figuren, die von einer Waffe aufgespießt sind, so daß die Spitze dieser sichtbar ist. Abb.

**durchsteckt:** durch einen Gegenstand, z. B. eine Krone, oder mehrere andere gesteckte Gegenstände, so daß ihre Enden aus ersterem hervorragen. Abb.

**durchstochen:** Ausdruck für einen Gegenstand, in dem sich eine kreisförmige Öffnung von der Tinktur des Feldes befindet. Ältere Heraldiker bezeichnen diese Figur auch als *Wider-* oder *Wiedernied.* Bei Rauten wird diese Darstellung als *durchbohrt* blasoniert.

**durch Wolkenlinien begrenzt** ↑ gewölkt.

**durchzogen** ↑ geschnitten.

**Durchzüge:** altheraldische Bezeichnung für die Arme des Kreuzes.

**Duverdier de Vauprivas, Graf:** von 1826 bis 1830 Wappenkönig von Frankreich unter *König Karl X.* (1824–1830).

**Dynast:** im hohen Mittelalter ein «Edelfreier» mit Herrschaft über ein Landgebiet. Aus den D.en ging später der größte Teil der Landesherren hervor.

# E

**EACH ENDEAVOURING, ALL ACHIEVING** [engl., wenn jeder sich anstrengt, haben alle Erfolg]: Spruch unter dem Wappen der ehemaligen britischen Kolonie Antigua.

**Ealdormann** ↑ Earl.

**Earl** [engl.]: ursprünglich höchste Rangstufe des englischen Adels, jetzt Standesauszeichnung, die die dritte Adelsstufe bildet, ohne einen Bezug auf territoriale Gewalt. Der Titel E. entstand aus dem dänischen *Jarl.* Seit der Eroberung Englands in der ersten Hälfte des 11. Jahrhunderts durch die Dänen wurde er statt des bis dahin gebräuchlichen *Ealdormann* angenommen, was dem deutschen Grafen entsprach. Bis zur Mitte des 14. Jahrhunderts bildete er die höchste Stufe des englischen Adels. Nach der Ernennung des *Schwarzen Prinzen* zum Herzog von Cornwall durch *Eduard III.* (1327–1377) im Jahre 1355 sank dieser Titel zur zweiten, nach der Ernennung des *Robert de Vere* zum

Marquis von Dublin im Jahre 1386 durch *Richard II.* (1377–1399) zur dritten Stufe des englischen Adels.

**Earlkrone:** Rangkrone der britischen Earls. Die alte E. bestand aus einem eine Purpurmütze umschließenden goldenen, mit Perlen und Edelsteinen besetzten Stirnreif, der abwechselnd mehrere Blatt- und Perlenzinken trug. Die heute noch gebräuchliche heraldische E. zeigt ebenfalls eine Purpurmütze mit Quaste. Der sie umschließende, mit fünf hohen Perlenzinken und vier blattartigen Ornamenten versehene goldene Reif ist hermelinverbrämt. Vgl. Tafel Rangkronen.

**Ebene,** *Füßchen*: von einigen älteren Heraldikern gewählte Bezeichnung für einen ↑ Schildfuß von einem Drittel der normalen Breite und einem Neuntel der Schildhöhe.

**Eber:** gemeine Figur der Heraldik. Im Wappenwesen erscheint der E. meist von schwarzer Farbe, mit abstehenden Hauern, Klauen und Rückenborsten. Er wurde oft aufrecht stehend, in kampflustiger Stellung dargestellt. Ein E. befand sich z. B. als Wappentier von Benevent im Wappen des *Fürsten von Benevent Charles Maurice Talleyrand de Périgord* (1754/1838). Als redendes Wappen führten ihn die *Grafen von Eberstein.* Abb.

**Eberzähne:** älterer, unzutreffender Ausdruck für ↑ Büffelhörner.

**Eck:** falscher Ausdruck für ↑ Spitze.

**Eckfiguren:** in den Ecken eines Wappenschildes oder -feldes angebrachte, meist ein Hauptbild umgebende, in der Regel gemeine Figuren. Bei Kreuzen wird diese Darstellung mit dem Begriff ↑ bewinkelt bezeichnet.

**eckig gezogen: 1.** von ↑ *Gatterer* verwendete Definition für eine Heroldsfigur, die am Rande anstatt der horizontalen oder senkrechten Linien aneinandergefügte, kleine, schrägrechte oder schräglinke Linien aufweist und folglich als *gefaltet* erscheint. Die älteren Heraldiker beschrieben diese Darstellung verschieden. So z. B. als *dreimal gebrochenen* oder *spitzweise gezogenen Balken* oder *«ein sparrn, drei mal auf und nieder».* ↑ *Rudolphi* nennt dieses Heroldsbild *groß ausgespitzt* oder *krumme Straße.* Abb. – **2.** ↑ gebrochen.

**Eckschnitt:** von einigen älteren Heraldikern für die schräglinke Schildteilung verwendeter Ausdruck. Vgl. schräg.

**Ecksparren:** aus einer Ecke des Schildes hervorgehender ↑ Sparren. Der E. kann seine Basis im rechten oder linken Unter- oder Obereck des Schildes haben und berührt mitunter den in Richtung seiner Spitze befindlichen Schildrand. Abb.

**Eckspitze:** das Heroldsbild ↑ Spitze aus einer Ecke des Schildes hervorkommend. Es gibt rechte und linke, obere und untere E. Abb.

**Edelkrone:** seltener Ausdruck für die gewöhnliche ↑ Helmkrone.

**Edel und Ehrenvest:** der ihren Rang und ihre Würde bezeichnende Titel aller ↑ Herolde.

**Edler:** besonders in Bayern und Österreich gebräuchlicher Titel für Adlige, die im Rang über dem untitulierten Adel, aber unter den Freiherren standen.

**Edwardscrown** [engl., Eduardskrone]: Bezeichnung der ↑ Krönungskrone Englands bzw. Großbritanniens (vgl. Königskrone). Die heutige E. wurde 1662 nach dem Vorbild der zerstörten Krone gleichen Namens für die Krönung *König Karls II.* (1660–1685) von *Sir Robert Vyner* angefertigt. *König George IV.* (1820–1830) benutzte sie nicht, sondern ließ eine neue schaffen. Auch für *Königin Victoria* (1837–1901) wurde eine neue Krone hergestellt, da ihr die E. zu schwer war und die vorhandenen Frauenkronen ihr mißfielen. Sie ließ dafür die später als ↑ Imperial State Crown bezeichnete Krone anfertigen. Für die Krönung *König Edwards VII.* (1901–1910) vorgesehen, wurde sie aber erst zur Krönung *König Georges V.* (1910–1936) wieder tatsächlich getragen.

**EENDRACHT MAAKT MACHT** [fläm., Einigkeit macht stark]: Wahlspruch unter dem Wappen des Königreiches Belgien.

**Egge:** oft als redendes Wappenbild verwendete Schildfigur, z. B. im Wappen der *Eggers* und *Ämilius.* Auf die E. seines Wappens spielt z. B. die Devise des *Grafen von Hennegau, Wilhelm VI.* (1404–1417), «Evertit et

*Eber im Wappen derer von Ertzingen*

*Eckig gezogener Balken im goldenen Feld (links)*
*Ecksparren im goldenen Feld (rechts)*

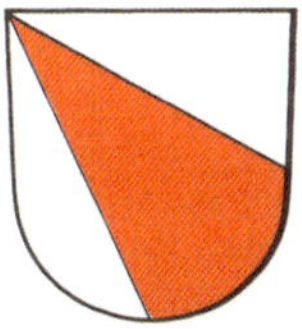

*Rote Eckspitze im silbernen Feld*

aequat» [lat., sie wendet um und macht eben] an.

**Ehewappen,** *Allianzwappen, Heiratswappen*: Vereinigung der Wappen beider Ehepartner. In der Regel wurde diese Kombination dadurch bewirkt, daß beide Wappen aufrecht stehend oder leicht schräg nach innen geneigt nebeneinander gestellt wurden, wobei das des Mannes sich immer vorn, das der Frau hinten befindet. Das Wappen des Mannes muß in all seinen Teilen und Wappenbildern als Spiegelbild dem der Frau zugewandt sein. Schräg nach außen geneigte Wappen sind unheraldisch. An und für sich zueinander gekehrte Wappenbilder bleiben unverändert. Auf beiden Schilden wurde der Wappenhelm oder die Rangkrone des Mannes bzw. auch der Frau oder, wenn beide im Range gleich waren, der Helm bzw. die Krone des ersteren angebracht. Oft finden sich auch die beiderseitigen Helme auf den Schilden.
E. können jedoch auch in den mannigfaltigsten Varianten auftreten: a) das weibliche Wappen umgibt den Schild des Mannes, b) neben dem zur Seite gelehnten Schild des Mannes steht die den Helm desselben haltende Frau, c) der Schild des Mannes mit der Helmzier des Wappens der Frau, d) eine Figur mit dem Schild des Mannes auf der Brust, die Schilde der Eltern in den Händen haltend, e) das Wappen des Mannes, darüber das der Frau, f) eine stehende Frau, die Wappen beider Ehepartner haltend, g) gemeinsamer Wappenschild, belegt mit beiden Wappen, h) beider Wappen im gevierten Schild, i) die zusammengeschobenen Wappen der Frau, des Mannes und seiner Schwiegereltern.
Es existieren auch E., wo die beiden aneinander gelehnten Schilde von einem Kranz aus Liebesknoten (↑ Liebesseile) umgeben sind. Vgl. Abb. bei Wappenkreis.

**Ehrenbeizeichen:** als Auszeichnung verliehene, besondere Kennzeichen, die an bzw. in den Wappen angebracht wurden. Von regierenden Fürsten verliehene E. wurden im Schilde auf den ersten Platz gestellt, in einem ↑ Schildhaupt oder im ↑ Herzschild angebracht, z. B. das kaiserliche Gnadenzeichen, der Doppeladler, im Herzschild des Wappens der *Fürsten von Schwarzburg*. Die *Medici* führten die französischen Lilien in der obersten Kugel ihres Wappenschildes. E. wurden auch von einzelnen Republiken verliehen. So erhielten z. B. eine Linie der *Ubaldini* sowie eine der *Medici* das Zeichen der «popolarita», das ↑ Volkskreuz. Die italienische Stadtrepublik Lucca setzte z. B. einigen beim Volk beliebten Geschlechtern das goldene LIBERTAS [lat., Freiheit] aus dem Wappen der Republik in den Schild.

**Ehrenkränzlein:** Name des hinter dem Kopf des roten Adlers von Tirol gelegten Lorbeerkranzes. Diese bereits aus dem 16. Jahrhundert stammende Dekoration wurde erst durch die Verfassung von 1921 formal aner-

*Großkreuz und Stern der Ehrenlegion mit aufgelegtem Wappen des Jean Dominique Baron Larrey (1766/1842), der als berühmter Chirurg 1810 von Napoleon I. (1804–1814, 1815) zum Baron erhoben wurde*

kannt und für das Wappen von Tirol verbindlich.

**Ehrenlegion, Orden der** [franz. Légion d'honneur]: im Jahre 1802 gegen einen Teil der Stimmen der Nationalversammlung vom *Ersten Konsul Bonaparte* gestifteter, seither höchster Orden Frankreichs. Das weißemaillierte, fünfarmige Ordenszeichen des fünfklassigen Ordens erfuhr im Laufe der Zeit mehrere, den politischen Umständen entsprechende Umgestaltungen, so z. B. 1804, 1816, 1830, 1848, 1851, 1871 und 1964. Bereits unter *Kaiser Napoleon I.* (1804–1814, 1815) schmückte es das französische Staatswappen. An einem die Krone ersetzenden Eichenlaubkranz hängend, ziert es seit 1871 wieder das Wappen der Republik Frankreich. Abb.

**Ehrenreihe:** bei der Einteilung des Schildes (↑ Schildeinteilung) Bezeichnung der zweiten Reihe von oben. Bei aufgelegten kleinen Schildchen heißt die Stelle in der Mitte, auf der ein solches aufgelegt ist, *Ehrenstelle.*

**Ehrenstelle** ↑ Ehrenreihe.

**Ehrenstück,** *Heroldsfigur, Heroldsstück*: von älteren Heraldikern für das ↑ Heroldsbild verwendeter Ausdruck. Der Heraldiker ↑ *Trier* begründet den Ausdruck wie folgt: «Diese Figuren werden Stücke genennet, weil sie

entstehen, wenn ein Schild getheilet oder gestückt wird, Ehren-Stücke aber sind sie von den alten Herolden um deßwillen genennet worden, weil sie Figuren, und nicht Stücken eines ledigen Schildes sind, auch von diesen durch besondere Namen distinguiert werden».
Als E. wurde auch häufig der kleinere Teil eines durch eine Linie in ungleich große Hälften geteilten Schildes bezeichnet.

**Ehrenwappen:** von den Landesherren als Auszeichnung verliehene besondere Wappen, deren Bilder in den meisten Fällen auf den entsprechenden Anlaß anspielen. Vgl. Gnadenwappen.

**Eichblattkreuz:** ein schwebendes ↑ gemeines Kreuz, dessen Arme in Eichenblättern enden.

**Eiche:** heiliger Baum aller germanischen Völker, Symbol der Männlichkeit, Kraft, Beständigkeit, des Kampfes und Sieges. Heraldisch wird die E. stark stilisiert, mit breiter Krone auf einem kräftigen Stamm, oder auch nur einzelne Zweige bzw. Äste, mitunter nur ihre charakteristischen Blätter und Früchte dargestellt. Eine E. befindet sich z. B. in den Stadtwappen von Hagen (Westfalen), Herne (Westfalen), Offenbach (Hessen) und Dingelstädt (Eichsfeld). Vgl. Abb. bei beblättert.

**Eichenkrone, Orden der:** am 29. Dezember 1841 von *König Wilhelm II. der Niederlande, Großherzog von Luxemburg* (1840–1849), zur Belohnung in- und ausländischer, ziviler oder militärischer Personen gestifteter luxemburgischer Orden. Das Ordenszeichen des fünfklassigen Ordens besteht aus einem weißemaillierten Kreuz. Das Medaillon der Vorder- und Rückseite trägt das Monogramm des Stifters auf grünem Grund. An einem gelben, die blühenden Ginsterbüsche symbolisierenden Band mit drei grünen Streifen, die auf die Eichenwälder des Landes anspielen, umgibt der Orden das Staatswappen des Großherzogtumes Luxemburg.

**Eichstätter Wappenbuch:** zwischen 1474 und 1478 entstandenes handgemaltes Wappenbuch; heute im Besitz der Staatsbibliothek Eichstätt. Das E. W. hat 351 Seiten und enthält rund 2000 Wappendarstellungen. Neben den Wappen einiger Päpste zeigt es die vieler Bischöfe, des Hochadels, der sieben Kurfürsten, des Turnieradels und deutschen landsässigen Kleinadels.

**Eidechse:** seltenes Wappenbild, z. B. im Wappen der französischen *Familie Le Tellier,* zu der auch der Kriegsminister und Kanzler *Ludwigs XIV.* (1643–1715), *Marquis de Louvois* (1641/1691), gehörte, der im Pfälzischen Erbfolgekrieg die Pfalz verwüsten ließ.

**eidgenössisches Bundeszeichen** ↑ Bundeszeichen, eidgenössisches.

**Eierdotter:** in der älteren heraldischen Literatur mitunter Bezeichnung für die goldene ↑ Kugel.

**Eimer:** gemeine Figur, die meist mit Eisenringen beschlagen dargestellt wird. Als redendes Wappenbild erscheint ein E. z. B. im Wappen der niederrheinischen Stadt Emmerich.

**Einbruch** ↑ Faden.

**einfach:** mitunter auch für ↑ ledig verwendeter Ausdruck.

**einfarbige Wappen:** Wappen, die nur eine Tinktur enthalten. In diesem Falle zählt die Tinktur als Schildbild. E. W. sind sehr selten. So führten z. B. die Bischöfe von Lüttich, die *Freiherren von Albret* und bis in das 17. Jahrhundert der Schweizer Kanton Schwyz ein e. W. Die e. W. sind nicht mit dem ↑ Warteschild zu verwechseln.

**Einfassung:** gleichbedeutend mit ↑ Bord bzw. Schildesrand.

**eingebogen:** Ausdruck für die Heroldsbilder, deren Begrenzungslinien aus nach innen verlaufenden flachen Bogen bestehen.

**Eingefäß** ↑ Federköcher.

**eingefaßt:** **1.** bei ↑ *Gatterer* die Charakterisierung einer Wappenfigur (Heroldsbild), die am Rande mit Streifen oder Laubwerk verziert ist, z. B. der Schrägbalken im bischöflich straßburgischen Wappen. Abb. auf S. 112.
**2.** mitunter für einen mit einer Einfassung (↑ Bord) umgebenen Schild verwendeter Ausdruck.

**eingeschaltet:** von einigen Heraldikern für

*Aufgerichtetes Einhorn*

*Eingefaßter silberner Schrägbalken im roten Feld aus dem bischöflich straßburgischen Wappen wegen der Landgrafschaft Elsaß*

*Eisenhütlein (links) · Gegenfeh (rechts)*

kleine, in den Winkeln eines Kreuzes schwebende Figuren verwendeter Begriff. Es ist jedoch richtiger, diese Darstellung mit ↑ begleitet zu bezeichnen.

**eingeschlossen:** Ausdruck für kleine Gegenstände, um die herum ein oder mehrere größere so gestellt sind, daß sie fast ganz oder wenigstens auf zwei Seiten von ihnen umgeben sind.

**eingeschuppt** ↑ ausgeschuppt.

**Einhorn,** *Monozeros*: schon in der Antike bekanntes pferdeähnliches Fabeltier mit einem Horn auf der Stirn. In der Heraldik wird das E. als bärtiges Pferd, mit langem, in der älteren Zeit gebogenem, in der neueren mit geradem Horn auf der Stirn, zottigen Füßen und gespaltenen Hufen dargestellt. Horn und Klauen sind meist abstechend tingiert. Während das E. als Wappenbild seltener vorkommt (z. B. Stadtwappen von Bludenz [Vorarlberg] und Gmünd [Württemberg]), wurde es oft als Schildhalter verwendet, z. B. Weiß mit einer goldenen Krone um den Hals und herabhängender Kette als ein Schildhalter des Staatswappens von Großbritannien. Vgl. Abb. bei Adelsbrief und bei halsbekrönt. Abb.

*Literatur*

*Gutmann, S.:* Interessantes über das Einhorn. Ettlingen 1965

**Einpfropfung:** Figuren oder Wappen, die zwischen die einzelnen Felder des Hauptschildes, also in dessen Fugen, eingeschoben sind oder die den zwischen zwei in Spitzen auslaufenden Schilden unten entstandenen keilförmigen Zwischenraum ausfüllen. Die E. kann auch am Oberrand eines Wappens angebracht werden, doch darf dabei nie das Wappenbild des Hauptschildes gespalten werden. Diese Methode war besonders bei der Vereinigung mehrerer Wappen beliebt (↑ zusammengesetzte Wappen).

**Einschildritter:** im hohen Mittelalter dem siebenten ↑ Heerschild angehörende Ritter, die einen einheitlichen, mit dem Wappen ihres Herren gekennzeichneten Schild führten. Es finden sich in fast allen Gebieten des damaligen Deutschlands Beispiele, wo rittermäßige Geschlechter das Wappen ihres Herren teils unverändert, teils mit veränderten Farben führten. Erst gegen Ende des 13. Jahrhunderts wählten sich diese vielfach ein eigenes Wappen. Vgl. Sonderwappen.

**Einverleibung,** *Auflegung*: Belegung einer Wappenfigur mit einer anderen, so daß ein neues Bild entsteht. Die Tinktur der aufgelegten Figur muß von der der anderen abweichen. Bei der Vereinigung mehrerer Wappen bediente man sich der E., indem z. B. auf einen Pfahl des einen ein Löwe des anderen Wappens aufgelegt wurde. Das aufgelegte Wappen kann auch in seinem ganzen Schilde in dem zu einem Heroldsbild verringerten Teil desselben erscheinen. So kann z. B. ein blaues Feld mit drei goldenen Lilien mit einem anderen vereinigt werden, indem man einen roten Pfahl oder Schrägbalken mit goldenen Lilien auflegt. Vgl. zusammengesetzte Wappen.

**Eisbär:** gemeine Figur. Ein aufrecht hockender, silberner E. befindet sich für Grönland im geteilten und halbgespaltenen dritten Feld des dänischen Wappens.

**Eisenfarbe,** *Stahlfarbe*: der neueren Heraldik angehörende himmelblaue Tinktur. Die heraldische ↑ Schraffur für die E. besteht aus links und rechts gekreuzten Diagonalen.

**Eisenhutfeh** ↑ Eisenhütlein.

**Eisenhütlein,** *Eisenhutfeh, Fellwerk, gemeines Feh, Hutfeh*: **1.** als Heroldsbild, Schildteilung oder heraldische ↑ Tinktur (heraldisches ↑ Pelzwerk) vorkommendes, den Eisenhüten des Mittelalters ähnelndes stilisiertes Muster. Die E. sind meist in horizontale Reihen gestellt. In der Regel Blau in Silber, wechselt ein aufrecht stehendes mit einem gestürzten der Gegentinktur. Sie können jedoch auch gestürzt vorkommen, wobei die blauen Hüte gestürzt, die weißen aufrecht erscheinen *(Sturzfeh)*. Eine weitere Variante sind die übereinander gestellten E. Hier stehen die Hüte gerade untereinander, die Spitzen berühren die Mitte der Basen in der jeweils oberen Reihe. Diese Darstellung wird als *Pfahlfeh* bezeichnet. In umgekehrter Richtung spricht man von *gestürztem Pfahlfeh*. Als *Gegenfeh* werden sie angesprochen, wenn eine Reihe aufrecht, die darunter befindliche gestürzt ist und die Hüte gerade übereinander stehen, so daß die Grundlinien der aufrechten und der gestürzten darunter aneinander stoßen. *Verschoben* sind sie, wenn die unteren gestürzten E. gegen die oberen verschoben erscheinen. Seltener kommen die E. gespalten vor. In diesem Fall sind die Hüte und die dazwischenliegenden Gegenhüte zur Hälfte blau und zur Hälfte weiß, also jeder von Blau und Weiß gespalten. Weiterhin sind noch einige andere, jedoch seltenere Kombinationen bekannt. In der englischen Heraldik treten die E. in den verschiedensten Tinkturen auf und sind in den bunten Varianten in besondere Klassen geordnet (vgl. verrey, verry). In der französischen sowie auch in der von ihr beeinflußten rheinischen Heraldik tau-

*Beispiele von Eisenhütlein, mit denen Wappenfiguren belegt sind*

chen viele Heroldsbilder und gemeine Figuren auf, die mit E. überzogen sind.

Die französischen, englischen und auch einige deutsche Heraldiker nannten die E. *Feh* und leiteten sie von den Fellen des grauen Eichhörnchens ab. Nach anderen sprechen gegen diese Annahme verschiedene Gründe, vor allem die Tatsache, daß sie immer als heraldische Farbe erscheinen. Da sie oft den ganzen Schild überziehen und an den Rändern unvollständig sind, bezweifeln einige Fachleute ihre Ableitung von den wirklichen Eisenhüten. Dagegen spricht auch, daß letztere viel niedriger waren als die heraldischen und sehr selten erst im 15. Jahrhundert vorkommen. Der Heraldiker ↑ *Sacken* hält die E. für selbständige, besondere Muster, wie etwa die ↑ Rauten oder das Schach (↑ geschacht), das durch das Ausschneiden des Stoffes entstand. Auf einigen mittelalterlichen Darstellungen befinden sich wolken- oder eisenhutförmige Gewandsäume und Bordüren. Die stilisierten heraldischen ↑ Wolken waren im Mittelalter mit den E. identisch. Das beweisen Wappendarstellungen, die im 13. Jahrhundert Wolken und 100 Jahre später E. enthalten. Manche kommen bald mit diesen, bald mit jenen vor. Wahrscheinlich entstand die spätere Zuspitzung der Wolkenornamente unter dem Einfluß des gotischen Stiles und das Heroldsbild erhielt von den Herolden wegen der Ähnlichkeit mit den damals wirklich aufkommenden Eisenhüten seine in Deutschland seit Jahrhunderten verwendete Benennung. Vgl. Altfeh, Fehfell, Wolkenfeh, Buntfeh, Krückenfeh, Pfahlfeh, Zinnenfeh.

**2.** gemeine Figur. Einzelne E. dieses heraldischen Dessins kommen auch als ↑ gemeine Figuren vor. So führen z. B. die *Grafen von Pappenheim* sechs einzelne (zu 3.2.1. gestellte), aneinanderhängende E. in ihrem Wappen. Ursprünglich handelte es sich hier wohl um das Heroldsbild E. In den Wappen der *Freiherren von Wendt* und *von Ketelhodt* befinden sich ebenfalls einzelne E. Die später als Heidenmützen erscheinenden Wappenbilder derer *von Klitzig* und *von Kanstedt* sind wahrscheinlich ebenfalls auf dieses heraldische Muster zurückzuführen.

**3.** wirkliche, stilisierte Kopfbedeckung als gemeine Figur. Eisenhüte kommen in vielen Varianten, meist aber in der Einzahl vor, z. B. als redendes Wappenbild der *Familie von Emmingen,* genannt *Eisenhut.* Vgl. Kesselhut. Abb.

**Eisenhutschnitt** ↑ Cymbelschnitt.

**Eiserne Krone:** sechsteiliger, grünemaillierter Reif mit 22 Edelsteinen, der als die alte Krone des Langobardenreiches angesehen wird. Der Name rührt von dem auf der Innenseite des Reifes angebrachten eisernen Ring her, der aus einem Nagel vom Kreuze Christi geschmiedet worden sein soll. *Napoleon I.* (1804–1814, 1815) ließ sich 1805 mit der heute im Domschatz von Monza aufbewahrten E. K. in Mailand zum König von Italien krönen. Seit 1890 befand sich eine Darstellung der E. K. auf dem königlichen Helm des italienischen Staatswappens.
Die E. K. gab auch dem 1805 von Napoleon gestifteten, im Jahre 1815 von Österreich übernommenen gleichnamigen Orden ihren Namen. Der Orden ist mit dem Ende der Monarchie 1918 erloschen. Vgl. Abb. bei Donnerkeil. Abb.

*Eiserne Krone der Lombardei*

**Eisernes Kreuz,** *Preußisches Kreuz*: im Jahre 1813 in Preußen gestiftetes Ehrenzeichen für die Befreiungskriege, das 1870, 1914 und 1939 erneuert wurde. In der Heraldik kommt das E. K. vielfach in preußischen Wappen vor. So erscheint es in den Wappen der 1813 bis 1815 in den Fürsten- und Grafenstand erhobenen Familien, z. B. *Blücher, Gneisenau, Bülow, Dennewitz, York* usw. Alle im Krieg 1870/71 Geadelten erhielten die erste Klasse dieses Ehrenzeichens in das Schildhaupt, die zweite Klasse in das Helmkleinod verliehen. Das Wappen des preußischen Kriegsministers *Graf Roon* zeigt das Großkreuz des E. K. in einer dem Wappen eingepfropften Spitze. Der Generalfeldmarschall *Moltke* führte es im goldenen Rückenschild. Als besondere Auszeichnung erhielt es im Jahre 1865 der ehemalige Adjutant Blüchers, *Graf von Nostitz,* hinter dem Schild seines Familienwappens verliehen.

**Elch:** Wappentier der alten kurländischen Landschaft Semgallen (Lettland). Ein E.kopf befand sich z. B. auch im Wappen der ehemaligen Hauptstadt von Semgallen Mitau (Jelgava).

**Elefant:** in der Regel silbern bzw. weiß tingiertes, in der europäischen Heraldik seltenes Wappentier, z. B. im Wappen der *Gra-*

*fen von Helfenstein* und ein mit ↑ Gegenhermelin überzogener E. als Schildhalter im Wappen der Stadt Oxford. Ebenfalls als

*Elefant im Staatswappen der Elfenbeinküste*

Schildhalter dient ein E. z. B. im Wappen des afrikanischen Königreiches Swasiland. In grüner Tingierung befindet sich ein E. im Wappen der Republik Guinea als Sinnbild der Stärke der Demokratischen Partei. Den Landesnamen symbolisierend zeigt das Wappen der Republik Elfenbeinküste den silbernen Kopf eines E. auf grünem Feld. In dieser Form erscheint ein E.enkopf auch in einem Feld des Wappens der Zentralafrikanischen Republik.

Bis 1910 war ein weißer E. das Wappentier des Königreiches Siam (Thailand); er wurde vom ↑ Garuda abgelöst, verblieb jedoch noch in der Marineflagge. Vgl. Abb. bei Züricher Wappenrolle. Abb.

**Elefantenorden:** sehr wahrscheinlich durch einen Stiftungsbrief des *Königs Christian I.* (1448–1481) vom 9. Oktober 1464 gegründeter, später höchster Orden Dänemarks. Die Stiftung erfolgte höchstwahrscheinlich für die 1462 vom König errichtete Mutter-Gottes-Gesellschaft, eine katholische Bruderschaft im Dom zu Roskilde, die 50 Männer und Frauen umfaßte. Diese trugen das ursprüngliche Ordenszeichen, das aus einer Kette mit dem Bildnis der Jungfrau Maria bestand. Der Zusammenhang der Bruderschaft mit dem Symbol des Elefanten ist aber erst seit 1508 nachzuweisen, als der Kronprinz und spätere *König Christian II.* (1513–1523) dem Beichtvater der Bruderschaft, *Erik Walkendorf,* ein Amtswappen verlieh, das auf blauem Grunde einen goldenen Elefanten mit einem Turm auf dem Rücken zeigte. Durch die Reformation wurde diese Bruderschaft aufgelöst. Erst 1580 trat der E. wieder als selbständiger Orden auf, dessen Dekoration nun aus einem goldenen Elefanten bestand, der an einer goldenen Kette um den Hals getragen wurde. Unter *König Frederik III.* (1648–1670) wurde die Goldkette gegen ein blaues Schulterband ausgewechselt, wonach die Ritter des E. auch «blaue Ritter» genannt wurden. Seine endgültige Gestaltung bekam der Orden erst unter *König Christian V.* (1670–1699) durch das Statut vom 1. Dezember 1693. Das Ordenszeichen besteht aus einem weißemaillierten Elefanten mit einer blauen Decke und einem Wachturm mit einem Mohr auf dem Rücken. Die Vorderseite ist mit einem Kreuz von Diamanten, die Rückseite mit dem Monogramm des regierenden Königs besetzt. Außer den Mitgliedern des Königshauses wird der E. heute hauptsächlich fremden Staatsoberhäuptern verliehen. Der E. erscheint an der ↑ Kollane hängend gemeinsam mit dem ↑ Danebrogorden unter dem Staatswappen des Königreiches Dänemark.

**Elefantenrüssel, -schnauze, -zähne** ↑ Büffelhörner.

**Eligius:** 589/659 oder 660, Goldschmied und Münzmeister, später Bischof von Tournai und Noyon, Patron der Goldschmiede, Hufschmiede und Tierärzte, auch der Gefangenen. Der Heilige wird in der Regel mit einem Hammer, über dem zuweilen eine Krone schwebt, oder mit einem Reliquienkästchen dargestellt. Er erscheint z. B. im Wappen der Stadt Werdau (Sachsen) und war als Schutzpatron der Goldschmiede auch in den entsprechenden Zunftwappen enthalten.

**Elster:** in den meisten Fällen als redendes Wappenbild vorkommender Vogel, so z. B. in den Stadtwappen von Bad Elster, Elsterwerda und Elstra. Abb.

*Doppelt endgespitzter roter Pfahl im silbernen Feld*

**Emblem:** ursprünglich (in der Antike) sinnbildhafte Metallverzierung, gegenwärtig Bezeichnung für Sinnbild, Wahr- oder Hoheitszeichen. Derartige bildlich-symbolische Darstellungen werden z. B. durch das Anbringen an eine bereits bestehende Flagge für einen bestimmten Zweck abgewandelt.

**endgespitzt:** Ausdruck für ein Ende oder mehrere Enden einer Wappenfigur, das bzw. die in Spitzen auslaufen. Abb.

**Endquaderkreuz:** ↑ gemeines Kreuz, an dessen Enden sich Rechtecke befinden.

**Endwürfelkreuz:** ↑ gemeines Kreuz, dessen Kreuzenden aus auf die Kante gestellten Würfeln bestehen.

**Eneide:** in der Zeit zwischen 1174 und 1188 durch *Heinrich von Veldecke* angelegte Wappensammlung, deren Urschrift nicht erhalten ist. Die heute in der Staatsbibliothek Berlin befindliche Handschrift dürfte nach dem Stand der neuesten Forschung zwischen 1210 und 1220 entstanden sein. Bei der E. handelt es sich um eine der ersten mittelalterlichen Handschriften, in der Wappen dargestellt sind. Dieses kostbare heraldische Dokument befand sich nach dem zweiten Weltkrieg längere Zeit in der Universitätsbibliothek Tübingen, kehrte aber 1967 wieder in den Besitz der Staatsbibliothek Berlin zurück. Eine Deutung der dargestellten Wappen gelang bisher noch nicht. Einige Heraldiker vertraten die Ansicht, daß es sich hier um ↑ Fantasiewappen handelt.

*Literatur*

*Horstmann, H.:* Die Wappen in der Berliner Handschrift der Eneide des Heinrich von Veldecke, in: Festschrift zum hundertjährigen Bestehen des Herold zu Berlin. Berlin 1969

*Elster als redendes Wappen der Stadt Elsterwerda*

**Engel:** sehr häufig als redendes Wappenbild verwendete Schildfigur. Ein E. erscheint z. B. in dem Wappen der livländischen *Familie von Nothelfer* und in dem des in Preußen geadelten Polizeipräsidenten von Potsdam, *von Engelchen.* Auch das Wappen des Benediktinerklosters Engelberg im Kanton Unterwalden ist redend, ein E. mit Zepter und heraldischer Rose auf rotem Feld. Außerdem wurden E. als Schildhalter eingesetzt, z. B. im Wappen des bourbonischen Frankreich, des Fürstentumes Lippe usw. Als gemeine Figur befindet sich ein E. im Stadtwappen von Hof (Bayern). Vgl. Abb. bei Navarrakette und Fürst (2.).

**Engelskopf** ↑ Cherubkopf.

**eng gegittert: 1.** ↑ Gitter. – **2.** ↑ gegittert.

**englische Heraldik:** Während die e. H. anfangs mit der deutschen fast identisch war, traten dort seit dem 16. Jahrhundert steife, künstlerisch und heraldisch wenig wirksame Formen in den Wappen auf, an denen man auch in der modernen englischen Wappenkunst bis heute festhält. Die Schildformen sind in Großbritannien meist eckig und unten zugespitzt. Besonders oft wird das heraldische Pelzwerk verwendet. Die gemeinen Wappenfiguren sind vielfach nicht heraldisch stilisiert, sondern erscheinen fast naturalistisch. Objekte der Seefahrt sind besonders beliebt. Auch das Beizeichenwesen ist, mehr noch als im alten Frankreich, stark ausgebildet und wird noch heute streng beachtet. Die Wappenhelme wurden vielfach weggelassen und die Kleinode schweben frei über einem Wulst. Mitunter befinden sich die Helme auch über den Rangkronen. Vgl. Abb. bei Fünfblatt, Herald's College. Abb.

*Literatur*

*Cussans, J. E.:* The Handbook of Heraldry. London 1869
*Boutell, C.:* English Heraldry. London 1907
*Wagner, A. R.:* Heraldry in England. London 1946, Nachdr. 1949
*Fox-Davies, A. G.:* A complete guide to Heraldry. London 1969
*Puttock, A. G.:* Dictionary of heraldry and related subjects. London 1970

**ENSE PETIT PLACIDAM SUB LIBERTATE QUIETEM** [lat., mit dem Schwert sucht er die stille Ruhe unter dem Schutze der Freiheit]: Wahlspruch unter dem Wappen des US-Bundesstaates Massachusetts.

**Enterhaken** ↑ Schiffshaken.

**entfaltet:** Vogel, speziell ein Falke, der mit weit ausgebreiteten Flügeln dargestellt ist, z. B. der Falke im gevierten Schild des Bischofes von Lausanne *Sebastian von Montfaucon* (1517–1536, gest. 1560).

**entgipfelt:** von ↑ *Bernd* für ↑ gestutzt verwendeter Ausdruck. Da der Begriff gestutzt hinreichend konkret ist und fast ausschließlich angewendet wird, ist der Terminus e. überflüssig.

**Epitaph** [griech., Grab]: an den Wänden oder Pfeilern von Kirchen aufgestelltes Denkmal zum Gedächtnis an einen Verstorbenen. Das E. kann entweder eine einfache Tafel oder auch mit gemalten oder plastischen Darstellungen geschmückt sein. Der Aufbau und die Gestaltung der im 15. Jahrhundert häufiger werdenden E. erinnert bereits 100 Jahre später in ihrer Form an den Altaraufsatz. Über Inschriftentafeln befinden sich in einem großen Mittelbild meist die Bilder der Familienangehörigen und das des Verstorbenen. Vor allem bei adligen Familien ist das Ganze von Familienwappen umgeben. Das große Schmuckbedürfnis des 17. und 18. Jahrhunderts ließ die E. noch

*Beispiele der englischen Heraldik, oben das Wappen des William Fletewood um 1570, unten das Wappen des Baron Rendel of Hatchland im 19. Jahrhundert*

häufiger werden. Die ornamentalen Zutaten lassen in den meisten Fällen bei der Bestimmung der Entstehungszeit keinen Zweifel zu.

**E PLURIBUS UNUM** [lat., aus mehreren eines]: Wahlspruch über dem Wappen der Vereinigten Staaten von Amerika sowie über dem des Bundesstaates Michigan.

**EQUALITY BEFORE THE LAW** [engl., Gleichheit vor dem Gesetz]: Wahlspruch im Wappen des US-Bundesstaates Nebraska.

**EQUAL RIGHTS LIVESTOCK GRAIN MINES OIL** [engl., gleiche Rechte, Lebensunterhalt, Korn, Bergwerke, Öl]: Wahlspruch unter dem Wappen des US-Bundesstaates Wyoming.

**Erbämter:** im Römisch-Deutschen Reich einigen Familien des hohen Adels verliehene Hofämter, die sie in Stellvertretung der die ↑ Erzämter innehabenden Fürsten ausübten. Die *Grafen von Pappenheim* besaßen das Erbmarschall-, die *Fürsten zu Hohenzollern* das Erbkämmerer-, die *Grafen zu Sinzendorf* das Erbschatzmeister-, die *Grafen zu Limburg* das Erbschenken- und die *Grafen Truchsessen zu Waldburg* das Erbtruchsessenamt. Die mit diesen Ämtern betrauten Familien führten in ihrem Familienwappen ein besonderes ↑ Amtswappen.

**Erbfürstenhut:** von der *Königin Christine von Schweden* (1632–1654, gest. 1689) für ihren Nachfolger und Vetter, den Pfalzgrafen *Karl X. Gustav von Pfalz-Zweibrücken* (1654–1660) geschaffener, ursprünglich steifer, hoher Hut in spanischer Form mit festem Rand und umgelegtem mehrzackigem Reif. Der bis zu seiner tatsächlichen Thronbesteigung von *Karl Gustav* getragene E. wurde im 18. Jahrhundert in eine Erbprinzen- bzw. ↑ Kronprinzenkrone umgewandelt.

**Erbprinz:** Nachfolger eines regierenden Großherzoges, Herzoges oder Fürsten. Der Titel E. kam nur dem ältesten Sohn des Regenten zu, allen anderen nachfolgeberechtigten Nachfolgern mußte er verliehen werden. E.en waren auch die ältesten Söhne der 1803 mediatisierten (↑ Mediatisation) Häuser.

**Erbprinzenkrone** ↑ Kronprinzenkrone.

**Erbschaftswappen:** ganze oder Teilwappen, die wegen der Erbschaft eines Besitztumes angenommen wurden.

**Erbwappen:** von den Erbtöchtern, wenn sie einzige überlebende eines Geschlechtes waren, übernommene ↑ Stammwappen der väterlichen Seite. In ↑ Ehewappen erscheinen sie als Wappen der Ehefrau.

**Erde:** wappenmäßige Darstellung des Planeten E. Die E. wird in der Heraldik als Kugel mit dem Äquator, den Längen- und Breitengraden dargestellt.

**Erfurter Universitätsmatrikel:** zwei 1392 und 1454 angelegte, bis 1636 fortgeführte Matrikelbücher der Universität; im Besitz des Stadtarchives Erfurt. Beide Bücher enthalten zahlreiche Wappen der Rektoren und immatrikulierten Studenten, der Ritterschaft und des Bürgertumes.

**ergebene Stellung** ↑ sitzend.

**erhöht:** nach der allgemeinen heraldischen Regel Figuren, die höher als gewöhnlich gestellt sind, so daß sie als Heroldsbild verschoben erscheinen. Als e. bezeichnet man z. B. einen Balken über der Schildmitte oder einen über seine eigentliche Grundfläche hinaufgerückten ↑ Sparren. Das Gegenteil dieser Darstellung wird als *erniedrigt* angesprochen. Abb.

**Erikskrone:** die nach dem *König Erik XIV.* (1560–1568, gest. 1578) benannte, älteste und traditionsreichste erhaltene Königskrone Schwedens. Da seit *König Oskar II.* (1872–1907) in Schweden keine Krönungen mehr stattfanden, wird die Krone heute nur noch zur Eröffnung des Reichstages durch den König dem Safe der Staatsbank entnommen und ausgestellt, um durch ihr Vorhandensein den König zu legitimieren. Ebenso wurde sie 1950 bei der Vereidigung des *Königs Gustav VI. Adolf* (1950–1973) aufgestellt. Die aus Gold gefertigte, mit Edelsteinen, Perlen und Email verzierte Bügelkrone wurde im Laufe der Zeit mehrmals verändert. Nach der Einkerkerung *Eriks* ließ sein Bruder und Nachfolger *Johan III.* (1568–1592) die auf der Krone befindlichen Initialen seines Vorgängers durch Kartuschen verdecken. Das *Haus Holstein-Gottorp,* das von 1751 bis 1818 die schwedischen Könige stellte, verwendete die E.

*Erhöhter Balken*

*Erniedrigter Sparren*

*erminoys*

*Erlauchtkrone über dem Wappen der Grafen von Pueckler-Limburg um 1840*

nicht. Erst bei der Krönung *Karls XIV. Johan* (1818–1844) wurde sie wieder benutzt, da sich das *Haus Bernadotte* durch diese sichtbare Anknüpfung an eine Tradition legitimieren wollte.

**Erlauchtkrone:** Rangkrone der Familienoberhäupter aller bis 1806 reichsständischen und in jenem Jahr mediatisierten Grafenhäuser, die das Prädikat «Erlaucht» führen.
Die E. besteht aus einem goldenen, mit Blättern besetzten Stirnreif ohne Bügel und darauf befindlicher Purpurhaube mit Hermelinschwänzchen. Obwohl diese Rangkrone den übrigen Mitgliedern dieser Familien nicht zustand, wurde sie in einigen Fällen auch von diesen als Wappendekoration benutzt. Vgl. Tafel Rangkronen. Abb.

**Erlöserorden:** bis 1974 höchster Orden des Königreiches Griechenland. Der Orden wurde am 31. Juli 1829 von der vierten griechischen Nationalversammlung in Argos gestiftet. Er war für die Admirale der verbündeten Könige, den kommandierenden Chef der französischen Expedition nebst Gefolge und für diejenigen Griechen bestimmt, die seit 1821 an dem Unabhängigkeitskampf gegen die Türken teilgenommen hatten. Den Namen «Orden des Erlösers» und die Statuten erhielt der Orden durch *König Otto I. von Griechenland* (1832–1862) (aus dem *Hause Wittelsbach*). Von da an konnte er für außergewöhnliche, dem Land und Königshaus geleistete Verdienste an In- und Ausländer verliehen werden. Das Ordenszeichen des fünfklassigen Ordens besteht aus einem weißemaillierten Kreuz mit grünen Lorbeer- und Eichenzweigen in den Winkeln, darüber eine Königskrone. Das Medaillon der Vorderseite zeigt das Brustbild Christi (zur Zeit *König Ottos* [1832–1862, gest. 1867] dessen Kopfbild). Um das Medaillon steht auf blauem Grund in griechischer Sprache und Schrift die Ordensdevise [dt., zu Deiner rechten Hand, Herr, Macht und Ehre]. Die Rückseite trägt ein weißes griechisches Kreuz auf blauem Grund mit griechischer Umschrift [dt., wurde in Argos von der Nationalversammlung der Hellenen gestiftet – 1829].

Der Orden befand sich bis 1974 unter dem Wappen des Königreiches Griechenland.

**erminoys** [engl.]: englische Variante des ↑ Hermelin, der hier auf goldenem bzw. gelbem Grund dargestellt ist. Abb. auf S. 119.

**Ernestinischer Hausorden**: am 25. Dezember 1833 von den Herzögen *Friedrich von Sachsen-Altenburg* (1826–1834), *Ernst I. von Sachsen-Coburg und Gotha* (1806–1844) und *Bernhard Erich Freund von Sachsen-Meiningen* (1803–1866) gestifteter Hausorden der ernestinischen Herzogtümer. Der Orden wurde zum Andenken an den Gründer ihres Hauses, *Herzog Ernst den Frommen* (1640–1675), und als Erneuerung des im Jahre 1690 durch dessen Sohn *Friedrich I.* (1675–1691) gestifteten Ordens der deutschen Redlichkeit errichtet. Der E. H. war als Ehrenauszeichnung für die Mitglieder der herzoglichen Häuser, fremde Fürstlichkeiten sowie verdiente Personen bestimmt. Durch Statutennachtrag von 1864 wurde die Ritterklasse in zwei Grade eingeteilt, so daß der Orden dann fünf Klassen hatte. Mit der Verleihung des Großkreuzes war der erbliche Adel verbunden. Das Ordenszeichen besteht aus einem weißemaillierten Kreuz mit Kugeln an den Spitzen und Löwen in den Winkeln. Das Kreuz hängt an einer ↑ Herzogskrone. Das Medaillon der Vorderseite zeigt das Brustbild *Herzog Ernst des Frommen* in Gold, darum von einem grünemaillierten Lorbeerkranz umgeben auf blauem Grund die Ordensdevise «FIDELITER ET CONSTANTER» [lat., treu und beständig]. Im Medaillon der Rückseite befindet sich das sächsische Rautenwappen, darum ebenfalls von einem grünen Kranz umrahmt auf blauem Grund die Inschrift «D. 25. December 1833». An der ↑ Kollane, mitunter auch am violett-grünen Ordensband, hängend, erschien der Orden unter den großen Staatswappen der sächsischen Herzogtümer.

**Erneuerung des Adels:** Wiederannahme eines vor längerer Zeit abgelegten Adelsprädikates. Im Deutschen Reich war bis 1918 die E. d. A. von der Genehmigung des entsprechenden Landesherren bzw. der zuständigen Adelsbehörde abhängig, wobei ein früher vorhandener Adel urkundlich nachgewiesen werden mußte. Nach der Novemberrevolution konnten diese Anträge bei der zuständigen Polizeibehörde eingereicht werden, wo sie rechtlich wie Namensänderungen behandelt wurden. In einigen Fällen wurde bei der Adelserneuerung auch ein neues Wappen angenommen bzw. ein bestehendes verändert.

**erniedrigt** ↑ erhöht.

**Erzabt:** exemter, d. h. nicht der bischöflichen Jurisdiktion unterstehender Abt mit bischöflichem Rang, z. B. der Abt von Monte Cassino. Die Erzäbte führen den ↑ Erzabtshut sowie über dem Wappen die Mitra und den Bischofsstab.

**Erzabtshut:** grüner, breitkrempiger, flacher Hut mit je sechs grünen ↑ fiocchi an den Seiten.

**Erzämter:** Hofämter der deutschen Könige, die durch die Goldene Bulle von 1356 gesetzmäßig mit der Kurwürde verknüpft wurden. Der Erzbischof von Mainz war Erzkanzler für Deutschland, der Erzbischof von Trier war Erzkanzler für Burgund, der Erzbischof von Köln war Erzkanzler für Italien, der König von Böhmen war Erzschenk, der Pfalzgraf bei Rhein war Erztruchseß, der Herzog von Sachsen war Erzmarschall, der Markgraf von Brandenburg war Erzkämmerer. 1622 verlor der Pfalzgraf bei Rhein sein Erzamt und die Kur, beides wurde 1623 Bayern zugesprochen. Durch den Westfälischen Frieden erhielt der Pfalzgraf die Kur zurück und 1652 das neue Erzschatzmeisteramt. 1692 wurde für den *Herzog Ernst August von Braunschweig-Lüneburg* für Hannover die neunte Kur mit dem Erzpanneramt eingerichtet. Dagegen protestierte jedoch der Herzog von Württemberg, dessen Vorfahren die Reichssturmfahne schon 1336 verliehen worden war. Der Herzog von Braunschweig-Lüneburg (Hannover) führte deshalb bis 1706 einen leeren *Warteschild* als Herzschild in seinem Wappen. Im Jahre 1706 bekam er das Erzschatzmeisteramt, weil der Pfalzgraf bei Rhein das Erztruchseßamt zurückerhielt, nachdem es der Kaiser seinem Gegner im

Spanischen Erbfolgekrieg, dem Herzog von Bayern, aberkannt hatte (1706). Als jedoch der Bayernherzog 1714 wieder als Kurfürst eingesetzt wurde, forderte er auch sein Erzamt zurück. Der hieraus entstandene Streit konnte erst 1777 beigelegt werden, als die Pfalz durch Erbfolge an Bayern fiel und das Erztruchseßamt nunmehr bei Bayern verblieb. 1803 wurde das Erzpanneramt und die Kur dem Herzog von Württemberg zugesprochen. Das Erzjägermeisteramt hatte der Markgraf von Meißen inne; eine Kurstimme war damit nicht verbunden. Allerdings war der Markgraf von Meißen seit 1423 als Kurfürst von Sachsen ohnehin Besitzer einer Kur. Die Kurfürsten führten das Symbol ihres Erzamtes im Wappen, z. B. die gekreuzten Schwerter im sächsischen, das Reichszepter im brandenburg-preußischen, der Reichsapfel im pfälzischen, die sogenannte *Krone Karls des Großen* im braunschweig-lüneburgischen Wappen.

**Erzbischof:** **1.** erster und regierender Bischof und Leiter einer mehrere Bistümer umfassenden Kirchenprovinz. Das Amt des E.es bildete sich in der christlichen Kirche seit deren Anerkennung als Staatskirche (313 Toleranzedikt von Mailand) unter *Kaiser Konstantin I.* (306–337) im 4. Jahrhundert aus. Die Bischöfe einer größeren römischen Provinz fanden in der Metropole ihren Sammelpunkt, der Metropolitanbischof wurde E. genannt. Später erlangte jeder Bischof, dessen Jurisdiktion andere, sogenannte Suffragan-Bischöfe, unterstanden, den Titel E. Der Papst kann diesen Titel auch als Ehrentitel verleihen. Die Erzbischöfe führten ebenso wie die anderen Geistlichen bereits im frühen Mittelalter Wappen, die mit besonderen Würdezeichen versehen waren.
**2.** Wappenfigur, die vor allem in Wappen von ehemals zu einem Erzbistum gehörenden Städten zu finden ist, z. B. in den Stadtwappen von Heiligenstadt (Eichsfeld) und Siegen (Rheinland). Der E. ist dann durch seine Amtszeichen gekennzeichnet.

**erzbischöfliches Kreuz** ↑ Doppelkreuz.

**Erzbischofshut:** zu den Rang- und Würdezeichen eines Erzbischofes gehörender grüner, flacher, breitkrempiger Hut mit zehn grünen, herabhängenden Quasten (↑ fiocchi) auf jeder Seite. Vgl. Bischofshut. Abb.

*Erzbischofshut mit insgesamt 20 fiocchi über einem von einer Mitra bekrönten leeren Schild, als Hinterwappen Doppelkreuz (Vortragskreuz) und Krummstab*

**Erzherzog** [lat. Archidux]: bis 1918 Titel der Prinzen des österreichischen Kaiserhauses *Habsburg*, eingeführt im Jahre 1453 von *Kaiser Friedrich III.* (1440–1493). Abb.

**Erzherzogshut:** Rangzeichen der Erzherzöge aus dem Hause *Habsburg* sowie Symbol des Erzherzogtumes Österreich, des habs-

*Wappen der österreichischen Erzherzöge*

burgischen Stammlandes. Der E. besteht aus einer kirschroten Samtmütze mit rund ausgezacktem Hermelinstulp. Darüber ist eine Spangenkrone gesetzt, deren Zinkengiebel zwischen den Hermelinschwänzchen sichtbar sind. Die Kronenbügel sind vierkantig und mit Perlen und Rubinen besetzt, der Reichsapfel aus einem linsenförmigen Saphir gebildet. Der damalige Hochmeister des ↑ Deutschen Ritterordens, *Erzherzog Maximilian III.*, übergab am 27. November 1616 den E. dem Stift Klosterneuburg zur Verwahrung. Vgl. Tafel Rangkronen.

**Esel,** *Maultier:* vom ↑ Pferd nur durch die Ohren und die etwas kleinere Gestalt zu unterscheidendes Wappentier. E. befinden sich z. B. in den Wappen der *Helldorf, Riedheim, Racknitz, Reichenbach* und der *Grafen von Zeppelin.* Im 19. Jahrhundert wurde diese Schildfigur vielfach als Maultier blasoniert. Den Kopf zum Beschauer gekehrt, ↑ im Visier gesehen, erscheint er im Wappen der polnischen *Familie Polkozic.* Ein E.skopf ist das redende Wappenbild der *Familie von Riedesel.* Eine ungewöhnliche Kombination von Wappenbild und -devise führte die *Familie Ittersum.* Die drei E.sköpfe im Wappen wurden von dem Spruch «Id ter sum» [lat., dies bin ich dreimal] «erläutert».

**Esquire** [engl.]: in England ursprünglich Titel der Knappen, zu dessen Führung aber auch die nicht zu Rittern geschlagenen Besitzer von Rittergütern, die jüngeren Söhne des hohen Adels, die ältesten Söhne der ↑ Baronets und Knights (Ritter) berechtigt waren. Später wurde das Recht noch ausgedehnt auf die höheren Staats- und Hofbeamten, Offiziere vom Kapitän aufwärts, Doktoren und Friedensrichter. Bürgerliche konnten den Titel E. durch Verleihung eines Wappenbriefes erwerben.

**ESSE QUAM VIDERI** [lat., das sein, was man scheint]: Wahlspruch unter dem Wappen des US-Bundesstaates Nordkarolina.

**ESTO PERPETUA** [lat., sei ewig]: Wahlspruch über dem Wappen des US-Bundesstaates Idaho.

**Estor,** Johann Georg: 1699/1773, Jurist, Heraldiker. E. war 1726 Dozent der Rechte an der Universität Gießen, 1735 Beisitzer der juristischen Fakultät der Universität Jena, 1742 Professor der Rechte in Marburg, wo er 1768 Kanzler der dortigen Universität wurde. E. besondere Leidenschaft war die Heraldik und Genealogie. Er bekämpfte die verknöcherten Regeln der älteren heraldischen Theoretiker und wurde zu einem Bahnbrecher der modernen Wappenwissenschaft.

*Werke*

Probe einer verbesserten Heraldik. Gießen 1728

Praktische Anleitung zur Ahnenprobe. Marburg 1750

**étincelé** [franz., befunkt]: in alten Wappenbüchern Bezeichnung für einen mit Sternen belegten (bestreuten) Schild.

**Europäische Wappensammlung:** imaginäres Wappenbuch, das von heraldischen Schwindelunternehmen als Quelle der von ihnen an gutgläubige Kunden verkauften Wappen angegeben wurde. Gegen Ende des 19. Jahrhunderts entstanden in vielen großen Städten, z. B. Wien, Berlin, Dresden Schwindelunternehmen, die sich «Wappen-Comptoirs» oder auch «Heraldisches Institut» nannten. Sie boten gutgläubigen und zahlungskräftigen Kunden das aus Eitelkeit gewünschte «Familienwappen» an und lieferten es in gemalter Form mit allerlei erdichteten genealogischen Angaben. Als Quelle wurde immer die in Wirklichkeit nicht existierende E. W., Band x, Seite y, angegeben. Verwendet wurde jedoch in den meisten Fällen das alte ↑ Siebmacher'sche Wappenbuch. So konnte es passieren, daß das Wappen eines adligen Geschlechtes, dessen Name zufällig mit dem des Bestellers gleich oder ähnlich war, noch einmal «verliehen» wurde. Viele der Nachkommen dieser eitlen Vorfahren hielten dann in gutem Glauben diese Produkte für ihr uraltes Familienwappen.

Nach dem Ersten Weltkrieg blühte dann das Unwesen dieser «Heraldischen Institute» erneut auf. Alle diese Unternehmen setzten sich über den Grundsatz hinweg, daß niemand berechtigt ist, ein Familienwappen zu führen, das schon einmal eine andere Person oder Familie inne hatte.

*Literatur*
*Reise, H.:* Vom Wappenwesen und Wappenschwindel. Göttingen 1948

**Evangelistensymbole:** vier geflügelte Wesen, Engel bzw. Kind, Stier, Löwe und Adler, die als ↑ Attribute der Evangelisten gelten und diese manchmal in den Wappen verkörpern.
Tetramorph [griech., Darstellung (der vier E.) in einer Gestalt] werden sie zum Symbol Christi. Quellen für die E. sind die Schilderungen in den Gottesvisionen des *Hesekiel* und *Johannes.* Für *Matthäus* steht ein Engel, für *Lukas* der Stier, für *Markus* der Löwe und für *Johannes* der Adler. Vgl. Markuslöwe, Johannisadler.

**EVER CONSCIOUS OF GOD WE ASPIRE, BUILD AND ADVANCE AS ONE PEOPLE** [engl., stets auf Gott vertrauend streben, bauen und schreiten wir voran als ein Volk]: Wahlspruch unter dem Staatswappen von Grenada.

**Ewald,** Wilhelm: 1878/1955, Dr. phil., Professor für Geschichte, Direktor des Rheinischen und des Historischen Museums in Köln, Heraldiker und Siegelforscher.
*Werke*
Siegelkunde. München, Berlin 1914
Beiträge zur rheinischen Siegel- und Wappenkunde (Publikationen der Gesellschaft für rheinische Geschichtskunde). Bonn 1931
Rheinische Heraldik. Düsseldorf o. J.

**EXCELSIOR** [lat., aufwärts]: Wahlspruch unter dem Wappen des US-Staates New York.

**EX FLAMMIS ORIOR** [lat., ich gehe aus den Flammen hervor]: Wahlspruch unter den Wappen der *Fürsten Hohenlohe* (Linien zu Neuenstein, Kirchberg, Langenburg, Oehringen, Waldenburg-Schillingsfürst und Bartenstein-Jagstberg). Der Wahlspruch ist eine Anspielung auf den irrtümlich im Laufe der Zeit zum ↑ Phönix umgedeuteten Adler in der Helmzier des Wappens der Grafen und späteren Fürsten Hohenlohe. Vgl. Phönixorden.

**Exlibris** ↑ Bücherzeichen.

**EX UNITATE VIRES** [lat., Einigkeit gibt Kraft]: Wahlspruch unter dem Wappen der Republik Südafrika.

# F

**FA' AVAE I LE ATUA SAMOA** [samoanisch, Gott sei die Grundlage Samoas]: Spruch unter dem Wappen von Westsamoa.

**Fabelwesen** ↑ Ungeheuer.

**facettiert** ↑ Zickzackbalken.

**facettiertes Kreuz:** das Heroldsbild ↑ gemeines Kreuz, das mit einer meist schwarzen Zeichnung und Schattierung versehen ist, die dieses plastisch erscheinen läßt. Abb.

*Facettiertes gemeines Kreuz*

**fächerförmig:** drei oder mehr längliche Wappenfiguren, die wie ein Fächer zusammengestellt sind.

**Faden,** *Bruch, Stecken:* **1.** das Heroldsbild ↑ Balken, wenn dieser unter der Hälfte seiner gewöhnlichen, zwei Siebentel der Schildhöhe betragenden Dicke dargestellt ist. Der F. kann auch schräg in den Wappendarstellungen auftreten. In der heraldischen Literatur des 18. Jahrhunderts kommen vielfach unzutreffende Umschreibungen (↑ Streiff, Stecken) für dieses Heroldsbild vor.
**2.** zu den eigentlichen ↑ Beizeichen zählender schmaler, über das Wappen gezogener Schrägbalken. Ein vom rechten Obereck nach dem linken Untereck gezogener F. bezeichnet eine Neben- oder jüngere Linie. Der schräglinke, vom hinteren Obereck zum vorderen Untereck verlaufende F. dagegen sollte die uneheliche Geburt, einen Bastard, kennzeichnen. Häufig wurde die-

*Einbruch im Wappen des Grafen von Toulouse*

ser abgekürzt, so daß von ihm nur ein Stück in der Mitte des Schildes sichtbar war. Diese Darstellung bezeichnet man als *Einbruch.* Nach dem F., aus dem er entstanden ist, wird er linker oder rechter Einbruch genannt. Der immer auf der Herzstelle des Schildes erscheinende Einbruch war in der heraldischen Frühzeit länger, wurde später aber immer kürzer und hat die gleiche Bedeutung wie der F. Diese Art der Beizeichen war besonders in der englischen und französischen Heraldik beliebt. In Deutschland kommt der F., von einigen niederrheinischen Wappen abgesehen, selten vor. Abb.

**Fadenkreuz:** das Heroldsbild ↑ gemeines Kreuz, dessen Arme jedoch nur zwei Siebentel der Schildhöhe bzw. -breite betragen. Abb.

**Fadenschrägkreuz:** ↑ Schragen mit stark verminderter Breite der Arme. Abb.

**Fahne: 1.** ein- oder mehrfarbiges, zum Teil mit Symbolen der Wappen bedecktes, an einer Stange befestigtes Tuchstück. Im weiteren Sinne versteht man unter F. alle Feldzeichen, die den Kriegern vorangetragen wurden, im heutigen nur die aus Stoff. Die antiken Feldzeichen trugen Tierbilder, darunter war bisweilen ein Stück Stoff befestigt. Diese Art setzte sich z. B. in der Standarte des preußischen Regimentes Garde du Corps fort. Mit dem Aufkommen der Wappen wurden die Tierbilder zuerst in den Gonfanon, die Kriegs-F., aufgenommen. Der *Gonfanon* [ital. guntfano, Kriegstuch] war ein an einer Lanze befestigtes mehrzipfliges Tuch, dessen Längsachse noch senkrecht zur Lanze stand. Mit der weiteren Entwicklung des Wappenwesens wurde das Banner, ein zuerst hochrechteckiges, später quadratisches Stück Tuch mit dem Wappenschild des Bannerherren zu dessen Erkennungszeichen. Jeder selbständige Truppenkörper, gleichgültig ob es sich um Reiter- oder Fußtruppen handelte, führte im Mittelalter ein Banner. Während die Banner der Fußtruppen außerordentlich groß waren, führten die untergeordneten Truppenteile dreieckige Fähnlein. Nach dem Untergang des Rittertumes ging die Entwicklung dahin, daß die großen, nunmehr länger als hoch gestalteten F. den Fußtruppen, die kleineren Standarten der Reiterei zufielen. Aus den Bannern entstanden später die Standarten der Staatsoberhäupter. Der weitverbreitete Ausdruck F. für eine ↑ Flagge ist unkorrekt. Besonders in der Heraldik des 18. und frühen 19. Jahr-

*Faden*

*Fadenkreuz (links) · Fadenschrägkreuz (rechts)*

hunderts treten F. als schmückendes Beiwerk in den Wappendarstellungen auf. Als Helmzier wurden meist kleine Fähnchen oder viereckige Wimpel benutzt, die in gleicher Anzahl beiderseits zur rechten und zur linken Seite geneigt erscheinen. Ihre Farben waren meist mit denen des Schildes in Verbindung gebracht. Sind sie mit Figuren bemalt, so sind diese in der Regel gegen die Stange gewendet. F. sowie auch Federn dienten oft zur Verzierung anderer Figuren. Abb.

**2.** gemeine Figur. Einzelne F. wurden verschiedentlich auch als Wappenfigur verwendet, z. B. die ↑ Reichssturmfahne im alten württembergischen Wappen, die Erzmarschalls-F. mit den Kurschwertern im Stadtwappen von Senftenberg (Lausitz) und die Sturm-F. im Würzburger Wappen.

*Literatur*

*Neubecker, O.:* Fahnen und Flaggen. Leipzig 1939

*Horstmann, H.:* Vor- und Frühgeschichte des europäischen Flaggenwesens. Bremen 1971

*Smith, W.:* Die Zeichen der Menschen und Völker. Luzern 1975

**Falke:** heraldisch manchmal durch eine mit Federn geschmückte Kappe gekennzeichnetes Wappentier. Der Halsring ist meist mit einer Glocke versehen, die Fänge tragen vielfach Schellen. Der F. war z. B. das redende Wappen der *Herren von Falkenstein.* Mit ausgebreiteten Schwingen befindet sich ein F. über dem Stadtschild von Falkenstein (Vogtland). Als Würge-F. (Stocker) war er z. B. das Wappentier des Schaffhauser *Geschlechtes Stocker.*

In der arabischen Heraldik wurde der Adler des *Sultans Saladin* (1175–1193) in den vergangenen zehn Jahren häufig durch den F. des Feldherren *Khalid ibn al-Walid* aus dem *Stamme Koraisch* ersetzt. Vgl. Haube.

**Falkenorden:** im Jahre 1732 gestifteter, 1815 erneuerter höchster Orden des Großherzogtumes Sachsen-Weimar-Eisenach. Der mit vollem Namen *Hausorden der Wachsamkeit* oder *vom Weißen Falken* genannte Orden, dessen prominentester Träger *J. W. v. Goethe* war, hatte fünf Klassen und bestand aus einem grünemaillierten, mit roten Spit-

*Beispiel für die Verwendung von Fahnen als Helmzier*

zen in den Winkeln versehenen sowie mit einem weißen Falken belegten Kreuz. An einem roten mit der Ordensdevise «VIGILANDO ASCENDIMUS» [lat., durch Wachsamkeit steigen wir empor] versehenem Bande hängend, erschien er unter dem sachsen-weimarischen großen Gesamtwappen.

**fallend** ↑ fallende Blumen.

**fallende Blumen:** Blumen, deren Stiele oder Stengel nach oben gekehrt sind, so daß die Blumen als ↑ gestürzt erscheinen. Früchte und Blätter in gleicher Darstellung werden als *fallend* angesprochen.

**fallender Komet** ↑ Komet.

**Fallgatter** ↑ Schutzgatter.

**falsche Wappen:** in der älteren heraldischen Literatur Bezeichnung solcher Wappen, die den heraldischen Farbgesetzen widersprechen. Vgl. Rätselwappen.

**Familie** ↑ Geschlecht.

**«Familiengeschichtliche Blätter»** ↑ «Der Wappensammler».

**Familienwappen:** den einzelnen adligen bzw. bürgerlichen Familien eigene Wappenschilde. Durch die gleichzeitige und zusätzliche Verwendung im Siegel wurden die Wappen zu konstanten Kennzeichen und zugleich zu Familienzeichen der Wappenführenden, die mit der Erblichkeit der Lehen (beim Adel) ebenfalls erblich wurden. Die dem Siegelwesen zu verdankende rasche Entwicklung vom persönlichen Kennzeichen zum F. dehnte sich mit der ständig zunehmenden Siegelpflicht und Siegelführung relativ früh auch auf das Bürgertum aus. So wurden auch hier die im Siegelbild verwendeten Wappen zu erblichen F. Das Recht, ein F. zu führen, beschränkte bzw. beschränkt sich nur auf die direkten Nachkommen im Mannesstamm des Wappenstifters. Ist dieser unbekannt, auf den ersten nachweisbaren Wappenträger. Personen, die nicht zu den direkten Nachkommen zählen, sind von der Wappenführung ausgeschlossen, auch wenn sie den gleichen Namen tragen. Zu den F. zählen auch die ↑ Ahnenwappen. Vgl. Geschlechterwappen.

*Literatur*

*Nissen, K.:* Über Familienwappen, in: Niedersachsen, norddeutsche Monatshefte für Heimat, Kunst und Leben. Bremen 1926

*Neubecker, O.:* Wie finde ich ein Familienwappen. Berlin [West] 1956

**Fänge:** die aus den balligen Zehen stark hervortretenden Krallen (Waffen) des Adlers. Vgl. Adlerfang.

**Fantasiewappen: 1.** in alten Wappenbüchern oft enthaltene Wappen sagenhafter Personen und Herrscher aus vorheraldischer Zeit, denen man später ein meist ihre Person symbolisierendes Wappen andichtete.

**2.** frei erfundene, meist unheraldische, wappenähnliche Gebilde, die zur Ausschmükkung der verschiedensten Gebrauchsgegenstände benutzt werden, z. B. auf Zigarettenschachteln, Gläsern, Bonbonnieren u. a. Verpackungen.

**Farben, heraldische** ↑ Tinkturen, heraldische.

**Farbregeln, heraldische:** die farbige Gestaltung der Wappen und Wappenbilder betreffende Farbgesetze. Im mittelalterlichen Kriegswesen mußten Wappen auf weite Entfernung sichtbar sein. Diesem Umstand verdankt die Heraldik eine ihrer wichtigsten Grundregeln: Es darf niemals Farbe auf Farbe oder Metall auf Metall stehen. So würden sich z. B. die Farben eines roten Löwen auf blauem Grund bei der Betrachtung aus großer Entfernung aufheben. Allerdings gab es schon in der heraldischen Frühzeit auch Ausnahmen, z. B. im Wappen des Königreiches Jerusalem (goldenes «Jerusalemkreuz» auf silbernem Grund). Wappen, deren Farben sich im Laufe der Zeit durch Ausbleichen oder Oxydation verändert haben und somit den h. F. widersprechen, werden als *Rätselwappen* bezeichnet. Die eigentlichen ↑ Beizeichen sind nicht an die h. F. gebunden.

**Farbverwechslung** ↑ Wappenkunst.

**Fasces,** *Rutenbündel:* durch Lederbänder zusammengehaltenes Bündel von Stäben (Ruten), das im antiken Rom durch die Liktoren als Zeichen höchster Amtsgewalt den Konsuln u. a. hohen Magistraten vorangetragen wurde. Als Zeichen der Macht des Feldherrn über Leben und Tod der römischen Legionäre steckte in den Legionslagern noch ein besonders geformtes Beil inmitten der F.

Als Wappenbild sind die F. beispielsweise in den Wappen von Ekuador, Frankreich und Kamerun enthalten. Sie wurden nach dem Ersten Weltkrieg zum Symbol der italienischen Faschisten und sind deshalb auf italienischen Münzen zwischen 1923 und 1943 häufig zu finden.

**fasciolam** [lat.]: bei *P. J.* ↑ *Spener* Bezeichnung des im gräflich Sinzendorf'schen Wappen enthaltenen, unten eingekerbten Balkens. Abb.

**Faßhelm** ↑ Topfhelm.

**FATTI MASCHI PAROLE FEMINE** [ital., Taten sind männlich, Worte weiblich]: Wahlspruch unter dem Wappen des US-Bundesstaates Maryland. Es war die Devise des *Lord Baltimore,* des Kolonisators von Maryland, dessen Wappen samt Devise als Wappen des US-Bundesstaates übernommen wurde.

**Faustkolben** ↑ Morgenstern.

**Fech:** veraltete Bezeichnung für ↑ Feh. Vgl. Eisenhütlein.

**Fechfell:** ältere Bezeichnung für heraldisches ↑ Pelzwerk.

**Federbusch:** eine aus gebündelten Federn gebildete, sehr beliebte Helmzier. Vgl. Pfauenstoß.

**Federgestell:** auf den mittelalterlichen Helmen angebrachte, ursprünglich aus Blech

*Federköcher*

gefertigte, halbrunde Halterung für die als Helmschmuck beliebten Federn. Bei einigen Wappen entwickelte sich später daraus der ↑ Flug.

**Federköcher,** *Federkorb*: ↑ Hilfskleinod in Gestalt eines köcher- oder korbähnlichen Behälters oder einer Fassung für den verschiedenartigsten Federschmuck. Diese oft sehr langgestreckten, dünnen, wie Säulen wirkenden und gewöhnlich zylindrischen Körper, in denen Federn stecken, waren sehr geeignet, mit den Schildfiguren bemalt zu werden. Beinhalten sie Straußen- bzw. Reiherfedern, so werden sie als *Eingefäße* bezeichnet. Abb.

**Federkorb** ↑ Federköcher.

*Gräflich Sinzendorf'sches Wappen mit fasciolam, darüber die sogenannte Krone Karls des Großen als Amtswappen der Erbschatzmeister*

**Federn:** der Verzierung dienender Helmschmuck. F. kommen einzeln oder auch in größerer Anzahl meist fächerförmig in ihrer natürlichen Färbung vor, Straußen- oder Pfauen-F. wurden bevorzugt. Besondere Bedeutung haben die F. in der englischen Heraldik. So führt z. B. der jeweilige *Prince of Wales* als ↑ Badge drei innerhalb einer Prinzenkrone gruppierte weiße Straußen-F. *(plumes)*. Als Wappenfigur finden sich F. seltener, sind aber schon in der frühen heraldischen Zeit nachweisbar. Im Wappen des *Schwarzen Prinzen,* Sohn *König Eduards III. von England* (1327–1377), waren auf schwarzem Grund drei goldene Straußen-F., jede durch einen Zettel mit den Worten «Ich dien» gesteckt. Der Ursprung der an sich ungewöhnlichen deutschen Worte im Wappen eines englischen Prinzen ist folgender: Der «Schwarze Prinz» tötete in der Schlacht von Crécy (1346), der ersten großen Schlacht des Hundertjährigen Krieges zwischen England und Frankreich, den blinden König von Böhmen (*Johann von Luxemburg,* 1311–1346), und raubte ihm den Helmschmuck mit dieser ↑ Devise. Seither führt der jeweilige Prince of Wales die Straußen-F. und auch die Devise als persönliches Badge.

Drei von je einer Straußen-F. bestückte Türme befinden sich im Wappen von San Marino.

**Feh,** *Fech*: heraldischer Sammelbegriff für alle wahrscheinlich vom wirklichen Pelzwerk abgeleiteten Schildmuster. Grundlage der verschiedenen Varianten dürften die ↑ Eisenhütlein sein. Aus diesem Grundmuster entwickelten die Herolde später die unterschiedlichsten Formen, z. B. Gegenfeh (↑ Eisenhütlein), ↑ Buntfeh, ↑ Wogenfeh, ↑ Pfahlfeh usw. Unklar ist die Entstehung der von den Eisenhütlein abweichenden F.arten, z. B. ↑ Zinnenfeh, ↑ Krückenfeh, ↑ Wolkenfeh.

**Fehfell,** *Ferchfell*: Pelz des norwegischen Eichhörnchens. Die französischen und einige deutsche Heraldiker leiteten aus dem F., das in mannigfaltigen Mustern und Farben, meist aber blau auf weißem Grund, vorkommt, die Heroldsfigur oder Schildteilung

↑ Eisenhütlein ab. Wahrscheinlich aber stellen die Eisenhütlein weder wirkliches F. noch wirkliche Eisenhüte dar, sondern sind ein durch Stückung der Schilde oder durch ausgeschnittene auf dem Schild befestigte Stoffe entstandenes Muster, ähnlich dem Schach (↑ geschacht), der ↑ Raute usw.

**Fehkreuz:** ↑ gemeines Kreuz, dessen Arme mit ↑ Eisenhütlein besetzt sind.

**Fehwammen** ↑ Kürsch.

**Feld:** bestimmter Raum im Schild, worin sich eine oder mehrere Wappenfiguren (gemeine oder Heroldsfiguren bzw. -bilder, Schildesteilung) oder bei ↑ ledigen Schilden nur eine Tinktur befinden. Es können auch mehrere tingierte Räume mit einer oder mehreren gemeinschaftlichen Figuren vorkommen. Ist das F. in mehrere kleinere F.er eingeteilt, so spricht man letztere als Plätze (↑ Platz) an. Nicht jeder Schild mit mehreren Plätzen ist zugleich ein Schild mit mehreren F.ern. So hat z. B. ein dreimal von zweierlei Tinktur geteilter oder gespaltener Schild vier Plätze, die die Wappenfigur oder Schildteilung bilden, aber nur ein F. Ist jedoch ein Schild in mehrere Abteilungen derart durchschnitten, daß sich in jeder oder zumindest in einigen derselben wiederum Wappenfiguren befinden, so sind die dadurch entstandenen Abteilungen F.er und nicht nur Plätze. Folgende drei Beispiele mögen das veranschaulichen: Im Wappen der *Familie von Schönfels* bilden die durch die Teilung entstandenen vier Plätze das Heroldsbild (zwei schwarze Schrägbalken im silbernen F.), das sich im F. befindet. Bei dem dargestellten Wappen derer *von Holtzendorf* sind eine Teilung und ein Heroldsbild zugleich vorhanden. Da aber die Heroldsfigur bzw. das Heroldsbild (in diesem Falle ein Balken) gleichermaßen zu allen vier durch die Teilung entstandenen Plätzen gehört, handelt es sich hier um nur ein F., das den Wappenschild bildet. Das Wappen der *Familie von Sahr* dagegen wurde durch eine Spaltung in zwei verschiedene F.er gebildet, in ein einfarbiges rotes und ein mit einem besonderen Heroldsbild, zwei blaue Balken im silbernen F., versehenes F. Abb.

*Felsen (links) · Fensterraute (rechts)*

*Wappen der Familie von Schönfels (oben), von Holtzendorf (unten links) und von Sahr (unten rechts)*

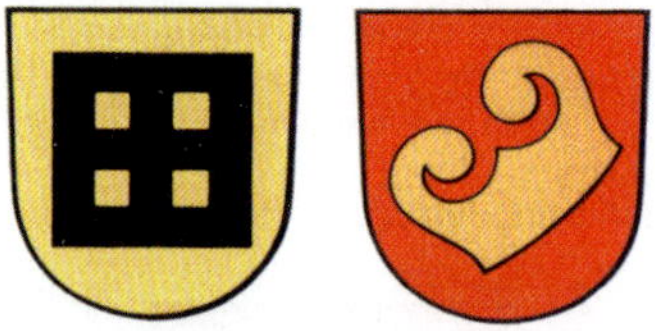

*Schwarzes Fensterkreuz auf goldenem Feld (links)*
*Goldener Feuerstahl im roten Feld (rechts)*

**Fellwerk** ↑ Eisenhütlein.
**Felsen:** meist silbern oder weiß tingierte, spitze, gezackte Kegel. Die in den Wappen seltenen F. wurden in der neueren Zeit oft in natürlichen Farben dargestellt, was jedoch unheraldisch ist. Abb.
**Fenster** ↑ Fensterkreuz.
**Fensterkreuz,** *Fenster*: in einem Quadrat befindliches ↑ gemeines Kreuz. Abb.
**Fensterraute:** ↑ Raute, deren innerer Teil herausgenommen ist. Abb.
**Fensterrautenkreuz:** Kreuz, das aus mit den Spitzen aneinandergehefteten, durchbrochenen ↑ Rauten gebildet wird.
**Fensterschenkung** ↑ Wappenscheiben.
**Ferchfell** ↑ Fehfell. Vgl. Pelzwerk, heraldisches; Eisenhütlein.
**Fernberger zu Egenberg,** Karl Ludwig: um 1560/1635, niederösterreichischer Regimentsrat, Heraldiker. F. z. E. war ein Mitarbeiter der ersten Ausgabe des ↑ Siebmacher'schen Wappenbuches von 1605.
**Feron,** Johann le: Advokat des französischen Parlaments um 1520. F. verfaßte eine Wappensammlung unter dem Titel «Traité d'armoiries», deren Manuskript sich im Besitz der Bibliothek des Arsenals in Paris befindet.
**Feuer:** durch pyramidenförmige, gewellte Linien dargestellte, meist rot tingierte Flammen.
**Feuerbock,** *Kaminbank*: früher vor den Kaminen aufgestelltes eisernes Gitter. Der F. kommt in den verschiedensten Varianten als Wappenbild vor, was sein Erkennen bei den Wappenbeschreibungen sehr erschwert. Mitunter wurde er als Maueranker (↑ Hausanker) angesprochen, wie der im fürstlich Hatzfeld'schen Wappen.
**Feuerstahl,** *Feuereisen, Schurfeisen*: gemeine Figur, die vermutlich ein stilisiertes Instrument zum Schlagen von Feuerfunken darstellt. Als Wappenbild ist der F. selten. In stark stilisierter Form befindet er sich im Ordenszeichen des österreichischen und spanischen Ordens vom Goldenen Vlies über einem Flammenbündel. Auch die Ordensdevise «Ante ferit quam flamma micat» [lat., er trifft, bevor der Funke sprüht] nimmt auf den F. Bezug.
Einige Heraldiker sehen im F. ein Instrument zum Beschneiden der Hufe von Pferden und Schafen. Sie leiten diese Erklärung von einigen redenden Wappen ab, auf denen ein ähnlicher Gegenstand erscheint.
Der F. im Wappen der norditalienischen *Familie Gonzaga* wurde im 18. Jahrhundert fälschlich als viermal der Buchstabe «B» gedeutet. Abb.
*Literatur*
*Täubert, G.*: Merkwürdige Münzbilder auf mittelalterlichen und neueren Münzen, in: Berliner Münzblätter, 1926
**Feuerwedel:** zum Entfachen des Feuers verwendetes Gerät, das vor allem in der niedersächsischen Heraldik ein beliebtes Wappenbild war. Es wurde von späteren Heraldikern oft mißverstanden und so stark verändert, daß es einem Fallgatter oder Notenpult ähnelte. In dieser Form gelangte der F. dann auch diplomgemäß in die Wappen der *Familien von Rohr-Levetzow, von Blücher-Finken* und der *Grafen von Levetzow-Bassewitz*.
**FIDELITER ET CONSTANTER** [lat., treu und beständig]: Wahlspruch unter dem persönlichen Wappen des *Herzoges von Sachsen-Coburg und Gotha* sowie des ↑ Ernestinischen Hausordens.
**Fiedel:** volkstümliches Streichinstrument, gemeine Figur in der Heraldik. Eine weiße F. auf roten, mit kleinen goldenen ↑ Wiederkreuzen besätem Feld erschien bereits um 1280 im Wappen des *Truchseß von Alzey* (Rheinpfalz).
**Figuren,** *Wappenfiguren*: Sammelbegriff für alle in der Heraldik vorkommenden Darstellungen. Man differenziert im Wappenwesen zwischen ↑ gemeinen Figuren und ↑ Heroldsbildern.
**FINIS CORONAT OPUS** [lat., das Ende krönt das Werk]: Wahlspruch unter dem Wappen der Republik Seychellen.
**fiocchi** [ital.]: an den geistlichen Hüten beiderseits herabhängende farbige Quasten. Vgl. Bischofshut, Erzbischofshut, Klosterheraldik. Abb. auf S. 130.
**Fisch:** sehr verschieden dargestellte gemeine Figur. Nach einigen Heraldikern ist der F. das Symbol der Gesundheit und Verschwiegenheit sowie ein Zeichen des Fi-

schereirechtes. F. und Falke waren die Symbole gleichnamiger Turniergesellschaften am Bodensee, im Allgäu, Argengau, Lunzgau und Hegau. F. befinden sich z. B. im Wappen der Grafschaft Barby (↑ Barbe), der Stadt Gmunden (Oberösterreich) und mit einem Ring im Maul im Stadtwappen von Glasgow (Schottland). Vgl. Fischwappen.

*Kardinalshut mit 15 fiocchi an jeder Seite auf einer Medaille von Oexlein 1761 auf die Ernennung des Bischofes von Speyer, Franz Christoph von Hutten (1743–1770), zum Kardinal*

**Fischerhaken:** von den Fischern zum Heraufholen der Netze und zum Stechen der Fische verwendetes Gerät, das als Wappenfigur in den verschiedensten Varianten vorkommt.

**fischgeschwänzt:** Ausdruck für Menschen- oder Tiergestalten, die unten bzw. hinter der Hüfte in Fischschwänze auslaufend dargestellt sind. Derartige Figuren variieren in der Heraldik stark und haben in den meisten Fällen besondere Bezeichnungen, z. B. ↑ Melusine, ↑ Basilisk usw.

**Fischhaut:** ein sehr seltenes, verschieden tingiertes, schuppenförmiges, heraldisches Dessin.

**Fischnaler,** Konrad: 1855/1941, Lehrer, Kustos des Museums Ferdinandeum in Innsbruck, Heraldiker. Das bedeutendste Werk von F. ist der ↑ Tirolisch-Vorarlbergische Wappenschlüssel.

**Fischotter** ↑ Bracke (1.).

**Fischwappen:** Bezeichnung der auf den Fischfang deutenden Wappen von Schweizer Geschlechtern, deren Stammsitze an Seen liegen, sowie der Familien der englischen Grafschaft Gloucester, aus deren Gebiet die besten Fische kamen.

**Fischweiblein** ↑ Melusine.

**Flagge:** Ehren- und Hoheitszeichen eines Staates, einer Provinz oder Stadt. Die F. entstanden aus den vor allem auf Schiffen aufgepflanzten Bannern (↑ Fahne) der Landesherren. Sie bestehen meist aus Stoff bzw. Tuch und zeigen eine Farbenzusammenstellung, die einen symbolischen Inhalt verkörpert. Ursprünglich waren die F. nur in der Schiffahrt gebräuchlich. Am Heck war das Zeichen des Herkunftslandes, am Großtopp das des Admirales, an weiteren Masten das des Vize- oder Konteradmirales. Nach der Französischen Revolution von 1789 wurde der Gebrauch von National-F. üblich. Deren Farben wurden oft den Landeswappen entnommen (Dänemark, Österreich, Polen, Schweden), zum Teil gehen sie auch auf die in der Französischen Revolution zum Gesinnungszeichen gewordenen Kokarden zurück. Die aus den Farben der Kokarden entstandenen Landesfarben wurden nicht nur in Streifenform auf den F. gezeigt, sondern auch auf anderen staatseigenen Gegenständen, z. B. auf den Schilderhäusern der Wachposten, auf Grenzpfählen usw. Die übliche Anordnung der Nationalfarben in Form von Streifen ist heraldisch nicht exakt. Ein nichtsymmetrisches Bild muß stets in Richtung F.nstange angebracht werden. Neben den National-F. entstanden bald die Haus-F. der regierenden Fürstenhäuser, die sich oft von ersteren unterscheiden. In vielen Fällen tragen die F. neben den Nationalfarben auch die entsprechenden Wappenbilder.

*Literatur*

*Siegel, R.:* Die Flagge. Berlin 1912

*Zechlin, E.:* Schwarz-Rot-Gold und Schwarz-Weiß-Rot in Geschichte und Gegenwart. Berlin 1926

*Wentzcke, P.:* Die deutschen Farben, ihre Entwicklung und Deutung, sowie ihre Stellung in der deutschen Geschichte. Heidelberg 1927

Internationales Wappen- und Flaggenlexikon in Farben. Berlin [West] 1970

*Horstmann, H.:* Vor- und Frühgeschichte des

*Flechtgitter (links)*
*Rechter Flankenpfahl (rechts)*

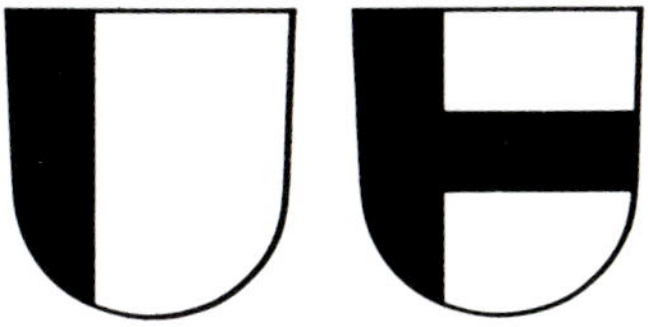

*Rechte Flanke (links)*
*Rechter Flankenbalken (rechts)*

*Flankenspickel (links)*
*Flanchis im Stadtwappen von Amsterdam (rechts)*

*Flammende, goldene, gebildete Sonne im blauen Feld (links)*
*Silbernes Flechtkreuz auf blauem Feld (rechts)*

europäischen Flaggenwesens. Bremen 1971

*Louda, J.:* Flaggen und Wappen der Welt von A–Z. Gütersloh 1972

*Smith, W.:* Wappen und Flaggen aller Nationen. München 1981

*Herzog, H.-U.:* BI-Lexikon Flaggen und Wappen, 2. Aufl. Leipzig 1982

**Flamme:** in der älteren Heraldik für ↑ Tränen verwendete Bezeichnung.

**flammend:** Darstellung der Sonne, bei der sich zwischen den geraden Strahlen abwechselnd gezüngelte befinden. Derartige Differenzierungen sind ein Produkt der neueren Heraldik. Im Mittelalter wurde die Sonne beliebig dargestellt, ohne eine besondere Bezeichnung zu erhalten. Abb.

**Flammenzug:** älterer Ausdruck für die durch ↑ Spitzen bewirkte Schildesteilung.

**Flämmlein:** in der alten Heraldik mitunter auch für ↑ Spitzen verwendeter Begriff. In manchen Blasonierungen werden die F. auch als ↑ Tränen bezeichnet.

**flanchis** [franz.]: in der französischen Heraldik Ausdruck für das verkleinerte, schwebende, mehrfach angeordnete Schrägkreuz (↑ Andreaskreuz). Das Wappenbild der f. kommt auch in der niederländischen Heraldik oft vor. Drei f. auf schwarzem ↑ Pfahl im roten Feld erscheinen im Wappen der Stadt Amsterdam, ebenfalls drei im roten Feld im Schild der Stadt Breda. Das gleiche Bild, jedoch im ↑ Schildfuß ein Dreiberg, führt die Stadt Bergen-op-Zoom. Abb.

**Flanke,** *Seite*: ein an den Schildrand gerückter ↑ Pfahl, der in der Regel nicht die Breite von zwei Siebentel der Schildbreite überschreiten darf. Die F. kommt als rechte und linke in den verschiedensten Varianten vor. Sie hat oft die Tinktur des Heroldsbildes im daneben befindlichen Schildteil, wodurch viele Kombinationsmöglichkeiten entstehen. Abb.

**Flankenbalken,** *Seitenbalken*: das Heroldsbild ↑ Balken, das mit der ↑ Flanke in gleicher Farbe ohne Trennungsstrich verbunden ist. Es gibt rechte und linke F. Abb.

**Flankenpfahl:** ein ↑ Pfahl, dessen Mittellinie die Begrenzung der rechten und linken ↑ Flanke bildet. Abb.

**Flankenspickel:** das Heroldsbild ↑ Spickel, das sich an dem rechten oder linken Schildrand befindet. Abb. auf S. 131.
**flechas** ↑ Pfeilbündel.
**Flechtgitter:** aus schräg oder gerade gekreuzten Stabpfählen und -balken entstehendes gitterförmiges Heroldsbild. Es kommen auch F. vor, die aus ↑ Strichbalken und -pfählen gebildet sind; dann erscheinen sie jedoch in feinerer Zeichnung. Vgl. benagelt. Abb. auf S. 131.
**Flechtkreuz:** ↑ gemeines Kreuz, das durch dünne Linien wie geflochten erscheint. Abb. auf S. 131.
**Flechtschragenkreuz:** ↑ Schragen, auf dessen Balken sich dünne Linien befinden, so daß der Schragen wie ineinandergeflochten erscheint.
**Fleetwood,** Freiherr Harald Gustaf: 1879/1960, letzter schwedischer Reichsherold (Riksheraldiker). Nach abgeschlossener Offiziersausbildung studierte er historische Hilfswissenschaften, befaßte sich besonders mit der Siegelkunde und arbeitete später am Museum in Lund. Seit 1910 als Sekretär des Reichsheroldsamtes in Stockholm tätig, wurde er im Jahre 1915 am Reichsarchiv angestellt, zu dessen Archivar man ihn 1936 ernannte. Daneben stand F. seit 1914 im Hofdienst als Zeremonienmeister. Die Erfüllung seiner Lebensaufgabe sah er in seiner Ernennung zum ↑ Riksheraldiker im Jahre 1931. Von seinem Rang als Heraldiker zeugen die in den Jahren 1933 bis 1945 von ihm herausgegebenen zehn Bände «Meddelanden fran Riksheraldikerämbetet». Nach seinem Eintritt in den Ruhestand 1953 wurde sein Amt nicht wieder besetzt.
**Fleischfarbe:** der neueren Heraldik angehörende, überflüssige Tinktur. Der Heraldiker ↑ *Bernd* gab ihr eine heraldische ↑ Schraffur in Form von kleinen abgesetzten senkrechten Strichen. Vgl. Naturfarbe.
**fleur de lis** ↑ Lilie, heraldische.
**fliegend,** *zum Fluge geschickt*: mit ausgebreiteten Flügeln dargestellte Vögel, die sich in Flugstellung befinden. Diese Abbildungsform war im Mittelalter kaum gebräuchlich und gehört der Renaissance an.
**fliegendes Ende** ↑ Flugseite.
**Fliegenwedel:** an einem Griff oder Stiel befestigte, meist fächerförmig angeordnete Federn. Als F. werden auch oft die als Helmkleinode vorkommenden Federn bezeichnet. Auch Zepter und Schäfte mit F. sind im Wappenwesen nicht selten.
**Flitsch:** Bezeichnung für die an einem Pfeil angebrachten Flugfedern. Vgl. beflitscht.
**Florentiner Lilie:** Wappenfigur der Stadt Florenz, die sich von anderen heraldischen Liliendarstellungen durch die zwei neben dem oberen Blatt angebrachten Staubfäden unterscheidet. Vgl. Lilie, heraldische.
**flüchtig:** mit einwärts gekrümmten Vorderbeinen dargestellter Hirsch.
**Flug,** *Flüge*: Bezeichnung für beide Flügel eines Vogels, speziell des Adlers. Der F. wird vom Gelenk an gerechnet und ist meist miteinander verbunden. Häufiger als im Wappen selbst tritt er als Helmzier auf.

*Offener Flug auf einem Spangenhelm (oben) und geschlossener Flug auf einem Spangenhelm (unten)*

Die als Helmzier vorkommenden Flüge waren in der frühen heraldischen Zeit keine natürlichen oder wirklichen Adlerflügel, sondern künstliche aus Leder, Pappe oder Blech gefertigte. Sie erscheinen in der Regel paarweise, seltener einzeln (Halb-F.). Ist der F. ausgebreitet dargestellt, so spricht man von einem *offenen F.* Seine Stellung ist bei dem von vorn gesehenen Helm frontal zum Beschauer gerichtet und zeigt die äußere Seite. Bei einem seitlich dargestellten Helm befinden sich beide Flügel nebeneinander, wobei der hintere ein wenig sichtbar wird. In diesem Fall wird er als *geschlossener F.* angesprochen. In ihrer farblichen Gestaltung nehmen die Flüge meist Bezug auf das Wappenbild im Schilde. So können sie auch mit Heroldsbildern bemalt sein. Es ist heraldisch nicht von Bedeutung, ob der F. offen oder geschlossen ist, da dies durch die Stellung des Helmes bedingt wird. Die in der frühen heraldischen Zeit auf den Topfhelmen befindlichen Flüge waren noch streng stilisiert, später zeigen sie dann immer mehr natürliche Formen. Als Wappenfigur kann der F. auch mit nach unten gekehrten Spitzen vorkommen und wird dann als *gestürzter F.* bezeichnet. Vgl. Abb. bei vol-bannerets. Abb.

**flugbereit**: Ausdruck für stehende, die Flügel erhebende Vögel.

**Flügel**: **1.** ↑ Halbflug – **2.** ↑ Flug.

**Flugseite,** *fliegendes Ende*: dem Flaggenmast bzw. der Fahnenstange abgewandte Seite einer Flagge oder Fahne.

**Fluß**: gewellter, meist in silberner Farbe tingierter ↑ Balken. Der F. gehört zu den gewöhnlichen Figuren und muß, um ihn von einem gewellten Balken zu unterscheiden, stets mit angedeuteten Wellen dargestellt werden. Im Wappen von Nigeria z. B. ist der Zusammenfluß des Niger mit dem Benuë durch eine wellenförmige ↑ Deichsel symbolisiert. Abb.

**Folkunger-Löwe,** fälschlich auch *Göta-Löwe*: seit dem 13. Jahrhundert Wappentier des schwedischen Königshauses. Die *Dynastie der Folkunger* trat im Jahre 1250 mit *Waldemar* (1250–1278, gest. 1302) die Thronfolge in Schweden an, letzter König der Dynastie war *Magnus II. Smeck* (1319–1363, gest. 1374). Der F. befindet sich noch heute im großen schwedischen Staatswappen (Königswappen).

**FOR GOD AND MY COUNTRY** [engl., für Gott und mein Land]: Wahlspruch unter dem Wappen der Republik Uganda.

**Forsvars** ↑ Schutzgatter.

**FORWARD, UPWARD, ONWARD TOGETHER** [engl., vorwärts, aufwärts, miteinander fortschreitend]: Wahlspruch unter dem Wappen der Bahamas.

**Fountain** ↑ Kugeln.

**Francolin,** Johann von: zwischen 1520 und 1580 königlich ungarischer Herold. F. stammte nach eigenen Angaben aus Burgund und war 1560 als Herold des Königreiches Ungarn einer der ersten Edelleute, die sich dem Heroldsberuf widmeten. Im Jahre 1562 erhielt er von dem *Kaiser Ferdinand I.* (1521/1556–1564) Grund und Boden zur Errichtung von Windmühlen und neben anderen Vorrechten auch die Erlaubnis, auf seinen Gebäuden den Reichsadler zu führen. Seine Beschreibung der Wiener Festspiele des Jahres 1560 des *Herzoges Albrecht V. von Bayern* (1550–1579) und dessen Schwester erschien unter dem Titel «Thurnier Buoch» und wurde in Wien gedruckt. Weiterhin gab F. ein Wappenbüchlein mit dem Titel «Weyland Kaysers Ferdinandi säligster und hochlöblichster gedächtnuß unnd dem gantzen hochberümbten Hauß von Osterreich angehörigen Wappen» heraus. Das Buch hat vier Seiten Text und 48 Seiten mit Wappendarstellungen.

**fränkischer Rechen**: Bezeichnung für das im Wappen des Herzogtumes Franken befindliche Heroldsbild (rot-weiß, durch drei

*Fluß im Herzschild des Wappens des preußischen Großherzogtumes Niederrhein*

Spitzen geteilt). Dieses Wappenbild führten die einen großen Teil der ostfränkischen Lande besitzenden Bischöfe von Würzburg bereits im 15. Jahrhundert in ihren Wappen. Nachdem das Bistum 1802 säkularisiert und mit Bayern vereinigt worden war (endgültig 1814), erschien der f. R. auch im Wappen des Königreiches Bayern.

**Frankise:** veralteter Ausdruck für ↑ Hellebarde.

**französische Heraldik:** In Frankreich, dem wohl eigentlichen Heimatland der Wappen, fand diese mittelalterliche Modeerscheinung ihre erste wissenschaftliche Begründung und wurde schon früh nach festen Regeln geordnet. Die französischen Wappendarstellungen sind häufig sehr prächtig. Vorherrschend sind Gold und Blau, Pelzwerk sowie mit Figuren bestreute oder besäte Felder und mehrfarbige Helmdecken. Die Helme sind fast immer offen und vergoldet bzw. versilbert. Neben einem fest geregelten Beizeichenwesen (↑ Beizeichen) ist eine große Vorliebe für Wappenzelte und andere heraldische Prachtstücke zu bemerken. Unter dem *Kaiser Napoleon I.* (1804–1814, 1815) entartete jedoch das Wappenwesen in Frankreich und den unter seinem Einfluß stehenden Vasallenstaaten. So wurden z. B. die eigentlich zu den Wappen gehörenden Helme weggelassen und durch operettenhafte Federbarette (↑ Toque) ersetzt sowie die Schildfiguren überladen und kompliziert. Vgl. napoleonische Heraldik. Abb.

*Literatur*

Armorial de la noblesse de France. Paris 1858

*Mathieu, R.:* Le système héraldique français. Paris 1946

*Saffroy, G.:* Bibliographie généalogique, héraldique et nobiliaire de la France. Paris 1968–1974.

**französische Lilie:** auf die im Wappen der *Bourbonen* befindlichen Lilien bezogener, unkorrekter Ausdruck für die heraldische ↑ Lilie.

**französischer Schild:** nicht ganz treffende Bezeichnung des unten spitz ausgebogenen Schildes.

*Beispiel für die französische Heraldik, Wappen des Abtes von Bonnevaux und St. Pierre de Vienne, Louis de Grolée, aus dem frühen 16. Jahrhundert*

**Frauensiegel:** ausschließlich von Frauen geführte Siegel. Auf F. kommen im Mittelalter neben den regelmäßigen Allianzwappen in zwei Schilden und den sehr häufig in Form von Monogrammen zusammengeschobenen in einem Schilde bisweilen sehr eigentümliche heraldische Kombinationen vor. Diese dienen oft zur Aufklärung genealogischer Probleme. So zeigt z. B. das aus dem Jahre 1331 stammende Siegel der *Elisabeth von Hohenlohe-Brauneck* ein Hifthorn über einem Leoparden, was darauf schließen läßt, daß sie eine geborene *Neifen* war und eines von den drei in ihrem angestammten Wappen befindlichen Hifthörnern mit dem Leoparden ihres angeheirateten Wappens vereinigte.

*Literatur*

*Ledebur, L. v.:* Über die Frauensiegel des deutschen Mittelalters. Berlin 1859

**Frauenwappen:** besondere, ausschließlich Frauen vorbehaltene Wappen. F. lassen sich schon im 12. Jahrhundert nachweisen. Seit etwa 1150 führten die Frauen das väterliche Wappen, später willkürlich entweder den Schild des Vaters oder den des Mannes, im 13. Jahrhundert zuweilen auch den Schild des Vaters mit dem der Mutter vereint. Im Mittelalter waren Wappen lediger Frauen sehr selten, von den Wappen höherer geistlicher Frauen abgesehen. Anfangs führten die Frauen die spitzovalen Schilde, wie sie auch von der mittelalterlichen Geistlichkeit benutzt wurden. Erst im 16. Jahrhundert bürgerte sich, besonders in Frankreich, den Niederlanden und im Rheinland, für ledige Frauen der ↑ Rautenschild ein. Verheiratete Frauen verwendeten einen gespaltenen oder zwei aneinander gelehnte Schilde mit den Wappen des Vaters und des Mannes, die oft von Liebesknoten (↑ Liebesseile) umschlungen waren. Witwen setzten beide Schilde dann in einen Rautenschild, mitunter auch von einem Liebesseil umschlungen. Bei wiederverheirateten Frauen war der väterliche Schild in der Mitte, rechts der des lebenden, links der des verstorbenen Gatten in einem Wappen. Wiederverheiratete Witwer setzten ihr Wappen zwischen das ihrer Frauen oder stellten die Schilde in einen ↑ Dreipaß. Während in den deutschsprachigen Gebieten bei F. häufig Helmzierden vorkommen, sind diese in der ausländischen Heraldik selten zu finden.

**FREEDOM AND JUSTICE** [engl., Freiheit und Gerechtigkeit]: Wahlspruch unter dem Wappen der Republik Ghana.

**FREEDOM AND UNITY** [engl., Freiheit und Einigkeit]: Wahlspruch unter dem Wappen des US-Bundesstaates Vermont.

**Fregattvogel:** die Küstenregion tropischer Meere bewohnender, fluggewandter Ruderfüßler mit tiefgegabeltem Schwanz. Das 1937 der ehemaligen britischen Kolonie Gilbert- und Ellice-Inseln verliehene und das heutige Wappen des Staates Kiribati zeigt auf rotem Feld einen über eine goldene Sonne und durch blauweiße Wellenbalken symbolisiertes Meer fliegenden F.

**Freiecke:** ↑ Vierung, die nicht wie üblich den vierten, sondern den achten Teil des Schildes einnimmt. In der alten Heraldik

*Rote Freiecke im goldenen Schild*

wird die F. bisweilen auch als *lediger Winkel* bezeichnet. Abb.

**Freier,** Walter: 1890/1957, Dr. jur., Architekt und Heraldiker.

*Werke*

Der Rechtsschutz des bürgerlichen Familienwappens. Greifswald 1920

Wappenkunde und Wappenrecht. Leipzig 1925, 1934

**freie Ritterschaft** ↑ Reichsritterschaft.

**Freiheitshut** ↑ Tellenhut.

**Freiheitsmütze,** *phrygische Mütze*: ursprünglich in der Antike von den Phrygern und den kleinasiatischen Griechen getragene, den Hinterkopf umschließende Mütze aus Tuch in Kegelform mit ausgestopftem Zipfel, die heute noch von den neapolitanischen Schiffern getragen wird. Während der Französischen Revolution von 1789 wurde sie in abgewandelter Form von den Jakobinern (mit hängender Troddel) als sogenannte *Jakobinermütze* (bonnet rouge) übernommen und von diesen sowie den Galeerensträflingen als Symbol der Freiheit angesehen. Die auf einen Bund Pfeile gesteckte F. galt in dieser Zeit als Wappen Frank-

*Freiheitsmütze auf einem mexikanischen 8-Reales-Stück (Peso) von 1895*

reichs. Auf die Befreiung von der spanischen Kolonialherrschaft anspielend, erscheint sie noch heute in den Wappen einiger süd- und mittelamerikanischen Republiken, z. B. Argentinien, Bolivien (im ↑ Hinterwappen), El Salvador, Kolumbien, Kuba, Nikaragua. Abb.

**Freiherr:** ein rangordnungsmäßig zwischen dem untitulierten Adels- und Grafenstand liegendes Adelsprädikat. Im mittelalterlichen Deutschland gehörte der F. zum niederen Adel. Später konnte dieser Titel vom römisch-deutschen Kaiser sowie anderen befugten Landesherren verliehen werden. Die zahlreichen durch den Kaiser in den F.enstand Erhobenen nannte man Reichs-F. Den Titel F. durften nur Familien oder Personen führen, die darüber eine Verleihungs- bzw. Anerkennungsurkunde besaßen. War das nicht der Fall, so zählten sie zum untitulierten Adel. Die weit verbreitete Ansicht, daß F. und Baron im Rang identisch sind, ist historisch unkorrekt. Wenn es sich nicht um einen genehmigten ausländischen Adelstitel, z. B. einen französischen oder von den russischen Zaren verliehenen baltischen Baronstitel, handelte, kam die Anrede «Baron» den deutschen Adligen, besonders den untitulierten, nicht zu. Der verliehene F.entitel hat mit dem mittelalterlichen Begriff «freier Herr» nichts gemein.

*Literatur*

*Kneschke, E. H.:* Die Wappen der deutschen freiherrlichen und adeligen Familien, 4 Bde. Leipzig 1855–1857

**Freiherrenkrone:** für heraldische Darstellungen verwendete, nicht wirklich existierende Rangkrone der ↑ Freiherren. Die alte F. bestand aus einem Stirnreif, der mit fünf Perlen belegt und von einer Perlenschnur umwunden war. Seit etwa dem 18. Jahrhundert wurde im Römisch-Deutschen Reich, in Rußland, Belgien und den Niederlanden, die teilweise noch heute übliche F. eingeführt. Sie besteht aus einem mit sieben Perlenzinken besetztem Reif. Es kommen auch F. vor, bei denen die Perlen direkt auf dem Reif aufliegen.

Eine besondere Form hat die F. in Schweden, Norwegen, Finnland und den russischen Ostseeprovinzen. Der Stirnreif trägt drei Gruppen von je drei ungestielten Perlen, zwischen denen wiederum eine ungestielte erscheint. Vgl. Tafel Rangkronen.

**Freiviertel:** kleines, im rechten oder linken Obereck des Schildes befindliches Feld bzw. Platz ohne Wappenbild. Das in der deutschen Heraldik seltene F. unterscheidet sich in seiner Farbe von der Hauptfarbe des Schildes. Die kaum auftretenden F. in den unteren Ecken des Wappenschildes müssen bei der Blasonierung besonders angegeben werden. Einige Heraldiker bezeichnen das F. auch als ↑ Vierung oder ledige Vierung (↑ ledig). Abb.

*Silbernes Malteserkreuz im Freiviertel*

**frette,** *fretty, fret* [engl.]: Schildbild der englischen Heraldik, das einen mit einer ↑ Fensterraute verflochtenen ↑ Schragen darstellt. Vgl. Flechtschragenkreuz.

**Fridolin** (von Säckingen): christlicher Heiliger, geb. wahrscheinlich in Irland, gest. in Säckingen (Rhein). Der Heilige soll von Irland an den Hof des fränkischen *Königs Chlodwig I.* (481–511) in Poitiers gekommen sein und dort geholfen haben, die «letzten Heiden» zu bekehren. Nach einem Aufenthalt bei dem Bischof von Chur soll er dann missionierend nach Säckingen gelangt sein, wo er sich auf einer Rheininsel niederlassen wollte. Der Überlieferung nach wurden von ihm zuerst ein Nonnen- und später ein Mönchskloster in Säckingen gegründet, dessen Abt er wurde.

Die Legende berichtet, daß der reiche Glarner Bürger *Urs* dem Kloster Säckingen sein Erbe vermacht habe, wogegen dessen Bruder jedoch protestierte. Daraufhin soll F. nach Glarus gezogen sein und *Urs* von den

Toten erweckt haben, um den Bruder zurechtzuweisen. Der Kanton Glarus betrachtet den Heiligen als Schutzpatron und führt ihn auf rotem Grund in seinem Wappen. Dargestellt wird St. F. meist stehend im Pilgergewand und mit langem Bart. In der Rechten hält er ein Buch, in der Linken einen Stab. Auf einer Glarner Friedhofsglocke aus dem Jahre 1478 z. B. steht die Inschrift: «Heiliger Herr Sanct Fridli, geträuwer Lanzemann, hilf uns, Gut, Ehr, Leib und Vieh zu bewahren.» Auch auf Münzen des Kantons Glarus erschien St. F. zwischen 1806 und 1814 im Wappenschild der Vorderseite, zuletzt auf einem 40-Batzen-Stück von 1847 zum Schützenfest in Glarus.

**Friedesheim,** Bernhard Wilhelm von: 1545/um 1599, niederösterreichischer Regimentsrat, Heraldiker. F. verfaßte ein, heute im niederösterreichischen Landesarchiv in Wien befindliches, handgezeichnetes Wappenbuch der Stände. Er gehörte zu den Mitarbeitern des ↑ Siebmacher'schen Wappenbuches von 1605.

**Fuchs:** Wappenfigur von meist roter Tinktur, die in der Regel springend, mit aufrechtem Schweif und geschlossenem Rachen dargestellt wird. Drei Füchse befinden sich z. B. im weiß-roten Schild des Wappens der Stadt Cochstedt (Bezirk Halle) in verwechselten Tinkturen.

**Fugger'scher Ehrenspiegel:** 1555 mit etwa 30 000 gemalten Wappen und Siegeln erschienenes Buch in mehreren Teilen. Das Manuskript befindet sich in der Sächsischen Landesbibliothek in Dresden, eine Originalreinschrift der ersten sechs Bände in Wien.

**Füllbilder:** verschiedene Bilder, z. B. Sonne, Halbmond, Sterne, Kreuze usw., die in den älteren Siegeln zur Ausfüllung des leer gebliebenen Raumes verwendet wurden.
Viele F. sind oft, aber nicht immer in die späteren Wappen übernommen worden. Eine tiefere Bedeutung, die man ihnen oft zuschreibt, hatten sie in der Mehrzahl nicht.

**Füllhorn:** gemeine Figur als Sinnbild von Wohlstand und Glück. Füllhörner treten einzeln oder paarweise besonders in den

*Wappen der Fürsten*
*von Sayn-Wittgenstein-Hohenstein*

*Fünfblatt*
*im Wappen des Earl Bathurst of Bathurst*
*für die Herrschaft Borthwick;*
*über dem Schild*
*befindet sich die englische Grafenkrone*

*Wappen der mediatisierten Fürsten von Isenburg-Büdingen um 1840 mit dem Fürstenhut über dem Wappen*

*Wappen des Fürstentumes Reuß, jüngere Linie (1890)*

Wappen von südamerikanischen Staaten auf, z. B. Honduras, Kolumbien, Panama, Peru, Venezuela.

**Füllhörner** ↑ Büffelhörner.

**Funeralbanner:** mit den Wappen der Ahnen eines Verstorbenen bemalte, meist schwarze Fahne, die beim Leichenzug dem Sarge hinterhergetragen und später in der Begräbniskirche aufgehängt wurde. Da diese dann im Laufe der Zeit durch Staub und Witterungseinflüsse unansehnlich wurden, ersetzte man sie durch Holztafeln. Derartige Holztafeln werden auch heute noch in Schweden als F. bezeichnet.

**Funeralheraldik:** Sammelbegriff für sämtliche heraldischen Darstellungen auf Grabmälern, Epitaphen, ↑ Totenschilden sowie in Grabkapellen und Grüften. Diese Darstellungen beziehen sich immer auf den Verstorbenen. In vielen Fällen erscheinen auch die Wappen der Eltern, Großeltern und weiterer Ahnen. Eine Abbildung der Wappen der Trauergemeinde kommt sehr selten vor. Vgl. Funeralbanner.

**Fünfberg:** Dreiberg (↑ Berg), auf dem sich noch zwei weitere stilisierte Berge befinden.

**Fünfblatt:** blumenartige, rosenförmige Wappenfigur mit fünf Blättern. Abb. auf S. 137.

**Fünfpaß** ↑ Dreipaß.

**Fünfstern** ↑ Drudenfuß.

**FURCHTLOS UND TREU:** Wahlspruch unter dem Wappen des Königreiches Württemberg.

**Fürst** [ahdt. furisto, der Vorderste, lat. princeps]: **1.** bei den germanischen Völkern Häuptling eines Verbandes.

**2.** im Mittelalter Angehörige des Hochadels, die Reichslehen unmittelbar vom Kaiser empfingen. Im mittelalterlichen Deutschland umfaßte der Begriff alle Inhaber von Reichslehen und höheren Reichsämtern. So zählten die Herzöge, Markgrafen, Pfalzgrafen, Landgrafen, Burggrafen, Grafen, Bischöfe und einige Äbte zum sogenannten älteren Reichs-F.enstand. Erst seit etwa dem 12. Jahrhundert bildete sich der sogenannte jüngere Reichs-F.enstand heraus. Diesem gehörten dann nur noch die Mitglieder des Adels an, die vom Kaiser unmit-

*Wappen des Fürstentumes Schaumburg-Lippe (1890)*

telbar mit einem Fahnenlehen bei weltlichen oder Zepterlehen bei geistlichen F.en belehnt wurden. Dadurch verlor die Mehrzahl der Grafen den Reichs-F.enstand. Die Reichs-F.en hatten alle Sitz und Stimme auf der Reichs-F.enbank im damaligen Reichstag. Besondere Vorrechte hatten jedoch die drei geistlichen und die drei bzw. vier weltlichen ↑ Kurfürsten. Während den weltlichen F.en später diese Würde durch das Geburtsrecht zustand, erhielten die geistlichen diese durch Wahl. Daneben ernannte der Kaiser *Titular-F.en,* die rangmäßig zwischen den Herzögen und Grafen standen. Durch den Reichsdeputationshauptschluß im Jahre 1803 wurden außer Mainz alle geistlichen F.entümer säkularisiert sowie eine große Anzahl weltlicher F.entümer mediatisiert, d. h. einem anderen Landesherren unterstellt. Rangmäßig jedoch standen diese mediatisierten F.enhäuser den regierenden Familien gleich. Die F.enhäuser wurden in «alte» und «neue» unterschieden. Bei ersteren handelt es sich um Familien, die vor dem Reichstag zu Augsburg im Jahre 1582 bereits Sitz und Stimme auf der F.enbank hatten, letztere waren später vom Kaiser ernannte. Die «alten» F.enhäuser un-

terschieden sich abermals in den älteren und jüngeren Reichs-F.enstand, wobei das Jahr 1180 als Grenze genommen wurde. Vom Kaiser in den F.enstand erhobene Grafen erhielten den Titel «Gefürstete Grafen». Der F.entitel war nicht in jedem Fall mit der Landeshoheit verbunden.
Wie auch andere Landesherren wurden nach 1815 einige deutsche F.en souverän: Lippe, Reuß ältere und jüngere Linie, Schaumburg-Lippe, Schwarzburg-Rudolstadt, Schwarzburg-Sondershausen, Waldeck-Pyrmont. Jeder Landesherr, der selbst einen höheren Titel besaß, konnte nach 1815 Personen in den F.enstand erheben. Diese Familien oder Personen, z. B. *Bismarck*, gehörten dann aber nicht dem hohen, sondern dem niederen Adel an.
Die einzigen noch bestehenden F.entümer Europas sind Liechtenstein und Monaco. Abb. auf S. 138 und 139.
*Literatur*
*Striedinger, H.:* Lexikon deutscher Herrscher- und Fürstenhäuser. Gütersloh 1980

**Fürst,** Paul: Schwiegersohn *Siebmachers* und Verleger des zwischen 1609 und 1617 erschienenen zweiten Teiles des ↑ Siebmacher'schen Wappenbuches.

**Fürstenbank** ↑ Ritterbank.

**Fürstenhut:** der Rangkrone entsprechender Hut fürstlicher Häuser. Der F. besteht aus einem Hermelinreif mit purpurner Mütze und vier (drei sichtbar) mit Edelsteinen besetzten Bügeln, darüber ein meist blauer Reichsapfel. Der in manchen Wappen als Helmzier vorkommende ↑ Turnierhut wird mitunter fälschlich als F. angesprochen. Der F. wurde von den Fürsten und Prinzen aus souveränen Fürstenhäusern sowie auch von den mediatisierten (vgl. Fürst) Herzögen und Fürsten sowie deren Prinzen in Deutschland, Österreich, Frankreich und Belgien geführt. Er erscheint bzw. erschien z. B. in den Staatswappen von Liechtenstein, Lippe, Schwarzburg-Sondershausen, Waldeck-Pyrmont. Vgl. Tafel Rangkronen.

**Fürstenkrone:** Rangkrone der den Fürstentitel tragenden Personen oder Familien. Die F. besteht aus einem goldenen, mit Steinen besetztem Reif mit fünf Blattzinken. Auf der von drei sichtbaren Bügeln umschlossenen Purpurmütze befindet sich der meist blaue Reichsapfel. Um sich von den nichtsouveränen Fürsten zu unterscheiden, führten im 19. Jahrhundert einige ehemals regierende (mediatisierte) Fürstenhäuser die eigentlich den Herzögen vorbehaltenen fünfbügligen, völlig gefütterten Kronen. Die F. wurde in Deutschland und Dänemark von allen, in Rußland aber nur von Fürsten mit dem Prädikat «Durchlaucht» geführt. Die Krone der russischen Fürsten mit dem Prädikat «Erlaucht» gleicht ihr, nur ist der metallene Stirnreif durch einen breiten Hermelinstulp ersetzt. Die F. der Fürsten in Italien und Spanien entspricht etwa der belgischen und niederländischen ↑ Herzogskrone, nur ist hier der Stirnreif mit fünf Blatt- und vier Perlzinken besetzt. In Spanien tragen die «príncipe» den Stirnreif mitunter auch allein.
Ob ein fürstliches Wappen mit einem ↑ Fürstenhut oder einer F. bedeckt ist, ist heraldisch ohne Bedeutung und richtet sich nach der Tradition der einzelnen Fürstenhäuser. So führten die *Fürsten von Schwarzburg-Sondershausen* einen Fürstenhut auf dem Wappen, eine F. aber auf den Kabinettsiegeln, während sich die *Fürsten von Schwarzburg-Rudolstadt* ausschließlich der F. bedienten. Vgl. Tafel Rangkronen.

**Fürsterzbischof, Fürstbischof:** ↑ Erzbischof bzw. ↑ Bischof, der dem Fürstenstand angehörte. Diese Titel bestanden am längsten (bis 1918) in der österreich-ungarischen Doppelmonarchie. Sie standen in der kirchlichen Hierarchie nicht höher als die Erzbischöfe bzw. Bischöfe. Der Fürstenstand war in diesem Falle eine rein weltliche Würde. Es gab z. B. die Fürsterzbistümer bzw. Fürstbistümer Breslau, Brixen, Görz, Krakau, Olmütz, Prag, Salzburg und Wien. Heraldisch kommt diese Würde durch Fürstenhut oder -krone und teilweise einen Wappenmantel zum Ausdruck.
*Literatur*
*Kolb, P.:* Die Wappen der Würzburger Fürstbischöfe. Würzburg 1974

**Fürstprimas:** im Jahre 1806 für den letzten Kurfürsten von Mainz und späteren Erzkanzler des Rheinbundes *Karl Theodor Reichsfreiherr von Dalberg* (1744–1817) geschaffener Titel. *Dalberg,* der seit 1802 das geistliche Kurfürstentum und das Erzstift Mainz regierte, erhielt nach der Säkularisation von 1803 die Bistümer Regensburg, Aschaffenburg und Wetzlar sowie den Titel eines Kurerzkanzlers. Im Jahre 1806 schloß er sich *Napoleon I.* an und wurde im gleichen Jahr F. des von jenem geschaffenen Rheinbundes. 1810 mußte er Regensburg an Bayern abtreten und wurde Großherzog des neugebildeten, aus der ehemaligen Freien Reichsstadt hervorgegangenen Großherzogtumes Frankfurt. Nach der Schlacht bei Leipzig 1813 zwangen ihn die Alliierten zur Abdankung.

**Fuß: 1.** ↑ Schildfuß. – **2.** ältere Bezeichnung für ↑ Fußgestell.

**Fußangeln:** gemeine Figur. Im alten Kriegswesen vor die Schanzen gelegte, meist vierspitzige Eisen, um den Sturm des Fußvolkes zu erschweren. Als Wappenfigur erscheinen die F. oft als ornamentierte ↑ Gleven, mitunter auch sternförmig. In vielen Wappendarstellungen ist ihre eigentliche Form kaum noch erkennbar, was bei den Blasonierungen bisweilen zu Mißdeutungen führt. Auf die F. im Wappen der *Familie Robaulx* spielt deren Devise «Quocunque ferar erectus» [lat., wohin immer ich geworfen werde, bleibe ich aufrecht] an.

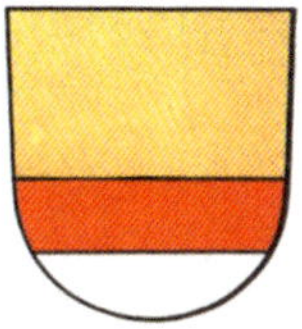

*Fußbalken*

**Fußbalken,** *Schildfußbalken*: ein auf die Hälfte seiner natürlichen Breite verringerter, erniedrigter (↑ erhöht) Balken, dessen Mittellinie die Abgrenzungslinie des ↑ Schildfußes bildet. Abb.

**Fußboden** ↑ Fußgestell.

**Fußbote** ↑ Crogierare.

*Fußflanke (links)*
*Fußgespitzter schwarzer Pfahl im goldenen Schild (rechts)*

**Füßchen** ↑ Ebene.

**Fußflanke:** Heroldsbild ↑ Flanke, das ohne Teilungsstrich mit dem ↑ Schildfuß in gleicher Tinktur verbunden ist. Abb.

**fußgespaltenes Kreuz:** schwebendes ↑ gemeines Kreuz, dessen Fuß in Form eines ↑ Sparrens endet. Diese Kreuzform ist besonders im schweizerischen Wappenwesen zu finden.

**fußgespitzter Pfahl:** andere Bezeichnung für eine gestürzte Palisade (↑ gespitzt). Abb.

**Fußgestell,** *Fußboden, Fuß, Band*: Untergrund, auf dem ein Gesamtwappen mit seinen Schildhaltern ruht. Das F. besteht in den meisten Fällen aus verschnörkelten Ornamenten, seltener aus einer wirklichen Rasenfläche.

**Fußglevenkreuz:** ↑ Passionskreuz, dessen unterer Kreuzarm in einer heraldischen Lilie endet.

**Fußkreuz:** ältere, unkorrekte Bezeichnung für ↑ Tatzenkreuz.

**Fußpfahl:** das Heroldsbild ↑ Pfahl, das ohne Teilungsstrich mit dem gleichfarbigen ↑ Schildfuß verbunden ist.

**Fußreihe:** bei der Einteilung des Schildes die Stelle im unteren Teil, wo sich gewöhnlich der ↑ Schildfuß befindet. Vgl. Schildeinteilung.

**Fußstelle:** die unterste Stelle eines Schildes (↑ Fußreihe), auf die bei Wappenvereinigungen dann wiederum selbständige kleine Schildchen gesetzt werden können. Vgl. Schildeinteilung.

**Fußstück:** bei dreigeteilten Schilden Bezeichnung für den untersten Platz bzw. für das unterste ↑ Feld.

# G

**Gabel:** **1.** ↑ Deichsel. – **2.** ↑ Gabelkreuz (1.). **3.** ↑ Kalkreute. – **4.** Streu-G. ↑ Roßkamm.

**Gabelentz'sches Wappenbuch:** etwa zwischen 1452 und 1467 (der zweite Teil ist ungefähr 100 Jahre jünger) entstandenes handgemaltes Wappenbuch; in Pfälzer Privatbesitz. Auf 163 Blättern sind die Wappen von Fürsten, des süddeutschen Adels, einiger norddeutscher Geschlechter und von Städten dargestellt. Es befinden sich auch einige Fantasiewappen darunter.

**Gabelkover,** Oswald: 1539/1616, Dr. med., herzoglich württembergischer Leibarzt und Bibliothekar in Stuttgart, Heraldiker. G. war Mitarbeiter des ↑ Siebmacher'schen Wappenbuches von 1605.

**Gabelkreuz,** *Schächerkreuz*: **1.** zu den gemeinen Figuren zählendes Kreuz, dessen Arme gabelförmig nach oben verlaufen. Im Unterschied zu dem Heroldsbild ↑ Deichsel erscheint das G. nach dem Gesetz für alle ↑ gemeinen Figuren immer schwebend im Schilde. Im Wappen der *Truchsessen von Kühlental* befindet sich z. B. ein schwarzes G. auf goldenem Feld. Abb.
**2.** Kreuz, dessen Arme in stilisierten Gabeln enden. Abb.

**Gabelstreif:** in älteren heraldischen Publikationen Bezeichnung für ein ↑ Fadenkreuz in der Form des ↑ Andreaskreuzes.

**Gabelstück:** andere Bezeichnung für eine zwischen den oberen Armen voll ausgefüllte ↑ Deichsel. Das G. wird bisweilen auch als *Deichselstück* bezeichnet. Abb.

**Gabelteilung** ↑ Deichselteilung.

**Galbreath,** Donald Lindsay: 1883/1949, Zahnarzt, Heraldiker. Der aus einer schottischen Familie stammende, später in der Schweiz lebende amerikanische Staatsbürger G. gehörte zu den bedeutendsten Vertretern der modernen heraldischen Wissenschaft. Die neuen Forschungsmethoden verstand er mit großer Darstellungsgabe, die sich auf die von ihm meisterhaft beherrschten drei Sprachen Englisch, Französisch und Deutsch erstreckte, in seinen Publikationen über Heraldik anzuwenden. Gemeinsam mit den deutschen Heraldikern *von Berchem* und ↑ *Hupp* arbeitete er an dem bemerkenswerten Katalog der deutschen Wappenbücher des Mittelalters mit. Unter seiner Leitung sprengte die in der Schweiz erscheinende Fachzeitschrift «Schweizer Archiv für Heraldik» ihren regionalen Rahmen und wurde zu einer heraldischen Publikation von internationalem Niveau.
*Werke*
Manuel d'héraldique. Lausanne 1929
Handbüchlein der Heraldik. München 1930
Beiträge zur Geschichte der Heraldik (gemeinsam mit *von Berchem* und *Hupp*). Berlin 1939
Lehrbuch der Heraldik. München und Lausanne 1978

**gallischer Hahn** ↑ Hahn.

**Gambia-Dolch:** typische arabische Stichwaffe, die zwischen zwei gekreuzten orientalischen Schwertern das Hoheitszeichen des Sultanats Oman bildet. Abb.

**Gammadium:** senkrecht und waagerecht getrenntes ↑ gemeines Kreuz.

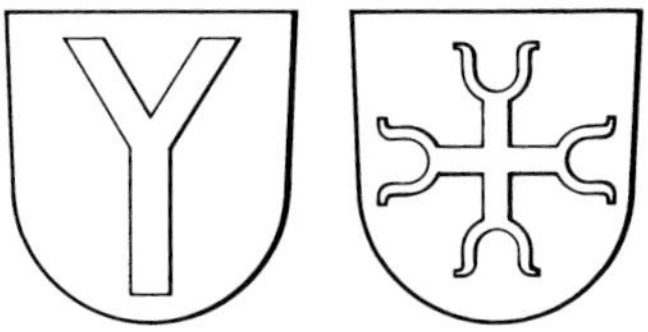

*Darstellungsformen von Gabelkreuzen*

*Gabelstück*

*Gambia-Dolch im Staatswappen von Oman*

**Ganerbschaft:** im Mittelalter ursprünglich durch Miterbschaft oder Mitbelehnung, später auch durch Kauf entstandene Besitzverbände stammverwandter, später auch fremder Personen oder Familien der Ritterschaft zur gemeinsamen Nutzung einer Burg und der dazugehörigen Ländereien.

**Ganerbschaftswappen:** Wappen, die durch ein gemeinsames Symbol die Zusammengehörigkeit der Ganerbenfamilien (↑ Ganerbschaft) zum Ausdruck bringen sollen. So führten z. B. die das rheinhessische Niedersaulheim besitzenden Ganerbenfamilien *Kreis von Saulheim, Erlenhaupt von Saulheim, Mohn* und *Keßler von Saulheim* im 14. Jahrhundert jede drei Halbmonde mit unterschiedlichen Tinkturen oder Beizeichen im Schild.

*Literatur*

*Gruber, O.*: Wappengruppen. Ein Beitrag zu ihrer Entstehungsgeschichte und ihrer Systematisierung, in: «Der Herold». Vierteljahresschrift für Heraldik, Genealogie und verwandte Wissenschaften, Band 8, Heft 11. Berlin 1977

**Gang:** Bezeichnung für ein vierfüßiges, den inneren Vorderfuß erhebendes Tier. In der älteren Heraldik wurde für G. *zum G. geschickt* blasoniert. Vgl. gehend.

**Gangolf:** christlicher Heiliger, burgundischer Ritter, gest. um 760. Patron einer im 11. Jahrhundert gegründeten Kirche in Bamberg sowie von Toul und Trier. Besonders beliebt war er in den Niederlanden (Patron von Haarlem), von wo seine Verehrung durch Kolonisten im 12. Jahrhundert auch nach Sachsen kam. Der Heilige wird in Ritterrüstung an einer Quelle stehend dargestellt. Der Legende nach kaufte er diese Quelle in der Champagne und ließ sie in seinem Garten zu Varennes in Burgund wieder zum Vorschein kommen. An dieser Quelle soll er seine Frau beim Ehebruch mit einem Priester überrascht haben, der ihn mit einem Wurfspieß hinterrücks tötete.
Der Heilige, den Schild der Äbte von Fulda und das ↑ Simpliciuswappen in den Händen haltend, erscheint im Wappen der thüringischen Stadt Geisa.

**Gans:** mit rotem Schnabel und roten Füßen dargestelltes Wappentier. Als Schildbild erscheint sie z. B. im Wappen der *Gans Edlen zu Putlitz*. In einen Dreipaß gestellte einzelne G.köpfe befinden sich im Wappen der *Grafen Prichowsky*. Eine G. gehört auch zu den Attributen des *St.* ↑ *Martin von Tours*, zusammen mit zwei Gänsen wird *St.* ↑ *Liudger* häufig dargestellt.

**Gänsefußkreuz:** ↑ Tatzenkreuz, dessen Enden in stilisierte Gänsefüße auslaufen.

**Ganz,** Paul: 1872/1954, Dr. phil., Professor an der Universität Basel und Vorsitzender der Schweizerischen Heraldischen Gesellschaft.

*Werk*

Geschichte der heraldischen Kunst in der Schweiz im XII. und XIII. Jahrhundert. Frauenfeld 1899

**Garbe:** relativ häufige, gelb tingierte gemeine Figur. So befindet sich eine G. z. B. im Wappen von Venezuela, 1921 im Wappen der fernöstlichen Sowjetrepublik, seit 1917 im Wappen von Tasmanien. Drei G. enthält das Wappen von Saskatchewan (Kanada) sowie das der oberösterreichischen Freiherren und späteren *Grafen von Puchheim*. G. erschienen häufig in der altrussischen Städteheraldik. Vgl. Wasagarbe.

**Garde de l'Armorial Général:** nach 1696 in Frankreich Titel des «Bewahrers des Allgemeinen Wappenbuches». Vgl. Armorial Général.

**Garden:** veraltete Bezeichnung für ↑ Schildhalter.

**Gartenlilie:** von einigen älteren Heraldikern zur Unterscheidung von der stilisierten heraldischen ↑ Lilie verwendeter Begriff.

**Garter** [engl.]: englischer Name für den ↑ Hosenbandorden, abgeleitet von der vollständigen englischen Bezeichnung des Ordens «The most noble Order of the Garter» [engl., der hochedle Orden des Hosen-(Strumpf-)bandes].

**Garter King of Arms** [engl.]: Titel des Wappenheroldes vom englischen ↑ Hosenbandorden. Er ist gleichzeitig der Vorsitzende der Wappenoffiziere des englischen Heroldsamtes (↑ Herald's College). Seine Galaamtstracht zeigt die Wappenbilder von England, Schottland und Irland. Abb.

**Garuda:** das Wappen Indonesiens tragender heiliger Adler des Gottes Vishnu. In der indonesischen Mythologie gilt der G., der auch mitunter als das Reittier des Gottes Vishnu bezeichnet wird, als Sinnbild der schöpferischen Kraft. Die 17 Schwung- und acht fächerförmigen Schwanzfedern des indonesischen G. symbolisieren das Datum der Unabhängigkeitserklärung vom 17. 8. 1945.

Auch das Königreich Thailand führt den G. als Wappentier. Hier erscheint er als roter, geflügelter menschlicher Oberkörper mit goldenem und gekröntem, löwenähnlichem Kopf und in rote Schwanzfedern auslaufendem, mit goldenen Adlerklauen versehenem Unterkörper. Dieses Wappentier ersetzt seit 1910 den traditionellen weißen siamesischen Elefanten. Abb.

**Garzun** ↑ Crogierare.

**Gatterer,** Johann Christoph: 1727/1799, Historiker, Heraldiker. Der 1727 in der Festung Lichtenau im Gebiet der Freien Reichsstadt Nürnberg geborene Sohn eines Dragoneroffiziers besuchte 1747 die Universität Altdorf, wurde 1751 Magister und ein Jahr später Lehrer am Gymnasium in Nürnberg. 1756 zum Konrektor und Professor der Reichshistorie und der Diplomatik am Öffentlichen Auditorium Aegidia-

*gebildet · Gebogener Schrägbalken*

*Garter King of Arms*

*Garuda im Staatswappen von Thailand*

num in Nürnberg berufen, erhielt er 1759 einen Lehrstuhl für Geschichte in Göttingen. G. wurde der Titel eines königlich britischen und hannoveranischen Hofrates und Professors verliehen. Durch das Wirken von G. erlangte die Wappenwissenschaft die höchste Stufe ihrer formalen Ausbildung. Er kritisierte die heraldische Unkenntnis seiner Zeit und erkannte nach gründlichen Studien, daß nur die Kenntnis der geometrisch-mathematischen Grundlagen der Heroldsbilder den Kern dieser Wissenschaft bildet. So schreibt er z. B. «Die ganze Theorie der Wappen und insonderheit des Wappenbildes gründet sich, vermöge der Erfahrung fürnehmlich auf die Veränderungen, welche der Gebrauch der geraden und krummen Linien verursacht». Seine oft komplizierten Theorien stießen aber häufig auf Ablehnungen seiner Zeitgenossen, die sich zum großen Teil noch immer nicht von mythischen und vorheraldischen Deutungen trennen konnten. Die drei Hauptwerke von G. wurden jedoch zum Vorbild späterer Autoren und zur Grundlage der modernen heraldischen Wissenschaft. Was *P. J.* ↑ *Spener* einhundert Jahre früher begann, fand in den Arbeiten von G. seine logische und wissenschaftlich erweiterte Fortsetzung.

*Werke*

Handbuch der Genealogie und Heraldik. Nürnberg 1761–1766

Wappenkalender 1764. Nürnberg 1764

Fortgesetzter Wappenkalender auf's Jahr 1766. Nürnberg 1766

Abriss der Heraldik. Göttingen 1773

Praktische Heraldik. Nürnberg 1791

Grundriß der Genealogie. Göttingen 1788

**geädert:** ein mit andersfarbigen Adern dargestelltes Blatt.

**geästet:** Ausdruck für beiderseitig nach derselben Richtung verlaufende astförmige Auswüchse an einem Heroldsbild in Form und der Wiederholung eines angestutzten Astes.

**geaugt:** ein Tier mit andersfarbigen Augen.

**gebeint,** *geklauet*: ein mit andersfarbigen Beinen oder Klauen dargestelltes Tier.

**Gebhard Dacher's Konstanzer Chronik:** um 1465 entstandenes, in der Stiftsbibliothek zu St. Gallen befindliches, mit Wappen versehenes Buch. Es enthält auf 450 Seiten neben einigen leeren Schilden 646 handgemalte Wappendarstellungen. Neben den Wappen von 18 Konstanzer Bischöfen, Bürgermeistern und Patriziern zeigt es die von Fürsten, Äbten und anderen Adligen.

**gebildet:** eine Sonne oder ein Mond, in den ein menschliches Gesicht gezeichnet ist. Vgl. Abb. bei flammend. Abb.

**gebogen:** Bezeichnung einer oder mehrerer in Kurven gezogener Linien oder einer Heroldsfigur bzw. eines Heroldsbildes, deren bzw. dessen Begrenzungslinien Kurven bilden. Man unterscheidet in *eingebogen* und *ausgebogen*. Abb.

**gebordet,** *gefranst*: ↑ Fahne oder ↑ Flagge, die an den drei freien Seiten mit Borden versehen ist.

**Gebrauch der Wappen:** praktische Anwendung der Wappendarstellungen. Ursprünglich waren die Wappen rein kriegerische Abzeichen, mit denen die Helme, Schilde und Pferdedecken usw. der Ritter geschmückt wurden. Vor allem war es der Schild, der mit einem Wappen versehen zum Kennzeichen des Ritters bei Kriegshandlungen und Turnieren wurde. Er hing an den Zelten, wurde auf den Grabmälern, Siegeln, Gebäuden und anderem Besitz angebracht. Mit dem Verfall des Rittertumes gingen die Wappen auch auf die Städte, Bürger und teilweise auch Bauern über. Schon in früher Zeit legten sich auch die Geistlichkeit und die Frauen Wappen zu. So wurden die Wappen, einst nur Erkennungszeichen, zu Familien-, Städte- und Korporationssymbolen und – hauptsächlich auf den Siegeln – auch zu rechtsgeschäftlichen Handlungen verwendet. Später dehnte sich der G. d. W. auch auf Münzen, Grenzsteine, Flaggen und Fahnen sowie auf Uniformen und fast alle Gebrauchsgegenstände aus.

**gebrochen:** Heroldsbild, das in der Mitte durch einen geraden Schnitt geteilt ist. Wenn sich die unteren Kanten nicht berühren, ist das Heroldsbild ausgebrochen

*Drei gebrochene Sparren (links)*
*Gefaltetes silbernes Kreuz*
*im blauen Feld (rechts)*

*Gecken*

*Rot gedeckter, goldener, betagleuchteter*
*Turm im Stadtwappen von*
*Dohna (Sachsen)*

(↑ durchbrochen). Statt g. findet sich in der Literatur auch die Bezeichnung *eckig gezogen.* Abb.

**gebunden:** Strauß oder Kranz, der mit einem Band von anderer Farbe zusammengehalten wird. Auch Wappenbilder, die durch ein anderes, vermittelndes Band verbunden sind, bezeichnet man als g.

**Gecken:** altheraldische Bezeichnung für die als Helmkleinode verwendeten, wachsenden (↑ wachsend) Figuren. Der Name G. dürfte auf die im Mittelalter oft recht humoristisch behandelten und dargestellten Helmfiguren zurückzuführen sein. Abb.

**Gedächtniswappen:** Wappen, das von einer Familie oder Stadt zum Andenken an ihren Ursprung oder irgendeine andere historische Begebenheit, mitunter auch im dynastischen Zusammenhang zum Andenken an einen vormaligen Besitz, geführt wird. So kam z. B. 1593 das Wappen des Fürstentumes Jägerndorf (Schlesien) in das brandenburgische Gesamtwappen. Nach dem Verlust des Fürstentumes 1623 verblieb es dort als G. und Anspruchswappen. Unter *König Friedrich II.* (1740–1786) wurde es dann nach der Eroberung Schlesiens wieder Herrschaftswappen.

**gedeckt:** oben geschlossener Turm. Hat dieser überdies noch einen Zinnenrand, so muß das noch besonders als *gezinnet* gemeldet werden. Abb.

**gedrückt:** ↑ Spitze, die nicht bis an den Rand reicht.

**gefällt,** *übereinander gefällt*: vorzugsweise für übereinander gelegte Bäume, Baumstämme und Äste verwendeter Begriff. Mitunter wird diese Darstellung auch als *übereinander geschränkt* angesprochen.

**gefaltet** ↑ eckig gezogen.

**gefaltetes Kreuz:** unheraldisches Kreuz, dessen Arme aus oben eingerollten Zetteln bestehen. Dieses nur im Gesamtwappen der Grafen von Waldeck-Eisenberg und Waldeck-Wildungen nachzuweisende Kreuz war das Wappenbild der zu diesen Linien gehörenden Herrschaft Wiesen. Beide Linien wurden von den Söhnen des *Grafen Volrad I.* (1444–1474) gestiftet. Abb.

**gefascht:** wahrscheinlich von fasce [franz.,

Balken] abgeleiteter, von älteren Heraldikern für *balkenweise geteilt* verwendeter Begriff.

**Gefäß:** Griff der Blankwaffen, z. B. von Schwert, Degen, Säbel. Ist das G. in der Wappendarstellung von einer anderen Farbe, muß es gemeldet werden. Vgl. gegrifft.

**gefaßt:** Ausdruck für eine Wappenfigur, die von einer anderen getragen wird.

**gefehet:** veralteter Ausdruck für ein mit ↑ Eisenhütlein überzogenes Feld oder Schild.

**gefeht:** ein mit ↑ Eisenhütlein versehener Schild, in dem diese nicht in ihrer natürlichen Tingierung erscheinen, sondern andere Farbkombinationen, meist rot-gelb, aufweisen.

**gefenstert:** Gebäude, deren Fenster oder andere Öffnungen in einer anderen Farbe dargestellt sind.

**gefiedert** ↑ beflosset.

**gefischereckt:** altheraldischer, jedoch auch noch in der neueren Zeit verwendeter Ausdruck für einen treppenstufenähnlichen ↑ Schrägbalken. Dieses Heroldsbild wurde oft auch als ↑ gezahnt bezeichnet, was jedoch nicht eindeutig ist, da dieser Begriff auch für eine andere Darstellung verwendet wird. Abb.

**geflügelt:** Menschen, Tiere oder Gegenstände, die – ihrer Natur widersprechend – mit Flügeln versehen sind. Als g. wurden bisweilen auch großflossige Fische blasoniert.

**geflutet,** *gewellt, gewölbt*: ältere Bezeichnung für eine aus mehreren flachen, wellenförmigen Linien bestehende Schildteilung. Vgl. Wellenschnitt.

**gefranst** ↑ gebordet.

**gefugt:** mitunter für ↑ schwarz gemauert verwendeter Begriff.

**gefüllt:** Blumen mit einer doppelten Lage von Blütenblättern. In dieser Form wird hauptsächlich die heraldische ↑ Rose dargestellt.

**gefußter halber Flug:** älterer für ↑ Klauenflügel verwendeter Begriff.

**gegehrt:** schräglinks (↑ schräg) geteilt.

**gegen-:** in Zusammensetzung mit Verbaladjektiven die Schildesteilungen mit abwechselnden Tinkturen zueinander bezeichnender Ausdruck, z. B. g.gepfählt, g.gesparrt usw.

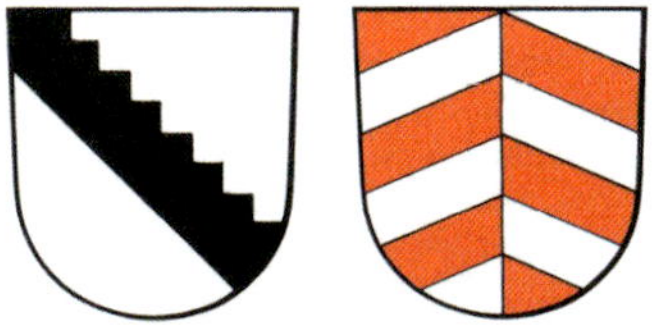

*gefischereckt · gegengesparrt*

**gegen die Teilung gekehrt,** *gegen die Spaltung gekehrt*: Ausdruck für in mehrfeldrigen Schilden befindliche Figuren, vor allem Tiere, die jeweils mit dem Rücken zum Schildrand gekehrt sind, d. h. sich gegenseitig ansehen. Abb.

**gegeneinandergesetzte Eisenhütlein** vgl. Pfahlfeh.

**Gegenfeh** ↑ Eisenhütlein.

**gegengesparrt:** Schild mit mehreren ↑ Sparren, deren beide Schenkel mit zwei Farben tingiert sind. Abb.

**gegengewendet:** in verschiedene Richtungen übereinandergestellte Figuren, meist Tiere. Vgl. verkehrt gegengewendet, Abb. bei Angelhaken. Abb.

**Gegengoldhermelin:** die deutsche Bezeichnung des fast ausnahmslos in der englischen Heraldik verwendeten Schildmusters ↑ pean.

**Gegenhermelin:** auf einem schwarzen Feld befindliche, weiße, heraldische Hermelin-

*Gegen die Teilung gekehrte Löwen im Stadtwappen von Markkleeberg (bei Leipzig)*

schwänze (↑ Hermelin). Diese in der deutschen Heraldik wenig gebräuchliche Darstellungsart kommt vor allem im englischen und auch französischen Wappenwesen vor. Abb.

**Gegenkrückenbalken:** Stabbalken (↑ Strichbalken), an dem sich oben und unten versetzt angebrachte ↑ Krücken befinden, so daß er die normale Balkenbreite erreicht.

**Gegenrauten:** pfahlweise gegeneinander gestellte ↑ Rauten mit verwechselten Tinkturen.

**gegenschräg:** Figuren, die in einem mit einer oder mehreren Schrägteilungen derselben Richtung versehenen Schild bzw. Feld stehen aber nicht parallel zur Teilung, sondern ihr zugeneigt sind. Abb.

**Gegensiegel:** kleines Siegel, das auf der Kehrseite eines größeren angebracht ist.

**Gegensparren:** zwei ↑ Sparren, deren Gipfel sich in der Schildmitte berühren. Abb.

**Gegenspitzen:** schräg in den Schild ragende ↑ Spitze, die umgekehrt in gleicher Form in der anderen Tinktur erscheint. Abb.

**Gegenzinnen:** beiderseitig mit ↑ Zinnen versehene ↑ Balken, ↑ Schrägbalken oder Pfähle (↑ Pfahl), deren untere Zinnenreihe gegenüber der oberen versetzt ist.

**Gegenzinnenbalken:** das Heroldsbild Balken, das beidseitig mit parallelen ↑ Zinnen versehen ist. Bereits im Jahre 1316 erschienen zwei G. im Wappen des *Erkembrecht, Burggraf von Starkenberg,* einen weißen G. auf rotem Grund führten die *Grafen von Nesselrode.*

**Gegenzinnenkreuz:** ↑ gemeines Kreuz, dessen Begrenzungslinien aus ↑ Gegenzinnen bestehen.

**Gegenzinnenpfahl:** das Heroldsbild ↑ Pfahl, dessen Begrenzungslinien aus ↑ Zinnen gebildet sind.

**Gegitter:** nach ↑ *Bernd* ein aus drei oder mehr schmalen Streifen gebildetes ↑ Andreaskreuz. Abb.

**gegittert:** mit geradem oder schrägem Gitterwerk versehener Schild. Sind die einzelnen Streifen ungewöhnlich schmal, so spricht man von *eng g.* Bei der Blasonierung wird die Anzahl der einzelnen Streifen nicht angegeben. Die *Grafen von Manderscheid* z. B. führten wegen der Herrschaft Dhaun einen silbernen, rot g.en Schild. Vgl. Gitter.

**gegrifft:** Blankwaffe (Schwert, Degen oder Dolch), deren ↑ Gefäß in einer anderen Farbe dargestellt ist.

**gegürtet:** Tier, dem ein bunter Streif wie ein Sattelgurt um den Leib gelegt ist. Derartige Wappentiere kommen oft in den Wappen des schlesischen Adels vor.

**Gehäng:** bei einigen älteren Heraldikern Bezeichnung für schrägrechte ↑ Balken, mitunter auch für ↑ Schragen.

**Gehe,** Christian von: kursächsischer Herold, der die 1668 in Dresden gedruckte «Kurtze Beschreybung eines Herolds» verfaßte.

**Gehema,** Jan Abraham von: 1647/1715, Arzt, Heraldiker. G. wurde 1647 in Danzig geboren und studierte in seiner Vaterstadt, später in Leiden (Niederlande) Medizin. Nach dem Tode seiner Frau lebte er zehn Jahre in den Niederlanden und war als Arzt und Kapitän tätig. Im Jahre 1679 kehrte er nach Danzig zurück, ging später nach Königsberg und erlangte dort 1681 die Doktorwürde. G. legte sich selbst den Titel «Königlicher Rat und Arzt» zu. Nachdem er einige Zeit als Leibarzt des *Herzoges Gustav Adolf von Mecklenburg-Güstrow* (1636–1695) tätig gewesen war, zog er 1695 nach Berlin, wo er den Rang eines kurfürstlichen Hofmedicus erhielt. Sein besonderes Interesse galt der Heraldik. Beharrlich versuchte er durch mehrere Denkschriften den Berliner Hof auf seine Wappenkenntnisse aufmerksam zu machen. In seiner Freizeit errichtete er ein «Collegium heraldicum» und verfaßte kleinere heraldische Schriften. Der in dieser Zeit sehr mit der Errichtung eines Oberheroldsamtes beschäftigte *König Friedrich I.* (1701–1713) beauftragte G., Vorschläge für die Organisation dieses Amtes zu unterbreiten. Er erhielt auch die Order, die Grundlagen für die Würde des Oberheroldsmeisters zu erarbeiten. Anhaltende Differenzen mit den anderen Ratgebern des Königs zwangen G. 1709, seine Stellung aufzugeben und nach Stettin überzusiedeln, wo er 1715 starb. Die heraldischen Schriften G. haben

*Gegengewendete Fische in pfahlweiser Anordnung im Wappen der Familie von Ploetz (links) Gegenschräge Spitze im Wappen der Grafen von Künigl (rechts)*

*Gegensparren (links) · Gegenspitze (rechts)*

*Gegenhermelin (links) Gegitter (rechts)*

*Gehender Hirsch im Stadtwappen von Stolberg (Harz)*

einen stark dilettantischen Charakter und besitzen heute nur noch kulturhistorischen Wert. Die Oberflächlichkeit dieser Arbeiten zeigte schon das 1703 in Berlin erschienene Werk «Kurtze und Leichte Methode Einem cavalier oder Edelmann die vortreffliche Science der Heerhold- oder Wappenkunst in einem Monat... beyzubringen».

**gehend,** *schreitend*: stehende Tiere, die den Fuß (Vögel) bzw. Vorderfuß etwas anheben. Rechtsgekehrte Tiere heben dabei den rechten, linksgekehrte den linken Fuß. Vgl. Gang. Abb.

**gehörnt,** *gestänget*: Hirsch, dessen Gehörn bzw. Gestänge in einer anderen Farbe dargestellt ist.

**Gehr,** *Bandelier, Riemen*: nach der Ansicht älterer Heraldiker Ausdruck für den schräglinken ↑ Balken. Diese Bezeichnung ist wegen ihrer Kürze für ↑ Blasonierungen gut geeignet, konnte sich aber, besonders in der neueren Heraldik, nicht durchsetzen.

**gehuft,** *geschuht, hufig*: Tiere, die mit andersfarbigen Hufen versehen sind.

**Geige:** seltenes Wappenbild. Drei G. kommen z. B. im Wappen der *Familie von Holleben* vor.

**gekehrt** ↑ gewendet.

**gekerbt: 1.** ↑ ausgeschuppt. – **2.** ↑ Bogenschnitt.

**gekerbter Balken:** ältere, unkorrekte Bezeichnung des ↑ Turnierkragens.

**geklauet** ↑ gebeint.

**geknotet:** Heroldsbild, meist Balken oder Pfahl, in dem sich ein Knoten in gleicher Tinktur befindet.

**gekoppelt:** zwei heraldische Bilder, die unmittelbar neben- oder übereinandergestellt sind.

**gekrauset, gekraust** ↑ geschuppt.

**gekreuzt,** *verschränkt*: zwei oder mehrere schrägkreuzweise übereinandergelegte Gegenstände. Vorzugsweise wurden Schlüssel und Schwerter g. dargestellt, z. B. die Kurschwerter im sächsischen und die g.en Schlüssel im Regensburger Wappen. Abb. auf S. 150.

**gekrönt:** Menschen und Tiere, auf deren Kopf sich eine Krone befindet. In den meisten Fällen erscheinen Löwe und Adler g.,

*Gekreuzte Krummstäbe im Stadtwappen von Warin (Mecklenburg)*

aber auch andere Tiere kommen mit einer Krone als Wappenbild oder Helmzier vor.

**gekrückt:** Schäfte oder Kreuzarme, die in Form eines T enden. Vgl. Krückenkreuz.

**gekrüpft:** Bezeichnung für ein den Körper zusammenziehendes Tier. Als Wappenbilder erscheinen z. B. Affen und Eichhörnchen g. sitzend, Kaninchen und Katzen g. liegend. In einigen Fällen wird auch statt g. *schmiegend* gemeldet.

**gelängt und gequert:** seltener und auch überflüssiger Ausdruck für gleichzeitige vertikale und horizontale ↑ Schildesteilungen.

**gelegt** ↑ geschränkt.

**gelehnt:** schräg aufgestellt. Schon im Mittelalter kommen Wappenschilde auf Siegeln, Grabdenkmälern und Münzen in schräger Stellung vor. Bei der schwarz-weißen Darstellung der heraldischen Farben mittels der festgelegten heraldischen ↑ Schraffuren müssen sich diese immer nach der Schildachse richten. Wappenfiguren, bei denen die Stellung rechts und links bedeutend ist, haben sich ebenfalls nach der Lehnung des Schildes zu orientieren. Im 18. Jahrhundert war die irrige Meinung verbreitet, rechtsg. Schilde kämen nur den Gelehrten zu. Die einzelnen Schilde in den ↑ Ehewappen erscheinen mitunter ebenfalls g. Abb.

**Gelehrtenwappen:** in der Zeit der Renaissance aufgekommene, meist persönliche Wappen der Professoren und Doktoren aller Fakultäten. Mit dem Aufschwung der Wissenschaft stieg auch die Zahl der wappenführenden Intellektuellen. Bis zum 19. Jahrhundert bestanden die Doktoren der Rechtswissenschaft auf dem Sonderrecht des persönlichen Adels und der damit verbundenen adligen Wappenführung, dem in der Regel je nach Einfluß und Ansehen des Juristen auch entsprochen wurde.
Bevorzugt wurden als standesgemäße Wappenfiguren in den G. Motive der Antike, Embleme des Humanismus, der Reformation und Gegenreformation, Symbole der Alchemie und der Astronomie. Die Wahl der Motive ließ sich jedoch mit den heraldischen Gesetzen in vielen Fällen nicht vereinbaren, so daß viele dieser Wappen unheraldisch erscheinen.

*Literatur*

*Fränkle, W.*: Zeichen ihrer Zeit [Ärztewappen], in: Euromed, Heft 24. München 1962

**Gelenius,** Aegidius, etwa erste Hälfte des 17. Jahrhunderts: Kanonikus in Köln. G. sammelte und studierte die Altertümer und Wappen des rheinischen Adels. Unter dem Einfluß von ↑ *Petra Sancta* stehend, schrieb er in seinen Schriften die überlieferten Heroldsgesetze nicht einfach ab, sondern sichtete, berichtigte und erläuterte sie selbständig und erarbeitete so ein nach Bildern geordnetes rheinisches Wappenbuch. Wie andere Zeitgenossen zieht auch er noch Beweise aus vorheraldischer Zeit heran.

*Werk*

De admiranda, sacra et civili magnitudine Coloniae … . Köln 1645

**gelöwet:** Leopard in aufrechter Stellung, der den Kopf so zum Beschauer wendet, daß beide Augen sichtbar sind, also in der Art des heraldischen Löwen. In der mittelalterlichen Heraldik kannte man keinen formalen Unterschied zwischen den Bezeichnungen Löwe und Leopard. So wurden z. B. langgestreckte, schreitende Löwen als *leopardierte* Löwen angesprochen.

**Gelres Wappenbuch:** zwischen 1369 und 1396 von *Heynen*, Herold von Geldern, genannt *Gelre*, angelegtes und mit einigen

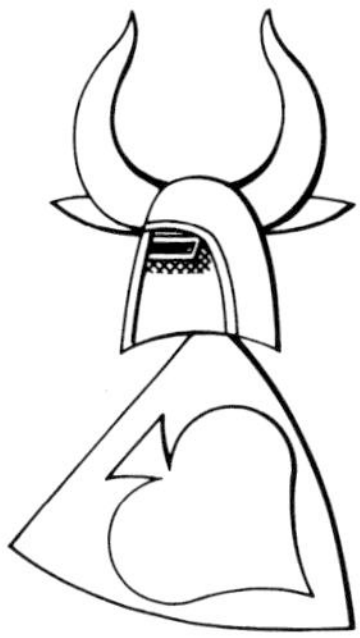

*Gelehnter Schild um 1300*

Nachträgen bis in das 15. Jahrhundert fortgeführtes, handgemaltes Wappenbuch; heute in der Königlichen Bibliothek in Brüssel. Das Buch enthält auf 124 Blättern rund 1 800 Wappen von geistlichen und weltlichen Fürsten Europas und ihrer Lehensleute. Territorial erstrecken sich die Wappendarstellungen von Spanien bis Polen, von Norwegen und Schottland bis Neapel.

Eine etwa zur gleichen Zeit hergestellte Kopie befindet sich in der Landesbibliothek in Gotha, eine um 1429 entstandene im Reichsarchiv in Stockholm und eine aus dem 17. Jahrhundert ebenfalls in der Königlichen Bibliothek in Brüssel. 1881 erschien in Paris eine Faksimileausgabe unter dem Titel «Wapenboek on Armorial de 1334 o 1372», herausgegeben von *V. Bouton.*

*Literatur*

*Jequier, L.*: L'armorial Bellenville et l'armorial du héraut Gelre. Liège [Lüttich] 1972

**Gelte:** alter schlesischer Ausdruck für ein an die Wand zu hängendes Salzfaß, das sich als Wappenfigur in einigen schlesischen Wappen befindet.

**gemähnet:** Tier, dessen Mähne von einer anderen Farbe ist.

**gemantelt:** veralteter Ausdruck für eine erniedrigte (↑ erhöht) ↑ Spitze.

**gemauert** ↑ schwarz gemauert.

**Gemeindewappen,** *Ortswappen*: die Wappen kleinerer Gemeinden bzw. Dörfer. Während sich die G. in der Schweiz eher verbreiteten, waren sie im 19. Jahrhundert in Deutschland noch eine Seltenheit. Die Berliner Randgemeinden – voran Steglitz im Jahre 1887 – waren die ersten, die sich Wappen zulegten. Erst nach dem Ersten Weltkrieg wurden dann immer mehr Genehmigungen für die Wappenannahme nichtstädtischer Gemeinden erteilt.

*Literatur*

*Prünster, H.*: Die Wappen der Gemeinden Südtirols. Bozen 1972

*Burmeister, K. H.*: Die Gemeindewappen von Vorarlberg. Sigmaringen 1975

**gemeine Figuren:** im Unterschied zu den ↑ Heroldsbildern bzw. -figuren alle anderen in den Wappen vorkommenden bildlichen Darstellungen von wirklichen oder eingebildeten natürlichen Figuren einschließlich Himmelskörpern und Naturerscheinungen sowie künstlichen, von Menschenhand geschaffenen Gegenständen in ihrer natürlichen oder auch heraldisch stilisierten Gestalt und Färbung, also auch Buchstaben, ganze Wörter und zum Teil Kreuze.

Die g. F. unterscheiden sich von den Heroldsbildern vor allem dadurch, daß sie nicht in die Schildränder verlaufen, sondern wenigstens auf zwei Seiten frei im Felde stehen. Sie werden in der Regel in drei Klassen eingeteilt:

1. in natürliche g. F., einen Gegenstand aus dem Tier-, Pflanzen-, Erdreich oder Himmelskörper darstellend.
2. in erdichtete g. F., dazu gehören Ungeheuer und Fantasietiere.
3. in künstliche g. F., wie von Menschenhand geschaffene Gegenstände der Kunst, des Handwerkes, Ackerbaues und des Kriegswesens sowie Buchstaben usw.

Die Kreuze können Heroldsbild oder auch g. F. sein. Berühren sie mit allen vier Armen den Schildrand, sind sie zu ersteren, stehen sie mindestens mit einer Seite frei im Feld zu letzteren zu zählen.

In der Blütezeit der Heraldik wurden die g. F. nicht vollkommen naturalistisch dargestellt. Sie zeigten eine ornamentale, stilistische Auffassung und erhielten mit der Zeit

ein eigentümliches Gepräge, den sogenannten heraldischen Typus oder Stil. Dieser ist nie besonders begründet oder in Regeln gefaßt worden, war in den verschiedenen Ländern und Zeiten unterschiedlich und von dem jeweils herrschenden Kunststil beeinflußt.
In der deutschen Heraldik des 12. und beginnenden 13. Jahrhunderts waren derbe, rundliche Formen vorherrschend. Unter dem Einfluß des gotischen Stiles wurden die Wappenfiguren in der zweiten Hälfte des 13. und im 14. Jahrhundert dann schmaler, eckiger und schärfer. Etwa 100 Jahre später sind sie dann mehr ins Ornamentale, Schnörkelige gezogen. In den späteren Jahrhunderten tritt der heraldische Charakter mehr und mehr zurück und die g. F. werden immer naturalistischer, wodurch sie das Charakteristische des Wappenbildes verloren. Das trifft besonders für die sehr oft unheraldischen Wappendarstellungen des 18. Jahrhunderts zu. Das ursprüngliche Wesen des Wappens wurde von den «Kanzleiheraldikern» verkannt und die Wappenbilder erhielten einen rein dekorativen Charakter. Erst um die Mitte des 19. Jahrhunderts kehrte man mehr und mehr zum eigentlichen heraldischen Stil zurück.
Die g. F. waren einigen Gesetzen unterworfen. So sollten sie sich nach dem Feld richten, dasselbe möglichst ausfüllen und in einem gewissen Verhältnis zu diesem stehen. Jede der g. F. konnte in ihren einzelnen Teilen oder auch verstümmelt als Wappenbild erscheinen. Sie konnte auch kombiniert mit gleichen oder anderen sowie belegt mit anderen g. F. oder Heroldsbildern vorkommen.
**gemeiner Kürsch:** gleichbedeutend mit ↑ Kürsch. Vgl. Pelzwerk, heraldisches.
**gemeines Feh** ↑ Eisenhütlein.
**gemeines Kreuz,** *Balkenkreuz, quartiertes Kreuz*: Heroldsbild, das durch die Verschmelzung des ↑ Balkens und des ↑ Pfahles in einer Tinktur, d. h. Farbe, entsteht. Während die Zahl der Grundtypen des g. K.es begrenzt ist, ist die Möglichkeit, diese zu variieren, wesentlich größer. Durch diese Variationen entstehen zahlreiche Sonder-

*gemeines Kreuz*

formen. Die Fläche des Kreuzes kann z. B. ↑ bordiert, ↑ durchbrochen, ↑ beladen, ↑ geviert, ↑ geschacht sowie ein- oder mehrfach zerstückelt sein. Während die Begrenzungslinien die verschiedensten heraldischen Schnitte aufweisen können, sind die Armenden weniger wandlungsfähig. Als Heroldsbild muß das g. K. jedoch immer mit seinen Enden den Schildrand berühren.
Durch die Vielzahl der möglichen Varianten ist es unumgänglich, bei ↑ Blasonierungen konkrete Angaben über im Laufe der Zeit zu festen Begriffen gewordene Formen, Farben und Ausbildungen der Kreuzarme und die Aufgliederung ihrer Fläche zu machen. Das g. K. gehört zu den häufig gewählten Heroldsbildern. So befindet sich z. B. ein schwarzes Balkenkreuz auf weißem Grund im Wappen des ↑ Deutschen Ritterordens, der Abtei Fulda und des Erzbistumes Köln. Ein weißes auf rotem Grund erscheint im Wappen des ↑ Johanniterordens, des Bistumes Metz, der Stadt Novara (Italien), ein rotes auf gelbem Grund im Wappen des Erzbistumes Freiburg im Breisgau und der Stadt Lodi (Italien) und auf weißem Grund im Schild von Alessandria und Amersfoort (Niederlande). Ein schwarzes Balkenkreuz auf gelbem Grund führt seit 1930 das Bistum Aachen und umgekehrt das Bistum Rottenburg (Württemberg), ein blaues auf gelbem Grund die Städte Modena und Parma (Italien), auf weißem Grund die Stadt Marseille. Unter rotem Schildhaupt erscheint seit 1417 ein schwarzes Balkenkreuz auf weißem Grund im Wappen der Stadt Konstanz. In Rot auf weißem Grund, im rechten oberen Viertel von einem aufrecht stehenden Schwert begleitet, erscheint es im Stadtwappen von Lon-

don. Die Begrenzungslinien mit Dornenschnitt versehen, das Kreuz schwarzrot gespalten auf gelbem Grund erschien es bis 1946 im Wappen des Fürstentumes Sarawak (Kalimantan). Nach der Umbildung von Sarawak zur britischen Kronkolonie wurde diesem Kreuz in der Mitte eine gelbe ↑ Zakkenkrone aufgelegt, und in dieser Form befindet es sich auch im Wappen der Föderation von Malaysia, der Sarawak seit 1963 angehört. Weitere Beispiele für belegte Balkenkreuze sind z. B. die Wappen der Städte Koblenz und Lincoln (England). Bei ersterem erscheint das rote Balkenkreuz mit einer gelben Blätterkrone, bei letzterem mit einer gelben Lilie in der Mitte, in beiden Fällen auf weißem Grund. Das Wappen von Nordirland zeigt seit 1924 ebenfalls ein rotes Kreuz auf weißem Grund, das mit einem Stern, darüber die englische Königskrone, darin eine rote Hand, belegt ist. Bewinkelt von vier silbernen Lilien auf blauem Grund findet es sich in gelber Tingierung im Wappen von St. Wendel (Saarland). Vgl. Georgskreuz (2.). Abb.

**Gemsbock,** *Gemse*: auf einem Felsen stehend, mit keilförmig gespreizten Beinen dargestelltes, seltenes Wappenbild. Ein G. erscheint z. B. in den Wappen der *Grafen Morawitzki*, der sächsischen *Familie von Lichtenberg*, der hessischen *Familie von Oheimb* und der *Freiherren von Rheinbaben.* Als Rumpf führt ihn die bayrische *Familie von Biarowsky*. Die preußische *Familie von Kamecke* sah den in ihrem Wappen befindlichen Bocksrumpf lange als den Rumpf eines G.es an, da sie die Abstammung ihres Geschlechtes irrtümlich in dem italienischen Alpengebiet vermutete. Vgl. Bock.

**Genealogie** [griech.]: historische Hilfswissenschaft, die sich mit der Geschichte der Personen, mit der Herkunft und dem Zusammenhang der Geschlechterverbände sowie mit Familienforschung beschäftigt. Aufgabe der Genealogen ist es unter anderem, Stamm- und Ahnentafeln aufzustellen. Zu den Hilfsmitteln der G. gehört auch die wissenschaftliche Wappenkunde (↑ Heraldik), die wiederum in vielen Fällen von den Forschungsergebnissen der G. profitiert.

*Literatur*

*Lorenz, O.*: Lehrbuch der gesamten wissenschaftlichen Genealogie. Berlin 1898

*Devrient, E.*: Familienforschung. Leipzig 1911

*Gaisberg-Schöckingen, F. v.*: Genealogie und Heraldik. Neumünster 1913

*Heydenreich, E.*: Familiengeschichtliche Quellenkunde. Leipzig 1909

*Heydenreich, E.*: Handbuch der praktischen Genealogie. Leipzig 1913

*Fuerst, W.*: Grundlagen und Quellen der Familienforschung. Leipzig 1922

*Henning, E.* und *W. Ribbe* (Hrsg.): Handbuch der Genealogie. Neustadt a. d. Aisch 1972

*Friedrichs, H. F.*: Genealogie-Genetik-Gesellschaft. Frankfurt/Main, Regensburg 1975

Deutsches Familienarchiv. Neustadt a. d. Aisch (bis 1981 waren 75 Bände erschienen)

**Genealogisches Handbuch des Adels:** in Fortführung der ↑ Gothaischen Taschenbücher seit 1951 im C. A. Starke-Verlag, Limburg/Lahn, erscheinende Handbücher. Diese neue Bearbeitung bringt gegenüber dem alten «Gotha» wesentlich erweiterte genealogische Angaben, z. B. Ahnenreihen, historische Ahnen, einen reichen Bild- und Wappenschmuck sowie alle Anschriften und ausführliches Personenregister. In 40 Bänden dieses Taschenbuches werden 3 700 Stammfolgen behandelt. Bis zum Jahre 1980 erschienen 73 Bände. Das Werk ist gegliedert in: Fürstliche, Gräfliche, Freiherrliche und Adelige Häuser.

**geöffnet** ↑ Granatapfel.

**Georg:** christlicher Heiliger und Märtyrer, gest. 4. Jahrhundert. Der Legende nach war St. G. ein aus Kappadokien stammender Offizier, der durch den Einfluß seiner Mutter zum Christentum bekehrt wurde. Der Offizier erlitt nach mehrfachen Folterungen während der Christenverfolgung unter *Kaiser Diocletianus* (284–305) in Palästina gemeinsam mit anderen Glaubensgenossen den Martertod. Das Drachenkampfmotiv wurde erst in späteren Jahrhunderten mit der G.slegende verknüpft. Der Kult des St. G. verbreitete sich sehr schnell, so gab es z. B. seit dem 4. Jahrhundert in Syrien

G.skirchen. In Ägypten trugen 40 Kirchen und drei Klöster den Namen des Heiligen. Auf der Insel Zypern waren es sogar über 60 Heiligtümer. Die griechisch-orthodoxe Kirche verehrt ihn als «Großmärtyrer». Seit dem 5. Jahrhundert war dem Heiligen in Rom eine eigene Kirche gewidmet.

Vom fränkischen Königsgeschlecht der *Merowinger* wurde St. G. als Ahnherr betrachtet. Als Schirmherr mehrerer Länder, Ritterorden, Städte und Kirchen erlangte er eine überragende Bedeutung, so daß z. B. die Dardanellen eine kurze Zeit seinen Namen trugen. Als persönlicher Schirmherr des englischen *Königs Richard I. Löwenherz* (1189–1199) wurde er auf der Nationalsynode zu Oxford im Jahre 1222 auch zum Schutzpatron des englischen Königreiches proklamiert und sein Fest obligatorisch eingeführt. Das Feldgeschrei der englischen Armeen «Saint George for England» [engl., Heiliger Georg für England] sowie der ↑ Hosenbandorden sind ebenfalls auf den Kult des Heiligen zurückzuführen. Unter *Heinrich V.* (1413–1422) erreichte die Verehrung von St. G. ihren Höhepunkt, indem durch den Erzbischof von Canterbury das G.sfest den liturgischen Rang des Weihnachtsfestes erhielt. Zu Beginn des 20. Jahrhunderts erklärte der Papst St. G. erneut zum Schutzpatron Englands.

Der Heilige war im Mittelalter nicht nur Patron der Ritterschaft (Kreuzfahrer, Deutscher Ritterorden sowie der ganzen deutschen Ritterschaft), sondern wurde als zu den Vierzehn Nothelfern zählend auch von der ganzen Bevölkerung verehrt. Der Heilige wurde stehend, geharnischt, in der Rechten eine Kreuzfahne, am linken Arm einen mit einem Kreuz bedeckten Schild, oder meist zu Pferde, mit der Lanze einen Drachen durchbohrend, dargestellt. Auf Münzen erschien er z. B. in Großbritannien, Rußland, Montferrato, Mantua, im Bistum Lüttich u. a. Besonders beliebt waren die sogenannten G.staler der *Grafen von Mansfeld* und die aus der Münzstätte Kremnitz im Dreißigjährigen Krieg. Sie wurden als Amulett getragen und sollten vor Kugeln schützen.

*St. Georg in einem Anhänger aus Gold, Email und Diamanten zum englischen ↑ Hosenbandorden aus der 2. Hälfte des 17. Jahrhunderts*

Als Wappenbild erscheint der Heilige im Wappen des Kaiserreiches Rußland sowie in einer Vielzahl von Städtewappen, so z. B. von Eisenach, Gößnitz, Hecklingen, Mansfeld, Jerichow, Teuchern, St. Georgen (Baden), Heide (Holstein), Bensheim. Die adligen Erbsälzer zu Werl z. B. führten St. G. in ihrem Pfalzgerichtswappen und auch in Familienwappen ist das Bild des Heiligen zu finden, so z. B. seit dem Ende des 13. Jahrhunderts als redendes Wappenbild bei der in der Schweiz ansässigen *Familie Schorsch.* Abb.

*Literatur*

*Wild, F.*: Drachen im Beowulf. Drachenwappen und St. Georg. Graz 1962

**Georgskreuz** [engl. George Cross]: **1.** als Belohnung für bewiesenen Heldenmut und

hervorragende Tapferkeit vom britischen *König George VI.* (1936–1952) 1940 gestiftete Auszeichnung. Das G. war in erster Linie für Zivilpersonen im britischen Commonwealth of Nations bestimmt sowie für Angehörige der Streitkräfte, deren Einsatz nicht mit den sonstigen militärischen Auszeichnungen belohnt werden konnte. Die Insel Malta erhielt in Anerkennung der außerordentlichen Haltung ihrer Bewohner während des Zweiten Weltkrieges diese Auszeichnung, die sich noch heute in der Staatsflagge Maltas befindet. Die Dekoration besteht aus einem silbernen Kreuz mit dem Monogramm des Stifters in den Winkeln. Das Mittelmedaillon zeigt den heiligen Georg im Kampf mit dem Drachen, darum die Umschrift FOR GALLANTRY [engl., für Tapferkeit].
**2.** rot tingiertes, als gemeine Figur oder Heroldsbild erscheinendes ↑ gemeines Kreuz, z. B. in der Flagge Großbritanniens (vgl. Union Jack), im Wappen Jamaikas (hier ist es mit fünf Ananasfrüchten belegt) und im Wappen der Fidschiinseln.
Während der englischen Revolution wurde nach der Hinrichtung von *König Karl I.* (1625–1649) das königliche Wappen Englands abgeschafft und an seiner Stelle das G. zum englischen Wappen erklärt. Nach der Restauration der *Stuarts* 1660 wurde auch das ursprüngliche Wappen wieder eingeführt.

**Georgsorden, St.: 1.** hannoverscher Orden, der am 23. April 1839 von *König Ernst August* (1837–1851) gestiftet und zum Hausorden erklärt wurde. Das Ordenszeichen des einklassigen Ordens besteht aus einem von einer Königskrone überhöhten, goldbordierten, blauemaillierten, achtspitzigen Kreuz mit goldenen Löwen in den Winkeln. Das Medaillon der Vorderseite zeigt den heiligen ↑ *Georg* zu Pferde, mit einer Lanze einen Drachen erstechend. Der Orden erschien bisweilen unter dem Wappen des Königreiches Hannover.
**2.** am 26. November 1769 von *Zarin Katharina II.* (1762–1796) gestifteter, höchster militärischer Orden des zaristischen Rußlands. Das Ordenszeichen des fünfklassigen Ordens besteht aus einem weißemaillierten Kreuz mit sich nach außen verbreiternden Armen. Das Medaillon der Vorderseite zeigt den heiligen Georg zu Pferde auf rotem Grund. Die Ritter dieses Ordens waren berechtigt, die Dekoration unter ihrem Wappen zu führen.

**gepackt:** Klauen oder Krallen eines Tieres, die etwas ergreifen oder halten.

**geplätzt** ↑ geschacht.

**gequert:** seltener Ausdruck für ↑ geteilt.

**Ger,** *Dreizack*: hauptsächlich zum Fischstechen verwendetes Gerät (Symbol des Gottes Poseidon [Neptun]), das als Wappenbild sehr selten vorkommt. Ein G. befindet sich z. B. in der Nationalflagge von Barbados.

**gerautet:** Bezeichnung für einen mit Rautensektionen (↑ Rauten) geteilten Schild. Für g. findet sich in älteren Blasonierungen bisweilen auch der Ausdruck *schräg geschacht* oder *gesteint*. Vgl. schwarzer Schach, verbohrt geschacht. Abb.

**Gercken,** Philipp Wilhelm: 1722/1791, königlich preußischer Justizrat, Heraldiker. Der Erbherr auf Burg Salzwedel und Schwarzenholz sowie Justizrat ohne Amt verfaßte ein 1781 in Augsburg gedrucktes Buch mit dem Titel «Versuch einer kritischen Untersuchung über die Beyzeichen der Wappen...».

**Gereisenkreuz** ↑ Dreizackkreuz.

**Gern:** von dem Heraldiker *von Sacken* in der Mitte des 19. Jahrhunderts für das Heroldsbild ↑ Spitze oder auch Pyramide verwendeter Begriff. Von einigen anderen Heraldikern auch für ↑ Keil gemeldet.

**Gerold Edlibach's Züricher Chronik:** von dem Züricher Ratsherren *Gerold Edlibach* (1454/1530) in den Jahren 1485 und 1486 angelegte und in Nachträgen bis 1530 fort-

*gerautet*

gesetzte, mit Wappendarstellungen versehene Chronik; heute in der Zentralbibliothek Zürich. Sie zeigt auf 488 später numerierten Seiten die handgemalten Wappen der 1486 zu Zürich gehörenden Graf- und Herrschaften, Städte, Burgen und Ländereien sowie Dörfer. Außerdem enthält sie Darstellungen von Kampfszenen und Belagerungen.

**Gertrud** (von Helfta): christliche Heilige, geb. 6. Januar 1256 in Eisleben, gest. am 13. November 1301/02 im Kloster Helfta. St. G. lebte vom fünften Lebensjahr an im Kloster Helfta bei Eisleben. Das Kloster war eine Stiftung der *Grafen von Mansfeld* und wurde um 1258 in diese Gegend verlegt. Ihre Lehrerin war die heilige *Mechthild*, Äbtissin des Klosters war *Gertrud von Hackeborn*. Die Namensgleichheit bewirkte eine Verwechslung, so daß St. G. oft als Äbtissin und die heilige *Mechthild* als ihre Schwester bezeichnet wurden. St. G. war die Verfasserin mehrerer theologischer Schriften, z. B. des Werkes «Legatus divinae pietatis». Die Verehrung der Heiligen ist erst seit etwa 1550 nachweisbar. Das Fest von St. G. wird seit 1738 in der katholischen Kirche gefeiert. Als Nonne gekleidet erscheint sie im Wappen der Stadt Wattenscheid.

**Geryonskopf:** menschlicher Kopf mit drei Gesichtern oder auch menschliches Brustbild mit drei aneinander befindlichen Köpfen. Das Fabelwesen *Geryon*, in der griechisch-römischen Mythologie Sohn des *Chrysaor* und der *Kallirhoe*, einer Tochter des *Oceanus*, wurde von *Herkules* erschlagen. Im Wappenwesen zählt der G. zu den ↑ Ungeheuern, ist aber als Schildfigur selten.

**Gesamtwappen:** eine Form der ↑ zusammengesetzten Wappen, bei der sich auf einem meist vielfeldrigen Schild die Wappen der einzelnen Teilherrschaften bzw. Besitzungen befinden. Neben diesen erscheinen in vielen Fällen auch ↑ Anspruchswappen und ↑ Warteschilde. Seit dem 19. Jahrhundert macht sich die Tendenz bemerkbar, die Anzahl der einzelnen Schilde zu verringern.

**geschacht,** *geplätzt, gewürfelt, Quaderstücke, Schach, symbolische Kärtchen, viereckiger Span*: Schildesteilung, die durch mehrfache Teilung und Spaltung in einzelne Felder mit je gleichviel Linien erzielt wurde, wobei die entstandenen einzelnen kleinen Plätze in der Tinktur abwechseln müssen. Bei einem g.en Schild oder Feld zählt man die einzelnen Plätze und beginnt bei der Blasonierung mit der Angabe der Farbe des rechts oben stehenden, z. B. ein Schach zu neun Plätzen oder neunfach g. (ist der erste Platz rot) von Rot und Silber. Befinden sich mehr als neun Plätze auf dem Schild, so werden diese in der Regel nicht gezählt. In diesem Fall wird der Schild oder das Feld einfach als g. oder *ungezählt g.* angesprochen. Bei dem schwarzweiß g.en, mit einem roten Schildhaupt versehenen Wappen der *Familie von Dachenhausen* ist wahrscheinlich das Schach als redendes Wappenbild eine Andeutung von Mauerwerk. Abb.

*geschacht*

**geschäftet:** Werkzeuge, Waffen usw. mit Schäften in einer anderen Farbe.

**geschändet:** veraltete heraldische Bezeichnung für einen an Ohren und Schwanz verstümmelten Hund. Vgl. gestümmelt.

**geschärpt:** veralteter und seltener Ausdruck für *rechts geschrägt* (↑ schräg).

**geschindelt,** *geziegelt, schmal geschacht*: Schildesteilung durch Längs- und Querlinien, die einzelne länglich erscheinende Plätze bilden. Die Anzahl der Längslinien ist immer größer als die der Querlinien. In der alten Heraldik war die Zahl der Plätze beliebig und wurde nicht gezählt. Ein einzelner Platz wird als ↑ Schindel bezeichnet.

**Geschlecht:** Sammelbegriff für alle Personen, die im Mannesstamme auf einen gemeinsamen Ahnen zurückzuführen sind. Zur Führung eines G.erwappens war nicht nur eine Familie, sondern das ganze G. berechtigt. Unter der *Familie* versteht man das derzeitige Familienoberhaupt sowie seine nächsten lebenden, männlichen und weiblichen Anverwandten gleichen Stammes und deren Ehepartner. Der Begriff *Sippe* dagegen umfaßt nicht nur die Verwandten im Mannesstamme einer Person, sondern den gesamten direkten Verwandtenkreis.

**Geschlechteradel** ↑ Adel.

**Geschlechtergesellschaft «Zur Katze» in Konstanz:** Vereinigung von Patriziern der alten Freien Reichsstadt Konstanz am Bodensee. Benannt hatte sich die Gesellschaft nach einem vor 1424 in ihrem Besitz befindlichen Haus «Zur Katze», in dem sie ihre Tagungen abhielt. Diese Patriziervereinigung hatte großen Einfluß auf das politische Geschehen der Reichsstadt. Nachdem 1548 die Stadt ihre Freiheit verloren hatte,

*Geschränktes Wappen der Vitzthum von Eckstädt*

büßte auch diese Geschlechtergesellschaft ihre Vorrechte ein und konnte sie auch in den folgenden Jahren nicht zurückerlangen. Am Ende des 18. Jahrhunderts verschwand diese Gesellschaft völlig aus dem politischen Leben der Stadt. Das Wappen der Gesellschaft (↑ Gesellschaftswappen) zeigt eine goldgekrönte und bewehrte silberne Katze in blauem Feld. Auf dem von einer Schildhalterin gehaltenen Banner erscheint das schwarze Kreuz des Wappens von Konstanz.

Im Besitz der Stadt Konstanz befinden sich zwei Pergamentrollen mit 153 Wappen der im Jahre 1547 zu dieser Gesellschaft gehörenden Geschlechter. Während die erste Rolle vollständig ist, sind in der zweiten nur wenige Wappen eingetragen. Als Vorlage für diese Wappenrollen diente wahrscheinlich die im Jahre 1546 von *Michael von Schwarzach* angelegte und in ein Buch eingetragene Wappensammlung der der Gesellschaft angehörenden Familien.

**Geschlechterwappen:** von einem ↑ Geschlecht geführtes Wappen. Es war möglich, daß dem G. noch das spezielle ↑ Familienwappen beigefügt wurde. Vgl. zusammengesetzte Wappen.

*Literatur*

*Eckstein, H. A.*: Über Geschlechterwappen. Kassel 1924

**geschlossener Flug** ↑ Flug.

**geschlungen,** *ineinandergeschlungen*: Wappenfiguren, die durch andere gesteckt sind.

**geschmälert:** Heroldsbilder, die gegenüber ihrer gewöhnlichen Breite schmaler im Wappen erscheinen.

**geschmälertes Obereck** ↑ Lichteck.

**geschnabelt:** Vogel, dessen Schnabel in einer anderen Farbe dargestellt ist.

**geschnitten,** *geschrägt, durchzogen*: schrägrechts geteilt. Vgl. schräg.

**geschränkt:** soviel wie *gelegt,* d. h. in einer bestimmten Richtung in den Schild gelegt. Viele Heroldsbilder und teilweise auch gemeine Figuren können in den Wappendarstellungen g. erscheinen. So zeigt z. B. das Wappen der sächsischen *Grafen Vitzthum von Eckstädt* in Gold zwei rote Pfähle mit einem darüber g.en silbernen Balken. Auch die roten ↑ Kurschwerter im sächsischen und pappenheim'schen Wappen (vgl. Abb. bei Kurschwerter) werden als g. bezeichnet. Als g. wird auch ein doppelter, teilweise übereinandergelegter Löwenschwanz angesprochen. Abb.

**geschränkte Farbe,** *verschränkte Farbe*: in älteren Diplomen bzw. Wappenbriefen und Blasonierungen Bezeichnung für ↑ abwechselnde Tinktur (↑ verwechselte Farben).

**geschuht: 1.** ↑ gehuft. – **2.** ↑ chaussé.

**geschunden:** altheraldischer Ausdruck für einen rot tingierten Wolf.

**geschuppt: 1.** Ausdruck für angedeutete Schuppen auf einem Heroldsbild in der gleichen Bedeutung wie *mit Schuppen belegt.* Der Begriff g. darf nicht mit ↑ ausgeschuppt verwechselt werden. Er wird besonders bei

Fischen, Drachen und bei den Schwänzen fischgeschwänzter Figuren – manchmal auch mit abweichender Tinktur – gemeldet. Mitunter steht g. auch für ↑ schwarzgeschuppt. Man unterscheidet zwischen nach innen und nach außen dargestellten Schuppen. Veraltete Bezeichnungen für g. sind *gekrauset* und *gekraust*.
**2.** heraldisches Dessin, das aus schuppenförmigen Segmenten besteht und in den verschiedensten heraldischen Tinkturen vorkommen kann. Abb.

**geschwänzt:** Vogel, der mit einem andersfarbigen Schwanz dargestellt ist.

**geschweifte Spitze:** das Heroldsbild ↑ Spitze mit ein- oder mehrfach geschweiften Begrenzungslinien. Abb.

**Gesellschaftswappen:** nur Gesellschaften, Parteien und anderen juristischen Personen, nicht aber deren einzelnen Mitgliedern zustehende Wappen. Zu den schon in der frühen Zeit auftauchenden G. gehören auch die Wappen der Zünfte, Universitäten, Fakultäten sowie die der adligen Genossenschaften und Turniergesellschaften. Bei letzteren durften die einzelnen Mitglieder zwar nicht mit den Wappen siegeln, konnten sie aber an ihrem Wappenhelm als ↑ Halskleinod anbringen.

**gesenkt:** dreistrahliger Stern, bei dem nur zwei Strahlen in die Höhe gerichtet sind. Vgl. untergehend.

**gesotten:** in einigen älteren heraldischen Werken für einen rot tingierten Krebs verwendeter Ausdruck.

**gespalten,** *ablang geteilt*: Schild oder gemeine Figur, der bzw. die durch einen oder mehrere senkrechte Schnitte in zwei oder mehr Plätze geteilt wird. Bei einem zweimal g.en Schild müssen alle drei entstehenden Plätze eine andere Tinktur haben. Wären die äußeren Plätze von einer Farbe, würde das Heroldsbild ↑ Pfahl entstehen. In der Regel haben bei einer zweimaligen Spaltung die einzelnen Plätze eine Breite von einem Drittel der gesamten Schildbreite. Bei mehr Spaltungen verringert sie sich proportional. Spaltungen haben immer eine ungerade Anzahl von Spaltungslinien. Nach den heraldischen Farbgesetzen muß immer

*geschuppt (links)*
*geschweifte Spitze (rechts)*

*gespalten (links)*
*gesparrt (rechts)*

*gespalten und halbgeteilt (links)*
*gespalten und schräggeviert (rechts)*

*Gestückter Bord (links)*
*Gestürzter Halbmond (rechts)*

eine Farbe neben einem Metall stehen. Eine siebenmalige oder höhere Spaltung wird als *senkrecht gestreift* angesprochen. Abb.

**gespaltene Eisenhütlein:** Sonderform der ↑ Eisenhütlein, bei der die Eisenhütchen in der Mitte gespalten und mit verwechselten Tinkturen erscheinen.

**gespalten und halbgeteilt:** gespaltener Schild, dessen linke oder hintere Hälfte überdies noch in der Mitte geteilt ist. Abb.

**gespalten und schräggeviert:** durch Spaltung und schräge ↑ Quadrierung bewirkte Schildteilung. Abb.

**gesparrt:** durch mehrere parallellaufende, übereinander gesetzte Spitzen bewirkte Schildteilung. Es ergeben sich dabei den Teilungen und Spaltungen analoge Bilder. Bei zwei Spitzen und drei Tinkturen entsteht der g. Schild. Zwei Tinkturen, bei der der oberste und unterste Platz dieselbe Farbe haben – der mittelste erscheint als abweichend tingierter Winkelbalken – bilden den ↑ Sparren. Durch eine ungerade Anzahl von Spitzenlinien übereinander entsteht der drei-, fünf-, oder siebenmal g. Schild, bei gerader Anzahl halb soviel Sparren. G. Schilde können auch mit verwechselten Tinkturen (↑ verwechselte Farben) vorkommen. Abb.

**gespiegelt:** Flügel eines Schmetterlings, die buntgefleckt oder mit andersfarbigen Augen erscheinen. Andere Figuren mit einer solchen bunten Färbung werden mitunter ebenfalls als g. angesprochen.

**gespießrutet:** altheraldische Bezeichnung für einen mit mehreren Stäben oder Ruten überzogenen Schild (vgl. Pfahlfaden).

**gespießt:** runde, auf die Spitze einer Waffe gesteckte Gegenstände.

**gespindelt:** in älteren heraldischen Werken Ausdruck für ↑ geweckt.

**gespitzt:** ↑ Pfahl, dessen Ende in einer Spitze ausläuft. Bei der Blasonierung muß besonders gemeldet werden, ob er oben oder unten g. ist. Ersterer wird als *haupt-(Palisade)*, letzterer als *fuß-g.er Pfahl (gestürzte Palisade)* angesprochen.

**gespitzter Sparren:** unkorrekte Bezeichnung für ↑ Sparren.

**gespitzte Seiten:** Schild oder Feld, in das auf beiden Seiten zwei flache Dreiecke ragen.

**gesprenkelt:** im 18. Jahrhundert mißverstandener Ausdruck für damaszierte Schild- bzw. Feldflächen in den Wappen. Vgl. Damaszierung.

**geständert:** durch ↑ Ständerung geteilter Schild.

**Gestäng** ↑ Hirschgeweih.

**gestänget** ↑ gehörnt.

**gesteint: 1.** ↑ geweckt. – **2.** ↑ gerautet.

**gestellt:** Ausdruck für eine besondere Stellung der Wappenfiguren innerhalb des Schildes oder Feldes.

**gestengelt:** Blume oder Pflanze, deren Stengel in einer anderen Farbe erscheint.

**gestickt:** Verzierungen, die den Eindruck einer Stickerei erwecken.

**gestielt:** mit Stiel und Laubblättern versehene Rose.

**gestückt,** *zusammengesetzt*: aus verschiedenen Tinkturen zusammengesetzte Figur, so daß die einzelnen Stücke abwechselnd aus Metall und Farbe bestehen. Diese Art der Darstellung kann bei Heroldsbildern, gemeinen Figuren und auch bei Schildrändern vorkommen. Abb.

**gestuft** ↑ abgestuft.

**gestümmelt:** gemeine Figuren, hauptsächlich Tiere, denen ein oder mehrere Teile fehlen, z. B. Zähne, Klauen, Zunge oder Schnabel. Vgl. Merlette, geschändet.

**gestürzt,** *abwärts gekehrt, niederwärts gekehrt, umgestürzt*: Figur, deren oberer Teil nach unten gekehrt dargestellt ist. Abb.

**gestürzte Deichsel** ↑ Göpel.

**gestürzte Deichselteilung:** ältere Bezeichnung für ↑ Göpelteilung.

**gestürzter Flug** ↑ Flug.

**gestürzter Halbmond** ↑ Halbmond, Abb. bei gestürzt.

**gestürzter Schild:** kopfstehender Wappenschild. Der hauptsächlich auf Grabsteinen vorkommende g. S. sollte symbolisieren, daß der Verstorbene der Letzte seines Geschlechtes war.

**gestürzter Turm** ↑ Dorn des Türschlosses.

**gestürztes Pfahlfeh** ↑ Pfahlfeh.

**gestutzt:** Heroldsbild, dessen Spitze abgeschnitten ist. Abb.
**geteilt,** *gequert*: Schild oder gemeine Figur, der bzw. die durch einen oder mehrere waagerechte Querlinien in zwei oder mehr Plätze unterteilt wurde. Der g. Schild entsteht durch eine, der zweimal g. durch zwei Querlinien. Bei letzterem müssen jedoch die einzelnen Plätze verschiedene Tinkturen aufweisen, sonst würde der Eindruck eines ↑ Balkens entstehen. Teilungen werden demnach nur durch eine ungerade Anzahl von Querlinien gebildet; bei gerader erscheint dann die halbe Anzahl Balken. Auch hier müssen sich nach der heraldischen Farbregel immer Farbe und Metall abwechseln. Abb.
**geteiltes Schildhaupt:** das Heroldsbild ↑ Schildhaupt, das in zwei gleich große Plätze geteilt ist.
**geteilt und halbgespalten:** Schild oder Feld mit einer Querteilung und einer Spaltung in der unteren Hälfte. Abb.
**geteilt und schräggeviert:** durch Teilung und schräge ↑ Quadrierung bewirkte Schildteilung. Abb.
**getoret:** Bezeichnung für ein in einer anderen Farbe dargestelltes Mauer- oder Turmtor.
**geviert,** *geviertet, Quadrierung*: Schild oder Feld, der bzw. das durch eine Längs- und eine Querlinie in vier gleichgroße Plätze geteilt ist. Die übereckliegenden Plätze müssen immer die gleiche Tinktur haben. So ist z. B. das Stammwappen des *Hauses Hohenzollern* schwarzweiß g. Relativ selten gibt es auch g. Wappen, die drei bis vier verschiedene Tinkturen aufweisen. Soll damit eine Zusammenfassung verschiedener Wappen ausgedrückt werden, so spricht man meist von einer ↑ Quadrierung (2.). Abb.
**gewäffet:** Bezeichnung eines Ebers oder Elefanten, dessen Hauer bzw. Stoßzähne in einer anderen Farbe dargestellt sind. Fehlen die Hauer bzw. Stoßzähne, so spricht man von *un-g.*
**gewaffnet:** Tier, das Waffen trägt oder hält.
**geweckt,** *gespindelt, gesteint*: Ausdruck für einen Schild oder ein Feld, auf dem weckenoder spindelförmige Teilungen angebracht sind. Die Anzahl der ↑ Wecken oder Spindeln wird nicht gemeldet.
**Gewehr: 1.** veralteter und unkorrekter Ausdruck für ↑ Bewehrung.
**2.** besonders im Wappenwesen des 19. Jahrhunderts häufig vorkommende gemeine Figur. So erscheinen z. B. zwei G. im Wappen der 1804 in Preußen geadelten *Familie von Schultz.* Ein Zündnadel-G. befindet sich im Wappen des 1864 geadelten Erfinders dieser Waffe, *von Dreyse.*
**gewellt** ↑ geflutet.
**gewendet,** *gekehrt*: Bezeichnung für die Stellung eines oder mehrerer Schilde sowie für die Stellung der Wappenfiguren oder deren einzelnen Teile. Bei der Blasonierung muß immer angegeben werden, ob diese nach rechts oder links g. sind.
**Gewitter:** seltene gemeine Figur. G. werden meist durch stilisierte Wolken, aus denen Blitze oder Flammen hervorbrechen, dargestellt. Als redendes Wappenbild erscheint ein G. über einem Dreiberg (↑ Berg) auf dem Wappen der *Familie von Donnersberg.* Abb.
**gewöhnliche Stellung:** Bezeichnung für drei Figuren im Schild oder Feld, von denen zwei oben und eine darunter sichtbar ist. Diese Figurenstellung resultiert aus den mittelalterlichen Dreieckschilden, auf denen wegen ihrer Form keine andere Darstellung möglich war. Erscheinen drei Figuren in umgekehrter Anordnung, so spricht man sie als *im verkehrten Dreieck* an. Abb.
**gewöhnliche Stücke:** in älteren Wappenbüchern, z. B. bei ↑ *Trier*, Bezeichnung für den Wappenhelm sowie das Helmkleinod. Vgl. wesentliche Stücke.
**gewökelt** ↑ gewölkt.
**gewölbt:** seltener Ausdruck für ↑ geflutet. Vgl. Wellenschnitt.
**gewölkt,** *gewökelt*: in der älteren heraldischen Literatur für *durch Wolkenlinien begrenzt* (↑ Wolkenlinie) verwendeter Ausdruck.
**gewundenes Kreuz** ↑ Seilkreuz.
**gewürfelt** ↑ geschacht.
**gezackt:** gleichbedeutend mit in Zacken verlaufend (↑ Spickel).
**gezaddelt:** ↑ Helmdecken, deren Ränder

*geteilt*

*geteilt und halbgespalten (links)*
*geteilt und schräggeviert (rechts)*

*Gestutzter Sparren*

*Rot-silbern gevierter Schild, umgeben von einem schwarzen Bord (links)*
*Drei Sterne in gewöhnlicher Stellung (rechts)*

*Gewitter*

rund, blattartig oder spitz ausgeschnitten sind. Diese Form der Helmdecken war besonders im 14./15. Jahrhundert üblich.

**gezähnelt: 1.** ↑ gezahnt. – **2.** ↑ Spitzenteilung.

**gezahnt,** *gezähnelt*: **1.** mittelgroße oder kleinere, von den Seiten eines Heroldsbildes ausgehende Spitzen. Vgl. gefischereckt. **2.** Tiere, deren Zähne eine andere Tinktur haben. – **3.** ↑ Spitzenteilung.

**geziegelt:** seltener Ausdruck für ↑ geschindelt.

**gezieret:** ältere Bezeichnung für einen Löwen, dessen Geschlechtsteil in einer anderen Farbe dargestellt ist.

**gezimiret:** sehr alter, schon von den Minnesängern verwendeter heraldischer Ausdruck für *mit dem Helmkleinod geschmückt.* Vgl. Helmkleinod.

**gezinnet** ↑ gedeckt.

**gezinnt** ↑ Zinne.

**gezogene Granate:** unheraldisches, vor allem in der preußischen Heraldik des 19. Jahrhunderts vorkommendes Wappenbild. So wurden z. B. auf Wunsch des 1871 geadelten *von Himpe* g. G. in sein Wappen aufgenommen. Bezeichnend ist die gewollte, spitzfindige Blasonierung. Die vorn befindliche, zuckerhutförmige, steigende Granate wurde als preußische, die hintere, fallende, also einschlagende, als französische angesprochen. Dieser heraldische Unsinn wurde schon von ernsthaften zeitgenössischen Heraldikern kritisiert.

**gezüngelt** ↑ gezunget.

**gezunget:** Wappentier, dessen ausgestreckte bzw. ausgeschlagene Zunge andersfarbig tingiert ist. Bei kleineren Tieren spricht man von *gezüngelt.*

**Ghibellinische Zinne:** eine an der Oberkante schwalbenschwanzförmig eingekerbte Mauerzinne.

**Giebel: 1.** ↑ Schildhaupt. – **2.** ↑ Sparren. – **3.** ↑ Hausgiebel.

**Gilde der Zürcher Heraldiker:** im Jahre 1930 gegründete heraldische Gesellschaft der Stadt Zürich.

*Publikation*

Die Wappen der Zünfte der Stadt Zürich. Zürich 1936

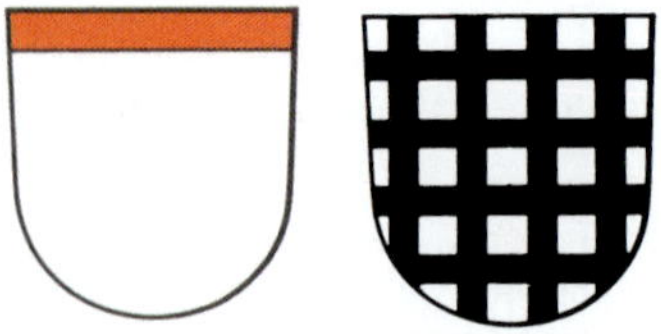

*Gipfel (links) · Gitter (rechts)*

**Gilgen:** alte, auch in der Heraldik verwendete Bezeichnung der Lilie.

**Gipfel:** ↑ Schildhaupt, das deutlich unter einem Drittel der gesamten Schildhöhe bleibt. Gewöhnlich beträgt die Höhe des G. ein Sechstel der Schildhöhe. Abb.

**Gitter,** *liegendes Gitter, Netz*: Heroldsbild, das durch mehrere waagerechte und senkrechte Teilungslinien entsteht. Liegen diese besonders eng aneinander, so spricht man es als *eng gegittert* an. Vgl. gegittert. Abb.

**Gitterkreuz:** Kreuzform, die aus mehreren schmalen Stäben gebildet wird, die an ihren Kreuzungsstellen verflochten sind.

**gleichgewendet:** Wappenfiguren, die nach ein und demselben Schildrand gerichtet sind.

**Gleve: 1.** Lanze mit lilienförmigen Speereisen, heraldisch Ausdruck für den oberen Teil einer Wappenlilie.
**2.** im Rheinland gebräuchlicher heraldischer Ausdruck für die Lilie.

**Glevenrad** ↑ Lilienzepterstern.

**Glevenspitze:** Lanzenspitze in Form einer halben Lilie. Hieraus entstand wahrscheinlich das Glevenrad (↑ Lilienzepterstern).

**Globus:** gemeine Figur, die mit eingezeichnetem Äquator und Breiten- und Längengraden dargestellt wird. Im Staatswappen von Brasilien befindet sich ein angedeuteter Himmels-G. (Kreuz des Südens). Vgl. Armillarsphäre.

**Glocke: 1.** gemeine Figur. Eine zersprungene G. befand sich z. B. im Wappen der Scharfrichterfamilie von Paris, *Sanson*, die dieses Amt von 1688 bis 1847 ausübte. Diese Darstellung zählt zu den ↑ onomatopoetischen Wappen [franz. sans son, ohne Klang]. G. befinden sich z. B. in den Stadtwappen von Lüdingshausen (Westfalen), Franeker (Friesland) und von Mindelheim (Württemberg). – **2.** ↑ Bart.

**Glocken** ↑ Wolkenlinie.

**Gloucester** ↑ Herald's College.

**Gnadenwappen,** *Begünstigungswappen*: Wappen, die dem betreffenden Inhaber als Zeichen besonderer kaiserlicher oder landesherrlicher Gunst als Auszeichnung verliehen wurden. So bekamen z. B. bereits adlige Personen oder Geschlechter bei Standeserhöhungen den kaiserlichen Adler oder das landesherrliche Stamm- oder Hauptwappen in ihren bereits geführten Wappenschild. Bisweilen erhielten sie statt des vollständigen Kaiseradlers nur einen halben. Als Symbol der Grafenwürde wurde in einigen Fällen ein zusätzlicher Löwe verliehen. *Fürst Blücher* und *Neidhardt von Gneisenau* z. B. erhielten bei ihren Standeserhöhungen vom preußischen König das Recht, den schwarzen Adler, das Wappenbild Preußens, in ihren Wappen zu führen. Der König von Bayern verlieh dem *Fürsten von Eichstätt,* späteren *Herzog von Leuchtenberg,* einen blauen Mittelschild mit einer goldenen Krone als *Gnadenzeichen.* Vgl. Abb. bei Roßstirnschild.

**Gnadenzeichen** ↑ Gnadenwappen.

**Gnostikerkreuz** ↑ Swastika.

**GOD'S WILL FIRST** [engl., Gottes Wille zuerst]: Wahlspruch unter dem Wappen der Republik Nauru.

**Goeckingk,** Heinrich von: 1846/1927, königlich preußischer Oberleutnant, Heraldiker. Zwischen 1878 und 1880 verfaßte G. viele Abhandlungen über Heraldik. 1882 erarbeitete er den Abschluß des Bandes «Abgestorbener Adel Nassaus» zum ↑ Neuen Siebmacher.

*Werk*

Geschichte des Nassauischen Wappens. Görlitz 1880

**Goeschen,** Oskar: 1824/1900, Gutsbesitzer, Heraldiker. Der Autor verfaßte unter dem Pseudonym *Pusikan* ein Werk «Über die Bedeutung der Wappenfiguren». Seit 1880 war er Mitarbeiter am ↑ Neuen Siebmacher (Band Kärnten).

*Werk*

Die Helden von Sempach. Wappendarstellung. Zürich 1886

**Goldadler:** anderer Name des Wappenadlers der Vereinigten Staaten von Amerika. Vgl. Weißkopf.

**Goldenes Vlies** ↑ Orden vom Goldenen Vlies.

**Goldhermelin:** deutsche Bezeichnung des vor allem in der englischen Heraldik vorkommenden Schildmusters ↑ erminoys.

**Golp** ↑ Kugeln.

**Gonfaloniere della Chiesa** [ital., Fahnenträger der Kirche]: von den Päpsten verliehene Würde, die auch heraldisch durch den in das jeweilige Familienwappen aufgenommenen päpstlichen Schirm (vgl. Ombrellino) ausgedrückt wurde, z. B. seit 1545 im Wappen der *Herzöge von Parma,* die dieses Zeichen beibehielten.

**Gonfanon** ↑ Fahne.

**Göpel,** *Göppel*: Bezeichnung für ein gestürztes Schächerkreuz (↑ Gabelkreuz) oder eine gestürzte ↑ Deichsel. Abb.

**Göpelteilung:** durch einen ↑ Göpel bewirkte Schildteilung. Vgl. Deichselteilung. Abb.

**Göppel** ↑ Göpel.

**Gorgonenhaupt** ↑ Medusenhaupt.

**Gösch: 1.** Bezeichnung für eine kleine ↑ Nationalflagge, Kriegsflagge oder mit dem Landeswappen versehene Flagge am Bug eines Schiffes. Die G., meist am Bug der Kriegsschiffe, in einigen Ländern auch bei Handelsschiffen üblich, wird gehißt, wenn das Schiff im Hafen ankert oder festgemacht hat.

**2.** eine von der allgemeinen Gestaltung abweichende obere Ecke am ↑ Liek einer Flagge.

**Gossenbrot'sches Familienbuch:** um 1469 entstandenes, in der Staatsbibliothek München befindliches, handgemaltes Wappenbuch. Es enthält auf 31 Blatt 85 Wappenschilde von Augsburger Patriziergeschlechtern.

**Göta-Löwe** ↑ Folkunger-Löwe.

**Gotha** ↑ Gothaische Taschenbücher.

**Gothaische Taschenbücher,** kurz *Gotha* genannt: im Verlag von *Justus Perthes* in Gotha von 1786 bis 1943 erschienene Jahrbücher, die die Stammliste und den jeweiligen Personenbestand adliger Geschlechter sowie deren Wappenbeschreibungen enthalten.

*Göpel (links) · Göpelteilung (rechts)*

Der Verleger *Justus Perthes* (1749/1816) begründete im Jahre 1785 seinen Verlag mit der zunächst pachtweisen Übernahme des Gothaischen *Hofkalenders* und seiner französischen Parallelausgabe, des *Almanach de Gotha* von der Ettingerschen Buchhandlung in Gotha. Der 23. Jahrgang der im Jahre 1763 erstmalig erschienenen Handbücher war der erste, der auf Rechnung von *Justus Perthes* hergestellt wurde. Da der Pachtvertrag bis einschließlich 1815 abgeschlossen wurde, findet sich bis dahin auf dem Titel noch der Vermerk «bei C. W. Ettinger». Schon damals erlangte das noch zierliche Büchlein Weltruf. England, Holland, Frankreich, Italien, Rußland und sogar Amerika gehörten zu seinen Verbreitungsgebieten. Die dekorativen Kupferstiche, die seinen unterhaltenden Teil schmückten, stammten zum großen Teil von dem berühmten Berliner Maler und Kupferstecher *Daniel Chodowiecki* (1726/1801). Durch einen Brief *Napoleons I.* an seinen Außenminister *de Champagny* wurde der Jahrgang 1808 beider Almanache beschlagnahmt. Der französische Kaiser kritisierte das Handbuch, weil «darin die Rede vom Grafen von Lille und dann von allen Fürsten des Bundes» sei, «als ob gar keine Veränderung in der Verfassung Deutschlands eingetreten wäre». Auch «die Namen des Hauses von Frankreich stehen darin mit unpassenden Bezeichnungen». Der Kaiser forderte eine Änderung: «Das Haus von Frankreich muß so wie im *Almanach impérial* behandelt werden; es darf nicht mehr die Rede sein vom Grafen von Lille, noch von irgendeinen deutschen Fürsten, ausgenommen die, welche durch die Statuten des

Rheinbundes bestätigt sind». Die ausführliche Geschichte dieses Handbuches befindet sich im Hofkalender der Jahre 1816, 1863 und 1913. Der Hofkalender enthält die regierenden und die vormals regierenden Häuser sowie den hohen und hochbetitelten niederen Adel. Ab 1825 erschien das *Gräfliche*, ab 1848 das *Freiherrliche Taschenbuch*. Im Jahre 1855 legte der Verlag ein «Historisch-heraldisches Handbuch zum genealogischen Taschenbuch der gräflichen Häuser» vor. Das vom damaligen Inhaber des Verlages, *Wilhelm Perthes*, bis wenige Jahre vor seinem Tode 1853 selbst bearbeitete Buch enthält die in den bisherigen Jahrgängen des Gräflichen Taschenbuches veröffentlichten historisch-genealogischen Einleitungen und Wappenbeschreibungen in alphabetischer Reihenfolge zusammengefaßt. Seit 1900 erschien dann das *Uradlige* und seit 1907 das *Adlige Taschenbuch*. Ersteres erfaßt alle in Deutschland angesessenen Mitglieder des Uradels, letzteres den alten untitulierten und den Briefadel sowie den später in Deutschland ansässigen Uradel. Die letzten G. T. wurden im Jahre 1942 verlegt. Seit 1951 wird diese Reihe unter dem Titel ↑ Genealogisches Handbuch des Adels fortgesetzt.
Neben vielen Porträts von Fürstlichkeiten und Personen des Adels zeigen die verschiedenen Jahrgänge aller G. T. etwa 200 Wappenabbildungen.

*St. Gotthard*
*im Stadtwappen von Gotha (Thüringen)*

*Literatur*
*Fritsch, T., Freiherr v.*: Die Gothaischen Taschenbücher, Hofkalender und Almanache. (Band 2 der Reihe «Aus dem Deutschen Adelsarchiv»). Limburg/Lahn 1968

**Gottesauge:** von Strahlen umgebenes Dreieck mit einem Auge darin, das in bildlichen Darstellungen das Symbol Gottes ist. Als Wappenbild ist es selten, erscheint aber z. B. über dem Wappen des US-Bundesstaates Colorado.

**Gotteslamm** ↑ Lamm Gottes.

**Gotthard,** *Godehard von Hildesheim*: christlicher Heiliger, geb. 960 als Sohn eines Pächters in Reichersdorf bei Niederaltaich, gest. 5. Mai 1038 im Moritzstift bei Hildesheim. Er erhielt seine theologische Ausbildung in der Klosterschule von Niederaltaich. Auf Fürsprache seiner Lehrer nahm ihn *Erzbischof Friedrich I. von Salzburg* (958–991) in seine Residenz. Nach seiner Rückkehr aus Salzburg trat er 990 in den Konvent von Niederaltaich ein, wurde 993 Priester und 996 Abt des Klosters. Im Jahre 1005 übernahm er auf Wunsch *Kaiser Heinrichs II.* (1002–1024) und des *Erzbischofes Willigis von Mainz* (975–1011) die Leitung der thüringischen Abtei Hersfeld. 1022 wurde er vom Domkapitel Hildesheim zum Bischof gewählt. Seine Heiligsprechung wurde auf Betreiben des Hildesheimer *Bischofes Bernhard I.* (1130–1153, gest. 1154) von *Papst Innozenz II.* (1130–1143) im Jahre 1131 verkündet. Die Verehrung des Heiligen verbreitete sich in kurzer Zeit weit über die Grenzen des Bistumes hinaus und erstreckte sich bis nach Schweden, Finnland, in die slawischen Länder und die Schweiz. Der Heilige wird meist im Bischofsgewand mit einem Kirchenmodell dargestellt. Er ist z. B. auf Münzen des Herzogtumes Modena abgebildet. Mit einem Bischofsstab in der Rechten und einem roten Buch in der Linken stellt er das Wappenbild der Stadt Gotha dar. Der wahrscheinlich wegen des Namensanklanges gewählte Heilige wurde bereits in der Mitte des 13. Jahrhunderts in das Siegel der Stadt gesetzt. Abb.

**GOTT MIT UNS:** Wahlspruch an der Kuppel des Wappenzeltes des großen Wappens

*Tumbadeckel auf dem Grabmal Kaiser Friedrichs III. (1440–1493), Wien, Stephansdom*

des Königreiches Preußen sowie am persönlichen Wappen der deutschen Kaiser von 1871 bis 1918. Der Wahlspruch ist auch die Devise des preußischen ↑ Kronenordens sowie des 1901 gestifteten Verdienstordens der Preußischen Krone.

**Grabdenkmal:** in Kirchen und auf Friedhöfen aufgestellter Stein bzw. Platte zum Andenken an einen Verstorbenen. Die Sitte, auch Wappen auf Grabmalen anzubringen, läßt sich schon im 13. Jahrhundert nachweisen. In dieser Zeit erschien jedoch nur das Wappen des Verstorbenen auf dem G. Ein Bildnis war darauf meist nicht vorhanden, der Wappenschild also der einzige figürliche Schmuck. Etwas später erscheinen Figuren, die den Schild halten. Nach und nach erscheint dann der Wappenschild getrennt von der Figur, besonders wenn diese kniend dargestellt ist. Erst seit dem 15. Jahrhundert finden sich vier Wappen, die die vier Ahnen des Verstorbenen bezeichnen und gewöhnlich an den vier Ecken des Steines angebracht sind. Auf der *Schwertseite*, d. h. links, befindet sich oben das Wappen des Vaters, darunter das der Großmutter väterlicherseits, auf der rechten Seite (*Spindelseite*) oben das Wappen der Mutter, darunter das der mütterlichen Großmutter. Teilweise wurden auch andere Anordnungen gewählt, z. B. die Wappen der Großmütter oben, die des Vaters und der Mutter am unteren Rand der Grabplatte. Wenn acht Wappenschilde vorkommen, die auf beiden Längsseiten des Steines je vier untereinander oder an beiden Längsseiten einer Tumba (sarkophagähnliches Grabmal) je vier nebeneinander gestellt sind, so beziehen sie sich auf die acht Urgroßeltern des Verstorbenen. Schon im 16. Jahrhundert kommen in einigen Fällen die 100 Jahre später häufigeren sechzehn Ahnenschilde vor, z. B. auf den Denkmälern der *Kurfürsten Friedrich III., des Weisen* (1486–1525), und *Johann des Beständigen* (1525–1532) in der Schloßkirche zu Wittenberg. Auf den Grabsteinen von Adligen, die als Letzte ihres Stammes begraben wurden, erscheint der Wappenschild umgekehrt (↑ gestürzt).

Etwa seit der Mitte des 14. Jahrhunderts befinden sich Wappen auch auf den Denkmälern geistlicher Würdenträger. In der Regel sind zwei Schilde symmetrisch angebracht, der eine mit dem Stifts- oder Amtswappen, der andere mit dem Familienwappen, die dann vom Ende des 15. Jahrhunderts an gewöhnlich in einem quadrierten Schild vereinigt wurden. Diagonal zeigen diese zweimal das Geschlechts- und das Stiftswappen. Mitunter kommen aber diese vier Felder auch als besondere Schilde vor, die dann wie die vier Ahnenwappen an den vier Ekken der Grabplatte angebracht sind. Abb. auf S. 165.

**Grabkrone:** im Mittelalter speziell für die Bestattung des Herrschers gefertigte, meist aus minderem Metall bestehende und mit Glasflüssen besetzte Krone. Die Verwendung derartiger Kronen geht wahrscheinlich auf die salischen Kaiser (1024–1125) zurück. G. gab es in England, Frankreich, Böhmen und Italien. Erhalten sind einige aus Schweden, Böhmen, Polen, Ungarn und Österreich. Mit der Überwindung des mittelalterlichen Weltbildes verschwand auch die G. An ihre Stelle traten Kopien der zu Lebzeiten wirklich getragenen Herrschersymbole.

**Grabschaufelkreuz:** ↑ gemeines Kreuz mit schaufelförmigen Kreuzenden.

**Graf** [ahdt. grafio, lat. comes]: zwischen Fürst und Freiherr einzuordnender Adelstitel. In frühmittelalterlicher Zeit waren die G.en für einen bestimmten Bezirk eingesetzte königliche Beamte mit militärischen, fiskalischen und administrativen Aufgaben. Gegen Ende des 10. Jahrhunderts entwikkelten sich aus diesen Bezirken Gebietsherrschaften. Im 12. Jahrhundert schuf der deutsche König neue G.schaften und belehnte damit Mark-, Land-, Burg- und Pfalz-G.en. Dadurch verloren die von den Territorialherren belehnten G.en ihre Zugehörigkeit zum Reichsfürstenstand. Die reichsständischen G.en waren im Reichstag des Heiligen Römischen Reiches seit 1512 in zwei, seit 1641 in drei und seit 1653 in vier «Bänken» vereinigt. Jede G.enbank hatte eine Stimme. Daneben gab es auch solche ohne Stimme. Wie bei den Fürsten unterschied man auch bei den G.en in *altreichsgräfliche* und *neureichsgräfliche Häuser*, wobei jedoch ein Grenzjahr nicht bestand. Als altreichsgräflich wurden die Familien angesehen, deren G.enstand sich bis in das frühe Mittelalter zurückverfolgen ließ, als neureichsgräflich diejenigen, denen der Titel durch den Kaiser oder von den Reichsvikaren verliehen wurde. Die einzelnen Landesherren konnten den G.entitel erst verleihen, nachdem sie souverän geworden waren.

*Literatur*

*Knescke, E. H.*: Deutsche Grafen-Häuser der Gegenwart in heraldischer, historischer und genealogischer Beziehung, 3 Bde. Leipzig 1852–1854

**Grafenbank** ↑ Ritterbank.

**Grafenkrone:** Rang- und Würdezeichen gräflicher Familien, das nur in heraldischen Darstellungen existiert. Die G. besteht aus einem goldenen, verzierten Stirnreif mit neun Perl- oder direkt auf dem Reif aufliegenden Zinken. In dieser Form war sie in Deutschland, Österreich, Frankreich, Spanien und Belgien üblich. Im zaristischen Rußland hatte die G. abwechselnd hohe und niedrigere Zinken. Grafen mit dem Prädikat «Erlaucht» führten die ↑ Erlauchtkrone. In der französischen und belgischen Heraldik kommen mitunter G. vor, die auf dem Mittel- und den beiden Seitenzinken drei Perlen aufweisen. Die selten geführte alte spanische G. ähnelt der deutschen Erlauchtkrone. Vgl. Abb. bei Fünfblatt, Tafel Rangkronen.

**Granatapfel,** *Margramapfel*: Wappenbild, das in der Regel golden, oben mit kronenförmigem Kelch und aufgesprungen, so daß die roten Kerne sichtbar sind, dargestellt wird. Ein naturfarbener G. ist z. B. das redende Wappenbild Granadas. Er erscheint auch im Wappenwesen ehemaliger spanischer Kolonien Lateinamerikas. Im Wappen der Stadt Bogotá (Kolumbien) kommt er mehrfach vor. Neun goldene befinden sich im ↑ Bord des Wappens, zwei rote werden von dem im Wappen befindlichen Adler in den Fängen gehalten. Der G. im Staatswappen von Kolumbien erinnert daran, daß Kolumbien ein Teil des spanischen Vizekönigreiches Neu-Granada war. Der G. wurde auch als Symbol der Barmherzigkeit angesehen. Deshalb bildet er auch das Wappenbild des Ordens der Barmherzigen Brüder.

Ist die Öffnung des aufgesprungenen G. von anderer Farbe, so spricht man ihn als *geöffnet* an.

**Granate:** als oben brennende Kugel dargestelltes Wappenbild. Die G. waren in der Heraldik des 18. und 19. Jahrhunderts besonders beliebt. Im Wappen der *Grafen von Schmettow* z. B. befindet sich eine G. auf einem Kugelhaufen. Vgl. Zündgranate. Abb.

*Granate*

**Grapen:** ein ins offene Feuer zu stellender Kessel mit Füßen. Das besonders in der pommerschen und ostpreußischen Heraldik beliebte Wappenbild findet sich z. B. als redendes Wappen der pommerschen *Familie von Grape.*

**Grass,** August, Freiherr von: 1819/1880, Oberforstmeister, Heraldiker. G. war von 1856 bis 1882 Mitarbeiter am ↑ Neuen Siebmacher.

**Grauwerk** ↑ Kürsch.

**Greif** [lat. gryphus]: aus der Antike stammendes Fabeltier mit einem Adlerkopf, Krallenfüßen, Flügeln und dem Körper eines Löwen. Nach ursprünglicher Vorstellung war der G. nicht halb Adler und halb Löwe, sondern halb Adler und halb Stier. Als Symbol des Sehertums war er das Attribut des griechischen *Apollon.* Wahrscheinlich ist Indien die Heimat dieses Fabeltieres. Von dort gelangte es über Griechenland nach Europa und wurde vermutlich durch die Kreuzfahrer in das Wappenwesen eingebracht. Die Menschen des Mittelalters glaubten an das wirkliche Vorkommen des G.en, was wahrscheinlich auch seine Häufigkeit in der Heraldik erklärt. Als Wappentier erschien er zuerst in Mecklenburg und Pommern (z. B. Städte Greifswald, Rostock, Stargard) gegen Ausgang des 12. Jahrhunderts. In Polen wurde er einem ganzen Wappenstamm (*Gryph*) zum Symbol. In ↑ Conrad Grünenbergs Wappenbuch ist der G. u. a. als Fantasiewappenbild des *Judas Maccabeus* enthalten.

Außer als Wappenbild tritt der G. auch oft als Schildhalter auf, so z. B. am Wappen des Großherzogtumes Baden und bis 1918 am kaiserlich österreichischen Wappen. Abb.

**Gremialwappen:** in Österreich Bezeichnung der Wappen einiger Berufsvereinigungen (Gremium im österreichischen Sprachgebrauch auch für Berufsvereinigung). So benutzt z. B. die Bibliothek des Wiener Apotheker-Hauptgremiums ein Exlibris mit dem von *Kaiser Franz I.* (1804–1835) verliehenen G., das von dem Wiener akademischen Maler *August Steininger* nach dem alten Gremialsiegel entworfen wurde. Der mit einer Blätterkrone gekrönte Schild trägt im schwarzen Schildhaupt die silbernen Initialen des Wappenstifters «F. I.». Der silbern-rot geteilte Schild zeigt rechts eine Mohnpflanze, als Vertreter der Heilkräuter, links ein Destilliergefäß mit Alembik. Als ↑ Schildhalter fungieren zwei Wilde Männer, einer mit Aeskulapstab, der andere, von einer Eule begleitet, hält eine Schale mit dampfendem Heiltrank.

**Grenser,** Alfred: 1838/1891, Buchhändler und Heraldiker in Wien. G. war Mitarbeiter am ↑ Neuen Siebmacher. Sein Werk «Zunft-Wappen und Handwerker-Insignien. Eine Heraldik der Künste und Gewerbe», Frankfurt 1889, enthält in alphabetischer Anordnung die einzelnen Handwerkszweige, historische Angaben über die Zünfte der verschiedenen Städte mit der Beschreibung ihrer Wappen und Insignien.

*Werke*

Die Lilie in der Heraldik, in: Zeitschrift des Vereins «Adler». Wien 1873

Die Wappen der infulierten Pröpste von Klosterneuburg in Niederösterreich. Wien 1874

Die Wappen der Äbte von Melk in Niederösterreich. Wien 1876

Die National- und Landesfarben von 150 Staaten der Erde. Frankfurt/Main 1881

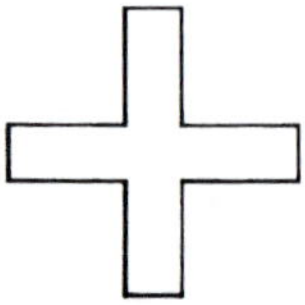

*griechisches Kreuz*

*Greif*
*im Stadtwappen von Ribnitz (Mecklenburg)*

**griechisches Kreuz:** aus dem ↑ gemeinen Kreuz durch geringe Verkürzung der Arme entstandenes Kreuz. Einige Heraldiker des 17. Jahrhunderts bezeichnen es auch als *abgekürztes Kreuz*. Ein weißes g. K. auf blauem Grund ist das Staatswappen von Griechenland. Abb.

**Grießwärtel,** *Stäbler*: Helfer der mittelalterlichen Turniere, die mit Stangen ausgerüstet für die Sicherheit der Zuschauer und Kämpfer zu sorgen hatten, indem sie erstere am Überschreiten der aufgestellten Schranken bzw. Brüstungen, letztere an Überschreitungen der Regeln hinderten.

**grimmen** ↑ zum Grimmen geschickt.

**grimmig:** Eber oder Wildschwein in aufrechter Stellung.

**Grind:** Ausdruck für die bisweilen noch an Geweihen befindliche Schädeldecke. Vgl. Hirschgeweih.

**Gritzner,** Erich: 1874/1963, königlich sächsischer Oberregierungsrat, später Heroldsmeister in Dresden. G. publizierte mehrere Werke über Heraldik, z. B. «Heraldik» (in Meisters Grundriß der Geschichtswissenschaft, Band 1), Leipzig 1912, «Symbole und Wappen des alten deutschen Reiches», Leipzig 1902.

**Gritzner,** Maximilian: 1843/1902, Kanzleirat im preußischen Ministerium des Innern, Heraldiker. Nach seiner Verwundung im Feldzug 1866 trat der aus der Armee entlassene königlich preußische Premierleutnant a. D. in den preußischen Verwaltungsdienst und war zuletzt Bibliothekar des Ministeriums des Innern. Umfangreiche Studien auf den Gebieten der Heraldik, Genealogie und Ordenskunde fanden in vielen von ihm geschaffenen Werken ihren Niederschlag. Seine Publikationen auf dem Gebiet der Heraldik gehören zu den bedeutendsten der modernen wissenschaftlichen Wappenkunde und haben noch heute volle Gültigkeit. Der Hauptverdienst von G. besteht in der Schaffung einer für das deutschsprachige Gebiet einheitlichen heraldischen Terminologie.

*Werke*

Standeserhebungen und Gnadenakte deutscher Landesfürsten während der letzten drei Jahrhunderte. Görlitz 1881

Das Wappen der Herzöge von Schleswig-Holstein. Berlin 1888

Handbuch der heraldischen Terminologie. Nürnberg 1890

Handbuch der Ritter- und Verdienstorden aller Kulturstaaten der Welt innerhalb des XIX. Jahrhunderts. Leipzig 1893, Reprint Leipzig 1981

Landes- und Wappenkunde der Brandenburgisch-Preußischen Monarchie. Berlin 1894

Geschichte des Sächsischen Wappens, in: Vierteljahresschrift für Wappen-, Siegel- und Familienkunde, 29. und 30. Jg. Berlin 1901/1902

**groß ausgespitzt:** ältere Bezeichnung für ↑ eckig gezogen.

**große Raute:** das ganze Feld ausfüllende ↑ Raute.

**großes Comitat** ↑ Hofpfalzgraf.

**Großfeh:** Darstellung des heraldischen ↑ Pelzwerkes mit weniger als drei Pelzstükken.

**Großfürst:** im alten Rußland ursprünglich Herrschertitel, z. B. G.en von Moskau, Kiew, Nowgorod. Seit dem 18. Jahrhundert Titel der Mitglieder des russischen Kaiserhauses. Der Herrscher von Litauen und nach der Union mit Polen 1385 auch die polnischen Könige trugen den Titel eines G.en.

Nach der Erhebung von Siebenbürgen zu einem G.entum 1765 durch *Maria Theresia* (1740–1780) führten auch die habsburgischen Könige von Ungarn den G.entitel. Für Siebenbürgen wurde auch eine spezielle G.enkrone geschaffen. Die heraldische Krone hatte zwei Bügel, die eine mit einem goldenen Netz bedeckte Purpurmütze überspannten, darauf ein Kreuz mit lilienförmigen Enden.

**Großherzog** [lat. magnus dux]: zwischen

*Wappen des Großherzogtumes Hessen und bei Rhein um 1890 mit dem «bunten Löwen» im Schild. Unter dem Wappen hängen von (heraldisch) rechts nach links folgende Orden: ↑ Ludwigsorden, ↑ Hausorden vom goldenen Löwen und ↑ Philippsorden*

König und Herzog einzuordnender Titel des Hochadels. Der Titel G. wurde erstmals im Jahre 1569 dem *Herzog Cosimo I. von Toskana* (1536–1574) aus dem *Hause Medici* vom Papst verliehen. *Napoleon I.* ernannte im Jahre 1806 seinen Schwager, *Marschall Murat*, zum G. von Berg. Ebenfalls durch Napoleon erhielten 1806 der Landgraf von Hessen-Darmstadt, der Kurfürst von Baden, der Bischof von Würzburg und 1810 der Fürstprimas des Rheinbundes den G.stitel. Wegen ihrer antinapoleonischen Haltung erhielten die Landesherren von Oldenburg (wurde 1829 G.tum), Sachsen-Weimar-Eisenach, Mecklenburg-Schwerin und Mecklenburg-Strelitz durch den Wiener Kongreß 1815 das Recht, den Titel G. zu führen. Auch Luxemburg wurde 1815 G.tum und hat noch heute diesen Status. Abb.

**Großherzogskrone:** Rang- und Würdezeichen der Großherzöge. Die G. besteht aus einer goldenen, mit acht Spangen (fünf sichtbar) versehenen Krone, in der sich eine niedere Purpurmütze befindet. Sie konnte auch von den Kronprinzen einiger Königshäuser geführt werden. In Belgien, Dänemark, Schweden und Norwegen (bis 1910 auch in Portugal) erscheint sie als Königskrone. Außerdem befindet bzw. befand sie sich noch in den Staatswappen von Anhalt, Braunschweig, Bulgarien, Luxemburg, Monaco, Reuß ältere und jüngere Linie, Sachsen-Meiningen und Sachsen-Coburg und Gotha. Vgl. Tafel Rangkronen.

**Großkreuz:** höchste Stufe eines Hausordens oder Verdienstordens, mitunter auch Damenordens. Das G. wird gewöhnlich an einem breiten Ordensband über der rechten Schulter und linken Hüfte bzw. in einigen Fällen über der linken Schulter und rechten Hüfte getragen. Der dazugehörige Ordensstern kann im Gegensatz zum Kreuz auch allein getragen werden. Zu einigen G.en gehört eine Ordenskette (vgl. Kollane), die in der Regel bei feierlichen Anlässen verwendet wird.

**Großmeister:** Oberhaupt der geistlichen und weltlichen Ritterorden, der Hof- und Hausorden sowie der späteren Verdienstorden. Bereits im Mittelalter übernahmen die Landesherren nach und nach die G.würde verschiedener ↑ Ritterorden, machten sie in ihrer Familie erblich und brachten sie somit in dynastische Abhängigkeit. Bei den später gestifteten Hausorden und Verdienstorden war die G.würde in der Regel immer mit der Person des Landesherren verbunden. In dieser Eigenschaft führten bzw. führen sie die betreffenden Orden auch meist unter ihrem ↑ Majestätswappen bzw. unter dem Staatswappen.

**Groyr,** *Krayir*: in der heraldischen Kunstsprache des Mittelalters vorkommender, bereits seit Jahrhunderten verschollener Begriff, dessen Bedeutung heute nicht mehr sicher zu ermitteln ist. Wahrscheinlich war mit dem Ausdruck G. der Helmschmuck bzw. das Helmkleinod gemeint.

**Grund:** Bezeichnung für einen besonders schmalen ↑ Schildfuß. Abb.

*Grund (links) · Gugel (rechts)*

**Grünenberg,** Conrad: gestorben wahrscheinlich 1494, Baumeister und Bürgermeister in Konstanz, Heraldiker. Aus Konstanzer Geschlecht stammend, wurde G. das erste Mal 1442 als Baumeister im Dienste der Stadt Konstanz erwähnt. Ab 1454 war er Mitglied des großen, ab 1462 des kleinen regierenden Rates. Dreimal berief ihn die Stadt zum Bürgermeister. Im Jahre 1465 nannte ihn *Kaiser Friedrich III.* (1440–1493) seinen Diener und verlieh ihm gemeinsam mit seinem Bruder Hans die «Gnade», daß sie sich beide der Freiheit bedienen dürfen, wie sie der ↑ Geschlechtergesellschaft «Zur Katze» in Konstanz zustand. Seit 1468 führte G. den Rittertitel und unternahm am 22. April 1486 eine 22 Wochen dauernde Wallfahrt nach Palästina. Auf dieser Reise wurde er wahrscheinlich Ritter des Ordens vom Heiligen Grabe und des Schwertordens von Famagusta, deren Abzeichen neben dem der Stola Amprisia (ein um 1450 von *König Alfons V. von Aragon* [1416–1458] gestifteter weltlicher Ritterorden) und dem Kleinod des habsburgischen St. Georgsordens sein Wappen zieren. Um 1494 wird er in den zeitgenössischen Berichten als «tot» bezeichnet. G. beschäftigte sich mit der Heraldik und benutzte alle ihm zugänglichen Quellen für sein Wappenbuch, das die vollendete Sachkenntnis des Autors zeigt. Vgl. Conrad Grünenbergs Wappenbuch.

**Grünwald'sches Wappenbuch:** um 1470 entstandenes, handgemaltes Wappenbuch; im Besitz des Bayrischen Nationalmuseums in München. Es enthält auf 144 Seiten 48 blattgroße Vollwappen und 467 einzelne Wappenschilde. Dargestellt sind die Wappen des Kaisers, einiger Könige, Herzöge und Päpste, die von geistlichen Würdenträgern, Kurfürsten und Angehörigen des Hochadels, des fränkischen, bayrischen und schwäbischen Adels, der Reichsstädte sowie Wappen Nürnberger und Augsburger Geschlechter.

**Gruppen, heraldische:** Zusammenstellung mehrerer Einzelwappen, wie sie sich z. B. bei ↑ Ehewappen oder bei denen der Geistlichen ergab. Dieser Begriff darf jedoch nicht mit den ↑ Wappengruppen verwechselt werden. Die h. G. wechseln stets mit der Person des Wappenführers, während die auch zu diesem Begriff zu zählenden, oft sehr felderreichen Fürsten- und Adelswappen einer regelmäßigen Veränderung nicht oder nur selten unterworfen sind. Vgl. Gesamtwappen.

**Gryph** ↑ Greif.

**Guardian** ↑ Abt.

**Guelphenorden:** am 12. August 1815 von dem Prinzregenten und nachmaligen *König George IV.* (1820–1830) von Hannover und Großbritannien gestifteter, zweithöchster Orden des Königreiches Hannover. Die ersten drei Klassen des fünfklassigen Ordens waren mit dem persönlichen Adel sowie der damit verknüpften Hoffähigkeit verbunden. Das Ordenszeichen besteht aus einem goldenen achtspitzigen Kreuz mit kleinen Kugeln an den Kreuzspitzen und goldenen Löwen zwischen den Kreuzarmen. Das Medaillon der Vorderseite zeigt das ↑ Welfenroß auf rotem Grund, darum die Ordensdevise NEC ASPERA TERRENT [lat., selbst Beschwerden schrecken mich nicht] auf Blau innerhalb eines grünemaillierten Eichenkranzes. Der Orden befand sich neben dem St. ↑ Georgsorden (1.) manchmal unter dem Wappen des Königreiches Hannover.

**Guesclin,** Bertrand du: französischer Herold um 1370.

**Gugel** [lat. cucullus, Kapuze]: von den Rittern und Bürgern des Mittelalters bei Regenwetter und in der Nacht getragene, kapuzenähnliche Kopfbedeckung. Die Ansicht, daß die als Wappenbild seltene G. nur den Hofnarren zukommt, ist historisch unkorrekt. Im alten Siegel der Stadt München befindet sich z. B. ein Mönchskopf mit G. Die württembergische Stadt Güglingen führt die G. als redendes Wappenbild. Abb.

**Gumbertus,** *Guntbertus*: christlicher Heiliger, ostfränkischer Graf, gest. vor 800. G. war Benediktiner und erster Abt des von ihm gegründeten Gumpertiklosters in Ansbach. Sein Grabmal wurde im Jahre 1523 in der nach ihm benannten Kirche zu Ansbach errichtet. Der Heilige erscheint z. B. im Wappen der Stadt Clingen (Thüringen).

**Gürtel:** seltener, vor allem in der älteren Heraldik für ↑ Balken verwendeter Begriff.

**Gürtelreihe, Gürtelstelle** ↑ Balkenreihe.

**Gürtelschnalle** ↑ Spange (1.).

**Gürteltier:** seltene gemeine Figur, die z. B. als ↑ Schildhalter am Wappen der Republik Grenada vorkommt.

**Guyot:** Wappenkönig der Champagne (Frankreich) in der Mitte des 14. Jahrhunderts.

**Guze** ↑ Kugeln.

**Gymnich,** Johann von: kaiserlicher Herold und «Hoffgraf» (↑ Hofpfalzgraf) in der Mitte des 16. Jahrhunderts. G. vereinigte mehrere niederrheinische Wappenhandschriften des 16. Jahrhunderts zu einem Sammelband.

# H

**Hacken** ↑ Mauerhaken.

**HAEC PEPERIT VIRTUS** [lat., die Tapferkeit erwarb dies]: Wahlspruch unter dem Wappen der *Fürsten Colloredo-Mansfeld.*

**Hafen:** alte Bezeichnung für einfache, irdene Wasserkrüge, die als Wappenbilder in verschiedenen Varianten vorkommen.

**Hahl** ↑ Kesselhaken.

**Hahn:** Wappenbild, das in der Regel meist «kampfbereit», d. h. mit erhobenem Fuß, dargestellt wird. Der Schwanz zeigt wenige Federn, der Kamm ist stark abstechend tingiert. Das Stadtwappen von Versailles zeigt als Kuriosum im Schildhaupt einen wachsenden doppelköpfigen H. Speziell in der französischen Heraldik begegnet man dem H. *(gallischer H.* [lat. gallus = Gallier oder

*Hahn*

Hahn]) häufig. Zwischen 1789 und 1804 war der H. Wappentier Frankreichs und Symbol der errungenen Freiheiten. Ein H. befindet sich auch im Staatswappen von Kenia. Abb.

**Hakenkreuz** ↑ Swastika.

**halb:** ein unterscheidender Ausdruck zu ↑ wachsend. H. Wappenfiguren befinden sich immer in der Mitte des Feldes, während wachsende aus einer Teilungslinie oder einem Heroldsbild hervorgehen. Diese Art der Darstellung darf jedoch nicht mit den halbierten Figuren verwechselt werden, deren Halbierung aus Gründen der Wappenvereinigung erfolgte. Vgl. halber Adler.

**halber Adler:** mit seiner rechten oder linken Hälfte an einer Spaltungslinie befindlicher Adler. Entstanden ist dieses Wappenbild wahrscheinlich aus der im späten Mittelalter in Mode gekommenen Vereinigung mehrerer Wappenbilder in einem Schild bzw. Feld. Diese Darstellungsart steht in keiner sachlichen Beziehung zu den Begriffen ↑ halb oder ↑ wachsend. Auf diese Weise wurden auch noch andere Wappenbilder halbiert. Beispielsweise ist der Mittelschild des herzoglich anhaltinischen Wappens aus den halbierten Schilden von Brandenburg (roter Adler) und dem vom alten Herzogtum Sachsen (Rautenschild) zusammengesetzt.

**halber Zirkel:** ältere, irrtümliche Bezeichnung für ↑ Seeblatt, z. B. im Wappen der *Grafen von Brehna.*

**Halbflug:** einzelner Flügel, meist ein Adlerflügel. Vgl. Flug. Abb.

**halbgekrücktes Kreuz** ↑ Krückenkreuz.

**halbgespalten und geteilt:** Schild oder Feld, der bzw. das oberhalb der Teilung gespalten ist. Die Teilung kann auch schräg vorkommen. Abb.

**Halbgestänge:** einzelnes Hirschgeweih bzw. einzelnes Hirschhorn, z. B. im Stadtwappen von Göppingen (Württemberg). Vgl. Hirschgeweih.

**halbgeteilt und gespalten:** Schildesteilung, die neben einer Spaltung noch eine Teilung der rechten bzw. vorderen Hälfte zeigt. Diese Teilung kann auch schräg vorkommen. Abb.

**Halbkantenbalken:** in der Mitte nach oben oder unten zur Hälfte verschobener ↑ Balken. Ist die rechte Seite erhöht, spricht man von einem *rechten H.,* bei der linken Seite vom *linken H.* Vgl. Kantenbalken.

**Halbkrückenkreuz:** ein ↑ Krückenkreuz mit in Uhrzeigerrichtung angebrachten halben ↑ Krücken an den Kreuzenden. Ein auf ein blaues ↑ Ständerkreuz gelegtes gelbes H. befindet sich in der finnischen Präsidentenflagge.

*Halbflug*

*halbgespalten und geteilt (links)*
*halbgeteilt und gespalten (rechts)*

*Steigender Halbmond als Wappenfigur des nach den Regeln der europäischen Heraldik aufgefaßten Wappens der Türkei nach einem Wappenkalender des 18. Jahrhunderts. An Stelle der Rangkrone wurde der Turban verwendet, daneben zwei Roßschweife als Zeichen des militärischen Oberbefehls. Eigentliches Staatssymbol der Türkei war bis in das 20. Jahrhundert hinein die mitunter von Strahlen, Armaturen und Orden umgebene ↑ Tughra.*

**Halbkrückenschrägkreuz:** in Form eines ↑ Andreaskreuzes gestelltes ↑ Halbkrückenkreuz.

**Halbmond:** häufiges, in der Regel nach rechts gewendetes Wappenbild. Bei einem nach links gewendeten H. spricht man von einem *abnehmenden*, bei nach oben gekehrten Hörnern von einem *steigenden* und bei nach unten gekehrten von einem *gestürzten* H. In vielen Fällen zeigt er ein menschliches Gesicht im Profil, z. B. auf Münzen von Lüneburg im 16. Jahrhundert. Vgl. Abb. bei beseitet.
Der H. ist in einigen islamischen Staaten als Staatssymbol in deren Wappen vertreten. Vgl. Lunel, Abb. bei gestürzt. Abb.

**halbrunder Schild** ↑ spanischer Schild.

**Halbständerkreuz:** Kreuz, dessen Arme aus vier halben ↑ Ständern gebildet sind.

**Hälfte:** halbe, gespaltene Figuren in einem einfarbigen Schild oder Feld, deren Teilungsfläche an die gedachte senkrechte oder waagerechte Mittellinie des Schildes bzw. Feldes grenzt. Es ist besonders zu melden, ob es sich um die rechte oder linke H. der geteilten Figur handelt.

**Hals** ↑ wachsend.

**halsbekrönt,** *halsgekrönt*: Bezeichnung für ein Tier, das eine oben offene, meist eine Blattkrone, um den Hals trägt. Diese Art der Darstellung von Tieren ist besonders in der englischen Heraldik beliebt. So erscheint z. B. im Wappen von Großbritannien sowie im Wappen des ehemaligen Königreiches Hannover ein h.es Einhorn als Schildhalter. H. kommen vielfach auch Schwäne und Reiher vor. Vgl. Abb. bei Panzerarm. Abb. auf S. 174.

**halsberingt:** Mensch oder Tier mit einem andersfarbigen Halsband oder Ring um den Hals. Für h. wird mitunter auch fälschlicherweise ↑ behalsbandet geschrieben. Dieser Begriff hat jedoch eine andere Bedeutung.

**halsgekrönt** ↑ halsbekrönt.

**Halskleinod** [lat. monile]: ein um den Wappenhelm an einem Band oder einer Kette hängendes Medaillon. Anfangs war das H. ein Abzeichen oder Wappen einer adligen Turniergesellschaft, das zu tragen nur deren

*Halsbekröntes Einhorn als Schildhalter (für Schottland) am Wappen des Vereinigten Königreiches von Großbritannien und Nordirland*

Mitglieder berechtigt waren. Später verlor es seine ursprüngliche Bedeutung und wurde im Laufe der Zeit an fast jedem Wappenhelm als Verzierung angebracht. Abb.

**Hamaïde** [franz. hamayde]: gegen die Schildspitze hin schräg abgeschnittener Balken. Die im Wappen von Hennegau befindlichen drei H. wurden mitunter fälschlicherweise als eine H. blasoniert. Abb.

**Hammer:** als Symbol der Arbeit (vgl. Hammer und Sichel) und in ↑ Bergbauwappen erscheinendes Wappenbild. Redend erscheinen Hämmer z. B. im Wappen derer *von Hammerstein.* Gekreuzt befinden sie sich z. B. im Wappen der bayrischen Stadt Sonthofen. Vgl. Schlägel und Eisen.

**Hammer und Sichel:** seit der Oktoberrevolution in Rußland in das Wappenwesen integrierte Symbole der Arbeiter und Bauern. Erstmalig erscheinen H. u. S. in dem im Sommer 1918 *W. I. Lenin* vorgelegten Staatssiegel der russischen Sowjetrepublik. Nach der Proklamierung der UdSSR am 30. Dezember 1922 finden sich diese Symbole dann im Staatswappen der Sowjetunion sowie in den Wappen der einzelnen Sowjetrepubliken. Auch im neuen Wappen von Laos sind H. u. S. Der Hammer und die Sichel, die sich gegenwärtig in den Fängen des österreichischen Adlers befinden, gehen auf ein Gesetz vom 8. Mai 1919 zurück. Vgl. sowjetische Heraldik. Abb.

**Hand:** in verschiedensten Varianten vorkommendes Wappenbild. Die erhobene H. wird als *Schwur-H.*, die gesenkte als *segnende H.* angesprochen. Zeigt sie die äußere Seite, so spricht man von einer *Verkehrt-H.* Mitunter kommen auch zur Faust geballte, geharnischte und mit Flügeln versehene Hände als Wappenbilder vor. In der englischen Heraldik erscheint die H. als ↑ Beizeichen. Die dem ↑ Badge von Ulster entnommene abgeschnittene, rote, aufrechte, linke H. wurde zum Zeichen der Baronetwürde und erscheint dadurch in vielen englischen Geschlechterwappen. Vgl. Schwurhand, Segenshand.

**Handelsflagge:** von den Handelsschiffen eines Staates geführte Flagge. Das Recht zum Führen einer H. wird durch das Flaggenzeugnis des Staates verliehen, in dem das Schiff registriert ist. Abb.

**Handelszeichen:** von vielen Kaufleuten willkürlich gewählte Zeichen, die der Kenntlichmachung ihrer Waren dienten. Während die H. anfangs nur das persönliche Eigentum kennzeichneten, wurden sie später teilweise,

*Halskleinod an Spangenhelm*

*Hamaïden im Wappen von Hennegau*

in Schilde gesetzt und mit heraldischen Farben versehen, zu bürgerlichen Wappen. Da in diesen Fällen die heraldischen Regeln oft nicht beachtet wurden, ist die Bestimmung der Wappen meist kompliziert.

**Handwerkerwappen:** gegen Ausgang des 14. Jahrhunderts aufgekommene, nicht mit den ↑ Zunftwappen zu verwechselnde, persönliche Wappen der Handwerker bzw. Handwerkerfamilien. Das relativ späte Aufkommen der H. fällt in die Blütezeit der Stände. Ursprünglich wurden von den Handwerkern und Bauern ↑ Vollwappen abgelehnt und an ihrer Stelle ↑ Hausmarken und Meistermarken bevorzugt.
Die stets Symbole des Berufsstandes enthaltenden H. wurden vielfach ohne Beachtung der heraldischen ↑ Farbregeln entworfen, so daß z. B. Farbe auf Farbe steht.

**Hängel:** die herunterhängenden Stücke der ↑ Kirchenfahne, wie sie z. B. im Wappen derer *von Montfort* erscheint. Mitunter findet sich dieser Begriff auch für die ↑ Lätze des ↑ Turnierkragens.

**hangender Flügel:** ein mit den ↑ Sachsen aufwärts gerichteter Flügel. In einigen Wappen kommt er auch mit einem Menschen- oder Tierkopf versehen vor. Seltener ist er ↑ gestürzt, d. h., die Sachsen zeigen nach unten.

**hangende Spitze:** alte Bezeichnung für eine ↑ Spitze, die sich am oberen Schildrand befindet.

**Hans Burggrafs Wappenbuch:** Mitte des 15. Jahrhunderts von *Hans Burggraf,* ↑ Persevant des *Kurfürsten Friedrichs II. von Brandenburg* (1440–1470), angelegtes, handgemaltes Wappenbuch; im Besitz des Britischen Museums in London. Das Buch enthält auf 156 Blatt etwa 600 Wappendarstellungen, meist Vollwappen, aus dem Römisch-Deutschen Reich, aus Portugal, Sizilien, Spanien, Dänemark, Schweden, Irland, der Stadt Krakau (Kraków) und der Isle of Man (↑ Triquetra) sowie von einigen orientalischen Fürstentümern.

**Hans Ingerams Wappenbuch:** im Jahre 1459 von *Hans Ingeram,* ↑ Persevant der Turniergesellschaft «Zum Esel», beendetes, handgemaltes Wappenbuch. Es befindet

*Hammer und Sichel in den Fängen des Adlers der Republik Österreich*

sich im Privatbesitz (einer der Vorbesitzer war der bekannte Verleger *von Cotta*). Dieses zu den kostbarsten Wappenhandschriften des 15. Jahrhunderts gehörende Buch zeigt auf 280 Seiten etwa 1 100 Wappenzeichnungen.

**Hanuman:** indischer Affengott im Wappen der *Fürsten von Dholpur,* der durch die Eroberung der Fahne der *Thakurs von Bamraoli* im 18. Jahrhundert in das Wappen kam.

**HARAMBEE** [Swahili, zusammen, laßt uns zusammenarbeiten]: Spruch unter dem Wappen von Kenia.

**Harfe:** in den verschiedensten Varianten vorkommendes Wappenbild. Am bekanntesten ist wohl die H. im Wappen von Irland. Sie bildet seit der Regierungszeit *König*

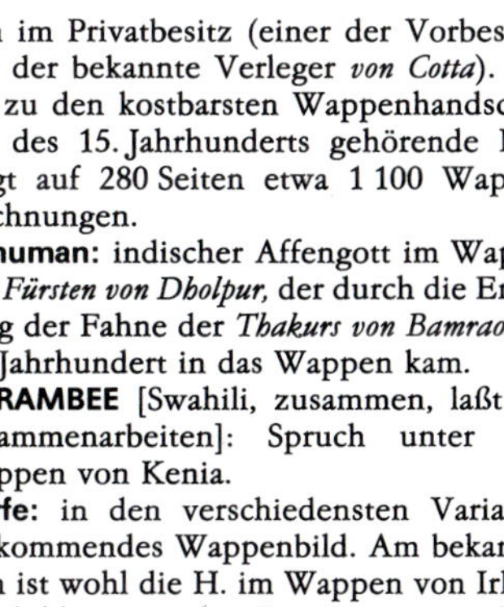

*Handelsflagge von Großbritannien*

*Heinrichs VIII.* (1509–1547) das irische Wappenbild. Als Vorbild diente die sogenannte Brian-Boru-H., die sich heute im Nationalmuseum in Dublin befindet. Abb.

**Harnischbeinlinge:** Beinteile des Ritterharnisches (ohne Schuhe). Zwei goldverzierte, schwarze H. befinden sich als Helmzier (↑ Helmkleinod) über dem um 1450 entstandenen Wappen des *Jean de Roubaix,* Ritter vom Goldenen Vlies.

**Harpyie** ↑ Jungfrauenadler.

**Harsdörffer,** Georg Philipp: 1607/1658, Schriftsteller, Heraldiker. Der in Nürnberg geborene Stifter und erste Präsident des «Pegnesischen Blumenordens» (eine literarische Vereinigung) beschäftigte sich aus Liebhaberei mit der Heraldik. In allen seinen Schriften – meist die in dieser Zeit so beliebten «Gesprächsspiele» – waren Abhandlungen über die Heroldskunst, die viele für jene Zeit neue Ansichten beinhalteten. So wird darin erstmals die Einteilung des Schildes behandelt, außerdem führte er viele deutsche Kunstwörter der Heraldik ein. H. verfaßte auch eine Einleitung für das 1655 von *Paul Fürst* neu herausgegebene «Siebmacher'sche Wappenbuch».

*Werke*

Gesprächsspiele, so Bey Ehrn- und Tugendliebenden Gesellschaften auszuüben. Dritter Theil samt einer Zugabe genant: Melisa verfasset durch einen Mitgenossen der hochlöblichen Fruchtbringenden Gesellschaft. Nürnberg 1643

Frauenzimmer Gesprächsspiele ... Nürnberg 1644

**Hartmann von Franzenshuld,** Ernst: 1840/1884, Heraldiker, Numismatiker. Er wurde 1873 zum Kustos an das Münz- und Antikenkabinett in Wien berufen und gründete 1870 die heraldische Gesellschaft «Adler» in Wien.

*Werke*

Über die Regeneration der Heraldik. Wien 1869

Über die Städte-Wappen. Wien 1871

Stammtafel des Hauses Habsburg-Lothringen. Wien 1879

**Hase:** seltenes Wappentier. Als redendes Wappenbild erscheint z. B. ein H. auf ei-

*Harfe im Wappen der Republik Irland*

*Hauptbalken · Hauptflanke*

*Hauptpfahl · Hauptschragen*

*Hauptsparren · Hausanker*

nem weiß-rot gevierten Schild im Wappen der unterfränkischen Stadt Haßfurt.

**Haselnußkreuz:** ↑ gemeines Kreuz mit stilisierten, haselnußförmigen Kreuzenden.

**Haube,** *Kappe*: Überzug, der über die Augen des Jagdfalken gezogen wird. Auf einigen Wappen erscheinen Jagdfalken mit einer H. In diesem Fall wird er bei der Blasonierung als *bekappt* angesprochen. Seltener findet sich der Ausdruck *behaubet*.

**Haupt** ↑ Schildhaupt.

**hauptablanger Streif:** in der älteren heraldischen Literatur vorkommender Ausdruck für ↑ Hauptpfahl.

**Hauptbalken:** durch die Vereinigung des Rechts- oder Linksbalkens mit dem gleichfarbigen ↑ Schildhaupt zu einer heraldischen ↑ Tinktur entstehendes Heroldsbild. Abb.

**Hauptfigur:** Bezeichnung der größeren von mehreren Wappenfiguren in einem Schild, die in der Regel in der Mitte steht. Die die H. eventuell umgebenden kleineren Wappenbilder bezeichnet man als *Nebenfiguren*. Mehrere H.en in einem Feld kommen selten vor. Hat ein Wappenschild mehrere Felder (vgl. zusammengesetzte Wappen), so müssen die in den verschiedenen Feldern befindlichen Figuren nicht nach ein und demselben Maßstab gezeichnet sein, da in diesem Fall jedes Feld ein Wappen für sich bildet. So darf z. B. ein Reiter nicht viel größer als eine Rose im Feld daneben gezeichnet werden.

**Hauptflanke:** Heroldsbild, das durch die Vereinigung einer ↑ Flanke mit einem gleichfarbigen ↑ Schildhaupt (ohne Teilungsstrich) zu einer heraldischen ↑ Tinktur entsteht. Abb.

**hauptgespitzter Pfahl,** *Palisade*: oben in einer Spitze auslaufender ↑ Pfahl. Vgl. gespitzt.

**Hauptmann,** Felix: 1856/1934, Dr. jur., Professor für Rechtsgeschichte an der Universität Freiburg. H. versuchte in seinen wappenrechtlichen Schriften nachzuweisen, daß das Wappenwesen von Anfang an juristisch geregelt gewesen sei. Mit dieser Anschauung stieß er auf mitunter harte Kritik in heraldischen Fachkreisen.

*Werke*
Das Wappenrecht der Bürgerlichen. Bonn 1882
Das Wappenrecht. Bonn 1896
Wappenkunde. München, Berlin 1914

**Hauptpfahl,** *hauptablanger Pfahl*: durch die Vereinigung des ↑ Schildhauptes mit dem ↑ Pfahl zu einer heraldischen ↑ Tinktur entstehendes Heroldsbild, z. B. im Wappen derer *von Munsingen*. Abb.

**Hauptreihe,** *Hauptstelle*: bei der Einteilung des Schildes der oberste, an der Stelle des ↑ Schildhauptes befindliche Platz.

**Hauptschild,** *Rückenschild*: bei der Vereinigung mehrerer Wappen bzw. bei zusammengesetzten Wappen derjenige Schild, auf den ein oder mehrere kleine aufgelegt wurden. Auf dem H. erscheinen meist die Wappen der einzelnen Besitzungen, während die aufgelegten Wappen in der Regel das Stamm- und die bevorzugten Wappen bilden.

**Hauptschnitt:** von einigen älteren Heraldikern für die Spaltung des Schildes verwendeter Begriff. Vgl. gespalten.

**Hauptschragen:** Heroldsbild, das durch die Vereinigung des ↑ Schildhauptes mit dem gleichfarbigen ↑ Schragen zu einer heraldischen ↑ Tinktur entsteht. Abb.

**Hauptsparren:** Heroldsbild, das durch die Vereinigung eines ↑ Sparrens mit dem ↑ Schildhaupt zu einer heraldischen ↑ Tinktur gebildet wird. Im Wappen der *Fürsten Windischgrätz* z. B. ist ein H. enthalten. Abb.

**Hauptstelle** ↑ Hauptreihe.

**Hauptstück** ↑ Schildhaupt.

**Haus:** seltenes Wappenbild. Häuser werden in den Wappen stark stilisiert, im Aufriß dargestellt. Befindet sich ein andersfarbiges Dach darauf, so muß das besonders gemeldet werden. Vgl. bedacht.

**Hausanker,** *Crampen, Maueranker*: beim Hausbau zum Verankern der Balken im Mauerwerk verwendete Eisenbeschläge, die im Wappenwesen in den verschiedensten Varianten vorkommen. Es ist deshalb nicht immer leicht, sie als solche zu erkennen. Vereinzelt wird der H. auch als doppelter H. oder bisweilen mißverständlich auch als

↑ Feuerbock angesprochen. In einigen Wappendarstellungen ähnelt er dem ↑ Mühleisen oder der ↑ Doppelhafte. Ein H. befand sich im Wappen der hessischen Herrschaft Hatzfeld und ist noch in den Stadtwappen von Bad Dürkheim (Rheinland-Pfalz) und Kirchheim unter Teck. Abb.

**Hausfarben:** vor allem auf Fahnen, Flaggen oder Standarten dargestellte Farben, die als Symbol einer Familie oder eines Geschlechtes dienten und meist mit den Hauptfarben des Stammwappens übereinstimmten. Für die Annahme von H. bestand kein besonderes heraldisches Gesetz. In den meisten Fällen wurden sie dem Wappen der ältesten Besitzung der Familie entlehnt. Einige regierende Familien bedienten sich zweier H. gleichzeitig. So galten z. B. im Kurhaus Sachsen (albertinische Linie) Schwarz-Gelb (Wappenfarben der Markgrafschaft Meißen) und Gelb-Blau (Wappenfarben der alten wettinischen Besitzung Landsberg) mitunter gleichzeitig als H.

**Hausflagge:** ↑ Flagge der Kaiser-, Königs- sowie anderer regierender Häuser, beim niederen Adel seltener vorkommend. Die H. wird ebenso wie das Familienwappen angenommen und geführt. Die Farben sind dem Wappen entlehnt. Ist das Wappen mehrfeldrig, so erscheinen in der Regel die Farben des Stammwappens. Mitunter ist auch das Wappen selbst in der H. angebracht.

**Hausgiebel:** Wappenbild, das stellvertretend für ein ganzes Haus, z. B. im redenden Wappen der Stadt Hausach (Bayern), enthalten ist.

**Hauskrone** ↑ Krönungskrone.

**Hausmarke:** im Laufe der Zeit erblich gewordenes Abzeichen von bürgerlichen und bäuerlichen Personen oder Familien. Der Gebrauch der H. läßt sich bis in vorgeschichtliche Zeit zurückverfolgen. Ihrem Wesen nach eine Art Sippenzeichen, stellen sie eine Parallelerscheinung zu den Wappen dar und vererbten sich mit dem «Hause» in der Bedeutung von Geschlecht, als *Hofmarke* mit dem Grundbesitz. Die H. bestehen in der Regel aus kleinen geometrischen Figuren, die, in einen Schild gesetzt und mit heraldischen Farben versehen, den Charakter von Wappenfiguren annehmen können. Auf diese Weise sind eine Vielzahl bürgerlicher Wappen entstanden. Besonders häufig sind die H. in Norddeutschland zu finden. Abb.

*Hausmarke*

*Literatur*

*Michels, P.:* Paderborner Inschriften, Wappen und Hausmarken. Paderborn 1957
*Spruth, H. B. O.:* Die Hausmarke. Wesen und Bibliographie. Neustadt a. d. Aisch 1965

*Hausmarke in einer schildähnlichen Kartusche an einem im Jahre 1603 in Naumburg (Saale) erbauten Bürgerhaus*

*Knoth, H.:* Hessische Hausmarken, 2. Aufl. Frankfurt/Main 1967

**Hausorden Albrechts des Bären:** der am 18. November 1836 von den drei *Herzögen Heinrich von Anhalt-Köthen* (1830–1847), *Leopold Friedrich von Anhalt-Dessau* (1817–1871) und *Alexander Karl von Anhalt-Bernburg* (1834–1863) gestifteter Gesamthausorden der Herzogtümer Anhalt. Nach dem Aussterben der Linien Köthen (1847) und Bernburg (1863) und der Vereinigung der Herzogtümer 1863 wurde der Orden bis 1918 nur noch von den Herzögen von Anhalt-Dessau verliehen. Das Ordenszeichen besteht aus einem ovalen, durchbrochenen Kleinod. Die Vorderseite zeigt oben in der Mitte den anhaltinischen Wappenschild, darunter befindet sich innerhalb der Ordensdevise «FUERCHTE GOTT UND BEFOLGE SEINE BEFEHLE» ein auf einer Mauerzinne schreitender Bär, das Wappenbild der *Behringer.* Die Rückseite enthält oben den geschachten Schild der *Askanier* sowie die Umschrift «ALBRECHT DER BAER REG. 1123 BIS 1170». An der ↑ Kollane, die zu tragen nur dem Großmeister zustand, erschien der Orden bis 1918 unter dem großen Wappen des Herzogtumes Anhalt. Vgl. Abb. bei Herzog.

**Hausorden der Rautenkrone:** am 20. Juli 1807 von dem *König Friedrich August I.* (1763/1806–1827) gestifteter, bis zum Jahre 1918 höchster sächsischer Orden. Der einklassige Orden, dessen Name von dem im sächsischen Wappen befindlichen ↑ Rautenkranz abgeleitet ist, wurde zum Andenken an die Errichtung des Königreiches durch *Napoleon I.* 1806 gestiftet und an Mitglieder der Königsfamilie, Personen aus fremden Fürstenhäusern sowie an in- und ausländische Staatsangehörige höheren Ranges verliehen. Das an einem grünen Schulterband getragene Ordenszeichen besteht aus einem grünemaillierten Kreuz mit weißen Rändern, in dessen Winkeln sich in Gold Segmente des Rautenkranzes befinden. Im Medaillon erscheint im Avers innerhalb eines grünen Rautenkranzes das gekrönte Monogramm des Stifters F. A., im Revers der sächsische Wahlspruch «PROVIDENTIAE MEMOR» [lat., der Vorsehung eingedenk]. Dazu wurden ein silberner, achtstrahliger Bruststern getragen, der ebenfalls innerhalb eines grünen Rautenkranzes diese Devise zeigt. Der H. d. R. befand sich unter dem mittleren und großen Staatswappen des Königreiches Sachsen.

**Hausorden der Treue:** als Auszeichnung für Verdienste und zur Erinnerung an die Grundsteinlegung seiner neuen Residenz Karlsruhe am 17. Juni 1715 von dem *Markgrafen Karl III. Wilhelm von Baden-Durlach* (1709–1738) gestifteter, ab 1806 höchster Orden des Großherzogtumes Baden. Die Statuten vom 17. Juni 1840 bestimmten, daß der Orden nur eine Klasse habe und den Prinzen des badischen Hauses, fremden Souveränen und höchsten Beamten mit dem Prädikat «Exzellenz» zustehen solle. Das Ordenszeichen besteht aus einem rotemaillierten Kreuz mit verschlungenen Buchstaben «C» in den Winkeln. Im Medaillon der Vorderseite befinden sich die gleichen Buchstaben über Bergen, darüber die Inschrift «FIDELITAS» [lat., Treue]. Das Ordenskreuz hängt an einer offenen Bügelkrone. Der Orden erschien bis 1918 mit dem ↑ Militär-Karl-Friedrich-Orden und dem ↑ Orden Bertholds des Ersten von Zähringen unter dem großen Badischen Staatswappen.

**Hausorden der Wachsamkeit** ↑ Falkenorden.

**Hausorden der Wendischen Krone:** am 12. Mai 1864 von den beiden *Großherzögen Friedrich Franz II. von Mecklenburg-Schwerin* (1842–1883) und *Friedrich Wilhelm von Mecklenburg-Strelitz* (1860–1904) gestifteter Hausorden beider Großherzogtümer. Der Orden hatte ein Großkreuz in zwei Abteilungen, Großkomturkreuz, Komturkreuz und Ritterkreuz. Das Großkreuz, das mit der Krone in Gold auch an Damen verliehen werden konnte, war im allgemeinen für Personen fürstlichen Standes bestimmt. Wurde es an andere Personen verliehen, so mußten diese mindestens das Prädikat «Exzellenz» haben. Das Ordenszeichen besteht aus einem weißemaillierten, achtspitzigen Kreuz, das mittels goldener Verzierung an einer goldenen Krone hängt. Das blaue Medaillon der Vorderseite zeigt die ↑ Wendische Krone, darum auf rotem Grund für Schwerin die Devise «PER ASPERA AD ASTRA» [lat., durch Beschwerden hinauf zu den Sternen] bzw. für Strelitz «AVITO VIRET HONORE» [lat., er grünt in angestammter Ehre]. Die Rückseiten der Kreuze zeigen Medaillons mit den Namenszügen der Stifter. Der Hausorden erschien an der Ordenskette hängend bis 1918 unter dem großen Wappen des Großherzogtumes Mecklenburg-Schwerin.

**Hausorden Heinrichs des Löwen:** von *Herzog Wilhelm von Braunschweig* (1831–1884) am 25. April 1834 gestifteter Haus- und Verdienstorden. Der auch für Verdienste um Kunst und Wissenschaft verliehene Orden wurde 1877 und 1908 um einige Klassen erweitert. Das Ordenszeichen besteht aus einem hellblau emaillierten Kreuz mit Kugeln an den Spitzen, das an einer Bügelkrone mit Purpurhalbmütze hängt. Zwischen den Kreuzarmen befindet sich der gekrönte Anfangsbuchstabe des Stifters. Die Vorderseite des Ordenszeichens stellt das ↑ Oberwappen Braunschweigs dar: auf dem unteren Kreuzarm der Helm, auf den drei oberen Pfauenfedern und in der Mitte im Medaillon das weiße Pferd (↑ Welfenroß) vor einer Säule auf rotem Grund. Das Medaillon der Rückseite zeigt auf rotem Grund die Ordensdevise «IMMOTA FIDES» [lat., unerschütterliche Treue], darum ein Reif und auf dessem oberen Teil das Stiftungsjahr MDCCCXXXIV. Mit ↑ Kollane befand sich der Orden unter dem großen Wappen des Herzogtumes Braunschweig.

**Hausorden vom goldenen Löwen:** am 14. August 1770 von *Landgraf Friedrich II. von Hessen-Kassel* (1760–1785) zur Belohnung und Würdigung ausgezeichneter Verdienste gestifteter Orden. Die heilige *Elisabeth von Ungarn* (1207/1231), als Landgräfin von Thüringen Ahnherrin des Fürstenhauses, wurde zur Schutzpatronin der Stiftung erwählt. *Landgraf* (ab 1803 Kurfürst) *Wilhelm IX. (I.) von Hessen-Kassel* (1785–1806) erweiterte den bisher einklassigen Orden um weitere drei Klassen. Im Jahre 1851 entstand aus den letzten drei Klassen ein neuer Orden, der ↑ Wilhelmsorden. Der H. v. g. L. wurde wieder einklassig. Die Zahl der Inhaber wurde auf 41 festgelegt. Außer den Prinzen des Kurhauses als geborene Ritter sollte er nur auswärtigen Fürstlichkeiten vorbehalten sein. Hessen konnte er nur dann verliehen werden, wenn sie bereits zum Generalleutnant befördert worden waren. Nachdem am 3. Oktober 1866 Hessen-Kassel mit Preußen vereinigt worden war, wurde der Orden als preußische Auszeichnung übernommen. Am 6. Juni 1876 wurde er jedoch wieder aus der preußischen Ordensliste gestrichen und nach dem Tode des letzten Kurfürsten, *Friedrich Wilhelm* (1847–1866), im Jahre 1875 durch Order vom 6. Juni 1876 als ausschließlich großherzoglich hessischer Orden unter dem Namen «Großherzoglich Hessischer Hausorden vom goldenen Löwen» von Hessen-Darmstadt übernommen. Er war von nun an für die volljährigen Mitglieder des Gesamthauses *Hessen* bestimmt. Das Ordenszeichen besteht aus einem goldenen, durchbrochenen, ovalen Medaillon. Innerhalb eines Schriftkreises mit der Ordensdevise «VIRTUTE ET FIDELITATE» [lat., durch Tugend und Treue] befindet sich ein gekrönter Löwe, das Wappenbild Hessens. Die Umschrift auf der Rückseite lautet «FRIDERICUS II. D. G. HASSIAE LANDGRAVIUS INST. 1770» [lat., von Friedrich II., Landgraf von Hessen, gestiftet 1770]. Das an der ↑ Kollane hängende Ordenszeichen befand sich bis 1866 unter dem Wappen des Kurfürstentumes Hessen und von 1876 bis 1918 unter dem großen Staatswappen des Großherzogtumes Hessen. Vgl. Abb. bei Großherzog.

**Hausritterorden vom heiligen Georg:** von *Kurfürst Maximilian II. Emanuel* (1679–1706 und 1714–1726) gestifteter und von dessen Sohn *Karl Albert* (1726–1745) 1726 mit Statuten versehener, zweithöchster Orden Bayerns. 1741 erhielt der Orden eine ritterbürtige geistliche Klasse. Nach der Erneuerung der Statuten von 1827 war der jeweilige König von Bayern Großmeister, der Kronprinz erster Großprior des Ordens. Die Ordens-

mitglieder des heute noch bestehenden Ritterordens müssen römisch-katholisch sein und eine Ahnenprobe über 32 Ahnen ablegen. Das auf der Vorderseite himmelblaue, weißbordierte Kreuz zeigt in den Winkeln die bayrischen ↑ Wecken, im Medaillon die Darstellung der «Empfängnis der Jungfrau Maria». Im Medaillon der Rückseite erscheint der heilige ↑ *Georg* zu Pferde.
Das an einem Löwenkopf hängende Ordenskreuz befand sich manchmal unter dem bayrischen Wappen sowie auch unter bzw. hinter den Wappen der Ordensritter. Vgl. Abb. bei Mittelschild.
**Hausorden vom Weißen Falken** ↑ Falkenorden.
**HEAVEN'S LIGHT OUR GUIDE** [engl., des Himmels Licht ist unser Führer]: Wahlspruch des im Jahre 1861 von der *Königin Victoria von Großbritannien* (1837–1901) gestifteten Ordens des Sterns von Indien. Der Stern des Ordens war auch das Abzeichen des Vizekönigs der ehemaligen britischen Kolonie Indien und diente als Ersatz für das fehlende Staatswappen.
**Heerkolben**: kurzgestielte, achteckige, kolbenförmige Waffe, die im Mittelalter oft als Abzeichen der Heerführer diente. Als Wappenbild kommt der H. in den verschiedensten stilisierten Formen vor. So befinden sich z. B. fünf silberne H. in blauem Feld im Wappen der *Grafen von Limburg*.
**Heerschild**: im Mittelalter zunächst das Heeresaufgebot, später die lehensrechtliche Gliederung des gesamten Adels. Man unterschied in der H.ordnung (seit dem Ende des 12. Jahrhunderts) sieben Schilde, wobei die Zugehörigkeit zu einem Schild auch die Möglichkeit einschloß, die entsprechenden Lehen zu empfangen. Durch die H.ordnung wurden die lehensrechtlichen Bindungen in eine starre Rangfolge gebracht. Dem ersten H. gehörte der König bzw. Kaiser an. Den zweiten und dritten H. bildeten die geistlichen und weltlichen Fürsten, die sämtlich unmittelbare Vasallen des Königs sein mußten und sich dadurch auszeichneten, daß sie edelfreie, dem vierten H. angehörende Grafen und Herren zu Vasallen hatten. Unter diesen Vasallen, die wie die weltlichen Fürsten ebenfalls zahlreiche Kirchenlehen innehatten, bildeten die kleineren Vasallen den fünften, die ↑ Ministerialen den sechsten H. Am Fuß dieser «Pyramide» standen diejenigen Vasallen, die selbst keine Vasallen aufbieten konnten, also im Grunde keinen H. hatten. Mitunter wird auch ein siebenter H. erwähnt. Diesem gehörten wahrscheinlich die freigelassenen Ministerialen, also die Angehörigen des mittelalterlichen Dienstadels, an. Vom siebenten H. heißt es z. B. in der Großen ↑ Heidelberger Liederhandschrift: «also weiß man ouch nicht am siebenten Schilte ap er lehenrechtes oder hierschildes haben moge». Die Angehörigen dieser Gruppe führten leere Wappenschilde, d. h. solche ohne Bilder und Spitze. Bis zum vierten H. reichte der eigentliche höhere Adel. Es sind aber auch Fälle bekannt geworden, wo «rittermäßige» Leute des vierten in den sechsten, ja sogar siebenten H. zurücktraten.
Die Adligen vom sechsten H. aufwärts bedienten sich sogenannter Sonderwappen, d. h. eines besonderen Wappens für ihre Person. Es kam jedoch auch vor, daß die Inhaber dieser Sonderwappen auch das ihres Lehns- oder Dienstherren, in dessen Gefolge sie ritten, gleichzeitig führen durften. Um das Jahr 1300 verschwand die auf dem H. beruhende Rangordnung des Adels. Dieser wurde nun in Fürsten, Grafen und Freie (Dienstmannen und ehedem dem siebenten H. angehörende Rittermäßige) eingeteilt.
**Hefner,** Otto Titan von: 1827/1870, Heraldiker. Im Jahre 1849 nach Amerika ausgewandert, kehrte H. nach anderthalb Jahren in seine Heimatstadt München zurück und widmete sich intensiv heraldischen Studien. Mit stark überhöhtem Selbstbewußtsein versuchte er, sich über alle bisherigen wappenkundlichen Theorien hinwegzusetzen und ignorierte in vielen Fällen die wissenschaftlichen Erkenntnisse seiner ebenfalls auf dem Gebiet der Heraldik arbeitenden Zeitgenossen. Eine ihm von ↑ *Mayer* übergebene heraldische Publikation erweiterte er und versuchte sie als eigene Lehrschrift herauszugeben. Sein größtes Verdienst um die Heraldik bestand in der 1854 begonne-

nen Herausgabe einer mehrere tausend Wappen umfassenden Sammlung, die unter dem Namen ↑ Neuer Siebmacher bekannt geworden ist und bis Anfang des 20. Jahrhunderts unter der Mitwirkung namhafter Heraldiker fortgesetzt wurde.

*Werke*

Grundsätze der Wappenkunst. Nürnberg 1855

Handbuch der theoretischen und praktischen Heraldik. München 1861

Neues Wappenbuch des blühenden Adels im Königreich Hannover und Herzogtum Braunschweig. München 1862

**Heidelberger Liederhandschrift, Große:** zu den schönsten Zeugnissen mittelalterlicher Wappenkunst gehörendes, wichtiges heraldisches Quellenwerk. Die wahrscheinlich gegen Ende des 13. oder Anfang des 14. Jahrhunderts entstandene Handschrift enthält Dichtungen von 140 Minnesängern, 137 farbige Bilder und eine Federzeichnung. Auf 120 Blättern sind Wappen sowie zehn einzelne Helmzierden dargestellt. Neben den Wappen der Minnesänger finden sich die der Fürsten, Grafen, Freiherren, Ministerialen und Bürger aus Süddeutschland und Österreich. Dargestellt sind auch einige Wappen von Sängern, deren Herkunft noch unbekannt ist, sowie Fantasiewappen.

*Wappenbeispiele aus der Großen Heidelberger Liederhandschrift*

Dieses früher auch *Pariser* oder *Manessische Handschrift* genannte historische Dokument hatte eine wechselvolle Geschichte. Am Ende des 16. Jahrhunderts befand es sich im Nachlaß des *Freiherren von Hohensax,* der sie vom Kurfürsten von der Pfalz geliehen hatte. Die im Jahre 1607 nach Heidelberg zurückgekehrte Handschrift wurde dann nach der Eroberung der Stadt durch den kaiserlichen General *Tilly* gestohlen und tauchte 1656 im Nachlaß des königlichen Bibliothekars *Dupuy* in Paris wieder auf. Mehrfache Versuche in den Jahren 1815, 1823 und 1871, die Handschrift wieder nach Heidelberg zurückzubringen, blieben erfolglos. Erst im Jahre 1888 gelang es dem Straßburger Buchhändler *Trübner,* den Codex durch Tausch gegen altfranzösische Handschriften im Wert von 26 000 Pfund Sterling zu erwerben. Am 10. April 1888 kehrte die Handschrift wieder nach Heidelberg zurück und wurde als «Codex Palatinus germ. No. 848» in den Katalog der Universitätsbibliothek eingetragen. Eine um 1600 entstandene Kopie befindet sich im Besitz der Nationalbibliothek Paris. Vgl. Abb. bei Minnesänger. Abb.

*Literatur*

*Zangemeister, K.* (Hrsg.): Wappen, Helmzierden und Standarten der grossen Heidelberger Minnesänger Handschrift (Manesse-Codex). Görlitz 1892

Sillib, R.: Zur Geschichte der großen Heidelberger (Manessischen) Liederhandschrift und anderer Pfälzer Handschriften. Heidelberg 1921

**Heidenhut** ↑ tatarische Mütze.

**Heidenkopf:** bärtiges Brustbild mit einer Zipfelmütze, das seit 1707 das Wappen der Stadt Heidenheim (Württemberg) darstellt. Zwischen 1705 und 1803 befand sich der H. für das 1448 den *Grafen von Helfenstein* abgekaufte Heidenheim im württembergischen Gesamtwappen.

**Heidenkrone** ↑ Zackenkrone.

**Heilige:** wegen ihres für den christlichen Glauben erlittenen Märtyrertodes oder ihres gottgefälligen Lebens postum heiliggesprochene Personen, die in der römisch-katholischen und griechisch-orthodoxen Kirche verehrt und als Fürsprecher bei Gott angerufen werden.

Ursprünglich waren H.nfeste unbekannt. Begonnen hat die christliche H.nverehrung im 2. Jahrhundert, als sich die christliche Gemeinde an den Gräbern der Märtyrer zum eucharistischen Mahle (Abendmahl) versammelte. Hierbei handelt es sich um eine christliche Übernahme des heidnischen Totenmahles. Anfangs wurden nur die Märtyrer als H. verehrt und jahrhundertelang blieb die Verehrung eines H.n an den Ort seines Martyriums und an die betreffende Ortsgemeinde gebunden. So enthält der älteste römische Kalender, der um das Jahr 354 entstandene sogenannte Chronograph, fast ausschließlich die Namen stadtrömischer Märtyrer. Im 4. Jahrhundert änderte sich der Personenkreis und der H.nkalender wurde erweitert. Als neue Gruppe von H. wurden die Bekenner aufgenommen. Nach der Definition der Kirche waren das solche Christen, die zwar zum Martyrium bereit waren, jedoch «nur» Gefängnis oder Folter erlitten hatten. Die ersten Bekenner-H. waren *Papst Silvester I.* (314–335) und *St.* ↑ *Martin von Tours.* Später wurde diese Gruppe noch durch Bischöfe, Kirchenlehrer, Äbte, Asketen, Mönche und Jungfrauen erweitert. Waren die frühesten überlieferten Mitteilungen über diesen Personenkreis in den meisten Fällen noch äußerst sparsam, so begann man im hohen Mittelalter ihr Leben und ihre Taten auszuschmücken. Durch die seit dem 12. Jahrhundert von den Päpsten vorgenommenen Heiligsprechungen kam es zu einer Überfrachtung des H.nkalenders, die sich liturgisch dahingehend auswirkte, daß das Christusgedächtnis im Kirchenjahr immer mehr von den H.nfesten überlagert wurde. Die Reformation hatte einen nicht unwesentlichen Anteil an den von der katholischen Kirche bis in die heutige Zeit vorgenommenen Kalenderreformen.

Die Kirche teilt die H. in Gruppen ein: Apostel, Märtyrer, Bekennerbischöfe und -äbte, Bekenner (Kirchenlehrer) sowie Jungfrauen und Frauen. Die bildliche Darstellung der H. läßt sich bis in frühchristliche Zeiten zurückverfolgen. Die streng kirchlichen Anschauungen des Mittelalters förderten naturgemäß auch eine schnelle Aufnahme dieser Darstellungen in das Wappenwesen. Ursprünglich nur in den Wappen der Geistlichen vorkommend, wurden sie schnell auch in andere Wappengattungen aufgenommen. Auf Münzen wurden H. häufig als Wappensynonym verwendet, da z. B. jede Stadt, Bistum usw. einen speziellen Schutz-H. hatte bzw. hat. Wie in der bildenden Kunst, wurden die H. in den meisten Fällen auch im Wappenwesen mit ihren ↑ Attributen, d. h. Symbolen, die auf Begebenheiten aus ihrem Leben hindeuten, dargestellt, z. B. ein Rost beim heiligen ↑ *Laurentius* oder Pfeile beim heiligen ↑ *Sebastian.*

Als Schutzpatrone erscheinen sie vor allem in den Wappen der Bistümer, Klöster und Städte, bisweilen auch in den Geschlechterwappen. Vielfach kamen die Attribute auch einzeln, gewissermaßen stellvertretend für den H., als Wappenbilder vor. So beziehen sich z. B. die Schlüssel in den Wappen des Erzbistumes Bremen und des Bistumes Worms auf deren Schutzpatron, den heiligen *Petrus,* dessen Attribut der Schlüssel ist. Der mit dem Schwert gekreuzte Schlüssel im Wappen des Hochstiftes Naumburg soll dessen Schutzpatrone, den heiligen *Petrus* sowie den mit dem Schwert dargestellten heiligen *Paulus,* symbolisieren. Diese Attribute sind in einigen Fällen nicht leicht zu identifizieren, besonders wenn keine weiteren Anhaltspunkte vorhanden sind. So ist wahrscheinlich der Bischofsstab im Wappen des Bistumes Eichstätt das Symbol des heiligen *Bischofes Willibald,* des Patrones des Bistumes.

*Literatur*

*Stadler, J. E.:* Vollständiges Heiligenlexikon. Augsburg 1858, Nachdr. New York 1975

*Hümmeler, H.:* Helden und Heilige. Bonn 1934

*Parsch, P.:* Das Jahr des Heiles. Leipzig 1956

*Schott, A.:* Das Meßbuch der heiligen Kirche. Freiburg/Breisgau 1956

Heilige des Regionalkalenders. Leipzig 1976

*Neumeister, G.:* Lexikon der Heiligen und Päpste. Gütersloh 1980

*Gynz-Rekowski, G. v.:* Der Festkreis des Jahres. Berlin 1981

**Heilige Drei Könige** ↑ Drei Könige, Heilige.

**Heiligenschein** ↑ nimbiert.

**Heiligenwappen:** den ↑ Heiligen postum zugelegte bzw. angedichtete Wappen. Die naturgemäß ausgesprochen geistlichen Charakter tragenden Wappendarstellungen erschienen in der Regel in Kloster-, Stifts- und ↑ Ordenswappen. Die meist aus der Blütezeit der Heraldik stammenden H. waren meist heraldisch korrekt gestaltet und wurden in fast ganz Europa anerkannt und verwendet. Als Wappenbilder zeigten sie entweder den entsprechenden Heiligen in figürlicher Darstellung oder sein aus der christlichen Ikonographie stammendes ↑ Attribut. Die bereits im 13. Jahrhundert entstandenen H. stammen aus einer Zeit, die jeder Persönlichkeit, gleich ob und wann sie gelebt hat, ein entsprechendes Wappen zuschrieb (vgl. Fantasiewappen). So kam es auch vor, daß teilweise auch dem Geschlecht, aus dem der Heilige stammte, ein Wappen angedichtet wurde. Als Wappenbild des heiligen ↑ *Petrus* wurden z. B. zwei gekreuzte Schlüssel gewählt. Ebenso erschienen auch bei den anderen Heiligen im allgemeinen die Attribute, die auch in der bildenden Kunst verwendet wurden, so z. B. bei ↑ *Paulus* das Schwert, ↑ *Jakobus* eine Pilgermuschel mit zwei gekreuzten Pilgerstäben, ↑ *Georg* ein rotes Balkenkreuz (↑ gemeines Kreuz), ↑ *Andreas* ein ↑ Schragen, *Antonius* das ↑ Antoniuskreuz, ↑ *Katharina* ein mit Zacken versehenes Rad, Heilige ↑ Drei Könige drei Kronen, ↑ *Laurentius* ein Rost, *Stephan* eine aus einer Krone wachsende Hand mit Steinen. Das Wappen des heiligen *Florian* zeigt ein aus einem grünen Dreiberg wachsendes ↑ Tatzenkreuz auf rotem Grund, das des heiligen *Karl* einen gespaltenen Schild, vorn einen halben Adler ↑ am Spalt, hinten mit Lilien besät.

**Heiliges Römisches Reich Deutscher Nation** [lat. Sacrum Imperium Romanum Nationis Germanicae]: seit dem Ende des 15. Jahrhunderts die offizielle Bezeichnung für das mit der Kaiserkrönung *Ottos I.* (936–973) im Jahre 962 entstandene und bis zur Abdankung *Franz' II.* 1806 existierende *Römisch-Deutsche Reich.* Dieser Name ist auf das antike römische Kaiserreich zurückzuführen, als dessen Nachfolger das H. R. R. D. N. bis zu seiner Auflösung galt. Die Gründung des Rheinbundes am 12. Juli 1806 in Paris unter dem Protektorat *Napoleons I.* (1804–1814, 1815), an der sich 16 deutsche Staaten beteiligten, bedeutete das Ende des H. R. R. D. N. Der letzte Kaiser, *Franz II.* (1792–1806) aus dem *Hause Habsburg-Lothringen,* legte am 6. August 1806 die deutsche Kaiserkrone nieder, nachdem er bereits im Jahre 1804 den Titel eines Kaisers von Österreich angenommen hatte.

**Heinrich II.:** christlicher Heiliger, Kaiser von 1002 bis 1024. Der Heilige ist Patron und Stifter des Bistumes Bamberg sowie Restaurator des Stiftes Merseburg. Er wird meist mit einem Kirchenmodell in der Hand, mitunter auch mit einem Schwert oder einer Lilie dargestellt. Als Wappenbild erscheint er im Wappen der bayrischen Stadt Waischenfeld.

**Heiratswappen** ↑ Ehewappen.

**Hel** ↑ Kesselhaken.

**Hellebarde,** *Hellparte, Frankise:* eine Stangenwaffe, an deren Spitze ein auf der einen Seite beilförmiges, auf der anderen ein teils gerades, teils hakenförmig gebildetes Eisen angebracht ist. Als Wappenbild erscheint die H. entweder komplett oder auch nur die Spitze in den verschiedensten Varianten. Vgl. Partisane. Abb.

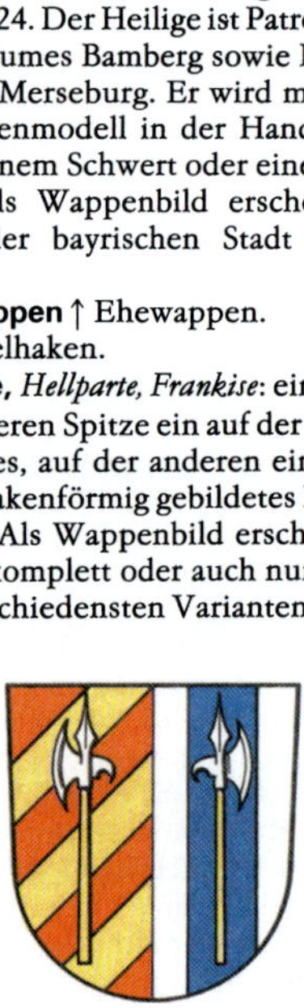

*Zwei goldgestielte Hellebarden im Wappen der Freiherren Hiller von Gaertringen*

**Helm:** seit etwa dem 14. Jahrhundert wichtigster Bestandteil des ↑ Oberwappens. Im 13. Jahrhundert waren Schild und H. als Begriff des Wappens im Sinne eines zusammengehörenden Ganzen noch nicht bekannt. Besonders die Siegel jener Zeit zeigen die damalige Selbständigkeit des H.es noch deutlich. Während man in dieser Zeit das Schildzeichen und den H. noch als zwei verschiedene Embleme auffaßte, läßt sich gegen Ende des 13. und am Anfang des 14. Jahrhunderts das Bestreben nachweisen, beide zu vereinigen. In der Blütezeit der Heraldik erlangte dann der H. die gleiche Bedeutung wie der Schild. So waren z. B. vor den Turnieren zur Prüfung der Ritterbürtigkeit des Teilnehmers H. und Schild zur ↑ Helmschau vorzuweisen. Da die H. ursprünglich nur von Rittern getragen wurden, eigneten sie sich anfangs nur für deren Wappen. Geistliche, Frauen und Städte führten sie, von wenigen Ausnahmen abgesehen, in der frühen Zeit nicht. Sie konnten jedoch mitunter seitens der Landesherren als Auszeichnung an Städte oder Körperschaften verliehen werden. Erst mit dem Verfall des Rittertumes, in der Zeit also, als sich das Wappenwesen auch auf andere gesellschaftliche Schichten ausdehnte, wurde der H. fester Bestandteil fast aller Wappen. Die geschichtliche Entwicklung des Wappenwesens begründet die Tatsache, daß nicht jeder H. als heraldischer bzw. wappenmäßiger H. zu bezeichnen ist. Zur Kategorie der wappenmäßigen H. zählen nur solche, die mit einem besonderen heraldischen Schmuck, dem sogenannten Kleinod (↑ Helmkleinod), versehen bei den Turnieren des Mittelalters tatsächlich getragen wurden.

Im Laufe der Zeit bildeten sich drei Hauptformen des heraldischen H.es heraus:

1. der bereits im 13. Jahrhundert nachweisbare ↑ Topfhelm und ↑ Kübelhelm,
2. der im 15. Jahrhundert verwendete ↑ Stechhelm,
3. der etwa gleichzeitig gebräuchliche ↑ Spangenhelm oder Kolbenturnier-H. Die bereits Mitte des 15. Jahrhunderts aufgekommenen, jedoch erst in der ersten Hälfte des 16. Jahrhunderts häufiger verwendeten ↑ Schallern oder Rennhüte kamen mit heraldischen Abzeichen versehen erst in der Verfallszeit der Heraldik auf den Wappen vor, konnten sich aber nicht behaupten.

Die H. wurden immer stahlfarbig bzw. silbern tingiert und waren stets rot gefüttert.

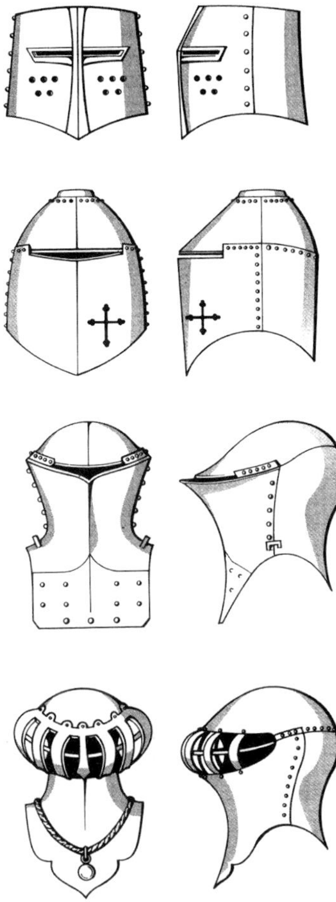

*Typische Helmformen jeweils von vorn und von der Seite gesehen, von oben nach unten Topfhelm, Kübelhelm, Stechhelm und Spangenhelm*

Goldene sowie offene, d. h. nicht mit Spangen besetzte, H. zu führen, war ein Vorrecht der alten großen Dynastengeschlechter. Der in der englischen und französischen Heraldik gepflegte Brauch, den Wappen-H. zur Kennzeichnung des Ranges zu nutzen, wurde im deutschen Wappenwesen nicht nachgeahmt. Im Laufe der Zeit bildete sich die Regel heraus, daß der Wappen-H. mindestens zwei Drittel der Höhe des Schildes (bis zu dessen Mitte gerechnet) haben soll. Der Platz des H.es ist gewöhnlich über dem Wappenschild, wo er aufrecht stehend auf dessen oberem Rand angebracht ist. Bei gelehnten Schilden befindet sich der H. auf deren erhöhtem Obereck. Mitunter wurden mehrere H. neben die Schilde gesetzt oder den Schildhaltern aufgestülpt. Die Stellung des einzelnen H.es ist bei einem aufrecht stehenden Schild meist nach vorn gekehrt, bei gelehnten zeigt er sich im Profil. Bei mehreren erscheint der mittlere von vorn, die anderen links und rechts gleichmäßig verteilt im Profil, wobei der H. des vornehmsten Teilwappens in der Regel in der Mitte angeordnet wurde. In der Blütezeit der Heraldik befand sich meist nur ein H. über dem Wappen. Erst gegen Ende des 14. Jahrhunderts erschienen dann zwei und mehr H. Die Ansicht, die Anzahl der H. würde die entsprechende Adelsklasse kennzeichnen, ist historisch unbegründet.

*Schildhalter mit aufgestülpten Helmen auf der Rückseite eines Talers von Herzog August dem Jüngeren von Braunschweig-Lüneburg (1635–1666), als Umschrift die ↑ Devise des Herzoges «Alles mit Bedacht»*

Die französischen Heraldiker verwendeten für das Wappen des Königs einen offenen, vorwärts gekehrten, goldenen, rotgefütterten H., der sich von denen der anderen Familienmitglieder unterschied. In Deutschland wurde diese Sitte in einigen wenigen Fällen nachgeahmt. Während sich in der englischen und französischen Heraldik die H. der einzelnen Adelsklassen wesentlich unterschieden, ordneten die deutschen Heraldiker den Bügel- oder Spangen-H. den adligen Häusern, den weit älteren Stech-H. den bürgerlichen Häusern zu. Eine Ausnahme bildeten die Gelehrten, denen ebenfalls der Bügel-H. zugestanden wurde. Viele Wappendarstellungen der verschiedensten Zeitepochen bestätigen jedoch, daß man sich in vielen Fällen nicht an diese Differenzierungen hielt. Der in der französischen Heraldik eingeführte Brauch, den Wappen der aus nicht standesgemäßen Ehen hervorgegangenen Personen einen linksgekehrten H. beizugeben, wurde nicht in das deutsche Wappenwesen übernommen. Zu Beginn des 19. Jahrhunderts ersetzte *Napoleon I.* die H. der französischen Wappen durch mit Federn geschmückte Barette.
In seltenen Fällen wurde ein H. auch als gemeine Figur im Schild verwendet, z. B. in den Stadtwappen von Borna (bei Leipzig) und Gandersheim (Niedersachsen). Vgl. Abb. bei Erzherzog. Abb.

**Helmbinde** ↑ Wulst.

**Helmdecke:** über den Helm gebreitetes, wie ein kleines Mäntelchen an beiden Seiten des Wappen herabhängendes, vielfach in kleine schnörkelige Streifen geschnittenes Tuch in den Wappenfarben. Die H. gehören zu den dekorativen Bestandteilen des Helmes und somit zum ↑ Oberwappen. Hervorgegangen aus den den Helm bedeckenden, vor der Sonne schützenden Tüchern wurden sie im 14. Jahrhundert mit dem Aufkommen des Kübelhelmes in das Wappenwesen einbezogen und nahmen in den einzelnen Jahrhunderten die verschiedensten Formen an. Die anfänglich noch kurzen, viereckigen Tücher, die an den Enden oft mit Quasten oder Schel-

*Helmdecken oben links 13. Jahrhundert, rechts 14. Jahrhundert, unten 15. Jahrhundert*

*Helmdecke an einem Wappenbeispiel des 16. Jahrhunderts (Christoph von Gemmingen)*

*Helmdecke am Beispiel des braunschweigischen Wappens im 17. Jahrhundert*

len versehen waren, wurden mit der Zeit immer größer und erschienen als flatternde Tücher, die immer enger an den Helm gelegt wurden. Nur auf den Reitersiegeln hielten sich die wehend dargestellten H. etwas länger. Bereits am Ende des 14. Jahrhunderts schnitt man die Ränder, ähnlich den Gewandsäumen dieser Zeit, blattartig oder spitz ein. Als Ursache für diese Darstellung sahen die älteren Heraldiker den Brauch, daß im Turnier zerfetzte H. aus Tradition immer wieder verwendet wurden und deren ausgefransten Kanten eventuell zum Vorbild der später heraldisch gestalteten H. dienten. Diese Einschnitte wurden dann im Laufe der Zeit immer tiefer, so daß ausgezackte Streifen entstanden, die dann beiderseits um den Helm gelegt über dem Wappen erschienen. Im 15. Jahrhundert hatten sie schon die Form von schwungvollen, blattartig verschnörkelten Bändern und wurden nun auch um den ganzen Schild gelegt. Während die Zeit der Gotik die schönsten Beispiele lieferte, sind die später entstandenen schon nicht mehr als Decken im eigentlichen Sinne erkennbar, sondern erscheinen als verschlungene Laubornamente. In der frühen Zeit der Heraldik wurden die H. aus gesteifter Leinewand, Leder oder Blech gefertigt und wirklich auf dem Helm getragen. Neben diesen tauchten dann im 17. Jahrhundert auch in Form eines Mantels gefaltete H. auf. Die schlechtesten und heraldisch unverständlichsten Beispiele lieferte das 18. Jahrhundert. Die in erster Linie von der italienischen Heraldik beeinflußten

Tuchstreifen, die in ihrer Gestaltung meist das Akanthusblatt zum Vorbild hatten, ballten sich in der Verfallszeit der Wappenkunst zu teilweise unentwirrbaren Knäueln zusammen und erreichten eine Größe, die ihren Ursprung und wirklichen Gebrauch nicht einmal mehr ahnen lassen und ihre wirkliche Bedeutung verwischten. Es entstand ein ungeheurer Formenreichtum und eine Vielzahl auch von der bildenden Kunst beeinflußter Varianten. Aus Unkenntnis der wirklichen Bedeutung dieses Helmschmuckes entstanden mitunter die kuriosesten Darstellungen. So sind z. B. die H. des Wappens der aus dem Elsaß stammenden *Familie von Uttenheim* aus den Haupt- und Barthaaren eines gekrönten alten Mannes gebildet.
Die Wappendarstellungen in der ↑ Züricher Wappenrolle zeigen einfarbige H., deren Farben in noch keinem Zusammenhang mit dem Wappenbild stehen. Erst um die Mitte des 14. Jahrhunderts nehmen sie die Tinkturen des Schildes an, was jedoch noch nicht verbindlich war. Erst allmählich wurde es zur Regel, daß die Außenseite der H. eine andere Farbe als die Innenseite erhielt. Auch hier wurde das heraldische Farbgesetz von Farbe und Metall fast ausnahmslos befolgt. Die Metalle Gold und Silber erschienen meist als Futter, d. h. auf der Innenseite. Hatte die Schildfigur Naturfarbe, so wählte man für die H. die nächstliegende heraldische. Ging das ↑ Helmkleinod direkt in die H. über, so bestimmte dieses deren Farbe. Mit Heroldsbildern oder Streumustern, wie Rauten, Wekken, Eisenhütlein usw., versehene H. finden sich in der deutschen Heraldik seltener. Waren über einem Wappenschild mehrere Helme, so erhielt jeder seine Decke in der Farbe des zum entsprechenden Platz gehörenden Schildes. Eine H. über mehrere Helme zu breiten, galt in der alten Wappenkunst als unzulässig. Bei einer Wappenvereinigung, bei der die Kleinode auf einem Helm vereinigt wurden, konnte dieses auch durch die H. zum Ausdruck gebracht werden, indem z. B. der rechte Teil der Decke die Farbe des ersten, der linke die des zweiten Wappens trägt. Das gleiche war auch mit vier Farben möglich, indem die H. außerdem quergeteilt wurde. Hier erhielt die oberste rechte Seite die Farbe des wichtigsten Wappens. Die alten Heraldiker beschränkten sich stets auf die wichtigsten Wappenfarben und ließen nur diese auf den H. erscheinen. Für eine gute Wappengestaltung war es immer wichtig, daß die H. auch stilistisch mit den Helmen übereinstimmten. So konnte z. B. ein Kübelhelm des 13. Jahrhunderts nicht mit einer verschnörkelten H. der Renaissancezeit versehen werden. Aus der H. entwickelte sich später der *Helmmantel,* der durch das Zusammenbinden der einzelnen Enden entstand und in der heraldischen Fachsprache als *altfränkische Decke* bezeichnet wurde. Abb. auf S. 187.

**Helmfenster:** Teil des Helmes, der das Gesicht oder nur die Augen frei läßt. Die Augenschlitze der ↑ Topfhelme und der ↑ Kübelhelme laufen entweder in einer Spalte, oder sind getrennt angebracht. Mitunter wird diese Spalte mittels einer aufgenieteten Spange in zwei Teile zerlegt. Beim ↑ Spangenhelm sind über das H. mehrere Spangen gelegt, beim sogenannten ↑ Königshelm ist es offen.

*Helmkissen mit darauf befindlicher Helmzier über einer blattartigen Helmdecke auf einem Spangenhelm, wie er im 15. Jahrhundert getragen wurde*

**Helmkissen:** flache, viereckige, mit Troddeln oder Borden versehene Kissen, meist in den Farben des Schildes, die auf den Wappenhelmen liegend als ↑ Hilfskleinod dienten. Vgl. Abb. bei bequastet und bei Schirmbrett. Abb.

**Helmkleinod,** *Helmzier, Kleinod, Cimir:* auf dem Wappenhelm angebrachtes Kennzei-

*Verschiedene Beispiele von Helmkleinoden*

chen in Gestalt von Hörnern, Flügeln, Federn oder plastischen Menschen bzw. Tierfiguren. Erst durch das Anbringen des H.es wird der Helm eigentlich heraldisch bzw. wappenmäßig. So bildet das heraldische H., wie der Schild mit seinem Bilde, einen wesentlichen Bestandteil des erblichen Wappens, das immer in Zusammenhang mit dem Schilde und seinen Figuren sowie Farben steht. Die Bedeutung des H.es für die Heraldik ergibt sich schon aus der Tatsache, daß es, besonders auf Siegeln und Münzen, bisweilen stellvertretend für das ganze Wappen erscheint.

Das Bedürfnis, den Helm zu schmücken, findet sich bereits im Altertum. Der dem Wappenwesen eigene Helmschmuck ist jedoch auf eine andere, nur mit der Heraldik eng verbundene Entwicklung zurückzuführen. Zuerst wahrscheinlich in England aufgekommen, stammen auch die ältesten Beschreibungen dieses Helmschmuckes aus englischen Quellen. Im Römisch-Deutschen Reich ist das H. erst seit dem 13. Jahrhundert nachweisbar. Die spezifische Bezeichnung *Kleinod* erhielt es erst in der zweiten Hälfte des 14. Jahrhunderts. Sie ist von dem althochdeutschen Wort *chleinodi* [klein, zierlich] abgeleitet. Die bisherige Bezeichnung *Zimir,* die für den ganzen Schmuck der Rüstung gebraucht wurde, übertrug man später auch auf das H.

In den ersten Jahren des 13. Jahrhunderts kommen H. auf deutschen Siegeln als ein neben dem Wappen befindliches selbständiges Emblem, das um 1240 erblich wurde, vor. Etwa zur gleichen Zeit läßt es sich auch in der ausländischen Heraldik nachweisen. H. mit Darstellungen körperlicher Figuren sind besonders in der deutschen Heraldik ausgebildet.

Die wichtigsten Formen der H. sind: Hörner (↑ Büffelhörner), Flüge (↑ Flug), Federn, ↑ Schirmbretter, Hüte, ↑ Fahnen, Menschen und Tiere, seltener der ↑ Beutelstand. Daneben erscheinen fast alle auch als Wappenbilder vorkommenden Figuren. Menschen und Tiere sind in ganzer Figur (↑ wachsend), als ↑ Rümpfe oder als einzelne Teile dargestellt.

Besonders in der alten Zeit waren die H. nicht immer eine genaue Kopie der Schildfigur.

Bei durch Kauf, Erbschaft oder Heirat neu hinzugekommenen Wappen wurde oft deren Kleinod mit dem des schon geführten Wappens vereinigt. Die ursprünglichen, wirklich bei den Turnieren getragenen H. waren aus Leder, Holz, Pappe oder Blech gefertigt und fest mit dem Helm verbunden. Davon ist auch das heraldische Gesetz abgeleitet, daß das H. nicht getrennt vom Helm dargestellt werden darf. Die vor allem in England verbreiteten, frei schwebenden Kleinode sind unheraldisch. Erst in der späteren Zeit, besonders im 18. Jahrhundert, setzte man sich auch in der deutschen Heraldik vielfach über diese Regel hinweg, was jedoch zu unschön komponierten Wappen führte.

Bei den Kolbenturnieren wurde der Gegner nicht mehr mit der Lanze aus dem Sattel gestoßen, sondern lediglich das H. des Gegners mußte mit einem Kolben abgeschlagen werden. Vgl. crest, Hilfskleinod, Spiegel (1.). Abb.

**Helmkrone,** *Edelkrone*: auf den Wappenhelmen befindliche Krone, die der Verbindung von ↑ Helm und ↑ Helmkleinod dient. Die in manchen älteren Wappen- oder Adelsbriefen mitunter auch fälschlich Adels- oder Königskrone genannte H. besteht aus einem goldenen, verzierten Reif mit fünf sichtbaren Zakken, deren mittelste und die beiden äußeren blattartig gebildet sind. Die beiden anderen tragen in vielen Fällen eine Perle. Die H. muß immer den Helmkopf und den Ansatz der Helmzier umschließen. Sie stand nur den Adelswappen zu, denen sie ausdrücklich verliehen wurden oder bei denen sie altherkömmlich schon vorhanden waren.

Die H. bezeichnete ursprünglich nur die königliche Würde. Bereits in den Jahren 1254 und 1287 tauchten H. auf, die nicht mehr die Königswürde symbolisierten, so bei den Herzögen von Österreich und Kärnten. In der ersten Hälfte des 14. Jahrhunderts noch vereinzelt, erschienen schon im 15. Jahrhundert fast alle adligen Helme gekrönt, wodurch die Helmkleinode oft sehr entstellt wurden. Bei Wappentieren als Schildbilder

*Helmschau auf einer Darstellung aus dem Wappenbuch des ↑ Conrad Grünenberg*

*Formen von Helmkronen,*
*links frühe Form etwa des 14. Jahrhunderts,*
*rechts etwa des 17. Jahrhunderts*

können die Kronen ausnahmsweise auch rot, blau oder grün tingiert sein. Andere, vor allem bürgerliche Wappen, zeigen statt der H. eine ↑ Wulst. Zwischen H. und ↑ Rangkrone besteht kein sachlicher Zusammenhang; sie dürfen nicht verwechselt werden. Vgl. Adelskrone. Abb.

**Helmlöhr** ↑ Wulst.

**Helmmantel** ↑ Helmdecke.

**Helmschau:** im Mittelalter anfangs von den ↑ Knappen von den Wappen, später von den ↑ Herolden vor den Turnieren vorgenommene Prüfung der Teilnehmer, bei der die Ritterbürtigkeit sowie die Helme und Schilde auf ihre heraldische Richtigkeit überprüft wurden. Für die Berechtigung der Führung einer Helmzier mit Helmkrone mußte ein Nachweis (z. B. kaiserliches Diplom) erbracht werden. Abb. auf S. 191.

**Helmvaz:** mittelalterliche Bezeichnung für den ↑ Topfhelm oder ↑ Kübelhelm. Vgl. Abb. bei Helm.

**Helmwulst** ↑ Wulst.

**Helmzier** ↑ Helmkleinod.

**Hemmerlin** (Hemmerlein), Felix: geb. 1389, gest. zwischen 1457 und 1461, Priester, Heraldiker. Im Jahre 1412 wurde H. Chorherr in Zürich, später in Zofingen. 1422 war er Propst von St. Ursus et Victor in Solothurn und 1428 wieder in Zürich als Kantor. In seinem nach 1440 entstandenen «Tractatus de nobilitate et rusticitate» übernahm er 146 Verse eines von *Conrad von* ↑ *Mure* verfaßten Wappengedichtes und bewahrte dieses dadurch vor dem Untergang. Weiterhin enthält das Werk 26 Kapitel, die zum überwiegenden Teil von Wappen handeln. H. baute seine heraldischen Kenntnisse auf denen des Juristen *Bartolus Saxoferrato (Sassoferrato,* 1314/1357) auf, dessen Schrift «De armis et insigniis» die Heraldik wesentlich beeinflußte.

**Heppe,** *Hippe*: ältere Bezeichnung für Sichel, auch Ausdruck für ein krummes Messer zum Abschneiden von Zweigen. In der Heraldik kommen beide Wappenbilder in den verschiedensten Varianten vor.

**Heraldik:** historische Hilfswissenschaft, die sich mit der Geschichte, den Regeln und Gesetzen der Wappenanfertigung und Wappenführung *(Wappenkunde,* theoretische H.) sowie auch ihrer Anwendung (↑ Wappenkunst, praktische H.) beschäftigt. Während sich die Wappen als eine Modeerscheinung des hohen Mittelalters spontan entwickelten, entstand die H. (abgeleitet ist dieser Begriff von den ↑ Herolden) systematisch. Die H. als heutige historische Hilfswissenschaft war ursprünglich nichts anderes als der Versuch, dem in seiner Blüte stehenden Wappenwesen gewisse Regeln und Gesetze zu geben sowie durch die Schaffung einer eigens für die Wappenkunst entwickelten heraldischen ↑ Kunstsprache eine exakte Beschreibung der Wappen zu ermöglichen. Anfangs von den Herolden geheim gehalten, entwickelte sich die H. im Laufe der Zeit zu einer komplizierten, empirischen Disziplin. Diese Entwicklung kann in drei Perioden eingeteilt werden:

1. Aufkommen des Wappenwesens, die Zeit, in der allein der Schild mit seinem Bilde das Wappen darstellte – etwa vom 12. bis zum Ende des 13. Jahrhunderts. Mitunter spricht man hier von der H. des Schildes.

2. Zeitraum, in dem der Schild zusammen mit seinem Schmuck das Wappenwesen beherrschte – etwa vom 13. bis zum Ende des 15. Jahrhunderts. In diesen Jahren entwikkelte sich der wirklich getragene Schild zum heraldischen, wurde aber nach wie vor als solcher bei Turnieren und im Kampf verwendet. In dieser als Blütezeit der H. be-

zeichneten Epoche erhielt das Wappenwesen seine höchste Ausbildung.
3. die Periode, in der der heraldische Schild nicht mehr wirklich getragen wurde. Die ursprünglichen Formen der Kampfschilde gingen verloren und durch Zierat und Beiwerk entwickelten sich völlig verfremdete Schildformen (↑ barocke Schilde). Die alten Heroldsregeln gingen mehr und mehr verloren. Das 16. Jahrhundert brachte den Verfall der *lebendigen H.* Die damals beginnende, bis in unsere Zeit reichende Epoche wird bisweilen als die Zeit der *toten H.* bezeichnet. Nach dem Verfall des Heroldswesens nahmen sich vor allem Geistliche, Juristen und zum Teil auch Ärzte der Wappenkunde an. Schon gegen Ende des 17. Jahrhunderts wurde die H. zum Unterrichtsfach an einigen Hochschulen (Lehrstuhl für französische Sprache und H. für *J. de Maliverne* 1685 in Marburg). 100 Jahre später war sie eine populäre Wissenschaft. Die Hochschullehrer entfernten die Wappenwissenschaft von ihren Quellen und ihren direkten Beziehungen zum öffentlichen Leben und ordneten sie den gewollten Ansprüchen ihrer Zeit unter. Das hatte zur Folge, daß die H. «versandete» und ihr wesentlicher Inhalt mißverstanden wurde. Als Kern dieser Disziplin wurde nun die Kunstsprache angesehen. Durch das kleinliche Auszirkeln und Benennen der einzelnen Heroldsbilder ging der Blick für das Ganze verloren. Erst gegen Ende des 19. Jahrhunderts gelang es, dank der intensiven Erforschung der Kulturgeschichte des Mittelalters, der H. einen neuen Inhalt zu geben. Vgl. Lehrbücher der Heraldik.

*Anna, Dauphiné der Auvergne, Gemahlin des Grafen Ludwig II. von Bourbon (1356–1410), und ihre Hofdame jeweils mit einem heraldischen Gewand bekleidet auf einer Pergamentminiatur um 1375*

*Literatur*

Handbuch der Heraldik, 16. völlig neu gestaltete Auflage von Hildebrandts Wappenfibel. Neustadt a. d. Aisch 1970
*Leonhard, W.:* Das große Buch der Wappenkunst. München 1976
*Neubecker, O.:* Heraldik. Wappen – Ihr Ursprung, Sinn und Wert. Frankfurt/Main 1977
*Neubecker, O.:* Wappenkunde. München 1980

**heraldische Figuren:** mitunter als Sammelbegriff der ↑ Heroldsbilder und ↑ gemeinen Figuren verwendeter Begriff.

**heraldische Gabel** ↑ im Dreipaß gestellt.

**Heraldische Institute** ↑ Europäische Wappensammlung.

**heraldisches Gewand:** im Mittelalter beliebte, in der Hauptsache vom hohen Adel getragene, mit mehreren Wappen bestickte Kleidung. Neben dem Wappen auf dem Schild trugen viele Ritter dieses z. B. auch auf den Mänteln. Es sind auch einige Beispiele von heraldischen Frauengewändern überliefert. Auch der ↑ Tappert der Herolde ist zu den h. G. zu zählen. Abb.

**Heraldry Society** (of Great Britain): im Jahre 1947 gegründete heraldische Gesell-

schaft Großbritanniens mit Sitz in London sowie Zweigstellen in Australien und Neuseeland.
*Publikationen*
Coat of Arms (seit 1950)
The Heraldry Gazette (seit 1947)
**Heraldry Society of Canada – Société héraldique du Canada:** am 25. Oktober 1966 gegründete heraldische Gesellschaft Kanadas mit Sitz in Ottawa.
*Publikation*
Heraldry in Canada (seit 1967 erscheinende Zeitschrift)
**Herald's College** [engl. College of Arms]: im Jahre 1484 gegründete, noch heute bestehende höchste Wappenbehörde Englands. Das H. C. untersteht dem jeweiligen *Earl Marshal of England,* einer seit *König Karl II.* (1660–1685) den Herzögen von Norfolk erblich zustehenden Würde. Das Heroldskollegium besteht aus *officers of arms,* die wiederum alle eigene Amtsnamen führen. An der Spitze dieser Behörde stehen drei Wappenkönige (kings of arms): 1. ↑ *Garter,* 2. *Clarenceux* (nach dem Herzogtum Clarence benannt), dessen Amtsbezirk das Land südlich des Flusses Trent bildet, und 3. Norroy (ursprünglich North Roy, d. h. Nordkönig) mit dem Amtsbezirk nördlich des Trent. Ihnen unterstehen sechs Herolde (*heralds*) mit den Amtsnamen *Chester, Lancaster, York, Somerset, Richmond* und *Windsor.* Dazu kommen zwei weitere Herolde (*extraordinary*) mit den Bezeichnungen *Surrey* und *Maltravers.* Die unterste Stufe bilden vier *Persevanten,* d. h. Unterherolde (*poursuivants*), die ebenfalls Amtsbezeichnungen führen: 1. *Rouge Croix* [Rotes Kreuz], 2. *Bluemantle* [Blaumantel], 3. *Rouge Dragon* [roter Drache], 4. *Porticulli* [Fallgitter]. Der Herold des Fürstentumes Wales, mit den Amtsnamen *Bath* oder *Gloucester,* untersteht diesem Heroldskollegium nicht.
Für Schottland und Irland existieren eigene Ämter. Dem schottischen, bereits seit 1399 nachweisbaren Wappenkönig (*Lyon King of Arms*) unterstehen drei Herolde mit der Bezeichnung *Albany, Marchmont* und *Rothesay* sowie drei Persevanten: *Unicorn, Dingswall* und *Carrick.* In Irland existiert nur ein Wappenkönig (*Ulster King of Arms*) und ein *Athlone* genannter Persevant.
Die Wappenkönige führen neben ihrem eigenen Wappen das ihnen zustehende Amtswappen. Das Wappen ist von der ↑ Heroldskrone überhöht und von einer Kette (*Collane*), die aus dem doppelten Buchstaben S gebildet ist, umgeben. Dahinter befinden sich zwei gekreuzte Heroldsstäbe.
**HERE WE REST** [engl., hier bleiben wir]: Wahlspruch über dem Wappen des US-Bundesstaates Alabama.
**Hermelin: 1.** zu den heraldischen ↑ Tinkturen gerechnetes, stilisiertes heraldisches ↑ Pelzwerk. Das H. hat seinen Ursprung in dem Fell des gleichnamigen Tieres, das in der Frühzeit der Heraldik an Stelle des Wappenbildes auf den Schild genagelt wurde. So trug z. B. der Minnesänger *Ulrich von Lichtenstein* (um 1200/1275 oder 1276) einen mit H. überzogenen Schild. Heraldisch wird H. durch reihenweise wie Kreuzchen geformte schwarze Fleckchen auf silbernem bzw. weißem Grund dargestellt. Mit H. können Heroldsbilder und gemeine Figuren besetzt sein. Besonders in der englischen Heraldik kommen Varianten dieser Tinktur vor (vgl. Gegenhermelin, Goldhermelin, pean, properly ermines, erminoys). Natürlicher H. wird im Wappenwesen bei ↑ Wappenzelten und Wappenmänteln verwendet. Vgl. Vehem, Wappenmantel. Abb.
**2.** als Schildbild sowie als Helmzier vorkommendes Wappentier, z. B. im redenden Wappen der *Familie Harm* in Tirol. Als Helmzier erscheint ein H. über dem Wappen der *Freiherren und Herren von Rosen.*
**Hermelinbalken:** vor allem in der engli-

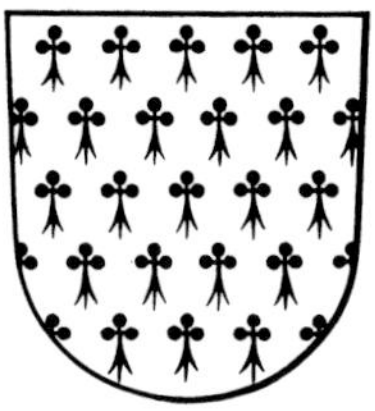

*Hermelin*

schen Heraldik auftretender, mit ↑ Hermelin (1.) besetzter ↑ Balken.

**Hermelinkiel:** von den *Herzögen von Lancaster* als ↑ Badge geführter, mit Hermelin besetzter goldener Federkiel der Straußenfeder.

**Hermelinkreuz:** als Wappenbild selten vorkommendes Kreuz, dessen Arme aus den heraldisch stilisierten Hermelinschwänzchen gebildet sind.

**Hermelinkürsch:** Darstellung des heraldischen ↑ Pelzwerkes Kürsch, auf dem sich kleine Schwänzchen, ähnlich ↑ Vehem, befinden.

**Hermelinschwänzchen:** als ↑ gemeine Figur heraldisch stilisiert vorkommendes Wappenbild. Die niemals einzeln erscheinenden H. zählen zu den gemeinen Figuren, weil von ihnen die Bedingung für das heraldische Pelzwerk ↑ Hermelin (1.), nämlich das Verschwinden einzelner Figuren in die vier Ränder des Schildes, nicht erfüllt wird.
Im Wappen der *Freiherren von Verschuer* befinden sich z. B. zwei, in dem der *Grafen Gorcey-Longuyon* neun H.

**Herold** [ahdt. heriwalto, der im Heer Waltende]: **1.** im Mittelalter Ausrufer, fürstlicher Bote, der u. a. für die Wahrung der ritterlichen Formen bei den Turnieren zu sorgen hatte und dem die Obliegenheiten des Wappenwesens anvertraut waren. Die H. leiteten die öffentlichen Veranstaltungen des Adels, prüften die adlige Abstammung von Ahnen, entwarfen Wappen u. a. Bei den Turnieren führten sie die Wappenschau durch, d. h., sie prüften die Turnierfähigkeit. Ein ↑ Persevant konnte nach siebenjähriger Dienstzeit H. werden. Dem mußten zwei Wappenkönige und vier H. zustimmen. Zuerst wurde der Begriff H. von dem zwischen 1356 und 1395 wirkenden Wappendichter *Peter* ↑ *Suchenwirt* erwähnt. In dieser Zeit wurde dieser Begriff für die die ↑ Knappen von den Wappen ablösenden Beamten noch nicht einheitlich verwendet. So nannte sich z. B. der um 1420 in Bayern tätige H. *Johann* ↑ *Holland* noch abwechselnd «Ernhold», d. h. H., und «Knab der waffen». Die H. wurden sehr bald in Gilden zusammengefaßt, die als *Heroldien* bezeichnet wurden. Der Oberste der jeweiligen Heroldie trug die Bezeichnung *Wappenkönig*. Ihm unterstanden die H. und ↑ Persevanten. Anfangs übten die H. ihre Kunst nur praktisch aus. Es gab keine wissenschaftliche Anleitung zur Kenntnis und Übung ihres Faches. Aus der Überlieferung und der Tradition stammende Erkenntnisse gaben die Wappenkönige und H. innerhalb ihrer Zunft oder Familie nur mündlich weiter. Als sich das Wappenwesen vom wirklichen Leben löste, d. h. als die Schilde, auf denen die Wappen ursprünglich angebracht waren, nicht mehr im Kampfe getragen, sondern nur noch als Träger der Symbole verstanden wurden, begann die Zeit, in der aus der H.skunst nach und nach eine Wissenschaft wurde. Die H. suchten nach Gesetzen für ihre Wissenschaft. Da keine vorhanden waren, gaben sie ihr solche nachträglich und begründeten damals noch unbewußt die Wappenwissenschaft, die Heraldik. Am Anfang des 15. Jahrhunderts kam die Sitte auf, den H.en und Persevanten eigene Amtsnamen zu geben. Diese waren in den meisten Fällen eine Anspielung auf Titel oder Gebiete ihrer Herren. Einige sind jedoch heute nicht mehr eindeutig zu begründen. Neben den Amtsnamen führten alle H. den Titel *Edel und Ehrenvest*, den sie auch später behielten. Die Amtsnamen kamen Anfang des 16. Jahrhunderts außer Gebrauch.
Neben ihren gesellschaftlichen und diplomatischen Missionen traten die H., besonders im 15. und 16. Jahrhundert, als ausgezeichnete Kenner ihres Faches hervor. Nicht nur in der Theorie erwiesen sie sich als Meister, sondern auch in der Praxis, dem Aufreißen, d. h. dem Malen der Wappenbilder. Viele der von H. gemalten Wappenbücher sind Zeugnisse höchster künstlerischer Vollendung. Durch ihre vielseitige Tätigkeit erlangten sie oft einen beträchtlichen Reichtum und großes Ansehen. Mitunter traten auch einige H. als Dichter und Geschichtsschreiber hervor. Mit dem Rückgang der Turniere und dem allgemeinen Verfall des Rittertumes verlor auch die Stel-

lung der H. mehr und mehr an Bedeutung. Am längsten erhielt sich, von England und Frankreich abgesehen, diese Institution am Kaiserhof in Wien. Bei den im 17. und 18. Jahrhundert als H. bezeichneten Personen handelte es sich um sogenannte «ausgekleidete», d. h. beliebige als H. gekleidete Personen, deren Tracht und Aufgaben nur noch einen symbolhaften Charakter hatten, was auch bei allen späteren H.en der Fall war.

Fast unverändert erhielt sich das H.swesen in Großbritannien. Die Ernennung eines H.es nach englischem Vorbild ist aus dem 19. Jahrhundert im Königreich Hannover bekannt, das bis 1837 in Personalunion mit Großbritannien verbunden war. Bei der Stiftung des ↑ Guelphenordens am 12. August 1815 sah der Prinzregent, der spätere *König George IV.* (1820–1830), einen «Herold des weißen Pferdes» (vgl. Welfenroß) vor, der die Wappen der verschiedenen Ordensmitglieder herbeischaffen und in der Schloßkirche zu Hannover sowie im Rittersaal des Schlosses aufhängen sollte. Am 13. Dezember 1815 wurde dann *Sir George Nayler* zum Ordens-H. ernannt. Bei der Krönung des preußischen *Königs Wilhelm I.* (1861–1888) sowie des bayrischen *Königs Ludwig II.* (1864–1886) fungierten ebenfalls H. Ein königlich ungarischer Landes-H. versah bei der Krönung des *Kaisers Franz Joseph I.* (1848–1916) zum König von Ungarn am 8. Juni 1867 seinen Dienst. Noch bis in das 20. Jahrhundert hinein gab es in Österreich einen H. der «kaiserlichen Reichshaupt- und Residenzstadt Wien». Der preußische ↑ Schwarze Adlerorden verfügte bis zum Ende der Monarchie 1918 über einen eigenen H. Auch in Schweden gab es bis zum Ausgang des 19. Jahrhunderts H. des ↑ Seraphinenordens, des Nordsternordens, des Schwertordens und des ↑ Wasaordens. Abb. **2.** ↑ Deutsches Geschlechterbuch.

*Literatur*

*Chezy, W. v.:* Der Ehrenhold. Stuttgart 1848
*Berchem, E. Freiherr v., D. L. Galbreath, O. Hupp:* Beiträge zur Geschichte der Heraldik. Berlin 1939, Neudruck Neustadt a. d. Aisch 1972, darin:
II. Die Herolde und ihre Beziehungen zum Wappenwesen
V. Chronologisches Verzeichnis der Herolde

**«Herold»** ↑ «Der Herold».

**Heroldien** ↑ Herold.

**Heroldsamt:** landesherrliche, mit dem Wappenwesen betraute Hofbehörde. Nach dem Verfall der alten Heroldsinstitution, etwa gegen Ende des 17. Jahrhunderts, schufen die Landesherren besondere Hofämter, die mit dem Wappenwesen betraut wurden, Standeserhöhungen bearbeiten mußten, die Adelsmatrikel führten u. a. Eines der ersten war das 1703 in Preußen geschaffene Ober-H., das aber im Jahre 1713 bereits wieder aufgelöst wurde. In Bayern wurde 1808 das Reichs-H., in Preußen 1855 das Königlich Preußische H. geschaffen, das dem Hausministerium unterstellt war und am 31. März 1920 aufgelöst wurde. In Sachsen war das Wappenwesen zunächst dem Ausschuß für Adelsangelegenheiten unterstellt, bis auch hier im Jahre 1917 ein H. gegründet wurde. Die Tätigkeit der Heroldsämter trug in vielen Fällen wesentlich zum Verfall der Heraldik bei, da die dort beschäftigten Beamten oft die nötige Qualifikation für diese komplizierte Materie nicht besaßen.

*Nebenstehende Seite:*
*Beispiele von Herolden des 18. und 19. Jahrhunderts in ihren charakteristischen Tapperten: 1 Wappen des «Herald's College» zu London, 2 Garter King of Arms, Vorsitzender des englischen Heroldsamtes, 3 Herold des preußischen ↑ Schwarzen Adlerordens um 1890, 4 preußischer Herold bei der Krönung König Wilhelms I. 1861, 5 königlich bayrischer Reichsherold 1864, 6 königlich bayrischer Persevant um 1870, 7 königlich ungarischer Landesherold bei der Krönung Franz Josephs I. zum König von Ungarn 1867, 8 Herold der kaiserlichen Reichs-Haupt- und Residenzstadt Wien um 1880, 9 königlich schwedischer Reichsherold, 18. Jahrhundert, 10 Herold des Ordens des Königreiches Schweden (↑ Seraphinenorden), 11 Herold des schwedischen Schwertordens, 12 Herold des schwedischen Nordsternordens, 13 Herold des schwedischen Wasaordens.*

**Heroldsbild,** *Heroldsfigur, Heroldsstück*: Wappenbild, das durch die Teilung des Schildes in verschiedene, durch regelmäßig gezeichnete Linien begrenzte Flächen entsteht. Die Teilungslinien können gerade oder krumm sein, müssen aber immer bis an die Schildränder reichen. Die alte Heraldik teilte die H.er in zwei Klassen: 1. in Teilungsbilder oder Sektionen (hier findet eine gleiche Verteilung der Farben in gleichgroße Plätze statt), 2. in eigentliche H.er, bei denen eine Farbe einen größeren Platz einnimmt als die andere, so daß der kleinere Platz von den größeren eingeschlossen erscheint bzw. als selbständige Figur sichtbar ist. In der Blütezeit der Heraldik war solch eine Differenzierung unbekannt. Die moderne Heraldik faßt unter dem Sammelbegriff H. beide zusammen.
Die H.er sind vermutlich jünger als die ↑ gemeinen Figuren, die symbolhaft und daher leichter verständlich waren und später (etwa seit der Renaissance) wieder vorrangig verwendet wurden. Die H.er schufen jedoch der Heraldik einen großen Formenschatz. Die vielfältigen, einfachen oder komplizierten Teilungslinien führten zu einer farbstarken und kontrastreichen Schildaufteilung und sicherten damit ein schnelles Erkennen und Unterscheiden der verschiedenen Wappen. Sie kamen zu einer Zeit auf, als das Wappenwesen zu erstarren drohte (vgl. Wappenkunst). Wegen der sehr großen Zahl der H.er wurde für ihre wappenmäßig richtige Darstellung eine bereits von den Herolden festgelegte, fest umrissene und unveränderliche Bezeichnung unumgänglich.

**Heroldsbuch des Jülicher Hubertusordens:** um 1480 angelegtes, von *Herrmann von Braunshoffen* gezeichnetes Wappenbuch; befindet sich in der Staatsbibliothek in Berlin. Das Buch enthält auf 130 Blatt über 1 000 Vollwappen und mehr als 100 Schilde der Mitglieder des im Jahre 1444 von *Herzog Gerhard VII. von Jülich-Berg* (1437–1475) gestifteten, später bayrischen Hausordens (↑ Hubertusorden).

**Heroldsdichtung:** etwa seit dem Ende des 13. Jahrhunderts von den Herolden verfaßte Gedichte, die oft in übertriebener, schwülstiger Form die Taten des Besungenen verherrlichten, wobei seine Freigebigkeit besonders betont wurde. Gegenstand der H. waren vor allem Äußerlichkeiten der Ritter, ganz besonders die Rüstung und die Wappen. Vorläufer dieser *Wappendichtung* war *Konrad von Würzburg* mit seinem «Turnier von Nantes» (nach 1257). Hauptvertreter der H. war *Peter ↑ Suchenwirt.*

**Heroldsfigur: 1.** ↑ Ehrenstück. – **2.** ↑ Heroldsbild.

**Heroldskrone:** zur Amtstracht der Herolde gehörende kronenförmige Kopfbedeckung. Die H. der frühen Zeit bestand aus einem vergoldeten, mit Blattzinken besetzten Reif. Besonders prächtig und zum Teil auch materiell wertvoll sind die heute noch gebräuchlichen H. in England. Die nur bei Krönungen getragene Krone des ↑ Garter King of Arms ist aus reinem Gold gefertigt, während die der Provinzwappenkönige aus vergoldetem Silber bestehen. Die englische H. besteht aus einem mit Hermelin unterlegten goldenen Stirnreif mit der Inschrift MISERERE MEI DEUS SECUNDUM MAGNAM MISERICORDIAM TUAM [lat., erbarme dich meiner, Herr, gemäß deiner großen Barmherzigkeit]. Der Stirnreif trägt neun sichtbare goldene Eichenblätter vor einer hochroten Kronenhaube, die oben in der Mitte eine goldene Quaste aufweist.

**Heroldskunst:** ältere, oft poetisch verwendete Bezeichnung für ↑ Heraldik.

**Heroldsmeister:** Titel des Vorsitzenden des preußischen ↑ Heroldsamtes.

**Heroldsstab:** zepterähnliches Amtsabzeichen der ↑ Herolde. Bereits die Garzune (↑ Crogierare) führten Stäbe aus Elfenbein, die man als Vorläufer der späteren Heroldsstäbe ansehen kann. Bis etwa dem 16. Jahrhundert war der hölzerne H. im allgemeinen in weißer Farbe und später in den Wappenfarben des Dienstherren gehalten. Die Gestaltung wurde von der jeweiligen Kunstauffassung beeinflußt. Die Spitzen der Heroldsstäbe wurden etwa seit dem 16. Jahrhundert verschiedentlich mit heraldischen Symbolen verziert, z. B. Lilien und Adler.

Zwei gekreuzte Heroldsstäbe bilden das Hinterwappen der englischen Wappenkönige. Abb.

*Geschnitzte und bemalte Heroldsstäbe*

**Heroldsstück: 1.** ↑ Ehrenstück. – **2.** ↑ Heroldsbild.

**Herrar** ↑ Adel.

**Herrenbank** ↑ Ritterbank.

**Herrschaftswappen:** Wappen, die als Symbol für einen bestimmten Besitz oder bestimmte Gebiete geführt wurden. Vgl. Anspruchswappen.

**hersehend,** *widersehend*: Wappenfiguren, die ihren Kopf dem Beschauer zuwenden.

**hervorbrechend,** *hervorschauend*: Wappentier, das aus dem unteren Schildrand oder einer Teilungslinie nur teilweise hervorschaut.

**hervorgehend:** Wappentier, das mit seiner vorderen Hälfte aus einem Schildrand oder einer Teilung sichtbar ist. Ist das Tier in schneller Bewegung dargestellt, so spricht man von *hervorrennend* oder *hervorspringend.* Vgl. wachsend.

**hervorrennend** ↑ hervorgehend.

**hervorschauend** ↑ hervorbrechend.

**hervorspringend: 1.** Wappentier, das z. B. aus einem Gebüsch oder Haus herausspringt. Abb. – **2.** ↑ hervorgehend.

**hervorwachsend: 1.** ↑ aufwachsend. – **2.** ↑ wachsend.

**Herz: 1.** ↑ gemeine Figur, die in den Wappen meist rot tingiert dargestellt wird und oft mehrfach vorhanden ist. Mit H.en bestreute Schilde finden sich in vielen Wappen, z. B. im Wappen der *Grafen von Orlamünde* und der Stadt Weimar. – **2.** ↑ Mittelvierung.

**herzförmige Schilde:** eigentlich unheraldische Schilde in Form eines Herzens. Nach ↑ *Trier* wurden sie «von einigen Teutschen Damen, die Liebe gegen ihre Gemahlen anzuzeigen, wie auch zuweilen von Jungfrauen» geführt. Auf einigen alten päpstlichen sowie auch auf verschiedenen deutschen Münzen finden sich die selten in der Heraldik vorkommenden h. S.

**Herzog** [ahdt. herizogo, der mit dem Heer Ausziehende]: bei den germanischen Stämmen der Völkerwanderungszeit und im Frankenreich Anführer des Heerbannes, im 9./10. Jahrhundert erblicher Stammes-H., später Territorialfürst, der seinem Rang nach unmittelbar unter dem König stand. Auch slawische Stammesherrscher wurden als Herzöge bezeichnet (z. B. Mecklenburg, Pommern, Schlesien). Bei den Tschechen und Polen war das H.tum eine Vorstufe für das nationale Königtum.

*Hervorspringender Hirsch im Wappen derer von Schoening*

*Wappen der Herzöge von Anhalt um 1890.*
*Unter dem Wappen hängt der ↑ Hausorden Albrechts des Bären an der Kollane*

Im 19. Jahrhundert wurden äußerst selten von den Landesherren H.stitel verliehen, die nicht immer mit territorialem Besitz verbunden waren.
H.tümer innerhalb des Deutschen Reiches waren bis 1918 Anhalt, Braunschweig, Sachsen-Altenburg, Sachsen-Coburg und Gotha und Sachsen-Meiningen. Nassau war 1866 von Preußen annektiert worden. Abb.
*Literatur*
*Kienast, W.:* Der Herzogstitel in Frankreich und Deutschland (9. bis 12. Jahrhundert). Mit Listen der ältesten deutschen Herzogsurkunden. München, Wien 1968

**Herzogshut:** Rang- und Würdezeichen der Herzöge sowie der Prinzen aus königlichen Häusern und der Erbgroßherzöge. Der H. besteht aus einem mit Hermelin besetzten Stirnreif und einer von fünf sichtbaren Bügeln umgebenen Purpurmütze. Er wurde mitunter auch als ↑ Kurhut getragen und auf den Wappen geführt. Der alte englische H. bestand aus einer von einem Hermelinstulp umgebener Purpurmütze. Vgl. Tafel Rangkronen.

**Herzogskrone:** Rang- und Würdezeichen der herzöglichen Häuser sowie der Prinzen aus königlichen Familien und der Erbgroßherzöge. Die H. hat die gleiche Form wie die ↑ Großherzogskrone, jedoch füllt hier die Purpurmütze den ganzen Raum unter den Spangen aus. In der neueren deutschen Heraldik erschien die H. auch auf dem Wappen des Fürstentumes Schaumburg-Lippe und in einem Siegel des *Fürsten von Waldeck-Pyrmont.* In Belgien und den Niederlanden besteht die H. aus einem Stirnreif mit drei Laubblättern und zwei Perlenzinken, über dem sich eine mit einer Quaste verzierte Purpurmütze befindet. In Frankreich, Italien, Spanien und Portugal wurde als H. ein einfacher Stirnreif mit fünf Blattzinken geführt. In England besteht die H. aus einem goldenen, mit fünf Blattzinken versehenen, unten mit Hermelin verbrämten Stirnreif, über dem sich eine quastengezierte Purpurmütze befindet. Vgl. Tafel Rangkronen.

**Herzschild:** ein auf einem ↑ Mittelschild aufgelegter noch kleinerer Wappenschild,

*Geviertes Wappen des Bistumes Freising mit gekröntem sächsisch-polnischem Mittelschild, darauf als Herzschild das sächsische Stammwappen des Bischofes Clemens Wenzel (in Freising 1763–1768), Sohn Kurfürst Friedrich Augusts II. von Sachsen (1733–1763)*

der in den meisten Fällen das Haus- bzw. Familienwappen trägt. Abb.

**Herzstelle:** der in der Mitte eines Wappenschildes befindliche Platz. Vgl. Schildeinteilung.

**Hessenlöwe:** Beiname des ↑ bunten Löwen, der noch heute das Wappentier von Hessen ist.

**Heuschober** ↑ Brog.

**Hexagramm:** aus zwei umgekehrt übereinanderliegenden, gleichseitigen Dreiecken bestehender Sechsstern. Das H. galt als Zeichen des Judentums (vgl. Davidstern). Ein H. befindet sich z. B. im Stadtwappen von Gerbstedt (Bezirk Halle).

**Hexalpha:** korrekte Bezeichnung des seit dem 19. Jahrhundert allgemein als Symbol des Judentumes anerkannten ↑ Davidsterns.

**Heydenreich,** Eduard: 1852/1915, Kommissar für Adelsangelegenheiten im königlichen sächsischen Ministerium des Innern, Philologe, Genealoge, Heraldiker. In seinen Werken zeigte H. den Zusammenhang der Heraldik mit der Genealogie und unterstrich die Bedeutung der Wappenwissenschaft als wichtiges Hilfsmittel für die familiengeschichtliche Forschung. Seinen Arbeiten sind umfangreiche heraldische Bibliographien beigegeben.

*Werke*

Familiengeschichtliche Quellenkunde. Dresden 1909

Handbuch der praktischen Genealogie (2 Bde.). Leipzig 1913

**Heyer von Rosenfeld,** Friedrich: 1828/1896, österreichischer Hauptmann, Heraldiker. Er trat als Autor mit vielen Publikationen an die Öffentlichkeit, z. B. über Goethes Wappen (1871), Seeflaggen (1883). Seit 1873 war er Mitarbeiter am ↑ Neuen Siebmacher (Band Dalmatien, erste Lieferung zu Galizien). Im Jahre 1891 entwarf er die Krone für den am 7. Juli 1887 erwählten *Fürsten Ferdinand von Bulgarien,* den späteren *König Ferdinand I.* (1908–1918, gest. 1948) aus dem *Hause Sachsen-Coburg und Gotha.* Vgl. Königskrone.

*Werke*

Die Staats-Wappen der bekanntesten Länder der Erde, nebst deren Landesflaggen und Cocarden. Frankfurt/Main 1895

Die Orden und Ehrenzeichen der k. und k. oesterreichisch-ungarischen Monarchie. Wien 1888

**Hiefhorn,** *Hifthorn*: zum Blasen einfacher Jagdsignale aus Rinderhorn gefertigtes Blasinstrument ohne Tragevorrichtung, das in der Heraldik als gemeine Figur vorkommt, z. B. in der Helmzier des alten württembergischen Wappens für die Grafschaft Urach. Im Stadtwappen von Kamenz (Oberlausitz) befinden sich zwei Turmwächter, die Hiefhörner blasen. Abb.

**hierosolymitanisches Kreuz:** in älteren heraldischen Werken Bezeichnung für ↑ Jerusalemkreuz.

*Hiefhorn*

**Hierselein:** zu Beginn des 14. Jahrhunderts lebender Herold. Als «fahrender Mann» besang H. vor 1320 in einem Lied die Schlacht von Göllheim bei Worms 1298. Dieses Lied enthält die Beschreibung der Wappen *Herzog Heinrichs von Kärnten* (1310–1335) und des *Ulrich von Walse* und ist für die Erforschung der heraldischen Frühzeit von großer Bedeutung.

**Hifthorn** ↑ Hiefhorn.

**Hildebrandt,** Adolf Matthias: 1844/1918, herzoglich sachsen-altenburgischer Professor, Archäologe, Genealoge und Heraldiker. H. war von 1869 bis 1918 Mitglied des heraldischen Vereins ↑ «Der Herold» und betätigte sich als Schriftleiter der Vereinszeitschriften. Mit der Herausgabe seiner unter dem Titel «Heraldisches Alphabet» im Jahre 1887 in Frankfurt am Main erschienenen «Wappenfibel» versuchte er, die weitgehende Unkenntnis über die Heraldik selbst unter den an Geschichte und Kulturgeschichte sowie Genealogie Interessierten abzubauen. Bei der vorzüglichen 15. Auflage vom Jahre 1970 handelt es sich um eine vom Verein «Der Herold» völlig neu gestaltete und bearbeitete Ausgabe. H. ist der Verfasser von acht Bänden des Neuen Siebmacher, für die er auch die Zeichnungen anfertigte.

*Werke*

Heraldisches Musterbuch. Berlin 1872

Heraldisches Alphabet. Frankfurt/M. 1884

Wappenfibel. Görlitz 1937

Heraldik. Neustadt a. d. Aisch 1970

**Hildegard** (von Bingen): christliche Heilige, geb. 1098 in Bermersheim bei Alzey, gest. am 17. September 1179 in Rupertusberg bei Bingen. Sie entstammte dem edelfreien *Geschlecht Bermersheim* und wurde im Benediktinerinnenkloster auf dem Disibodenberg erzogen. Nach dem Tode der Äbtissin wurde sie zu deren Nachfolgerin erwählt und verlegte, der Legende nach aufgrund eines göttlichen Winkes, das Kloster nach dem Rupertusberg bei Bingen. Der Heiligen wurden große Kenntnisse in Medizin und Naturwissenschaften nachgesagt. Ihre Gebeine befinden sich in Eibingen bei Rüdesheim. Die heilige H. ist Schutzpatronin des

Kantons Zürich sowie der Abtei Kempten, in deren Wappen ihr Brustbild erscheint. Auch im Stadtwappen von Brückenau (Unterfranken) ist das Bild der Heiligen enthalten.

**Hilfskleinod:** ↑ Helmkleinod, das nur als Unterlage für sich wiederholende Schildbilder oder auch ganz neuer Wappenfiguren dient. Zu den H.en gehören der ↑ Flug, das ↑ Schirmbrett, der Köcher (↑ Federköcher), der ↑ Beutelstand, das ↑ Helmkissen und das ↑ Bannerfähnlein. Auch das ↑ Brackenhaupt kann, wenn es mit Heroldsfiguren belegt ist, zu den H.en gerechnet werden.

**hinten:** der heraldisch linke (normal rechte) Teil eines Schildes oder Feldes. Vgl. rechts und links.

**hintereinander:** in Schrägbalkenrichtung liegende Figuren, sobald ihre Längsachse mit der betreffenden Diagonale zusammenfällt. Bei einem Hammer z. B. muß noch gemeldet werden, nach welcher Richtung die Spitze zeigt.

**Hinterwappen:** hinter dem Schild angebrachte, aus den Schildrändern hervorragende, meist heraldisch unwesentliche Beigaben. Die das H. bildenden Beigaben sind in den meisten Fällen Produkte der heraldischen Neuzeit. Dazu gehören die päpstlichen Schlüssel, ↑ Bindeschlüssel, Krummstäbe, Schwerter, Fahnen, Malteserkreuze, Marschallstäbe u. a. Nach dem Tode eines Papstes führte der verwaltende Kardinal in der Zeit der Sedisvakanz das ↑ päpstliche Banner zusätzlich hinter seinem Wappenschild. Ein oben mit einer Schwurhand versehenes Zepter erscheint hinter dem Wappen der Könige von Frankreich. Ebenfalls in Frankreich führten einige Hofwürdenträger ihre besonderen Amtszeichen hinter oder unter ihrem Wappenschild, z. B. der Reichskanzler und Siegelbewahrer zwei gekrönte Zepter, der Großkammerherr zwei Lilien, der Marschall zwei mit Lilien besäte Marschallstäbe usw. Das H. war besonders im 18. Jahrhundert besonders prachtvoll gestaltet.

**Hippe** ↑ Heppe.

**Hippocentaur** [griech.]: als Wappenbild selten vorkommendes Fabelwesen der antiken Mythologie mit dem Oberkörper eines Mannes und dem Unterleib eines Pferdes.

**Hippolytus:** christlicher Heiliger, nach *Eusebius* und *Hieronymus* ein Bischof, nach *Prudentius* ein Prister, der um 304 zu Portus bei Rom von Pferden geschleift den Märtyrertod erlitt. Im Siegel des ihm geweihten Stiftes Gerresheim erscheint er als römischer Krieger mit Fahne oder Lanze und Schild. Sein Grabmal aus dem 14. Jahrhundert befindet sich in dem im 8. Jahrhundert gegründeten und ihm geweihten Stift St. Pölten in der Diözese Passau. Der Heilige erscheint als Figur z. B. im Wappen von Zell am See.

**Hirsch:** gemeine Figur, die in den Wappen schreitend, liegend, springend und stehend enthalten ist. Bei springender Darstellung sind die Hinterläufe eng zusammengeschlossen. Senkt er den Kopf, so spricht man von *äsend.* Die Zahl der Enden des Geweihes müssen bei Blasonierungen extra gemeldet werden. H. in Naturfarbe kommen seltener vor. Meist findet sich die nächstliegende heraldische Farbe, wie schwarz oder rot, z. B. im Wappen der Grafen und seit 1893 *Fürsten von Stolberg.* Als redendes Wappenbild dient ein H. im Stadtwappen von Jelenia Gora (Hirschberg). Abb.

**Hirschgeweih,** *Gestäng, Hirschgestänge, Hirschgestehm:* gemeine Figur der Heraldik. Die Wappendarstellungen zeigen das H. oft mit den Enden nach einer Seite gekehrt als einzelne Stangen (*Halbgestäng*) dargestellt, z. B. im Wappen von Württemberg drei Halbgestänge. Bisweilen befindet sich daran auch noch ein Stück ornamentierte Hirnschale (↑ Grind). Ein H. mit einem zwischen den

*Goldbewehrter Hirsch*

*Hirschgeweih*

*Hochmeisterkreuz im gevierten Schild*

Stangen befindlichen Kruzifix gilt als Symbol des *St. Hubertus,* Schutzpatron der Jäger. Vgl. Abb. bei Amman. Abb.

**Hochadel** ↑ Adel.

**hochgeteilt:** von einigen älteren Heraldikern für ↑ gespalten verwendeter, an sich überflüssiger Begriff.

**Hochgraf** ↑ Hofpfalzgraf.

**Hochkreuz** ↑ Passionskreuz.

**Hochmeister:** Titel des Oberhauptes von Ritterorden. Die H. nahmen im allgemeinen das entsprechende Ordenskreuz in ihr Familienwappen auf (häufig wurde das Wappen geviert, wobei im 1. und 3. Feld das Ordenskreuz erschien). Es gab auch Fälle, wo das Ordenskreuz als Hinterwappen verwendet wurde.

Für die H. des ↑ Deutschen Ritterordens bürgerte sich nach der Umwandlung des Ordensstaates in Preußen in ein weltliches Herzogtum durch *Albrecht von Brandenburg* (1510–1525, gest. 1568, letzter H.) der Titel *Hoch- und Deutschmeister* ein, weil der Deutschmeister, der die Besitzungen des Ordens westlich der Oder verwaltete, nunmehr Oberhaupt des Ordens wurde. Vgl. Hochmeisterkreuz.

*Literatur*

*Oelsnitz, A. B. E. v. d.:* Herkunft und Wappen der Hochmeister des Deutschen Ordens 1198–1525. Königsberg 1926

**Hochmeisterkreuz,** *Deutschherren-, Deutschmeisterkreuz:* Rang- und Würdezeichen des Hochmeisters des 1190 gestifteten ↑ Deutschen Ritterordens. Das H. besteht aus einem schwarzen, mitunter weiß eingefaßten Kreuz, auf das noch ein silbernes Stabkreuz mit goldenen Lilienenden aufgelegt ist. Der *Kaiser Friedrich II.* (1220–1250) gewährte den Hochmeistern das Recht, den schwarzen Adler auf goldenem Grunde dem H. aufzulegen. Der Hochmeister des Ordens, *Günther von Schwarzburg* (1249–1253), erhielt im Jahre 1250 von *König Ludwig IX. von Frankreich* (1226–1270) die goldenen Lilien an die Enden des aufgelegten silbernen Stabkreuzes. Bis Ende des 15. Jahrhunderts führten die Hochmeister das H. auf weißem Grunde in ihren gevierten Familienwappen. Seit dieser Zeit erscheint es in der Mitte der Wappenschilde.

Der Schild des Stadtwappens von Bad Mergentheim, das von 1527 bis 1809 Sitz des Deutschen Ritterordens war, ist von einem H. mit aufgelegtem Adler geteilt. Abb.

**Hoch- und Deutschmeister** ↑ Hochmeister.

**Hof:** Bezeichnung für die besonders im 18. Jahrhundert in Mode gekommene, um den Schild gelegte Randverzierung. Die Höfe haben nur dekorative Bedeutung und widersprechen dem Wesen einer guten Heraldik.

**Hofgraf** ↑ Hofpfalzgraf.

**Hofkalender** ↑ Gothaische Taschenbücher.

**Hoflieferant:** in den Monarchien verliehener oder teilweise auch käuflich zu erwerbender Titel von Handwerkern, Fabriken oder Geschäften der verschiedensten Art. Der Titel H. konnte und kann auch von einzelnen Mitgliedern regierender Familien verliehen werden. Es existieren Unternehmen, die mehrere solcher Titel führen. Die H.en hatten das Recht, das mittlere oder kleine Wappen des jeweiligen Souveräns oder Familienmitgliedes an ihren Geschäftsgebäuden sowie auf Rechnungen, Briefköpfen, Visitenkarten usw. zu führen. Die an den Gebäuden angebrachten Wappen sind meist von guter heraldischer und künstlerischer Qualität und waren am Anfang bis zur Mitte des 19. Jahrhunderts noch in Holz geschnitzt und bemalt. Später bestanden sie in der Regel aus vergoldetem Bronzeguß. Abb.

**Hofmarke** ↑ Hausmarke.

**Hofpfalzgraf,** *Hochgraf, Hofgraf* [lat. comes palatinus]: vom römisch-deutschen Kaiser ernannter, mit der Ausübung einiger kaiserlicher Reservatrechte beauftragter Beamter. Die Würde der H.en teilte sich in zwei Abteilungen, in das *kleine Comitat* und in das *große Comitat.* Die das erstere bildenden H.en hatten das Recht, im Namen des römisch-deutschen Kaisers Wappenbriefe an Bürgerliche auszustellen, uneheliche Kinder für ehelich zu erklären, Adoptionen zu bestätigen, Doktoren und Lizentiaten zu ernennen und Dichter zu krönen. Sie konnten jedoch keinen Adel verleihen. Ebenso war es ihnen verwehrt, einen Adler, vor allem den kaiserlichen, als Wappenbild sowie Helmkronen und offene adlige Spangenhelme den zu verleihenden Wappen beizufügen. Die H.würde des kleinen Comitates wurde an Bürgerliche, vorzugsweise Gelehrte und Juristen, verliehen. Die erste Verleihung erfolgte im Jahre 1541 an den Geographen und Astronomen *Petrus Apianus* (1495/1552) in Ingolstadt.

Zu Beginn des 16. Jahrhunderts wurde das große Comitat geschaffen, das nur an Fürsten, Grafen und teilweise an Freiherren verliehen wurde. Diese H.en hatten das Recht, den Adel zu verleihen, Doktoren zu ernennen, Dichter zu krönen und Comites palatini minores [H.en des kleinen Comitates] zu ernennen. Die erste Verleihung des großen Comitates erfolgte am 21. März 1524 an *Ernst Gabriel von Orttenberg, Freiherrn zu Freyenstein und Salamanca.* Von den Fürsten bekleideten z. B. die *Fürsten von Schwarzburg* diese Würde.

Die H.en des großen Comitates stammten aus etwa 100 Adelsfamilien. In der Zeit zwischen 1355 und 1806 waren zwischen 3 000 und 4 000 H.en des kleinen Comitates tätig.

Infolge des Mißbrauches, den manche H.en mit ihren Befugnissen trieben, hoben die Kaiser deren Rechte für ihre eigenen Erblande auf. Auch für Böhmen erklärte *Kaiser Joseph I.* (1705–1711) die Konzessionen der H.en im Jahre 1707 als nichtig, ebenso 1708 für Mähren. *Maria Theresia* (1740–1780) hob 1762 für alle ihre Länder das Recht der H.en bezüglich der Verleihung des Adels auf und 1765 wurde auch das Recht, bürgerliche Wappenbriefe zu verleihen, für erloschen erklärt.

*Literatur*

*Schwarz, K.:* Die Hofpfalzgrafenwürde der juristischen Fakultät Innsbruck. Innsbruck 1904

*Arndt, J.:* Zur Entwicklung des kaiserlichen Hofpfalzgrafenamtes von 1355–1806, in: «Der Herold», Neue Folge, 5. Bd. 1963/64. Heft 4/5

**Hoheitszeichen:** von den einzelnen Staaten durch Gesetz geregelte Symbole der staatlichen Souveränität. Zu den staatlichen H. zählen: Staatswappen, Nationalflagge, Handelsflagge, Marineflagge, alle Dienstflaggen, Wappen, Siegel und Grenzpfähle.

**Hohenlohe-Waldenburg,** Karl, Fürst von: 1814/1884, Heraldiker, Sphragistiker. H. gilt als der Begründer der modernen Sphragistik (Siegelkunde). Auf dem Gebiet der Heraldik erwarb er sich ebenfalls Verdienste. So konnte er erstmalig die Bedeutung und den Ursprung des heraldischen Pelzwerkes nachweisen.

*Wappen der sächsischen Hoflieferanten um 1900*

*Werke*
Der sächsische Rautenkranz. Stuttgart 1864
Das heraldische und dekorative Pelzwerk im Mittelalter. Stuttgart 1867, 2. Auflage 1876
Über den Gebrauch der heraldischen Helmzierden im Mittelalter. Stuttgart 1868

**hoher Adel** ↑ Adel.

**Hoher Orden vom Schwarzen Adler** ↑ Schwarzer Adlerorden.

**hohes Kreuz:** ältere Bezeichnung für ↑ Passionskreuz.

**Holland:** mittelalterlicher Amtsname des Heroldes der Pfalzgrafschaft bei Rhein sowie des Herzogtumes Bayern.

**Holland,** Johann: um 1420 bayrischer Herold. Der die lateinische, deutsche, polnische, französische, englische und ungarische Sprache beherrschende Herold H. verfaßte nach dem Turnier von Schaffhausen ein Spruchgedicht auf den dort erschienenen bayrischen Adel.

**HONI SOIT QUI MAL Y PENSE** [franz., ein Schalk, der Arges dabei denkt]: um das Wappen Großbritanniens gelegter Wahlspruch des ↑ Hosenbandordens.

**Hooge Raad von Adel:** vom späteren *König Wilhelm I. der Niederlande* (1815–1840) durch Dekret vom 24. Juni 1814 eingesetzter oberster Adelsrat. Nach der Neufassung seiner Befugnisse im Jahre 1957 werden von ihm, neben allgemein beratender Funktion auf dem Gebiet der staatlichen und Familienheraldik der Adelsgeschlechter, Wappenbriefe für kommunale Gebietskörperschaften, sonstige öffentlich-rechtliche Körperschaften und Adelsfamilien ausgestellt. Die bürgerlichen Wappen unterliegen im Königreich der Niederlande nicht der Zuständigkeit der staatlichen Behörden.

**HOPE** [engl., Hoffnung]: Wahlspruch unter dem Wappen des US-Bundesstaates Rhode-Island.

**Höpingk,** Theodor: 1591/1641, Historiker, Jurist, Heraldiker. H. wurde in Soest geboren und 1627 Professor der Geschichte und Beredsamkeit in Marburg und Doktor der Rechte. 1635 lebte er in Frankfurt am Main und wurde später Syndikus zu Friedberg. Er war der erste deutsche Autor, der ohne wahrnehmbaren Einfluß von ausländischen Quellen eine sachliche Bestimmung des Begriffes «Wappen» aufzustellen versuchte. Sein im Februar 1639 vollendetes, aber erst 1642 erschienenes wappenrechtliches Werk «De insignium sive armorum prisco et novo jure Tractatus juridico-historico-philologicus ...», Nürnberg 1642, zeigt ein straffes wissenschaftliches System, aber auch die für diese Zeit typischen Schwächen in den Geschichtsquellen. Die Fülle des Materiales macht es nicht nur für die Geschichte der Heraldik interessant, sondern auch für andere Gebiete wertvoll.

**Horn,** *Jagdhorn*: relativ häufiges Wappenbild. So erscheint es z. B. im Wappen des *Hauses Oranien* für das Fürstentum Orange in Frankreich. Das H. im Staatswappen von Liechtenstein steht für die Herrschaft Jägerndorf, die Stadt Jägerndorf (Krnov) führte drei Jagdhörner im Wappen. Auch als redendes Wappenbild ist das H. nicht selten, z. B. in den Stadtwappen von Nordhorn (Niedersachsen) und Buchhorn (jetzt Friedrichshafen, Bodensee). Vgl. Hiefhorn, Abb. bei polnischer Heraldik.

**Hörner** ↑ Büffelhörner.

**Hosenbandorden** [engl. The most noble Order of the Garter]: einklassige, im Jahre 1348 von *König Eduard III. von England* (1327–1377) gestiftete höchste Ordensdekoration Großbritanniens. Die Insignien des H. bestehen aus einer 925 g schweren, goldenen, emaillierten Kette mit der daran befindlichen plastischen, emaillierten Darstellung des *St. Georg* (Schutzpatron des Ordens) zu Pferde, einem am blauen Schulterband getragenen ovalen, goldenen Medaillon mit dem Heiligen, einem Stern mit dem Symbol des Heiligen, dem roten Kreuz, sowie dem bei den Aufnahmefeierlichkeiten in den Orden zusätzlich getragenem, dem Orden den Namen gebenden Hosenband. Das Hosenband besteht aus einem dunkelblauen Samtband mit der goldgestickten Devise «Honi soit qui mal y pense» [franz., ein Schalk, der Arges dabei denkt] und wird von den Damen um den linken Oberarm, von den Herren um das linke Bein unter

*Rückseite einer Medaille von Omeis auf die Verleihung des Hosenbandordens an den sächsischen Kurfürsten Johann Georg IV. (1691–1694). Das vom Kurhut bekrönte Wappen ist vom Band des Hosenbandordens umgeben*

*Das um den Schild gelegte Hosenband des gleichnamigen englischen Ordens*

dem Knie getragen. Sämtliche Insignien müssen nach dem Tode des Ritters an die Ordenskanzlei zurückgegeben werden.
In der Kapelle des Ordens, St. George's Chapel in Windsor, werden die Banner und Wappenschilde der Ordensritter aufgehängt. Die Ordensritter hatten das Recht, das Hosenband um ihren Wappenschild zu legen. So finden sich viele Wappen deutscher Fürsten, die Ritter des H. waren, mit dem blauen Hosenband umgeben. Vgl. Abb. bei St. Georg. Abb.

**hosengestaltet:** kuriose Bezeichnung einiger älterer Heraldiker für ein in eine Spitze verlaufendes ↑ Schildhaupt.

**Hubertusorden:** im Jahre 1444 von *Herzog Gerhard VII. von Jülich-Berg* (1437–1475) gestifteter, seit 1808 höchster Orden Bayerns. Nach Erlöschen des Mannesstammes der Herzöge von Jülich-Berg mit *Johann Wilhelm* (1592–1609) im Jahre 1609 ging der Orden auf das *Haus Pfalz-Neuburg* über und wurde von *Kurfürst Johann Wilhelm* (1690–1716) 1708 erneuert. Durch *Maximilian I. Joseph* (1799–1825) kam er an Bayern. Der einklassige Orden besteht aus einem weißemaillierten, mit goldenen Flammen besetzten Kreuz, seit 1806 mit einer Königskrone darüber. Das grüne Medaillon mit der Darstellung der Hubertuslegende umschließt ein rotemaillierter Reif mit der Ordensdevise «IN TRAU VAST» [In der Treue fest]. Das Ordenszeichen erschien manchmal an der Ordenskette hängend unter dem bayrischen Wappen. Vgl. Abb. bei Mittelschild.

**Hufeisen:** gemeine Figur, die besonders in der alten polnischen Heraldik in den verschiedensten Varianten und Tinkturen vorkommt. Die untersten Ansätze werden als

*Goldenes Hufeisen im schwarzen Feld*

*Stollen* bezeichnet. In einigen Wappen sind die H. mit kleineren anderen Figuren, so z. B. Kreuzen, Halbmonden, ↑ besteckt. Der ↑ Strauß wird oft mit einem H. im Schnabel dargestellt. Ein H. allein bildet das redende Stadtwappen von Isny, der ehemaligen Freien Reichsstadt im Allgäu. Vgl. benagelt. Abb.

**hufig** ↑ gehuft.

**Hund:** gemeine Figur, die schreitend, sitzend, springend und spürend im Wappen enthalten sein kann. In der Heraldik treten in der Regel drei Arten von H.en auf: ↑ Bracke, ↑ Rüde und ↑ Windhund. Vielfach sind sie mit einem, oft mit Stacheln besetzten, Halsband dargestellt. Mitunter erscheint auch nur der Kopf allein (vgl. Brakkenhaupt).

**Hundsgugel:** alte Bezeichnung für den Rost- bzw. ↑ Spangenhelm, auch allgemein für einen Helm mit aufklappbarem Visier.

**Hupp,** Otto: 1859/1949, Maler, Kunsthandwerker, Heraldiker. Der in Düsseldorf gebo-

*Hussitenschild*
*als Wappenträger des Staatswappens der ČSSR*

rene Sohn eines Graveurs und Medailleurs absolvierte nach dem Besuch des Gymnasiums eine vierjährige Lehre bei seinem Vater. Danach war er Schüler von *Rudolf Seitz* an der Düsseldorfer Kunstakademie. H. wurde später durch viele kunsthandwerkliche Arbeiten bekannt, wofür ihm vom *Prinzregenten Luitpold von Bayern* der Professorentitel verliehen wurde. Seit 1881 beschäftigte er sich intensiv mit der Heraldik. Er sammelte alte Wappenbücher und heraldische Literatur. Aus den gewonnenen Erfahrungen und Kenntnissen entstand um die Jahrhundertwende der *Münchner Kalender* in 51 Jahrgängen. Seine insgesamt 2 800 Zeichnungen der deutschen Städtewappen wurden als Werbemarken der Kaffee-Hag AG in Sammelalben veröffentlicht. Diese Arbeit förderte die deutsche Gemeindeheraldik sehr stark. H. veröffentlichte viele Aufsätze über heraldische Einzelfragen und arbeitete an mehreren Spezialwerken mit. In seiner Schrift «Wider die Schwarmgeister», München 1918, widerlegt er verschiedene Irrlehren und ging gegen die damals in Mode gekommene «Runentheorie» mit stark polemischen, aber wissenschaftlich untermauerten Argumenten vor.

**Hupup** ↑ Wiedehopf.

**Hurt:** alte Bezeichnung für einen aus Weiden oder anderem biegsamem Holz gefertigten Schild.

**Hurte** ↑ Kugeln.

**Hussitenschild:** rechteckiger, sich nach oben verbreiternder und in ein Dreieck auslaufender Schild, der seit 1948 den Wappenschild der Tschechoslowakei bildet. Abb.

**Hut: 1.** gemeine Figur, die als Wappenbild in verschiedensten Varianten und Tinkturen vorkommt. Aus dem mittelalterlichen eisernen *Sturm-H.* entwickelte sich allmählich der niedere und hohe *Stulp-H.* Alle Hüte können auch mit Heroldsbildern besteckt und bestreut vorkommen.

**2.** Rangzeichen verschiedener geistlicher und weltlicher Fürsten. Vgl. Erzbischofshut, Kardinalshut, Bischofshut, Kurhut.

**Hutfeh** ↑ Eisenhütlein.

**Hyacinth:** alte Bezeichnung für die nicht zu den heraldischen Tinkturen gehörende Farbe Orange. Vgl. Kugeln.

**Hydra:** als Wappenbild selten vorkommendes Fabeltier der griechischen Mythologie, das einen Drachen mit sieben Schlangenköpfen darstellt. Vgl. Schlange.

# I

**ICH BAU AUF GOTT:** Wahlspruch unter den Wappen der Fürstentümer Reuß ältere und Reuß jüngere Linie.
**ICH DIEN 1.** ↑ Federn. – **2.** ↑ Kronprinz.
**im Dreipaß gestellt:** drei Figuren, die mit den Spitzen oder Köpfen so zusammengestellt sind, daß sie einen ↑ Dreipaß bilden (heraldische Gabel). In den meisten Fällen befinden sich zwei Figuren oben und eine unten. Diese Form der Figurenkombination war besonders in der polnischen und schlesischen Heraldik beliebt.
**im Nebelschnitt geteilt** ↑ benebelt.
**Imperial-Crest:** die Bezeichnung für das ↑ Helmkleinod der Kaiser. Für den deutschen *Kaiser Wilhelm II.* (1888–1918, gest. 1941) wurde anläßlich der Verleihung des Hosenbandordens ein I. für die St. Georgskapelle in Windsor angefertigt. Dieses zeigt den aus der Helmkrone wachsenden deutschen Reichsadler, über dem die bebänderte Reichskrone schwebt. An den Seiten des Adlers, in die Helmkrone gesteckt, erscheinen rechts die Kaiserstandarte, links die preußische Königsstandarte. Der goldene Spangenhelm mit einer schwarz-silbern-roten Decke trägt an goldener Kette ein von Silber und Schwarz geviertes Schildchen (Hohenzollern) anstelle des sonst üblichen ↑ Halskleinodes.
**Imperial Crown of India** ↑ India Crown.
**Imperial State Crown:** im Jahre 1838 für *Königin Victoria* (1837–1901) geschaffene und von ihr während der Krönungszeremonie getragene Krone (vgl. Königskrone). Seit 1901 diente diese Krone als Staatskrone (vgl. Krönungskrone) und wurde später bei der Eröffnung des Parlamentes und als Totenkrone auf dem Katafalk des verstorbenen Monarchen verwendet.
**Implese** ↑ Ahnenverlust.
**Imprese** ↑ Bilddevise.
**im verkehrten Dreieck** ↑ gewöhnliche Stellung.
**im Visier gesehen** [franz. rencontre]: Bezeichnung für en face, also von vorn dargestellte Menschen- und Tierköpfe.
**Inbord** ↑ innere Einfassung.
**INCORRUPTA FIDES NUDAQUE VERITAS** [lat., unverbrüchliche Treue und nackte Wahrheit]: Wahlspruch unter dem Wappen der Grafen und späteren *Fürsten zu Stolberg.*
**in den Außenrand verschwindend:** halbe Wappenfiguren, die an beiden Außenseiten des Schildes oder Feldes direkt am Schildrand stehen.
**in der Schrembs** ↑ nach der Schrembs.
**in der Vertiefung** ↑ versenkt.
**India Crown,** *Imperial Crown of India*: im Jahre 1911 für *George V. von Großbritannien* (1910–1936) als Kaiser von Indien gefertigte Kaiserkrone, da es die Gesetze Großbritanniens nicht erlaubten, die ↑ Edwardscrown oder die ↑ Imperial State Crown außer Landes zu bringen. Die für die Proklamation *König George's V.* zum Kaiser von Indien im Jahre 1911 von den Juwelieren *Garrard* angefertigte Krone wurde später nicht mehr getragen und befindet sich jetzt im Tower zu London.
**in die Zwerch,** *nach der Zwerch*: von einigen älteren Heraldikern für quer im Schild dargestellte Wappenfiguren verwendeter Ausdruck, mitunter auch fälschlich für ↑ schräg benutzt.
**INDUS UTERQUE SERVIET UNI** [lat., beide Indien werden einem Herren dienen]: Wahlspruch unter dem Wappen der ehemaligen britischen Kolonie Jamaika.
**ineinandergeschlungen** ↑ geschlungen.
**Inful** ↑ Bischofsmütze.
**infuliert:** bei Wappenbeschreibungen Bezeichnung für mit der Inful (↑ Bischofsmütze) bekrönte Wappenschilde.
**Infulrecht:** vom Papst an einige Abteien verliehenes Recht, auf ihren Wappen die ↑ Bischofsmütze zu führen.
**IN GOD WE TRUST** [engl., wir vertrauen auf Gott]: Wahlspruch im Wappen des US-Bundesstaates Florida.
**Initialwappen,** *Buchstabengemerke*: Wappen,

deren Heroldsbild einen Buchstaben aufweist. Bei Städte- oder Gemeindewappen stellt dieser Buchstabe in den meisten Fällen den Anfangsbuchstaben des Ortsnamens dar. In einigen Adelswappen finden sich mitunter die Anfangsbuchstaben des Landesherren, der seine Initialen in einigen Fällen als Auszeichnung verlieh. Vgl. Buchstabenwappen, Gnadenwappen.

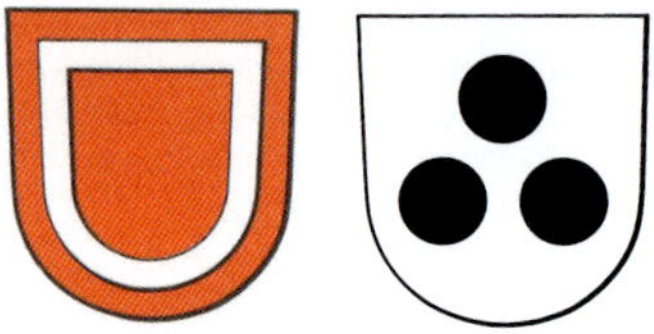

*innere Einfassung (links)*
*Drei Kugeln*
*in verkehrter Ordnung 1.2. (rechts)*

**innere Einfassung,** *innere Fassung, Inbord, Kragen, Saum, Umzug*: Heroldsbild, das aus einem in einen größeren Schild gesetzten kleineren besteht, von dem jedoch nur der aus zwei Linien gebildete Rahmen sichtbar ist. Die Tinktur außerhalb und innerhalb dieses freischwebend erscheinenden Rahmens muß die gleiche sein. Ist sie außen eine andere als innen, so spricht man von einer *doppelten Einfassung*. Die i. E. wird von einigen Heraldikern als *Leiste, Bord* oder *Rand*, bisweilen fälschlich auch als *Rückenschild* bezeichnet. Abb.

**innerer Fuß:** Bezeichnung für den rechten Fuß bei rechtsgerichteten Tieren, bei linksgerichteten für den linken Fuß. Der jeweils andere Fuß ist der *äußere Fuß*.

**Innsbrucker Wappenbuch:** zwischen 1460 und 1470 entstandenes handgemaltes Wappenbuch; im Besitz der Tiroler Adels-Matrikel-Gesellschaft. Es enthält auf 157 Blatt 480 Wappendarstellungen des Kaisers, der Kurfürsten, der ↑ Quaternionen, z. B. der «Vier Grafen des Reiches», sowie einiger sächsischer, bayrischer, fränkischer, rheinischer und Tiroler Geschlechter.

**Interimswappen:** vorläufiges, noch nicht endgültiges, unter Vorbehalt künftiger Bestimmungen geführtes Wappen eines neugebildeten Staates. Für das 1871 entstandene deutsche Kaiserreich z. B. wurde «über Nacht» in aller Eile ein I. geschaffen, das im Spiegelsaal des Schlosses von Versailles, dem Ort der Kaiserproklamation, angebracht werden sollte und als erstes Wappen des Reiches anzusehen ist. Es zeigte in einem unten zugespitzten, goldenen Schilde einen einköpfigen, rot bewehrten, schwarzen Adler, die Brust mit dem Schild von Hohenzollern belegt. Über dem Schild befand sich eine Kopie der alten Kaiserkrone des Römisch-Deutschen Reiches. Die Idee zu diesem neuen Wappen stammte vom damaligen Kronprinzen und späteren *Kaiser Friedrich* (1888), die Zeichnung von *Graf Harrach*. Die Ausführung des aus Pappe bestehenden, mit Goldbrokat überzogenen Schildes besorgte der Berliner Kaufmann *C. L. Magnus*. Dieses Wappen wurde seit 1881 im Hohenzollernmuseum in Berlin aufbewahrt.
Sachsen führte nach der Annahme der Königswürde durch *Kurfürst Friedrich August III.* (1763–1827) im Jahre 1806 nur ein I., das aus dem Rautenschild, dem Band des Hausordens der ↑ Rautenkrone und einem von der Königskrone überhöhten ↑ Wappenmantel bestand. Erst unter *König Johann* (1854–1873) wurde ein endgültiges Staatswappen eingeführt.

*Beispiel der italienischen Heraldik*
*am Wappen der Familie Chigi aus Siena,*
*2. Hälfte des 15. Jahrhunderts*

**Intitulation:** Angabe von Namen und Titeln des Ausstellers eines Wappenbriefes. Auf Wappenbriefen, die durch die ↑ Hofpfalzgrafen ausgestellt wurden, fehlte niemals der Hinweis auf dessen Würde, die ihm ja erst die Berechtigung zur Ausstellung des Diplomes gab.

**in verkehrter Ordnung,** *verkehrte Ordnung*: Anordnung von Wappenbildern entgegen der aus der ursprünglichen Dreieckform der Schilde resultierenden. Bei drei im Schilde vorhandenen Figuren befinden sich in der Regel zwei oben und eine unten, während i. v. O. bedeutet, daß zwei Figuren unten und eine darüber dargestellt sind. Diese Art der Figurenzusammenstellung kommt relativ selten vor und entstand in der Zeit, als die Dreieckschilde von den halbrunden abgelöst wurden, also etwa im 15. Jahrhundert. Abb.

**I PEDE FAUSTO** [lat., glücklich sei dein Weg]: Wahlspruch unter dem Wappen der ehemaligen britischen Kolonie Windward-Inseln.

**Irrgang:** im Mittelalter Amtsname des Heroldes der *Grafen von Öttingen.*

**italienische Heraldik:** In der i. H. findet sich eine besondere Vorliebe für antike, mythologische Wappenfiguren sowie Schildhalter. Vor allem ist der Einfluß der ↑ französischen Heraldik spürbar.

In italienischen Wappen erscheint bisweilen statt der ↑ Helmdecken reicher Federschmuck. Eine Besonderheit des italienischen Wappenwesens ist die frühe und ausgeprägte Verwendung architektonischer Elemente. Als Schildform erscheint häufig die ↑ Tartsche und die ↑ Pavese sowie der ↑ Roßstirnschild, die sich hier am längsten als Wappenträger erhielten. Vgl. Parteizeichen. Abb.

*Literatur*

*Crollolanza, G. de*: Enciclopedia araldico-cavalleresca. Pisa 1876

*Comojani, G.*: Dizionario Araldico. Mailand 1921

**italienische Schilde:** unkorrekter Terminus der hauptsächlich im Barock und Rokoko vorkommenden ovalen Schilde, die keine Besonderheit italienischer Heraldik sind.

# J

**Jagdhorn** ↑ Horn.

**Jagdmesser,** *Weidmesser*: Schildfigur, die in den verschiedensten Varianten zu finden ist. In älteren Wappenbeschreibungen werden sie oft mit dem ↑ Winzermesser verwechselt.

**Jagdorden** ↑ Orden vom goldenen Adler.

**Jagdspieß:** selten vorkommende Schildfigur.

**Jakobinermütze** ↑ Freiheitsmütze.

**Jakobskreuz:** Ordenszeichen des sehr wahrscheinlich von *König Ramiro II. von Aragon* (1134–1137) gestifteten, 1175 vom Papst bestätigten, späteren spanischen Ordens des *Heiligen Jakob vom Schwert.* Das Ordenszeichen besteht aus einem fußgespitzten roten Glevenkreuz (vgl. Glevenspitze).

Das Stadtwappen von Caracas zeigt z. B. einen auf einem Rasen stehenden purpurnen Löwen in silbernem Feld, der mit den Pranken einen ovalen, gelben Schild mit dem roten J. hält. Abb.

*Jakobskreuz*

**Jakobsmuschel,** *Pilgermuschel*: nach dem Apostel *Jakobus dem Älteren* benannte Muschel. Die auf vielen Wappen vorkommende J. sollte ursprünglich eine Wallfahrt nach Santiago de Compostela in Spanien symbolisieren und wurde im Mittelalter von den Jakobspilgern als Erkennungszeichen an der Kopfbedeckung getragen. Sie ähnelt der Muschel *Lima vadis.* Acht goldene J. be-

*Jakobsmuschel (links)*
*Jochschnitt (rechts)*

finden sich z. B. auf dem blauen ↑ Bord des Stadtwappens von Santiago de Chile. Abb.

**Jakobus:** christlicher Heiliger, Apostel, gest. um 42 in Jerusalem. Der Heilige wird in der Regel im Pilgerkleid der Wallfahrer nach Santiago de Compostela (Spanien), d. h. in einem Rock mit langem Kragen, Stab mit Reisetasche und Wasserflasche, auf der Brust die Pilgermuschel (↑ Jakobsmuschel), mitunter auch mit einem Schwert dargestellt. In Spanien heißt er Matamoros [Mohrentöter], weil er in der Schlacht bei Clarijo im Jahre 845 auf einem weißen Pferd mit weißer Fahne erschienen sein soll und zum Sieg verhalf. Als Figur erscheint der Heilige z. B. in den Wappen von Dornburg (Thüringen), Hettstedt (Bezirk Halle), Mücheln (bei Merseburg), Brunsbüttel (Schleswig-Holstein), Herbstein (Oberhessen), Rhinow (Mark). Vgl. Rochus. Abb.

**Januskopf:** in der römischen Mythologie Kopf mit zwei an den Hinterköpfen zusammengewachsenen Gesichtern. Als Wappenbild ist er äußerst selten zu finden, z. B. im Wappen der *Familie von Jan.*

**japanische Heraldik:** das unabhängig vom europäischen und bereits viel früher in Japan entstandene Wappenwesen. Obwohl dieses sich in Japan unter gänzlich anderen Bedingungen und gesellschaftlichen Notwendigkeiten entwickelte, kann es doch als eine Parallelerscheinung zur europäischen Heraldik angesehen werden. Die japanischen Wappen, *Mon* genannte Familienzeichen, sind ebenfalls erblich und wurden auf den Waffen geführt. In Japan wurde mit dem Wappenwesen ein allumfassender Luxus getrieben. So erscheinen die Mon außer auf Waffen, Kleidung, in Wohnräumen und auf Gerätschaften auch auf fast allen nur denkbaren Gegenständen. Die japanischen Wappenfiguren haben viel Ähnlichkeit mit unseren ↑ Hausmarken: Pflanzen, kleine Tiere, Geräte und Schriftzeichen. Das japanische Reichswappen besteht aus einer stilisierten Chrysanthemenblüte mit sechzehn bogenförmig angeordneten Blättern Abb.

*Literatur*

*Lange, R.*: Japanische Wappen. Berlin 1903, Reprint Leipzig 1980

*Ströhl, H. G.*: Nihon Moncho. Japanisches Wappenbuch. Wien 1906

**Jarl** ↑ Earl.

**JE MAINTIENDRAI** [franz., ich werde aufrecht erhalten]: Wahlspruch unter dem Wappen des Königreiches der Niederlande.

**JE ME SOUVIENS** [franz., ich lebe in Erinnerung]: Wahlspruch um das Wappen der kanadischen Provinz Quebec.

**Jertal:** Amtsname des ↑ Persevanten Herzog *Friedrichs IV. von Österreich* (1386–1389).

**Jerusalem:** Amtsname des Heroldes der *Pfalzgrafen von Simmern.*

**Jerusalemkreuz,** *hierosolymitanisches Kreuz*: Wappenbild des während der Kreuzzüge gegründeten Königreiches Jerusalem. Das J. besteht aus einem ↑ Krückenkreuz, in dessen Winkeln sich ebenfalls kleine Krückenkreuze befinden. Als Wappen des Königreiches Jerusalem ist es golden auf silbernem Grund und bildet somit eine Ausnahme gegenüber den heraldischen Farbgesetzen. Ein rotes J. ist auch das Ordenszeichen des wahrscheinlich von *Papst Alexander VI.* (1492–1503) um 1496 gestifteten *Ordens des heiligen Grabes zu Jerusalem.* Abb.

**jessant de lis** [franz.]: spezieller Ausdruck für die in der englischen Heraldik vorkommende ↑ Löwenmaske, durch die eine heraldische ↑ Lilie gesteckt ist.

**JOANNES EST NOMEN EJUS** [lat., Johannes ist sein Name, Lukas 1,63]: Wahlspruch im Wappen von Puerto Rico, des assoziierten Freistaates der USA.

**Joch** [span. yugo]: aus einem roten Ochsen-J., das von einem gleichfarbigen Band durchzogen ist, bestehende ↑ Bilddevise *Kö-*

*St. Jakobus auf einem Löser zu 2 Talern von 1625 des Herzoges Friedrich Ulrich von Braunschweig-Wolfenbüttel (1613–1634)*

*Beispiele der japanischen Heraldik, Kiku-no-hana-mon (Reichswappen) (links) Kiri-mon (kaiserliches Wappen) (rechts) Awoi-mon (Wappen des Geschlechtes Minamuto Tokugawa) (unten)*

*Jerusalemkreuz*

*nig Ferdinands V. von Aragon* (1479–1516). Vgl. Pfeilbündel.

**Jochkreuz:** ↑ gemeines Kreuz, dessen Kreuzenden mit halbkreisförmigen Einschnitten versehen sind.

**Jochschnitt:** Schildteilung, bei der sich in der Mitte des Teilungsstriches eine halbkreisförmige Einbuchtung nach unten befindet. Bei einer Einbuchtung nach oben wird sie als ↑ Pfropfschnitt bezeichnet. Abb.

**Johannes der Täufer:** christlicher Heiliger, Vorgänger von *Jesus Christus.* Er war der Sohn des jüdischen Priesters *Zacharias* und predigte vom bevorstehenden messianischen Reich. J. d. T. vollzog im Jordan die Taufe als Symbol der Reinigung von Sünden. Auf Befehl des Tetrarchen von Galiläa, *Herodes Antipas* (4 v. u. Z.–37 u. Z.), wurde J. d. T. enthauptet. Die sterblichen Überreste, die in Samaria begraben waren, wurden zum größten Teil verbrannt. Ein kleiner Teil konnte von Mönchen zum heiligen *Athanasius* nach Alexandria gebracht werden.

Der bereits seit dem 4. Jahrhundert verehrte heilige J. d. T. wurde zum Patron vieler Länder, Städte, Kirchen und Ritterorden. Dargestellt wird er meist stehend, in einem Gewand aus Fell, in der Rechten einen Kreuzstab, in der Linken ein geschlossenes Buch, auf dem ein Lamm liegt. Als Wappenbild erscheint er u. a. in den Wappen von Staßfurt, Lützen, der Kopf des Heiligen allein in den Wappen von Merseburg, Breslau (Wroclaw), Künzelsau (Württemberg) sowie Teplitz (Tepliče, ČSSR). Vgl. Johannisschüssel. Abb.

*Johannes der Täufer in der Mandorla auf einem $^{2}/_{3}$-Mark-Stück von Lübeck 1502*

*Johannisadler im Staatswappen von Spanien*

**Johann-Gatterer-Medaille:** von der Genealogisch-Heraldischen Gesellschaft mit Sitz in Göttingen am 7. Januar 1963 gestiftete, dem Andenken des bekannten Heraldikers und Genealogen *Johann Christoph* ↑ *Gatterer* gewidmete Medaille, die für besondere Verdienste um die genealogische Forschung verliehen wird.

**Johannisadler:** auf die Himmelfahrt Christi anspielendes Symbol des *Evangelisten Johannes.* Die katholischen Könige von Spanien benutzten den bereits im 5. Jahrhundert entstandenen J. als Emblem im Wappen. Von der spanischen Republik abgeschafft, wurde er 1938 unter dem *Caudillo Francisco Franco Bahamonde* (1938–1975) wieder eingeführt. Im Jahre 1980 wurde der J. abermals aus dem spanischen Wappen entfernt. Abb.

*Johannisschüssel im Stadtwappen von Merseburg*

**Johannisschüssel:** eine Schale bzw. Schüssel mit dem abgeschlagenen Haupt des heiligen ↑ *Johannes des Täufers.* Als Wappenbild erscheint diese Darstellung z. B. in den Wappen der Städte Wroclaw (Breslau), Tepliče (Teplitz) und Künzelsau (Württemberg). Auch auf Münzen des ↑ Johanniterordens gab es die J. Abb.

**Johanniterkreuz:** oft verwendeter, jedoch unexakter Name für das ↑ Malteserkreuz.

**Johanniterorden,** *Johanniter-Malteser-Orden, Malteserorden*: im Jahre 1048 von Kaufleuten aus Amalfi in der Nähe des heiligen Grabes in Jerusalem zu Ehren des heiligen *Johannes* gegründeter, heute souveräner Ritterorden mit Sitz des Großmeisters in Rom. Der aus Rittern, Priestern und dienenden Brüdern bestehende Orden setzte sich bei seiner Stiftung das Ziel, das Christentum zu verbreiten und zu schützen, Kranke zu pflegen und Not zu lindern. Nach dem Verlust von Jerusalem verlegte der J. 1244 seinen Sitz nach Akkon, nach dessen Fall 1291 nach Limassol auf Zypern und 1309 infolge der Eroberung Zyperns durch die Türken nach Rhodos. In dieser Zeit, bis 1522, bezeichnete man die Ordensritter als «Rhodiser-Ritter». Als Rhodos nach heftigen Kämpfen von den Türken besetzt wurde, schenkte *Kaiser Karl V.* (1519–1556) dem Orden 1530 die Insel Malta (Malteser-Ritter).
Als *Napoleon Bonaparte* auf seinem Feldzug nach Ägypten 1798 die Insel besetzte, vertrieb er die Ordensritter. Der Orden suchte dann Schutz bei *Zar Paul I. von Rußland* (1796–1801) und ernannte ihn zum Großmeister. Die Ermordung des Zaren zerschlug alle Pläne, dem Orden ein neues Territorium zuzuweisen. Die Bestimmung des Friedensvertrages von Amiens 1802, nach der der J. seine Besitzungen zurückerhalten sollte, wurde nicht erfüllt. Auf dem Wiener Kongreß 1815 wurde die Enteignung des Ordens endgültig bestätigt und Malta Großbritannien zugesprochen. Der katholisch gebliebene Teil des J. verlegte 1834 seinen Sitz nach Rom.

*Wappen des Peter von Engelberg, Komtur des Johanniterordens um 1410.*
*Das Wappen des Johanniterordens*
*wurde über dem Familienwappen angebracht*

*Papst Leo XIII.* (1878–1903) ernannte 1879 wieder einen Großmeister. In Österreich lebte der Orden im Jahre 1880 wieder auf. *Kaiser Franz Joseph I.* (1848–1916) verlieh dem vom Papst ernannten Großmeister und allen dessen Nachfolgern den Rang eines österreichischen Fürsten. Auch der Großprior von Böhmen und Österreich wurde 1881 in den Fürstenstand erhoben. Obwohl die Ordensritter der römisch-katholischen Religion angehören müssen, konnten im Großpriorat Böhmen auch Personen, die anderer Konfession waren, aufgenommen werden.

Der Orden war in «Zungen» aufgeteilt, die etwa mit Nationalitäten gleichgesetzt werden konnten, obwohl sie im eigentlichen Sinne mit Nation nicht identisch waren. Die deutsche «Zunge» umfaßte außer dem Römisch-Deutschen Reich auch noch die deutschsprachige Schweiz. Im Jahre 1250 wurde das Großpriorat Deutschland mit einem Herrenmeister an der Spitze gegründet. Die Gerichtsbarkeit dieses Herrenmeisters erstreckte sich auch auf Ungarn, Böhmen und Dänemark. Die anderen «Zungen» waren: Provence, Auvergne, Frankreich, Italien, Aragonien, Kastilien und England. Im 18. Jahrhundert kam die Sitte auf, die Ordenszeichen zur Unterscheidung der einzelnen «Zungen» mit heraldischen Symbolen zu versehen. Die Ballei Brandenburg z. B. erhielt goldene Adler in die Winkel der Kreuzarme. Im Jahre 1745 erlaubte *Friedrich II. von Preußen* (1740–1786), dem Wunsche des damaligen Herrenmeisters entsprechend, daß die königliche Krone über dem Ordenszeichen getragen werden durfte. In Frankreich befanden sich in den Winkeln des ebenfalls gekrönten Ordenszeichens die bourbonischen Lilien.

1802 ernannte sich der *König Karl IV.* (1788–1808) zum Großmeister für Spanien und erhob den Orden zum zweiten des Königreiches nach dem Orden des Goldenen Vlieses. *Königin Victoria von Großbritannien* errichtete 1888 das Großpriorat Großbritannien des «verehrungswürdigen Ordens von St. Johannes von Jerusalem». Das Ordenszeichen trägt hier das englische und schottische Wappentier, den Löwen und das Einhorn, in den Winkeln.

Der J. hat in der heutigen Zeit einen Doppelcharakter. Als geistlicher Orden untersteht er der päpstlichen Ordenskongregation, da er aber souverän ist, ist er auch Völkerrechtssubjekt. So ist auch das vom Großmeister gestiftete Verdienstkreuz, das für Verdienste um den Orden verliehen wird, wie eine staatliche Ordensauszeichnung zu behandeln.

Die Mitglieder des J. führten ursprünglich kein eigenes Wappen, sondern nur das des Ordens. Seit etwa 1470 erschien dann das Ordenswappen im Schildhaupt ihrer Geschlechterwappen, mitunter auch im gevierten Schild. Die höheren Ordensgrade legten ihren persönlichen Schild auf das Ordenskreuz. In einigen Fällen hing auch das Ordenskreuz an einer Kette oder Schnur unter dem Familienwappen. Abb.

*Literatur*

*Kirchner, H. und G. v. Truszczynski*: Ordensinsignien und Auszeichnungen des Souveränen Malteser-Ritterordens, 2. Aufl. Köln 1976

**Johanniterorden, Königlich Preußischer:** von *König Friedrich Wilhelm III. von Preußen* (1797–1840) gestifteter Orden. Er löste im Januar 1812 die Ballei Brandenburg des ↑Johanniterordens auf, zog deren Güter ein und stiftete «zu einem ehrenvollen Gedenken der aufgelösten und erloschenen Balley» einen neuen Orden unter dem Namen K. P. J. Protektor des Ordens war der König von Preußen. Das Ordenszeichen wurde dahingehend geändert, daß die goldenen Adler durch schwarze ersetzt wurden und die Krone wegfiel. *König Friedrich Wilhelm IV.* (1840–1861) erneuerte 1852 die Ballei Brandenburg wieder und gab ihr die ursprünglichen gemeinnützigen Bestimmungen zurück. Seit dieser Zeit wurden Prinzen aus dem preußischen Königshaus Herrenmeister. Der Orden bestand nun aus ausschließlich protestantischen Ehren- und Rechtsrittern. Das Ordenszeichen unterschied sich dadurch, daß die Rechtsritter das alte Kreuz der Ballei Brandenburg (mit Krone und goldenen Adlern) trugen, während die Ehrenritter das Ordenszeichen des K. P. J., das

Kreuz mit den schwarzen Adlern in den Winkeln, tragen.
Zur Ballei Brandenburg des heute noch bestehenden Johanniterordens gehört die dänische, finnische, holländische, norwegische, schwedische, schweizerische und ungarische Genossenschaft. Alle tragen das gleiche Ordenszeichen. Eine Ausnahme bilden seit 1945 die Johanniter-Ritter Hollands und Schwedens. Das Ordenszeichen des 1905 wieder errichteten holländischen Johanniterordens erhielt nach seiner Selbständigkeit 1945 den Löwen von Oranien statt der Adler. Die schwedische Genossenschaft trennte sich 1945 ebenfalls von der Ballei Brandenburg und ersetzte den preußischen Adler durch eine Lilie. Die Ordensritter waren berechtigt, das Ordenszeichen im, hinter oder unter dem Wappen zu führen.

**Jörg Rugenn's Wappenbuch:** um 1492 in Bayern entstandenes handgemaltes Wappenbuch; im Besitz der Universitätsbibliothek Innsbruck. Das Buch enthält auf 315 Blatt mehr als 3 600 Wappendarstellungen des Papstes, der Königreiche, der Kurfürsten, der ↑ Quaternionen (der «Vier Grafen des Reiches»), einiger Erzbistümer und Bistümer, von Geschlechtern des hohen Adels, Grafen des Rheinlandes, Schwabens, Frankens, Sachsens, Böhmens und Österreichs sowie einige süddeutsche Freiherrenwappen.

**Judenhut,** *Schebbes*: eigentümliche, kappenförmige Kopfbedeckung der Israeliten im Mittelalter. Als Wappenbild oder auf den Wappenhelmen ist der J. meist weiß oder gelb tingiert und wurde aus Unkenntnis mitunter mit dem Eisenhut verwechselt.

**Judenkopf:** oft verwendete, aber historisch und heraldisch nicht korrekte Bezeichnung der erstmals in einem Siegel des *Markgrafen Friedrichs III., des Strengen* (1349–1381), im Jahre 1349 auftauchenden Helmzier der Markgrafschaft Meißen. Die weitverbreitete Erklärung dafür, daß diese Helmzier eine Anspielung auf irgendwelche Vergünstigungen des Markgrafen gegenüber den in seinem Land lebenden Juden darstellen sollte, gehört zu den typischen Wappensagen. In der mittelalterlichen Heraldik waren die Rümpfe bärtiger Greise mit den verschiedenartigsten Mützen als Helmkleinode sehr beliebt und finden sich auf vielen Wappenschilden jener Zeit. Die komplette meißnische Helmzier, also mit dem J., befindet sich z. B. im Stadtwappen von Borna (bei Leipzig). Vgl. Gecken.

**jüdische Wappen:** erstmals im 14. Jahrhundert erschienene Wappen der europäischen Juden. Die zunächst nur auf Siegeln verwendeten j. W. wurden im 16. Jahrhundert vereinzelt auch in Grabsteine eingemeißelt. Die Bildmotive entstammten vorwiegend dem jüdischen Brauchtum sowie der jüdischen Kultur. Besonders bevorzugt wurden die Symbolzeichen der *Stämme Juda* und *Naphtali*, Löwe und Hirsch, sowie die im Mittelalter typische jüdische Kopfbedekkung, der Schebbes (↑ Judenhut).

**Juge d'armes de France:** seit dem Jahre 1615 unter dem bourbonischen Königtum Frankreichs bestehende staatliche Wappenbehörde. Seit dem Jahr 1696 (Edikt *König Ludwigs XIV.* [1643–1715]) waren in Frankreich alle wappenführenden Familien und Institutionen verpflichtet, ihre Wappen in dem staatlich geführten «Armorial Général» registrieren zu lassen. Das 1709 aufgehobene Edikt wurde im Jahre 1760 in wesentlichen Punkten modifiziert, die staatliche Registrierung der Wappen aber beibehalten. Während der Revolution von 1789 wurde diese Wappenbehörde aufgelöst.

**Juge Général des Armes de France:** bis zum Jahre 1696 Titel des Chefs der seit 1615 bestehenden staatlichen Wappenbehörde des Königreiches Frankreich. Vgl. Armorial Général.

**junge Adler:** von einigen älteren Heraldikern verwendete Bezeichnung für besonders klein gezeichnete Wappenadler, speziell, wenn mehr als drei in einem Schild oder Feld bzw. auf einer Figur (z. B. Balken) vorhanden sind. Bei mehreren Löwen spricht man analog von *jungen Löwen.* An sich sind diese Ausdrücke überflüssig, da es sich von selbst versteht, daß mehrere in einem Schild vorkommende Figuren in ihren Proportionen verringert werden müssen.

**junge Löwen** ↑ junge Adler.

**Jungfrauenadler,** *Adlerweibchen, Harpyie*: Adler mit dem nackten Oberkörper einer Frau. Heraldisch entstand der J. wahrscheinlich nicht aus dem Fabelwesen Harpyie, sondern aus der Tatsache, daß die Kaiser im Mittelalter dem Wappenadler als Zeichen ihrer Schutzherrschaft ihr Brustbild aufsetzen ließen. Aus Unkenntnis des Ursprunges machten spätere Heraldiker aus dem gelockten Kaiserbild ein weibliches. Das bekannteste Beispiel ist der J. im Wappen der Freien Reichsstadt Nürnberg. Ein bekrönter J. als Wappen von Ostfriesland befindet sich noch heute im Wappen des Fürstentumes Liechtenstein. Die Harpyie war das Wappen des ostfriesischen Fürstengeschlechtes der *Cirksena* und wurde deshalb auch der ostfriesischen Stadt Emden von dem *Kaiser Maximilian I.* (1493–1519) verliehen. Abb.

*Jungfrauenadler*

**JUSTICE PAIX TRAVAIL** [franz., Gerechtigkeit, Frieden, Arbeit]: Wahlspruch unter dem Staatswappen der afrikanischen Republik Zaïre.

**Justitia:** als weibliche Figur mit einem Schwert und einer Waage in den Händen sowie mit verbundenen Augen dargestelltes Symbol der Gerechtigkeit. Die als Wappenbild seltene J. befindet sich z. B. im Wappen der Gemeinde Fürstenwerder (Bezirk Neubrandenburg).

**JUSTITIA PIETAS FIDES** [lat., Gerechtigkeit, Frömmigkeit, Treue]: Wahlspruch unter dem Wappen der südamerikanischen Republik Suriname.

# K

**Kadich von Pferd,** Heinrich: 1865/1918, Sektionschef im österreichischen Ackerbauministerium in Wien, Heraldiker. Er verfaßte in den Jahren von 1886 bis 1890 viele heraldische Abhandlungen. Seit 1888 war er Mitarbeiter am ↑ Neuen Siebmacher (erste Lieferung zum Band Mähren).

**Kaiser** [griech., lat., vom Eigennamen *Cäsar*, der sich im römischen Reich zum Herrschertitel fortentwickelte]: **1.** Träger der höchsten monarchischen Würde, noch über den Königen.

Der römische K.titel erhielt sich im oströmischen Reich bis 1453, im weströmischen bis 476, wurde aber mit der K.krönung *Karls des Großen* (800–814) auf die fränkischen und 962 auf die deutschen Könige übertragen. *Maximilian I.* (1493–1519) nahm als erster deutscher Herrscher die Würde eines K. ohne päpstliches Krönungszeremoniell an. Das Römisch-Deutsche K.reich erlosch im Jahr 1806, nachdem der letzte K., *Franz II.* (1792–1806/1835), der bereits seit 1804 K. von Österreich war, die römisch-deutsche K.krone niedergelegt hatte (vgl. Heiliges Römisches Reich Deutscher Nation). Das K.reich Österreich bestand von 1804 bis 1918. Im Jahre 1871 wurde in Versailles der König von Preußen zum K. des Deutschen Reiches ausgerufen, dessen letzter K., *Wilhelm II.*, 1918 abdanken mußte. Rußland war von 1721 bis 1917, Frankreich von 1804 bis 1814, 1815 und von 1852 bis 1870, China bis 1911 K.reich. Weitere K.reiche waren Brasilien (1822–1889), Haïti (1849–1858), Mexiko (1822–1823, 1864–1867), Äthiopien (bis 1974), Persien/Iran (bis 1979), Süd-Vietnam (bis 1945), Korea (1897 bis 1910), Zentralafrikanisches K.reich (1976 bis 1980). Das einzige heute noch bestehende K.reich ist Japan.

Im Zuge der britischen Kolonialexpansion

waren die britischen Könige von 1877 bis 1947 K. von Indien. Der italienische *König Viktor Emanuel III.* (1900–1946) trug von 1936 bis 1941 den Titel K. von Äthiopien.
**2.** sehr seltenes Wappenbild, z. B. im Wappen von Mylau (Vogtland). Die dort enthaltene Figur im Purpurmantel, mit Tunika, goldener Krone und gegürtetem Schwert, in der rechten Hand ein goldenes Zepter, in der linken einen goldenen Schild haltend, stellt den K. *Karl IV.* (1346–1378) dar, der im Jahre 1358 Mylau das Stadtrecht verliehen hatte.
*Literatur*
*Jaeckel, G.*: Die deutschen Kaiser. Oldenburg 1980
**Kaiserkrone:** Rang- und Würdezeichen der Kaiser. Die K. des römisch-deutschen Kaisers, mitunter auch fälschlich als «Krone Karls des Großen» bezeichnete Reichskrone, ist eine westdeutsche Arbeit aus der zweiten Hälfte des 10. Jahrhunderts mit einigen späteren Zufügungen. Sie hatte von Anfang an nur einen Bügel; die rote Samtmitra im Kroneninneren stammt aus dem 18. Jahrhundert. Die Krone besteht aus vier Haupt- und vier Zwischenplatten, die mit Edelsteinen und biblischen Emaildarstellungen geschmückt sind. Außer in der Zeit von 1804 bis 1806, wo sie im neugebildeten österreichischen Staatswappen über der österreichischen K. schwebte, trat diese K. als Symbol der Römisch-Deutschen Kaiser heraldisch nicht in Erscheinung. Lediglich im Herzschild des Kurhauses *Hannover* wurde diese K. als Symbol der Erzschatzmeisterwürde geführt. Die Reichskrone befand sich bis zum Jahre 1796 mit den übrigen Reichskleinodien in der Heiligengeistkirche in Nürnberg und gelangte dann in die Weltliche Schatzkammer nach Wien, wo sie sich noch heute befindet. Abb.
Der Reichskrone nachempfunden ist die Krone des Deutschen Kaiserreiches von 1871. Sie wurde nie angefertigt und existiert nur in heraldischen Abbildungen. Sie besteht aus vier größeren und vier kleineren achteckig zusammengestellten, oben abgerundeten, mit Brillanten eingefaßten Goldplatten. Die größeren Platten zeigen

*Kaiserkrone Napoleons I. und Napoleons III. (links), Kaiserkrone des Kaiserreiches Brasilien (rechts)*

*Reichskrone des Heiligen Römischen Reiches Deutscher Nation (links), heraldische Kaiserkrone des Deutschen Reiches von 1871 bis 1918 (rechts)*

*Hauskrone des Kaisers Rudolf II. (1576–1612), von 1804 bis 1918 Kaiserkrone von Österreich (links) Kaiserkrone von Rußland (rechts)*

ein Kreuz, die kleineren einen Adler. Über diesen Platten befinden sich vier mit dem Reichsapfel bekrönte Bügel. Die Krone ist golden gefüttert und wird meist mit goldenen Kronenbändern dargestellt. Abb.
Als K. von Österreich diente die 1602 auf Befehl *Kaiser Rudolfs II.* (1576–1612) angefertigte Hauskrone. Sie stellt eine Verbindung des von den Lilienaufsätzen überragten Kronenreifes mit dem einfachen kaiserlichen Hochbügel und der Mitra dar. Die Teile der Mitra bestehen aus Gold und sind mit figürlichen Darstellungen verziert. Auf der rot gefütterten Krone erscheint statt des Reichsapfels ein ungeschliffener Saphir. Diese Krone wurde im Laufe der Zeit heraldisch stark stilisiert auf den Kaiserwappen dargestellt. Sie befindet sich in der Weltlichen Schatzkammer in Wien. Abb.
Die russische K. wurde unter der Regierung der *Kaiserin Katharina II.* (1762–1796) von dem bekannten genuesischen Juwelier *Panzie* hergestellt. Sie hat die Form einer Mitra und ist aus reinem Gold gefertigt. Die Krone bedecken 5 012 Brillanten, an Stelle des Reichsapfels wird sie von einem 399 Karat schweren Rubin überragt. Sie befindet sich in der Schatzkammer in Moskau. Abb.

*Literatur*

*Fillitz, H.*: Die Insignien und Kleinodien des Heiligen Römischen Reiches. Wien, München 1954

**Kalb:** gemeine Figur, z. B. als redendes Stadtwappen von Calbe (Bezirk Magdeburg) und von Kalbe (Altmark).

**Kalkreute:** Geräte zum Brechen und Durchrühren des Kalkes, das z. B. im Wappen derer *von Kalckreuth* als redendes Wappenbild auftritt. Die K. wurde in einigen Blasonierungen fälschlich als Gabel bezeichnet.

**Kamel:** seltene, erstmalig gegen Ende des 13. Jahrhunderts aufgekommene Wappenfigur, die wahrscheinlich aus Italien kam. Dort ließ der Malteserorden in der Zeit der Kreuzzüge in San Rossore bei Pisa ein im Mittelalter berühmtes K.gestüt anlegen. Ein K. befindet sich z. B. im Stadtwappen von Pilsen (Plzeň, ČSSR).

**Kamelaukion:** goldene, mit Perlen und Edelsteinen reich besetzte Prunkhaube, die unter *Kaiser Alexios I. Komnenos* (1081–1118) zur offiziellen Kronenform von Ostrom erhoben wurde. Diese Krone stellt eine Verbindung des spätantiken Diadems mit dem kaiserlichen Goldhelm von *Konstantin I.* (307–337) dar und ist nur von Bildern bekannt. In der folgenden Zeit beanspruchten und trugen die K. auch die normannischen Könige von Sizilien. Nachdem *Kaiser Heinrich VI.* (1190–1197) die Erbin von Sizilien, *Constanze* (1194–1198), geheiratet hatte, führten die Stauferkaiser als Herren von Sizilien diese Tradition weiter. Vgl. Monomachoskappe.

**Kaminbank** ↑ Feuerbock.

**Kammrad:** von einigen Heraldikern für ↑ Mühlrad verwendete Bezeichnung.

**Kannenorden, Aragonischer:** im Jahre 1410 zur Bekämpfung der Mauren gestifteter Ritterorden. Das Ordenszeichen besteht aus einer goldenen Kanne, aus der drei Lilien hervorkommen. Unten hängt daran ein goldener Greif, der in den Pranken ein Band mit der Inschrift «Por los amor» [span., für die Liebe] trägt. Heraldisch erschien das Ordenszeichen neben den Wappen der Ordensritter.

**Kanone:** beliebtes Motiv der russischen und schwedischen Wappenkunst, seltener der deutschen Heraldik. So befindet sich z. B. im Stadtwappen von Smolensk eine K., auf der ein Paradiesvogel sitzt. Moderne K.nrohre tauchen in preußischen Wappen des 19. Jahrhunderts, vor allem in den Wappen der in den Kriegen 1864, 1866, 1870/71 geadelten Artillerieoffiziere auf, z. B. *von Neumann* 1863, *von Colomier* 1864, *von Schwartz* 1871, *von Stumpf* 1886.

**Kantenbalken:** Heroldsbild, das aus einem

*Kantenbalken*

*Kardinalshut*
*mit insgesamt 30 fiocchi über leerem Schild*

in der Mitte gespaltenen Balken, dessen beide Teile nach oben oder nach unten verschoben sind, gebildet wird. Ist bei dem K. das rechte Stück oben, so wird er als *rechter*, umgekehrt als *linker K.* angesprochen. Vgl. Halbkantenbalken. Abb.

**Kantenwürfelbalken:** ↑ Balken, der aus in der Regel fünf an den unteren bzw. oberen Kanten zusammenstoßenden Vierecken besteht.

**Kantenwürfelkreuz:** Kreuz, dessen Mitte sowie die Arme aus hochkantig zusammengestellten Würfeln bestehen.

**kantig:** Wappenfiguren, die nicht zwei-, sondern dreidimensional dargestellt sind.

**Kanzleiheraldik:** abwertende Bezeichnung für die seit etwa dem 16. Jahrhundert in den Hofkanzleien entworfenen und in Wappenbriefen enthaltenen Wappendarstellungen. Im weiteren Sinne versteht man unter K. das ganze Wappenwesen in der heraldischen Verfallszeit.

**Kapelle:** Wappenbild, das im Gegensatz zur Kirche statt mit einem Turm mit einem Dachreiter versehen ist.

**Kappe** ↑ Haube.

**Kardinal:** nach dem Papst höchster Rang der katholischen Geistlichen. Die Kardinäle können vom Papst als Ratgeber und Helfer ernannt werden. Das K.skollegium nimmt die Papstwahl vor.
Ist ein K. Fürst oder Graf, so führt er unter dem ↑ Kardinalshut einen ↑ Fürstenhut oder eine ↑ Grafenkrone über dem Wappenschild, was jedoch durch eine Bulle des *Papstes Innozenz X.* (1644–1655) innerhalb Roms untersagt wurde.

**Kardinalshut:** Rang- und Würdezeichen der Kardinäle. Seit dem 14. Jahrhundert führen die Kardinäle einen flachen, breitkrempigen, roten Hut mit beiderseits fünfzehn roten Quasten (↑ fiocchi) auf ihren Wappen. Ursprünglich war jedoch die Anzahl der fiocchi nicht vorgeschrieben. Vgl. Abb. bei fiocchi. Abb.

**Kardinalskreuz,** *Doppelkleeblattkreuz*: ↑ Kleeblattkreuz, dessen oberer Kreuzarm wiederum mit einem Kleeblattquerbalken versehen ist. Dieses Kreuz befindet sich mitunter hinter dem Wappen der Kardinäle.

**Karfunkelrad, Karfunkelstern** ↑ Lilienzepterstern.

**Karlsorden,** *Orden des heiligen Karl*: am 15. März 1858 von *Fürst Karl III. von Monaco* (1856–1889) gestifteter, seither höchster Orden des Fürstentumes. Die Dekoration des fünfklassigen Ordens besteht aus einem gekrönten, weißen ↑ Malteserkreuz mit roten Borden. Auf der Vorderseite ist der verschlungene Namenszug des Stifters mit der Umschrift «PRINCEPS ET PATRIA» [lat., Fürst und Vaterland] abgebildet. Das Medaillon der Rückseite zeigt das Wappen Monacos (rot-weiße ↑ Wecken) mit der goldenen Umschrift auf rotem Grund «DEO JUVANTE» [lat., mit Gottes Hilfe]. An einer farbigen Ordenskette hängend, ziert der K. das Wappen des Fürstentumes Monaco.

**Karst:** Gerät zum Auflockern der Erde in den Weinbergen, mitunter auch zum Kartoffelhacken verwendet, das in seltenen Fällen als Wappenbild vorkommt, z. B. im Wappen der *Grafen Keith*.

**Kastell:** heraldisch im Gegensatz zur Burg etwas gedrungener, mit besonders betonten Zinnen dargestelltes Wappenbild. Bekanntestes Beispiel sind die K. im redenden Wappen des ehemaligen Königreiches Kastilien. Vgl. Abb. bei belegter Bord.

**Katharina:** christliche Heilige und Märtyrerin, gest. wahrscheinlich im 4. Jahrhundert. Der Legende nach war St. K. eine junge, schöne, in Alexandria lebende Königstochter von ungewöhnlicher Klugheit. Beim Besuch des *Kaisers Maxentius* (306–312) führte sie mit ihm philosophische und religiöse Streitgespräche. Als sie das Liebeswerben des Kaisers abwies, ließ dieser sie foltern. Dabei bekehrte sie alle die sie umgebenden Soldaten des Kaisers zum Christentum. Schließlich wurde eine Foltermaschine eingesetzt, deren Räderwerk aber zersprang, so daß die Heilige enthauptet wurde. Nach anderer Darstellung war St. K. die Tochter des Königs von Zypern. Die Quelle der Katharinenverehrung war ein um das 6./7. Jahrhundert von einem unbekannten Autor in griechischer Sprache verfaßter Roman. Der Kult der Heiligen verbreitete sich bald über ganz Europa. Im 10. und 11. Jahrhundert waren so bedeutende Abteien wie Monte Cassino und St. Gallen Zentrum ihrer Verehrung. Sie zählt zu den Vierzehn Nothelfern. Da die sterblichen Überreste der Heiligen der Legende nach von Engeln nach dem Berge Sinai getragen wurden, verbreitete sich ihr Kult auch auf die Ostkirche, wo sie *Aecaterina* heißt.

Sie galt als Patronin der Theologen, Philosophen und der Advokaten. Mit einer Palme und einem Buch in den Händen erscheint sie im Siegel der Pariser Sorbonne. Von daher wurde sie zur Schutzheiligen der mittelalterlichen Hochschulen und Bibliotheken sowie der Lehrer, Studenten, Buchdrucker und Redner. Dargestellt wird die Heilige meist stehend in weitem Gewand, in der Rechten einen Palmzweig, in der Linken ein abwärts gekehrtes Schwert haltend, neben ihr liegt ein Stück von einem Rad. Als Wappenbild führen sie z. B. die Städte Altena, Altenberg, Buchholz. Abb.

**Katharinenkreuz**: Symbol der *heiligen Katharina vom Berge Sinai.* Das K. besteht aus einem mit dem ↑ Katharinenrad kombinierten ↑ Krückenkreuz.

**Katharinenrad:** als Symbol der Marterwerkzeuge der *heiligen Katharina vom Berge Sinai* dienendes, mit spitzen Eisenzacken besetztes Rad.

**Katze** ↑ Geschlechtergesellschaft «Zur Katze» in Konstanz.

**Kegel** ↑ Brustlatz.

**Keil,** *Gern*: an sich überflüssige Bezeichnung für eine ↑ Spitze, die an den beiden unteren Ecken des Schildes ansetzt und an den oberen Schildrand stößt.

*Mit Kerblinien versehenes, geteiltes, gemeines Kreuz im Wappen des ehemaligen Sultanats Sarawak (heute Teilstaat von Malaysia) (links) Kesselhaken (rechts)*

**keilförmig:** Anordnung von drei Wappenfiguren, von denen eine rechts, die beiden anderen von links im Felde stehen. In diesem Falle wird k. nach rechts, umgekehrt k. nach links gemeldet.

**Kekulé von Stradonitz,** Stephan Karl: 1863/1933, Genealoge und Heraldiker. Der in Gent geborene Sohn des berühmten Chemikers *Friedrich August Kekulé von Stradonitz* besuchte das Gymnasium in Bonn und studierte in den Jahren 1883/84 in Bonn und Straßburg Philosophie. Nach seinem Militärdienst wurde er 1884 Portepeefähnrich, 1885 Sekondeleutnant und nahm 1889 seinen Abschied von der Armee. 1893 setzte er in Berlin sein Philosophie- und Jurastudium fort und promovierte 1893 zum Dr. jur. Von 1893 bis 1897 war er am Kammergericht in Köpenick und Berlin, anschließend lebte er als Privatgelehrter in

*St. Katharina im Stadtwappen von Buchholz*

Großlichterfelde bei Berlin und war bis 1905 Rechtsberater der *Fürsten von Schaumburg-Lippe* im Lippeschen Thronfolgestreit und fürstlich schaumburg-lippischer Kammerherr.
Bereits 1898 wurde die nach ihm benannte Ahnenbezifferung in seinem Ahnentafel-Atlas der Regenten Europas und ihrer Gemahlinnen eingeführt. 1920 wurde er Vorsitzender der Abt. VI (Genealogie und Heraldik) im Gesamtverein der Deutschen Geschichts- und Altertumsvereine, 1924 Initiator der Arbeitsgemeinschaft der deutschen familien- und wappenkundlichen Vereine. K. v. S. war seit 1884 Mitglied des heraldischen Vereins ↑ «Der Herold» und von 1894 bis 1923 dessen Schatzmeister.

**Kelch:** variantenreiches Wappenbild. Während der Hussitenzeit wurde der K. als Symbol der neuen Lehre in einige Wappen aufgenommen. Ein roter K. war das Abzeichen der hussitischen Bewegung. Vgl. Kirchensiegel.

**Kelchblätter:** Blätter der heraldischen Rose. Bei der ↑ Blasonierung wird in der Regel ihre Anzahl angegeben.

**Keln** [franz. queles]: mittelalterliche Bezeichnung für die rote heraldische ↑ Tinktur.

**Kemenate** ↑ Stadel.

**Kerblinie:** Linie, die aus mehreren kleinen, fortlaufenden, runden Einkerbungen besteht. Mit ihr können die verschiedensten Figuren begrenzt sein. Abb.

**Kerbschnitt,** *Narbenschnitt*: aus sehr kleinen Schuppen bestehender ↑ Schuppenschnitt. Vgl. ausgeschuppt.

**Kerbzinne,** *wälsche Zinne*: oben spitz eingeschnittene ↑ Zinne.

**Kerze:** in der Regel als redendes Wappenbild vorkommende Schildfigur. Im Wappen der bayrischen Stadt Lichtenfels befinden sich z. B. rechts und links neben einem Berg zwei K. in goldenen Leuchtern.

**Kerzenständer:** seltene, meist stark stilisierte Wappenfigur, z. B. im Siegel des *Bartholomäus de Chandeliers*, Unterprior zu Saint-Antoine de Viennois (1549–1553).

**Kesselhaken,** *Hahl, Hel, Kesseleisen, offener Kesselhaken*: mit verstellbaren Zähnen versehene Haltevorrichtung für Kessel, die in den Kaminen aufgehängt wurde. Als Wappenbild kommen K. in den verschiedensten Varianten vor, z. B. als redendes Wappenbild im Wappen derer *von Kettler*, auch in den Wappen der *Familien von der Decken, von Gruben* usw. Der K. ist ein besonders in der norddeutschen Heraldik häufig verwendetes Wappenbild. Abb.

**Kesselhut:** mittelalterliche eiserne Kopfbedeckung der Gefolgsleute der Ritter. Bei ungenauer Darstellung wurde der K. in den Wappen vielfach mit den ↑ Eisenhütlein (3.) verwechselt.

**Kesselrinken** ↑ Rinken.

**Kesselzange:** Gerät zum Herausheben eines heißen Kessels, als Wappenbild vielfach im norddeutschen Wappenwesen vorkommend.

**Kettennetz:** seltener Name für ↑ Navarrakette.

**Keule:** seltenes Wappenbild, tritt z. B. als redende Figur im Wappen der *Familie von Kolb* auf. Die als ↑ Schildhalter häufig verwendeten *Wilden Männer* sind vielfach mit K. dargestellt. Seit dem 17. Jahrhundert bildeten zwei gekreuzte K. das Hinterwappen des Kanzlers sowie des Siegelbewahrers von Frankreich. Auch die Kanzler von Brabant und Flandern und der Präsident des Großrates von Mecheln verwendeten ein derartiges Hinterwappen.
Als Amtszeichen des Scharfrichters galt die K. auch als Symbol der Gerichtsbarkeit. Aus diesem Grunde führt auch die Stadt Loitz (Mecklenburg) als mittelalterlicher Gerichtsort zwei K. im Wappen.

**keythongs:** in der alten englischen Heraldik vorkommende, gehörnte, dem ↑ Greif ähnliche Fabeltiere ohne Flügel, aus deren Leib goldene Strahlen hervorbrechen.

**KHOTSO PULA NALA** [Sesotho, Frieden ist Überfluß]: Spruch unter dem Staatswappen des afrikanischen Königreiches Lesotho.

**Kilian:** christlicher Heiliger und Märtyrer, geb. in Irland, gest. 689 in Würzburg. St. K., der in seinem Heimatland bereits die Bischofsweihe empfangen hatte, zog als Missionar in das östliche Frankenland und bekehrte den jungen *Herzog Gozbert* zum Chri-

stentum. Der Heilige verlangte vom Herzog die Trennung von dessen Frau (sie war die Witwe von dessen Bruder), mit der dieser entgegen dem damaligen kirchlichen Gesetz zusammenlebte. Als die Herzogin erfuhr, daß der Herzog in die Trennung eingewilligt hatte, ließ sie St. K. umbringen. Im Jahre 752 ließ *Bischof Burkhard I.* (741–752) die sterblichen Überreste des Heiligen feierlich in den Würzburger Dom überführen.
St. K. wurde zum Patron vieler Kirchen, Länder und Städte. Er wurde meist stehend in Bischofskleidung, in der Rechten ein Schwert, in der Linken einen Bischofsstab haltend, dargestellt. Sein Bild befindet sich auf vielen Münzen des Bistumes Würzburg schon seit dem 11. Jahrhundert. Die Stadt Korbach (Waldeck) z. B. führt St. K. auch als Wappenbild. Abb.

*St. Kilian mit Krummstab und Schwert über dem gevierten Bistums- und Familienwappen des Bischofes Julius Echter von Mespelbrunn (1573–1617) auf einem Taler des Bistumes Würzburg von 1615*

**Kirche:** Wappenfigur, die meist mit einem Turm und im Aufriß dargestellt wird. Während K. in der alten Heraldik meist stark stilisiert in der Seitenansicht vertreten sind, werden sie in der neueren Zeit auch perspektivisch gezeichnet.
**Kirchenfahne:** an einem Querbügel befestigte Fahne mit drei herunterhängenden Lappen (vgl. Hängel), von denen der mittlere meist etwas länger ist. Die K. kommt vorzugsweise in den Wappen der alten Dynasten vor und symbolisierte vielfach den

*Kirchenfahne*

Titel und die Würde eines Fahnenträgers oder Schutzherren päpstlicher Kirchen. Sie wurde auch von solchen Geschlechtern als Wappenbild geführt, die in einem Lehnsverhältnis zu einer Kirchvogtei standen, z. B. im Wappen derer *von Montfort*. Weitere K. befinden sich z. B. in den Stadtwappen von Böblingen, Tübingen und Feldkirch (Vorarlberg) sowie im Wappen der französischen Auvergne. Abb.
**Kirchensiegel:** Abdrücke von Petschaften, später Stempeln, einzelner, meist größerer Pfarrkirchen. Im Mittelalter waren K., die sich von einem Amtsinhaber auf seine Nachfolger vererbten, sehr selten. Vielfach beurkundete der Pfarrer auch in amtlicher Eigenschaft mit seinem persönlichen Siegel. Die eigentlichen Amtssiegel einzelner Kirchgemeinden gehören der späteren Zeit an. Das 19. Jahrhundert brachte dann die bildlosen Schriftsiegel hervor sowie die Stempel. Die Bildmotive der K. zeigen in der Regel Vorgänge aus der Bibel, die Patrone der Kirche, geistliche Symbole, z. B. Kelch, Kreuz, Bibel usw., und mitunter das Kirchengebäude. Bevorzugtes Motiv der katholischen Pfarrgemeinden ist die Abbildung des Schutzpatrones der betreffenden Kirche.
**kirchliche Heraldik:** das kirchliche, vor allem katholische Wappenwesen. Typisch für die k. H. ist der Verzicht auf den als militärisch empfundenen Wappenhelm. An dessen Stelle treten die kirchlichen Rang- und Würdezeichen, die sich durch Farbe und Ausstattung und der Anzahl der Quasten (↑ fiocchi) unterscheiden (↑ Patriarchenhut, ↑ Erzbischofshut, ↑ Bischofshut). Seit An-

fang des 20. Jahrhunderts setzte sich eine Vereinfachung des kirchlichen Wappenwesens durch. So führen die kirchlichen Würdenträger in der Regel nur den ihrem Rang entsprechenden Hut, auf die noch bis in das 19. Jahrhundert gleichzeitig geführte ↑ Bischofsmütze wurde verzichtet. Als einzige Krone erscheint die ↑ Tiara des Papstes über dessen Wappen. Heraldische Unterscheidungsmerkmale der kirchlichen Würdenträger:

*Papst.* Das Familienwappen des Papstes ist von der Tiara bekrönt. Hinter dem Schild kreuzen sich der goldene und silberne ↑ Bindeschlüssel und Löseschlüssel. Die Schlüssel sind häufig von einer goldenen Schnur umwunden. Unter dem Wappen erscheint mitunter die persönliche Devise des jeweiligen Papstes.

*Kardinal-Kammerlengo (Kardinal-Erzkämmerer).* Während der Sedisvakanz, d. h. vom Tode eines Papstes bis zur Wahl des Nachfolgers, wird dem Kardinalswappen das Conopoeum (ein Schirm) sowie die beiden Schlüssel beigegeben, da dieser Kardinal während der Sedisvakanz die Amtsgeschäfte führt.

*Kardinal.* Über dem Wappen befindet sich der ↑ Kardinalshut und hinter dem Wappen ein doppelarmiges Kreuz, wenn der betreffende Kardinal gleichzeitig auch Erzbischof ist. Ist er Bischof, so erscheint hinter dem Wappen ein einfaches Kreuz.

*Patriarch.* Über dem Wappen ist der ↑ Patriarchenhut, hinter dem Wappen ein ↑ Doppelkreuz angebracht. Der Wappenschild des Patriarchen von Jerusalem ist auf ein rotes ↑ Jerusalemkreuz gelegt, da dieser Patriarch auch gleichzeitig Großmeister des ↑ Ordens vom heiligen Grab ist. Dem Wappen der Patriarchen von Lissabon wurde als besondere Auszeichnung in der Mitte des 18. Jahrhunderts die ↑ Tiara verliehen.

*Erzbischof.* Über dem Wappen ist der ↑ Erzbischofshut (bis in das 17. Jahrhundert gab es keine Differenzierung in der Anzahl der fiocchi von Erzbischöfen und Bischöfen). Hinter dem Schild erscheint ein doppelarmiges Kreuz sowie ein schräggelegter Hirtenstab (↑ Krummstab), rechts eine ↑ Bischofsmütze. Die Erzbischöfe, die bis zur ↑ Säkularisation auch weltliche Herrscher waren, führten hinter dem Schild einen Hirtenstab, der zum Zeichen der weltlichen Gewalt mit einem Schwert gekreuzt war.

*Fürsterzbischof, Fürstbischof.* Sie führten die gleichen Wappen wie Erzbischöfe und Bischöfe. Der Fürstenstand wurde durch einen ↑ Fürstenhut sowie einen ↑ Wappenmantel ausgedrückt.

*Erzbischof der armenischen Kirche.* Über dem Schild liegt der ↑ Erzbischofshut, auf dem Schild befindet sich eine ↑ Bischofsmütze, dahinter ein Doppelkreuz sowie ein lateinischer und ein griechischer Hirtenstab. Die armenischen Bischöfe führen statt des Doppelkreuzes ein einfaches.

*Erzbischof der unierten griechischen Kirche.* Über dem Schild befindet sich der ↑ Erzbischofshut, hinter dem Wappenschild ein Doppelkreuz, auf dem Wappen rechts die griechische Mitra, links ein schräggelegter Bischofsstab. Die Bischöfe führen ein einfaches Kreuz.

*Bischof.* Über dem Wappen liegt der ↑ Bischofshut, hinter dem Schild befindet sich ein einfaches Kreuz, rechts auf dem Schild eine ↑ Bischofsmütze, links ein schräggestellter Krummstab. Bischöfe, die bis zur ↑ Säkularisation auch weltliche Herrscher waren, führten hinter dem Schild ein Schwert, das mit dem Krummstab gekreuzt war. Das Familienwappen des Bischofes war auf das des Bistumes in der Regel in Form eines ↑ Mittelschildes aufgelegt.

*Bischof der anglikanischen Kirche.* Über dem Schild liegt eine weiße, mit Edelsteinen besetzte ↑ Bischofsmütze. Der Bischof von Durham führt als ehemaliger Palatin der gleichnamigen Grafschaft eine *Kronenmitra.* Diese wird von einigen Heraldikern auch den Erzbischöfen von Canterbury und York beigegeben.

*Bischof der nicht unierten griechisch-orientalischen Kirche.* Den Wappenschild bedeckt die griechische ↑ Bischofsmütze, hinter dem Schild sind der griechische Bischofsstab und ein einfaches Kreuz. Die Erzbischöfe führen ein Doppelkreuz.

*Erzabt (Abt nullius).* Über dem Wappen liegt

ein grüner Hut mit je sechs grünen fiocchi, auf dem Schild befinden sich ↑ Bischofsmütze und Krummstab. Die Erzäbte besitzen bischöflichen Rang.
*Prälat der päpstlichen Kammer.* Zu ihnen gehören der Vize-Kammerlengo, Auditor, Schatzmeister und Obersthofmeister des Papstes. Sie führen einen violetten Hut mit je zehn roten fiocchi. Der Oberstkämmerer führt den gleichen Hut. Sobald er Kardinal geworden ist, hat er wie der Obersthofmeister das Recht, das Wappen des Papstes in seinem Wappenschild an erster Stelle zu führen.
*Apostolischer Protonotar.* Über dem Wappen ist ein violetter Hut mit je sechs roten fiocchi. Die apostolischen Protonotare haben ebenfalls das Recht, das päpstliche Wappen in ihre Schilde aufzuehmen.
*Apostolischer Protonotar titularis.* Über dem Schild ist ein schwarzer Hut mit je drei schwarzen fiocchi.
*Päpstlicher Hausprälat, Geheimer Kämmerer, Geheimer Kaplan.* Sie führen über dem Wappen einen violetten Hut mit je sechs violetten fiocchi.

*Kissen mit goldenen Quasten und aufgelegter offener Krone*

*Klauenflügel im Wappen des Herzoges von Callabrye*

*Ordensgeneral.* Über dem Wappen liegt ein schwarzer Hut mit je sechs schwarzen fiocchi. Der Ordensgeneral der Prämonstratenser führt Hut und Schnüre in der weißen Farbe des Ordenskleides.
*Ordensprovinziale.* Sie führen den gleichen Hut wie die päpstlichen Protonotare titulares.
*Infulierter Abt* und *Propst.* Über dem Wappen führen sie einen schwarzen Hut mit je drei schwarzen fiocchi. Hinter dem Schild befindet sich ein schrägliegender Bischofsstab, auf dem Schildrand die ↑ Bischofsmütze.
*Prior, Guardian (Abt), Rektor.* Der Wappenschild ist von einem schwarzen Hut mit je zwei schwarzen fiocchi bedeckt. In Österreich waren außer den Bischöfen und Äbten auch die Domherren von St. Stephan in Wien wappenberechtigt. Gehörten sie nicht zum Adel, so wurde ihnen ein gekrönter ↑ Stechhelm (eine Ausnahme in der k. H.) sowie das Wappen nach eigenen Vorschlägen verliehen. Die exemten Abteien führten zusätzlich zu den bischöflichen Insignien ein Schweißtuch und ein Schwert. Letzteres sollte die Landeshoheit symbolisieren.
*Äbtissin.* Hinter dem Schild führen die Äbtissinnen einen senkrechten Hirtenstab mit einem Schweißtuch.
*Priester.* Über dem Wappen führen Priester einen schwarzen Priesterhut oder ein Birett mit je einer schwarzen Quaste an den Seiten.

*Literatur*

*Ströbl, H. G.*: Die Heraldik der katholischen Kirche. Wien 1910
*Heim, B.*: Wappenbrauch und Wappenrecht in der Kirche. Olten 1947

**Kirnbauer von Erzstätt,** Johann: 1854/1906, Gerichtsbeamter, Heraldiker. K. war von 1904 bis 1906 Mitarbeiter am ↑ Neuen Siebmacher.

**Kissen,** *Pfüllen*: seltenes Wappenbild. Vielfach dient das K. als Unterlage für andere Gegenstände. Vgl. Helmkissen. Abb.

**Klauenflügel,** *Klauflügel*: einzelner Adlerflügel mit einem Fang, d. h. einer Klaue oder Kralle. In Wappenbildern hält der K. häufig ein Schwert. Abb.

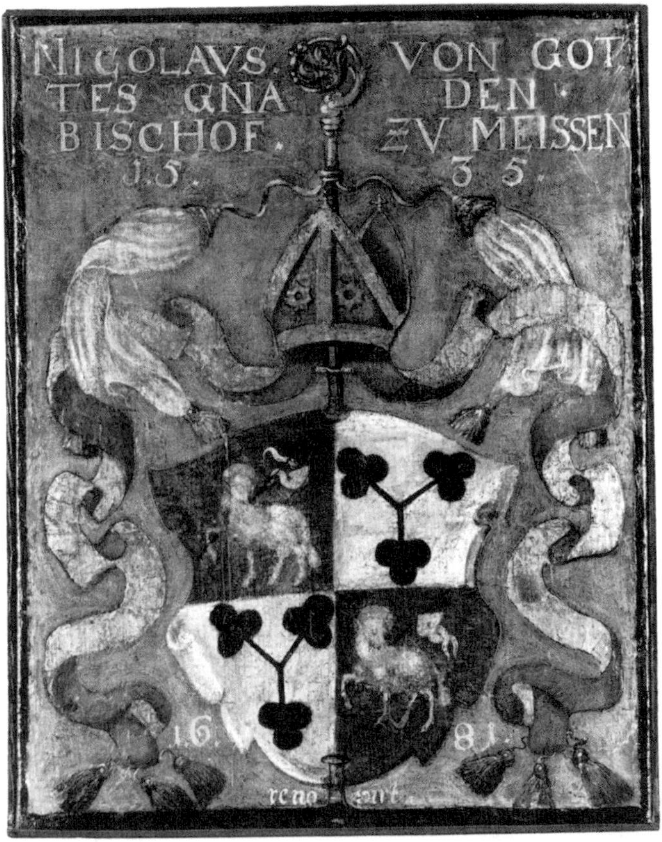


*Kleeblätter als Familienwappen des Bischofes Nikolaus von Carlowitz (1550–1555) geviert mit dem Agnus Dei, dem Wappen des Bistumes Meißen*

**Kleeblatt: 1.** Wappenbild, das aus drei zu einem Dreipaß zusammengesetzten Kreissegmenten, meist ohne Stiel, gebildet wird. Außer diesem stilisierten K. gibt es mitunter auch natürliche Kleeblätter mit drei herzförmigen, sich mit den Außenrändern berührenden Blättern. Bekannt ist das K. z. B. als Wappen der Stadt Hannover und im britischen Wappen als heraldische Blume von Irland. Die heraldischen Blumen Rose, Distel, Sauerklee wurden auch in das kanadische Staatswappen übernommen und befinden sich zusammen mit einer heraldischen Lilie im durch ein Georgskreuz gevierten Schild der Stadt Montreal. Die Schweizer *Familie von Riedmatten* führt z. B. ein K. als Familienwappen. Vgl. Abb. bei Wappenbrief. Abb. – **2.** ↑ «Zum Kleeblatt».

**Kleeblattkreuz,** *Kleekreuz, Dreiblattkreuz, Lazaruskreuz:* ↑ gemeines Kreuz, dessen Enden in drei Halbkreise auslaufen. Das K. ist z. B. das Ordenszeichen des 1816 gestifteten sardinischen *Ritterordens vom heiligen Mauritius und Lazarus.* Ein K. bildet auch das Stadtwappen von Dülmen (Westfalen). Abb.

**Kleeblattschnitt:** eine den gemeinen Figuren nahekommende Schildteilung, deren Teilungslinie in der Mitte kleeblattförmig verläuft. Der K. kann in den verschiedensten Varianten vorkommen. In einigen Fällen handelt es sich um Grenzfälle zwischen Heroldsbild und gemeiner Figur. Abb.

**Kleeblattschrägkreuz:** seltenes Wappenbild, das aus einem schräggestellten ↑ Kleeblattkreuz besteht. Vgl. Schragen.

**Kleeblattatzenkreuz:** ↑ Tatzenkreuz mit stilisierten Kleeblättern an den Kreuzenden.

**Kleekreuz** ↑ Kleeblattkreuz.

**Kleestengel:** meist auf Adlern oder Adlerflügeln vorkommende halbmondförmige Beschläge, deren Spitzen in Kleeblätter auslaufen. In älteren Wappendarstellungen werden K. auch vom Adler im Schnabel gehalten. Zurückzuführen sind die K. wahrscheinlich auf die Metallbeschläge, mit denen die aus Stoff oder Leder ausgeschnittenen Schildfiguren auf dem Schild befestigt wurden. Besonders beliebt waren die K. in der preußischen, schlesischen und Tiroler Heraldik. Der schlesische Adler mit K. befindet sich noch heute im Wappen des Fürstentumes Liechtenstein. Abb.

**kleines Comitat** ↑ Hofpfalzgraf.

**kleines Wappen:** für weniger wichtige Obliegenheiten von den Staaten bzw. Souveränen geführtes Wappen, das in der Regel nur das ↑ Stammwappen darstellt. In vielen Fällen benutzten bzw. benutzen es die Hoflieferanten.

**kleine Vierung** ↑ Vierung.

**Kleinfeh:** große Anzahl von Streifen oder schmalen Stücken des heraldischen Pelzwerkes, besonders der ↑ Eisenhütlein.

**Kleinod** ↑ Helmkleinod.

**Kleinspalt:** veraltete Bezeichnung für das heraldische ↑ Pelzwerk.

**kletternd:** Ziegen, Geißböcke, Steinböcke,

*Kleeblattkreuz*

*Kleestengel im Adler von Troppau (Opava)*

*Kleeblattschnitt*

Gemsen und alle anderen in diese Gruppe gehörenden Tiere in aufgerichteter Stellung.

**Klosterheraldik:** Wappenwesen der Klöster und einiger Kollegiatsstifte. Bereits im 14. Jahrhundert erschienen auf den Siegeln einiger Äbte neben dem Bilde des Siegelführers oder des Schutzheiligen rechts ein Schildchen mit dem Stiftswappen, links der Familienwappenschild des betreffenden Würdenträgers. Etwa 100 Jahre später setzten sich die gevierten Schilde durch. Das Stiftswappen nahm den ersten und den vierten, das Familienwappen den zweiten und dritten Platz ein. War das betreffende Kloster im Besitz des ↑ Infulrechtes, so konnte das Wappen mit der Inful (↑ Bischofsmütze) bekrönt werden. Die reichsfürstlichen oder reichsunmittelbaren Prälaturen führten noch die Abzeichen der geistlichen und weltlichen Gewalt, den Krummstab und das Schwert. Diese, in der K. erst im 16. Jahrhundert gebräuchlichen Abzeichen erscheinen dann hinter dem Wappen oder durch die Inful gesteckt. Bei den Wappen der Äbtissinnen befand sich der Krummstab in der Mitte hinter dem Schild. Sehr häufig wurden Stifts- und Privatwappen in zwei gesonderten, gegeneinander gelehnten Schilden, die mit den Abzeichen der Würde umgeben waren, geführt. War der Kirchenfürst im Besitz mehrerer Prälaturen, so trat häufig ein dritter und vierter Schild hinzu. Für die Gestaltung der Prälatenwappen gab es keine feste heraldische Regel, so daß einige Prälaten oft vier oder fünf verschiedene Wappendarstellungen hatten.

Wappen führten in der Regel nur die größeren Orden bzw. Abteien, z. B. die Klöster der Benediktiner, Franziskaner, Karmeliter, Zisterzienser, Prämonstratenser, die Chorherrenstifte der Augustiner und einige Kollegiatsstifter. Die Niederlassungen der weniger vornehmen Orden waren nur selten im Besitz von Wappen. In Österreich waren z. B. auch die Domherren von St. Stephan in Wien wappenberechtigt. Waren sie nicht adlig, so erhielten sie Schild und gekrönten Stechhelm nach eigenem Vorschlag verliehen.

Die Wappendarstellungen haben meist Beziehung auf religiöse Gegenstände sowie zu den Attributen ihrer Stifter und Schutzpatrone. So führen z. B. die Zisterzienser in ihrem Ordenswappen einen in zwei Reihen in zwölf gleiche Vierecke geteilten Schrägbalken (die Zahl der Apostel symbolisierend), der von dem Abtstab durchkreuzt ist, oder ein Kreuz, in dessen Winkeln sich die Buchstaben M O R S befinden.

Seit etwa dem 15. Jahrhundert führten die Klostervorsteher auch geistliche Hüte. Die Erzäbte, die den bischöflichen Rang hatten und exemt waren, d. h. nicht der bischöflichen Jurisdiktion unterstanden, einen grünen, flachen, breitkrempigen Hut mit beiderseits sechs grünen ↑ fiocchi (Quasten), die Mitra und den Bischofsstab, wie in dem Wappen der Erzabtei Monte Cassino in der italienischen Provinz Caserta, das dem Wappen der Benediktiner gleich ist. Die Ordensgenerale führten einen schwarzen Hut mit beiderseits sechs schwarzen fiocchi. Der Ordensgeneral der Prämonstratenser führte Hut und Schnüre entsprechend

*Wappen über dem Eingang des ehemaligen Benediktinerklosters Gerode bei Worbis, links das Wappen des Erzbischofes von Mainz, dem das Kloster unterstellt war, in der Mitte der Erzengel Michael und rechts das Abtswappen zur Zeit von 1681*

dem Ordenskleid in Weiß. Ordensprovinziale zeigten einen schwarzen Hut mit je drei schwarzen fiocchi. Die Wappen der ↑ infulierten Äbte und Pröpste weisen einen schwarzen Hut mit beiderseits drei schwarzen fiocchi auf; hinter dem Schild liegt schräg der Krummstab, am oberen Schildrand die Mitra. Lokalobere, Priore, Guardiane, Rektoren hatten einen schwarzen Hut mit je zwei schwarzen fiocchi. Vgl. Abt, Bischof, Erzbischof, Kardinal. Abb.

*Literatur*

*Grenser, A.*: Die Wappen der infulierten Pröpste von Klosterneuburg in Niederösterreich. Wien 1874
*Grenser, A.*: Die Wappen der Äbte von Melk in Niederösterreich. Wien 1876
*Zimmermann, E.*: Bayerische Klosterheraldik. München 1930
*Lengweiler, H.*: Kloster- und Äbtewappen der Schweizer Benediktiner-Kongregation. Luzern 1967
*Schröder, B.*: Mainfränkische Klosterheraldik. Die wappenführenden Mönchsklöster und Chorherrenstifte im alten Bistum Würzburg. Würzburg 1971

**Knappen von den Wappen:** Nachfolger der ↑ Crogierare, mit dem Wappenwesen betraute fürstliche Boten und Helfer bei den Turnieren. Aus den zeitgenössischen Berichten verschwanden gegen Ende des 13. Jahrhunderts die Garzune und Crogierare mehr und mehr. An ihre Stelle traten die K. v. d. W., auch *Wappenknaben* oder *die von den Wappen* genannt. Die ersten urkundlichen Erwähnungen von Edelknaben mit dieser Bezeichnung stammen aus Norddeutschland. Ihr Aufgabenbereich entsprach im wesentlichen dem ihrer Vorgänger. Auch sie erledigten Botendienste für ihre Herren, bereiteten die Turniere vor, übermittelten Einladungen und ließen den «Waffenschrei» *wicha wiche* [macht Platz] ertönen. Zu ihren Aufgaben gehörte auch die Verkündigung des Lobes derer, die sich besonders auszeichneten. Das geschah in Liedern und Gesängen. In dieser Zeit zeigte sich erstmalig ein Ansatz der später so hoch entwickelten, oft blumenreichen heraldischen Kunstsprache. Die K. v. d. W. bedienten sich ihrer zur Bekanntmachung des Wappen- und Helmschmuckes der Turnierteilnehmer. Sie nannten das Beschreiben *prüfen, prüvieren* und später *blasnieren,* was dem heutigen Begriff für die wissenschaftliche Wappenbeschreibung *blasonieren* bereits entspricht. Ebenso wie alles «fahrende Volk», genossen auch die K. v. d. W. und ihre Tätigkeit keine besondere Achtung beim Adel. Um die Mitte des 14. Jahrhunderts verschwanden die K. v. d. W. aus der zeitgenössischen Literatur und machten den Herolden Platz. Der um 1420 in Bayern tätige Herold *Johann Holland* nannte sich noch abwechselnd *Ernhold,* d. h. Herold, und *Knab der Waffen.*

**Knatterfahne:** mit der Breitseite am Mast bzw. an der Fahnenstange befestigte kurze, breite Flagge.

**Knebelspieß:** Stangenwaffe mit einem Querstab unterhalb der Spitze. Der K. kommt als Schildfigur vorwiegend in den Wappen des pommerschen Adels vor. Auch als ↑ Helmkleinod wurde er gewählt, z. B. im Wappen der *Familie von Kleist.*

**Knoblauch:** äußerst seltenes Wappenbild. Der Heraldiker *H. G.* ↑ *Ströhl* führt in seinem «Heraldischen Atlas» das in einem Sammelband des 16./17. Jahrhunderts im damaligen Adelsarchiv in Wien vorkommende Wappen der *Knoblacher* auf und blasoniert es wie folgt: «Von Gelb über Schwarz geteilt mit weißem Herzschildchen, in dem ein schwebendes, rotes Tatzenkreuz erscheint. Hinter dem Herzschildchen kommen drei, in Dreipass (1.2.) gestellte weiße Knoblauche hervor, zwischen denen je drei grüne Knoblauchblätter sichtbar werden. Der gekrönte Stechhelm mit rechts schwarz-gelber, links rot-weißer Decke, trägt als Kleinod einen offenen Flug, der rechts von Rot über Weiß, links von Gelb über Schwarz geteilt ist. Zwischen den Flügeln schwebt das rote Kreuz des Herzschildchens, hinter dem die Knoblauche wie im Schild gestellt, hervorkommen.»

**Knopf:** wenig gebräuchlicher, vor allem von den älteren Heraldikern verwendeter Ausdruck für ↑ Butzen.

**Knorrenkreuz:** Kreuz, an dessen Balken sich je zwei gegenüberliegende schräggestellte stilisierte Äste befinden.
**Knoten** ↑ Liebesseile.
**Knotenbalken** ↑ Pfropfbalken.
**Knotenkreuz:** Kreuz mit knotenartig gestalteten Armen. Abb.

*Knotenkreuz*

**Knotenstrick** ↑ cordeliere.
**KNOWLEDGE IS POWER WORK IS WORSHIP** [engl., Wissen ist Macht, Arbeit ist Anbetung]: Wahlspruch unter dem Königswappen von Nepal.
**Koch'sches Wappenbuch:** um 1490 entstandenes handgemaltes Wappenbuch; befindet sich in der Universitätsbibliothek Basel. Das Buch enthält auf 320 Blättern mit je vier Vollwappenbildern bzw. sechs Wappenschilden auf der Seite die Wappen der ↑ Quaternionen, von Geschlechtern der Nord- und Ostschweiz, vom Oberrhein, aus dem Elsaß, vom Niederrhein, aus Bayern und Franken.
**KOE 'OTUA MO TONGA KO HOKU TOFI' A** [tongaisch, Gott und Tonga sind meine Erbschaft]: Wahlspruch unter dem Wappen des Königreiches Tonga.
**Koerner,** Bernhard: 1875/1952, Oberjustizrat, Mitarbeiter am ehemaligen königlich preußischen Heroldsamt, Heraldiker. K. baute seine Wappenlehre nach den Auffassungen des österreichischen Dichters *Guido von List* (1848/1917) auf und erweiterte sie mit pseudowissenschaftlichen Theorien. Danach seien in allen Wappen «allerhand geheimnisvolle Beziehungen» und ein «tieferer, verborgener Sinn» zu suchen. Allen Wappen lägen die germanischen Runen zugrunde und alle Heroldsbilder seien aus den Runen entstanden, deren Grundlagen älter seien als die der ägyptischen Hieroglyphen. Die Runen wären zunächst liegend dargestellt worden, bevor sie aufgerichtet erschienen und sich zum Teil «unbewußt versteinerten». Sie konnten sich nach uralten Regeln und geheimem Wissen in den Wappen, trotz aller «religiösen Verfolgungen», bis in die neueste Zeit «retten». Es sei unmöglich, die größtenteils eigenartigen Wappenbilder einfach auf willkürliche Annahmen oder Zufälligkeiten zurückzuführen, da in ihrer Entstehungszeit die Überlieferung besser gepflegt wurde als gegenwärtig. Alle bisherigen Forscher hätten sich zwar eifrig mit der Wappenkunst beschäftigt, ohne sich jedoch mit der geheimen Symbolik, dem eigentlichen Geist des Wappenwesens, zu befassen. Die Wappenkunde sei nicht mit Hilfe von wissenschaftlichen Forschungen im eigentlichen Sinne zu erfassen, sondern nur durch «Intuition», also der momentanen Eingebung. Aus all diesen «Erkenntnissen» kam er zu dem Schluß, alle Wappen seien germanischen Ursprunges, also eine rein deutsche Erfindung. K. vierbändiges Werk mit dem Titel «Handbuch der Heroldskunst» erlebte 1938 eine von großem Reklamerummel begleitete erweiterte hohe Auflage. Wie gefährlich diese Bände für den Anfänger auf dem Gebiet der Heraldik sind, resultiert nicht zuletzt daraus, daß sie in einer ansprechenden Form gestaltet und mit über 2 000 zum größten Teil farbigen Bildern ausgestattet sind. Die Lehren K. wurden bereits 1918 von dem Heraldiker *Otto Hupp* in seiner Schrift «Wider die Schwarmgeister» stark kritisiert.
**Köhler,** Johann David: 1684/1755, Professor für Geschichte an der Universität Altdorf, seit 1735 in Göttingen. K. war der Herausgeber der «Historischen Münzbelustigungen». Im Jahre 1734 verfaßte er das Vorwort zu der Neuausgabe des ↑ Siebmacher'schen Wappenbuches sowie in den folgenden Jahren drei Supplemente zu diesem Werk.
**Kohlfarbe:** in alten Wappenbüchern und -diplomen Bezeichnung für die schwarze heraldische ↑ Tinktur.
**Köhne,** Bernhard, Freiherr von: 1817/1886, Chef der Heroldsabteilung des kaiserlich

russischen Staatsrates. Unter dem Pseudonym *Charles Lawton* verfaßte K. im Jahre 1857 die Publikation «Armorial des maisons souveraines», Berlin 1857, das die Wappen der regierenden Häuser Portugals, Schwedens und Mecklenburgs enthält. Er war Herausgeber der «Zeitschrift für Münz-, Siegel- und Wappenkunde» (1841/1846) und verfaßte in den Jahren bis 1883 mehrere heraldische Aufsätze. Seit 1856 war er Mitarbeiter am ↑ Neuen Siebmacher (Band Souveräne).

**Kokarde:** knopf- oder rosettenartiges Abzeichen in den Landesfarben an der Kopfbedeckung der Militärs und Beamten. Die ursprüngliche Schleife unter dem Hutband des Rokokohutes, die die seitliche Krempe hochhielt, entwickelte sich mit den entsprechenden Farben versehen seit der Französischen Revolution von 1789 zum Gesinnungszeichen und später zum Nationalabzeichen. In der folgenden Zeit wurde die K. meist über dem Schirm in der Mitte der Dienstmütze angebracht. Die Farben des Landes wurden in konzentrischen Ringen angeordnet. Für die Anordnung der Farben existiert keine besondere Regel.

**Kolbenturnierhelm** ↑ Spangenhelm.

**Kollane:** aus gleich- oder verschiedenartigen, goldenen bzw. silbernen Gliedern bestehende Ordenskette, die um den Hals getragen wird. Die einzelnen, oft emaillierten Kettenglieder haben vielfach Symbolcharakter. Bei den alten Ritter- oder Hausorden trug man sie in der Regel am Tage des Ordensfestes. Bei einigen neueren Orden kann die K. auch die Funktion einer Sonderklasse haben, die über der höchsten Großkreuzklasse rangiert. In der Heraldik wurden und werden Ordensketten vielfach um die Wappen von Fürstlichkeiten gelegt (z. B. um das Fürstenwappen von Monaco), vor allem auch um Staatswappen, z. B. um das schwedische. Da nicht jeder Orden eine spezielle K. aufweist, werden sie für heraldische Darstellungen auch frei erfunden.

**Kolonialheraldik:** von der jeweiligen Kolonialmacht entworfene Wappen für ihre überseeischen Besitzungen, die dadurch eine gewisse Gleichartigkeit und Ähnlichkeit mit dem europäischen Wappenwesen aufwiesen. So führten z. B. alle portugiesischen Kolonien einen gespaltenen Schild mit einer eingeschobenen Spitze, die mit Wellen versehen war, sowie die ↑ Quinas.

**Komet,** *Schweifstern*: selten vorkommendes Wappenbild. Zeigt der Schweif nach oben, so spricht man von einem *fallenden K.*, zeigt er nach unten von einem *steigenden K.* Der Schweif kann gerade, geflammt, gewellt oder geschlängelt sein. Abb.

**Kommandostab** ↑ Rundspitzlein.

**Kommandozeichen:** am Mast des Schiffes, auf dem sich der Befehlshaber jeweils aufhält, befestigte Flagge des Kommandanten oder des Befehlshabers eines militärischen Schiffsverbandes.

*Komet*

**Kommunalheraldik:** Sammelbegriff für das Wappenwesen der Städte und Gemeinden sowie der Landkreise. Vgl. Gemeindewappen, Kreiswappen, Städtewappen.

**Kommunalwappen:** im Gegensatz zu den privaten Wappen oder denen der Universitäten bzw. einzelnen Gesellschaften die Wappen von Landkreisen, Städten oder Gemeinden.

**Kondor:** Wappenvogel, der in einigen südamerikanischen Staatswappen (Bolivien, Chile, Ekuador, Kolumbien) anstelle des in der europäischen Heraldik verbreiteten Adlers enthalten ist.

**König** [lat. rex, ahdt. kuning]: nach dem Kaiser höchste monarchische Würde. Das K.tum hat sich in verschiedenen europäischen Ländern beim Übergang zum Feudalismus herausgebildet; teilweise gab es schon in vorfeudaler Zeit ein Heer- oder Stammes-K.tum. Ein ostfränkisch-deutsches K.tum bestand seit 843.

Zunächst war die deutsche K.swürde erblich; erst ab etwa der Mitte des 13. Jahrhunderts trat der Anspruch einer Gruppe von Fürsten auf, die K. zu wählen. Dieses Vorrecht der *Kurfürsten* wurde 1356 in der Goldenen Bulle reichsrechtlich verankert. Wahlort war zunächst Frankfurt am Main, die K.skrönung erfolgte bis 1531 in Aachen, ab 1562 in Frankfurt/Main. Seit *Friedrich III.* (1440–1493) war die deutsche K.swürde bis 1806 im Besitz des *Hauses Habsburg* (mit Ausnahme der Jahre 1740–1745).
Unter den nach 1648 auch de jure selbständigen deutschen Territorien erwarb zuerst der Kurfürst von Brandenburg, *Friedrich III. (I.)* (1688–1713), im Jahre 1701 den Titel eines K. in Preußen. Zeitweilig waren die Kurfürsten von Sachsen zugleich K. von Polen (1697–1763) und die Kurfürsten von Hannover von 1714 bis 1837 zugleich K. von Großbritannien. 1806 erhob *Napoleon I.* (1804–1814, 1815) die Kurfürsten von Bayern, Sachsen und Württemberg zu K.en. Im selben Jahr erhielt sein Bruder *Jérôme* den Titel K. von Westphalen (bis 1814). Durch den Wiener Kongreß 1815 wurden die Niederlande und Hannover zu K.reichen. Im 19. und 20. Jahrhundert entstanden in Europa weitere K.reiche: Belgien 1831, Griechenland 1832, Italien 1861, Rumänien 1881, Serbien 1882, Bulgarien 1908, Montenegro 1910 und Albanien 1928.

*Gegenwärtig bestehende Königreiche*

*Europa*
Belgien
Dänemark
Großbritannien
Niederlande
Norwegen
Schweden
Spanien

*Asien*
Bhutan
Jordanien
Malaysia
Nepal
Saudi-Arabien
Thailand

*Afrika*
Lesotho
Marokko
Swasiland

*Australien/Ozeanien*
Tonga

*Literatur*
*Bocca, G.*: Könige mit und ohne Thron. München 1964

**königliche Krone:** in älteren Wappenbüchern unexakter Ausdruck für die heraldische ↑ Helmkrone.

*Königsflagge von Belgien*

**Königsberg:** mittelalterlicher Amtsname des Heroldes oder ↑ Persevanten der *Grafen Solms.*

**Königsberg,** Johann: Herold und Wappendichter. K. verfaßte ein Strafgedicht über die Ermordung des *Herzoges Friedrich von Braunschweig* (1373–1400). *Kaiser Sigismund* (1410/1433–1437) ernannte ihn am 8. Juli 1412 auf Veranlassung des späteren Erzbischofes von Köln, *Dietrich II. von Moers* (1414–1463), zum Wappenkönig über alle Herolde und ↑ Persevanten in Ungarn mit dem Amtsnamen *Ungarland.*

**Königsflagge:** in einigen Staaten neben der Staatsflagge geführte persönliche Flagge des Königs bzw. der Königin. Gegenwärtig existieren K. in Belgien, Dänemark, Großbritannien, Jordanien, Nepal (Standarte), Niederlande, Norwegen, Saudi-Arabien, Schweden, Thailand (Standarte), Tonga. Abb.

**Königshelm:** seit dem 17. Jahrhundert über den Wappen der Könige, mitunter auch über den der alten großen Dynastengeschlechter vorkommender offener, goldener, rot ausgeschlagener Spangenhelm, z. B. im bourbonischen Frankreich bis 1789 und im Königreich Preußen (großes Wappen bis 1918).

**Königskrone:** Herrschaftszeichen der Könige. Da die alte K., ein mit Blattzinken verzierter Stirnreif, der heraldischen Helmkrone ähnelte, wurde in älteren Adelsbriefen dieser Begriff häufig verwechselt. Etwa seit dem 16. Jahrhundert begann sich die neue, zum Teil auch heute noch gebräuchliche K. durchzusetzen. Die moderne K., die mitunter zu Unrecht auch von Großherzögen, Herzögen und Fürsten geführt wurde, besteht aus einem mit Perlen besetzten goldenen Stirnreif mit neun sichtbaren Zacken (fünf mit Blättern, vier mit Perlen besetzt). Darüber befinden sich fünf sichtbare Bügel, die oben durch einen Reichsapfel zusammengehalten werden. Zwischen den Bügeln, also im Inneren der Krone, befindet sich in der Regel kein Futter.

In einigen Ländern haben die K. besondere Formen. Die preußische K. hatte einen mit Diamanten verzierten Stirnreif, mit Diamanten verzierte Bügel, einen Saphir als Reichsapfel sowie ein rotes Futter. Die Krone von Bayern wurde zu Beginn des 19. Jahrhunderts in einer Pariser Werkstatt entworfen und hergestellt und hatte die Form der modernen K., die Bügel jedoch waren mit Edelsteinen geschmückt. Die englische K. besteht aus einem mit einem Hermelinwulst unterlegten goldenen Stirnreif, der mit vier Kreuzen und vier Lilien besetzt ist. Die vier darüber befindlichen Bügel sind beiderseits mit Perlen geziert, darüber ist ein Reichsapfel. Im Jahre 1838 ließ sich *Königin Victoria* (1837–1901) eine eigene Staatskrone anfertigen. Die von *Rundell* in Bridge gefertigte Krone ist mit 3 093 Juwelen geschmückt, darunter befindet sich der berühmte Rubin, der *Prinz Eduard*, genannt der *Schwarze Prinz, Herzog von Aquitanien* (1362–1372), vom *König Peter dem Grausamen von Kastilien* (1350–1369) geschenkt worden sein soll. Die italienische K. hatte acht Bügel und eine niedrige Purpurmütze.

*Königskronen von Frankreich (Bourbonen), Frankreich (Orléans, 1830–1848), Schweden, England, Preußen (1861–1918) (von oben nach unten)*

Der mit den Liebesseilen des italienischen ↑ Annunziatenordens geschmückte Kronenreif trägt abwechselnd mit Edelsteinen geschmückte Laubblätter und savoyische Kreuze. Die rumänische K., auch *Plevnakrone* genannt, hat die Form der modernen K. und wurde 1881 aus dem Material einer bei Plevna (Pleven) eroberten Gußstahlkanone von Offizieren der Artillerie im Arsenal zu Bukarest hergestellt. Die K. von Bulgarien wurde 1891 von dem deutschen Heraldiker *Heyer von Rosenfeld* entworfen und zeigt auf dem Stirnreif lilienförmige Zinken. Acht Kronenbügel wölben sich über einer halbhohen Purpurmütze. Die Kronenbänder sind in den Landesfarben gehalten, Weiß, Grün, Rot. Die K. der verschiedenen französischen Dynastien ähneln der modernen K., jedoch sind die Bügel mit Lilien besetzt und statt eines Reichsapfels ist ebenfalls eine Lilie angebracht. Alle übrigen Königreiche bedienen sich im wesentlichen der einfachen modernen K. Im 19. Jahrhundert entstandene Königreiche führten statt des Reichsapfels in den meisten Fällen einen Halbmond mit Stern. Besondere Varianten von K. stellen die ungarische ↑ Stephanskrone, die ↑ Wenzelskrone von Böhmen, die ↑ Eiserne Krone der Lombardei und die ↑ Chulahkrone von Siam (Thailand) dar. Abb.

*Literatur*

*Schramm, P. E.*: Herrschaftszeichen und Staatssymbolik. Stuttgart 1954–1956

*Biehn, H.*: Die Kronen Europas und ihre Schicksale. Wiesbaden 1957

*Biehn, H.*: Alle Kronen dieser Welt. München 1974

**Koninklijk Nederlandsch Genootschap voor Geslacht- en Wapenkunde:** am 24. Januar 1883 gegründete heraldisch-genealogische Gesellschaft im Königreich der Niederlande mit Sitz in Den Haag.

*Publikation*

Maandblad [Monatsblatt] «De Nederlandsche Leeuw» (mit unregelmäßig erscheinendem Beiblatt).

**Konquistadorenwappen** ↑ spanische Heraldik.

**Konsole** ↑ Postament.

**Konturenkreuz,** *Schattenkreuz*: ↑ gemeines Kreuz, das nur durch Begrenzungslinien dargestellt ist.

**kopfig:** in einer besonderen Farbe dargestellter Tierkopf.

**Koralle:** seltenes, meist stark stilisiertes Wappenbild, z. B. im gevierten Wappen des aus Montpellier stammenden *Henri de Bosc* (um 1770).

**Kormoran** ↑ Uttenschwalbe.

**Körner,** *Körnlen*: alte, untreffende Bezeichnungen für ↑ Kugeln.

**Krabatland:** alter deutscher Name für Kroatien. Um 1440 war K. der Amtsname des ↑ Persevanten des Königreiches Kroatien.

**Kragen:** veralteter Ausdruck für die ↑ innere Einfassung.

**Kranich:** im Wappenwesen vielfach als Symbol der Wachsamkeit verwendete Schildfigur. In einigen Fällen ist der K. mit einem Stein oder einer Kugel in der erhobenen Kralle dargestellt. Die Stadt Neugersdorf (Lausitz) führt einen K. mit einem Hufeisen in der erhobenen Kralle. Als redendes Wappenbild erscheint er im Wappen des Fürstentumes Reuß, ältere und jüngere Linie, für die Herrschaft Kranichfeld. Abb.

**Kranzbändel:** ältere, unkorrekte Bezeichnung für den ↑ Rautenkranz.

**kraus:** der ornamental und arabeskenhaft verzierte Schwanz des heraldischen Adlers.

**Krayir** ↑ Groyr.

**Krebs:** seltene, meist rot tingierte Wappenfigur, von der teilweise die Scheren auch allein vorkommen. Als redendes Wappenbild erscheint der K. z. B. im Wappen der *Familien Krebs, Crewesbeck*. Außerdem ist er das

*Rücksehender Kranich*

Symbol des polnischen Wappenstammes *Warnia*. Einzelne Scheren führte bereits im 13. Jahrhundert die *Familie Krewet*. Im Stadtwappen von Cottbus und auch im Wappen der britischen Kolonie Turks- und Caicos-Inseln befindet sich ebenfalls ein K.

**Kredenzmesser:** oben abgerundetes Messer, das zum Vorkosten verwendet wurde, um sich vor Vergiftungen zu sichern.

Zwei übereinander gelegte silberne K. mit goldenen Griffen im roten Feld bildeten das Stiftswappen von Quedlinburg. Die ersten

*Kredenzmesser auf einem Quedlinburger Taler von 1633 der Äbtissin Dorothea Sophia von Sachsen-Altenburg (1618–1645)*

heraldischen Zeugnisse des fürstlichen Damenstiftes stammen aus dem 14. Jahrhundert. Seit der *Äbtissin Agnes III. von Schraplau* (1354–1362) führten die Äbtissinnen bis in das 16. Jahrhundert hinein das ursprüngliche Stiftswappen, eine zweitürmige, giebelgeschmückte Burg mit offenem Tor neben ihren Familienwappen. *Äbtissin Hedwig von Sachsen* (1458–1511) führte das Rautenwappen ihres Vaters sowie auch die Kurschwerter. Da ihr jedoch dieses ↑ Amtswappen nicht zustand, veränderte sie das Kurwappen, indem sie die roten Schwerter in ein silbernes Feld setzen ließ. Durch das Anbringen in dem gebogenen Schild auf dem Siegel wurden sie gestaucht und erhielten breite, stumpfe Klingen, so daß ihre Form eher Küchenmessern als Kurschwertern glich. Unter der *Äbtissin Anna II. von Stolberg* (1515–1574) benutzte man seit etwa 1570 das veränderte Kurwappen weiter, verwechselte jedoch die Tinkturen. Als erste legte sie das neue Stiftswappen als Herzschild auf ihre Familienwappen auf. Durch weitere gestalterische Veränderungen wurden mit der Zeit aus den Kurschwertern K. In alten Quellen wurden die K. als Symbole eines Küchenmeisterinnenamtes der Quedlinburger Äbtissinnen blasoniert. Diese Deutung ist schon deshalb falsch, weil Frauen, auch wenn sie einen hohen Stand hatten, keine Reichsämter innehaben konnten und die Küchenaufsicht zu den Aufgaben des Erzmundschenks gehörte. Abb.

*Literatur*

*Glathe, U.*: Wappen der Äbtissinnen des Freien Weltlichen Reichsstifts Quedlinburg. 1982

**Kreide:** alter Ausdruck für den Kamm eines Vogels.

**Kreissegment:** zwischen dem oberen Arm eines Ordenskreuzes befindliche halbrunde Metallplatte, durch die die Öse für das Ordensband gezogen ist, z. B. beim ↑ Schwarzen Adlerorden.

**Kreiswappen:** Wappen der Landkreise oder sonstigen Gemeindeverbände, in Bayern auch der Regierungsbezirke. Die K. spiegeln in den meisten Fällen die wechselvolle Territorialgeschichte des alten Deutschen Reiches wider. So führen z. B. zahlreiche Landkreise der Bundesrepublik Deutschland die Wappen der früheren Territorialherrschaften unverändert oder abgewandelt, z. B. die Kreise Bentheim, Hoya, Schaumburg, Schaumburg-Lippe, Waldeck, Wittgenstein. Die K. haben ihre Rechtsgrundlage im Kommunalrecht. In der Deutschen Demokratischen Republik bestanden K. nur in dem kurzen Zeitraum von 1949 bis 1952.

*Literatur*

*Leitermann, H.*: Wappenbuch des Landkreises Bingen. Bingen 1956

*Stadler, K.* [Hrsg.]: Deutsche Wappen. Bundesrepublik Deutschland, Band 1, Die Landkreiswappen. Bremen 1964

*Pampuch, A.*: Stadt- und Landkreiswappen von Unterfranken. Volkach 1972

*Koerner, G.*: Die Wappen des Landkreises Lüneburg. Lüneburg 1973

Wappen des Landkreises Wesermünde Bremerhaven. Wesermünde 1973

**Kremphut:** flacher Hut mit breiter Krempe. Aus dem K. entstanden im 14. Jahrhundert die geistlichen Hüte (vgl. Erzbischofshut, Bischofshut usw.). Der bisweilen über den Wappen der 13 Kantone der Schweizerischen Eidgenossenschaft schwebende K. gilt als Zeichen der Freiheit.

**Kreuz** [lat. crux]: im Altertum ein Werkzeug zur Vollstreckung der Todesstrafe, wurde es durch den K.estod Christi zum Symbol des Christentumes. Im Wappenwesen kann das

K. sowohl als Heroldsbild als auch als gemeine Figur erscheinen. Berührt es mit allen seinen Enden die Schildränder, so wird es als Heroldsbild angesprochen, stehen mindestens drei Seiten frei im Schild, so zählt es zu den gemeinen Figuren. Aus der einfachsten Form, die aus je zwei in die Schildränder verlaufende parallele Linien gebildet wird, entstanden die mannigfaltigsten Varianten. K. können mit Heroldsbildern belegt oder kombiniert werden. Die in der Heraldik am häufigsten vorkommenden K.formen sind: das gemeine Kreuz, das Lateinische bzw. ↑ Passionskreuz und das ↑ Andreaskreuz. Zu speziellen K.en vgl. die entsprechenden Stichwörter.

*Literatur*
*Biedermann, D. Freiherr v.*: Die Kreuze in der Heraldik, in: Jahrbuch des Vereins «Adler». Wien 1874

*Kreuz des Südens*
*im Staatswappen von Brasilien*

**Kreuz des Südens:** in den Wappen von Australien (für Victoria), Brasilien und der Republik West-Samoa vorkommendes Sternbild, das auch in der Nationalflagge Australiens und in der Gösch der Nationalflagge West-Samoas enthalten ist. Abb.

*Kreuzschnitt*

**Kreuzfaden:** ein um mehr als die Hälfte, etwa zwei Drittel der gewöhnlichen Balkenhöhe und Pfahlbreite, schmaler dargestelltes ↑ gemeines Kreuz.

**Kreuzknospenkreuz:** ↑ gemeines Kreuz, dessen vier Arme in der Mitte je einen kleinen Querbalken zeigen.

**Kreuzkunde** ↑ Staurologie.

**Kreuzschild:** Sammelbegriff für einen meist mit einem gemeinen Kreuz versehenen Wappenschild, z. B. für das Wappen des Deutschen Ritterordens sowie den seit der Mitte des 14. Jahrhunderts nachgewiesenen roten, mit einem weißen Kreuz belegten Brustschild des Wappenadlers der Stadt Wien.
Für die Bezeichnung K. ist es unerheblich, ob das Kreuz eine gemeine Figur oder ein Heroldsbild ist.

**Kreuzschnitt,** *Stabkreuz*: durch aneinandergereihte Kreuzchen gebildeter Längs- oder Querschnitt.
Alle Kreuzchen stehen auf einer Linie und erscheinen in gleicher Figur in der anderen Tinktur des Schildes. Abb.

**Kreuzstabstandarte:** ↑ Standarte in Gestalt eines Vexillums.

**kreuzweise gelegte Kugeln** ↑ Kugelkreuz.

**Kriegsflagge:** Dienstflagge des Landheeres eines Staates.

**Krokodil:** seltene Wappenfigur. Ein K. befindet sich im Schild des Königreiches Lesotho. Es war schon Wappentier des britischen Protektorates Basutoland, bevor es unter dem Namen Lesotho 1966 unabhängig wurde.
Das an eine Palme gebundene K. im Stadtwappen von Nîmes (Frankreich) ist komplett einem Münzmotiv aus der Zeit von *Kaiser Augustus* (27 v. u. Z.–14 u. Z.) ent-

lehnt, als die Stadt den Rang einer Colonia (Colonia Nemausiensis) hatte.

**Krone Karls des Großen: 1.** ↑ Couronne de Charlemagne. Vgl. Abb. bei fasciolam – **2.** ↑ Erzämter.

**Kronen** ↑ Rangkronen.

**Kronenkreuz:** nicht völlig exakter Ausdruck für ein ↑ gemeines Kreuz, an dessen Enden sich Kronen befinden.

**Kronenmitra** ↑ Bischofsmütze.

**Kronenorden, preußischer:** am 18. Oktober 1861 von *König Wilhelm I.* (1861–1888) bei seiner Krönung in Königsberg gestifteter preußischer Verdienstorden, der laut dem Schreiben des Chefs des Zivilkabinetts vom 21. und 24. November 1861 dem ↑ Roten Adlerorden gleichgesetzt wurde. Der vierklassige Orden konnte mit mehreren Unterabzeichen (Schwerter, Schwerter am Ring, Jubiläumszahlen) verliehen werden. Das Ordenszeichen besteht aus einem leicht geschweiften, weißemaillierten Kreuz mit einer doppelten goldenen Linieneinfassung. Das mattgoldene Medaillon der Vorderseite zeigt die preußische Königskrone mit einem blauen Schriftkreis, in dem die Ordensdevise «GOTT MIT UNS» steht. Auf der ebenfalls mattgoldenen Rückseite erscheint das Monogramm des Stifters, darum in Blau die Inschrift: «Den 18. Oktober 1861». Am blauen Bande hing das Ordenszeichen des p. K. unter dem großen preußischen Wappen.

**Kronenplatten** ↑ Platten.

**Kronenzacken:** Bezeichnung der einzelnen Zacken der ↑ Rangkronen.

**Kronprinz:** jeweiliger Nachfolger eines regierenden Kaisers oder Königs. In einigen Staaten führt der K. eine besondere Bezeichnung bzw. einen besonderen Titel. Im zaristischen Rußland bezeichnete man ihn als *Zarewitsch*, im alten Österreich führten alle männlichen Mitglieder des Kaiserhauses den Titel ↑ Erzherzog. In Frankreich unter den Bourbonen nannte man ihn *Dauphin. Kaiser Napoleon I.* (1804–1814, 1815) verlieh seinem Sohn den Titel *König von Rom.* In anderen europäischen Ländern führten bzw. führen die K.en folgende Titel: in Großbritannien *Prinz von Wales (Prince of Wales)*, in Spanien *Fürst von Asturien*, in Portugal *Prinz von Algarve*, in Italien *Fürst von Piemont*, in Belgien *Herzog von Brabant*, in den Niederlanden *Prinz von Oranien*, in Griechenland *Herzog von Sparta.*

Die Stellung der K.en wirkte sich auch heraldisch aus. Seit dem *König Eduard III.* (1327–1377) führt der jeweilige K. von England, der Prince of Wales, einen silbernen, dreilätzigen Turnierkragen über seinem (englischen) Wappenschild. Der Schild ist mit einem Herzschild belegt, in dem sich das Wappen des Fürstentumes Wales befindet. Unter dem Wappen ist rechts das Badge des Prince of Wales, links der rote Drache von Wales mit Turnierkragen, in der Mitte der schwarze Schild des Herzogtumes Cornwall mit den 15 goldenen Kugeln. Dieser Cornwallschild teilt ein Spruchband mit ICH DIEN (vgl. Federn). Da *Humbert II.* (1333–1349, gest. 1355), Graf von Vienne, 1335 seinen einzigen Sohn verloren hatte, trat er 1343, endgültig 1349, die Dauphiné gegen eine Jahresrente von 120 000 Goldgulden an *Karl von Valois*, den späteren *König Karl V.* (1364–1380), ab mit der Bedingung, daß der jeweilige französische Thronfolger den Titel «Dauphin» und das Wappen der Dauphiné führt. Da der Delphin im blauen Feld hier ein Landeswappen darstellt, handelt es sich eigentlich nicht um ein ↑ Beizeichen, hat aber im Wappen des Thronfolgers mehr oder weniger die Bedeutung eines solchen. Es erschien im gevierten Schild an der zweiten und dritten Stelle.

Auch für den K.en des Deutschen Reiches von 1871 bis 1918 wurde ein besonderes Wappen geschaffen. Es zeigte den Adlerschild des Kaisers, jedoch von einem roten ↑ Bord umgeben. Auf dem Schild ruhte ein goldener, gekrönter Spangenhelm mit rechts schwarz-goldener, links schwarz-silberner Helmdecke. Als Kleinod erschien der aus der Helmkrone wachsende, preußische Adler, die Brust mit dem von Silber und Schwarz gevierten Stammwappen des *Hauses Hohenzollern* belegt. Der Schild war von der Kette des Schwarzen Adlerordens umgeben. Schildhalter waren zwei laub-

bekränzte Wilde Männer mit Keulen, die auf einem Postament standen. Das K.enwappen war unter einem goldenen, mit schwarzen, rot bewehrten Adlern gemusterten, mit Hermelin gefütterten und ausgeschlagenen Wappenmantel angebracht, der von der K.enkrone (die nur heraldisch existierte) herabfiel. Diese zeigte vier Kreuze und vier Adler, die abwechselnd einem mit Brillanten besetzten Goldreif aufgesetzt waren.
**Kronprinzenkrone:** von den ↑ Kronprinzen tatsächlich getragenes oder lediglich heraldisch geführtes Rangzeichen. Die K. geht wahrscheinlich auf den schwedischen ↑ Erbfürstenhut zurück. Die spätere schwedische K. besteht aus einem Stirnreif, der acht mit Perlen besteckte hohe und sieben niedrigere Zinnen trägt. Auf der Vorderseite ist an Stelle einer Zinne das Wappenbild des *Hauses Wasa*, eine Garbe, angebracht. Die blaue Kronenmütze ist mit drei goldenen Kronen, dem Wappenbild des Königreiches Schweden, gemustert.
Die erste offizielle K. Englands wurde für *Frederick Louis*, den Sohn *König George's II.* (1727–1760), geschaffen. Sie gleicht der englischen ↑ Königskrone, hat aber statt der vier nur zwei Bügel. Eine zweite wurde für den späteren *König Eduard VIII.* (1936), nach seinem Thronverzicht *Herzog von Windsor* (1894/1972), aus walisischem Gold gearbeitet.
Die norwegische K. (hier als *Erbprinzenkrone* bezeichnet) ähnelt in ihrer Form der schwedischen und wurde nach dem Entwurf des Malers *Joachim Christian Frich* von dem Osloer Juwelier *Hermann Öiseth* geschaffen.
Die nur heraldisch existierende Krone der ehemaligen Kronprinzen von Italien besteht aus einem mit Blättern und savoyischen Kreuzen (vgl. Prankenkreuz) besetzten Stirnreif, darüber befinden sich ein rotes Futter und vier (drei sichtbar) Bügel mit einem Reichsapfel.
Auch die K. des Deutschen Kaiserreiches von 1871 gibt es nur heraldisch. Sie besteht aus einem goldenen, mit Brillanten besetzten Stirnreif, aus dem sich viermal abwechselnd je ein Kreuz bzw. Reichsadler, beide mit Edelsteinen geschmückt, erheben. Die Kreuze stützen vier halbrunde, goldene, mit Perlen besetzte Bügel, die den Reichsapfel tragen. Die K. ist mit einer Mütze von purpurfarbigem Samt gefüttert.
**Krönungskrone:** beim Krönungszeremoniell tatsächlich getragene Krone. In England z. B. kam im 12. Jahrhundert die französische Sitte auf, bei der Krönung zwei Kronen zu verwenden. Nach der Krönung wurde die schwere K. gegen eine zweite, leichtere, später *State Crown* [Staatskrone] genannte, ausgetauscht. Unter den Herrschern *Heinrich VIII.* (1509–1547), *Maria I., der Blutigen* (1553–1558), und *Elisabeth I.* (1558–1603) wurden sogar drei Kronen verwendet. Die Staatskrone wurde nochmals gegen eine leichtere *Hauskrone* gewechselt. Vgl. Edwardscrown.
**Krücke:** unter dem ↑ Schildhaupt ansetzendes Heroldsbild in Form eines lateinischen T mit doppelten Linien. Das Heroldsbild K. kommt in den Wappen sehr selten vor. Aus vier in Kreuzform zusammengestellten K. entsteht das ↑ Krückenkreuz. Abb.

*Krücke*

**Krückendoppelkreuz:** ↑ Doppelkreuz, an dessen Kreuzenden sich ↑ Krücken befinden.
**Krückenfeh:** blau-weiß tingiertes Schildmuster, dessen einzelne Querreihen durch ↑ Krückenschnitt gebildet werden.
**Krückenkreuz** [franz. potencée]: Kreuz, das an den Enden kleine Querbalken hat bzw. das aus vier in Kreuzform gestellten ↑ Krükken besteht. Ein goldenes K., das wiederum mit vier kleinen bewinkelt ist, war das Wappenbild des Königreiches Jerusalem. Vom K. existieren in der Heraldik einige sonderbare Abarten. So führte z. B. die genuesi-

sche *Familie Squarciafichi* im roten Feld ein goldenes K., an dessen oberer rechten und seitlicher linken Krücke sowie an der unteren zu beiden Seiten gelehnte ↑ Antoniuskreuze angebracht sind. Als *halbgekrücktes Kreuz* [franz. cramponnée] wird ein Kreuz bezeichnet, das an einem oder mehreren Enden nur einen halben Querbalken aufweist. Es kommen auch K. vor, die nicht schwebend im Schild erscheinen.

Das K. galt in der ersten österreichischen Republik unter dem von den Nationalsozialisten ermordeten Bundeskanzler *Engelbert Dollfuß* (1892/1934) als Wahrzeichen des autoritären Ständestaates und als Gegensymbol zum nationalsozialistischen Hakenkreuz. Der damalige Verdienstorden der Republik Österreich bestand aus einem weiß- bzw. rotemaillierten K. Vgl. Bernwardskreuz. Abb.

**Krückenschnitt:** Längs- oder Querteilung eines Schildes oder Feldes, auf deren Teilungslinie sich ↑ Krücken befinden. Diese erscheinen dann in gleicher Figur in der anderen Tinktur des Schildes. Abb.

**Krückenschrägkreuz:** in Form eines ↑ Andreaskreuzes gestelltes ↑ Krückenkreuz.

**Krug:** in sehr verschiedenen Darstellungs- und Stilformen auftretendes Wappenbild. Drei rote Krüge in Gold erschienen z. B. im Wappen der *Montbourcher* in Montreuil-du-Gast (um 1550). Als redende Wappenfigur befand sich der K. im Wappen der *Familie Krug von Nidda.*

*Krückenkreuz*

*Krückenschnitt*

**krumme Straße** ↑ eckig gezogen.

**Krummstab,** *Bischofsstab, Pedum*: eines der ältesten Abzeichen der bischöflichen Würde. Noch bis in die romanische Zeit hinein waren die hölzernen Krummstäbe oben mit einer Elfenbeinkrücke versehen. Doch schon früh wurde das obere Ende gekrümmt ausgebildet und mit religiösen Darstellungen versehen. Die Krümmung ist durch einen starken Nodus, eine kugelförmige Verstärkung, vom Stab getrennt. Während die Krummstäbe ursprünglich noch relativ einfach gestaltet waren, wurden sie seit dem 14. Jahrhundert schon sehr reich verziert, was sich 100 Jahre später durch Edelmetallbeschläge und eingearbeitete Edelsteine noch steigerte. Bemerkenswerte Krummstäbe von hohem Alter haben sich verhältnismäßig zahlreich erhalten, da sie teils als Reliquien heiliggesprochener Bischöfe verehrt, teils den verstorbenen mit dem Kelch und dem Ring ins Grab gegeben wurden. Die einzelnen Verzierungen und Ornamente lassen die Entstehungszeit meist unschwer erkennen. Der K. konnte auch von den Äbten und Äbtissinnen getragen werden. Die oft wiederholte Behauptung, daß die Bischöfe den Stab mit der Krümme nach außen, die Äbte aber zum Zeichen ihrer nur auf ihr Kloster beschränkten Gewalt nach innen zu tragen hatten, ist historisch nicht haltbar, was zahllose Abbildungen auf Denkmälern und Siegeln beweisen. In der Heraldik erscheint der K. außer als gemeine Figur im Feld hinter den Wappen der Erzbischöfe, Bischöfe und Äbte. Hatten die Betreffenden auch noch weltliche Gewalt, so war der K. mit dem Schwert gekreuzt. Äbtissinnen führten ihn stehend in der Mitte hinter dem Wappen.

Ein K. befindet sich auch im Wappen von Andorra (zusammen mit einer Mitra) als Zeichen der Oberherrschaft des spanischen *Bischofes von Seo de Urgel* (gemeinsam mit Frankreich). Vgl. Abb. bei Amts- und Würdezeichen, Pastorale.

**Kruzifix:** als Wappenbild relativ seltenes lateinisches Kreuz (↑ Passionskreuz) mit der Darstellung des gekreuzigten Christus. Ein K., in der englischen Heraldik als «calvary» (von Kalvarienberg, der Kreuzigungsstätte Christi) bezeichnet, erscheint im Wappen der englischen *Familie Glangall* und im Stadtwappen von Inverness (Schottland) und befand sich auch im Wappen der Zimmerleute von Hamburg.

**Kübelhelm,** *Helmvaz*: aus zwei oder vier zusammengenieteten Eisenplatten, oben mit einer Schlußplatte versehener und bis auf die Schulter reichender Helm mit einem ungeteilten Sehschlitz. Die ältere Form des K.es war kleiner und flacher. Die Öffnungen für die Augen konnten auch aus zwei mit Messing eingefaßten Schlitzen bestehen. Häufig war der K. auch in der Mitte mit einer Spange übernietet. An der Seite befanden sich einige kleine Löcher, um Luft einzulassen, und ein kreuzförmiger Einschnitt, der zur Befestigung des Helmes an den Ringpanzer diente. Der K. entstand im 13. und 14. Jahrhundert aus dem ↑ Topfhelm. Vgl. Abb. bei Helm.

**Kuchen:** veralteter Begriff für farbige ↑ Kugeln, besonders wenn man diese von den metallenen unterscheiden wollte.

**Kugelenden:** Kreuzarme der Ordenszeichen, an deren Spitzen sich kleine Kugeln befinden.

**Kugelkreuz,** *Ballenkreuz, Münzkreuz*: ein Kreuz, dessen vier Arme aus sich berührenden Kugeln bestehen. Stoßen die Kugeln nicht aneinander, so spricht man von *kreuzweise gelegten Kugeln.* Dieses äußerst seltene Wappenbild soll sich nach ↑ *Trier* in Gold auf rotem Feld im Wappen einer ungenannten englischen Familie befinden.

**Kugeln,** *Ballen, Pfennige, Wappenpfennige, Kuchen* [franz. tourteau]: schwebende, als flache Scheiben dargestellte, meist in der Mehrzahl vorkommende Heroldsfiguren in den verschiedensten Tinkturen. Sind die K. plastisch dargestellt, so zählen sie zu den gemeinen Figuren. Nach ↑ *Harsdörfer* haben nur farbige die Bezeichnung K., goldene nennt er *Billen,* silberne *Bälle.* Die Entstehung dieser eigentlich unregelmäßigen Heroldsfiguren ist bisher noch nicht geklärt. ↑ *Zschackwitz* leitet sie von den antiken Diskusscheiben oder wirklichen Kanonen- bzw. Gewehr-K. ab, andere von Münzen. Rot tingierte K. werden von einigen Heraldikern als *Pillen* bezeichnet. K. können sowohl im Schilde als auch auf dem ↑ Bord vorkommen. Im Wappen der *Medici* z. B. werden die sechs K. (die fünf unteren rot, die oberste blau mit drei goldenen Lilien auf goldenem Feld) als Pillen angesprochen. Das auf der oberen blauen angebrachte französische Wappenbild ist ein Gnadenzeichen *König Ludwigs XII. von Frankreich* (1498–1515). Vgl. Roßstirnschild.

Eine besondere Bedeutung haben die K. in der englischen Heraldik, wo sie *Roundels* oder *Roundlets* heißen und als ↑ Beizeichen verwendet werden. In verschiedenen Tinkturen haben sie besondere Benennungen: in Gold oder Gelb werden sie mit *Besant* (abgeleitet von Byzantiner Münze), in Silber (Bälle) oder Weiß mit *Plate* bezeichnet. Beide werden als Scheiben dargestellt, während die folgenden in plastisch angedeuteter Kugelform erscheinen. In Hellrot nennt man sie *Torteau* (von Tortillas, kleine Törtchen), in Blutrot *Guze,* in Purpurrot *Golp,* in Schwarz *Pellet* bzw. *Ogress,* in Orangegelb *Orange* (Aurorafarbe), in Grün *Pomme,* in Blau *Hurte* und silberne mit blauen Flüssen belegte Roundels *Fountain.* Diese Fountains werden nach der englischen *Familie Sykes* bisweilen auch mit diesem Namen angesprochen. Die Roundels kommen auch mit Pelz oder wiederum selbst mit Wappenfiguren belegt vor. Abb.

**Kugelstabkreuz,** *Apfelkreuz, Pilgerkreuz, Pilgerstabkreuz*: Kreuz, das an den Enden der Kreuzarme je eine Kugel aufweist. Das K. darf nicht mit dem ↑ Kugelkreuz verwechselt werden.

*Kugeln, hier als Pillen dargestellt*

**Kugelsteckkreuz:** aus drei Kugeln bestehendes Kreuz mit einer Spitze unten.

**Kuh:** in der Heraldik ein Rind, dessen Schwanz sich in der Regel zwischen den Beinen befindet. Die Kühe im Wappen von Andorra bilden mit einem erhobenen Schwanz eine Ausnahme. Stiere, Ochsen oder Büffel werden mit erhobenem oder zurückgeschlagenem Schwanz dargestellt.

**Kummet:** um den Hals der Pferde gelegter Geschirrteil aus gepolsterten Holzbügeln. Das als Wappenbild wahrscheinlich nur einmal vorkommende K. im Wappen der *Grafen von Herberstein* wurde aus Mißverständnis als *Mütze* blasoniert.

**Künstlerwappen:** Wappen der Zunft, später der Berufsgruppe der Künstler. Es besteht aus einem roten oder blauen Schild, auf dem sich drei kleinere weiße Schildchen befinden. Als Helmzier erscheint zwischen einem Hirschgeweih eine wachsende Jungfrau (↑ wachsend). Da das K. bereits seit der Mitte des 14. Jahrhunderts nachweisbar ist, ist die weitverbreitete Annahme, daß das Wappen von dem *Kaiser Maximilian I.* (1493–1519) an *Albrecht Dürer* (1471/1528) verliehen worden sei, historisch nicht haltbar. Eine feste heraldische Regel für die Gestaltung des K. existierte nicht. In Norddeutschland bevorzugte man den roten Schild, während im Süden, speziell in Bayern, der blaue beliebter war. Um beiden Richtungen gerecht zu werden, verwendete man bei Künstlerfesten auf den Standarten den blauen, als Wappen den roten Schild. Mitunter kommen auch weiße Schilde mit blauen oder roten kleinen ↑ Schildchen vor. K. finden sich auf Schildern, Fahnen, Standarten, aber auch auf Visitenkarten, Meister- und Gesellenbriefen, Mappen, Büchern, Gefäßen, Möbeln usw. Abb.

*Literatur*

*Warnecke, F.*: Das Künstlerwappen. Ein Beitrag zur Kunstgeschichte. Berlin 1887

**künstliche Farbe:** ältere Bezeichnung für ↑ Naturfarbe.

**Kunstlilie:** von einigen Heraldikern Bezeichnung für die heraldische ↑ Lilie, um den Unterschied zur natürlichen zum Ausdruck zu bringen.

*Künstlerwappen*

**Kunstsprache, heraldische:** nur der Heraldik eigene Terminologie. Ähnlich wie jede andere Zunft entwickelten auch die Herolde im Laufe der Zeit eine eigene Fachsprache für ihre Kunst. Diese Fachsprache diente zwar schon ursprünglich der Beschreibung von Wappen, war aber anfangs nichts anderes als die blumenreiche Schilderung der Farben und Symbole. Erst später entwickelte sich hieraus eine Kunstsprache, deren Termini zu einem sehr großen Teil nur noch für die Heraldik Bedeutung haben und somit außerhalb dieses Gebietes unverständlich erscheinen. Die h. K. in England und Frankreich war schon im 13. Jahrhundert fest ausgebildet und hat sich, vor allem in England, bis in die heutige Zeit kaum verändert. Beide h. K. waren für die gesamte romanische Welt und zum Teil auch für das deutschsprachige Gebiet grundlegend. Im damaligen Deutschland befand sich die h. K. zeitweilig in einem chaotischen Zustand. Das mag wohl auch den bedeutendsten Heraldiker des 17. Jahrhunderts, *Philipp Jacob* ↑ *Spener*, dazu veranlaßt haben, seine für das gesamte spätere Wappenwesen entscheidenden Schriften in lateinischer Sprache zu verfassen. Die ersten deutschen Wappenbeschreibungen stammen von den Minnesängern. Sie schildern jedoch noch nicht tatsächliche Wappen, sondern wirkliche Waffen, Schilde, Helme und Banner. Auch entbehren diese Schilderungen noch der erforderlichen Kürze, enthielten aber schon einige französische heraldische Kunstausdrücke. Erst seit dem 14. Jahrhundert beschrieb die deutsche Heroldsdichtung wirkliche Wappen. Mit dem Verschwinden des Heroldswesens ging im damaligen Deutschland die eigentliche Heroldssprache wieder verloren. Danach erklärte jeder die Wappen nach persönlicher Auffassung und nach Gutdünken. Die späteren, von fürstlichen Kanzleibeamten ausgestellten Wappenbriefe lassen eine exakte Beschreibung vermissen (↑ Kanzleiheraldik). Die überkultivierte französische h. K. wurde im 18. Jahrhundert von einigen der deutschen Heraldiker stark kritisiert. So schrieb z. B. ↑ *Zschackwitz*: «Denn nachdem die Franzosen angefangen, das Wappen-Wesen einiger massen in eine Wissenschaft einzukleiden, haben sie sogleich eine solche erstaunende Menge, und zwar oft sehr befremdlicher Worte ausgebrütet, das gewiß ist, man werde in der gantzen Welt keine Kunst und Wissenschaft antreffen, die mit mehrern so genannten Kunst-Terminis solte gleichsam überlastet, und gewiß recht benebelt seyn, als eben die Heraldica, daher selbige um des willen nicht nur in eine grosse Schwierigkeit gerathen, sondern man kan auch gar wol glauben, daß eben diese erstaunende Menge, offt gantz unnützer Terminorum, die Heraldica in Verachtung bringen helffen, weil nicht allen Menschen gelegen, den Kopff mit blossen, manchmal gantz barbarischen Worten, anzufüllen, zugleich die edle und kostbahre Zeyt, mit deren Erlernung zu verderben».

Eine einheitliche Regelung der h. K. und des Blasonierens erfolgte im deutschsprachigen Gebiet erst um die Mitte des 19. Jahrhunderts. Ihren Höhepunkt fanden diese Bemühungen durch den Heraldiker *Maximilian* ↑ *Gritzner*, dessen um 1870 abgeschlossene heraldische Terminologie als grundlegend von den damaligen Heroldsämtern und heraldischen Gesellschaften angenommen wurde.

*Literatur*

*Querfurt, A. v.*: Kritisches Wörterbuch der heraldischen Terminologie. Nördlingen 1872

*Gritzner, M.*: Handbuch der heraldischen Terminologie (Einleitungsband zum Neuen Siebmacher, Abt. B). Nürnberg 1890

*Neubecker, O.*: Deutsch und Französisch für Heraldiker. Berlin 1934, Neuherausgabe München 1983

**Kuppel:** der obere Teil eines ↑ Wappenzeltes. Durch die gekrönte, meist mit Ornamenten, Quasten oder Wahlsprüchen verzierte K. unterscheidet sich ein Wappenzelt von einem ↑ Wappenmantel.

**Kuppelkreuz:** mit einem ↑ gemeinen Kreuz belegtes ↑ Andreaskreuz.

**Kurfürst** [von ahdt. küren, d. h. wählen]: im Römisch-Deutschen Reich vom 13. Jahrhundert bis 1806 zur Wahl des deutschen Königs berechtigter Reichsfürst. Bis zum Jahre 1257 waren alle Reichsfürsten zur Königswahl berechtigt. Später konnten das nur noch die Inhaber der ↑ Erzämter. Dazu gehörten die Erzbischöfe von Mainz, Köln und Trier, der Pfalzgraf bei Rhein, der Herzog von Sachsen, der Markgraf von Brandenburg und der König von Böhmen, der jedoch seit den Hussitenkriegen bis 1708 aus der Kurie ausschied. Im Jahre 1622 verlor die Rheinpfalz ihr Kurrecht an Bayern, erlangte aber 1652 die achte Kurstimme, die 1777 mit der von Bayern vereinigt wurde. Die neunte Kurwürde erhielt 1692 der Herzog von Braunschweig-Lüneburg (Hannover). Durch den Reichsdeputationshauptschluß im Jahre 1803 wurde die Kur von Mainz auf Regensburg übertragen, die von Trier und Köln eingezogen und vier neue K.entümer geschaffen, Württemberg, Baden, Hessen-Kassel und Salzburg, das 1805 durch Würzburg ersetzt wurde. Während die K.enwürde mit dem Verfall des Römisch-Deutschen Reiches erlosch, führte der K. von Hessen-Kassel noch bis 1866 diesen Titel. Abb. auf S. 244.

**Kurhut:** Rang- und Würdezeichen der Kurfürsten. Der aus dem Herzogshut hervorge-

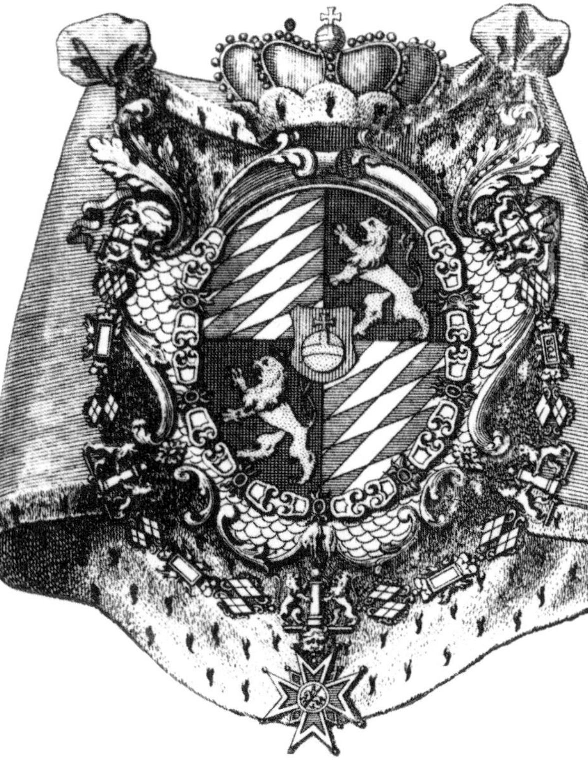

*Wappen des Kurfürsten von Bayern um 1790, im Herzschild der Reichsapfel als Amtswappen für das Erztruchseßamt*

gangene K. bestand in seiner ältesten Form aus einer flachen Purpurmütze mit einem breiten Hermelinreif. Oben befand sich ein Hermelinschwänzchen. Später wurde der K. höher, der Hermelinreif war mitunter ausgezackt. In der Mitte befand sich ein perlenbesetzter Bügel, der von einem Reichsapfel bekrönt wurde. Seit dem 18. Jahrhundert waren es bisweilen auch mehrere Spangen. Die weltlichen Kurfürsten trugen einen runden K. aus dunkelrotem Purpur, die geistlichen einen viereckigen aus scharlachfarbigem Tuch. Während die Wappen der weltlichen Kurfürsten fast immer mit dem K. bedeckt waren, kamen Wappen geistlicher Kurfürsten auch mit der Mitra bekrönt vor. Vgl. Tafel Rangkronen. Abb.

**Kürsch**, *Fehwammen, Grauwerk*: zu den heraldischen Tinkturen zählendes heraldisches ↑ Pelzwerk, das in schuppenförmigen, gekräuselten Abteilungen, die die Fläche mit gewellten, ineinandergreifenden Linien bedecken, dargestellt wird. Mitunter sind auch die einzelnen Stücke mit den Schwanzspitzen des Eichhörnchens besetzt. Eines der seltenen Beispiele für das ausschließliche

Vorkommen des K., kombiniert mit ↑ Hermelin (in natürlicher Darstellung) ist das Wappen von Bregenz. Abb.

**Kurschwerter:** Würdezeichen des Erzmarschalls des Römisch-Deutschen Reiches. Dieses Amt hatten die Herzöge von Sachsen inne. Nach der wettinischen Teilung von 1485 verblieb die Kurwürde bei den Herzögen der ernestinischen Linie, die als Erzmarschälle des Reiches die roten, gekreuzten K. auf schwarz-weißem Feld führten. 1547 gingen sie nach dem Schmalkaldischen Krieg mit der Kurwürde auf die albertinische Linie des *Hauses Sachsen (Wettin)* über. Neben den Erzmarschällen führten auch die *Grafen von Pappenheim* als Reichserbmarschälle die K. Während die sächsischen Kurfürsten die K. als Amtszeichen meist im Mittelschild anbrachten, erscheinen sie im pappenheim'schen Wappen im gevierten Schild. Abb.

**Kursit** ↑ Wappenkleid.

*Sächsischer Kurhut des 17. Jahrhunderts*

*Kürsch (links)*
*Kurschwerter als Amtswappen der Grafen von Pappenheim (Erbmarschälle) und der Kurfürsten von Sachsen (Erzmarschälle) (rechts)*

# L

**Labarum** [lat.]: ursprünglich römische Königsfahne, später Bezeichnung der von *Kaiser Konstantin dem Großen* (307–337) vor der

*Labarum*

Schlacht an der Milvischen Brücke im Jahre 312 eingeführte Fahne mit dem Monogramm Christi. Dieses Monogramm *(Christogramm)*, das dann im Mittelalter immer häufiger auftritt, besteht in seiner einfachsten Form aus einer Ineinanderstellung der drei griechischen Buchstaben I X P, wobei sich das I und P in der Mitte von X befinden. Abb.

**LABOR OMNIUM VINCIT** [lat., Arbeit besiegt alles]: Wahlspruch unter dem Wappen des US-Bundesstaates Oklahoma.

**Lägerhölzer,** *Liegerlinge*: kleine Balken, die unter die Fässer gelegt wurden. In einigen Wappenbeschreibungen werden L. auch fälschlich als abgekürzte Balken mißverstanden. Wahrscheinlich sind hiervon auch die vorzugsweise aus der französischen Heraldik bekannten hamaydes (↑ Hamaïde) abgeleitet.

**lambeau** ↑ Turnierkragen.

**Lambert:** christlicher Heiliger, geb. um 635, ermordet um 705. Der aus einer fränkischen Adelsfamilie stammende Bischof von Maastricht war Ratgeber des fränkischen *Königs Childerich II.* (656–673). Da er zugunsten der kleinen Freien gegen den Adel auftrat und die Gefahr erkannte, die dem Bestand

des Reiches durch den ständig wachsenden Reichtum und die Macht der Kirche drohte, wurde er um 674 als Bischof von Maastricht abgesetzt und in das Kloster Stablo verbannt. Im Jahre 681 wurde er jedoch wieder in sein Amt eingesetzt. Als der *Hausmeier Pippin II. von Heristal* (687–714) sich von seiner Gemahlin trennte und eine neue Ehe einging, vertrat L. den Standpunkt der Kirche, die die Unauflöslichkeit und Heiligkeit einer gültig geschlossenen Ehe forderte. Dadurch zog er sich den Haß der Familie der *Pippiniden* zu und wurde ermordet. Zahlreiche seinen Namen tragende Kirchen im Rheinland und in Belgien zeugen von der Verbreitung seines Kultes. Der Nachfolger des Bischofes, der *heilige Hubert*, ließ seine sterblichen Überreste nach Lüttich überführen.
Die Bistümer Lüttich und Hildesheim sowie die Grafschaft Oldenburg und die Stadt Huy verehrten St. L. als Schutzheiligen. Dargestellt wurde er meist stehend in bischöflicher Kleidung, in der Linken einen Bischofsstab. So erscheint er z. B. auch im Wappen der westfälischen Stadt Affeln, auf Münzen des Bistumes Lüttich im 17. und 18. Jahrhundert jedoch als Brustbild mit Mitra.

**Lamm Gottes,** *Gotteslamm, Osterlamm, Agnus Dei*: in der mittelalterlichen Ikonographie als christliches Symbol dargestelltes Lamm, das sein rechtes Vorderbein um das untere Ende eines Kreuzes legt oder vor diesem steht, während es den Kopf schräg nach hinten wendet. Als Wappenbild kommt das L. G. hauptsächlich in kirchlichen Wappen vor, z. B. in den Wappen der *Bischöfe von Ermland, Meißen* und *Brixen*. Es ist jedoch auch Bestandteil von Städtewappen, z. B. von Rouen (Frankreich), Debrecen (Ungarn), Perth (Schottland), Visby (Schweden). Vgl. Abb. bei Kleeblatt. Abb.

*Lamm Gottes*

**Lancaster** ↑ Herald's College.

**Landesadel** ↑ Adel.

**Landesfarben,** *Nationalfarben*: in bestimmter Reihenfolge in Flaggen, Fahnen, Standarten, Kokarden, Abzeichen usw. vorkommende Farben eines Landes, Staates oder einer Nation. In vielen Fällen wurde eine gewisse Farbsymbolik einzelner Stämme aus vorheraldischer Zeit in das Wappenwesen übernommen. So findet sich z. B. die Farbkombination von Rot und Weiß vorzugsweise in Franken und an Rhein und Main. Diese zuerst in den Wappen auftretenden Farben wurden dann später vielfach auch auf die Flaggen und Fahnen übertragen, z. B. die L. des ehemaligen Staates Preußen Schwarz-Weiß (schwarzer Adler im silbernen bzw. weißen Feld). Das war aber nicht in jedem Fall so. Die sächsischen L. nach 1815 entstanden aus dem ehemaligen weißen Tuch der kursächsischen Flagge, das mit dem Grün des sächsischen Rautenkranzes kombiniert wurde. Seit der Französischen Revolution von 1789 entstanden viele L. aus symbolischen Farben politischer Gesinnungen. Vgl. Fahne, Flagge.

**Landeswappen,** *Territorialwappen*: heraldische Symbole bzw. Hoheitszeichen eines Landes, Staates oder Territoriums. Die schon im Mittelalter nachweisbaren L. haben unterschiedlichen Ursprung. Teilweise gehen sie auf alte Volkssymbole, z. B. das weiße ↑ Welfenroß Niedersachsens, oder auf die Wappenbilder des Banners (Heerbannzeichen) zurück, das bei Belehnung dem Lehnsmann vom Lehnsherren übergeben wurde. In der Zeit des Feudalismus sind die L. aus den Familien- bzw. Geschlechterwappen hervorgegangen. Im Mittelalter übertrugen die Landesherren ihre Wappen auf ihren erblichen Herrschaftsbereich, so daß ihre persönlichen Wappen die Bedeutung von Herrschaftswappen erlangten. Durch die Einbeziehung von ↑ Erbschaftswappen, ↑ Anspruchswappen und

↑ Gedächtniswappen entstanden vielfeldrige Wappendarstellungen. Während vom 13. bis zum 16. Jahrhundert die L. noch relativ einfach gestaltet waren, wurden sie später immer prunkvoller. Die modernen L., vor allem die der im 19. und 20. Jahrhundert entstandenen Republiken, zeigen Symbole, die in den meisten Fällen die tiefgreifenden politischen Ereignisse widerspiegeln, besonders nach der Oktoberrevolution in Rußland. In vielen Fällen zeigt sich eine weitgehende Entfernung von der überlieferten heraldischen Tradition. Vgl. Staatswappen.

*Literatur*

*Gritzner, M.:* Geschichte des Sächsischen Wappens, in: Vierteljahresschrift für Wappen-, Siegel- und Familienkunde 29/30. Berlin 1901/02

*Decken, J.:* Deutsche Länder- und Städtewappen. Bonn 1956

*Louda, J.:* Flaggen und Wappen der Welt von A–Z. Gütersloh 1972

*Herzog, H.-U.:* BI-Taschenlexikon Flaggen und Wappen, 2. Aufl. Leipzig 1982

**Landgraf** [lat. comes provincialis]: im Rang zwischen Graf und Herzog stehender Reichsfürst, im Römisch-Deutschen Reich bis 1806 königliche Beamte eines Landfriedensbezirkes. Der Titel L. läßt sich seit dem 12. Jahrhundert nachweisen. Mit der Herausbildung der Gebietsherrschaften im 13. Jahrhundert wurden die L.en Landesherren, deren Territorium sich im wesentlichen mit den ehemaligen Gaugrafschaften deckte. Ursprünglich ersetzten die L.schaften die fehlenden Stammesherzogtümer bzw. sollten die fehlende königliche Gewalt in den schwachen Stammesherzogtümern stärken, z. B. im südwestlichen Reichsgebiet die L.schaften Ober- und Unterelsaß (Sundgau und Nordgau), Breisgau, Albgau, Linzgau, Thurgau, Aargau. Die seit 1129 bestehende L.enwürde von Thüringen ging 1274 auf die *Markgrafen von Meißen* aus dem *Hause Wettin* über, während die Landesherren von Hessen den Titel L. als Allodialerben annahmen. Durch Standeserhöhungen erhielten die meisten L.en im Laufe der Zeit den Herzogstitel. Nach Auflösung des Reiches 1806 führte nur noch der Landesherr von Hessen-Homburg den Titel L. Nach dem Erlöschen dieser Linie fiel 1866 die L.schaft an Hessen-Darmstadt und mußte im gleichen Jahr als Folge des preußisch-österreichischen Krieges an Preußen abgetreten werden.

**Landgrafenkrone:** ausschließlich heraldisch verwendetes Rang- und Würdezeichen der Landgrafen. Die L. besteht aus einem goldenen Stirnreif mit fünf Blatt- und vier Perlenzinken, überspannt von vier (drei sichtbaren) Kronenbügeln, darüber ein Reichsapfel. Nach den Vorschlägen des preußischen Heroldsamtes gegen Ende des 19. Jahrhunderts waren auch die Prinzen aus großherzoglichen Häusern sowie die Herzöge von Bayern und von Württemberg berechtigt, die L. zu führen. Heraldisch tritt die L. kaum in Erscheinung. Im 18. Jahrhundert führten sie z. B. die Markgrafen von Brandenburg-Schwedt. Im 19. Jahrhundert erscheint sie nur noch in der Kollane (Kette) des 1770 gestifteten *Hausordens vom goldenen Löwen.* Vgl. Tafel Rangkronen.

**Landkarte:** unheraldisches, zu den gemeinen Figuren zählendes Wappenbild, z. B. in den Staatswappen von Bangladesh, Burma, Kamerun.

**Landsberg:** von der gleichnamigen wettinischen Besitzung abgeleiteter Amtsname des mittelalterlichen ↑ Persevanten der Markgrafschaft Meißen.

**Landsberger,** Lorenz: um die Mitte des 16. Jahrhunderts lebender Reichsherold. L. wurde am 7. Mai 1541 zum kaiserlichen Herold mit dem Amtsnamen *Teutschland* ernannt. Er trat vermutlich die Nachfolge *Caspar ↑ Sturms* an. In einer 1541 in Augsburg gedruckten Schrift über den Reichstag in Regensburg schildert er den Lehensempfang des *Herzoges von Pommern* und die Festsetzungen von Heroldsprivilegien.

**Landsberger Pfähle:** Bezeichnung der zwei blauen Pfähle im goldenen Feld im Wappen der im Jahre 1210 erstmals an das *Haus Wettin* gefallenen Markgrafschaft Landsberg. Dieses Wappenbild ist auch in den Stadtwappen von Leipzig und Karl-Marx-Stadt (früher Chemnitz) sowie in abgewandelter

*Landsberger Pfähle*

Form mit schwarzen Pfählen im Stadtwappen von Dresden enthalten. Abb.

**Landschaft:** etwa seit der ersten Hälfte des 19. Jahrhunderts aufgekommenes, zu den gemeinen Figuren zählendes, unheraldisches Wappenbild. L.en sind in der modernen Staatsheraldik nicht selten. Vor allem finden sie sich in den Wappen der im 19. und 20. Jahrhundert entstandenen Staaten. Besonders häufig erscheinen sie in den Wappen der südamerikanischen Republiken sowie in den der nach 1945 entstandenen Volksrepubliken und jungen Nationalstaaten, z. B. in den Staatswappen von Rumänien und Laos.

**Landwächter:** Bezeichnung der vier das Wappen Islands umgebenden Figuren Stier, Adler, Drache, Wikinger. Die vier Figuren sollen einer Sage nach einst die vier Buchten der Insel vor einem Dänenkönig beschützt haben. Abb.

**längsgeteilt:** in vielen Wappenbeschreibungen verwendete Bezeichnung für ↑ gespalten. In der neueren Zeit wird der Begriff l. selten verwendet.

**Lanze:** in der Heraldik eine dem ↑ Spieß ähnliche, seltene Wappenfigur, jedoch ist hier das andere Ende noch mit einem Handschutz versehen. Wenn die L. als Helmkleinod verwendet wurde, war vielfach eine Fahne angebracht.

**Lappenkreuz:** ↑ gemeines Kreuz, dessen Begrenzungslinien aus nach innen offenen Bogen bestehen.

**Lappenschnitt** ↑ Dornenschnitt.

**Lappenspaltung:** Spaltung eines Wappenschildes, bei der die Spaltungslinie aus mehreren stark ausgebildeten, halbkreisförmigen Bogen besteht.

**Läpplein:** älterer Ausdruck für den Kamm eines Vogels. In den alten Wappenbeschreibungen wurde der Begriff L. besonders für den Kamm des Hahnes benutzt.

**Lasur,** *Lasurfarben*: ältere Bezeichnung der blauen heraldischen ↑ Tinktur.

**lateinisches Kreuz** ↑ Passionskreuz.

**Lätze,** *Hängel*: die vom querlaufenden ↑ Turnierkragen herabhängenden Teile. In der früheren Zeit waren die L. breit und verhältnismäßig lang. Später wurden sie dann kürzer und erhielten breite Enden. Um das Beizeichen Turnierkragen nochmals zu markieren, d. h. die den Turnierkragen gemeinschaftlich führenden abermals zu unterscheiden, konnten die L. mit Figuren belegt werden [franz. sousbrisures]. So bedient sich z. B. die englische Königsfamilie ausschließlich des Turnierkragens als Beizeichen. Die einzelnen Familienmitglieder werden wiederum durch eigene auf den L. des Turnierkragens angebrachte Differenziermarken kenntlich gemacht. Während der Turnierkragen des jeweiligen Kronprinzen glattsilbern ist, führt der zweitgeborene Sohn, der *Herzog von Edinburgh* (der zweitgeborene Sohn führt sonst den Titel eines Herzoges von York), auf dem Mittellatz ein rotes Kreuzchen, auf den Seiten-L. je einen blauen Anker durch blaue Lilien bzw. rote

*Landwächter im Staatswappen von Island*

Herzchen ersetzt. Beim fünften Sohn erscheinen statt der Anker je zwei Herzen usw. Auch die Damen des königlichen Hauses führen den Turnierkragen im Wappen. Bei der Kronprinzessin befindet sich auf dem Mittellatz eine rote Rose, auf den Seiten-L. je ein rotes Kreuzchen.

In der deutschen Heraldik erscheint dieses Beizeichensystem seit 1893 im Wappen des Herzogtums Sachsen-Coburg und Gotha. Dem Rautenwappen ist der Wappenschild des *Herzoges Alfred* (1893–1900), des zweiten Sohnes der *Königin Victoria von Großbritannien* (1837–1901), Herzog von Edinburgh, aufgelegt. Die Kinder dieses englischen, auf den Thron des sächsischen Herzogtumes gelangten Prinzen führten einen fünflätzigen Turnierkragen, bei dem die inneren drei L. dem des Vaters (in der Mitte ein rotes Kreuz, außen je ein blauer Anker) entsprechen, die beiden äußeren sind dann mit Kreuzen, Rosen, Herzen, Ankern usw. belegt. Außer dem Königshaus führten auch die Familienmitglieder des englischen Adels ähnliche Unterscheidungszeichen auf den Turnierkragen. Hier erscheinen steigende Monde, fünfspitzige Sternchen, gestümmelte Amseln, Lilien, Rosen, Ankerkreuze, Achtblätter usw.

**laubbekränzt:** Wilde Männer (↑ Wilder Mann) und Wilde Frauen, um deren Hüften sich ein (meist Eichen-) Kranz befindet. L. Wilde Männer waren z. B. die Schildhalter am großen und mittleren Wappen des Königreiches Preußens. Am großen Wappen der Fürstentümer Schwarzburg-Rudolstadt und Schwarzburg-Sondershausen waren es je ein l.er Wilder Mann und eine l. Wilde Frau. Die um die Hüften oder auch auf dem Kopf getragenen Kränze wurden früher als *Laubkränzl* blasoniert.

**Laubgewinde:** den Schild umgebendes Dekor der Wappenkunst, das vorwiegend in der Zeit des Barocks, Rokokos und Klassizismus zur Verzierung der Wappenschilde verwendet wurde. Durch das L. sollten die ↑ Helmdecken ersetzt werden. Derartige, ausschließlich vom Zeitgeschmack bestimmte Darstellungen verstoßen jedoch gegen die Grundregeln der echten Heraldik.

**Laubkrone:** mitunter für ↑ Helmkrone verwendeter Begriff.

**Läublein:** Renaissancebezeichnung der ↑ Helmdecke. Dieser Ausdruck bezieht sich auf die für diese Zeit typische laubförmige Gestaltung der Helmdecken.

**laufend,** *rennend*: vierfüßiges Tier, das die Vorder- und Hinterfüße von sich streckt.

**Laurentius:** christlicher Heiliger, Märtyrer, gest. im Jahre 258 in Rom. Die literarische

*St. Laurentius mit Rost und Palmenzweig auf einem Taler von Wismar o. J. (1611)*

Gestaltung seines Lebens läßt sich vom späten 4. Jahrhundert an belegen. Den wahrscheinlich aus Spanien stammenden Diakon lernte *Bischof Sixtus von Rom* auf dem Wege zum Konzil von Toledo kennen und nahm ihn mit nach Rom. (Tatsächlich war die früheste Kirchenversammlung in Toledo erst im Jahre 589.) Ein zeitlicher Zusammenhang zwischen dem Martyrium des Bischofes und des St. L. ist jedoch wahrscheinlich. Der Heilige wurde, weil ihn der römische *Kaiser Valerianus* (253–259/260) zur Herausgabe der angeblichen Schätze der Kirche zwingen wollte, bei lebendigem Leibe auf einem glühenden Rost gebraten. Der Kult des Heiligen breitete sich schnell über das ganze westliche Europa aus. Vor allem nach dem – St. L. zugeschriebenen – Sieg *Kaiser Ottos I.* (936–973) über die Ungarn am 10. August 955 auf dem Lechfeld wurde der Heilige in den deutschen Gebieten sehr ver-

ehrt. In Spanien ist er ein Nationalheiliger. Selbst als der *König Philipp II. von Spanien* (1556–1598) sein Königsschloß, den Escorial, erbauen ließ, wirkte das Gedächtnis an den Heiligen in die Baupläne mit hinein. Mit der großartigen Schloßanlage sollte eine zerstörte L.kirche gesühnt werden. Der Grundriß des Baues wurde an die Form des Marterrostes von St. L. angelehnt.
Der Heilige wurde entweder stehend in weitem Gewand, in der Rechten ein Palmenzweig, in der linken ein offenes Buch und an der Seite einen Rost, oder in der Linken einen Palmenzweig und in der Rechten einen Rost, dargestellt. Die große Popularität des Heiligen zeigt sich auch darin, daß er auf vielen Münzprägungen sowie Wappenbildern dargestellt wurde. So erscheint er z. B. auf Münzen des Bistumes Merseburg sowie der Städte Nürnberg, Warendorf und Wismar. Der Heilige befindet sich z. B. in den Wappen des Bistumes Kulm sowie der Städte Niedernhall, Benneckenstein (Harz), Gebesee (Thüringen), Zwenkau (bei Leipzig) und Camburg (Saale). Abb.

**Lazaruskreuz:** älterer Begriff für ↑ Kleeblattkreuz.

**lebende Heraldik:** für die Blütezeit der ↑ Heraldik vom 13. bis Mitte des 15. Jahrhunderts verwendeter Terminus.

**Lebensschlüssel** ↑ ägyptisches Henkelkreuz.

**Ledebur,** Leopold, Freiherr von: 1799/1877, Museologe, Heraldiker, Mitbegründer der vergleichenden wissenschaftlichen Heraldik. L. nahm als preußischer Offizier 1828 seinen Abschied von der Armee und widmete sich ein Jahr später wissenschaftlichen Arbeiten über die Antike. Am 11. Januar 1829 ernannte ihn der preußische König durch Kabinettsorder zum Vorsteher der Abteilung für vaterländische Altertümer und zum Vorsteher der königlichen Kunstkammer, deren Direktor er am 27. Februar 1832 wurde. Während seiner dreiundvierzigjährigen Tätigkeit in diesem Amt schuf er u. a. ein Verzeichnis der über 12000 Nummern enthaltenden Siegelsammlung. Ab 1855 war er Mitglied des königlich preußischen Heroldsamtes. In dieser Tätigkeit verblieb er auch noch nach seinem Eintritt in den Ruhestand am 13. Dezember 1875. L. besaß den Titel eines Geheimen Regierungsrates, war Domherr zu Zeitz und Ehrendoktor der Universität Leipzig.

*Werke*

Streifzüge durch die Felder des Kgl. Preußischen Wappens. Berlin 1842

Adelslexikon der Preußischen Monarchie. Berlin 1855

**Ledermesser,** *Schabeisen*: Handwerkszeug der Gerber, das häufig in Innungswappen anzutreffen ist.

**ledig,** *einfach, Ledigenschild*: Schild oder Feld, in dem keine Heroldsbilder oder gemeine Figuren, sondern nur eine Tinktur enthalten ist. Bei l.en Schilden, die nicht ↑ Warteschilde sind, zählt die Tinktur als Wappenfigur und ist als solche zu betrachten. Im hohen Mittelalter trugen die Ritter auch l. Schilde, um nicht erkannt zu werden. In dieser Zeit wurden häufig nur mit einer Tinktur oder Pelzwerk versehene Schilde geführt. In einigen älteren Blasonierungen werden mitunter nur mit Schildteilungen versehene Schilde fälschlich als l. Schilde bezeichnet.

**Ledigenschild** ↑ ledig.

**lediger Winkel** ↑ Freiecke.

**lediges Dreieck:** ältere und unexakte Bezeichnung für ↑ Ständer.

**lediges Pferd:** ohne Sattel und Zaumzeug dargestelltes Pferd.

**ledige Vierung:** überflüssige Bezeichnung für eine ↑ Vierung, auf der sich kein Wappenbild, also nur die heraldische ↑ Tinktur, befindet.

**Legende:** einem Kunstwerk beigegebener Text. Auf Kupferstichen und Holzschnitten erscheint sie bisweilen auf einem Spruchband. Auf Grabsteinen oder -platten ist die L. in den meisten Fällen über alle Seiten verteilt angebracht. Alle Schriftdarstellungen auf Münzen, Medaillen und Siegeln (Umschrift) werden grundsätzlich als L. bezeichnet. Die in einigen Fällen den Wappen beigefügten ↑ Devisen werden mitunter fälschlich ebenfalls als L. angesprochen.

**Lehensbuch des Bistumes Basel:** 1441 unter *Bischof Friedrich III. zu Rhein* (1437–1451) angelegtes Buch mit handgemalten Wappendarstellungen; in Karlsruher Privatbesitz. Das Buch enthält auf 195 Blättern 95 Vollwappen, davon einige mehrfach, der Lehensträger des Bistumes, außerdem die Wappen verschiedener süddeutscher und österreichischer Dynasten sowie schweizerischer, burgundischer und elsässischer Geschlechter.

**Lehensbuch des Bistumes Speyer:** 1465 entstandenes Buch mit handgemalten Wappen; im Besitz des Landesarchives Karlsruhe. Das Buch zeigt auf 261 Seiten 72 Wappen der Lehensträger des Bistumes.

**Lehensbuch des Grafen Kraft VI. von Hohenlohe:** zwischen 1476 und 1503 entstandenes Buch; im Archiv der *Fürsten Hohenlohe* in Waldenburg (Württemberg). Auf 84 Pergamentblättern befinden sich prachtvoll in Gold und Silber gemalte württembergische und hohenlohische Wappendarstellungen.

**Lehensbuch des Kurfürsten Friedrich I. von der Pfalz:** vom 26. April 1471 datiertes Buch mit handgemalten Wappendarstellungen; im Besitz des Landesarchives Karlsruhe. Das Buch enthält auf 369 beschriebenen Blättern zahlreiche Vollwappen von Fürsten, Grafen, pfälzischen Lehensleuten von den Vogesen bis zum Böhmerwald, von der Ortenau bis Westfalen.

**Lehnsadel** ↑ Adel.

**Lehnwappen:** im hohen Mittelalter an bestimmte Lehen gebundene Wappen, die später von den Lehensträgern vielfach erblich gemacht und in den meisten Fällen zu ↑ Geschlechterwappen wurden.

**Lehrbücher der Heraldik:** Publikationen zur Unterweisung in der praktischen (Wappenkunst) und theoretischen (Wappenkunde) Heraldik. Die älteste heraldische Lehrschrift ist wahrscheinlich der 1416 erschienene «Traité de Blason» von *Clement Prinsault.* Diese Schrift zeigt schon deutlich die Herausbildung einer heraldischen Kunstsprache in ihrer zum größten Teil noch heute erhaltenen, klaren Terminologie. Einen beachtenswerten Versuch, die deutsche und französische Wappentheorie zu vereinen, machte der Burgunder *Bartolomäus* ↑ *Cassaneus* in seinem 1529 veröffentlichten «Catalogus gloriae mundi», der bis dahin umfangreichsten Arbeit auf diesem Gebiet. Der Prediger *Cyriacus* ↑ *Spangenberg* führte in seinem 1594 in Schmalkalden gedruckten «Adelsspiegel» eine große Anzahl heraldischer Kunstwörter in die deutsche Wappenliteratur ein. Er behandelte auch, für seine Zeit ungewöhnlich, die Einteilung des Wappenschildes. Spangenbergs Arbeit war die erste selbständige Lehrschrift der Heraldik, in der diese Disziplin zusammenhängend dargestellt war. Die vielen anderen Publikationen dieser Zeit, die von den verschiedensten Gelehrten und Geistlichen beider Konfessionen geschaffen wurden, zeigen alle das geringe Interesse der Autoren an der Theorie des Wappenwesens. Die Verfasser ergingen sich in einer meist mythologischen Auslegung der Wappen, was aber am eigentlichen Wesen dieser mittelalterlichen Kulturerscheinung vorbeiging. Während die Wappenkunst im 16. und 17. Jahrhundert in Deutschland auf einer hohen Stufe stand, war die Wappenwissenschaft äußerst unvollkommen entwickelt. Die richtige Anwendung des Rohmateriales der umfangreichen deutschen Wappensammlungen mußten die deutschen Heraldiker erst vom Ausland erlernen. So berichtete der italienische Jesuitenpater *Silvester* ↑ *Petra Sancta,* einer der Lehrmeister der deutschen Heraldik, von ausgiebigen Vorstudien in Deutschland und Holland. *Petra Sancta* lehrte in der Mitte des 16. Jahrhunderts als einer der ersten, daß man das Wesen dieser Wissenschaft nur erkennen kann, wenn man die einzelnen Substrate der Wappen einer wissenschaftlichen Prüfung unterzieht. Die systematische Gliederung der Wappendarstellungen hielt er für eine unerläßliche Vorbedingung für die Entwicklung einer einheitlichen Kunstsprache, ebenso für die Sammlung der Heroldsgesetze oder -regeln. Diesem folgten Autoren wie *Theodor* ↑ *Höpingk, Georg Philipp* ↑ *Harsdörfer, Aegidius* ↑ *Gelenius* u. a.

In Frankreich, wo sich die Heraldik bedeutend früher zur Wissenschaft entwickelte, wurde diese Disziplin in der Mitte des 17. Jahrhunderts erstmals an Hochschulen gelehrt. In Deutschland erfolgte das gegen Ende des 17. Jahrhunderts. In Marburg trat am 18. August 1685 der aus Frankreich emigrierte Edelmann *Jacob de Maliverne* die Professur für französische Sprache und Heraldik an. Der Verfasser der ersten akademischen Lehrschrift dieses Gebietes, *M. F. Schuhmacher*, hielt 1694 in Jena Vorlesungen über Wappenkunde. Für die ganze spätere Entwicklung der Heraldik als Wissenschaft wurden die Arbeiten des Geistlichen *Philipp Jacob ↑ Spener* bahnbrechend. *Spener* erhielt von dem französischen Jesuiten *P. Claude Menestrier*, mit dem er in reger Verbindung stand, wertvolle Anregungen für seine Studien und brach mit den damaligen Ansichten, die Wappen nur symbolisch auszulegen, indem er sich den historischen Hintergründen der Entstehung der Wappen widmete.

Die Arbeiten *Speners* lösten in der Folgezeit eine wahre Flut heraldischer Schriften aus, die sich jedoch oft sehr weit von dessen Anliegen entfernten. Eine Ausnahme machte hierbei das unter dem Pseudonym *J. A. ↑ Rudolphi* 1698 in Nürnberg erschienene Buch «Heraldica curiosa».

Die Wappenwissenschaft wurde dann im 18. Jahrhundert zu einer populären Disziplin. Der starken Nachfrage nach heraldischer Literatur nachkommend, entstand in dieser Zeit eine Vielzahl von Wappenbüchern und Lehrschriften, die jedoch in den meisten Fällen heute nur noch einen zeitgeschichtlichen Wert haben. Von den vielen, die heraldische Wissenschaft kaum fördernden Publikationen des 18. Jahrhunderts verdienen jedoch die Arbeiten von *↑ Trier* und *↑ Schmeitzel* besondere Beachtung. Beide Autoren bauten ihre Theorie auf den Lehren *Speners* auf, was ihre Bücher zu den bedeutendsten ihrer Zeit machte. Ganz anderer Natur ist das seinerzeit ebenfalls berühmte Buch von *Johann Ehrenfried ↑ Zschackwitz*. Seine Auslegung der Wappenbilder hält einer wissenschaftlichen Untersuchung nicht stand. Vor allem erkannte er den wahren Ursprung der Wappen nicht, indem er als Beweise Gegenstände aus vorheraldischer Zeit heranzog. Die höchste Stufe erlangte die Wappenwissenschaft unter *Johann Christoph ↑ Gatterer*. Seine Arbeiten sollten die Grundlage der heutigen wissenschaftlichen Heraldik werden.

Aufbauend auf der Fülle des in Jahrhunderten zusammengetragenen Materiales sowie auf der tieferen Erforschung der Kulturgeschichte des Mittelalters war es erst den Heraldikern des 19. Jahrhunderts möglich, die Wappenkunde zu einer ernsten wissenschaftlichen Disziplin im heutigen Sinne zu erheben. Namen wie *Christian Samuel ↑ Bernd, Karl Ritter von ↑ Mayer* und *Otto Titan von ↑ Hefner* sprechen für solide wissenschaftliche Forschung. Den Höhepunkt bilden die Arbeiten des gegen Ende des 19. Jahrhunderts tätigen Heraldikers *Maximilian ↑ Gritzner*. Das mit einer Runentheorie begründete Werk des Heraldikers *Bernhard ↑ Koerner* gehört in den Bereich der Pseudowissenschaft. Unter den herausragenden Lehrschriften des 20. Jahrhunderts nehmen die Arbeiten des Heraldikers *Donald Lindsay ↑ Galbreath* einen hervorragenden Platz ein.

*Literatur*

*Spener, P. J.:* Opus heraldicum. Frankfurt 1680, 1690

*Menestrier, P. C. F.:* Wolanständige Adelszierde. Das ist Neue Anleitung zu der sogenannten Herold- oder Wapen-Kunst. Ulm 1694

*Bussing, C.:* Einleitung zu der Herolds-Kunst. Hamburg 1694

*Schmeitzel, M.:* Einleitung zur Wappen-Lehre. Jena 1723

*Trier, J. W.:* Einleitung zu der Wapen-Kunst. Leipzig 1729

*Zschackwitz, J. E.:* Heraldica oder Wapen-Kunst... Leipzig 1735

*Gatterer, J. C.:* Abriß der Heraldik. Göttingen und Gotha 1773

*Biedenfeld, F. v.:* Die Heraldik. Weimar 1846

*Bernd, C. S. T.:* Handbuch der Wappenwissenschaft. Leipzig 1856

*Mayer von Mayerfels, C.:* Heraldisches ABC-Buch. Leipzig 1857

*Hefner, O. T. v.:* Handbuch der theoretischen und praktischen Heraldik. München 1861
*Sacken, E. Freiherr v.:* Katechismus der Heraldik. Leipzig 1885
*Gritzner, M.:* Handbuch der heraldischen Terminologie. Nürnberg 1890
*Warnecke, F.:* Heraldisches Handbuch. Frankfurt/Main 1893
*Galbreath, D. L.:* Handbüchlein der Heraldik. München 1930
*Scheuermann, W.:* Deutsche Wappenkunde. Leipzig 1935
*Hildebrandt, A. M.:* Wappenfibel. Görlitz 1937, Nachdr., Neustadt a. d. Aisch 1970
*Zappe, A.* (Hrsg.): Grundriss der Heraldik. Limburg/Lahn 1968
*Philippi, F.:* Wappen. Versuch einer gemeinfaßlichen Wappenlehre, 2. Auflage. Limburg/Lahn 1968
*Galbreath, D. L.* und *L. Jequier:* Lehrbuch der Heraldik. München 1978

**Leibfarbe,** *leibfarbig* ↑ Naturfarbe.

**Leidenswerkzeuge Christi** ↑ Passionswerkzeuge Christi.

**Leier** ↑ Lyra.

**Leiningen-Westerburg,** Karl Emich, Graf zu: 1856/1906, Rittmeister a. D., Heraldiker, Exlibrisforscher.

*Werke*

Deutsche und österreichische Bibliothekszeichen und Exlibris. Ein Handbuch für Sammler, Bücher- und Kunstfreunde. Stuttgart 1901, Nachdr. Leipzig 1980
Über Warenzeichen-Heraldik, in: «Der Deutsche Herold», Jg. 1905

**Leipziger Wappenbuch:** etwa um 1450 begonnenes und einige Jahrzehnte fortgeführtes, wahrscheinlich in der Umgebung des *Markgrafen Karl I. von Baden* (1453–1475) entstandenes handgemaltes Wappenbuch befindet sich in der Stadtbibliothek Leipzig.
Das Buch zeigt auf 96 Blatt 602 Vollwappen. Neben den Wappen des Turnieradels aus dem Breisgau, dem Elsaß und der Schweiz, je vier Vollwappen auf der Seite, enthält es die Wappen vereinzelter fränkischer, schwäbischer und bayrischer Familien sowie die Länderwappen des *Kaisers Friedrich III.* (1440–1493) und ganzseitig das Wappen des Römisch-Deutschen Reiches und der Kurfürsten (ohne Brandenburg).

**Leiste: 1.** *L., Stabbalken*: Heroldsbild, das aus einem auf die Hälfte seiner gewöhnlichen Breite reduzierten Balken gebildet wird.

*Leiste*

Gewöhnlich hat die L. eine Höhe von einem Achtel der Schildhöhe. Ist sie auf ein Vierzehntel verringert, so spricht man von einem L.nstab. Abb. – **2.** ↑ Bord. – **3.** ↑ innere Einfassung. – **4.**↑ Strichbalken.

**Leiter:** Wappenbild, das in den Wappen in seiner natürlichen Form erscheint, z. B im Wappen der *Fürsten von Lamberg.*

**Lenkscheit:** beweglicher Teil der Deichsel eines Pferdewagens. Der größere Teil dieses seltenen, oft auch stark stilisiert vorkommenden Wappenbildes wird als *Bracke* bezeichnet.

**Leonhard:** christlicher Heiliger, Eremit bei Limoges, gest. wahrscheinlich 559. Der Heilige wird mit einer Kette um den Leib oder in der Hand haltend dargestellt und als Patron der Gefangenen verehrt. Der Zustrom der Pilger zu der nach ihm benannten Kirche in Inchenhofen (Bayern) war so groß, daß die Gemeinde im 14. Jahrhundert oft auch in Urkunden St. L. genannt wurde. Seit etwa 1399 erschien er stehend im Wappen der Gemeinde Inchenhofen, seit dem 17. Jahrhundert wird der Heilige über dem Schild mit den bayrischen Wecken wachsend dargestellt.

**Leopard:** in der Heraldik ein waagerecht im Schild schreitender und den Kopf nach vorn wendender Löwe. Die alte Heraldik kannte keinen Unterschied zwischen dem Löwen und dem L. Wollte man in einem Wappen mehrere Löwen anbringen, so mußte man sie des Raumes wegen übereinander, etwas schmal und langgezogen, schreitend darstellen, z. B. im englischen Wappen. Die dort als L.en bezeichneten Löwen haben den Schweif über dem Rükken zusammengeschlagen. Die Rachen sind meist in der Form der ↑ Mühleisen gebildet. Ein L. in aufrechter Stellung und mit nach vorn gekehrtem Gesicht wird von einigen älteren Heraldikern ein *gelöwter L.*, ein schreitender Löwe mit dem Gesicht seitwärts ein *leopardierter Löwe* genannt. Andere legen das Merkmal des L.en nicht in die Wendung des Kopfes, sondern in die Stellung. Abb.

**leopardiert:** in der neueren Heraldik ein Löwe, der den Kopf nach vorn wendet und nur den dem Schildrand zugekehrten Vorderfuß erhebt. Vgl. gelöwet.

**Leopoldorden:** am 11. Juli 1832 von *König Leopold I.* (1831–1865) gestifteter, seither höchster Orden Belgiens. Der Orden hat eine militärische (mit Schwertern unter der Krone), eine maritime (mit gekreuzten Ankern unter der Krone) und eine zivile Abteilung mit je fünf Klassen. Das Ordenszeichen besteht aus einem weißemaillierten Kreuz mit grünen Lorbeer- und Eichenzweigen in den Winkeln. Über dem Ordenskreuz befindet sich eine Königskrone. Das Medaillon der Vorderseite zeigt den belgischen Löwen innerhalb der Umschrift «L'UNION FAIT LA FORCE» [franz., Einigkeit macht stark], nach dem Zweiten Weltkrieg diese Devise auch noch in flämischer Sprache, «EENDRACHT MAAKT MACHT». Das Medaillon der Rückseite trägt das Monogramm des Stifters «L. R.» [Leopold Rex]. An der ↑ Kollane hängend, ziert der L. das Wappen des Königreiches Belgien.

**Lerche:** seltenes, meist redendes Wappenbild, z. B. im Wappen der *Freiherren von Lerchenfeld* sowie im Wappen der Stadt Lörrach (Baden).

**L'ÉTOILE DU NORD** [franz., der Stern des Nordens]: Wahlspruch im Wappen des US-Bundesstaates Minnesota.

**Libanonzeder:** im Wappen der Republik Libanon befindlicher, in der Natur fast ausgerotteter mehrstufiger Zedernbaum, der seit Jahrhunderten das Symbol des Landes darstellt. Abb.

**LIBERTAD Y ORDEN** [span., Freiheit und Ordnung]: Wahlspruch über dem Wappen der Republik Kolumbien.

**LIBERTAS** [lat., Freiheit]: Wahlspruch unter dem Wappen der Republik San Marino.

**LIBERTATE VNANIMVS** [lat., in Freiheit eines Sinnes (U wie V geschrieben)]: Wappenspruch der Niederländischen Antillen.

**LIBERTÉ – COOPÉRATION – PROGRÈS** [franz., Freiheit, Zusammenarbeit, Fortschritt]: Wahlspruch im Wappen der Republik Rwanda.

**LIBERTÉ ÉGALITÉ FRATERNITÉ** [franz., Freiheit, Gleichheit, Brüderlichkeit]: Wahlspruch im Wappen der Republik Frankreich.

**LIBERTÉ ET PATRIE** [franz., Freiheit und Vaterland]: Wahlspruch im oberen Teil des

*Zeder im Staatswappen von Libanon*

*Leopardenschild von England*

weiß-grün geteilten Wappens des Kantons Waadt.

**LIBERTY AND INDEPENDENCE** [engl., Freiheit und Unabhängigkeit]: Wahlspruch unter dem Wappen des US-Bundesstaates Delaware.

**LIBERTY AND PROSPERITY** [engl., Freiheit und Wohlstand]: Wahlspruch unter dem Wappen des US-Bundesstaates New Jersey.

**LIBERTY AND UNION NOW AND FOREVER ONE AND INSEPARABLE** [engl., Freiheit und Bund sind nun und ewig eins und untrennbar]: Wahlspruch um das Wappen des US-Bundesstaates Norddakota.

**Liborius:** christlicher Heiliger, um 340 Bischof von Mans. Der Heilige wird ein Buch haltend, auf dem einige kleine Steine liegen, dargestellt. Neben ihm ein Pfau, der der Legende nach als Führer voranflog, als man die Reliquien des Heiligen von Mans nach Paderborn brachte. Der heilige L. ist Patron von Paderborn und erschien auf vielen Münzen des Bistumes. Abb.

**Lichteck,** *geschmälertes Obereck*: ↑ Vierung, die weniger als ein Drittel der Schildbreite und -höhe beträgt. Im L. können sich auch ↑ Beizeichen befinden.

**Liebesseile:** besonders in der französischen Heraldik vorkommende, brezelförmig verschlungene, geflochtene Seile, die mit Knoten (Liebesknoten) versehen von verheirateten Frauen, ohne Knoten von den Witwen um ihre Wappen gehängt wurden. Letztere wurden auch *cordelières* genannt, um sie von ersteren zu unterscheiden. Nach ↑ *Trier* ist der Ursprung der L. auf die Gemahlin *König Ludwigs XII. von Frankreich* (1498–1515) zurückzuführen, die in ihrem Witwenstand zu Ehren des heiligen *Franz von Assisi* (1181/1226) das Seil der Franziskaner um ihren Wappenschild geführt hat. Nach anderen haben die L. ihren Ursprung in der Seilornamentik des Mittelalters. Abb.

**liegend:** in der Heraldik ein ruhend dargestelltes Tier.

**liegendes Gitter:** in der älteren heraldischen Literatur Bezeichnung für ↑ Gitter.

**Liegerlinge** ↑ Lägerhölzer.

*St. Liborius mit Krummstab und Buch auf einem Taler des Bistumes Paderborn von 1683*

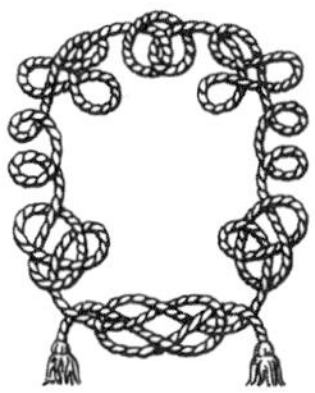

*Liebesseil*

**Liek:** dem Flaggenmast bzw. der Fahnenstange zugewandte Seite einer Flagge oder Fahne, präziser der meist weiße Saum der Flagge, in den die Flaggenleine eingenäht ist.

**Lilie, heraldische:** eigentümliches Ornament, das aus drei von einem Band zusammengehaltenen Blättern besteht, von denen das mittelste oben und unten scharf zugespitzt ist, die beiden seitlichen sind oben umgebogen und hängen herab. Bei den Römern galt die Lilie als heilige Blume und war ein Symbol der Hoffnung und Schönheit. Im alten Persien war sie das Symbol der Hauptstadt Susa, deren Name soviel wie Lilienstadt bedeutet. Die Lilienornamentik läßt sich z. B. auf Münzen von Straßburg bis in das 10. Jahrhundert zurückverfolgen. Unter dem Namen *fleur de lis* gelangte sie in die französische, später in die deutsche Heraldik. Bevor die Lilie seit 1179 das Wappen der französischen Könige schmückte, waren die königlichen Insignien der Franken bereits seit *Chlodwig I.* (481–511) mit ihr verziert. Das Lilienornament ist auch unter dem Namen *Francica* oder *Francisca* bekannt. In der Regel wurden die h. L. golden oder silbern tingiert, im Wappen von Frankreich bis 1789 und von 1815–1830 befanden sich drei goldene h. L. im blauen Feld. Im 14. Jahrhundert kommt eine seltene Variante vor, bei der die äußeren Blätter von dem mittleren abstehen. Das vor allem in den romanischen Ländern beliebte Pflanzenornament erscheint im Wappenschild der Stadt Florenz in roter Tinktur auf silbernem Feld. Hier ist sie mit Staubfäden versehen. Von Florenz aus verbreitete sich die Lilie als Wappenbild auf viele Orte in der Toskana, wobei sie in einigen Stadtwappen ohne Staubfäden dargestellt ist. H. L. können auch als Spitze von Zeptern, Kreuzen und Kronenzinken vorkommen. Auch Wappenschilde bzw. -felder können mit ihnen bestreut sein. Auf manchen Wappen vorkommende halbe h. L. sind in den meisten Fällen durch Wappenteilungen entstanden. Abb.

*Literatur*

*Grenser, A.:* Die Lilie in der Heraldik, in: Zeitschrift des Vereins «Adler». Wien 1873

**Lilienbanner:** weiße, mit drei heraldisch stilisierten goldenen Lilien versehene Flagge des *Hauses Bourbon* und bis zur Französischen Revolution und während der Restauration der *Bourbonen* Staatsflagge des Königreiches Frankreich.

**Lilienbord:** besonders in der schottischen Heraldik vorkommender, meist rot tingierter, mit Lilien besetzter ↑ Bord. Abb.

**Lilienhaspel:** manchmal in der älteren heraldischen Literatur verwendeter Ausdruck für ↑ Lilienzepterstern bzw. Karfunkelstern.

**Lilienkreuz:** Kreuz, dessen vier Kreuzarme an den Enden mit Lilien besetzt sind. Ein grünes L. ist das Ordenszeichen des 1156 gestifteten kastilischen *Militär-Ritterordens von Alcántara.* In einigen Darstellungen ähneln die Lilien dieses Ordenskreuzes dem Wappenbild ↑ Roch. Vgl. Lilienzepterkreuz. Abb.

**Lilienkrone:** Krone mit heraldischen Lilien als Zacken.

**Lilienrad** ↑ Lilienzepterstern.

**Lilienschrägkreuz:** ein ↑ Lilienkreuz, das zu einem ↑ Andreaskreuz verschoben ist.

**Liliensteckkreuz:** ↑ Lilienkreuz, dessen unterer, verlängerter Kreuzarm in eine Spitze ausläuft.

**Lilienzepter:** Zepter, an dessen Spitze sich eine Lilie befindet.

**Lilienzepterkreuz:** ein aus vier ↑ Lilienzeptern zusammengesetztes Kreuz. Dieses sehr selten vorkommende Wappenbild darf nicht mit dem ↑ Lilienkreuz verwechselt werden.

**Lilienzepterstern,** *Karfunkelstern, Karfunkelrad, Lilienrad, Lilienhaspel, Wappenkarfunkel:* ein aus meist acht ↑ Lilienzeptern mit Kugeln an den Stäben gebildetes Rad. In vorheraldischer Zeit erscheint der L. bereits in einem Evangelienbuch *König Heinrichs I.* (919–936) zu Bamberg. Seit 1265 befindet er sich im Wappen des Herzogtumes Cleve. Hier wird er mitunter auch als *Glevenrad* blasoniert.

*Literatur*

*Gorissen, F.:* Der Karfunkelschild. Die Geschichte des [Klever] Kreiswappens, in: 150 Jahre Landkreis Kleve, Beiträge zur Geschichte Kleves. Kleve 1966

**Linde: 1.** ↑ Baum. – **2.** ↑ ausgerissen (Abb.).

**Lindenblätter:** Wappenfigur, die in natürlicher Form meist auf älteren Wappenhelmen, z. B. auf Büffelhörner gesteckt, vorkommt. In der Helmzier der Landgrafschaften Thüringen und Hessen erscheinen sie bereits im Mittelalter grün tingiert und an Stäben befestigt in die ↑ Büffelhörner gesteckt. Als Schildbilder kommen sie einzeln oder auch in der Mehrzahl, teilweise auch mit Zweigen, vor. Vgl. Notariatszeichen.

**Lindenblattkreuz:** ↑ gemeines Kreuz, dessen Arme in stilisierten Lindenblättern enden.

**Lindenschnitt:** lindenblattförmig ausgeführte Schildteilung. Vgl. Blattschnitt. Abb.

**Lindenzweig:** meist ornamental gebogenes, mit stilisierten heraldischen Lindenblättern

*Lilienbord*

*Lilienkreuz*

*Lindenschnitt (links)*
*Lindenzweig*
*im Wappen der Grafen von Seckendorf (rechts)*

*Heraldische Lilie*

besetztes Ornament. Ein roter, achtförmig gebogener L. im silbernen Feld befindet sich z. B. im Wappen der fränkischen *Familie von Seckendorf.* Abb.

**Lindwurm:** Fabeltier aus einer Schlange mit den Hinterfüßen eines Löwen. Der L. ist meist schwarz tingiert und mit einem Lindenbaum dargestellt. Allgemein wird ein ↑ Drache ohne Flügel als L. bezeichnet.

**Linkarm:** ein aus dem rechten Seitenrand es Schildes oder Feldes hervorragender, gewöhnlich gebogener (nicht ausgestreckter), meist geharnischter Arm. In gegenteiliger Darstellung spricht man von einem *Rechtarm.* Dieser Arm hält in vielen Fällen noch einen Gegenstand in der Hand und wurde oft als ↑ Helmkleinod verwendet.

**Linkbalken:** kürzere, der heraldischen Terminologie besser entsprechende Bezeichnung für den linken ↑ Schrägbalken.

**linke Seite:** nach der heraldischen Regel die Seite, die im normalen Sprachgebrauch als rechte bezeichnet wird. Vgl. rechts und links, hinten.

**linksgeschrägt:** von der linken Oberkante nach der rechten Unterkante des Schildes verlaufende Schildteilung.

**Lisch,** Georg Friedrich: 1801/1883, großherzoglich mecklenburgischer Archivrat, Heraldiker. L. studierte ursprünglich Theologie und Philosophie. Während seiner späteren Tätigkeit verfaßte er wertvolle wappengeschichtliche Abhandlungen in den Mecklenburgischen Jahrbüchern, z. B. «Geschichte des bischöflichen Wappens von Schwerin» und «Über das Mecklenburgische Wappen».

**Litera Pythagorica:** lateinische Bezeichnung für das Schächerkreuz (↑ Gabelkreuz).

**Litre** [franz. Trauerbinde (mit dem Wappen des Verstorbenen)]: schwarzer, etwa 45 bis höchstens 60 cm breiter Streifen, der zum Zeichen der Trauer nach dem Ableben des Herren eines Patrimoniums rundherum auf die Wand eines Kirchenschiffes oder einer Kapelle gemalt wurde. In der Regel erschien darauf in Abständen der Wappenschild des Verstorbenen, das Oberwappen, die Helmdecke, die Schildhalter und die Helmzier. An dem Recht auf die hauptsächlich im 15. und 16. Jahrhundert gebräuchlichen L. hielten die die hohe Gerichtsbarkeit innehabenden Herren sowie die Gründer von Privatkapellen, besonders in Frankreich, eifersüchtig fest. In burgundischen und schweizerischen Kirchen finden sich noch heute eine größere Anzahl von L. Vgl. Funeralheraldik.

**Liudger,** *Ludger*: christlicher Heiliger, geb. 742 in Zuylen bei Utrecht, gest. 26. März 809 in Billerbeck. Im Jahre 776 leistete der in Utrecht ausgebildete St. L. als junger Diakon Missionsarbeit im Gebiet von Deventer. Eine zweite Missionsreise führte ihn in das Innere Frieslands, wo er nach seiner Priesterweihe zu Köln 777 für sieben Jahre weilte. Später war er in Rom und im Kloster Monte Cassino. Seit 792 war er im Münsterland tätig und wurde am 30. März 805 zum Bischof von Münster geweiht. Seinem Wunsch gemäß wurde er in Werden an der Ruhr beigesetzt.

Der Heilige wird meist stehend in Bischofskleidung, in der Rechten ein geschlossenes Buch, in der Linken einen Bischofsstab haltend, dargestellt. Mitunter steht er auch zwischen zwei Gänsen. Das Bild des Heiligen erschien z. B. auf Münzen der Abtei Werden im 17. und 18. Jahrhundert. Als Wappenbild führen ihn z. B. die Städte Helmstedt und Werden. Abb.

**Livreefarben:** ursprünglich Farben der Gewänder der königlichen, später auch der Dienerschaft des anderen Adels. Die L.

*St. Liudger mit Krummstab, zwei Gänse zu seinen Füßen, auf einem Taler der Abtei Werden und Helmstedt von 1730*

wurden willkürlich gewählt, dann aber innerhalb der Familie beibehalten. Die *Dynastie Lancaster* z. B. benutzte Blau und Weiß, das *Haus York* Dunkelrot, die *Stuarts* Gold und Scharlach. Seit etwa dem 17. Jahrhundert wurden diese Farben in den meisten Fällen dem Stammwappen der entsprechenden Familie entlehnt. Vgl. Prinsevlag.

**Lob-den-frumen** [ahdt., lobe den Tüchtigen]: im Mittelalter Amtsname des Heroldes der *Grafen von Liechtenstein.*

**Löffel:** meist als redendes Wappenbild verwendete gemeine Figur, z. B. im Wappen von Löffingen in Baden-Württemberg.

**Löffelholz von Colberg,** Wilhelm, Freiherr von: 1809/1891, Dr. phil., fürstlich öttingenscher Archivar, Heraldiker. L. v. C. war seit 1856 Mitarbeiter am ↑ Neuen Siebmacher (Band Souveräne).

**Lohehörner:** veralteter heraldischer Ausdruck für ↑ Büffelhörner.

**Long God yumi stanap** [Zu Gott erheben wir uns]: Devise unter dem Wappen von Vanuatu, dem ehemaligen britisch-französischen Kondominium der Neuen Hebriden.

**Lord Lyon King of Arms:** Chef des ↑ Lyon Office. Er ist mit erheblich größeren Befugnissen ausgestattet als sein englischer Kollege, der ↑ Garter King of Arms. So kann er z. B. das Führen von Wappen, die er nicht registriert hat, untersagen. Ihm unterstehen drei Herolde und drei Persevanten. Vgl. Herald's College.

**Löseschlüssel** ↑ Bindeschlüssel.

**Lothringer Kreuz:** ↑ Doppelkreuz, dessen beide Querarme die gleiche Länge haben. Das als altes Sinnbild des *Hauses Lothringen* geltende Kreuz kommt auch in den Wappen anderer Gebiete vor, z. B. im Familienwappen derer *von Tscheschke* (Schlesien). Als Symbol für das Herzogtum Lothringen wurde das Kreuz von *König Renatus I. von Anjou* (Herzog von Lothringen 1431–1453) eingeführt, das zwar nicht im Wappen selbst erscheint, jedoch von den beiden schildhaltenden Adlern an einem Rosenkranz um den Hals getragen wird. Abb.

**Louisenorden:** am 3. August 1814 von *König Friedrich Wilhelm III.* (1797–1840) gestifteter

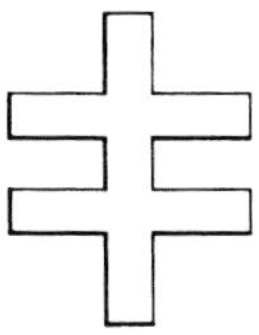

*Lothringer Kreuz*

höchster Damenorden des Königreiches Preußen. Über den Sinn der Stiftung des während der Freiheitskriege gegen *Napoleon I.* errichteten Ordens gibt die Stiftungsurkunde Auskunft: «Als die Männer unserer tapferen Heere für das Vaterland bluteten, fanden sie in der pflegenden Sorgfalt der Frauen Labsal und Linderung. Glaube und Hoffnung gab den Müttern und Töchtern des Landes die Kraft, die Besorgnis um die Ihrigen, die mit dem Feinde kämpften, und den Schmerz um die Verlorenen durch ausdauernde Tätigkeit für die Sache des Vaterlandes zu stillen und ihre wesentlichen Hilfeleistungen für den großen Zweck wurden nirgends vermißt. Unmöglich ist es, diese Handlungen des stillen Verdienstes bei Allen öffentlich zu ehren, die ihr Leben damit schmückten; aber wir finden es gerecht, Denjenigen unter ihnen eine Auszeichnung zu verleihen, deren Verdienst besonders anerkannt ist». Das Ordenszeichen besteht aus einem schwarzemaillierten goldenen Kreuz. Im himmelblau emaillierten Medaillon der Vorderseite befindet sich innerhalb eines Sternenkranzes der Buchstabe «L». Die Rückseite zeigt die Jahreszahlen 1813/1814. Die Verleihung konnte an verheiratete und ledige Frauen erfolgen. Am 15. Juli 1850, am 30. Oktober 1865 sowie am 3. Januar 1890 wurde der Orden erneuert und es wurde eine in zwei Klassen geteilte zweite Abteilung des Ordens geschaffen.
Das Ordenszeichen befand sich z. B. unter dem ↑ Ehewappen *Kaiser Wilhelms II.* und *Auguste Victorias von Schleswig-Holstein-Sonderburg-Augustenburg* (1858/1921).

**Löwe:** eines der am häufigsten vorkommenden Wappentiere. Die normale Stellung des L. in Wappendarstellungen ist aufrecht (vgl. steigend, zum Grimmen geschickt), auf den Hinterfüßen stehend, die rechte Pranke etwas erhoben, die rechte hintere etwas vorgesetzt. Der Kopf war in der älteren Zeit etwas zugespitzt, wurde aber später runder und natürlicher. Der Rachen ist weit oder halb geöffnet und zeigt meist eine weit herausgeschlagene Zunge, die als geschwungene, vorn aufgebogene Linie gezeichnet ist. Die Zähne sind sichtbar und die Augen betont «wild» dargestellt. Der Körper ist immer sehr schlank gehalten. Im 14. Jahrhundert steht er gerade, fast in der Längsachse des Schildes. 100 Jahre später ist er dann ausgebogen, so daß die ganze Figur eine Schlangenlinie bildet. Während er in der älteren Zeit ganz zottig erscheint, wird der L. in späteren Darstellungen nur mit starker Mähne, die bis auf den halben Leib herabfällt und stark geringelt ist, und zottigen Füßen gezeigt. In der älteren Heraldik haben die Pranken drei Ballen in Form eines Kleeblattes, aus denen große Krallen hervorgehen. Später sind die Zehen gesondert und weit ausgespreizt. Der Schweif ist nahe der Wurzel aufgebogen und läuft parallel mit dem Körper hinauf. Ursprünglich ist er ganz zottig, später nur noch mit einzelnen Büscheln versehen. Die Endzottel fällt in der Regel einwärts gegen den Leib des L. Seit dem 15. Jahrhundert ist der Schweif des L. häufig gespalten, z. B. im Wappen von Böhmen, und wird als *Doppelschweif* bezeichnet. Die beiden Teile sind hier oft zusammengedreht wie ein Strick, wobei jeder ein Endbüschel aufweist. Eine derartige Spaltung des Schweifes ist heraldisch bedeutungslos und muß nicht extra gemeldet werden. Der L. ist in Wappendarstellungen meist golden oder rot, seltener schwarz tingiert. Silberne oder blaue L. sind sehr selten. Die Waffen, d. h. Krallen, Zunge, sind meist von abstechender Farbe. Ist der L. von Gold oder Silber, erscheinen sie in Farbe, ist er farbig, so sind sie von Gold oder Silber. In jedem Fall müssen sie aber von der Schildfarbe unterscheidbar sein. Zähne und Auge sind in der Regel silbern, hat das Feld die gleiche Tinktur, dann sind sie farbig. Der L. kann auch verschiedene

Färbungen aufweisen, ebenso einzelne Teile. Mitunter erscheinen L., die gekrönt sind. Nach den Regeln der Heraldik sollte der L. stehts die ↑ Helmkrone tragen. In späteren Darstellungen wurden aber auch Rangkronen aufgesetzt. Außer als Wappenbild erscheinen L. auch als ↑ Schildhalter.
Als «König der Tiere» sollte der L. Macht, Tapferkeit und kriegerische Tugend symbolisieren und wurde bereits im Mittelalter von Fürsten und auch kleineren Dynasten in deren Wappen aufgenommen. Später wurde dieses Wappenbild immer häufiger. Im «Armorial général» von *J. B. Rietstap*, Gouda 1861, füllen die Namen der Geschlechter, die den L. im Wappen führen, nicht weniger als 155 Seiten. Diese spätere Häufigkeit des Auftretens in den Wappen verminderte auch den symbolischen Gehalt, so daß man hier nicht mehr von einer aus dem Wappen herzuleitenden besonderen Heraushebung oder Verpflichtung des Wappeninhabers sprechen kann. Daher ist auch der Symbolgehalt des L. nicht überzubewerten. Abb.

**Löwenkopf:** häufige, in verschiedener Anzahl vorkommende Schildfigur. Drei Löwenköpfe erscheinen z. B. im Wappen des ehemaligen Königreiches Dalmatien. Bis 1912 war ein L. im Wappen des Fürstentumes Samos. Vgl. Löwenmaske.

**Löwenmaske:** Ausdruck für einen von vorn (en face) dargestellten Löwenkopf, z. B. im Staatswappen von Zaïre, der früheren Kolonie Belgisch-Kongo, im Schild des Wappens der Republik Burundi (ehemals Teil der Kolonie Deutsch-Ost-Afrika, dann mit dem heutigen Rwanda Teil des belgischen Mandatsgebietes Ruanda-Urundi) und mit einer Lilie im Maul im Wappen derer *von Bünau*.

**Löwe von Juda:** nach alttestamentlicher Auffassung Symbol des Stammes Juda (1. Mos. 49,9). Heraldisch trat der L. v. J. im Wappen sowie der National- und Kaiserflagge des ehemaligen Kaiserreiches Äthiopien in Erscheinung, wo er die legendären Stammeltern der Dynastie, *König Salomo* (gest. um 925 v. u. Z.) und die *Königin von Saba* symbolisieren sollte. Abb.

*Der Löwe in der Heraldik des 13., 15. und 16. Jahrhunderts (von oben nach unten)*

*Löwe von Juda auf einem vergrößerten äthiopischen Talari des Kaisers Menelik II. (1889–1913)*

**Löwin:** in der Heraldik ein ohne Mähne dargestellter Löwe.

**Lübischer Schild:** Bezeichnung des rot-weiß quergeteilten Schildes, der sich – auf einen Doppeladler gelegt – im Wappen der ehemaligen Freien und Hansestadt Lübeck befindet.

**Ludger** ↑ Liudger.

**Ludwigsorden: 1.** am 25. August 1807 von *Großherzog Ludwig X. (I.) von Hessen-Darmstadt* (1790–1830) gestifteter Verdienstorden. Sein Sohn *Ludwig II.* (1830–1848) änderte ihn am 14. Dezember 1831 in einen Haus- und Verdienstorden um. Die Verleihung des Großkreuzes war auf fürstliche Personen sowie auf das Prädikat «Exzellenz» führende höchste Würdenträger beschränkt. Das Ordenszeichen der fünfklassigen Auszeichnung besteht aus einem schwarzemaillierten, rot geränderten ↑ Malteserkreuz, das an einer offenen Bügelkrone hängt. Das Medaillon der Vorderseite zeigt auf weißem Grund den Namenszug des Stifters innerhalb von Lorbeerzweigen, im Schriftkreis steht die Inschrift FÜR VERDIENSTE. Das Medaillon der Rückseite enthält die Ordensdevise «GOTT. EHRE. VATERLAND.» auf schwarzem Grund. Das Ordenszeichen befand sich an der ↑ Kollane hängend bis 1918 unter dem großen Staatswappen des Großherzogtumes Hessen und bei Rhein. Vgl. Abb. bei Großherzog.

**2.** ein französischer, von *König Ludwig XIV.* (1643–1715) gestifteter Orden für militärische Tapferkeit. Die Zahl der Großkreuze war auf 40, der Kommandeure auf 120 festgesetzt, während die Zahl der Ritter unbeschränkt war. Die Dekoration des dreiklassigen Ordens besteht aus einem goldbordierten, weißemaillierten Malteserkreuz mit goldenen Kügelchen an den Kreuzenden und goldenen Lilien in den Winkeln. Das Medaillon der Vorderseite zeigt den heiliggesprochenen *König Ludwig IX. von Frankreich* (1226–1270) im goldenen Panzer, mit Krone und hermelingefüttertem blauem Mantel. In den Händen hält er einen Lorbeerkranz und eine Dornenkrone. Darum auf blauem Grund die goldene Umschrift «LUDOV. MAG. INST. 1693» [franz., Ludwig der Große, gestiftet 1693]. Die Ordensritter hatten das Recht, das Ordenszeichen an ihren Wappen anzubringen.

**Lunel:** eine Gruppe von vier mit den Hörnern einander zugewandten Halbmonden.

**L'UNION FAIT LA FORCE** [franz., Einigkeit macht stark]: Wahlspruch unter dem Wappen von Haïti und des Königreiches Belgien sowie des belgischen ↑ Leopoldordens und des 1900 gestifteten belgischen Ordens *Leopolds II.*

**Lutherrose:** das aus einer gefüllten, mit einem Herz und einem Kreuz belegten Rose bestehende Wappenbild *Martin Luthers* (1483/1546). Das ursprüngliche Wappenbild der *Familie Luther (Luder)* zeigt eine halbe Armbrust und zwei Rosen. *Martin Luther* hat eine Rose daraus, als «Merkzeichen seiner Theologie», zu einem eigenen Wappen gestaltet.

*Literatur*

*Hermann, G.:* Die Lutherrose. Luthers Wappen. Zwickau 1933

**Lutz von Augsburg,** Hans: Herold aus der ersten Hälfte des 16. Jahrhunderts. Er war zuerst Herold des Feldhauptmannes *Georg Truchseß von Waldburg* (gest. 1531). In gleicher Eigenschaft begleitete er den *Pfalzgrafen bei Rhein,* in dessen Dienste er getreten war, während des Türkenfeldzuges. Sein 1530 in Regensburg gedrucktes Tagebuch ist eine wichtige Quelle zur Geschichte des Bauernkrieges von 1525 in Schwaben und Franken.

**LUX IN TENEBRIS** [lat., Licht in der Finsternis]: Wahlspruch unter dem Wappen des ehemaligen britischen Protektorates Njassaland, des heutigen Malawi.

**Luycks von Luxenstein,** Franz: 1604/1668, kaiserlicher Kammermaler in Wien, Heraldiker. L. war von 1655 bis 1657 Mitarbeiter am ↑ Siebmacher'schen Wappenbuch.

**Lyon King of Arms** ↑ Herald's College.

**Lyon Office:** seit dem 14. Jahrhundert bestehendes schottisches Heroldsamt, Gegenstück zum englischen ↑ Herald's College.

**Lyra,** *Leier:* ein vor allem in den Wappen geadelter Dichter sowie auch in Damenwappen vorkommende gemeine Figur.

# M

**Magnaten** ↑ Adel.

**Mailänder Wappenbuch:** imaginäre Quelle des ältesten, noch bis in die Mitte des 18. Jahrhunderts zurückzuführenden Wappenschwindelunternehmens. Vgl. Europäische Wappensammlung.

**Majestätswappen:** im Gegensatz zu dem Landeswappen nur vom jeweiligen Herrscher geführtes Wappen, das in einigen Monarchien neben dem Landes- bzw. Staatswappen vorhanden ist. Im Königreich Sachsen z. B. wurde ein solches im Jahre 1889 eingeführt. Gegenüber dem alten Gesamtwappen des Kurfürstentumes Sachsen entfielen in diesem M. alle ↑ Anspruchswappen sowie diejenigen, deren Länder bzw. Gebiete nicht mehr zu Sachsen gehörten. Das sächsische M. enthielt zwölf Felder sowie das Rautenwappen als Mittelschild. Laut königlicher Verordnung wurde dieses Wappen «von den Staatsbehörden bei allen jenen schriftlichen Ausfertigungen und Urkunden als Siegel in Anwendung gebracht, denen bisher nach bestehender Anordnung oder Übung das große Siegel beigedruckt war». Das Staatswappen Sachsens hingegen bestand aus dem gekrönten, von zwei Löwen gehaltenen Rautenschild.
Gegenwärtig existiert z. B. im Königreich Dänemark neben dem Staatswappen auch ein M. Letzteres wurde nach dem Verzicht der *Königin Margarethe II.* (seit 1972) auf die deutschen Erbtitel am 5. Juli 1972 neu festgelegt. Im Königreich Schweden ist das M. mit dem großen Staatswappen identisch, daneben wird noch ein kleines Staatswappen geführt (vgl. Drei-Kronen-Wappen). In Norwegen unterscheidet sich das M. nur durch einen hinzugefügten Wappenmantel sowie durch den um den Schild gelegten ↑ Olafsorden. Das seit 1837 nach der Thronbesteigung der *Königin Victoria* (1837–1901) unverändert geführte M. von Großbritannien ist gleichzeitig auch das Staatswappen. Abb.

*Sächsisches Majestätswappen von 1889 bis 1918*

**MAJULLAH SINGAPURA** [malaiisch, vorwärts, Singapur]: Devise unter dem Staatswappen von Singapur.

**Malteserdoppelkreuz:** aus zweimal drei Kreuzarmen des ↑ Malteserkreuzes gebildetes Kreuz. Das M. war Symbol des zu Beginn des 13. Jahrhunderts in Frankreich gestifteten Hospitalordens vom Heiligen Geist.

**Malteserkreuz,** *Johanniterkreuz*: weißes, achtspitziges Ordenszeichen des 1048 gestifteten *Malteserordens* (↑ Johanniterorden). Die Form des M.es wurde später zum Vorbild vieler Ordensdekorationen. In der Heraldik erscheint es in den Wappen der Ritter dieses Ordens meist im gevierten Schild, vielfach auch im ↑ Hinterwappen. Vgl. Abb. bei aufgelegt. Abb.

**Malteserkrone:** um 1798 für den russischen *Zaren Paul I.* (1796–1801) als Großmeister des ↑ Johanniterordens (Malteserorden) angefertigte silbervergoldete Bügelkrone mit

*Malteserkreuz als Wappen des Malteserordens (links) Mandeln (rechts)*

dem ↑ Malteserkreuz auf dem ↑ Reichsapfel. Die 1827 in den Kreml gelangte Krone befindet sich heute in der Rüstkammer des Palastes.
Entsprechend der Verordnung zur russischen Städteheraldik vom Jahre 1859 führte die Stadt Odessa die M. über ihrem Stadtschild.

**Malteserorden** ↑ Johanniterorden.

**Maltesersteckkreuz:** ↑ Malteserkreuz, dessen unterer Kreuzarm nach unten zugespitzt ist.

**Maltravers** ↑ Herald's College.

**Mandeln:** Bezeichnung der neben einem ↑ Tatzenkreuz und dem Schildrand freigebliebenen Teile des Schildes. Abb.

**Mandorla** [ital.]: aus zwei Kreissegmenten zusammengesetzte, mandelförmige Glorie, die die ganze Gestalt des dargestellten Heiligen umgibt. Die M. ist schon seit dem 11. Jahrhundert nachweisbar. Ihr ist wahrscheinlich die Mandelform der mittelalterlichen bischöflichen Siegel entlehnt. Vom frühen Mittelalter bis zum 14. Jahrhundert werden der thronende *Christus* sowie auch *Maria* in der M. dargestellt. Am Anfang des 11. Jahrhunderts erscheint die M. in Regenbogenfarben, im 14. Jahrhundert nimmt sie die in dieser Zeit beliebte Wellenform an. Während sie bei Mariendarstellungen beibehalten wurde, verschwand sie bei Christusbildern allmählich. In späterer Zeit kamen noch Flammenstrahlen hinzu. In der Heraldik erscheint ein Marienbild in der M. z. B. im Wappen des *Abtes zu Zwiefalten*. Vgl. Aureole, Abb. bei Johannes der Täufer. Abb.

**Manessische Handschrift:** alte Bezeichnung der Großen ↑ Heidelberger Liederhandschrift.

**mantelé** [franz., bemantelt]: in der französischen Heraldik Ausdruck für eine niedrige ↑ Spitze.

**Mantelzug,** *Mantelschnitt*: Schildesteilung mittels einer gebogenen oder geschweiften Spitze. Ist diese gestürzt, so nennt man diese Teilung *Taschenzug*.

**Mantuanisches Kreuz:** seltene Bezeichnung für ↑ Tatzenkreuz, z. B. im Wappen des Herzogtumes Mantua.

**Marburg,** Wigand von: Wappenherold des Hochmeisters des Deutschen Ritterordens. Er besang die kriegerische Tätigkeit des *Deutschen Ritterordens* in der Zeit vor Ablauf des 14. Jahrhunderts in deutschen Reimen. Von dem seit etwa 300 Jahren verschwundenen Original ist nur noch eine schlechte lateinische Übersetzung erhalten.

**Marches,** *Wappenkönigreiche*: im Mittelalter abgegrenzte Amtsbezirke der westeuropäischen Herolde, die sich aus den für die Einteilung der Turniere geschaffenen beiden Adelsprovinzen der «Ruyers» und der «Poyers» gebildet hatten. Erstere stellten den deutschen, letztere den gallischen Adel. Die Provinz der *Poyers* z. B. gliederte sich in drei Turnierprovinzen: die der «Poyers», der «Aquitanier» und der «Champagner». Sie waren geographisch aufgebaut und in zwölf M. unterteilt.

**Marchese** ↑ Markgraf.

*Christus in der Mandorla auf einem venezianischen 10-Zecchini-Stück des Dogen Francesco Manin (1645–1656)*

**Marchmont** ↑ Herald's College.

**Margareta:** christliche Heilige und Märtyrerin, gest. um 305. Die in Antiochia geborene Tochter eines heidnischen Priesters wurde wegen ihres christlichen Glaubens von diesem verstoßen und erlitt während der Christenverfolgung unter *Kaiser Diocletianus* (284–305) den Martertod. St. M. zählt zu den Vierzehn Nothelfern. Ihr Bild befindet sich z. B. in den Wappen der Städte, Kahla, Langewiesen und Stadtlengsfeld (alle Thüringen).

**Margramapfel** ↑ Granatapfel.

**Mariensymbol:** nach katholischer Überlieferung die «Sieben Schmerzen Marias» kennzeichnendes Herz, das mit sieben Schwertern durchbohrt ist. Als Wappenbild ist es selten, kommt jedoch mitunter in der kirchlichen bzw. ↑ Klosterheraldik vor.

**Marineflagge:** Dienstflagge der Kampfschiffe und -boote eines Staates. In vielen Staaten gibt es für die den Seestreitkräften zugehörenden Hilfsschiffe eine besondere Flagge.

**Marke:** Sammelbegriff für alle wappenähnlichen Zeichen, die den heraldischen Regeln nicht unterworfen sind. Zu den M. zählen: ↑ Bilddevisen, ↑ Hausmarken, ↑ Steinmetzzeichen, Verlagszeichen, Notariatssignete, Warenzeichen sowie alle nicht heraldisch gestalteten Hoheitszeichen der verschiedenen Staaten.

**Markgraf:** seit *Karl dem Großen* (768–814) königlicher Beamter in einem Grenzgebiet, der mit gräflichen bzw. auch herzoglichen Machtbefugnissen ausgestattet war. Die M.schaften der frühen Zeit verschmolzen später mit den Stammesherzogtümern oder verschwanden. Zwischen 919 und 1024 entstanden unter den sächsischen Königen neue, dem Schutze des Reiches dienende M.schaften, z. B. Meißen, Lausitz oder Ostmark, Verona, Krain, Steiermark, bayrische Ostmark. Seit dem 12. Jahrhundert zählten die M.en von Meißen, der Lausitz, von Mähren und von Namur zu den Reichsfürsten. Seit dem 16. Jahrhundert führten die Landesherren von Brandenburg-Ansbach und Brandenburg-Bayreuth den Titel M. Mit dem Untergang des Römisch-Deutschen Reiches im Jahre 1806 erloschen auch die M.schaften oder wurden rangmäßig erhöht. In Frankreich, Italien und Spanien lebt der Titel im Prädikat Marquis, Marchese und Marqués fort.

**Markgrafenkrone** ↑ Marquiskrone.

**mark of cadency:** ↑ Beizeichen.

**Markus:** christlicher Heiliger, Evangelist, Schutzpatron von Venedig. Der Überlieferung nach soll der Heilige in Alexandria den Martertod gestorben sein. Seine Gebeine kamen nach Venedig. Das Attribut des Heiligen, der geflügelte Löwe, wurde zum Wappentier der Republik und Stadt Venedig. Vgl. Markuslöwe.

**Markuslöwe:** bis zum Jahre 1797 Wappentier der Republik, später der Stadt Venedig. Das ursprüngliche Symbol des *Evangelisten Markus*, des Schutzpatrones von Venedig, erscheint in Gestalt eines goldenen, geflügelten Löwen mit Heiligenschein, der mit seiner Pranke ein aufgeschlagenes silbernes Buch mit den Worten «PAX TIBI MARCE EVANGELISTA MEUS» [lat., Friede mit Dir, Marcus, mein Evangelist] hält. Der M. befindet sich noch heute in der italienischen Handels- und auch in der Marineflagge. Abb.

*Markuslöwe im Wappen von Venedig*

**Marqués, Marquis** ↑ Markgraf.

**Marquiskrone:** nur in heraldischen Darstellungen verwendetes Rang- und Würdezeichen der mit dem Prädikat «Marquis» titulierten Familien oder Personen. Die M., mitunter auch als *Markgrafenkrone* bezeichnet, besteht aus einem Stirnreif mit drei Blatt- und zwei Perlzinken. Letztere tragen je drei Perlen. Diese Kronenform wurde in Dänemark, Italien, Frankreich und Spanien benutzt. Die alte französische M. hatte zwischen den Blattzinken je drei einfache Perlzinken. Die M. in Belgien und in den Niederlanden, wo sie heraldisch auch von den Nachgeborenen der mediatisierten, vormals reichsständischen Grafenhäuser verwendet wird, trägt fünf Blattzinken. In Deutschland, Österreich, Schweden und Norwegen galt sie als alte Grafenkrone. In England zeigt die M. die übliche englische Kronenform mit einer Purpurmütze. Der Reif trägt drei Blatt- und zwei Perlzinken. Vgl. Tafel Rangkronen.

**Marschallstab:** Zeichen der Kommandogewalt eines Feldmarschalls. Der M. besteht aus einem mit Samt bezogenen Holzstab, der oben und unten mit vergoldeten Metallbeschlägen versehen ist. Auf ihm sind in den meisten Fällen die Wappenbilder des obersten Kriegsherren angebracht, z. B. in Preußen auf blauem Samtbezug abwechselnd goldene Kronen und preußische Adler, in Frankreich bis 1789 ebenfalls auf blauem Grund die goldenen Lilien des *Hauses Bourbon*. Unter *Kaiser Napoleon I.* war der M. mit goldenen Bienen, dem Wappentier des *Hauses Bonaparte*, besät. Im Wappen kommt der M. z. B. seit 1701 im Schild der *Reichsgrafen von Flemming* auf goldenem Grund vor. Als Feldmarschall *Gebhard Leberecht von Blücher* (1742/1819) am 3. Juni 1814 in den Fürstenstand erhoben wurde, erhielt er einen neuen, seinem bisherigen Familienwappen unterlegten gevierten Schild. In einem Feld des Schildes befindet sich ein mit einem Schwert gekreuzter M. innerhalb eines Lorbeerkranzes. Dieses Schildbild kehrt dann in der Helmzier eines der über dem Wappen befindlichen Helme wieder. Besonders im 18. Jahrhundert war es Sitte, einen oder zwei Marschallstäbe hinter den Wappenschild zu legen.

**Martialis:** christlicher Heiliger, der Überlieferung nach der Jüngling zu Nain oder der Knabe, der bei der Speisung der 5000 Brot und Fisch trug. Der Heilige erscheint als Figur z. B. im Wappen der französischen Stadt Limoges.

**Martin von Tours:** christlicher Heiliger, geb. im Jahre 316 oder 317 in Sabaria (Pannonien), gest. am 8. November 397 in Candes. Der Sohn eines Militärtribuns des römischen Heeres trat in den Militärdienst und wurde mit 18 Jahren getauft. Seine Jugend fiel in die Zeit, als das Christentum in Rom zur völligen Gleichberechtigung gelangte. Er quittierte den Militärdienst und begab sich nach Poitiers zu *Bischof Hilarius*, wo er seinen ersten öffentlichen Dienst in der Kirche übertragen bekam. Danach wurde er Einsiedler und gründete später das Kloster Liguge bei Poitiers, das das Zentrum der gallisch-fränkischen Mönchsbewegung wurde und einen großen Einfluß auf die gesamte religiöse Entwicklung des Landes ausübte. Im Jahre 371 wurde St. M. v. T. gegen seinen Willen zum Bischof von Tours erwählt. Schon sehr bald begann man ihn als Heiligen zu verehren. Im Mittelalter wurden Tausende von Kirchen, Klöstern, Städten und Burgen nach ihm benannt. Die typischste Darstellung des Heiligen zeigt ihn auf einem Pferd sitzend, in der rechten Hand ein Schwert, mit dem er sich ein Stück von seinem Mantel schneidet, zu seinen Füßen sitzt ein Bettler. Diese Darstellung geht auf die Legende zurück, wonach St. M. v. T. noch als römischer Offizier und Taufbewerber nach Amiens ritt. Plötzlich scheute sein Pferd und aus dem Schnee erhob sich ein zerlumpter, vor Hunger und Kälte zitternder Bettler, der um ein Almosen flehte. Da St. M. v. T. sein Geld aber im Kreise der Kameraden verspielt hatte, reichte er dem Bettler ein Stück von seinem Mantel. Andere Darstellungen zeigen den Heiligen stehend im Bischofsornat, auf dem rechten Arm trägt er ein geschlossenes Buch, auf dem eine Gans sitzt, in der linken Hand einen Bischofsstab.

Die Verehrung des St. M. v. T. als Schutzheiligen erstreckt sich über ganz Europa. Sein Bild erscheint auf einer Vielzahl von Münzen und Wappen, so z. B. auf Münzen des Erzbistumes Mainz, der Grafen von Horn und Schwarzburg, der Städte Colmar (Frankreich) und Lucca (Italien) sowie der Kantone Uri, Schwyz und Unterwalden. In

*St. Martin auf einem Taler o. J. (16. Jahrhundert) von Uri, Schwyz und Unterwalden*

der Numismatik werden diese Taler Bettler- oder Kröpel-(Krüppel-)Taler genannt. Seit 1360 befindet sich die Darstellung des Heiligen im Siegel der westfälischen Stadt Olpe und später auch im Wappen der Stadt. Weiterhin führen u. a. Dieburg (Hessen), Amöneburg (Hessen), Greußen (Thüringen), Kroppenstedt (Harz), Rüdesheim (Rhein), Lorch (Rhein) und Bad Ems den Heiligen als Wappenbild. Abb.

**Marzocco:** Bezeichnung des das Wappen von Florenz haltenden Löwen, der etwa 1416 von dem Bildhauer *Donatello* (um 1386/1466) geschaffen wurde und ursprünglich für die päpstlichen Räume im Kloster Maria Novella bestimmt war.

**maschenförmig:** Ausdruck für ein unter dem Wappen am Ordensband statt an der Ordenskette bzw. ↑ Kollane hängendes Ordenszeichen.

**Maske:** über den Helm gezogene Tier- oder Menschenmaske. Diese besonders originellen Helmdekors waren vor allem in der Renaissance- und Barockzeit beliebt. Als Ausschmückung des Wappenhelmes sind sie jedoch unheraldisch.

**Massai-Schild:** spitzovaler Schild des nördlich und südlich des Kilimandscharo lebenden Massai-Volkes. Die moderne afrikanische Heraldik bedient sich des M.es als Wappenschild, z. B. in den Wappen von Kenia und Tansania. Abb.

**Maternus:** christlicher Heiliger, Bischof von Köln (285–315), Missionar am Rhein. Da in seinem Missionsgebiet die drei Erzstifter Köln, Trier und Utrecht entstanden, wird er eine Kirche mit drei Türmen haltend dargestellt, oder er trägt drei Bischofsmützen (eine auf dem Haupt, die zwei anderen vor sich auf einem Buche). Der Heilige wird als Patron des Weinbaues verehrt. In der Heraldik erschien er z. B. seit 1480 im Gerichtssiegel, später im Wappen der schlesischen Stadt Liebental (Lubomierz).

**Mauer:** Wappenbild, das in unterschiedlichen Formen, teils schwebend, teils die Schildränder berührend, auftritt. In letzterem Fall reichen sie vom Unterrand des Schildes bis zu dessen Mitte. M. kommen in den verschiedensten Tinkturen vor und müssen deutlich erkennbare M.stücke aufweisen. Ist das nicht der Fall, so wird dieses Wappenbild als *zinnenweise geteilt* angesprochen. Eine goldene bzw. gelbe M. auf blauem Grund befindet sich beispielsweise im Wappen der Markgrafschaft Oberlausitz. Abb.

**Maueranker** ↑ Hausanker.

**Mauerbrecher,** *Stock*: in der älteren Heraldik irreführender Ausdruck für ein zur Erstürmung von Festungs- bzw. Stadtmauern verwendetes Gerät. Eine bessere Bezeichnung für dieses in den verschiedensten Va-

*Massai-Schild als Wappenträger des Staatswappens von Kenia*

*Mauer im Wappen der Oberlausitz (links)*
*Mauergiebel (rechts)*

*Mauerhaken*

rianten vorkommende Wappenbild wäre *Sturmleiter*.

**Mauergiebel,** *offener Mauergiebel*: Heroldsbild, das ein Mauerwerk ohne eingezeichnete Ziegel darstellen soll. Sind Ziegel eingezeichnet, so wird der M. zu den ↑ gemeinen Figuren gerechnet. Abb.

**Mauerhaken,** *Doppelhaken, Widerhaken*: der Befestigung des Mauerwerkes dienender Eisenbeschlag, der als Wappenbild in einigen Blasonierungen mit dem ↑ Hausanker verwechselt wurde. Die älteren Heraldiker bezeichnen dieses in den verschiedensten Varianten vorkommende Wappenbild als *Hakken*. Im Wappen der Stadt Halberstadt befindet sich im weiß-rot gespaltenen Schild ein schwarzer M. Abb.

**Mauerkrone:** auf einigen Städtewappen befindliche, schon in der Antike bekannte, aus Mauerwerk bestehende Krone. Die drei bedeutendsten deutschen Reichsstädte Nürnberg, Augsburg und Frankfurt am Main setzten die M. bereits zu Beginn des 18. Jahrhunderts auf ihre Wappenschilde. Diese Dekoration von Städtewappen wurde durch das System der ↑ napoleonischen Heraldik nicht wie oft behauptet eingeführt, jedoch durch dieses gefördert und verbreitet. Sie kann mit drei, vier oder fünf Zinnen geführt werden. Die Anzahl der Zinnen sollte die Bedeutung der betreffenden Stadt symbolisieren (vgl. russische Heraldik). Die Tinktur für die M. war nicht feststehend. Es kommen goldene, silberne, rote und auch naturfarbene vor. Residenz- und Hauptstädte führten meist eine fünftürmige M., größere Städte eine viertürmige, kleinere eine dreitürmige. Eine besondere Vorschrift existierte im Deutschen Reich dafür nicht. Seit Beginn des 20. Jahrhunderts ging der Gebrauch der M. mehr und mehr zurück. Vgl. Abb. bei napoleonische Heraldik, Tafel Rangkronen.

**Maultier** ↑ Esel.

**Mauritius:** christlicher Heiliger, Märtyrer, gest. wahrscheinlich zwischen 286 und 293. St. M. war Anführer der aus Oberägypten stammenden Thebanischen Legion. Der Legende nach soll diese Legion von *Kaiser Maximianus* (286–305) gezwungen worden sein, gegen die christlichen Glaubensgenossen vorzugehen und den Göttern zu opfern. Als sie sich weigerte, ließ der Kaiser jeden zehnten niederhauen. Dies soll sich in Agaunum, dem heutigen Saint Maurice, östlich vom Genfer See zugetragen haben. Bereits im 4. Jahrhundert erhob sich über der Stätte ihres Todes eine Basilika. Spätere Umbauten und Erweiterungen des Gotteshauses führen bis zur Gegenwart in der Abtei Saint Maurice die Tradition der Vereh-

*St. Mauritius im goldenen Feld*
*im gespaltenen Schild*
*des Stadtwappens von Bad Sulza*

rung der Soldatenmärtyrer weiter. Wegen seines Namens *Maurus* [lat., schwarz] wird der Heilige seit dem späten Mittelalter als schwarzhäutiger Soldat oder Ritter dargestellt. In der Rechten hält er einen stehenden Schild, in der Linken eine Fahne mit dem Kreuz. Er war und ist der Patron vieler mittelalterlicher Ritterorden sowie von Ländern und Städten, Bistümern und Kirchen und erscheint oft auf deren Münzen. Bekannt sind vor allem die zahlreichen Prägungen des Erzbistumes Magdeburg mit dem Heiligen. Als Schutzpatron der Salzsieder kam er in das Wappen der Stadt Bad Sulza (Bezirk Erfurt), dessen ältestes Stadtsiegel ihn bereits 1567 zeigt. Abb.

**Mauro:** in der mittelalterlichen Heraldik Bezeichnung der schwarzen heraldischen ↑ Tinktur.

**Mayer,** Karl, Ritter von (später *Mayer von Mayerfels*): 1825/1883, Altertumsforscher, Heraldiker. M. war ein hervorragender Kenner des Mittelalters und verstand es vorzüglich, seine historischen Kenntnisse und Erfahrungen für die heraldische Forschung einzusetzen. Da es ihm Schwierigkeiten bereitete, seine gewonnenen Erkenntnisse wissenschaftlich zu formulieren, wandte er sich an den Heraldiker ↑ *Hefner*, der dann versuchte, die Arbeiten M. als seine Werke herauszugeben. Harte Auseinandersetzungen konnten ein Plagiat verhindern. Für seine Arbeiten auf dem Gebiet der Heraldik erhielt M. die Doktorwürde der Philosophie der Universität Freiburg sowie hohe Orden europäischer Monarchen.

*Hauptwerk*

Heraldisches ABC-Buch. Das ist: Wesen und Begriff der wissenschaftlichen Heraldik, ihre Gesetze, Literatur, Theorie und Praxis. Leipzig 1857

**Medaillon:** Mittelschild der Ordensdekorationen.

**Medardus:** christlicher Heiliger, geb. 457 zu Salency in der Picardie, gest. 545, Bischof von Noyon. In der bildenden Kunst wurde der Heilige stets mit lachendem Mund dargestellt. Er ist der Patron des Bistumes Noyon und der Abtei St. Medard in Soissons. Als Wappenbild erscheint er z. B. im Wappen der Stadt Lüdenscheid (Nordrhein-Westfalen).

**Mediatfürst:** nach dem Verlust seiner ursprünglichen Reichsunmittelbarkeit unter der Landeshoheit eines Reichsstandes stehender Fürst. Vgl. Mediatisation und Mediatisierte.

**Mediatisation** [lat. mediat, mittelbar]: die Unterstellung eines bisher reichsunmittelbaren Standes unter die Landeshoheit des Souveräns eines anderen Staates. Der Begriff hängt mit der im Römisch-Deutschen Reich bestandenen Reichsunmittelbarkeit zusammen. Die reichsunmittelbaren Kurfürsten, geistlichen und weltlichen Fürsten, Grafen und Herren sowie die reichsfreien Städte unterstanden direkt dem Kaiser, also dem Reich. Nach dem Artikel VII des Friedens von Lunéville aus dem Jahre 1801 mußte das linke Rheinufer an Frankreich abgetreten werden. Um die erblichen Fürsten, die in diesem Gebiet Besitzungen hatten, zu entschädigen, wurde im Reichsdeputationshauptschluß vom 25. Februar 1803 festgelegt, daß fast alle geistlichen Territorien weltlichen Staaten einverleibt wurden. Außerdem wurden noch 45 freie Reichsstädte Territorialherren unterworfen, wodurch sich ihre Zahl auf sechs verminderte. Eine weitere M. erfolgte dann durch die Rheinbundakte vom 12. Juli 1806, durch die die reichsritterschaftlichen Territorien, die freien Reichsstädte Nürnberg und Frankfurt am Main, die Besitzungen des Deutschen Ritterordens und Johanniterordens und die Gebiete von 72 reichsständischen Fürsten und Grafen den einzelnen Rheinbundstaaten zugeteilt wurden. Weitere Fürsten verloren während der Zeit des Rheinbundes und während der Freiheitskriege ihre Souveränität. Diese werden ebenfalls als ↑ Mediatisierte bezeichnet, obwohl der Unterschied zwischen reichsunmittelbaren und reichsmittelbaren Fürsten bzw. Städten nach der Auflösung des Heiligen Römischen Reiches Deutscher Nation 1806 gegenstandslos geworden war. Die Mitglieder derjenigen fürstlichen und gräflichen Häuser, die vormals ein reichsunmittelbares Territorium mit Sitz und Stimme auf dem

Reichstag hatten, wurden später als *Standesherren* bezeichnet. Vgl. Abb. bei Fürst.

**Mediatisierte:** ehemals souveräne Herrscher, denen infolge des Reichsdeputationshauptschlusses vom Jahre 1803 sowie in den folgenden Jahren bis 1815 die Reichsunmittelbarkeit entzogen wurde. Vgl. Mediatfürst, Mediatisation.

**Medusenhaupt,** *Gorgonenhaupt*: aus der antiken Mythologie stammender Frauenkopf mit Schlangenhaaren, der als Wappenbild äußerst selten auftritt.

**Meerfrau, Meerweib** ↑ Melusine.

**Meerschneck** ↑ Schnecke.

**Meerschwein:** in älteren Wappenbüchern Bezeichnung für den ↑ Delphin.

**Meilenstein:** sehr seltenes Wappenbild, das eine mit einem spitzen Dach versehene Säule darstellt, an die ein Pilgerstab gelehnt ist.

**Meinrad** (von Einsiedeln): christlicher Heiliger, Abt, Einsiedler, gest. 861. M. war der Sohn des *Grafen Zollern* auf Burg Sülchen am Neckar. Er besuchte die Klosterschule der Benediktiner in Reichenau, an der er später Priester und Ordenslehrer wurde. Später wählte man ihn zum Abt des Klosters Bollingen am Zürichsee. Schon bald nach der Wahl zog er sich auf den Berg Etzel am Südufer des Zürichsees zurück, wo er als Einsiedler lebte. Sein Name wurde bald so bekannt, daß viele Gläubige zu ihm pilgerten. Die Äbtissin vom Fraumünster in Zürich ließ ihm eine kleine Kapelle bauen und schenkte ihm die «schwarze Muttergottes von Einsiedeln». Der Heilige wurde von zwei Landstreichern mit Keulen erschlagen. Über seinem Grab wurde später das Kloster Einsiedeln erbaut. Die Attribute des heiligen M. sind zwei Raben, die er der Legende nach vor einem Sperber rettete und die später seine Mörder entlarvten. Zum Andenken an diesen Heiligen befinden sich diese Raben noch heute im Fähnlein der schwyzerischen Waldleute von Einsiedeln und übereinandergestellt auf gelbem Grund im Wappen des Benediktinerklosters Einsiedeln (Kanton Schwyz).

**melden:** in der Heraldik Ausdruck für «besonders bezeichnen». Beim Blasonieren (vgl. Blasonierung) muß alles, was sich nicht von selbst versteht, jedoch für eine aus einer solchen Beschreibung anzufertigende bildliche Darstellung nötig ist, besonders gemeldet werden. Alle klar aus der heraldischen Terminologie ersichtlichen Dinge werden bei einer guten Blasonierung nicht gemeldet, z. B. die Rechtswendung einer Wappenfigur, der im Schildhaupt schwebende Turnierkragen u. a.

**Melusine,** *Fischweiblein, Meerfrau, Meerweib, Mörthier, Sirene*: nacktes, von der Hüfte an fischgeschwänztes, langhaariges Weib, das in vielen Fällen einen Spiegel in der Hand hält. Die M. war ursprünglich das Wappenbild der französischen *Fürsten Lusignan*, die gegen Ende des 19. Jahrhunderts auch einen gleichnamigen Orden stifteten. Die M. war bereits im 12. Jahrhundert das Zeichen der Stadt Palermo auf Sizilien. In der englischen und französischen Heraldik sehr beliebt, erscheint sie hier oft als Schildhalter.

*Melusine*

Eine als Sirene bezeichnete M. befindet sich im Stadtwappen von Warschau. Abb.

**Menorah:** seit 1948 im Wappen des Staates Israel befindlicher, der jüdischen Religion als ein Kultgerät dienender, siebenarmiger Leuchter.

**Meraviglia-Crivelli,** Rudolf Johann, Graf von: 1833/1890, österreichischer Rittmeister, Heraldiker. M. war seit 1886 Mitarbeiter am ↑ Neuen Siebmacher (Band Böhmen).

**Merkurhut:** geflügelter Hut als Attribut des Gottes Merkur bzw. Hermes.

**Merkurstab:** Symbol des römischen Gottes

Merkur und des Handels. Der meist geflügelte, von zwei Schlangen umwundene Stab erschien z. B. in der ↑ napoleonischen Heraldik über den Wappen der Städte erster Ordnung. Auch in der alten russischen Kommunalheraldik war er sehr häufig vertreten. Im Wappen führen ihn z. B. die Städte Oberhausen (Ruhrgebiet), Limbach (Sachsen) und Tampere (Finnland). Vgl. Abb. bei napoleonische Heraldik.

**Merle** ↑ Merlette.

**Merlette,** *Merle*: besonders in der französischen und rheinischen Heraldik beliebte kleine, entenartige Vögel ohne Schnabel und Füße. Da M. bereits in der Frühzeit der Heraldik in französischen Wappen enthalten waren, stellen sie nach der Meinung einiger Heraldiker sichtbare Auszeichnungen dar, die nur von jenen Rittern geführt werden durften, die während der Kreuzzüge verletzt worden waren. Vgl. Amsel, Abb. bei bordweise gestellt. Abb.

*Merletten*

**Metalle:** Bezeichnung für das zu den heraldischen ↑ Tinkturen gehörende Gold und Silber. Stellvertretend für Gold kann bei den Wappenmalereien auch Gelb, für Silber Weiß verwendet werden.

**Michael:** Erzengel, Schutzengel der christlichen Kirche. Die Verehrung des Erzengels M. reicht bis in die alttestamentarische Zeit zurück. Die Legende berichtet von mehreren Erscheinungen des Erzengels. Die bekannteste ist die zur Zeit des *Papstes Gregor I.* (590–604), als der Papst im Jahre 590 die große Pestprozession veranstaltete. Der Engel erschien auf der nach ihm benannten Engelsburg in Rom und steckte zum Zeichen des Endes der Pest sein Schwert in die Scheide. Der Erzengel M. ist Schutzpatron

*Erzengel Michael auf einem Taler des Kantons Zug vom Jahre 1565*

vieler Königreiche, Bistümer, Städte, Kirchen und Ritterorden. Er wird in der Regel stehend dargestellt, mit dem Schwert auf den zu seinen Füßen liegenden Teufel (oft in Gestalt eines Drachens) einhauend, am linken Arm ein Schild. Mitunter hält er statt des Schwertes ein Bündel Blitze in der Hand. Der Erzengel wurde auf eine Vielzahl von Münzen aufgeprägt, in England gab er sogar einem Münznominal den Namen, nämlich Angel [engl., Engel]. Als Figur kommt er z. B. in den Stadtwappen von Brüssel, Kiew (Ukraine), Zeitz (Sachsen), Jena (Thüringen), Ohrdruf (Thüringen) und Schopfheim (Baden) vor. Vgl. Abb. bei Klosterheraldik. Abb.

**Michaelsorden, französischer:** am 1. August 1460 von *König Ludwig XI. von Frankreich* (1461–1483) gestifteter, zweithöchster Orden des Königreiches. Ursprünglich war die Zahl der Ordensritter auf 36 Edelleute festgesetzt, *König Karl IX.* (1560–1574) erhöhte sie auf 50. Durch die große Anzahl der Verleihungen in der späteren Zeit sank das Ansehen des Ordens beträchtlich. Im Jahre 1789 erloschen, wurde der Orden 1816 für Verdienste um Kunst und Wissenschaft erneuert. Das Ordenszeichen bestand ursprünglich aus einer mit Muscheln besetzten Kette, an der ein Medaillon mit der Darstellung des Erzengels ↑ *Michael* hing. In dieser Form erschien es gemeinsam mit dem des ↑ Ordens vom heiligen Geist unter dem Wappen des Königreiches Frankreich. Vgl. Abb. bei Navarrakette.

*Literatur*
*Vetter, P.:* Der französische Ritterorden vom Heiligen Michael (1469–1830). Diss. Bonn 1979

**Midaskopf**: aus der antiken Mythologie stammender, als Wappenbild sehr selten nachzuweisender menschlicher Kopf mit Eselsohren, z. B. im Wappen der schlesischen *Familie von Janorinsky*.

**Militär-Carls-Orden** ↑ Militärverdienstorden, Württembergischer.

**Militärischer Ritterorden von Calatrava** ↑ Calatravaorden.

**Militär-Karl-Friedrich-Orden**: am 4. April 1807 von Großherzog *Karl Friedrich von Baden* (1783–1811) für Tapferkeit, Anhänglichkeit und Treue gestiftete, höchste militärische Auszeichnung Badens. Das Ordenszeichen des dreiklassigen Ordens besteht aus einem weißemaillierten Kreuz und je einem Lorbeerkranz in den Winkeln. Das Kreuz ist von einer offenen Bügelkrone überhöht. Im Medaillon der Vorderseite steht der verschlungene Namenszug des Stifters, umgeben von der Ordensdevise «FÜR BADENS EHRE». Auf der Rückseite befindet sich der von einem Greif gehaltene badische Wappenschild. Zusammen mit dem ↑ Hausorden der Treue und dem ↑ Orden Bertholds des Ersten von Zähringen befand sich dieser Militärorden bis 1918 unter dem großen badischen Staatswappen.

**Militär-Max-Joseph-Orden**: am 8. Juni 1797 von *Kurfürst Karl Theodor* (1777–1799) gestifteter und am 1. Januar 1806 von *König Maximilian I. Joseph von Bayern* (1799–1825, König seit 1806) übernommener höchster Militärorden Bayerns. Der Orden war «zur Belohnung für Kriegstaten, die mit Einsicht, Geistesgegenwart und Tapferkeit, aus freiem Antriebe und unter Lebensgefahr ausgeführt, zum Nutzen und zum Ruhme des Königlichen Dienstes» bestimmt. Mit der Verleihung dieses Ordens war für Inländer der persönliche, bei Verleihung an einen direkten Nachkommen zweier Ritter des Ordens der steuerfreie erbliche Adel mit dem Titel «Ritter von» verbunden. Die Dekoration des dreiklassigen Ordens besteht aus einem weißemaillierten Kreuz unter einer offenen Königskrone. Das Großkreuz hat goldene Strahlen in den Winkeln. Im blauen Medaillon der Vorderseite befindet sich der Namenszug des Stifters. Das Medaillon der Rückseite zeigt die Ordensdevise «VIRTUTI PRO PATRIA» [lat., der Tapferkeit fürs Vaterland]. An der ↑ Kollane hängend erschien das Ordenszeichen bis 1918 unter dem großen Wappen des Königreiches Bayern. Vgl. Abb. bei Mittelschild.

**Militärverdienstorden, Württembergischer**: am 11. Februar 1759 von *Herzog Karl Eugen* (1737–1793) gestiftete höchste militärische Auszeichnung Württembergs, «um die Officiere zu belohnen, welche sich in dem noch forttobenden Kriege ausgezeichnet hatten». Die zur Zeit der Stiftung auch als *Militär-Carls-Orden* bezeichnete Dekoration wurde 1799 vom damaligen Herzog und späteren (seit 1806) *König Friedrich I.* (1797–1817) erneuert und 1806 abermals mit neuen Statuten versehen. Im Jahre 1818 wurde er gänzlich verändert. Das Ordenszeichen besteht aus einem weißemaillierten Malteserkreuz mit goldenen Strahlen zwischen den Kreuzarmen und darüber eine Krone. Auf den Kreuzarmen steht die Inschrift «BENE/ME/REN/TIBUS» [lat., dem Wohlverdienten]. Im goldenen Medaillon befindet sich das gekrönte Monogramm des Stifters. Obwohl das Ordenszeichen in dieser Form nicht mehr verliehen wurde, erschien es seit 1828 unter dem Familienwappen des *Hauses Württemberg*.

**Miltenberger Wappenbuch**: Ende des 15. Jahrhunderts entstandenes handgemaltes Wappenbuch, das sich ehemals in der Bodmann-Habel'schen Sammlung auf dem Schloß Miltenberg befand und 1930 auf einer rheinischen Versteigerung von *Graf Chandon de Briailles* erworben wurde. Das Buch enthält auf 85 Blatt rund 1700 Wappendarstellungen. Neben den Wappen des Kaisers finden sich die der Reichsämter, des Präfekten von Rom, orientalischer Könige, 25 Städtewappen, das persönliche Wappen des Kölner *Erzbischofes Hermann von Hessen* (1480–1508) und des *Herzoges Albrecht von Sachsen* (1485–1500), Wappen des Hoch-,

*Minnesänger Graf Rudolf von Neuenburg mit seinem Wappenschild*

Turnier- und Landadels vom Rhein, aus Schwaben, Franken, Elsaß, Bayern, Österreich und der Schweiz, darunter die mehrerer Bischöfe. Der Codex befand sich mehrere Male für kurze Zeit in Berlin und wurde dort bis 1908 mehrfach als Quelle für den ↑ Neuen Siebmacher und das Oberbadische Geschlechterbuch benutzt.

**Minderungswappen** ↑ Beizeichen.

**Ministerialen:** ursprünglich unfreie Dienstmannen der großen Feudalherren des Mittelalters. Seit dem 11. Jahrhundert wurden sie Verwalter von Hofämtern und rückten somit in die unmittelbare Umgebung des Hochadels auf. Ab dem 12. Jahrhundert verschmolzen die M. gemeinsam mit den freien Vasallen zur Ritterschaft. Durch die Aufnahme der M. in die Kaste der höfischen Gesellschaft vollzog sich eine soziale Umgruppierung des Adels. Dadurch schufen sich die Herrscher einen Rückhalt gegen die sich oft untereinander bekämpfenden Dynasten. Nur wenigen der an sich bevorzugten Reichs-M. gelang es, in den Reichsfürstenstand zu gelangen, so z. B. den *Truchsessen von Waldburg*, den *Pappenheim*, den wetterauischen *Falkenstein*, den *Schönburg* und *Reuß* als Nachfolger der Vögte von Weida, Gera und Plauen.

**Minnesänger:** höfisch-ritterliche Dichter des Mittelalters. Die von den M. geschaffenen Gedichte vermitteln u. a. einen Einblick in das sich ausbildende Wappenwesen. Diese mittelalterliche Literatur legte den Grundstein für die spätere heraldische Kunstsprache, die bereits im 13. Jahrhundert relativ weit entwickelt war. Abb.

**Minnewappen:** im hohen Mittelalter persönliches, frei gewähltes und später wieder abgelegtes Wappen, das bei einem ↑ Turnier zu Ehren einer Dame geführt wurde.

**MISCERIQUE PROBAT POPULOS ET FOEDERA JUNGI** [lat., es ist gut, wenn die Völker sich mischen und Bündnisse geschlossen werden]: Wahlspruch im Wappen der ehemaligen britischen Kolonie Trinidad und Tobago. In das Wappen des seit 1962 unabhängigen Staates wurde der Spruch nicht übernommen.

**Mißenland:** Amtsname der Herolde der *Markgrafen von Meißen.*

**Mißenland,** Johann: im Jahre 1421 durch einen Bestallungs- und Geleitbrief des *Markgrafen Friedrich des Streitbaren* (1380–1428) ernannter Herold der Markgrafschaft Meißen.

**mit dem Helmkleinod geschmückt** ↑ gezimiret.

**Mitra** ↑ Bischofsmütze.

**mit Schuppen belegt** ↑ geschuppt.

**mit Spitzenschnitt geviert:** Vierteilung eines Schildes oder Feldes, die durch gezackte Linien bewirkt wird, wobei immer die gegenüber liegende Seite die gleiche Tinktur aufweisen muß. Ein rot-weiß m. S. g.es Wappen führte die *Familie von Lichtenstein.*

**Mittagssonne:** ältere Bezeichnung für eine in der Schildmitte dargestellte ↑ Sonne.

**Mittelreihe:** seltenerer Name der ↑ Balkenreihe.

**Mittelschild:** ein in der Mitte zwischen

*Die bayrischen Wecken als Mittelschild des königlich bayrischen Wappens um 1890, darunter hängen von oben nach unten: der Hubertusorden, der Hausritterorden vom heiligen Georg, der Militär-Max-Joseph-Orden und der Verdienstorden der bayrischen Krone*

↑ Herzschild und ↑ Hauptschild liegender kleinerer Schild. Die Bereicherung der Wappen mit Herzschild und M. wurde im Laufe der zweiten Hälfte des 15. Jahrhunderts eingeführt. Diese Schilde entstanden durch die Zusammenlegung mehrerer Wappen in einem Schild. Der M. hat in der Regel seinen Platz in der Mitte, also auf der ↑ Herzstelle des Hauptschildes. Seltener ist er etwas höher oder tiefer angebracht. Bei einem mehrfeldrigen Wappen erscheint der M. zwischen den Feldern, wobei ein möglichst kleiner Teil derselben bedeckt sein soll. Der Rang der Wappen untereinander entscheidet über deren Anbringung im oder auf dem Schild. Das Stammwappen nimmt in der Regel den vornehmsten Platz, den Herzschild, ein, im M. finden sich die minder bedeutenden und im Rückenschild die untergeordneten Wappen. Ist kein Herzschild vorhanden, so enthält der M. das Haupt- oder Stammwappen, bei Staatswappen das des Hauses oder Stammlandes der regierenden Dynastie, bei Familien das des Stammbesitzes bzw. der Ureltern. Bei der Vereinigung von Länder-, Personen- und Amtswappen erscheinen letztere im M. Ein ↑ Gnadenwappen wird dann im M. angebracht, wenn es das als Auszeichnung verliehene des Landesherren oder zumindest ein Teil von dessen Wappen ist. Der M. darf nicht mit dem Heroldsbild ↑ Schildlein verwechselt werden. Abb.

**Mittelstelle** ↑ Balkenreihe.

**Mittelstrich:** im 18. Jahrhundert verwendeter unexakter Ausdruck für ↑ Balken.

**Mittelstück:** bei einer Schildteilung der auf der gedachten oder wirklichen Teilungslinie befindliche Platz.

**Mittelvierung:** Heroldsbild, das aus einer in der Mitte des Schildes befindlichen ↑ Vierung besteht. Abb.

**mitten ausgebrochenes Kreuz:** von einigen Heraldikern für einen ↑ neungeschachten Schild verwendeter Begriff. Dieser Ausdruck ist von dem gemeinen Kreuz, in dessen Mitte ein Viereck fehlt, abgeleitet. Der Kürze wegen ist bei einer guten Blasonierung der Ausdruck *neungeschacht* zu empfehlen.

*Mittelvierung · Mondschnitt*

**mittleres Wappen:** für amtliche Belange eingeführtes Wappen, das meist nur die wichtigsten Schilde enthielt. Die Verwendung des m. W. ist in den einzelnen Staaten verschieden gehandhabt worden. Das m. W. des deutschen Kaiserreiches von 1871 z. B. zeigte den schwarzen Reichsadler im goldenen Feld, darüber die Kaiserkrone, um den Schild die Kette mit dem Kleinod des ↑ Schwarzen Adlerordens. Gehalten wurde der Schild von zwei Wilden Männern. Es wurde z. B. von den deutschen Konsulaten geführt. In einigen Staaten waren auch die ↑ Hoflieferanten berechtigt, das m. W. an ihren Geschäften, auf Briefköpfen usw. zu führen.

**mit Zinnen geteilt** ↑ Zinne.

**Mohr:** schon früh in die Heraldik eingeführtes Wappenbild. M.en kommen vielfach mit goldenen bzw. gelben Haaren vor. Auch können einzelne Köpfe, mitunter von einem Kranz umgeben, in den Wappen erscheinen.

Darstellungen eines M.en erscheinen in einigen Adelswappen sowie auch z. B. in den Wappen des Bistumes Freising und der Stadt Coburg. Die M.köpfe im Coburger Stadtwappen beziehen sich auf den Schutzpatron der Stadt, *St.* ↑ *Mauritius.* Vgl. Abb. bei Herzschild.

*Literatur*

*Ziegler, A. W.:* Der Freisinger Mohr. Eine heimatgeschichtliche Untersuchung zum Freisinger Bischofswappen. München 1975

**Molosser:** ältere Bezeichnung für ↑ Bracke (1.). Das hellenistische Volk der Molosser war im Altertum berühmt für die von ihm gezüchteten M.hunde (Doggen).

**Mon** [jap., Muster]: Familienzeichen der ↑ japanischen Heraldik.

**Mönch:** in den Trachten der verschiedenen geistlichen Orden vorkommende Wappenfigur. So erscheint z. B. im Wappen derer *von Münchhausen* ein Benediktiner-, der *Grafen von Pfaffenhofen* ein Franziskaner- und der *Grafen von Münnich* sowie der *Familie von Kotzebue* ein Kapuziner-M. Das im Wappen der *Grafen von Einsiedel* enthaltene redende Wappenbild wird als Einsiedler blasoniert. Auf den Namen anspielend, befinden sich am Wappen des Fürstentumes Monaco zwei schwertschwingende M. als Schildhalter und ein solcher im Wappen der Hauptstadt Monaco. Abb.

**Mond,** *Mondschein*: in den verschiedensten Varianten auftretendes Wappenbild. Häufig erscheint der M. in den Wappen als Halb-M. (z. B. Stadtwappen von Glauchau, Halle), seine Stellung muß besonders blasoniert werden. In der modernen Heraldik ist der Halb-M. in den Wappen einiger islamischer Staaten vorhanden, z. B. Algerien, Komoren, Malaysia, Mauretanien, Pakistan, Singapur, Tunesien, Türkei. Vgl. ungebildet, Halbmond.

**Mondschein:** alter heraldischer Ausdruck für ↑ Mond.

**Mondschnitt,** *Zirkelschnitt*: sehr seltene Schildspaltung, in deren Spaltungslinie sich ein halbkreisförmiger Einschnitt befindet. Abb.

*Zwei Mönche als redende Schildhalter des Wappens von Monaco*

**monile:** ↑ Halskleinod in älteren deutschen Blasonierungen.

**monogrammatische Wappenvereinigungen** ↑ Wappenkunst.

**Monogramme:** eigentlich zur ↑ Sphragistik gehörende unheraldische Beigaben einiger Wappen. Bereits im 16. Jahrhundert kam der Brauch auf, daß die Landesherren einigen Länder-, Städte- und auch Familienwappen ihre M. als besondere Auszeichnung beifügten. So erhielten z. B. einige russische Städte das M. des regierenden Zaren.

**Monomachoskappe:** der Legende nach dem Kiewer *Großfürsten Wladimir II. Monomach* (1113–1126) zugeschriebene, mit Edelsteinen, Perlen, Filigran und Pelz verzierte goldene Kappe, die bis zu *Peter dem Großen* (Zar 1689–1721, Kaiser 1721–1725) als russische Zarenkrone diente. Die M. ist als freie Ableitung des ↑ Kamelaukions anzusehen, was auch dadurch verständlich wird, daß sich bereits *Iwan III.* (1462–1505) nach dem Fall von Konstantinopel (1453) als legitimer Schutzherr der orthodoxen Gläubigen betrachtete. Hergestellt wurde der untere Teil, die eigentliche Kappe der heute noch in Moskau (Kreml) befindlichen Krone, im 14., der obere Teil im 17. Jahrhundert. Die neue Fassung der Edelsteine im 19. Jahrhundert bedeckt zum Teil das Filigran der Platten, so daß alle Regeln der Symmetrie verletzt werden. Nach dem Vorbild der M. entstanden im Laufe der Zeit aus politischen und repräsentativen Erwägungen die Mütze von Kasan, die Mütze von Astrachan und die nach dem verwendeten Goldstoff benannte Mütze Atabasnaja. Für die Doppelkrönung *Peters* und seines Bruders *Iwan* im Jahre 1682 mußte ein Double der Krone angefertigt werden. Bei dieser Krönung wurde die M. zum letzten Mal öffentlich getragen.

Die M. befand sich z. B. auf einem Thronsessel liegend im Wappen des russischen Gouvernements Twersk. Bei der Regelung der russischen Städteheraldik im Jahre 1859 wurde z. B. den alten russischen Städten Kiew, Nowgorod, Smolensk und Wladimir die M. zur Bekrönung des Stadtschildes zugewiesen.

**Monozeros:** ↑ Einhorn in einigen älteren Blasonierungen.
**monströs:** Wappenfiguren, in erster Linie Tiere, die anatomisch verunstaltet sind. So wird z. B. ein mit einem Hundekopf dargestellter Löwe als m. bezeichnet. Bei fischgeschwänzten Tieren wird dieser Ausdruck jedoch nicht verwendet.
**MONTANI SEMPER LIBERI** [lat., auf den Bergen wohnen freie Männer]: Wahlspruch im Wappen des US-Bundesstaates Westvirginia.
**MONTJOIE SAINT-DENYS!** [franz., Freudenhügel für St. Dionys]: über dem ↑ Wappenzelt schwebender Wahlspruch der Könige von Frankreich.
**Moreau,** Philippe: zu Beginn des 17. Jahrhunderts in Bordeaux lebender Rechtsanwalt, der als «Erfinder» des ↑ Wappenzeltes gilt. In seinem 1609 erschienenem Werk «Tableau des armoiries de France» ersetzte er, von den französischen Thronsiegeln ausgehend, die dort dargestellte Person des Monarchen durch dessen Wappenschild, über der nunmehr ein Dach aus wallendem Stoff erschien. Diese Darstellungsweise wurde zunächst von den französischen Königen als Wappenbestandteil nicht anerkannt, fand aber durch die Verbreitung in den verschiedensten Druckwerken bei den Bewunderern französischer Sitten großen Anklang, z. B. in Savoyen, Dänemark und Preußen. Später wurde zwischen ↑ Wappenzelt und ↑ Wappenmantel differenziert. Ersteres wurde Privileg des Staatsoberhauptes, letzterer den Prinzen und Prinzessinnen zugebilligt, von denen es der hohe und niedere Adel übernahm.
**Morgenstern,** *Faustkolben*: im alten Kriegswesen gebräuchliche, mit Nägeln oder Spitzen versehene Keule oder Dreschflegel. Der M. ist als Wappenbild relativ selten, z. B. hat die pommersche *Familie von Steding* zwei gekreuzte M. im Wappen. Auch im Schild der ehemaligen Freien Reichsstadt Colmar (Elsaß) befindet sich ein M. Abb.

*Zwei Morgensterne*

**Mörser:** Steilfeuergeschütz zum Bekämpfen stark gedeckter Ziele. Die meisten als Wappenbilder vorkommenden M. dürften auf die Apotheker-M. zurückzuführen sein, wie die drei im Wappen der brandenburgischen *Familie von Brösigke* befindlichen M., da diese Familie vor der Erfindung des Schießpulvers im 13. Jahrhundert geadelt wurde und das Wappen annahm. Militärische M. befinden sich z. B. im Wappen der *Grafen Luckner.*
**Mörthier:** alter Name für ↑ Melusine.
**Mörwurm:** alter Ausdruck für ein Tier, das entgegen der Wirklichkeit mit einem Fischschwanz versehen ist.

*Mühleisen*
*auf einem Taler der Stadt Hameln von 1556*

**Mühleisen,** *Mühlradnabe*: eiserne Nabe der Mühlsteine, die als Wappenbild in den verschiedensten Varianten auftritt (Stadtwappen von Mühlhausen [Thüringen], Hameln [Niedersachsen]), so daß sie nicht immer richtig erkannt und blasoniert wurde. Abb.
**Mühleisenkreuz:** gemeines oder auch leicht nach außen verbreitertes Kreuz, in dessen kreisförmiger Mitte sich eine auf die Spitze gestellte, viereckige Aussparung befindet.
**Mühlkreuz:** ein in der Mitte durchbrochenes ↑ Ankerkreuz. Abb.

*Mühlkreuz*

**Mühlrad:** Wappenbild, das in der Regel mit vier Speichen und acht viereckigen Zähnen dargestellt wird. Vgl. Kammrad.
**Mühlradnabe** ↑ Mühleisen.
**Mühlsteine:** seltene Wappenbilder; sie erscheinen mit oder ohne Eisen in der Höhlung, z. B. im Wappen der bürgerlichen *Familie Haffner.*
**mullet:** in der englischen Heraldik Ausdruck für einen fünfstrahligen Stern mit geraden Kanten.
**Mülverstedt,** Georg Adalbert von: 1825 bis 1914, Geheimer Archivrat in Magdeburg, Heraldiker und Numismatiker. Sein heraldisches Hauptwerk sind die acht Bände, die er zum ↑ Neuen Siebmacher beigetragen hat.
**Mumblatt:** älterer Ausdruck für ↑ Seeblatt.
**Münchner Kalender** ↑ Hupp, Otto.
**Mundlöcher:** an den oberen Enden der ↑ Büffelhörner befindliche ausgebogene Öffnungen.
**MUNIT HAEC ET ALTERA VINCIT** [lat., es baut die eine, und die andere siegt]: Wahlspruch über dem Wappen der kanadischen Provinz Neuschottland. Die Devise ist eine Anspielung darauf, daß Neuschottland seit 1604 von Franzosen bewirtschaftet, jedoch 1713 britischer Besitz wurde. Die Franzosen wurden 1775 umgesiedelt und das Land 1784 an die sogenannten Loyalisten verteilt, die aus den jungen USA auswanderten.

*Münzenschnurgeflecht aus dem Gesamtwappen des Königreiches Navarra*

**Münzen:** **1.** ↑ Byzantiner Münze. – **2.** ↑ Pfennig. – **3.** ↑ Kugeln.
**Münzenkreuz:** Kreuz, dessen Arme aus aneinandergereihten kleinen Scheiben bestehen.
**Münzenschnurgeflecht:** Bezeichnung für die älteren Darstellungen des Wappenbildes von Navarra, das im 14. Jahrhundert in Form eines mit runden Scheiben belegten und umrahmten Sternes dargestellt wurde, z. B. in ↑ Gelres Wappenbuch. Später ist dieses Wappenbild aus Ketten gebildet. Der Ursprung dieser Darstellung ist noch ungeklärt. Wahrscheinlich handelt es sich um eine ehemalige Schildverstärkung, die später zum Wappenbild wurde. Das M. erschien häufig zusammen mit den Lilien im Wappenschild Frankreichs. Vgl. Navarrakette. Abb.
**Münzkreuz:** wenig gebräuchliche Bezeichnung für ↑ Kugelkreuz.
**Mure,** Conrad von: 1210/1281, Theologe in Zürich. Seit 1233 war M. Geistlicher am Chorherrenstift in Zürich, 1244 wurde er Schulmeister, 1258 Kantor in Zürich. In seinem um 1250 erschienenem «Clipearius» beschrieb er in Reimpaaren die Wappen des römisch-deutschen Kaisers, einiger Könige, Fürsten, Grafen sowie Herren. Die Überlieferung dieses Werkes ist dem Umstand zu danken, daß ein großer Teil etwa 200 Jahre später von *Felix* ↑ *Hemmerlin* in sein «Tractatus de nobilitate et rusticitate» übernommen wurde. Im Verzeichnis seiner Schriften erwähnt M. 160 Verse, *Hemmerlin* übernahm aber nur 146. Diese Schrift gab der Luzerner Stadtarchivar *Theodor von Liebenau* im Jahre 1880 neu heraus.
**Muschel** ↑ Jakobsmuschel.
**Musterung:** teilweise für ↑ Damaszierung verwendeter Begriff.
**mutig:** Bezeichnung für galoppierende Pferde.
**Mütze:** **1.** ↑ Bischofsmütze. – **2.** ↑ Kummet.

# N

**Nabel** ↑ Nabelstelle.
**Nabelreihe:** bei der Schildeinteilung die unter der ↑ Balkenreihe befindliche Reihe.
**Nabelstelle,** *Nabel*: bei der Auflegung mehrerer kleiner Schildchen auf den Rückenschild die Stelle, die sich auf der ↑ Nabelreihe, also unter dem Mittelschild, befindet. Das auf der N. aufgelegte kleine Schildchen trägt immer ein dem ↑ Mittelschild untergeordnetes Wappen.
**nach der Schrembs,** seltener *in der Schrembs*: alter heraldischer Ausdruck für die Schrägstellung der Wappenfiguren, mitunter auch für Schrägteilungen.
**nach der Zwerch** ↑ in die Zwerch.
**Nagelbord:** das mit kleinen andersfarbigen Kreisen (stilisierten Nägeln) belegte Heroldsbild ↑ Bord. Wahrscheinlich ist dieses Heroldsbild aus einer ursprünglichen Randverstärkung des mittelalterlichen Schildes hervorgegangen.
**Nagelspitzenkreuz:** schwebendes ↑ Tatzenkreuz, dessen unterer Arm in einen Dorn ausläuft. Abb.

*Nagelspitzenkreuz*

**Nagelspitzentatzenkreuz:** ↑ Tatzenkreuz, an dessen Enden sich in der Mitte Spitzen befinden.
**Namenswappen** vgl. redende Wappen.
**napoleonische Heraldik:** Sammelbegriff der von *Kaiser Napoleon I.* (1804–1814, 1815) mit der Schaffung des neuen französischen Reichsadels am 1. März 1808 ins Leben gerufenen Neuordnung des französischen Wappenwesens. Nach diesem neuen System sollten die Wappen einen neuen Inhalt bekommen und in erster Linie die Staatswürden, in zweiter die Würde des betreffenden Geschlechtes symbolisieren. Alle Wappen wurden nach dem Rang und der persönlichen Würde des Inhabers klassifiziert. Eine weitere wesentliche, wenn auch unheraldische Neuerung war das Weglassen der heraldischen Helme, die durch die ↑ Toque oder einen mit Federn geschmückten Hut ersetzt wurden. Das System der n. H. weitete sich, wenn auch nur bedingt, auf die Wappen der mit Napoleon verbündeten Rheinbundstaaten aus. Mit dem Sturz des Kaisers verschwand auch dieses neue heraldische System und wurde auch später von *Napoleon III.* (1854–1870, gest. 1873) nicht wieder eingeführt.
Der Kaiser führte über seinem mit dem Adler geschmückten Schild eine besondere Krone (↑ Kaiserkrone). Hinter dem Schild kreuzten sich zwei lange goldene Zepter. Das rechte zeigte eine silberne ↑ Schwurhand als Zeichen der Gerechtigkeit, das linke eine goldene, den gekrönten *Kaiser Karl den Großen* mit Zepter und Reichsapfel darstellende Figur. Auch das Wappen von *Joachim Murat* als *Großherzog von Berg* (1806–1808) war eine ausgesprochene Schöpfung der n. H. Als Großherzog von Berg führte er im silbern-rot gespaltenen Schild einen silbernen Doppelanker (als Großadmiral des französischen Reiches). Rechts von der Mitte des Ankers schritt ein roter Löwe wegen Berg, links befand sich der ↑ Lilienzepterstern wegen Cleve, auf der Mitte des Ankers ein blauer ↑ Herzschild mit einem goldenen Adler auf einem ↑ Donnerkeil, da der Großherzog französischer Prinz «von Geblüt» war. Das Wappen wurde von der Kette des Großkreuzes des Ordens der Ehrenlegion umschlossen. Aus der mit goldenen Bienen besäten Wappendecke ragten kreuzweise zwei Marschallstäbe hervor.
Die Wappen der Prinzen-Großwürdenträger erhielten statt der ↑ Rangkronen eine

schwarze Samtmütze mit einem Stulp von rotgoldenen ↑ Eisenhütlein. An der Mütze befand sich ein goldener Halter mit sieben fächerförmig gestellten, weißen, geschwungenen Federn. Die Wappen dieser Rangklasse erhielten ein blaues ↑ Schildhaupt, das mit steigenden goldenen Bienen besät war. Die Wappen waren von einem blauen, hermelingefütterten, mit goldenen Bienen besäten Mantel umgeben, der von einer hermelingestülpten blauen, dem ↑ Kurhut ähnlichen Ehrenmütze (***bonnet d'honneur***) gehalten wurde.

Die neuernannten Herzöge des Kaiserreiches führten eine Mütze wie die vorigen, jedoch waren diese mit einem Aufschlag von Hermelin versehen. Ihre Wappen enthielten ein rotes, mit fünfstrahligen silbernen Sternen besätes ↑ Schildhaupt. Der Wappenmantel war blau und unten mit weißen ↑ Eisenhütlein gefüttert.

Die *Grafen-Senatoren* führten eine schwarze Samtkappe mit einem Aufschlag von Hermelin und fünf Federn, die *Grafen-Erzbischöfe* eine gleiche, jedoch mit einem Aufschlag von ↑ Gegenhermelin und goldener Agraffe mit fünf Federn. Letztere brachten über ihren Wappen einen roten, breitkrempigen Hut mit gleichfarbigen, seidenen Schnüren an, die verschlungen zu beiden Seiten des Schildes in fünf Quasten enden. Die *Grafen-Militärs* bedienten sich der vorigen Kappe, die *Barone-Militärs* ebenfalls, jedoch mit einem Aufschlag von Gegenfeh (↑ Eisenhütlein). Die *Barone-Bischöfe* führten eine der vorigen gleiche Mütze. Über deren Wappen befand sich ein breitkrempiger grüner Hut mit je vier grünen Quasten. Über den Wappen der Ritter des Ordens der Ehrenlegion befand sich eine schwarze Mütze mit grünem Aufschlag und weißem Federbusch. Im Schild erschien das Ordenszeichen an den verschiedensten Stellen, vielfach auf einem roten ↑ Pfahl.

Eine besondere Bedeutung in der n. H. erlangten die rechte obere und linke obere ↑ Vierung. Erstere blau tingiert bezeichnete einen Grafen, letztere rot tingiert einen Freiherren bzw. Baron. Entgegen der alten heraldischen Regel wurde die Vierung nach

*In Anlehnung an die napoleonische Städteheraldik gestaltete Stadtwappen von Lyon, oben um 1820, unten 1835. Nach dem Sturz Napoleons I. wurde das Schildhaupt wieder blau, die drei Bienen entfielen und wurden später durch drei Sterne ersetzt*

Bedarf vergrößert oder verkleinert. Bei ↑ gevierten und quergeteilten Schilden betrug sie ein Viertel des Schildes, bei einer Teilung durch einen ↑ Balken reichte sie bis zu diesem, bei Schilden mit ↑ Schildhaupt ragte sie in diesen hinein. Enthielt der Schild einen Schrägbalken, so fiel die Diagonale der Vierung mit der des Balkens zusammen. Befand sich im Schild ein ↑ gemeines Kreuz, nahm die Vierung nicht das ganze obere Viertel ein. Die Vierung diente zur Kennzeichnung der Ämter des Wappeninhabers.

*Graf ohne besonderen Stand* oder *Großkreuzinhaber des Ordens der Ehrenlegion:* einfache blaue rechte Vierung. Die Grafen des Kaiserreiches führten über ihren Wappen eine schwarze mit ↑ Eisenhütlein versehene goldbordierte ↑ Toque, um deren Mütze ein goldener Reif mit einer Agraffe mit fünf silbernen Straußenfedern gelegt war. Aus der Toque gingen helmdeckenartige goldene Arabesken hervor. Das Wappen war von einem gelbgefütterten blauen Mantel umgeben.

*Graf-Senator:* blaue rechte Vierung, in der sich ein ovaler, goldgefaßter Handspiegel befand. Der Griff des Spiegels war von einer nach rechts züngelnden Schlange umgeben.
*Graf-Minister:* blaue rechte Vierung mit nach rechts gewendetem, rotbezungtem, goldenem Löwenrumpf.
*Graf-Staatsrat:* blaue rechte Vierung, golden und blau gewürfelt.
*Graf-Präsident des gesetzgebenden Körpers:* blaue rechte Vierung mit den goldenen Gesetzestafeln Moses'.
*Graf-Erzbischof:* blaue rechte Vierung mit goldenem, die Ränder berührendem ↑ Tatzenkreuz.
*Graf-Militär:* blaue rechte Vierung mit aufrechtem, silbernem und goldbegrifftem Schwert.
*Graf-Hausoffizier des Kaisers:* blaue rechte Vierung mit zwei auf einem Postament stehenden goldenen Säulen, darüber ein Spitzdach. Rechts der Säulen ein goldenes D, links ein goldenes A.
*Graf-Hausoffizier der kaiserlichen Prinzen:* wie bei Hausoffizier des Kaisers, jedoch die Buchstaben D und J innerhalb der Säulen.
*Graf-Minister im auswärtigen Dienst:* blaue rechte Vierung mit silbernem Löwenrumpf.
*Graf-Präfekt:* blaue rechte Vierung mit goldener Mauer, darüber ein goldener Eichenzweig.
*Graf-Maire:* wie bei Graf-Präfekt, jedoch ohne Eichenzweig.
*Graf-Präsident des Wahlkollegiums:* blaue rechte Vierung mit drei seitlich aneinanderhängenden, goldenen, aufrechten, die Wahlzettel symbolisierenden ↑ Wecken.
*Graf-Mitglied des Wahlkollegiums:* blaue rechte Vierung mit schrägrechts gestelltem, goldenem Eichenzweig.
*Graf-Grundbesitzer:* blaue rechte Vierung mit aufrechter goldener Ähre.
*Baron ohne besonderes Amt:* linke obere Vierung in roter Tinktur. Die Barone des Kaiserreiches führten über ihren Wappen eine schwarze ↑ Toque mit einem silberbordierten Stulp, der mit fünf silbernen kleinen Sternen belegt war. Am Stulp war eine silberne Agraffe mit drei Straußenfedern angebracht. Aus der Toque gehen den Schild umrahmende silberne Arabesken hervor.
*Baron-Bischof:* rote linke Vierung mit schwebendem, silbernem, ↑ gemeinem Kreuz.
*Baron-Militär:* rote linke Vierung mit aufrechtem silbernem Schwert mit einem goldenen Griff.
*Baron-Offizier des kaiserlichen Hauses:* rote linke Vierung, darin Symbol wie bei Graf-Hausoffizier des Kaisers, jedoch silbern.
*Baron-Minister im auswärtigen Dienst:* rote linke Vierung mit einem silbernen Löwenrumpf.

*Wappen des Herzoges von Lodi als Beispiel der napoleonischen Heraldik*

*Baron-Hausoffizier der kaiserlichen Prinzen:* wie bei Graf-Hausoffizier, jedoch in roter linker Vierung.
*Baron-Mitglied des Staatsrates:* rote linke Vierung, von Rot und Gold bzw. gelb ↑ geschacht.
*Baron-Präsident* und *Baron-Generalprokurator des Kassationshauses:* rote linke Vierung mit silberner Waage.
*Baron-Präsident* und *Baron-Generalprokurator*

*des kaiserlichen Hofes:* rote linke Vierung mit schwarzer, hermelinbesetzter Prokuratorentoque.
*Baron-Sanitätsoffizier der Armee:* rote linke Vierung mit schräglinks gestürztem, silbernem Schwert.
*Baron-Präsident des Wahlkollegiums:* rote linke Vierung mit drei pfahlweise gestellten, silbernen, rhombenförmigen Wahlzetteln.
*Baron-Präfekt:* rote linke Vierung mit silberner Mauer, darüber ein silberner Eichenzweig.
*Baron-Unterpräfekt:* rote linke Vierung mit silbernem, reich ↑ befruchtetem Eichenzweig.
*Baron-Maire:* rote linke Vierung mit silberner Mauer.
*Baron-Mitglied des Wahlkollegiums:* rote linke Vierung mit schrägrechts gestelltem, silbernem Eichenzweig.
*Baron-Mitglied des Sanitätscorps:* rote linke Vierung mit schrägrechtem, silbernem Palmenzweig.
*Baron-Grundbesitzer:* rote linke Vierung mit aufrechter silberner Ähre.
*Gelehrter:* rote linke Vierung mit silbernem Palmenzweig.
Eine weitere Eigenart der n. H. war die Verleihung besonderer Abzeichen an Städte. Die Städte erster Ordnung (*bonnes villes*) erhielten ein rotes ↑ Schildhaupt mit drei goldenen Bienen. Um den Schild war ein von roten Bändern umflochtener goldener Kranz gelegt, der rechts aus Oliven-, links aus Eichenzweigen bestand. Auf dem Schild befand sich ein ↑ Merkurstab und darüber eine hohe goldene Mauer mit einer ↑ Mauerkrone mit sieben Zinnen, aus der ein goldener Adler wuchs.
Die Städte zweiter Ordnung führten im Schild eine blaue rechte Vierung und darin ein von einem fünfstrahligen goldenen Stern überhöhtes goldenes N. Über dem Schild befand sich ein Merkurstab und eine hohe, den Schild bedeckende, silberne Mauerkrone mit fünf Zinnen. Um den Schild war ein silberner Kranz mit blauen Bändern gelegt. Bei den Städten dritter Ordnung befand sich im Schild eine rote linke Vierung mit silbernem, von einem fünfstrahligen Stern überhöhten N. Über dem Schild stand ein mit goldenen Ähren gefüllter goldener Korb, an dem rechts ein grüner Kranz von Oliven-, links von Eichenzweigen mit roten fliegenden Bändern hing.
Diese städtische Heraldik wurde dann auch auf die dem Kaiserreich angegliederten Städte ausgedehnt. So führten z. B. Hamburg, Bremen, Köln, Mainz, Aachen und Genf diese Abzeichen. Einige deutsche Städtewappen wurden auch gänzlich verändert, z. B. erhielt Bremen einen gestürzten schwarzen Schlüssel im goldenen Feld. Abb.

*Literatur*

*Simon, H.:* Armorial général de l'Empire françois. Paris 1812
*Gritzner, M.:* Handbuch der heraldischen Terminologie (Einleitungsband zum Neuen Siebmacher, Abt. A). Nürnberg 1890

**Narbenschnitt** ↑ Kerbschnitt.

**Nationalfarben** ↑ Landesfarben.

**Nationalflagge:** Hoheitszeichen eines Staates. Während einige Staaten den Gebrauch der N. durch ihre Bürger ohne Einschränkung gestatten, darf sie in anderen von Privatpersonen nur an bestimmten nationalen bzw. internationalen Feier- und Gedenktagen gehißt werden. Die mitunter auch als Staatsflagge bezeichnete N. ist in einigen Staaten ausschließlich dem Gebrauch der staatlichen Dienststellen vorbehalten.

**Naturfarbe,** *künstliche Farbe, Leibfarbe, natürliche Farbe*: nicht zu den heraldischen ↑ Tinkturen gehörende natürliche Färbung der Wappenbilder. Bei schwarzweißen Wappendarstellungen versieht man Wappenbilder in N. mit einer Schattierung, um sie vom Silber zu unterscheiden. Die im 18. Jahrhundert aufgekommene Schraffur für die N. konnte sich in den späteren Zeiten nicht durchsetzen. Mitunter, z. B. bei Pfauenfedern, wählt man die nächstliegende Tinktur. Vgl. Fleischfarbe.

**natürlich,** *natürliche Darstellung*: in der Heraldik alle Wappenbilder, die in ihrer natürlichen Gestalt dargestellt sind. Dieser Begriff soll den Unterschied zu den heraldischen Stilisierungen und Figuren zum Ausdruck bringen.

*Die Wappen von Frankreich und Navarra im gespaltenen Schild,*
*heraldisch rechts die drei goldenen Lilien der Bourbonen im blauen Feld,*
*links die Navarrakette im roten Feld (die Tingierungen sind deutlich zu erkennen).*
*Unter dem Schild hängen die Kleinode des Michaelsordens und darunter des Ordens vom Heiligen Geist jeweils an einer Kollane*

**natürliche Farbe** ↑ Naturfarbe.
**natürlicher Hermelin** ↑ Vehem.
**natürliche Stellung:** der ursprünglich dreieckigen Schildform angepaßte Anordnung der Wappenbilder, so daß sich deren Anzahl von oben nach unten verringert.
**natürlich schreitend,** *natürlich gehend*: Tier, das beim Gehen die Füße in normaler Stellung zeigt. Heraldisch gestaltete Tiere werden in der Regel mit zurückgesetzten Hinterbeinen dargestellt. Die normale Beinstellung muß besonders bei Pferden, Lämmern und Widdern gemeldet werden, da sie bei heraldischen Darstellungen sonst nicht üblich ist.
**Navarrakette:** im Wappen des Königreiches Navarra befindliches, aus Ketten gebildetes Schildbild. Bei der N. handelt es sich ursprünglich um einen Schildbeschlag, der später als diejenige Kette gedeutet wurde, die ein König von Navarra als Gefangener getragen haben soll. Zur Erinnerung sei sie in das Wappen des Königreiches aufgenommen worden. Ein ähnliches Bild führt auch die preußische *Familie von Lucadou.* Vgl. Münzenschnurgeflecht. Abb.
**Nebelschnitt** ↑ Wolken.
**Nebenfigur** ↑ Hauptfigur.
**nebenheraldische Abzeichen:** Bezeichnung für die heraldischen Charakter tragenden ↑ Badges und ↑ Parteizeichen. Mitunter werden auch die ↑ Devisen (Buchstaben- und Bilddevisen) als solche angesehen.
**Nebenstücke:** alle dem Schilde entweder zur genauen Bestimmung des Wappens oder als Zierat beigefügten Wappenteile.
**Nebenwappen:** seit dem 13. Jahrhundert nachweisbare Wappen, die zusätzlich neben dem eigentlichen Familien- oder Personenwappen als persönliche «Lieblingswappen» geführt wurden. Die Bildmotive, die in vielen Fällen eine ähnliche Bedeutung wie die ↑ Bilddevisen oder Wortdevisen (↑ Devise) haben, entstammten der Tiersymbolik, der Sagenwelt oder der Familienlegende. Zu den N. kann man auch jene Wappen zählen, die bei einer Schilderneuerung mit einer frei zugelegten Schildfigur bereichert wurden. Auch die zeitweilig geführten und später wieder abgelegten Wappen zählen zu den N., z. B. die ↑ Minnewappen.
**NEC ASPERA TERRENT** [lat., selbst Schwierigkeiten schrecken nicht]: Wahlspruch unter dem Wappen des Herzogtumes Braunschweig sowie des hannoverschen ↑ Guelphenordens.
**NEMO ME IMPUNE LACESSIT** [lat., niemand reizt mich ungestraft]: Wahlspruch unter dem Wappen Schottlands sowie des schottischen Distelordens.
**Nesselblatt:** rätselhaft anmutende heraldische Figur mit gezackter, meist silberner recht- oder dreieckiger Fläche. Entstanden ist das N. mit großer Wahrscheinlichkeit aus einem gezackten Schildrand. Bereits im hohen Mittelalter entwickelte sich hieraus eine selbständige Wappenfigur, die wegen ihres brennesselblattähnlichen Aussehens als N. bezeichnet wurde. Seit Beginn des 13. Jahrhunderts ist das N. als Wappen der *Grafen von Schaumburg* nachgewiesen. Im Wappen des Fürstentumes Schaumburg-Lippe ist es mit drei ↑ Passionsnägeln versehen und mit der Rose, dem Wappenbild des *Hauses Lippe*, belegt. Im Wappen von Schleswig-Holstein befindet sich im N. ein rotweißes Schildchen. Abb.

*Nesselblatt*

*Literatur*

*Weinmeister, P.:* Münzgeschichte der Grafschaft Holstein-Schauenburg, II. Das Wappen, in: Zeitschrift für Numismatik. Berlin 1907
*Stephan, W.:* Die historischen Wappen Schleswig-Holsteins und seiner Landschaften. Neumünster 1953

**Nestel:** alte heraldische Bezeichnung für einen querliegenden oder schrägen ↑ Faden. Vgl. benestelt.

**Netz:** bei ↑ Siebmacher Ausdruck für ↑ Gitter.

**Neuer Siebmacher:** von dem Heraldiker *Otto Titan von* ↑ *Hefner* im Jahre 1854 begründete und in einzelnen Lieferungen bis 1961 herausgegebene größte Sammlung vorwiegend deutscher und österreichischer Wappen; erschienen im Verlag von Bauer & Raspe in Nürnberg. An dem in Anlehnung an das berühmte ↑ Siebmacher'sche Wappenbuch geschaffenen Werk wirkten u. a. die bedeutendsten deutschen und österreichischen Heraldiker ihrer Zeit mit, z. B. *M.* ↑ *Gritzner, G. A.* ↑ *Seyler* sowie *C. G. F. Heyer von Rosenfeld* (1846/1935). Nach dem Tod *Seylers* 1935 beschränkte sich die Sammlung nur noch auf bürgerliche Wappen. Der Band 4, Abteilung 16, nichtimmatrikulierter Adel Österreichs, wurde zwar geplant, ist aber nicht erschienen. Bei Luftangriffen gegen Ende des Zweiten Weltkrieges wurde der Verlag samt dem Archiv und den Lagerbeständen durch Fliegerbomben vernichtet. Erst in den Jahren von 1949 bis 1961 erschien unter der Redaktion des leitenden Beamten am Germanischen Nationalmuseum in Nürnberg *L. Rothenfelder* der jüngste, das Werk wohl abschließende Band mit bürgerlichen Wappen.

Gliederung des gesamten Werkes (als Erscheinungsjahr ist das der letzten, den einzelnen Band abschließenden Lieferung angegeben, kursiv in Klammern gesetzt die Verfasser):

Zwei Einleitungsbände

A. Geschichte der Heraldik (*G. A. Seyler*) 1890

B. Grundsätze der Wappenkunst (heraldische Terminologie) (*M. Gritzner*) 1890

(Der ursprüngliche Einleitungsband *O. T. v. Hefners* wurde durch diese beiden Werke ersetzt)

1.1. Souveräne der deutschen Bundesstaaten (*O. T. v. Hefner*) 1856

1.1. 2. Teil Wappen der deutschen Souveräne und Lande (*G. A. Seyler*) 1909

1.1. 3. Teil (neue Folge) Wappen der deutschen Souveräne und Lande (*G. A. Seyler*) 1916

1.1. 4. Teil (neue Folge) Wappen der deutschen Souveräne und Lande (*G. A. Seyler*) 1919

1.1. 5. Teil Wappen der deutschen Souveräne und Lande, Wappenwesen der preußischen Provinzen, Landesteile und Landesbehören (*G. A. Seyler*) 1929 (nur die erste Lieferung erschienen)

1.2. Wappen außerdeutscher Souveräne (*O. T. v. Hefner, M. Gritzner* und *A. M. Hildebrandt*) 1870

1.3. Hoher Adel: 1. Reihe Die mediatisierten Fürstengeschlechter Deutschlands (*M. Gritzner*). Mit Anhang: Fürstlich Hohenzollern'sche Standeserhöhungen. 1878

2. Reihe Die erlauchten Grafengeschlechter Deutschlands (*M. Gritzner*) 1878

3. Reihe A Die Fürsten des Heiligen Römischen Reiches (*M. Gritzner*) 1887

3. Reihe B Die Fürsten der deutschen Bundesstaaten und Österreichs (*M. Gritzner*) 1894

3. Reihe C Die europäischen Fürstengeschlechter nicht römisch-kaiserlicher Extraktion (*M. Gritzner*) 1894

1.4. Städtewappen (*O. T. v. Hefner, L. Clericus* und *A. Gautsch*) 1885

1.5. 1. Reihe Bistümer (*G. A. Seyler*). Mit Anhang: Englische Bistümer. 1881

1.5. 2. Reihe Klöster (*G. A. Seyler*) 1882

1.6. Flaggen (*M. Gritzner*) 1878

1.7. Corporationen (Berufswappen) (*G. A. Seyler*) 1898

1.8. Universitäten (*E. Gritzner*) 1906

2.1. Bayerischer Adel (*O. T. v. Hefner*) 1856

2.2. Braunschweiger Adel (*A. M. Hildebrandt*) 1869

2.3. Sächsischer Adel inklusive der Herzogtümer (*O. T. v. Hefner*) 1857

2.4. Thüringer Adel (Schwarzburg und Waldeck) (*O. T. v. Hefner*) 1860

2.4. 2. Teil Adel der Fürstentümer Reuß (*M. Gritzner*) 1873

2.5. Württemberger Adel (*O. T. v. Hefner*) 1857

2.6. Der Adel in Baden (*Freiherr G. A. v. Graß*). Mit Anhang: Die fürstlich Fürstenbergischen Standeserhöhungen. 1878

2.7. Nassauer Adel (*O. T. v. Hefner*) 1858

2.8. Frankfurter Adel (*O. T. v. Hefner*) 1856

2.9. Hannoverischer Adel (*A. M. Hildebrandt*) 1870
2.10. Elsässer Adel (*M. Gritzner*) 1871
2.11. Deutsch-Lothringer Adel (*M. Gritzner*) 1873
3.1. Preußischer Adel. Grafen (*O. T. v. Hefner*)
3.1.1. Freiherren (*O. T. v. Hefner*) 1860
3.1.2. Nachträge, Grafen und Freiherren (*G. A. v. Mülverstedt*) 1906
3.2. Preußischer Adel. Edelleute (*O. T. v. Hefner* und *A. Grenser*) 1878
3.2.2. Nachträge, Edelleute (*G. A. v. Mülverstedt*) 1906
3.3. Hamburger, Bremer und Lübecker Adel (*M. Gritzner*) 1871
3.4. Hessischer Adel, Kurfürstentum und Großherzogtum (*O. T. v. Hefner*) 1859
3.5. Oldenburger Adel (*M. Gritzner*) 1872
3.6. Mecklenburger Adel (*O. T. v. Hefner*) 1858
3.7. Anhalter Adel (*A. M. Hildebrandt*) 1869
3.8. Schleswig-Holsteinischer und Lauenburger Adel (*M. Gritzner*) 1877
3.9. Luxemburger Adel (*M. Gritzner*) 1871
3.10. Lippe'scher Adel (*M. Gritzner*) 1872
3.11. Adel der russischen Ostseeprovinzen.
Teil 1 Immatrikulierter Adel, Teil 2 Nichtimmatrikulierter Adel (*M. Gritzner*) 1898/1901
4.1. Tyroler Adel (*A. v. Hefner*) 1857
4.2. Krainer Adel, nebst Görz und Gradiska (*O. T. v. Hefner*) 1859
4.3. Dalmatiner Adel (*C. G. F. Heyer v. Rosenfeld*) 1873
4.4. Niederösterreichischer Adel (Band 1 *C. v. Reichenau, J. B. v. Witting* und *J. B. v. Kirnbauer*, Band 2 *J. B. v. Witting*) 1909/1919
4.5. Oberösterreichischer Adel (*Freiherr v. Starkenfels* und *J. B. v. Kirnbauer*) 1904
4.6. Salzburger Adel (*M. M. v. Weittenhiller*) 1883
4.7. Steyermärkischer Adel (*M. M. v. Weittenhiller* und *J. B. v. Witting*) 1893/1921
4.8. Kärntner Adel (*O. Goeschen* und *A. M. Hildebrandt*) 1880
4.9. Böhmischer Adel (Graf *R. J. v. Meraviglia*) 1886
4.10. Mährischer Adel (*H. v. Kadich* und *C. Blažek*) 1899
4.11. Schlesischer Adel (*C. Blažek*) 1885
4.12. Siebenbürger Adel (*C. v. Reichenau, C. v. Csergheö* und *O. v. Barczay*) 1898
4.13. Kroatisch-Slavonischer Adel (*J. v. Bojnicic*) 1899
4.14. Galizischer Adel (*C. G. F. Heyer v. Rosenfeld* und *J. v. Bojnicic*) 1905
4.15. Ungarischer Adel, mit Supplementband (*G. v. Csergheö*) 1. Teil 1893, 2. Teil (Nachträge) 1894
4.16. Nichtimmatrikulierter Adel Österreichs (geplant, aber nicht erschienen)
5.1.–12. Bürgerliche Wappen (*O. T. v. Hefner* und *G. A. Seyler*) 1. 1857, 2. 1873, 3. 1888, 4. 1890, 5. 1895, 6. 1901, 7. 1906, 8. 1909, 9. 1912, 10. 1916, 11. 1920, 12. 1925
5. Neue Folge
1. Abteilung (*G. A. Seyler, W. Freier* und *A. Marchtaler*) 742 bürgerliche Wappen 1936
2. Abteilung (*A. Marchtaler* und *L. Rothenfelder*) 575 bürgerliche Wappen 1949, 1951, 1956 und 1961
6.1. Abgestorbener Bayerischer Adel (*O. T. v. Hefner* und *G. A. Seyler*) 1. Teil 1884, 2. Teil 1906, 3. Teil 1911
6.2. Abgestorbener Württemberger Adel (*O. T. v. Hefner* und *G. A. Seyler*) 1911
6.3. Abgestorbener Tiroler Adel (*O. T. v. Hefner*) 1858
6.4. Abgestorbener Preußischer Adel. Provinz Ost- und Westpreußen (*G. A. v. Mülverstedt*) 1874
6.5. Abgestorbener Preußischer Adel. Provinz und Mark Brandenburg (*G. A. v. Mülverstedt*) 1880
6.6. Abgestorbener Preußischer Adel. Provinz Sachsen (*G. A. v. Mülverstedt*) 1884
6.7. Abgestorbener Nassauischer Adel (Freiherr *H. v. Göckingk*) 1882
6.8. Abgestorbener Preußischer Adel. Provinz Schlesien Bände 1–3 (*C. Blažek*) 1887, 1890, 1894
6.9. Abgestorbener Preußischer Adel. Provinz Pommern (*G. A. v. Mülverstedt*) 1894
6.10. Abgestorbener Adel Mecklenburgs (*G. A. v. Mülverstedt*) 1902

6.11. Abgestorbener Anhalter Adel (*G. A. v. Mülverstedt*) 1905
6.12. Abgestorbener Adel der Sächsischen Herzogtümer (*G. A. v. Mülverstedt*) 1907
6.13. Abgestorbener Adel der Fürstentümer Schwarzburg (*G. A. v. Mülverstedt*) 1908
7.1. Ergänzungsbände zu Staatenwappen von Rußland und Baden, Adel von Bayern, Sachsen, Schwarzburg, Waldeck, Württemberg, Mecklenburg, Tirol (*O. T. v. Hefner*) 1859
7.2. Ergänzungsband Preußische Grafen und Freiherren (*C. Blažek*) 1886
7.3. Supplement zu ausgestorbener Adel der Provinzen Ost- und Westpreußen, Brandenburg, Pommern, Provinz Sachsen (*C. Blažek*) 1900
General-Index zu den Siebmacherschen Wappenbüchern (*H. Jaeger-Sunstenau*) Graz 1964, Nachtrag 1969
*Literatur*
*Seyler, G. A.:* Der «Neue Siebmacher», in: Kultur und Leben, Heft 2. Nürnberg 1925

**neungeschacht:** häufiges Heroldsbild, das durch zweimalige Spaltung und Teilung des Schildes oder Feldes entsteht. Die gleichmäßig abgeteilten Plätze erscheinen in abwechselnder Tinktur, fünf bilden das Feld und vier das Heroldsbild. Werden die das Heroldsbild darstellenden Plätze in der Breite und Höhe verringert, entsteht das ↑ mitten ausgebrochene Kreuz. Abb.

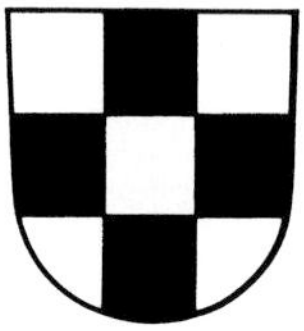

*neungeschacht*

**neungeschachter Schild** ↑ mitten ausgebrochenes Kreuz.

**Neunschach:** mitunter für ↑ neungeschacht verwendeter Begriff.

**New England Historic Genealogical Society-Committee on Heraldry:** im Jahre 1864 gegründete heraldisch-genealogische Gesellschaft der USA mit Sitz in Boston.
*Publikation*
A Roll of Arms, registered by the Committee on Heraldry (seit 1928)

**niederer Adel** ↑ Adel.

**niederer Hut** ↑ Turnierhut.

**niederländische Heraldik:** In den Niederlanden spiegelt auch die Heraldik die wechselvolle Geschichte des Landes. So erscheinen z. B. Bildelemente der deutschen, burgundischen, spanischen und auch napoleonischen Wappenkunst, so daß eine eigenständige Entwicklung ausgeschlossen war. Besondere Wappenfreudigkeit zeigte sich beim Bürgertum in der Zeit von 1581 bis 1795, in jener Epoche, in der die freie Wappenannahme von seiten der Obrigkeit nicht beeinflußt wurde. In den Niederlanden bestand für die Wahl der Wappenhelme keine verpflichtende Vorschrift. Die auf einigen Wappen vorkommende Blätterkrone dokumentierte keinen Rangunterschied, sondern stellt einen rein ornamentalen Schmuck dar. Die ↑ Schildhalter sind auch in bürgerlichen Wappen nicht selten. Die kommunale Heraldik verwendet oft Figuren aus den Wappen ehemaliger Lehnsherren und erinnert an die damalige Zugehörigkeit zum Römisch-Deutschen Reich. Die häufig vorkommenden kleinen ↑ Andreaskreuze (↑ flanchis) sind Symbol der Gerechtigkeit.
*Literatur*
*Laars, T. v. d.:* Wapens, Vlaggen, en Zegels von Nederland. Amsterdam 1913
*Sierksma, K.:* De Gemeentewapens van Nederland. Utrecht 1960
*Pama, C.:* Handboek der Wapenkunde. Leyden 1961

**Niederländisches Wappenbuch:** kurz vor 1500 entstandene Wappensammlung die hauptsächlich Wappen aus der Umgebung von Delft enthält. Das Werk befindet sich im Besitz des Stadtarchives Münster.

**niederwärts gekehrt:** in älteren Wappenbüchern für ↑ gestürzt.

**NIHIL SINE DEO** [lat., nichts ohne Gott]: bis 1947 Wahlspruch unter dem Wappen des Königreiches Rumänien sowie der 1849 an Preußen gefallenen Fürstentümer Hohenzollern-Hechingen und Hohenzollern-Sigmaringen. N. S. D. war der Wahlspruch der *Fürsten von Hohenzollern* und gelangte mit *Karl von Hohenzollern-Sigmaringen*, der von 1866 bis 1881 Fürst und 1881 bis 1914 König von Rumänien war, in das rumänische Wappen.

**Nilschlüssel** ↑ ägyptisches Henkelkreuz.

**NIL SINE NUMINE** [lat., nichts ohne den göttlichen Willen]: Wahlspruch unter dem Wappen des US-Bundesstaates Colorado.

**nimbiert:** gemeine Figuren, in der Hauptsache Heiligendarstellungen, bei denen um den Kopf ein Heiligenschein (*Nimbus*) angebracht ist. Umschließt der Heiligenschein die ganze Gestalt, so spricht man von einer ↑ Mandorla. N. waren z. B. auch die Köpfe des ↑ Doppeladlers des Römisch-Deutschen Reiches. Vgl. Aureole.

**nimbiertes Kreuz:** ↑ gemeines Kreuz, dessen Mitte von einer kreisrunden, über die Arme reichenden Fläche ausgefüllt ist.

**NOLI ME TANGERE** [lat., rühr mich nicht an!]: Wahlspruch unter dem Wappen des Fürstentumes Schaumburg-Lippe.

**Normannenschild:** bereits im 11. Jahrhundert vorkommender mandelförmiger Schild, der die gesamte linke, dem Gegner zugekehrte Seite des Ritters, von Augenhöhe bis unterhalb des Knies, bedeckte. Aus ehemaligen Beschlägen des wegen seines Vorkommens auf dem berühmten Wandteppich von Bayeux benannten Schildes entstanden später neue Schildbilder, z. B. das ↑ Nesselblatt, die ↑ Lilienhaspel und wahrscheinlich auch die im Wappen derer *von Carlowitz* befindlichen Kleeblätter. Der *Teppich von Bayeux* zeigt in bunten Stickereien in einer Länge von 70 m die Überfahrt der Normannen nach England und ihren Sieg über die Angelsachsen 1066 bei Hastings.

Das einzige erhaltene Exemplar eines N.es, der sogenannte Reiterschild von Seedorf, befindet sich jetzt im Schweizerischen Landesmuseum in Zürich. Allerdings liegt er nicht mehr in seiner ursprünglichen Form vor. Der obere Teil des Schildes ist abgetrennt worden, um den Schild der Mode des ersten Drittels des 13. Jahrhunderts anzupassen.

**Norroy,** ursprünglich *North Roy* [engl., Nordkönig]: dem englischen ↑ Herald's College angehörender Herold des Amtsbezirkes nördlich des Flusses Trent.

**Notariatszeichen,** *Notariatssignet*: seit dem 13. Jahrhundert von Notaren verwendete besondere Rechtszeichen in Urkunden. Die Notare mußten ihre Handschrift und ihr Signet beim Kammergericht einreichen. Nach der Notariatsordnung von 1512 wurde ihnen befohlen, ihre Signete nicht willkürlich zu ändern. Die N. hatten nie die Form von Siegeln, sondern bildeten vom 13. bis zum 17. Jahrhundert stets, von wenigen Ausnahmen abgesehen, geometrische, architektonische oder symbolische Figuren über einem stufenartigen Aufbau. Vielfach finden sich Monogramme oder Initialen im Stile der mittelalterlichen Mönchsschrift. Auch wenn bei den Notaren bis in das 17. Jahrhundert hinein vollständige Wappen oder einzelne Schilde bzw. Helme als N. nicht üblich waren, so läßt sich bei diesen Zeichen eine Anlehnung an die Heraldik erkennen. Zur Ausschmückung der N. waren Lindenblätter, da die Linde als alter deutscher Gerichtsbaum angesehen wurde, besonders beliebt. Auch erscheinen heraldische ↑ Lilien in den verschiedensten Varianten.

Eine umfangreiche Sammlung von mehr als 1 000 N. befindet sich im Besitz der Forschungsstelle für Rechtssprache, Rechtsarchäologie und rechtliche Volkskunde beim Rechtswissenschaftlichen Seminar der Universität Zürich.

*Literatur*

*Leist, F.:* Die Notariatssignete, ein Beitrag zur Geschichte des Notariats. Leipzig, Berlin 1896

**Numismatik** [von griech. nomisma, Münze]: zu den historischen Hilfswissenschaften gehörende Disziplin, deren Gegenstand die Münze (und die Medaille) in ihren geschichtlichen, ökonomischen, politischen, kulturellen, juristischen und technischen Beziehungen ist. Die N. gehört zu den wichtigen Hilfsmitteln der heraldischen Forschung. Die mit heraldischen Darstellungen seit dem 12. Jahrhundert auftretenden Münzen geben über die Entwicklung der Dynastenwappen Auskunft. Für die Bestimmung von «stummen» Münzen (ohne Beschriftung) ist das Erkennen der heraldischen Elemente auf den Münzen oft die einzige Möglichkeit für eine gesicherte Zuordnung der Stücke. Als Beleg für die Entwicklung besonders der ↑ Wappenkunst ist die seit dem 16. Jahrhundert immer allgemeiner werdende Wappenführung auf Münzen der deutschen Kaiser, der geistlichen und weltlichen Fürsten sowie der Städte von besonderer Bedeutung. Künstlerisch hochwertige Beispiele bürgerlicher Heraldik finden sich vor allem auf den in der Zeit der Renaissance entstandenen Medaillen.

# O

**oben:** in der Heraldik Bezeichnung für alle Teile, die im Schild oder Feld in bezug auf eine andere Figur dem oberen Schildrand näher stehen. Das Gegenteil wird mit *unten* ausgedrückt.

**Obereck:** bei einem durch zwei senkrechte und zwei waagerechte Linien in neun Felder geteilten Schild der rechte und linke obere Platz. Vgl. Breitbalkenflanke.

**Oberständer,** *oberer Ständer*: Heroldsbild, das aus einem am rechten oder linken oberen Schildrand befindlichen Dreieck besteht, dessen Spitze bis zur Schildmitte reicht. Der O. ist ein Segment der ↑ Ständerung. Abb.

*Oberständer*

**Oberstelle:** bei einem mehrfach geteilten und gespaltenen, zusammengesetzten Wappen der obere (heraldisch) rechte Platz.

**Oberst-Teutschherr:** in der älteren Literatur, z. B. bei ↑ Siebmacher, Bezeichnung des ↑ Großmeisters des ↑ Deutschen Ritterordens.

**Oberwappen:** über dem oberen Schildrand befindliche Helme mit ihrem Kleinod und den Helmdecken sowie die statt deren dargestellten Rangkronen, Mützen oder Hüte. Helme erscheinen seit etwa Ende des 13. Jahrhunderts auf den Wappen. Im 14. und 15. Jahrhundert bediente man sich zur Kenntlichmachung des Ranges der Kronen, die dann in vielen Fällen den Wappenhelm ersetzten. Vgl. Helm.

**Obiits:** in England und Belgien Bezeichnung für die im 15. Jahrhundert aufgekommenen besonderen Totenschilde, die in den Kirchen und Kapellen aufgehängt wurden. Anfangs hatten diese Totenschilde die Form eines normalen Wappenschildes. Im 16. Jahrhundert wurden sie rund oder rautenförmig gestaltet und zeigten das gemalte, mitunter auch plastisch dargestellte Wappen des Verstorbenen. In England und Belgien ist diese Sitte noch nicht gänzlich verschwunden. Vgl. Funeralheraldik.

**occasional roll** [engl.]: in Großbritannien treffende Bezeichnung einer Zusammenstellung bzw. Sammlung von Wappen, die nur in bezug auf den entsprechenden Anlaß vollständig ist, beispielsweise Turniere oder andere größere ritterliche Zusammenkünfte.

**Ochs:** in älteren Wappenbeschreibungen Bezeichnung für den ↑ Stier.

**Ochsenjoch** ↑ Armbrustjoch.

**Oetter,** Samuel Wilhelm: 1707/1792, Geistlicher, Hofpfalzgraf, Heraldiker. O. war 1744 Konrektor des Gymnasiums in Erlangen, 1749 Pfarrer zu Linden und wurde 1756 zum kaiserlichen ↑ Hofpfalzgraf ernannt. Sechs Jahre später wurde er Pfarrer zu Markt Erlbach und markgräflich brandenburg-ansbachischer Historiograph, 1763 Mitglied der Bayrischen Akademie der Wissenschaften und war seit 1757 Konsistorialrat.

*Werke*
Versuch einer Geschichte der Burggraven zu Nürnberg und nachmaligen Markgraven zu Brandenburg in Franken. Erster Versuch. Frankfurt und Leipzig 1751
Zweiter Versuch ... Frankfurt und Leipzig 1753
Wöchentliche Wappenbelustigung 1.–6. Stück. Augsburg 1761–1764
Historische Betrachtung über das Hohenlohische Wappen. Nürnberg 1780

**offen: 1.** Flüge (↑ Flug), bei denen sich die Flügel nicht gegenseitig berühren.
**2.** Bezeichnung der Bügelhelme, die keine Bügel aufweisen. O. Helme wurden seit dem 17. Jahrhundert zuerst von den Königen geführt, später auch vom hohen Adel übernommen.

**offene Füllhörner** ↑ Büffelhörner.

**offene Hörner** ↑ Büffelhörner.

**offener Flug:** ausgebreitet dargestellte Flügel, meist des Adlers, deren ↑ Sachsen einwärts gekehrt sind und die sich nicht gegenseitig berühren. Vgl. Flug.

**offener Kesselhaken:** von einigen älteren Heraldikern für den ↑ Kesselhaken verwendeter Ausdruck.

**offener Mauergiebel:** seltene Bezeichnung für ↑ Mauergiebel.

**Office généalogique et héraldique de Belgique:** am 2. Mai 1942 gegründete belgische heraldisch-genealogische Gesellschaft mit Sitz in Brüssel.
*Publikationen*
Le Parchemin (seit 1942)
Recueil généalogique et héraldique (seit 1951)

**Ogress** ↑ Kugeln.

**Ohrbehäng,** auch *ohrberingt*: Darstellung eines Kopfes, dessen O. oder Ohrringe in einer anderen Tinktur erscheinen.

**Oiscy:** in der mittelalterlichen englischen Heraldik Bezeichnung für die Farbe Purpur als heraldische ↑ Tinktur.

**Olafsorden:** nach dem Schutzheiligen Norwegens, dem später heilig gesprochenen *König Olaf II.* (1015–1030) benannter, am 21. August 1847 von dem *König Oskar I. von Schweden* (1844–1859) gestifteter, seit 1906 höchster Orden Norwegens. Der Orden hat drei Klassen, die zweite und dritte Klasse ist in jeweils zwei Grade unterteilt.
Das Ordenszeichen besteht aus einem weißemaillierten ↑ Malteserkreuz mit je einem gekrönten «O» in den Winkeln, das unter der norwegischen Königskrone hängt. Das Medaillon der Vorderseite zeigt den norwegischen Löwen (Löwe mit Beil, das Symbol des *heiligen Olaf*), das der Rückseite den Wahlspruch des Stifters «RET OG SANDHED» [Recht und Wahrheit]. An der ↑ Kollane hängend umgibt der O. das Wappen des Königreiches Norwegen.

**Ombrellino** [ital.]: päpstliche Standarte in Form eines mit rot-goldenen Längsstreifen versehenen Sonnenschirmes, die sich während der ↑ Sedisvakanz hinter dem Wappen des Kardinal-Erzkämmerers befindet.

**ONE PEOPLE ONE NATION ONE DESTINY** [engl., ein Volk, eine Nation, ein Schicksal]: Wahlspruch unter dem Wappen der Republik Guyana.

**ONE ZAMBIA ONE NATION** [engl., ein Sambia – eine Nation]: Wahlspruch unter dem Wappen der Republik Sambia.

**onomatopoetische Wappen** [griech., lautmalend]: zu den ↑ redenden Wappen zählende Gruppe, deren Wappenbilder dem Namen der Wappeninhaber bzw. der Städte entlehnt sind oder diesen erraten lassen. Bei vielen Wappen, vor allem denen der Städte, bilden die Wappenbilder eine Art ↑ Rebus und sind später auf den Namen der Stadt bezogen gewählt worden, haben also mit der Entstehung oder der Geschichte der Stadt nichts gemein. So führt z. B. die Stadt Magdeburg im Wappen eine Jungfrau (Magd), die mit dem Oberkörper hinter einer Mauer (Burg) sichtbar ist.

**ONWARD** [engl., vorwärts]: ehemaliger Wahlspruch unter dem Wappen von Neuseeland, der im gegenwärtigen Wappen durch den Landesnamen ersetzt ist.

**oppidum** [lat.]: im Mittelalter Bezeichnung für kleinere, noch nicht mit vollem Stadtrecht ausgestattete Städte («Städtlein») im Gegensatz zur ↑ civitas. Der Ausdruck erscheint in lateinisch abgefaßten Urkunden und in Umschriften von Stadtsiegeln.

**Orange: 1.** ↑ Kugeln. – **2.** ↑ Hyacinth.

**Orden:** ursprünglich religiöse Gemeinschaften, die sich seit dem 5. Jahrhundert innerhalb der christlichen Kirche bildeten und sich auf gemeinsame Regeln, «ordines», verpflichteten. Neben Mönchs- und Nonnen-O. gab es seit dem 12. Jahrhundert auch geistliche und weltliche Ritter-O., die sich aber bis auf die Malteser (↑ Johanniterorden) mit der Zeit in rein geistliche Gemeinschaften verwandelten bzw. erloschen. Im späten Mittelalter stifteten souveräne Herrscher weltliche O.; solche entstanden auch durch den Zusammenschluß von Adligen eines Gebietes.

Zu den geistlichen O. gehören der Benediktiner-, Zisterzienser-, Augustiner-, Dominikaner-, Franziskaner-O. usw. In den geistlichen Ritter-O. verschmolzen mönchischer und ritterlicher Geist; ihre Blütezeit fiel in die Periode der Kreuzzüge. Auch in ihnen lebten die Mitglieder nach bestimmten Regeln, verpflichteten sich zum Kampf gegen die «Ungläubigen» und trugen als gemeinsames Abzeichen ein Kreuz. Die bekanntesten dieser Ritter-O. waren der Templer-, der Johanniter- und der Deutsche Ritter-O.

Seit dem 13. und 14. Jahrhundert stifteten die Fürsten die weltlichen Ritter-O., um die Ritterschaft enger an sich zu binden. Sie waren eine Nachahmung der geistlichen Ritter-O. Die Aufnahme in einen solchen O. erfolgte als Belohnung für besondere Verdienste. Die Aufnahmebedingungen waren unterschiedlich und nach O.sstatuten geregelt. Die Mitglieder trugen als sichtbares Zeichen ihrer Zugehörigkeit besondere Insignien, von denen das Kreuz die Hauptform darstellte. Im 19. Jahrhundert wurden derartige Stiftungen allgemeiner und verloren ihren elitären Charakter. So ging der Name O. von der Korporation auf die O.sinsignien über.

Schon sehr früh wurde es Brauch, O.zeichen mit dem Wappenwesen in Verbindung zu bringen. Das O.szeichen in sein Wappen aufnehmen durfte nur derjenige, der dem O. angehörte bzw. der mit einem O. ausgezeichnet worden war. Die Stifter und ihre souveränen Nachkommen führten sie aber erblich. Dieses besondere Vorrecht konnte auch als hohe Auszeichnung an einzelne Familien verliehen werden. Für das Anbringen von O.szeichen bzw. -dekorationen existierte keine besondere Regel. Es bildete sich jedoch im Laufe der Zeit ein gewisses System heraus. Schon um 1350 erschienen O.szeichen als Obereck des Schildes. Im 15. Jahrhundert wurden sie sehr oft neben dem Wappenschild dargestellt, mitunter auch oberhalb oder unterhalb des Schildes bzw. in diesem geviert, wobei im ersten und vierten Feld das O.skreuz, im zweiten und dritten das Geschlechterwappen erschienen. Seit etwa 1580 kommen O.szeichen im Schildhaupt oder in einem Schildchen am Helm als Halskleinod vor. Im 17. und 18. Jahrhundert wurde es Sitte, das O.skreuz unterhalb des Schildes zu stellen oder es mit dem Geschlechterwappen zu belegen. In ↑ Conrad Grünenbergs Wappenbuch von 1483 finden sich schon fürstliche O., die an Ketten oder Bändern um den Schild gehängt bzw. unter dem Schild angebracht sind, wie es teilweise noch in der Gegenwart üblich ist. Die Johanniter- und Deutsch-O.sritter setzten in der älteren Zeit das O.skreuz in einen mit ihrem Geschlechterwappen gevierten Schild. Dieser Darstellungsart bedienten sich auch die Hochmeister des Deutschen Ritter-O., bis sie gegen Ende des 15. Jahrhunderts ihr Rangzeichen, das ↑ Hochmeisterkreuz, in die Mitte des Wappenschildes setzten. Das O.szeichen des englischen ↑ Hosenbandordens kommt bei vielen Wappen in besonderer Darstellung vor. Das blaue Hosenband ist dabei um den Wappenschild des O.sritters gelegt. In dieser Form erscheint es z. B. heute noch im Wappen des Vereinigten Königreiches von Großbritannien und Nordirland. Die fürstlichen Haus-O. der verschiedenen europäischen Staaten sind meist an ihrer bzw. einer erdachten O.skette oder einem Band um den Schild gehängt.

*Literatur*

*Gottschalck, F.:* Almanach der Ritterorden. Leipzig 1817

*Biedenfeld, F. Freiherr v.:* Geschichte und Verfassung aller geistlichen und weltlichen, er-

loschenen und blühenden Ritterorden. Weimar 1841
*Gritzner, M.:* Handbuch der Ritter- und Verdienstorden aller Kulturstaaten der Welt innerhalb des XIX. Jahrhunderts. Leipzig 1893, Nachdr. Leipzig 1981
*Měřička, V.:* Orden und Auszeichnungen. Prag 1966
*Wolfbart, H.:* Die Welt der Ritterorden. Wien 1978
*Honig, W.:* Stern und Schärpe. Vom Ritterorden zum Ehrenzeichen. München 1980

**Orden Bertholds des Ersten von Zähringen:** im Jahre 1877 von *Großherzog Friedrich I. von Baden* (1852–1907) gestifteter Orden, der ursprünglich die höchste Stufe des ↑ Ordens vom Zähringer Löwen bildete. Ab 1896 war er ein selbständiger Verdienstorden, der ohne Rücksicht auf Stand und Geburt, als Kriegsauszeichnung auch mit gekreuzten Schwertern, verliehen werden konnte. Das Ordenszeichen des nunmehr vierklassigen Ordens besteht aus einem weißemaillierten Kreuz mit Blätterkronen in den Winkeln. Auf der Vorderseite befindet sich eine weißemaillierte Krone, auf der Rückseite das Monogramm des Stifters. Das Ordenskreuz hing bis 1918 gemeinsam mit dem ↑ Hausorden der Treue und dem ↑ Militär-Karl-Friedrich-Orden unter dem großen badischen Staatswappen.

**Orden der Westphälischen Krone:** von *König Hieronymus (Jérôme) von Westphalen* (1807–1813) laut Dekret vom 25. Dezember 1809 in Paris gestifteter höchster Orden des von *Napoleon I.* errichteten neuen Königreiches. Nach den Statuten vom 5. Februar 1810 wurde der Orden «zu innigerer Verkettung des neuen Staates mit Vielen der Würdigsten im Lande, zur Befreundung mit dem neuen Zustand der Dinge und zur Erregung allgemeinen Wetteifers» errichtet. Der O. d. W. K. bestand aus drei Klassen: 10 Großcommandeurs (Großwürdenträger), 30 Commandeurs und 300 Rittern. Die Prinzen aus dem *Haus Bonaparte* und Ausländer waren von diesen Zahlen ausgenommen. Die Großcommandeurs erhielten den Titel «Exzellenz» und rangierten hinter den Ministern, die Commandeurs erhielten den Rang eines Staatsrates, hinter denen sie rangierten, die Ritter rangierten hinter den Präfekten. Der Orden konnte auch auf Gesuch verliehen werden.
Zur Dotation einzelner Ordensklassen wurden seit 1810 die Güter und Einkünfte der Abtei Quedlinburg und der Propstei Magdeburg sowie auch die im Gebiet des Königreiches gelegenen Güter und Einkünfte des aufgehobenen Malteserordens (↑ Johanniterorden) verwendet. In Preußen wurde laut Gesetz vom 26. Februar 1815, in Kurhessen schon am 31. Dezember 1813, das Tragen des Ordens verboten. Das Ordenszeichen bestand ursprünglich aus einer durchbrochenen goldenen Medaille über dem gekrönten napoleonischen Adler auf einem ↑ Donnerkeil mit der Inschrift «JE LES UNIS» [franz., ich vereinige sie (die Länder)]. Der Rand der Medaille war aus einer sogenannten Ewigkeitsschlange (eine Schlange, die sich in den Schwanz beißt) gebildet. Innerhalb der Medaille befanden sich ein gekrönter Löwe (Hessen) und ein weißes Pferd (Westfalen), darunter zwischen einem Eichen- und Lorbeerzweig, in der Mitte durchschnitten, unter einer Krone vereinigt, ein Löwe und ein Adler, letzterer mit Zepter. Unterhalb des Donnerkeiles auf blauem Band die Inschrift «CHARAKTER UND AUFRICHTIGKEIT». Am 25. April 1810 wurde die Dekoration verändert in Löwe und Adler, die auf einem Blätterkronenreif standen, darüber der auf dem Donnerkeil sitzende, gekrönte napoleonische Adler. Auf der Vorderseite des Kronreifes die oben zitierte deutsche Inschrift, auf der Rückseite «XXV. DEC. MDCCCCIX». In einem Dekret vom 1. Januar 1810 wurde bestimmt, daß der Orden an einer Kollane aus abwechselnd kaiserlichen Adlern und mantelartigen Verzierungen zur Rechten der großen Kette des Ordens der ↑ Ehrenlegion unter dem Wappen des Königreiches Westphalen anzubringen sei.

**Orden des heiligen Karl** ↑ Karlsorden.

**Ordenswappen: 1.** bereits im Mittelalter entstandene Wappen geistlicher Vereinigungen, die als Symbol des entsprechenden Mönchs- oder Nonnenordens geführt wurden. Während die Wappen der anderen Orden mehr oder weniger willkürlich verwendet wurden, waren alle Zisterzienserklöster zum Gebrauch ihres Wappens (↑ Bernhardswappen) verpflichtet. Das Wappen der *Zisterzienser* besteht aus einem schwarzen Schild mit einem rot-weiß geschachten Schrägbalken. Die *Benediktiner* führen ein mit dem Wort «PAX» belegtes Patriarchenkreuz (↑ Doppelkreuz), das auf einem Dreiberg (↑ Berg) steht. Das Wappenbild der *Augustiner* besteht aus einem von zwei Pfeilen durchbohrten Herz, auf dem sich oben eine Flamme befindet. Die *Elisabethinerinnen* führen drei (1.2.) Kronen, die *Prämonstratenser* zwei Bischofsstäbe auf mit Lilien belegtem Schild, die *Franziskaner* über Wolken zwei Arme, dazwischen ein von Strahlen umgebenes lateinisches Kreuz, die *Dominikaner* einen auf einem Buch liegenden Hund mit einer Fackel im Maul und darüber eine von einem Stern überhöhte Krone von einem Palmen- und einem Lilienzweig umgeben.

**2.** Wappen einiger geistlicher und weltlicher Ritterorden. Das O. des ↑ Deutschen Ritterordens bestand beispielsweise aus einem schwarzen ↑ Balkenkreuz auf weißem Grund.

**Orden vom goldenen Adler,** *Jagdorden*: im Jahre 1702 von *Herzog Eberhard Ludwig von Württemberg* (1677–1733) gestifteter, damals höchster württembergischer Orden. Die für diese Dekoration bisweilen gebrauchte Bezeichnung «Jagdorden» ist eine Anspielung auf die Reichsjägermeisterwürde der Herzöge von Württemberg. Der von *Herzog Karl Alexander* (1733–1737) erneuerte Orden wurde durch *König Friedrich I.* (1797–1816) bei Annahme der Königswürde 1806 verändert und 1818 in den Orden der Württembergischen Krone umgewandelt. Das Kleinod des einklassigen Ordens besteht aus einem rotemaillierten ↑ Malteserkreuz mit goldenen Adlern in den Kreuzwinkeln sowie drei Jagdhörnern zwischen den seitlichen und den unteren Kreuzspitzen. Das grüne Medaillon zeigt den Namenszug des Stifters. Obwohl der Orden nicht mehr verliehen wurde, erschien er gemäß Hausgesetz vom 8. Juni 1828 unter dem Familienwappen des *Hauses Württemberg.*

**Orden vom Goldenen Vlies** [franz., Toison d'or]: im Jahre 1429 von *Philipp dem Guten von Burgund* (1419–1467) gestifteter, später höchster Orden der *Habsburger.* Nach dem Aussterben der spanischen Linie des *Hauses Habsburg* erklärte sich 1700 der spanische *König Philipp V.* (1700–1724) aus dem *Hause Bourbon* ebenfalls zum Großmeister des Ordens. Seit dieser Zeit ist der O. v. G. V. auch der höchste Orden Spaniens. Während man in Österreich daran festhielt, nur römisch-katholische Würdenträger in den Orden aufzunehmen, konnte der spanische auch an Nichtkatholiken verliehen werden. Das Ordenszeichen beider Orden ist ähnlich gestaltet. An einem Flammenbündel, das von einem ↑ Feuerstahl überhöht ist, befindet sich ein goldenes Widderfell. Die aus stilisierten Feuerstählen und Flammen gebildete Ordenskette zeigt nur das Fell (Vlies). Dieser Orden erscheint in vielen Fällen unter den Wappen Österreichs und Spaniens.

*Literatur*

*Larchey, L.:* Ancien Armorial équestre de la Toison d'or et de l'Europe. Paris 1890

*Terlinden, C. de:* Der Orden vom Goldenen Vlies. Wien, München 1970

*Pinches, R., Wood, A.:* An European armorial, an armorial of Knights of the Golden Fleece and 15th century Europe. London 1971

**Orden vom Heiligen Geist:** im Dezember 1578 von *König Heinrich III.* (1574–1589) gestifteter, bis 1789 und von 1815–1830 höchster Orden Frankreichs. Der französische König, der auch zum König von Polen erwählt wurde, stiftete den Orden zum Andenken an die Vereinigung zweier Kronen und gab ihm den Namen in bezug auf das Pfingstfest. *König Heinrich IV.* (1589–1610) änderte die Statuten dahingehend ab, daß auch Ausländer, sowohl fürstliche als auch andere Personen, den Orden erhalten konnten. Die Erlangung des O. v. H. G. setzte jedoch immer den Besitz des französischen ↑ Michaelsordens voraus. Die Zahl der Ordensritter war auf 100 festgesetzt, Auslän-

der waren in dieser Festlegung nicht inbegriffen. Nach der Revolution von 1789 erlosch der Orden, wurde jedoch 1815 wieder erneuert. Das Ordenszeichen besteht aus einem grünemaillierten ↑ Malteserkreuz mit weißen Rändern. In der Mitte befindet sich eine weiße Taube (Symbol des Heiligen Geistes), in den Kreuzwinkeln die bourbonischen Lilien. Das Medaillon der Rückseite zeigt die Darstellung des Erzengels ↑ *Michael.*
Das Ordenszeichen erschien gemeinsam mit dem des französischen ↑ Michaelsordens unter dem Wappen des Königreiches Frankreich. Vgl. Abb. bei Navarrakette.

**Orden vom Heiligen Grab:** im 13. Jahrhundert gegründeter und 1496 von *Papst Alexander VI.* (1492–1503) bestätigter, ehemals militärischer, heute autonomer weltlicher, päpstlicher Ritterorden. Der Name des Ordens ist auf den während der Kreuzzüge aufgekommenen Brauch zurückzuführen, den Ritterschlag am heiligen Grabe zu Jerusalem zu empfangen. Obwohl das Großmeisteramt dem Papst zustand, war auch der Guardian (Abt) der Franziskaner, die das heilige Grab bewachten, zur Ernennung neuer Ritter ermächtigt. Dieses Recht wurde von den *Päpsten Leo X.* (1513–1521), *Pius IV.* (1559–1565), *Alexander VII.* (1655–1667), *Benedikt XIII.* (1724–1730) bestätigt. *Papst Pius IX.* (1846–1878) übertrug 1847 die Ermächtigung zum Ritterschlag dem lateinischen Patriarchen von Jerusalem und teilte 1868 den Orden in drei Klassen ein. Das Ordenszeichen besteht aus einem rotemaillierten ↑ Jerusalemkreuz und wird am schwarzen Band getragen. Ordensritter sind berechtigt, das Ordenszeichen in ihr Wappen aufzunehmen und den Ordensmantel wie einen ↑ Wappenmantel um ihre Familienwappen zu legen. Das Ordenszeichen ist schon bei *Conrad* ↑ *Grünenberg* nachweisbar.

**Orden vom Zähringer Löwen:** am 26. Dezember 1812 von *Großherzog Karl Ludwig Friedrich von Baden* (1811–1818) zur Erinnerung an die Abstammung des *Hauses Baden* gestifteter, vierklassiger Verdienstorden. Die Statuten vom 17. Juni 1840 fügten dem Orden eine weitere Kommandeursklasse (Kommandeurskreuz 2. Klasse) sowie den Stern zum Kommandeurskreuz 1. Klasse hinzu. Die Ordensdekoration besteht aus einem Kreuz mit grünem Glasbalken und Verzierungen in den Winkeln. Das Medaillon der Vorderseite zeigt in naturalistischer Darstellung die Ruine der Stammburg Zähringen, die Rückseite einen goldenen Löwen auf rotem Grund. Für besondere Verdienste konnte der Orden auch mit einem Eichenlaub verliehen werden. Mitunter erschien der Orden unter dem badischen Wappen.

**Ordinaries** [engl.]: nach dem Schildinhalt, nicht nach dem Namen des oder der Wappenherren geordnete Wappensammlung. Besonders reich an derartigen Wappensammlungen ist Großbritannien. Im übrigen Europa wurden sie zu Lehrzwecken angelegt und bestehen in der Regel nur aus einigen Beispielen. Erst im 19. Jahrhundert zeigte sich wieder ein größeres Interesse an derartigen Zusammenstellungen.

**Ordo equitum Teutonicorum** ↑ Deutscher Ritterorden.

**Oriflamme: 1.** Bezeichnung der Reichsfahne des Königreiches Frankreich.
**2.** an einem Querstab hängende, lange, gezipfelte Fahne.

*Ort · Ortbänder*

**ORO Y PLATA** [span., Gold und Silber]: Wahlspruch im Wappen des US-Bundesstaates Montana.

**Ort:** Heroldsbild, das aus einem in der Mitte des oberen Schildrandes befindlichen Quadrat besteht, dessen vier Seiten ein Drittel der Schildbreite betragen. Ein O., der bis zur Schildmitte reicht, kommt sehr selten vor. Vgl. ajouré. Abb.

**ORTA RECENS QUAM PURA NITES** [lat., wie schön glänzest du, eben erst aufgegangen]: Wahlspruch unter dem Wappen des australischen Bundesstaates Neusüdwales.
**Ortbänder:** gestürzten Seeblättern (↑ Seeblatt) ähnelnde Beschläge an den Spitzen der Schwert- oder Degenscheiden. Als Wappenbilder werden sie oft mit den Seeblättern verwechselt. Abb. auf S. 293.
**Ortswappen** ↑ Gemeindewappen.
**Osterlamm** ↑ Lamm Gottes.
**österreichische Heraldik:** Die österreichische Heraldik spiegelt die Hausmacht der *Habsburger* als Träger der deutschen Kaiserkrone wider. Wie in der gesamten mitteleuropäischen Heraldik dominieren redende oder auf den Namen anspielende sowie historische, geographische und folkloristische Motive, besonders bei den Städtewappen. In einigen Fällen werden sie durch den österreichischen Bindenschild bereichert. In verschiedenen Wappen erscheint auch der kaiserliche Adler. Zahlreiche Landes- und Städtewappen zeigen neben der Hauptfigur auch landes- oder ortsgebundene Beizeichen. Die Wappen der einzelnen Länder wurden nach 1918 teilweise verändert.
*Literatur*
*Gall, F.:* Österreich und seine Wappen. Wien 1968
*Gall, F.:* Österreichische Wappenkunde. Wien 1975
**Österreichisches Wappenbuch: 1.** ↑ Wappenbuch der österreichischen Herzöge. – **2.** ↑ Berliner Wappenbuch.
**OUR LIBERTY WE PRIZE AND OUR RIGHTS WE WILL MAINTAIN** [engl., unsere Freiheit schätzen wir und unsere Rechte wollen wir behaupten]: Wahlspruch im Wappen des US-Bundesstaates Iowa.
**OUT OF MANY, ONE PEOPLE** [engl., aus vielerlei Herkunft ein Volk]: Wahlspruch unter dem Wappen der Republik Jamaika.

# P

**PAIX TRAVAIL PATRIE** [franz., Frieden, Arbeit, Vaterland]: Wahlspruch unter dem Wappen der Republik Kamerun.
**Palisade** ↑ hauptgespitzter Pfahl.
**palisadenförmig geteilt:** Schildteilung, auf deren Teilungslinie sich kleine Palisaden (↑ hauptgespitzter Pfahl) befinden.
**Palisadenkreuz:** ↑ gemeines Kreuz mit palisadenförmig zugespitzten Kreuzenden.
**PALMA SUB PONDERE CRESCIT** [lat., die Palme wächst unter dem Gewicht]: Wahlspruch unter dem Wappen des Fürstentumes Waldeck-Pyrmont. Abb.

*Figürliche Darstellung des Wahlspruches «Palma sub pondere crescit» der Fürsten von Waldeck auf einem Kronentaler von Waldeck-Pyrmont 1824*

**Palmetto:** seit 1802 den aufständischen Negersklaven Santo Domingos als Freiheitsbaum geltende Palme. Von Fahnen, Gewehren, Kanonen und Trommel umrahmt erscheint ein P. im Wappen und in der Nationalflagge von Haïti. Abb.
**Panier** ↑ Banner.
**Pankratius:** christlicher Heiliger und Märtyrer, gest. 304 in Rom. Der zu den Vierzehn Nothelfern gezählte Heilige gehört der Überlieferung nach zu den römischen Märtyrern der Christenverfolgung unter *Kaiser*

*Diocletianus* (284–305). Andere Quellen legen seinen Tod in die Zeit der Verfolgungen unter *Kaiser Valerianus* (253–259/260). Die Verehrung des Heiligen ist schon für das 5. Jahrhundert nachweisbar. *Papst Symmachus* (498–514) ließ über seinem Grab an der Via Aurelia eine Basilika errichten. Die Lebens- und Leidensgeschichte des St. P. stammt aus dem 6. Jahrhundert. Seine Reliquien sind seit 1798 verschollen. Dargestellt wird er meist stehend, geharnischt, behelmt oder gekrönt, in der Rechten eine Fahne, in der Linken den Griff des umgürteten Schwertes haltend. Als Wappenfigur steht er z. B. im Wappen der Stadt Belecke (Westfalen) und seit 1912 im Schild der Stadt Iserlohn (Westfalen).

**Pantel** ↑ Panther.

**Panthaleon,** genannt *Sidoni*: am 13. Juni 1466 durch *Kaiser Friedrich III.* (1440–1493) ernannter Wappenkönig des Heiligen Römischen Reiches Deutscher Nation.

**Panther,** *Pantel, Pantier, Parder*: besonders in der mittelalterlichen Heraldik vorkommendes, schlankes, geflügeltes Fabeltier, das ein Zwitterwesen zwischen Löwe und Drachen darstellt. Nach dem «Physiologus», einer griechischen Schrift aus frühchristlicher Zeit (um 140 u. Z.), ist der P. das Symbol Christi. Ihm wurde ein buntgeflecktes Fell sowie ein wohlriechender, süßer Atem zugesprochen. Die ersten heraldischen Darstellungen zeigen noch eine relativ natürliche Körperform. Schon sehr bald verwandelte die Fantasie der Wappenkünstler den P. in ein ganz fremdartiges Fabelwesen. Den süßen Atem suchte man durch aus dem Maule züngelnde Flammen zu symbolisieren, seit dem 16. Jahrhundert brechen dann Flammen aus allen Öffnungen des P.-Leibes hervor. Auf einem Siegel des *Grafen Heinrich von Lechsgemünd* aus dem Jahre 1197 erscheinen der Kopf des P. und die vier Füße pferdeähnlich. Seit der zweiten Hälfte des 14. Jahrhunderts zeigt der P. vorn Adlerfüße. In der Bodenseegegend kommt der P. mit Spalthufen an den Hinterfüßen vor. In der italienischen Heraldik wird er als «la dolce» [ital., die Süße] bezeichnet und trägt einen hasenähnlichen Kopf. In der deutschen Heraldik tauchte er in den verschiedensten Varianten und Tinkturen auf und war besonders in steiermärkischen Wappen ein beliebtes Bild. Abb.

*Palmetto*
*als Bestandteil des Staatssymbols von Haïti*

*Panther*

*Literatur*

*Siegenfeld, A. Ritter v.:* Das Landeswappen der Steyermark. Graz 1900

*Viel, R.:* La «Panthère héraldique» et le «Parzifal» de Wolfram von Eschenbach, in: Arch. Herald. Nr. 2/3. Lausanne 1962

**Panzerarm:** in verschiedenen Varianten auftretende gemeine Figur. In einigen Fällen ist auch die Hand geharnischt. Das Wappen der *Familie von Barner* (*Berner*) ist ein P., der eine brennende Fackel hält. *K. Nissen* veröffentlichte darüber die folgende ↑ Wappensage. Der Stammvater des Geschlechtes soll einmal nachts eine schon lange belagerte Burg in Brand gesteckt haben. Bei seiner Rückkehr zu den Belagerern

*päpstliches Kreuz*

*Panzerarm im Wappen des Herzogtumes Preußen um 1720*

*Panzerbein*

soll er die brennende Fackel hochgehalten und gerufen haben «Es barnet (brennt) schon». Die Burg wurde daraufhin genommen. Zur Erinnerung daran soll er den Namen Barner (Brenner) und das beschriebene Wappen angenommen haben. Dieses Wappen befindet sich z. B. in der Rostocker Marienkirche. Zusammen mit dem Wappen derer *von Sperling* kennzeichnet es das Grab der *Magdalena Dorothea von Berner* aus dem Jahre 1690.

Der P. im Wappen der Stadt Prag wurde durch *Kaiser Ferdinand III.* (1637–1657) 1649 als Anerkennung der tapferen Verteidigung der Stadt gegen die Schweden hinzugefügt. Vgl. Abb. bei durchspießt. Abb.

**Panzerbein:** leicht angewinkeltes, am Oberschenkel abgeschnittenes, gepanzertes Bein. Es kommt z. B. in den Wappen der pommerschen *Familien von Lueskow* und *von Steinwehr* vor. Drei zusammengesetzte P. bilden eine ↑ Triquetra. Abb.

**Papst** [lat. papa, Vater]: ursprünglich Anrede aller Bischöfe und Priester, seit dem 5. Jahrhundert Titel der Bischöfe von Rom. Nach den Auffassungen der katholischen Kirche ist der jeweilige P. als Nachfolger des Apostels *Petrus* das Oberhaupt der Kirche. Neben der geistlichen Macht übten die Päpste in dem von 754 bis 1870 bestehenden Kirchenstaat auch die weltliche Macht aus. Heute ist ihr weltlicher Machtbereich nur noch auf die 1929 errichtete Vatikanstadt, einen Stadtteil Roms, beschränkt.

Die Päpste führen über ihrem Familienwappen die Papstkrone (↑ Tiara) und als Hinterwappen die gekreuzten Schlüssel (Binde- und Löseschlüssel).

*Literatur*

Album pontificale (mit einer farbigen Wappenrolle aller Päpste seit Benedikt IX. [1033–1044] von *H. G. Ströhl*). Mönchen-Gladbach 1909

*Neumeister, C.:* Lexikon der Heiligen und Päpste. Gütersloh 1980

**Papstkreuz** ↑ Pontifikalkreuz.

**Papstkrone** ↑ Tiara.

**päpstliches Banner,** *Basilikaschirm*: eigenartig gestaltete, schirmartige Fahne. Im Wappen der *Herzöge von Parma* befindet sich das

p. B. als Zeichen der päpstlichen Bannerherrenwürde.

**päpstliches Kreuz:** Kreuz mit drei parallelen Querbalken, die sich von oben nach unten verbreitern. Das p. K. kommt in den Wappen der Päpste nicht vor und erhielt seine Bezeichnung in Analogie zum Patriarchenkreuz (↑ Doppelkreuz) im 15. Jahrhundert. Abb.

**Paradiesvogel:** Wappenvogel von Papua-Neuguinea, der außer im Staatswappen auch in der Nationalflagge dargestellt ist. Der P. wurde bereits auf Münzen der Deutschen-Neu-Guinea-Kompanie als Symbol für die damalige Kolonie verwendet.

Ein P. befindet sich auch im Stadtwappen von Smolensk. Abb.

**Para-Heraldik:** Bezeichnung für die oft wie Wappen aussehenden Abzeichen der Vereine, Freimaurerlogen, militärischen Einrichtungen, Schulen sowie auf den Etiketten der verschiedensten Produkte.

**Parder** ↑ Panther.

**Pariser Handschrift:** alte Bezeichnung der Großen ↑ Heidelberger Liederhandschrift.

**Parisiensis,** Matthaeus: gest. 1259, Geistlicher, Gelehrter. P. entstammte dem adligen Geschlecht *de Paris* in Lincolnshire und trat 1217 in das unweit von London gelegene Benediktinerstift St. Alban's an der Ver ein. Bald spielte er nicht nur als Gelehrter auf dem Gebiet der Geschichte eine bedeutende Rolle, sondern wurde auch Vertrauter und Berater *König Heinrichs III. von England* (1216–1272) sowie der Könige von Frankreich und Norwegen. P. widmete sich auch der Heraldik, seine meist von ihm selbst gezeichneten Wappendarstellungen gehören zu den ältesten erhaltenen überhaupt. Sein Zeichenlehrer dürfte der damals berühmte Maler und Bildhauer *Walter von Colchester,* Sakristan von St. Alban's, gewesen sein. Sein um 1244 entstandenes heraldisches Werk enthält interessante Wappendarstellungen, die mit den Namen der Inhaber versehen sind und als Quelle der Heraldik unschätzbaren Wert haben. Abb.

**Pärme** ↑ Barbe.

**Parte:** Hiebwaffe mit gekrümmter Schneide, deren Oberteil abgeschrägt ist und sich an

*Paradiesvogel als Teil des Staatssymboles von Papua-Neuguinea*

*Parte als redendes Wappenbild derer von Partenecker*

*Beispiel aus dem Wappenbuch des Matthaeus Parisiensis*

einem geraden Stiel befindet, z. B. als redendes Wappenbild der bayrischen *Familie von Parteneck*. Vgl. Wurfbeil. Abb.

**Parteizeichen:** besonders in der italienischen Heraldik vorkommende und die Zugehörigkeit zu einer politischen Gruppierung zum Ausdruck bringende Embleme, die von Parteigängern, Familien und auch einigen Städten in ihre Wappen aufgenommen wurden. So führten z. B. die kaiserlich gesinnten aristokratischen Ghibellinen den ein- oder auch zweiköpfigen, gekrönten oder ungekrönten, schwarzen, kaiserlichen Adler im goldenen ↑ Schildhaupt (*Capo dell'Imperio*), während die Anhänger des Papstes und Vertreter des oberitalienischen Stadtbürgertums, die Guelfen, ein blaues Schildhaupt mit einem vierlätzigen, roten Turnierkragen über drei goldenen Lilien oder auch die Lilien allein (Anjou) in ihr Wappen aufnahmen (*Capo d'Angio*). Abb.

**Partenkreuz:** ↑ gemeines Kreuz, dessen sich nach außen verbreiternde Kreuzenden halbkreisförmig auslaufen.

**Partisane:** von den die Schlösser bewachenden Trabanten geführte, der ↑ Hellebarde ähnliche Stangenwaffe. Die P. kommt als Wappenbild selten vor und wurde mitunter fälschlich als Hellebarde blasoniert.

**PARVA SUB INGENTI** [lat., die Kleinen unter den Riesen]: Wahlspruch unter dem Wappen der zu Kanada gehörenden Prinz-Eduard-Insel. Die Provinz Prinz-Eduard-Insel (Prince Edward Island) ist die flächenmäßig kleinste Kanadas.

**Passionskreuz,** *Calvarienkreuz, Hochkreuz, hohes Kreuz, lateinisches Kreuz*: aufrechtes Kreuz mit verkürzten Seitenarmen, die sich über der Mitte befinden. Das P. kommt zuerst im 3. Jahrhundert auf einer Marmortafel in den Katakomben von Rom vor. Im 6. Jahrhundert erscheint es auf einer Weltkugel stehend in den Zwickeln zwischen den inneren Bögen an den Chorstufen der Basilika San Apollinare in Classe bei Ravenna. Das als Wappenbild selten verwendete P. befindet sich als Helmzier im Wappen der Bischöfe von Fulda. Das Wappen des Malers *Anton von Werner* (1843/1915) enthielt ein weißes P. auf blauem Feld. Abb.

**Passionsnägel:** im Wappenwesen selten dargestellte stilisierte Nägel vom Kreuz Christi. Drei P. zeigt z. B. das Wappen der St. Andreasabtei in Villeneuve-les-Avignon.

*Passionskreuz*

*Parteizeichen capo dell'Imperio im Schildhaupt des Wappens der Capodilista aus Padua 1435*

**Passionswerkzeuge Christi,** *Leidenswerkzeuge Christi*: an die Leiden Christi erinnernde, aus Kreuz, Dornenkrone, Nägeln, Hammer, Rohr mit Schwamm, Lanze, Schweißtuch (der heiligen *Veronika*), Rutenbündel und Geißel bestehende Symbole. Mitunter erscheinen auch der Hahn und das Schwert des *Petrus*. Als Wappenbild kommen sie z. B. als päpstliches Gnadenzeichen im Eckquartier des Banners von Schwyz aus dem Jahre 1512 sowie im ↑ Fantasiewappen Christi vor.

**Pastorale:** Bezeichnung für den teilweise im Hinterwappen befindlichen Krumm- oder Hirtenstab der Prälaten.

**Paternoster** ↑ Rosenkranz.

**Patriarch** [griech., Stammvater]: im Alten Testament einer der Stammväter des Volkes Israel, in der griechisch-orthodoxen Kirche ein Bischof mit Vorrangstellung, z. B. in Konstantinopel, Alexandria, Antiochia, Jerusalem, Moskau. In der römisch-katholischen Kirche ist P. der Titel einiger Erzbischöfe, z. B. in Venedig und Lissabon. Der P. von Lissabon führt als besondere Auszeichnung die von *Papst Clemens XII.* (1730–1740) verliehene ↑ Tiara über seinem Wappenschild. Hinter der Tiara kreuzen sich ein Palmen- und ein Lorbeerzweig. Das Wappen der P.en ist auf ein ↑ Doppelkreuz gelegt.

**Patriarchenhut:** Rangzeichen der römisch-katholischen ↑ Patriarchen. Der P. stellt einen grünen, flachen Hut mit beiderseits je fünfzehn grünen ↑ fiocchi dar, die einschließlich der Schnüre mit Gold durchwirkt sind. Der P. wurde durch päpstliches Edikt vom 3. November 1826 eingeführt.

**Patriarchenkreuz** ↑ Doppelkreuz.

**Patrick,** *Patricius*: ein christlicher Heiliger, Schutzpatron Irlands, geb. um 389 in Südwales, gest. am 17. März 461 in Irland. St. P., der spätere Apostel von Irland, entstammte einer wohlhabenden Familie und wurde als Sechzehnjähriger von irischen Seeräubern verschleppt und mußte als Sklave dienen. Nach sechs Jahren gelang es ihm zu fliehen. In Britannien und Gallien wurde er zum Priester ausgebildet und nach einem Plan des *Papstes Coelestin I.* (422–432) im Jahre 432 mit der Christianisierung Irlands betraut. Die Tätigkeit des Heiligen in Irland war sehr erfolgreich und bis zu seinem Tod hatte sich der Katholizismus durchgesetzt. Es war das Verdienst des Heiligen, daß Irland das erste Land nördlich der Alpen wurde, das eine kirchliche Sprache und Literatur in der Landessprache entwikkelte. Seine kurz vor dem Tode geschriebene «Confessio» gehört zu den großen Autobiographien der Weltliteratur. Die Verehrung des St. P. beschränkt sich hauptsächlich auf Irland und wurde in anderen Ländern kaum volkstümlich. Vgl. St. Patrick-Orden, Patrickskreuz.

**Patrick-Orden, St.**: im Jahre 1783 von *König George III. von Großbritannien* (1760–1820) zu Ehren des Schutzheiligen Irlands gestifteter Orden. Der einklassige Orden hatte neben dem Souverän als Oberhaupt einen Großmeister und 22 Ritter und wurde in der Regel nicht an Ausländer verliehen. Großmeister war der jeweilige Vizekönig und Generalgouverneur von Irland für die Dauer seiner Amtszeit. Das Ordenszeichen besteht aus einem ovalen, goldenen Medaillon, in dessen Mitte auf silbernem Grunde ein rotemailliertes ↑ Andreaskreuz liegt. Auf dem Kreuz befindet sich ein grünemailliertes, dreiblättriges Kleeblatt, das mit drei goldenen Königskronen belegt ist. Um diesen Mittelschild zieht sich zunächst ein hellblauer Reif mit der Ordensdevise «QUIS SEPARABIT» [lat., wer wird (sie) trennen] und dem Stiftungsjahr MDCCLXXXIII. Der äußere Reif enthält einen Kranz grüner Kleeblätter. Der Orden wurde nach der Proklamation der Republik Irland (29. Dezember 1937) nicht mehr verliehen.
Der P. erschien von 1783 bis 1800 unter dem irischen Wappen sowie auch unter dem Wappen der Ordensritter.

**Patrickskreuz:** als Symbol des St. ↑ *Patrick* und damit Irlands seit 1801 in den ↑ Union Jack aufgenommenes rotes Schrägkreuz (↑ Andreaskreuz) auf weißem Grund.

**Patrizier:** seit etwa dem 13. Jahrhundert in den mittelalterlichen Städten Angehörige der wohlhabendsten und angesehensten Familien, die den Rat bildeten. Sie stammten vor allem aus dem Kreis der Fernkaufleute, teilweise (besonders in den Bischofsstädten) der Ministerialen und in wenigen Städten der reichen Handwerker. Ihre politische Vorherrschaft wurde im 14. und 15. Jahrhundert weitgehend beseitigt. Einige der P.familien wurden später durch kaiserliche Adelsbriefe in den Adelsstand erhoben und führten Wappen, die sich dann von denen des alten Adels kaum unterschieden. Viele

*St. Paulus mit Schwert und Buch über der Ansicht von Münster auf einer $1^{1}/_{2}$-Taler-Klippe von 1638 des Bistumes Münster*

P. erwarben Rittergüter und wurden dadurch Angehörige des niederen Adels. Die Augsburger *Familie Fugger* wurde vom Kaiser sogar in den Fürstenstand erhoben.

*Literatur*

*Rößler, H.:* Deutsches Patriziat. Limburg/Lahn 1967

**Patrizierkrone:** vor allem in der italienischen Heraldik auf den Wappen einiger Patrizierfamilien vorkommende Krone, die aus einem Stirnreif mit drei spatenförmigen Zinken, dazwischen je eine Perlzinke, besteht. Vgl. Tafel Rangkronen.

**Paulus:** christlicher Heiliger, Apostel, gest. wahrscheinlich um 67 in Rom. Über das Leben dieses Apostels gibt es nur wenige historisch gesicherte Informationen. St. P. schloß sich der Christengemeinde zu dem Zeitpunkt an, als sich diese vom Judentum löste. Nach umfangreicher Missionsarbeit kam er als Gefangener nach Rom, wo er nach alter Überlieferung unter *Kaiser Nero* (54–68) enthauptet und an der Straße nach Ostia beigesetzt wurde. Sein Fest wird gemeinsam mit dem des Apostels *Petrus* am 29. Juni gefeiert. Der Heilige wird in der Regel stehend im weiten Gewand dargestellt, in der Rechten ein Schwert, in der Linken ein geschlossenes Buch haltend. Viele Abbildungen zeigen ihn auch gemeinsam mit dem Apostel *Petrus*. Als Wappenbild erscheint er z. B. im Wappen der Städte Cloppenburg, Helmarshausen und Vechta. Abb.

**Pausch:** ältere Schreibart für Bausch (↑ Wulst).

**Pavese,** *Setztartsche*: besonders große Ausführung der ↑ Tartsche, die in Form von großen Wänden zu Schutzwällen nebeneinandergesetzt wurden und hauptsächlich bei der Verteidigung von Städten den Fußkämpfern und Armbrustschützen Schutz boten. Am unteren Ende der P. befand sich meist ein Dorn, der im Erdreich hielt. Ebenso wie die Tartsche trug auch die P. Wappendarstellungen. Es existieren einige Exemplare, die außer dem Stadtwappen auch das Wappen des Kaisers und einer Ritterschaft tragen.

**Pavillon:** in der französischen Heraldik Ausdruck für ↑ Wappenmantel und ↑ Wappenzelt.

**PAX ET JUSTITIA** [lat., Frieden und Gerechtigkeit]: seit 1912 Wahlspruch unter dem Wappen der ehemaligen britischen Kolonie und jetzigen Commonwealth-Staates Saint Vincent.

**PAZ E PROSPERIDADE** [port., Frieden und Wohlstand]: Wahlspruch im Wappen des brasilianischen Bundesstaates Alagoas.

**PEACE AND PROSPERITY** [engl., Frieden und Wohlstand]: Wahlspruch unter dem Wappen des australischen Bundesstaates Victoria.

**pean** [engl.]: der englischen Heraldik eigene Variante des ↑ Hermelin, der dort mit goldenen bzw. gelben Schwänzchen auf schwarzem Grund dargestellt wird.

**Pedum** ↑ Krummstab.

**Pegasus:** als Symbol der Künste verwendetes geflügeltes Pferd. Ein P. befindet sich z. B. in dem von *Goethe* entworfenen Wappen des Komponisten *Karl Friedrich Zelter* (1758/1832), im Wappen des Malers *Peter von Cornelius* (1783/1867), wo es auch in der Helmzier wiederkehrt, und im Wappen sowie der Helmzier des Dichters *Johann Christoph Gottsched* (1700/1760).

**Pelikan:** Schwimmvogel, der in der Mythologie als Symbol der Opferbereitschaft gilt. Der Sage nach hackt sich der P. mit dem Schnabel die Brust auf, um mit seinem Blute die Jungen zu nähren. In dieser Darstellung erscheint er auch als Wappenbild. In der christlichen Ikonographie stellt er ein Bild für Christus als Heiland dar. Bei der Blasonierung muß die Zahl der im Nest befindlichen Jungen angegeben werden. Ein P. befindet sich z. B. im Wappen des US-Bundesstaates Louisiana und in dem der *Grafen von Hoffmannsegg.* Abb.

*Pelikan*

**pelikanartig:** in der Heraldik Bezeichnung eines jeden Vogels, der sich wie der ↑ Pelikan in die Brust hackt.

**Pellet** ↑ Kugeln.

**Pelzwerk, heraldisches,** *Kleinspalt*: den heraldischen ↑ Tinkturen gleichgesetzte Musterungen bzw. die Darstellung wirklicher Pelze. Das h. P. gliedert sich in drei Gruppen, in ↑ Kürsch (Fehwammen, Grauwerk), ↑ Hermelin und ↑ Eisenhütlein. Die Aufnahme des h. P.es in die Wappenschilde ist auf die bereits im Mittelalter festzustellende Vorliebe für kostbare Tierfelle zurückzuführen. Bei den Franken z. B. waren Fischotter- und Marderfell, bei den Burgundern das Biberfell beliebt. Die besondere Vorliebe der Engländer, die mit diesem Schmuck großen Luxus trieben, zeigt sich noch heute in deren Wappenwesen. Auch das üppige h. P. der deutschen Ritter erregte selbst an dem an orientalische Prachtentfaltung gewöhnten Kaiserhof von Byzanz Bewunderung. So war nicht nur die Kleidung, sondern auch der Schild mit Pelz besetzt. Statt der schwarzen Farbe wurde mitunter ein Zobelfell auf die entsprechende Stelle im Schild genagelt, z. B. in frühen Zeiten beim Wappen der *Grafen von Zollern. Ulrich von Lichtenstein* (um 1200/1275 oder 1276) ließ sich seinen Schild mit Hermelin überziehen. Die Tatsache, daß bereits in der Frühzeit der Heraldik Pelze auf den Wappenschilden angebracht waren, gibt Aufschluß über die eventuelle Entstehung der heraldischen Farben. Da der ursprüngliche Schildschmuck fast immer aus Pelzwerk oder aufgenagelten Leder- oder Pergamentstücken bestand, kann es sich bei der mit der Zeit aufgekommenen Bemalung der Schilde in den meisten Fällen nur um einen gewissen Ersatz für die ursprünglichen Materialien gehandelt haben. Wie sich die einst der Befestigung und der Stabilität der Schilde dienenden Eisenbeschläge später in Schildteilungen bzw. Heroldsbilder verwandelten, so könnten nach der Ansicht einiger Heraldiker die Metalle Gold und Silber sowie das Pelzwerk als Ursprünge der heraldischen Farben angesehen werden. Die eigenartigen Formen, in denen das h. P. auf den Schilden angebracht wurde, aber auch die spätere Stilisierung, gaben Anlaß zu den verschiedensten Auslegungen. Das trifft besonders für die ↑ Eisenhütlein zu.

Die moderne Heraldik zählt das h. P. zu den heraldischen Farben. Ein Beispiel eines völlig aus h. P. bestehenden Wappenschildes bietet das Wappen der österreichischen Stadt Bregenz. Hier erscheint zwischen zwei Streifen aus ↑ Kürsch ein aus ↑ Hermelin bestehender ↑ Pfahl.

*Literatur*

*Hohenlohe-Waldenburg, K. Fürst v.:* Das heraldische und dekorative Pelzwerk im Mittelalter, 2. Aufl. Stuttgart 1876

**Pennon** [franz.]: in der französischen Heraldik und Genealogie Bezeichnung für die Kombination eines eine Ahnenprobe begleitenden, zusammengesetzten Schildes, der die Wappen der verschiedenen Vorfahren zeigt. Ein P. kann entweder aus vier (Großeltern), acht (Urgroßeltern), sechzehn (Ururgroßeltern) oder sogar zweiunddreißig (Ururgroßeltern) Plätzen bestehen.

Mitunter zeigt er nur den Mannesstamm. Dann steht der Schild des Vaters im Mittelschild, das erste Feld zeigt das Wappen der Mutter, das zweite das der Großmutter väterlicherseits, das dritte der Urgroßmutter väterlicherseits usw. Die Anzahl der Felder eines P. richtet sich nach der Zahl der nachzuweisenden Generationen.

**Pentagramm** ↑ Drudenfuß.

**Pentalpha,** *Alfenfuß*: in einigen älteren Wappenbeschreibungen Bezeichnung für ↑ Drudenfuß.

**Pentateuch** [griech.]: ursprünglich Bezeichnung für die fünf ersten Bücher des Alten Testamentes. Unter dem gleichen Namen entstand in Italien eine 1296 beendete Prachthandschrift in hebräischer Sprache; heute im Besitz der Stadtbibliothek Frankfurt am Main. Das P. enthält viele Abbildungen von Wappen mit den mannigfaltigsten Heroldsbildern, die aber heraldisch ohne Bedeutung sind. Alle Wappendarstellungen zeigen die Farben Blau und Rot und dienen lediglich als Schmuck.

**PER ARDUA SURGO** [lat., durch Beschwerden erhebe ich mich]: Wahlspruch unter dem Wappen des brasilianischen Bundesstaates Bahia.

**PER ASPERA AD ASTRA** [lat., durch Beschwernis hinauf zu den Sternen]: Wahlspruch unter dem Wappen des Großherzogtumes Mecklenburg-Schwerin sowie des mecklenburgischen ↑ Hausordens der Wendischen Krone.

**PERGO ET PERAGO** [lat., ich führe fort und vollende]: Wahlspruch unter dem Wappen der ehemaligen britischen Kolonie Nordborneo. Nordborneo ist seit 1963 als Sabah Teilstaat Malaysias.

**Perlenkreuz:** Kreuz, das aus kleinen Kugeln gebildet wird.

**Perlenkrone:** mit Perlen besetztes Diadem, das als heraldische ↑ Rangkrone die einzelnen Adelsgrade durch die Anzahl der Perlen unterscheidet.

**Perlenschnitt:** von verschiedenen Heraldikern für den ↑ Wolkenschnitt verwendeter Begriff.

**Persevant** [franz. poursuivant, Anwärter]: Gehilfe der Herolde. Um P. zu werden, mußte der Anwärter von zwei Herolden vorgeschlagen werden. Danach erfolgte die Taufe mit Wein durch den Fürst oder einen Wappenkönig und das Anlegen des Wappenrockes.
In der mittelalterlichen Zunft der Herolde konnte der P. nach siebenjähriger Tätigkeit zum Herold erwählt werden. Wie die Herolde führten auch die P.en besondere Amtsnamen. In der späteren Zeit, nach dem Verschwinden der Heroldien, wurden sie untere Beamte der Heroldsämter. Vgl. Herald's College.

**Personenwappen:** ausschließlich einer Person zustehendes Wappen. Das P. bringt die mit seiner Person verbundene Herrschaft und Würde des Wappeninhabers zum Ausdruck, z. B. das eines Fürstbischofes. In der Regel ist es mit dem betreffenden Familienwappen (↑ Geschlechterwappen) verbunden. Vgl. Standeswappen.

**Perspektive, heraldische:** die dem Wappenwesen eigene plastische Darstellung der Wappenfiguren. Perspektivische Darstellungen innerhalb eines Schildes sind unheraldisch, wogegen alle außerhalb des Schildes befindlichen Wappenteile den Gesetzen der Perspektive unterworfen sind. Auch der Schild als Wappenträger selbst darf perspektivisch aufgefaßt werden. Die darauf befindliche Darstellung sollte als Flachrelief bzw. flächig gezeichnet sein. Schild und Helm müssen waffenkundlich exakt erscheinen. Der größte Spielraum wird dem Wappenmaler bei der Gestaltung der Helmdecken gelassen.

**Pesl,** Paul: Herold des Römisch-Deutschen Reiches mit dem Amtsnamen *Österreich*, lebte in der ersten Hälfte des 16. Jahrhunderts. P. beschrieb die Reise *Kaiser Karls V.* (1519–1556, gest. 1558) und seines Bruders *Ferdinand* von Augsburg nach Köln sowie des letzteren Wahl zum deutschen König (*Ferdinand I.* [1531–1564]) und Krönung in Aachen im Jahre 1531. Weiterhin ist von ihm eine Beschreibung der Belagerung Wiens durch die Türken von 1529 erhalten.

**Petra Sancta,** Silvester: italienischer Jesuitenpater, einer der Lehrmeister der deutschen Heraldik, lebte in der zweiten Hälfte des 16. Jahrhunderts. P. S. betrieb für seine heraldischen Forschungen ausgiebige Vorstudien in Deutschland und Holland. Er lehrte, das Wesen der Wappen zu erkennen sei nur derjenige in der Lage, der deren einzelne Substrate einer wissenschaftlichen Prüfung unterzieht. Die systematische Gliederung der Wappendarstellungen sowie die Sammlung der Heroldsgesetze bzw. -regeln hielt er für eine unerläßliche Vorbedingung für die Entwicklung einer einheitlichen heraldischen Kunstsprache. Von einigen wird er für den Erfinder der heute noch gebräuchlichen, dem Franzosen ↑ *Colombiere* zugeschriebenen heraldischen Schraffierung angesehen, da er diese bereits 1638 verwendete.

*Werk*

Tesserare gentilitiae. Rom 1638

**Petrischlüssel:** vor allem in vielen Stadtwappen enthaltenes Attribut des heiligen ↑ *Petrus*, z. B. Bremen, Dorsten, Genf, Soest, Xanten. Der P. kann einzeln oder gekreuzt (Regensburg) vorkommen.

**Petrus** [griech., Fels], eigentlich *Simon*: christlicher Heiliger, Apostel (Apostelfürst), ursprünglich Fischer in Galiläa. Er gehörte zu dem engsten Jüngerkreis um *Jesus*. Nach dessen Kreuzigung war er einer der Führer der Urgemeinde. Missionsreisen führten ihn nach Antiochia, Korinth, wahrscheinlich auch Kleinasien und Rom. Dort wurde er unter *Kaiser Nero* (54–68) der Überlieferung nach mit dem Kopf nach unten (vgl. Petruskreuz) gekreuzigt. Nach katholischer Ansicht, die sich auf das Vermächtnis Christi beruft, war P. der erste Bischof von Rom und somit der erste Papst. Sein Grabmal befindet sich in der St. Peterskirche in Rom. Der Heilige wird in der Regel bejahrt mit kurzem weißem Bart und starker Tonsur, die manchmal eine dreifache Reihe von Locken bildet, seltener mit kahlem Scheitel in blauer Tunika und gelbem Mantel dargestellt. In späterer Zeit trägt er vielfach die dreifache Papstkrone (vgl. Tiara). Während in altchristlicher Zeit bei der Darstellung der Heiligen deren ↑ Attribute noch weggelassen wurden, hält P. bereits einen, mitunter zwei, seltener drei Schlüssel in der Hand. Der selten vorkommende dritte Schlüssel wird auf die zum geistlichen Amt erforderliche weltliche Autorität bzw. auf die Macht, Dispensationen zu erteilen, nach anderen auf die Schlüsselgewalt im Himmel, auf Erden und in der Hölle in Beziehung gebracht. Manchmal wurde P. auch mit einem Fisch in der Hand dargestellt, als Anspielung auf seinen ursprünglichen Beruf. Der Heilige ist Patron einer Vielzahl von Ländern, Städten, Gemeinden und Kirchen, z. B. Bayern, Brabant, Bremen, Baden, Köln, Hamburg, Osnabrück, Regensburg, Worms usw. Die dem Heiligen geweihten Kirchen sind meist die ältesten des betreffenden Ortes. Groß ist die Zahl der Darstellungen des heiligen P. in der Kommunalheraldik, so erscheint er z. B. in den Wappen der Städte Brühl (Rheinland), Rheinberg (Rheinland), Reichenbach (Vogtland), der Gemeinde Großbodungen (Sachsen), der Kopf allein im Wappen der Stadt Neustadt (Mecklenburg).

**Petruskreuz:** umgekehrtes ↑ Passionskreuz. Der Legende nach soll der Apostel *Petrus* mit dem Kopf nach unten gekreuzigt worden sein.

Ein silbernes P. in Rot, das oben von einem Pfeil durchbohrt ist, erscheint im Wappen der polnischen *Familie Koryzna*. Abb.

*Petruskreuz*

**Petschaft:** Handstempel oder Ring mit gravierter Platte zum Siegeln. Das P. besteht in der Regel aus einer runden oder ovalen Metallplatte, auf der das Wappen oder Monogramm spiegelverkehrt eingraviert ist. Die Metallplatte kann auch, besonders bei Siegelringen, durch einen geschnittenen Edel-

*Pfahl · Pfahlfaden*

*Pfahlfeh (links)*
*Pfahlweise gestellte Fische in verwechselter Farbe (rechts)*

oder Halbedelstein ersetzt sein. Die meisten auf unsere Zeit gekommenen P. oder Siegelringe, oft vorzügliche Arbeiten des Kunstgewerbes darstellend, stammen aus der Zeit des heraldischen Verfalls.

**Pfahl,** *Pfosten, Wappenpfahl*: häufiges Heroldsbild, das durch die zweimalige Spaltung des Schildes oder Feldes entsteht. Der P. steht stets, wenn nicht anders gemeldet, in der senkrechten Mittellinie des Schildes und hat in der Regel eine Breite von zwei Siebenteln der Schildesbreite. In vielen Darstellungen nimmt er ein Drittel des Schildes ein. Befindet er sich nicht in der Mitte, sondern nahe an einem Schildrand, so wird er als linker oder rechter P. bezeichnet. Beim P. müssen die rechte und linke danebenliegende Seite von gleicher Tinktur sein. Ist das nicht der Fall, so handelt es sich um einen zweimal gespaltenen Schild. Bei mehreren Pfählen in einem Schild reduziert sich deren Breite gegenüber der Schildbreite von selbst. Pfähle kommen in den verschiedensten Varianten vor, z. B. ↑ geschacht, ↑ gestückt, ↑ durchbrochen, mit ↑ Sparren belegt, ↑ gespalten usw. Der gespaltene P. überschreitet niemals die gewöhnliche P.breite und darf nicht mit dem ↑ aneinandergeschobenen Pfahl verwechselt werden. Vgl. Sparre, Straße (1.). Abb.

**Pfahldeichsel:** aus der Kombination von ↑ Pfahl und ↑ Deichsel entstandenes, seltenes Heroldsbild.

**Pfahldeichselkreuz:** aus vier ↑ Pfahldeichseln gebildetes Kreuz.

**Pfahlfaden,** *Rute, Stab, Strich*: das Heroldsbild ↑ Pfahl, dessen Durchmesser auf ein Zwölftel der Schildbreite verringert ist. Abb.

**Pfahlfeh,** *gegeneinandergesetzte Eisenhütlein, übereinandergestürzte Eisenhütlein*: übereinandergestellte ↑ Eisenhütlein. Sind diese ↑ gestürzt, bezeichnet man sie als *gestürztes P.* Vgl. Sturzpfahlfeh. Abb.

**Pfahlleiste:** Heroldsbild, das aus einem auf ein Vierzehntel der Schildesbreite reduziertem ↑ Pfahl besteht.

**Pfahlstelle:** bei der ↑ Schildeinteilung die senkrecht in der Mitte befindliche Stelle. Vgl. Abb. auf S. 346.

**pfahlweise:** Schildfiguren, die in der Richtung eines gedachten ↑ Pfahles übereinander stehen. Abb.

**pfahlweise gespitzt** ↑ reihenweise gespitzt.

**pfahlweise gestellt: 1.** Wappenfiguren, die in Pfahlrichtung stehen. Wechseln sie diese (ihre natürliche) Stellung, so muß das besonders gemeldet werden. – **2.** ↑ schlimm herab.

**pfahlweise nebeneinander:** Ausdruck für voneinander abgewendet dargestellte Figuren.

**Pfal:** von dem Heraldiker *M.* ↑ *Gritzner* vorgeschlagene und verwendete Schreibweise für den heraldischen ↑ Pfahl, um ihn vom tatsächlichen zu unterscheiden. *Gritzner* konnte sich mit seinem Vorschlag nicht durchsetzen.

**Pfälzer Wappenbuch:** um 1460 entstandenes handgemaltes Wappenbuch; im Besitz der Tiroler Adelsmatrikel-Gesellschaft. Das Buch enthält auf 200 Blatt 1 080 Wappen des Kaisers, der Kurfürsten, der Fürsten, des hohen Adels und der Erbländer des Kaisers sowie auch einige des hohen und niederen Adels aus Italien, Spanien und England. Daneben finden sich auch einige Fantasiewappen, z. B. bezeichnet das P. W.

*Geviertes Wappen mit Herzschild des Pfalzgrafen Wolfgang bei Rhein (1526–1569)*

die Wappen des «Kaisers» Julius (Caesar), des *Papstes Pius I.* (gest. 155) und der vier Patriarchen als «die drei ältesten Wappen der Welt».

**Pfalzgraf:** ursprünglich oberster richterlicher Vertreter der deutschen Könige, später der Territorialherren. Seit dem *König Otto I.* (936–973, Kaiser ab 962) nahmen die P.en in Lothringen, Bayern, Schwaben, Sachsen und Kärnten in diesen Stammesherzogtümern die königlichen Rechte wahr und wurden zu Territorialherren. Der P. bei Rhein, dessen Residenzstadt Heidelberg war, erlangte später die Würde eines Kurfürsten und ↑ Reichsvikars. Abb. auf S. 305.

**Pfannenhaken,** *Pfannhaken*: oben und unten umgebogener, aus Eisen gefertigter Haken, in den die Siedepfannen zur Salzgewinnung eingehangen wurden. Zwei gekreuzte P. befinden sich z. B. im Wappen des «Salzgräfen» (Salzgrafen) von Halle.

**Pfau:** seltenes Wappenbild. Nach der christlichen Auffassung ist der P. das Symbol der Auferstehung oder der himmlischen Herrlichkeit.

In der deutschen Heraldik kann der P. bereits im 12. Jahrhundert nachgewiesen werden. Bekannt ist er als Wappenfigur der *Grafen von Wied.* Dadurch erschien der P. im Mittelschild des albanischen Doppeladlers, als 1914 *Prinz Wilhelm zu Wied* als Fürst von Albanien eingesetzt wurde.

Ein ↑ schweifspiegelnder P. bildete das Helmkleinod der *Grafen von Ortenburg* (Kärnten). Zwei schweifspiegelnde P.en befinden sich auch im Wappen der burmesischen Hauptstadt Rangun. Vgl. Abb. bei schweifspiegelnd.

**Pfauenfedern:** Elemente des Helmschmukkes, z. B. auf einem Wappenhelm der Herzöge von Braunschweig.

**Pfauenstoß:** als ↑ Helmkleinod vorkommende gebündelte Pfauenfedern, z. B. Wappen des Erzherzogtumes Österreich. Vgl. Abb. bei Helmdecke (17. Jahrhundert).

**Pfauenwedel:** mit Pfauenfedern besetzte Schäfte, z. B. das Helmkleinod der *Grafen von Anhalt.* In die mecklenburgische Heraldik wurden die P. z. B. durch die Heirat *Nikolaus' III. von Werle* (1233–1277) mit *Jutta,* der Tochter *Heinrichs I., Graf von Anhalt* (1212–1252), übernommen. Später wurde von der Linie Werle eine halber Stierkopfschild direkt auf den Helm gesetzt und mit Pfauenfedern besteckt. P. sind als Verzierung der Wappenhelme relativ häufig anzutreffen. So befinden sie sich z. B. auch auf Helmen der *Fürsten von Schwarzenberg,* der *Grafen von Castell,* der *Grafen von Henneberg* usw.

**Pfeil:** in verschiedenen Varianten vorkommendes Wappenbild. Heraldisch wird der P. in der Regel stahlfarben dargestellt, während der Bogen rot, schwarz, golden oder silbern tingiert ist. In der neueren Wappenkunst hat er mitunter auch braune Färbung. Die französische *Familie Guyot* z. B. führt mit Beziehung auf die P. in ihrem Wappen die Devise «Animus regni, spicula hostibus» [lat., die Seele dem König, die Pfeile den Feinden]. Ein P.bündel war ein Symbol der niederländischen Generalstaaten und ist noch heute im Wappen der Niederlande enthalten. Ein einzelner P. im schräglinks geteilten Schild befand sich z. B. im Stadtwappen von Gumbinnen (Gussew). Vgl. Abb. bei Bogen und bei besät.

**Pfeilbogenkreuz:** Kreuz, dessen Arme aus vier auf einen Bogen gelegten Pfeilen bestehen.

**Pfeilbündel** [span. flechas, Pfeile]: aus fünf roten Pfeilen bestehende, durch ein rotes Band zusammengehaltene ↑ Bilddevise der *Königin Isabella der Katholischen von Kastilien* (1474–1504). Als solche erschien sie dann später unter dem ↑ Johannisadler neben dem ↑ Joch unter dem Wappen Spaniens. Diese Bilddevisen sind auch die Symbole des 1937 von *Franco* gestifteten Ordens vom Joch und den Pfeilen.

Ein P. war auch ein Wappenbestandteil der niederländischen Generalstaaten, das der oranische Löwe in der Pranke hielt. Vgl. Abb. bei besät.

**Pfeileisen:** verlängerte Pfeilspitze, die als Wappenbild in der Regel mit Widerhaken versehen ist.

**Pfeiler:** in älteren Wappenbüchern Bezeichnung für Schächerkreuz (↑ Gabelkreuz).

**Pfeilkreuz,** *Pfeilspitzenkreuz*: ein Kreuz mit

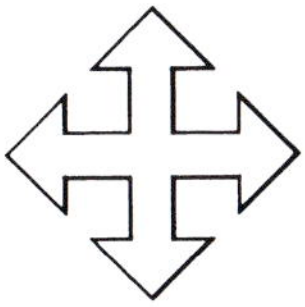

*Pfeilkreuz*

gleichschenkligen Balken, an deren Enden sich Pfeilspitzen befinden. Ein P. war das Symbol der ungarischen Faschisten (Pfeilkreuzler). Abb.

**Pfennig,** *Wappenpfennig*: **1.** gemeine Figur, die eine Münze darstellt. Oft wurden P. von Familien entsprechenden Namens als redende Figur gewählt, z. B. von der *Familie Muddepennink* aus Dortmund. Die drei P. auf dem Schrägrechtsbalken in ihrem Wappen wurden später als Kugeln blasoniert. Diese falsche Deutung führte nicht selten zur Verfälschung von Wappen mit P.en als gemeine Figuren. – **2.** ↑ Kugeln.

**Pferd,** *Roß*: bereits aus der Frühzeit der Heraldik nachgewiesenes Wappentier. Das P. wurde in der Regel aufbäumend dargestellt, z. B. im braunschweigischen Gesamtwappen wegen des Herzogtumes Sachsen (↑ Welfenroß).

P. befinden sich als Symbol der Freiheit in den Staatswappen von Uruguay und Venezuela sowie als Schildhalter in den Wappen der afrikanischen Staaten Lesotho (Königreich) und Obervolta (Republik). Das P. im Stadtwappen von Roßwein (Sachsen) stellt – zusammen mit einem Weinstock – ein redendes Wappen dar.

*Literatur*

*Lampe, H. P.*: Pferde und Reiter in deutschen Städtewappen, in: Pferd und Reiter. Frankfurt/Main 1962

**Pferdebremse,** *Pferdepramme, Roßbremse*: der ↑ Bremse ähnliche Wappenfigur. Einige Heraldiker leiten von diesem Wappenbild die Tätigkeit des ursprünglichen Wappenträgers als Gestütsverwalter eines Fürsten oder Dynasten ab. Als Wappenbild kommt die P. vielfach in ostpreußischen, pommerschen und norddeutschen Wappen vor. Zwischen ihr und der Bremse besteht kein sachlicher Unterschied, jedoch differieren sie mitunter in der Darstellung. Der 1440 gestiftete brandenburgische Schwanenorden wählte für die Glieder seiner Amtskette P. und Herzen als Symbole.

**Pflugschar:** in den verschiedensten Varianten vorkommende gemeine Figur. Im Wappen der sächsischen adligen *Familie Pflugk* erscheint die P. als redendes Wappenbild. Einige Familien ließen sich später diese Wappenfigur, als nicht vornehm genug, in eine Lanzenspitze umzeichnen. Die bayrische Stadt Straubing führt einen kompletten Pflug im Wappen. Abb.

*Pflugschar als redendes Wappenbild im Wappen derer von Pflugk*

*Pflug im neuen Staatswappen von Äthiopien*

**Pforte** ↑ Tor.

**Pfosten** ↑ Pfahl.

**Pfötchenkreuz:** ↑ Prankenkreuz mit in Uhrzeigerrichtung verlaufenden einseitigen Verbreiterungen der Kreuzenden

*Pfropfschnitt*

**Pfropfbalken,** *Knotenbalken*: ↑ Balken mit einer beiderseitigen halbrunden Erhöhung in der Mitte.

**Pfropfkreuz:** ein ↑ gemeines Kreuz, dessen Kreuzenden in der Mitte Halbkugeln zeigen.

**Pfropfschnitt:** Schildesteilung, in deren Mitte sich oben ein halbkreisförmiger Bogen befindet. Vgl. Jochschnitt. Abb.

**Pfüllen** ↑ Kissen.

**Philippsorden, Großherzoglich Hessischer:** am 1. Mai 1840 von *Großherzog Ludwig II. von Hessen-Darmstadt* (1830–1848) gestiftete Auszeichnung als «Verdienstorden Philipp des Großmütigen» zum Andenken an den von 1509 bis 1567 regierenden Ahnherren. Der fünfklassige Orden konnte zur Belohnung besonderer Verdienste an Zivil- und Militärpersonen verliehen werden. Das Ordenszeichen besteht aus einem goldbordierten, weißemaillierten, sich nach außen verbreiternden Kreuz. Das Medaillon der Vorderseite zeigt auf blauem Grund das Bildnis *Philipps des Großmütigen* in Gold. Um das Medaillon steht die Ordensdevise «SI DEUS NOBISCUM, QUIS CONTRA NOS» [lat., wenn Gott mit uns (ist), wer (ist) wider uns?] auf weißem Grund. Die Rückseite zeigt den rot-weiß emaillierten hessischen Löwen auf blauem Grund mit der Umschrift «LUDOVICUS III. MAGN. DUX HASSIAE INSTITUIT» [lat., von Ludwig III. Großherzog von Hessen gestiftet]. Seit 1854 konnte der Orden auch Damen verliehen werden. Als besondere Auszeichnung erhielt er ab 1881 eine Krone über das Kreuz. Mit durch das Medaillon gekreuzten Schwertern befand er sich bis 1918 unter dem großen Staatswappen von Hessen-Darmstadt. Vgl. Abb. bei Großherzog.

**Phönix:** dem altägyptischen Gott Osiris geheiligter Vogel, der sich der Sage nach alle 500 Jahre im Sonnentempel zu Heliopolis verbrannte, um dann aus seiner Asche neu aufzusteigen. Der P. galt als das Symbol der ewigen Verjüngung, was auch in zahlreichen Wappendevisen seinen Ausdruck fand, z. B. die Devise des fürstlichen *Hauses Hohenlohe*. Abgeleitet vom Helmkleinod dieses Hauses wurde er zum Symbol des 1757 gestifteten hohenlohischen Haus- und P.ordens und befand sich auch in dessen Medaillon. Als Wappenbild selbst erschien er z. B. in der moderneren Heraldik 1932 und seit 1974 im Wappen der Republik Griechenland, im Wappen des ehemaligen Kaiserreiches Haïti sowie der englischen Stadt Cirencester.

**Phönixorden:** am 29. Dezember 1757 von *Fürst Philipp Ernst I. zu Hohenlohe-Waldenburg-Schillingsfürst* (1697–1750, gest. 1759) gestifteter Hausorden. Der am 95. Geburtstag des Stifters errichtete Orden erhielt zunächst den Namen «Orden der Goldenen Flamme» und sollte «ein Band der Freundschaft für seine Kinder, deren Nachkommen und nächsten Angehörigen» sein. Sein Sohn *Karl Albrecht I.* (1750–1793) fügte dem Orden 1770 eine zweite Klasse hinzu, die an Deutsche von Adel mit mindestens vier Ahnen und erwiesener Stiftsmäßigkeit, an Ausländer nach bewiesener Adelsprobe wie für den ↑ Johanniterorden, verliehen wurde. 1795 erhielt der Orden neue Statuten, nach denen er in zwei Klassen, den eigentlichen Hausorden und den P., zerfiel. Letzterer wurde bis 1829 an adlige Beamte des *Hauses Hohenlohe*, auswärtige Standespersonen sowie auch an Damen verliehen. Der Hausorden wurde mit Bewilligung des *Königs von Württemberg* als Landesherren noch bis in das 20. Jahrhundert hinein verliehen.

Das weißemaillierte Ordenszeichen des Hausordens hat goldene Strahlen in den Kreuzwinkeln und zeigt im Medaillon der Vorderseite innerhalb eines roten Kreises den dem Helmkleinod des *Hauses Hohenlohe* entnommenen Phönix, darüber die Inschrift «In senio» [lat., im Alter], die sich auf das hohe Alter des Stifters bezieht. Der Wahlspruch des Ordens befindet sich auf dem die zweite Klasse bildenden P. und lautet «EX FLAMMIS CLARIOR» [lat., aus den Flammen nur um so glänzender]. Der Orden erschien teilweise unter den Wappen der Mitglieder des *Hauses Hohenlohe* sowie der Ritter des Ordens. Vielfach befand sich aber unter dem hohenlohischen Wappen der ebenfalls auf den Phönix bezogene Wahlspruch «EX FLAMMIS ORIOR» [lat., ich gehe aus den Flammen hervor].

**Phosphor:** im Wappenwesen in Form seines alchimistischen Zeichens dargestelltes chemisches Element. Den P.reichtum des Landes symbolisierend erscheint das Zeichen, ein mit einem Kreuz versehener Winkel, im oberen Teil des Wappens der Republik Nauru. Abb.

**phrygische Mütze** ↑ Freiheitsmütze.

**Pilgerkreuz** ↑ Kugelstabkreuz.

**Pilgermuschel** ↑ Jakobsmuschel.

**Pilgerstab,** *Römerstab*: seltenes Motiv, das umgeben von einem Rosenkranz hinter den Wappen einiger Priore erscheint. Mitunter wird der P. auch an einen Meilenstein gelehnt dargestellt.

*Alchimistisches Symbol des Phosphors im Staatswappen von Nauru*

*Pinienzapfen im Wappen der Stadt Augsburg*

**Pilgerstabkreuz** ↑ Kugelstabkreuz.

**Pillen** ↑ Kugeln.

**Pinienzapfen,** *Pyr, Zirbelnuß*: Frucht der Pinie, die mit ihren vielen Samenkörnern von den Römern als ein Symbol der unerschöpflichen Fülle im Leben der Natur angesehen wurde und namentlich auf ihren Grabmonumenten dargestellt wurde. Dieses interessante und vielumstrittene Wappenbild führt die Stadt Augsburg. Der sogenannte *Stadtpyr* von Augsburg ist bereits am Anfang des 14. Jahrhunderts auf den Siegeln der Stadt nachweisbar und stammt wahrscheinlich von einer aufgefundenen Dekorationsfigur eines Römergrabes. Der P. wurde von einigen älteren Heraldikern mißverstanden und fälschlich als Weintraube blasoniert.

Drei P. auf blauem Grund führen auch die *Truchsesse von Waldburg*. Abb.

**Pirminius,** *Pirmin*: christlicher Heiliger, Bischof, gest. 753 oder 754. Der Heilige war um 715 Regionarbischof im Bliesgau (Medelsheim bei Zweibrücken), danach Gründer von Reichenau und Bischof von Meaux. Der Überlieferung nach vertrieb er Schlangen und Ungeziefer. Nach ihm wurde die Stadt Pirmasens benannt. Als Wappenbild erscheint er im Wappen der Stadt Hornbach (Pfalz), deren Kloster eine Stiftung des Heiligen war.

**Plate** ↑ Kugeln.

**Platten,** *Kronenplatten*: Bezeichnung der plattenähnlichen Teile speziell der Kaiserkrone des Römisch-Deutschen Reiches sowie des Deutschen Reiches von 1871 bis 1918. Auf den P. befinden sich bildliche

*Beispiel der polnischen Heraldik am Wappen der Grafen von Miaczyn-Miaczynski (oben) und der Grafen von Mycielin-Mycielski (S. 311 oben)*

Darstellungen, Symbole sowie ein reicher Besatz von verschiedenen Edelsteinen. Vgl. Kaiserkrone.

**Plattkragen:** unexakter Ausdruck für ↑ Hauptpfahl.

**Plattkreuz** ↑ Antoniuskreuz.

**Platz,** *Quartier*: nur die Tinktur enthaltender Raum im Schild, der sich entweder zwischen einem Schildrand und einer Teilungslinie oder zwischen zwei Teilungslinien befinden kann. Sobald eine Figur hinzukommt, wird aus dem P. ein ↑ Feld.

**platzend** ↑ Zündgranate.

**Plätzlein** ↑ Butzen.

**Plevnakrone:** die aus Gußeisen gefertigte Krone des ehemaligen Königreiches Rumänien. Diese Königskrone wurde nach der am 26. März 1881 erfolgten Königsproklamation aus dem Material einer in der Schlacht bei Plevna (Pleven) eroberten Kanone von Artillerieoffizieren im Arsenal zu Bukarest hergestellt. Die völlig schmucklose Krone befand sich bis 1947 über dem Wappen des Königreiches Rumänien.

**plumes** ↑ Federn.

**PLUS ULTRA** [lat., darüber hinaus]: Wahlspruch auf den ↑ Säulen des Herkules neben dem spanischen Wappen. P. U. war die ↑ Devise *Kaiser Karls V.* (1519–1556, gest. 1558), der als *Karl I.* (1516–1556) auch König von Spanien war.

**polnische Heraldik:** Die alte p. H. ist ein vollständig selbständiges, nationales Gebilde, das mit der westeuropäischen Wappenkunst fast keine Berührungspunkte hat. Die meisten polnischen Wappen sind aus den ↑ Hausmarken hervorgegangen. Helmkleinode und -decken, ja selbst die Tinkturen der Wappenbilder spielen eine untergeordnete Rolle. Die Zahl der Motive der Wappenbilder ist relativ beschränkt, so daß bisweilen dreißig bis vierzig Familien ein und dasselbe Wappen führen. Die besonders im 18. Jahrhundert erfolgte Bereicherung der polnischen Wappen mit Motiven und Figuren der benachbarten deutschen Wappenkunst hatte zur Folge, daß die neuere p. H. viel von ihrer einstigen stark nationalen Färbung verlor. Beliebteste Wappenbilder waren Mond, Sterne, Hufeisen sowie Waffen.

In Polen bestand auch eine große Zahl von Wappenstämmen, die ursprünglich nur die in dem Namen ähnlich lautenden Adligen, später alle in der betreffenden Gegend wohnenden umfaßten. Alle bedienten sich eines gemeinsamen Wappens, das sich höchstens in den Helmkleinodien unterschied. Einzelne dieser Stämme weisen bis zu 500 Wappengenossen auf. Abb.

*Literatur*

*Gumowski, M.*: Handbuch der polnischen Siegelkunde. Graz 1965

*Gumowski, M.*: Handbuch der polnischen Heraldik. Graz 1969

**Pomme** ↑ Kugeln.

**Pontifikalhut:** Bezeichnung des geistlichen Hutes. Die Rangunterschiede werden durch Farbe und Anzahl der Quasten (↑ fiocchi) ausgedrückt.

*Literatur*
*Pye, R. F.*: Names, Arms and Cadency in Portugal. The Coat of Arms. London 1965
*Almeida-Langhans, F. P.*: Heraldica, ciecia de temas vivos. Lissabon 1966

**Possessionswappen:** in älteren Wappenbüchern Terminus für besitzanzeigende Wappen.

**Postament,** *Konsole*: als Basis eines Gesamtwappens dienender Sockel oder mit ornamentalen Ranken verziertes Gestell, auf dem in der Regel die ↑ Schildhalter stehen. Mitunter ist auch ein Teil des ↑ Wappenzeltes oder ↑ Wappenmantels darübergelegt.

**Pontifikalkreuz,** *Papstkreuz*: Kreuz mit drei sich nach oben verjüngenden Armen.

**POR LA RAZON O LA FUERZA** [span., mit Recht oder Gewalt]: Wahlspruch unter dem Wappen der Republik Chile.

**Porticulli: 1.** ↑ Schutzgatter. – **2.** ↑ Herald's College.

**portugiesische Heraldik:** Das Wappenwesen Portugals ähnelt dem Spaniens. Der Schildinhalt der Städtewappen ist jedoch hier bedeutend einfacher. Eine Verordnung besagt, daß diese Wappen nur ein Feld mit einem Heroldsbild oder nur eine oder mehrere gemeine Figuren enthalten sollen. Als Beizeichen ist nur die verkleinerte Darstellung des Landeswappen erlaubt. Goldene und silberne Mauerkronen sind allgemein üblich. Besonders beliebt sind gestückte Einfassungen (↑ Bord). In Portugal hielt sich die Auffassung, daß jedes Wappen eine bestimmte Person zu bezeichnen habe, bis in das ausgehende Mittelalter. Vgl. Quinas, Schildchen, Abb. bei belegter Bord.

*Gesamtwappen der Freiherren von Riesch auf einem Postament aus einer Pergamenturkunde, mit der die von Riesch 1792 von Kurfürst Friedrich August III. von Sachsen während seines Vikariates in den erblichen Reichsgrafenstand erhoben wurden*

Bei den Blasonierungen wurde das P. meist nur andeutungsweise umschrieben. Die Form und Art der Gestaltung war nicht festgelegt und dem Wappenzeichner überlassen. Das Wappen des Vereinigten Königreiches von Großbritannien und Nordirland steht z. B. auf einem grünen Rasen-P., auf dem die Schildhalter (Löwe und Einhorn) stehen und sich die heraldischen Blumen von England (Rose), Schottland (Distel) und Irland (Sauerklee) befinden. Vgl. Abb. bei halsbekrönt. Abb.

**POST TENEBRAS LUX** [lat., nach der Finsternis das Licht]: Wahlspruch unter dem Wappen des Kantons Genf.

**Potence:** Wappenkette für den Herold des österreichischen Ordens vom Goldenen Vlies, heute als Leihgabe des Ordens in der Weltlichen Schatzkammer in Wien. Die P. wurde nach 1517 wahrscheinlich in den Niederlanden speziell für den Gebrauch des Ordens angefertigt, dessen Herold sie bei besonderen Festlichkeiten trug. Sie besteht aus einem breiten Goldkragen, der neben einer Kette, ähnlich der Kollane des Ordens, ein Rahmengerüst besitzt, in das jedes Ordensmitglied ein Goldemailschildchen mit seinem Wappen einsetzen konnte, um die Gesamtheit des Ordens zu symbolisieren. Anfangs existierte eine P. mit 32 Feldern – 30 für die Ritter, zwei für den Ordenssouverän. Die heute noch bestehende P. entstand während der Regierungszeit von *Kaiser Karl V.* (1519–1556, gest. 1558), als die Zahl der Ritter auf 51 festgesetzt wurde. Die beiden Wappenschilde der Stirnseite sind mit Wappen und Devise *Karls V.* versehen.

Die Wappenschilde sind auswechselbar, so daß theoretisch alle lebenden Mitglieder des Ordens vertreten sein konnten. Dieser Brauch ist jedoch nicht regelmäßig geübt worden. Von den heute in der P. befindlichen Wappen stammen die ältesten aus der Zeit *Karls V.*, die jüngsten vom Ende des 17. Jahrhunderts.

**potencée** ↑ Krückenkreuz.

**Poyers** ↑ Marches.

**Pözlein:** alter Ausdruck für ↑ Butzen.

**Prachtstücke, heraldische:** zu den Nebenbestandteilen der Wappen zählende Beigaben. Zu den h. P. gehören die ↑ Schildhalter, Wappenmäntel (↑ Wappenmantel), ↑ Rangkronen, ↑ Orden, ↑ Devisen sowie Amtsabzeichen.

**Präheraldik:** Sammelbegriff für alle wappenähnlichen Darstellungen aus vorheraldischer Zeit, also vor dem 12. Jahrhundert.

**Pranken:** Bezeichnung für die Füße des Löwen.

**Prankenbalken:** das Heroldsbild ↑ Balken, dessen Enden sich nach beiden Seiten hin verbreitern.

**Prankenkreuz,** *Christusordenskreuz*: ↑ gemeines Kreuz mit sich nach außen verbreiternden Kreuzenden. Mit einem Balkenkreuz belegt erschien es als altes Ordenszeichen des portugiesischen und päpstlichen Christusordens.

*Präsidentenflagge des französischen Staatspräsidenten*

**Präsidentenflagge:** in einigen Republiken neben der Staats- bzw. Nationalflagge von den Präsidenten geführte Amtsflagge. Gegenwärtig gibt es P. in: Argentinien, Brasilien, Bundesrepublik Deutschland, Chile, Dominikanische Republik, Finnland, Frankreich, Griechenland, Indien, Indonesien, Irland, Island, Israel (Standarte), Jugoslawien, Paraguay, Peru, Philippinen, Portugal, Tschechoslowakei (Standarte), Türkei (Standarte), Uruguay, Venezuela (Standarte), USA. Abb.

**Prasino:** von dem unter dem Namen *Heraldus Brittanus* bekannten mittelalterlichen

Herold für die grüne heraldische ↑ Tinktur verwendete Bezeichnung.

**Pratzen:** von einigen älteren Heraldikern für die ↑ Pranken verwendete falsche Bezeichnung.

**PRAVDA VITĚZI** [tschech., die Wahrheit siegt]: bis 1938 Wahlspruch unter dem Wappen der Tschechoslowakei.

**Preuschen von Liebenstein,** Ludwig, Freiherr von: 1801/1864, herzoglich nassauischer Amtmann, Heraldiker. P. v. L. war 1856 Mitarbeiter am ↑ Neuen Siebmacher (Band Souveräne).

**Preußischer Schwertadel** ↑ Schildhaupt.

**Preußisches Kreuz** ↑ Eisernes Kreuz.

**PRIDE AND INDUSTRY** [engl., Stolz und Fleiß]: Wahlspruch unter dem Wappen von Barbados.

**Priesterhut:** heraldisch selten verwendeter, flacher, schwarzer Hut der römisch-katholischen Priester mit je einer schwarzen Quaste (↑ fiocchi) an den Seiten.

**Prinsevlag** [niederl., Prinzenflagge]: Bezeichnung der im Jahre 1572 entstandenen und 1599 offiziell festgelegten niederländischen Staatsflagge. Sie setzt sich zusammen aus den ↑ Livreefarben des *Hauses Oranien* (Weiß-Blau) und dem orangefarbigen Streifen, der *Wilhelm von Oranien* (1533–1584) ehren sollte. Wegen schlechter Erkennbarkeit auf See wurde der Orangestreifen 1630 durch einen roten ersetzt.

**Prinz:** nur in germanischen Sprachen existierende Bezeichnung für nichtregierende Mitglieder fürstlicher Häuser. Besonders im Wappenwesen Frankreichs und Englands erhielten die P.en besondere Schilde. Durch das Hinzufügen verschiedenster ↑ Beizeichen unterschied man die prinzlichen Wappen von dem ihrer Väter. In England läßt sich noch heute die Rangfolge der P.en an den auf dem ↑ Turnierkragen angebrachten besonderen Abzeichen ablesen. Vgl. Kronprinz.

**Prior** [lat., der Obere]: Stellvertreter eines ↑ Abtes oder Vorsteher eines kleineren Klosters.

**Priorwappen:** von den ↑ Prioren oder Priorinnen geführte Wappen. In vielen Fällen führen die Priore und Priorinnen sowie einige andere Geistliche hinter ihren Wappen einen Pilgerstab in der Mitte.

**PRO BRASILIA FIANT EXIMIA** [lat., für Brasilien soll das Beste geschehen]: Wahlspruch unter dem Wappen des brasilianischen Bundesstaates São Paulo.

**PRO DEO ET PATRIA** [lat., für Gott und Vaterland]: Wahlspruch unter dem Wappen der *Fürsten zu Salm-Reifferscheid-Dyk*.

**PROGRESS PEACE PROSPERITY** [engl., Fortschritt, Frieden, Wohlstand]: Wahlspruch unter dem Wappen der Republik Gambia.

**PROLETARIER ALLER LÄNDER VEREINIGT EUCH:** in russischer sowie in den Sprachen der einzelnen Unionsrepubliken vorkommender Wahlspruch im Wappen der Sowjetunion.

**PRO MUNDI BENEFICIO** [lat., für das Wohlergehen der Welt]: Wahlspruch über dem Wappen der Republik Panama mit Bezug auf den Nutzen des Panamakanals für die ganze Welt.

**properly ermines** [engl.]: in der englischen Heraldik vorhandene Variante des heraldischen ↑ Hermelins, der hier in Form von weißen, rot eingefaßten Schwänzchen auf schwarzem Grund erscheint.

**Protonotar** [griech., lat., erster Notar]: seit dem 14. Jahrhundert bestehender Titel für die Notare der römischen Kanzlei, die in der Rangordnung der katholischen Kirche unmittelbar nach den Bischöfen folgen. Der Titel P. wird vom Papst auch verdienten Geistlichen ehrenhalber verliehen. Die Insignien und Privilegien der P. sind mit denen der Bischöfe fast gleich. Nach neuestem Kirchenrecht haben die apostolischen Präfekten und der Generalvikar, der apostolischer Titular-P. ist, die Kleidung und Insignien eines P., solange sie im Amt sind. Die apostolischen P. haben das Recht, das päpstliche Wappen in ihren Schild aufzunehmen.

**Protonotarshut:** violetter, flacher, breitkrempiger Hut der ↑ Protonotare mit je sechs roten Quasten (↑ fiocchi) an den Seiten. Die Protonotare titulares führen einen schwarzen Hut mit je drei schwarzen Quasten an den Seiten.

**PROVIDENTIAE MEMOR** [lat., der Vorsehung eingedenk]: Wahlspruch unter dem Majestäts- und Staatswappen des Königreiches Sachsen sowie unter dem sächsischen ↑ Hausorden der Rautenkrone.
**Prozessionskreuz:** gewöhnlich mit Kleeblättern an den Enden versehenes, bei Prozessionen oder Wallfahrten an einer langen Stange vorangetragenes Kreuz. Das P. war heraldisch lange ausschließlich Symbol der ↑ Erzbischöfe. Im 16. Jahrhundert wurde es aber auch von einigen ↑ Bischöfen in Anspruch genommen. Dadurch bildete sich die Regel, daß Bischöfe das einfache. Erzbischöfe das doppelte P. führten. Seit dem 15. Jahrhundert kam die Sitte auf, daß es hinter den Wappenschild gelegt und mitunter als Patriarchenkreuz bezeichnet wurde.
**prüfen** ↑ Knappen von den Waffen.
**Prunkstücke** ↑ Prachtstücke, heraldische.
**prüvieren** ↑ Knappen von den Waffen.
**Puchbergisches Wappenbuch** ↑ Berliner Wappenbuch.
**PULA** [Sesotho, Wasser, Lebenssaft]: Spruch unter dem Wappen der afrikanischen Republik Botswana.
**Pulverfäßchen:** gemeine Figur, die wahrscheinlich nur im Wappen des *Marquis de Sillery* (um 1705) auftrat. Es zeigte in Rot einen goldenen, mit einer Zündschnur belegten Schrägbalken, an der fünf gleichfarbige P. hingen.
**Puppen:** alte Bezeichnung für die als Helmkleinod verwendeten wachsenden Figuren.
**Purpur:** selten benutzte heraldische ↑ Tinktur. In Wappenschilden kommt P. in der deutschen Heraldik kaum vor. Diese Farbe wird in der Regel für ↑ Wappenzelte bzw. -mäntel sowie für das Futter der Kronen verwendet. Im deutschen Wappenwesen ist unter dieser Bezeichnung ein Karminrot zu verstehen, während das in ausländischen Wappen auch als Schildfarbe eingesetzte P. eine mehr violette Färbung aufweist.
**Purpurbaldachin:** mitunter für ↑ Wappenzelt verwendeter Ausdruck.
**Pusikan,** *Pusikankolben*: **1.** Streitkolben, der vor allem als Helmzier vorkommt. – **2.** ↑ Goeschen.
**Putzen** ↑ Butzen.
**Pyr** ↑ Pinienzapfen.
**Pyramiden: 1.** in alten Wappenbüchern für ↑ Spitze verwendeter Begriff.
**2.** als wirkliche ägyptische P. dargestellte Wappenbilder, die in die französische Heraldik während der napoleonischen Zeit aufgenommen wurden.

# Q

**Quaderstücke** ↑ geschacht.
**Quadrierung: 1.** um 1230 erstmalig vorgenommene Vereinigung der Wappen Kastiliens und Leons. Diese Art der Wappenvereinigung wurde von *König Ferdinand von Kastilien* (1217–1252) gewählt, um die besondere Stellung seiner Königreiche Kastilien und Leon anzuzeigen. Bei der Q. erscheint immer das wichtigere Wappen im ersten und vierten Feld. Diese Wappenbereicherung breitete sich langsam über ganz Europa aus. In England wurde dieses System erstmalig ein Jahrhundert später von *König Eduard III.* (1327–1377) übernommen, als er im Jahre 1337 den Titel «König von Frankreich» annahm und vor seinen englischen Königstitel setzte. Er ahmte die spanische Methode der Vereinigung zweier Staatswappen in einem quadrierten Schild nach, wobei auch hier (wie im Titel) Frankreich vor England den Vortritt erhielt. Vermutlich diente bei dieser Maßnahme das Wappen seiner Großmutter *Eleonore von Kastilien* (gest. 1290) als Vorbild. Anfangs wurden bei Q.en nur zwei Wappen in einem Schild vereinigt. Seit dem Ende des 14. Jahrhunderts lassen sich dann auch Schilde nachweisen, auf denen vier verschiedene Quartiere erscheinen. In Spanien und Italien wurde in seltenen Fällen auch eine Schräg-Q. vorgenommen, z. B. im Wappen von Aragon-Sizilien. Mitunter wurde die gewöhnliche Q. auch weiter fortgeführt, indem man durch eine Querteilung und eine zweifache Spaltung sechs Felder erzeugte.

Im ersten, dritten und fünften Feld erschienen dann das eine, im zweiten, vierten und sechsten Feld das andere Wappen in jeweils gleicher Weise. Die ständig wachsende Zahl der neu aufzunehmenden Wappen machte bald eine ↑ Wiederquadrierung nötig. Der Hochmeister des Deutschen Ritterordens sowie einige Geistliche z. B. quadrierten ihre Geschlechterwappen mit dem des Ordens bzw. Bistumes usw. – **2.** ↑ geviert.

**QUAERITE PRIME REGNUM DEI** [lat., suchet zuerst das Reich Gottes]: Wahlspruch unter dem Wappen der kanadischen Provinz Neufundland. Der Wahlspruch wurde bereits vom Dominion Neufundland geführt, bevor es 1948 in den kanadischen Staatsverband aufgenommen wurde.

**Quartier:** als Synonym für ↑ Platz verwendeter Begriff. Sind in einem Schild nicht nur Plätze vorhanden, so muß man dann zur weiteren Ergänzung von ↑ Feldern sprechen.

**quartiertes Kreuz:** von *P. J.* ↑ *Spener* für ↑ gemeines Kreuz verwendeter Ausdruck.

**quartiertes Tatzenkreuz** ↑ Tatzenkreuz.

**Quaste:** **1.** breites Haarbüschel am Ende des Löwenschwanzes.

**2.** an den Enden der die Wappenmäntel raffenden Schnüre angebrachte Verzierungen.

**3.** an den Seiten der geistlichen Hüte befindliche Enden, die den entsprechenden kirchlichen Rang des Würdenträgers bezeichnen (↑ fiocchi).

**Quaternionen:** Bezeichnung für je vier symbolische Vertreter der einzelnen Reichsstände. In ↑ Conrad Grünenbergs Wappenbuch finden sich u. a. folgende Q.: Markgrafen, Grafen, Heergrafen, Amtsmannen, Landgrafen, Burggrafen, Vögte, Jägermeister, Äbte, Ritter, Truchsesse, Freie. Darüber hinaus wird hier diese Symbolik noch ausgedehnt auf: vier Kirchen (Rom, Bremen, Massow, Metz), vier Säulen *(Pfalzgraf bei Rhein, Herzog von Schwaben, Herzog von Braunschweig, Herzog von Lothringen),* vier Herren in Italien *(Herzog von Mailand, Graf von Morandel, Herr von Carrar, Herr von der Laytter),* vier Knechte *(von Arnsberg, von Rabno, von Waldeck, Hirten von Fulchen)* und vier Bauern («die statt von Köln ist ain pawr, die statt Regnspurg ain pawr, Costnitz die statt ist auch ain pawr, die staat Saltzburg ist ain pawr»).

Bei den Q. handelt es sich wahrscheinlich um eine leere Titulatur, auf die man aber noch im 16. Jahrhundert viel zu halten schien. So ließ sich *Graf Günter XXXIX. von Schwarzburg* (1488–1531) z. B. den Viergrafenstand von *Kaiser Maximilian I.* (1493–1519) im Jahre 1518 eigens bestätigen.

**Quaternionenadler:** in der Zeit der Renaissance meist auf Glaspokalen dargestellter Adler, bei dem auf jeder Schwungfeder die vier Vertreter eines Reichsstandes durch vier Schildchen dargestellt wurden. Vgl. Quaternionen. Abb. auf S. 316.

**Quellen der Heraldik:** frühe bildliche oder urkundliche Nachweise über die gesellschaftliche und künstlerische Entwicklung des Wappenwesens. Zu den Q. d. H. gehören: 1. Siegel und Münzen. Sie bieten den Vorteil, daß sie in den meisten Fällen den Namen des Besitzers enthalten und sich zeitlich bestimmen lassen. 2. Denkmäler, Grabsteine, Totenschilde usw., 3. Bilder, Porträts, Adelsbriefe, Lehnbriefe, Turnierbeschreibungen usw., 4. Wappenrollen und Wappenbücher, z. B. die ↑ Züricher Wappenrolle, ↑ Conrad Grünenbergs Wappenbuch, das ↑ Siebmacher'sche Wappenbuch, 5. Originalwaffen und Schilde mit Wappenbildern, 6. alte historische Werke, in denen oft Wappen beschrieben oder abgebildet sind.

**Querbalken** ↑ Schrägbalken.

**Querband:** in älteren Wappenbüchern für das Heroldsbild ↑ Balken verwendeter, unexakter Ausdruck.

**Querfluß:** mit angedeuteten Wellen versehener, meist silbern tingierter Balken. Im Wappen des Schweizer Kantons Aargau befindet sich z. B. ein solcher im schwarzen Feld, der die Aare darstellen soll.

**Querfurt,** Curt Oswalt, Edler v.: 1826/1886, Rechtsanwalt und Notar in Oschatz (Sachsen). Als Zusammenfassung der damals gültigen heraldischen Kunstsprache verfaßte Q. ein Buch unter dem Titel «Kritisches

*Der nimbierte Quaternionen-Doppeladler auf einem Glashumpen aus dem Jahre 1638.*
*Oben stehen die Kurfürsten neben dem thronenden Kaiser, auf den Schwingen des Adlers sind die Schilde der Quaternionen angebracht*

Wörterbuch der heraldischen Terminologie», das 1872 in Nördlingen erschien.

**Querkreuz:** von einigen älteren Heraldikern für das ↑ Antoniuskreuz verwendeter, unkorrekter Ausdruck.

**querlinks:** Wappenfiguren in linker Querstellung. Vgl. querrechts.

**querrechts:** Bezeichnung für längliche Wappenfiguren in rechter Querstellung. Entscheidend ist die Lage des Hauptteiles (Kopf oder Spitze) der Figuren. Diese Stellung wird stets aus heraldischer Sicht blasoniert. Abb.

**Querschindeln:** quer in den Schild gelegte ↑ Schindeln.

**Querschnitt:** in älteren Wappenbüchern Ausdruck für die querverlaufende ↑ Schildesteilung.

**Querspitze:** rechte oder linke ↑ Spitze.

**Querzinne:** quer in den Schild gelegte ↑ Zinne.

**Questenkreuz,** *Queste*: ↑ gemeines Kreuz, in dessen Mitte sich ein gleich tingierter Kreis befindet. Abb.

**Quetzal:** farbenprächtiger Waldvogel Mittelamerikas mit bandförmig verlängerten Schwanzfedern. Als Wappenvogel Guatemalas sitzt er auf einer Schriftrolle, die das Datum der Freiheit «15 DE SETIEMBRE DE 1821» [15. September 1821] verkündet.

**Quinas:** Bezeichnung der fünf mit jeweils fünf weißen Pünktchen besetzten blauen Schildchen im Wappen Portugals. Vgl. Schildchen, Abb. bei belegter Bord. Abb.

**QUIS SEPARABIT** [lat., wer kann (uns) trennen]: Wahlspruch im Wappen des US-Bundesstaates Südkarolina.

**QUI TRANSTULIT SUSTINET** [lat., wer (uns) herüberbrachte, wird (uns) erhalten]: Wahlspruch unter dem Wappen des US-Bundesstaates Connecticut.

**QUOCUNQUE IECERIS STABIT** [lat., es steht, wohin du es auch wirfst]: Wahlspruch unter dem Wappen der zu Großbritannien gehörigen Insel Man in der Irischen See. Der Spruch nimmt Bezug auf das Wappen der Insel, die ↑ Triquetra.

**QUO FATA FERUNT** [lat., wohin das Schicksal trägt]: Wahlspruch unter dem Wappen der britischen Kolonie Bermudas.

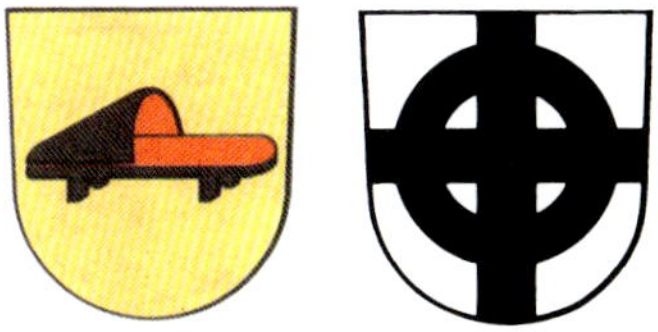

*Querrechter Holzschuh im Wappen derer von Holzschuher (links) Questenkreuz (rechts)*

*Quinas im Wappen des portugiesischen Infanten Fernando (1507/1547), im Schild oben ein silberner dreilätziger Turnierkragen*

# R

**Rabe:** bereits in der mittelalterlichen Heraldik erscheinendes Wappentier. Schon 1170 führten die schottischen *Grafen Corbet* einen R. im Wappenschild. Auch in vielen anderen Fällen ist der R. redendes Wappenbild. So befand sich z. B. ein auf silbernem Querbalken sitzender R. im roten Feld im Wappen der den *Wettinern* gehörenden Herrschaft Ravenstein. Auf einem schwarzen Dreiberg stehend, im gelben Feld bildet ein R. das redende Wappen der sächsischen Stadt Rabenau. Zwei übereinandergestellte schwarze R. im gelben Schild befinden sich als Attribut des heiligen ↑ *Meinrad* auch im Wappen des Benediktinerklosters Einsiedeln im Kanton Schwyz.
Als Familienwappen der *Biron* befand sich von 1737 bis 1795 ein R. mit drei goldenen Eicheln im Schnabel im Wappen von Kurland. Abb.

**Rachenschnitt:** kurioseste und seltenste Schildteilung in Form zweier ineinandergeschobener Löwenköpfe. Bei dieser, wohl nur im Wappen der Nürnberger *Familie Helchner* vorkommenden Schildteilung handelt es sich um einen Grenzfall zwischen Heroldsbild und gemeiner Figur. Bei einer echten Schildteilung dürfte der Löwenkopf nur als Linie erscheinen. Bei dem vorgenannten Wappen ist jedoch ein Auge eingezeichnet. Vgl. Adlerkopfschnitt.

*Auffliegender Rabe im redenden Stadtwappen von Rabenau (Sachsen)*

**Rad:** gemeine Figur, die mit unterschiedlicher Speichenanzahl dargestellt wird.
Über die Entstehung bzw. den Symbolgehalt des R.es gibt es unterschiedliche Theorien, z. B.: Das R. sei ein Teil des Gotteswagens aus der Vision des *Ezechiel*; es hat sich aus dem Christogramm entwickelt; es stellt ein redendes Wappen dar. Das R. erschien schon im 12. Jahrhundert auf Münzen der Mainzer Erzbischöfe. Das Mainzer Doppel-R. bildete sich im 14. Jahrhundert heraus. Die Schrägstellung der Räder kam im 16. Jahrhundert auf. Seit Ende des 13. Jahrhunderts kommt es im Wappen der Stadt Erfurt vor, die seit etwa 1000 bis 1802 kurmainzische Exklave war. Daß das Mainzer R. eine Anspielung auf *Erzbischof Willigis* (975–1011) war, der Sohn eines armen Stellmachers gewesen sein soll, gehört in das Reich der Wappensagen. Neben Erfurt führten es noch andere Städte, z. B. Fritzlar, Osnabrück, Radebeul, Radeberg. Bei Radebeul ist es eine volksetymologische Deu-

*Das Mainzer Rad geviert mit dem Familienwappen derer von Erbach auf einer talerförmigen Medaille von 1438. Trotz der Jahresangabe auf der Rückseite ist es eine Prägung des späten 17. oder frühen 18. Jahrhunderts*

tung des slawischen Namens der Stadt und wurde bereits vor 1924, als der Ort das Stadtrecht erhielt, auf Gemeindesiegeln geführt. Das heute im Wappen der sächsischen Stadt Radeberg befindliche halbe R. ist auf die bereits 1233 im Siegel des *Thimo von Radeberc* erscheinenden drei gegeneinander gekehrten goldenen Wagenfelgen zurückzuführen. Auch einige Familien führten das R. im Wappen. Abb.

*Literatur*

*Braun von Stumm, G.*: Das Rad, Symbol von Evangelium und Kirche, auf oberrheinischen Münzen des 12. und 13. Jahrhunderts, in: Mainzer Zeitschrift 1951/52

*Brockhusen, H.-J. v.*: Das Rad als Hilfssymbol der Herrschaft und als redendes Wappen, in: Nassauische Annalen 65, 1954

*Crusius, E.*: Die Bedeutung des Rades im Wappen von Bistum und Stadt Osnabrück, in: Osnabrücker Mitteilungen 66, 1954

*Horstmann, H.*: Siegel- und Wappenstudien. Das Mainzer Rad – ein Wappenbild des heiligen Martin?, in: Nassauische Annalen 77, 1966

*Link, E.*: Das Rad als Münzbild, in: Numismatisches Nachrichtenblatt 1980, Heft 10

**Radkreuz,** *Sühnekreuz*: in einem Kreis befindliches ↑ gemeines Kreuz.

**Rand: 1.** ↑ innere Einfassung. – **2.** ↑ Bord.

**Rangkronen:** auf die Wappen gesetzte Kronen, die den entsprechenden Rang des Wappenführenden symbolisieren. Nachdem ursprünglich die Wappen aller Stufen des Adels gleich waren, entstand im 14. und 15. Jahrhundert eine sichtbare Differenzierung. Bereits im 14. Jahrhundert führten die Kirchenfürsten anstelle des Wappenhelmes ihre speziellen Kopfbedeckungen auf den Wappen. Aus diesem Brauch entwickelte sich mit der Zeit ein den Rang des Wappeninhabers bezeichnendes System von R. Die ersten weltlichen Herrscher, die sich ihrer bedienten, waren der römisch-deutsche Kaiser sowie die Könige von England, Frankreich und Spanien, die sie seit der Mitte des 15. Jahrhunderts auf dem oberen Rand ihrer Wappenschilde anbrachten. Seit dem 16. Jahrhundert entwickelte sich dann allmählich ein Schema von R. des übrigen Adels. Die Vorstufe bildete wahrscheinlich die bereits im 14. Jahrhundert erfolgte Unterscheidung der Krone des römisch-deutschen Kaisers, die in dieser Zeit die sie überspannenden Bügel erhielt, von der des römischen Königs. Während die R. der Kaiser und Könige meist den Kronen ähnelten, die wirklich bei den Krönungen getragen wurden, sind die des übrigen Adels lediglich Erfindungen der Heroldskunst, die – von wenigen Ausnahmen abgesehen – nur auf heraldischen Darstellungen, nicht aber in Wirklichkeit existierten. Meist handelt es sich um stilisierte, mit Edelsteinen und Perlen besetzte Reife, die im Prinzip eine Ähnlichkeit mit den ↑ Helmkronen haben. Die alte ↑ Königskrone konnte in späterer Zeit jeder Adlige über seinem Wappen bzw. Monogramm führen. Im 17. Jahrhundert entstand eine offizielle Festsetzung der R., was aber zu einer gewissen Erstarrung der Heraldik führte. Mit der Zeit bildete sich die heraldische Regel, daß R. zwar den Helm ersetzen, aber nie dessen Unterlage bilden dürfen. Hier macht die englische Heraldik in vielen Fällen Ausnahmen. Wollte man die Krone als Rangabzeichen unbedingt auf dem Wappen anbringen, ohne auf die obligatorischen Helme verzichten zu müssen, so setzte man sie zwischen diese. Ebenso wie die Helme, mußten auch die R. immer in fester Verbindung mit dem Schild stehen, sie durften also nicht über dem Schild schweben. Ebenfalls durften sie nicht als Helmkronen erscheinen. Eine Bekrönung der Schildfigur oder -halter mit der R. wurde von den alten Heraldikern abgelehnt. Ebenso sind die der napoleonischen Heraldik des ersten französischen Kaiserreiches entstammenden, in einigen Städtewappen enthaltenen ↑ Mauerkronen unheraldisch. Zu den wichtigsten R. gehören: ↑ Kaiserkrone, ↑ Königskrone, ↑ Großherzogkrone, ↑ Herzogskrone, ↑ Fürstenhut und ↑ Fürstenkrone, ↑ Grafenkrone, ↑ Freiherrenkrone und ↑ Adelskrone. Die heraldischen R. sowie geistlichen Hüte und Mützen waren in ihren Formen nie feststehend, sondern immer willkürlichen Wandlungen unterworfen. Sie nahmen in vielen Fällen or-

1

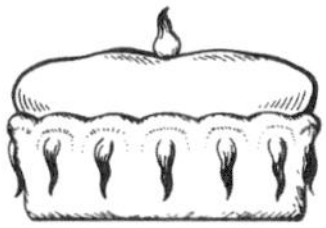

2

3

4

5

6

7

8

9

10

11

12

13

14

15

16

17

18

19

20

21

22

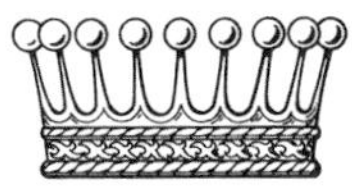

23

24

25

26

27

28

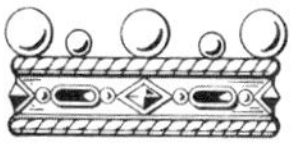
29

30

31

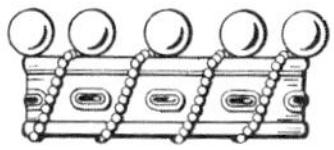
32

33

34

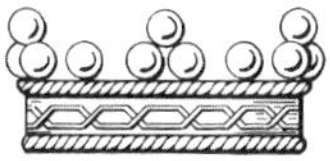
35

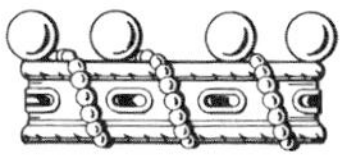
36

37

38

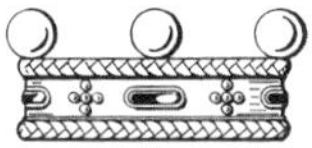
39

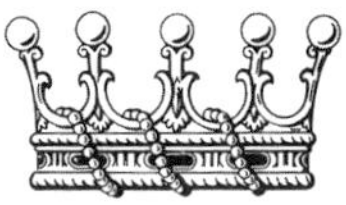
40

*Rangkronen:*
*1 moderne Königskrone, 2 älteste Form des Kurhutes, 3 Kurhut, 4 Erzherzogshut, 5 deutsche Großherzogskrone, 6 Herzogshut, 7 alter englischer Herzogshut, 8 englische Herzogskrone, 9 deutsche Herzogskrone, 10 belgische und niederländische Herzogskrone, 11 französische, italienische, spanische und portugiesische Herzogskrone, 12 deutsche Landgrafenkrone, 13 Erbprinzenkrone der herzoglichen Häuser, 14 Fürstenhut, 15 deutsche, dänische und russische Fürstenkrone, 16 italienische und spanische Fürstenkrone, 17 belgische und niederländische Fürstenkrone, 18 russische Fürstenkrone und Fürstenkrone mit dem Prädikat Erlaucht, 19 dänische, italienische, spanische und französische Marquis-(Markgrafen-)krone, 20 belgische und niederländische Marquiskrone, 21 englische Marquiskrone, 22 deutsche Erlauchtkrone, 23 deutsche, österreichische, französische, spanische, belgische, russische und italienische Grafenkrone, 24 belgische Grafenkrone bis Ende des 19. Jahrhunderts, 25 englische Earlkrone, 26 französische Vidamekrone, 27 französische und spanische Vicomtekrone (Vizegraf), 28 niederländische Vicomte-(Burggrafen-)krone, 29 italienische Viscontekrone, 30 belgische Vicomtekrone, 31 englische Viscountkrone, 32 alte Freiherrenkrone, 33 deutsche, österreichische, russische, belgische und niederländische Freiherrenkrone, 34 belgische Freiherrenkrone, 35 schwedische, norwegische, finnische und Freiherrenkrone der russischen Ostseeprovinzen, 36 spanische und portugiesische Baronskrone, 37 französische und italienische Baronskrone, 38 englische Baronskrone, 39 italienische Erbritterkrone, 40 belgische Chevalierkrone,*

*41 spanische und portugiesische Caballerokrone, 42 deutsche und österreichische Adelskrone des untitulierten Adels, 43 italienische Krone der Edelleute, 44 Helmkrone, 45 Bannerherrenkrone, 46 italienische Patrizierkrone, 47 Zackenkrone, 48 Mauerkrone*

namentalen Charakter an und wichen oft von den wirklich existierenden Originalen wesentlich ab. In den einzelnen Ländern existieren spezielle Formen, die der jeweiligen nationalen Tradition entsprechen. Jedem Adligen stand nur die R. zu, die seinem Titel entsprach. Bei mehreren Titeln wurde in der Regel nur die den höchsten symbolisierende gewählt. Abb. auf den S. 320 bis 322.

*Literatur*

*Schwerdtner, J.*: Die Rangkronen. Wien 1877
*Schramm, P. E.*: Herrschaftszeichen und Staatssymbolik. Stuttgart 1954–1956
*Biehn, H.*: Die Kronen Europas und ihre Schicksale. Wiesbaden 1957
*Abeler, J.*: Kronen, Herrschaftszeichen der Welt. Düsseldorf 1972, 3. Aufl. Wuppertal 1976
*Biehn, H.*: Alle Kronen dieser Welt. München 1974

**Rangordnung des deutschen Adels:** Festlegung der einzelnen Adelsklassen. Durch Beschluß der deutschen Bundesversammlung vom 18. August 1825 zählten zum Hochadel nur die Fürsten und Grafen, die bis 1806 die Landeshoheit innehatten, die ehemalige Reichsritterschaft jedoch nicht. Alle später durch Standeserhöhung gefürsteten Personen oder Familien (z. B. *Blücher, Bismarck* usw.) gehörten weiterhin dem niederen Adel an. Der deutsche Adel war gegliedert in: Könige, Kurfürsten, Großherzöge, Herzöge, Landgrafen, Markgrafen, Fürsten bzw. Prinzen, Grafen, Freiherren, Ritter und den untitulierten Adel.

**Rang- und Würdezeichen, heraldische:** anstelle des Helmes über den Schild gesetzte Kronen oder andere Kopfbedeckungen sowie hinter oder um den Schild gelegte Abzeichen, die eine besondere Würde zum Ausdruck bringen. Zu den h. R. u. W. zählen die ↑ Rangkronen sowie die geistlichen Hüte und Mützen, Krummstäbe, Schwerter usw. hinter dem Schild und Ordensdekorationen.

**Rankendamast:** in der Renaissance aufgekommene rankenförmige ↑ Damaszierung der Wappenschilde.

**Rasen:** grün tingierter ↑ Boden in Wappendarstellungen. In vielen Fällen befinden sich auf ihm ↑ gemeine Figuren. Der R. war in der mittelalterlichen Heraldik unbekannt. An seiner Stelle verwendete man den Dreiberg. Vgl. Berg.

**Rätseldevisen** ↑ Buchstabendevisen.

**Rätselwappen:** Wappen, die gegen irgendeine heraldische Regel, namentlich gegen die heraldische ↑ Farbregel, verstoßen. Da sich die alten Farben im Laufe der Zeit veränderten, nachdunkelten, verblichen usw., ergaben sich in der späteren Zeit oft Unklarheiten über die ursprüngliche Farbzusammenstellung einiger Wappen. So konnten ehemals goldene Schilde durch Rosteinwirkung rötlich, silberne durch Oxydation blau, grau oder schwarz erscheinen. Diese Veränderungen der ursprünglichen Farben führten dann manchmal dazu, daß sie die späteren Wappenmaler als gegeben ansahen und dann unkritisch die unkorrekten Farbkombinationen in das neu zu malende Wappen übernahmen. Die älteren Heraldiker gaben diesen Wappen die Bezeichnung R.

**Ratte:** ungewöhnliches und zu den Kuriositäten zählendes Wappenbild. Drei laufende R. befanden sich z. B. im Wappen der Stadt Arras (Departement Pas de Calais). Die auf dem ↑ Balken befindlichen R. kamen wahrscheinlich durch *Baudouin V.*, Burgherren von Arras, nach seiner Vermählung mit *Agnes,* einer Adelstochter aus Arras, im Jahre 1196 in das Wappen. Es ist anzunehmen, daß es sich dabei um das Attribut der heiligen ↑ *Gertrud* handelte. Nach anderer Quelle ist die R. ein Wortspiel mit dem Namen der Stadt [franz. rat, Ratte].

**raubend:** Tier, das einen Gegenstand mit den Zähnen gepackt hat.

**Rauchwerk,** *Rauhwerk*: ältere Bezeichnung für das heraldische ↑ Pelzwerk.

**Raugraf:** mittelalterlicher Name eines reichsgräflichen Geschlechtes im Nahegau, das seinen Ursprung von den alten Gaugrafen ableitete. Die beiden Söhne *Konrad* und *Emich* des *Grafen Emich VI. vom Nahegau* (1140–1160) teilten die Besitzungen der Familie. Ersterer nannte sich *Wildgraf*, letzterer nach der rauhen und gebirgigen Beschaffenheit seiner Besitzungen Altenbaumberg, Ruwenberg, Stolzenberg R. Nach dem Erlöschen des raugräflichen Geschlechtes kamen dessen Herrschaften an die Pfalz. *Kurfürst Karl Ludwig von der Pfalz* (1649–1680) erhob seine zur linken Hand angetraute Gemahlin *Marie Louise von Degenfeld* 1667 zur Raugräfin, deren Kinder erhielten den gleichen Titel.

**Rauten,** *symbolische Kärtchen*: durch mehrmalige Schrägteilung nach rechts und links entstehende geometrische Körper in Form von auf die Spitze gestellten Rhomben. Werden die Linien von den Ecken durch den Mittelpunkt des Schildes gezogen und ist die Anzahl der rechten und linken gleich, so bilden die R. auf einer Kante stehende Quadrate. Haben die Linien eine mehr aufrechte Lage, so werden sie länglich und erhalten zwei stumpfe und zwei spitze Winkel und werden in der Regel *Wecken* genannt, z. B. im bayrischen Wappen, noch mehr gestreckt heißen sie *Spindeln.* In der alten Heraldik wurden diese Unterschiede nicht gemacht, die R. konnten in ein und demselben Wappen sowohl mehr quadratisch als auch mehr länglich erscheinen. An die Schildränder können je nachdem halbe oder Viertel-R. kommen. In einigen Wappen erscheinen auch einzelne R. Vgl. Abb. bei Mittelschild.

*Rautenkranz*
*im Wappen der preußischen Provinz Sachsen.*
*Zur Unterscheidung von den albertinischen und ernestinischen sächsischen Wappen beginnt hier die Teilung mit Gold.*
*Die Schildhalter halten die Wappenstandarten Preußens und Sachsens*

**Rautenkranz:** grüne, mit Blättern besetzte Zierleiste in Gestalt eines Kronensegmentes, die nur in Verbindung mit Heroldsbildern vorkommt. Der im sächsischen Wappen vorhandene R. veranlaßte eine ganze Literatur. Die bei *Graesse* (Geschlechts-, Namens- und Wappensagen des Adels deutscher Nation, Dresden 1876) enthaltene Sage, *Herzog Bernhard III. von Askanien* (1180–1212) habe bei seiner Belehnung mit dem Herzogtum Sachsen den R. als Zeichen seiner neuen Würde erhalten, entbehrt jeder historischen Grundlage, da er wie jeder Herzog mit der Fahne belehnt wurde. Auch sein Sohn *Albrecht I.* (1212–1260) führte ihn noch nicht im Wappen. Es ist jedoch anzunehmen, daß er in den letzten Jahren seines Lebens sein Wappen mit dem R. ausschmückte, da der R. bereits 1262 in den Schilden seiner beiden Söhne *Albrecht II.* (1260–1298) und *Johann* (1260–1285) auf dem gelbschwarzen Balken neben dem halben Adler erscheint. Mit dem Herzogtum Sachsen kam der R. später an die *Wettiner.* Der R., dessen wirklicher heraldischer Ursprung bisher noch nicht eindeutig aufgeklärt werden konnte, war wahrscheinlich anfänglich kaum mehr als ein unwesentlicher, zufälliger Blattschmuck, der erst durch das Alter und die Tradition zu einem Ehrenstück, d. h. zu einem wesentlichen Wappenbestandteil, geworden ist. Einige Heraldiker sehen in der ↑ Schapel sein Vorbild. Nach anderen wird der R. als symbolisierte Dornenkrone gesehen, da er kein Geflecht von Garten- oder Weinrauten, sondern von der Stechpalme darstelle. Auch sah man in ihm eine symbolische Herzogskrone oder einen ornamentierten Schrägbalken. Wenn auch verschiedene mit Lilien oder Blättern geschmückte Schrägbalken in der Heraldik bekannt sind, so liegt doch die Vermutung nahe, daß es sich beim R. um kein Heroldsbild handelt, sondern um einen wirklichen R., also eine gemeine Figur, die dann im Laufe der Zeit den Charakter eines Heroldsbildes annahm. Außer im sächsischen erscheint der R. auch noch in den Wappen der *Herzöge von Savoyen* und der *Fürsten von Liechtenstein* sowie im Wappen der thüringischen *Familie von Wegeleben.* Auf einer Wappendarstellung von 1473 in der Staatsbibliothek Wien ist der R. als wirklicher Kronenreif enthalten. Abb.

*Literatur*
*Hohenlohe-Waldenburg, K. Fürst v.*: Der sächsische Rautenkranz. Stuttgart 1864
*Gritzner, M.*: Geschichte des sächsischen Wappens, in: Vierteljahresschrift für Wappen-, Siegel- und Familienkunde 29/30. Berlin 1901/02

**Rautenkreuz:** Kreuz, dessen vier Arme aus sich in der Mitte berührenden ↑ Rauten bestehen. Ein R. befindet sich z. B. im Wappen der *Familie von Caselius.*

**Rautenkrone** ↑ Hausorden der Rautenkrone.

**Rautenschach:** mit rautenförmigen Schildesteilungen bedeckter ganzer Wappenschild.

**Rautenschild:** an sich unheraldischer Schild in Form eines Rhombus. In der englischen und französischen Heraldik ist der R. unverheirateten Frauen und Witwen vorbehalten. R. wurden – allerdings selten – auch auf Münzen, z. B. von Spanien (Katalonien), verwendet. Vgl. Damenschilde, Obiits. Abb.

*Rautenschild der französischen Königin Isabella aus dem Hause Wittelsbach, Gemahlin König Karls VI. (1380–1422)*

**Rautenstengel:** altheraldische Bezeichnung für kleine Blätter oder Pflanzen, mit denen man bereits im 14. Jahrhundert die Helmkleinode der Wappen von Thüringen, Hessen und Meißen besteckte. Vgl. Spießlein.

**Rebus:** Bilder- oder Buchstabenrätsel, die vielfach in ↑ redenden Wappen auftreten.

**Rechen:** **1.** als Wappenbild selten auftretendes Arbeitsgerät. Ein R. erschien z. B. von 1921 bis 1944 im Wappen des Staates

Tannu Tuwa (Tuwinische ASSR). – **2.** ↑ Turnierkragen. – **3.** ↑ fränkischer Rechen.

**Rechtarm** ↑ Linkarm.

**Rechtbalken:** exakte und kurze Bezeichnung für den schrägrechten ↑ Balken. Der schräglinke sowie auch fälschlich der R. wurden in der älteren Zeit als ↑ Gehr bezeichnet.

**rechte Seite:** nach der heraldischen Regel die Seite, die normal die linke ist. Vgl. rechts und links, hinten.

**Rechtpfahl:** das Heroldsbild ↑ Pfahl, wenn es nahe dem rechten Schildrand steht.

**rechts geschrägt** ↑ geschärpt.

**rechts und links:** die der Heraldik eigene Seitenbezeichnung. Nach den Regeln der Heraldik sind die Begriffe r. u. l. nicht vom Standpunkt des Beschauers, sondern stets von einem gedachten Schildträger aus zu verstehen. So wird die natürliche rechte zur linken Seite und umgekehrt. Es bildete sich auch die Regel heraus, daß Schilde, die nicht von vorn dargestellt werden sollen, stets nach (heraldisch) rechts geneigt werden. Vgl. hinten.

**redend:** Heroldsbilder oder gemeine Figuren, die in irgendeiner Weise auf den Namen des Wappeninhabers anspielen.

**redende Wappen:** Wappen, deren Inhalt einen bildlichen Bezug zum Namen des Wappenträgers bildet. Bei vielen r. W. liegt die Deutung auf der Hand, z. B. bei Henneberg, dessen Wappen eine Henne auf einen Berg zeigt. Da es in der mittelalterlichen Heraldik auf eine etymologische Übereinstimmung und Richtigkeit zwischen Namen und Bild nicht ankam, sondern der Gleichklang der Wörter genügte, ergeben sich mitunter Schwierigkeiten bei der Deutung, besonders wenn Dialekte bei der Bezeichnung des Wappenbildes eine Rolle spielen. So führt z. B. die Schaffhausener *Patrizierfamilie Stocker* einen Würgefalken in ihrem Wappen, der im dortigen Dialekt «Stocker» heißt. Auch haben die Birnen im Wappen der sächsischen Stadt Pirna nichts mit der Herkunft des Städtenamens gemein. Vgl. onomatopoetische Wappen, symbolische Figuren.

**Redinghovens Wappenbuch:** vor 1440 entstandene Wappenhandschrift; im Besitz der Staatsbibliothek München. Das Buch enthält auf 15 Blatt 425 Vollwappen rheinischer, süddeutscher und polnischer Geschlechter.

Eine Faksimileausgabe des R. W.es wurde von *K. v. Neuenstein* in der Monatsschrift «Wappenkunde», Karlsruhe 1895, herausgegeben. Der Name der Handschrift geht auf den Entdecker, den jülisch-bergischen Archivar *J. G. Redinghoven* (gest. 1704), zurück.

**Red-Pride-of-Barbados-Blüten:** zwei rote, im Wappen des karibischen Staates Barbados befindliche Blüten des «bebarteten» Feigenbaumes, die der Insel den Namen gaben.

**Regalien** [lat. jura regalia]: besondere Befugnisse der feudalen Staatsgewalt (Bergbau-, Münz-, Zoll-, Marktrechte). Im Mittelalter wurden unter R. die Rechte verstanden, die ursprünglich nur dem König, dann aber durch Verleihung auch den Reichsfürsten zustanden. Im 16. und 17. Jahrhundert bezeichnete man damit die Befugnisse der Landeshoheit. Seit dem 17. und besonders dem 18. Jahrhundert unterschied man zwischen Majestäts- oder Hoheitsrecht und zufälligen nutzbaren R. Ersteres ist untrennbar mit der Staatsgewalt verbundenes Hoheitsrecht, z. B. Polizei-, Justiz-, Finanz-, Gebietshoheit, letzteres Berg-, Jagd-, Fischereiregal usw. Der von Anfang an verschwommene Begriff der R. ist nur geschichtlich erfaßbar und für das moderne Staatsrecht entbehrlich.

**Regalienfeld,** *Bannschild, Regalienschild*: seit dem 16. Jahrhundert von einigen Reichsfürsten in Anlehnung an die Fahnen, die bei der Belehnung gebraucht wurden, in ihre Wappen aufgenommenes rotes Feld. Das R. ist rot tingiert und ohne Figur, manchmal mit einer Damaszierung versehen und darf nicht mit den ↑ Warteschilden verwechselt werden. Die rote Farbe symbolisiert das *Blutbanner* als Ausdruck des Besitzes der Herrscherwürde und des Rechtes über Leben und Tod. Von den Fürsten, die mit dem Blutbanner belehnt wurden, nahmen nur wenige dieses in ihr Wappen auf. Kursachsen führte das R. bereits unter *Kurfürst Johann* (1525–1532), Anhalt seit 1556, Brandenburg bereits 1535. Im Jahre 1744 wurde es von *Kaiser Karl VII.* (1742–1745) an die *Fürsten von Hohenlohe-Waldenburg* förmlich verliehen. Das R. kann als Feld, aber auch als Schildfuß vorkommen. Vgl. Abb. bei Wappenkreis.

**Regenbogen:** seltenes Wappenbild, das aus einem rot-gelb-blauen R. über stilisierten Wellen besteht. Abb.

*Regenbogen*

**Regesta sepulchorum** ↑ Wiener Minoriten-Nekrologium.

**REGNAT POPULUS** [lat., das Volk regiert]: Wahlspruch über dem Wappen des US-Bundesstaates Arkansas.

**Regnum** [lat., das Reich]: eine der Bezeichnungen der Papstkrone. Vgl. Tiara.

**Reh:** seltene Wappenfigur, die z. B. mit einem Pfeil in der Brust im Stadtwappen von Werdau (Sachsen) enthalten ist. Das R. ist dabei in Verbindung mit dem Bischof im Wappen eine Anspielung auf die Sage von der Gründung der Stadt.

**Reichsadel:** Geschlechter, die ihre Standeserhöhung durch den römisch-deutschen Kaiser, oder, wenn durch dessen Tod die Kaiserwürde erledigt war, durch einen der Reichsvikare (Kurpfalz und Kursachsen) vor dem Jahre 1806 erhielten. Zum R. zählten z. B. Reichsgrafen, Reichsfreiherren usw. Vgl. Adel, Reichsvikar.

**Reichsadler:** Symbol des Deutschen Reiches bis zum Ende des Zweiten Weltkrieges. Der historische deutsche R. ist dem römischen Reichssymbol, dem Adler des Jupiter, entlehnt, der mit der Errichtung des Heiligen Römischen Reiches Deutscher Nation auf die deutschen Kaiser und Könige überging. Mit dem Aufkommen der Wappen etwa in der Mitte des 12. Jahrhunderts erscheint er als schwarzer einköpfiger Adler im Wappen der Kaiser. In dieser Form übernahmen ihn auch eine Anzahl von Reichsstädten, z. B. Aachen, Nordhausen usw. Seit 1410 erhielt der vom Kaiser geführte R. zwei Köpfe, während dem mutmaßlichen Nachfolger, dem römischen König, der einköpfige zustand. Der mit dem Wappen der kaiserlichen Erblande belegte Adler wurde von den Kaisern von Österreich im Jahre 1806 übernommen. Das 1871 entstandene Deutsche Reich kehrte dann zum einköpfigen R. zurück und belegte ihn mit dem hohenzollernschen Wappenschild. Die Idee stammte vom damaligen Kronprinzen von Preußen, späteren *Kaiser Friedrich,* die Zeichnung fertigte *Graf Ferdinand Harrach* an, die Ausführung des ersten bei der Kaiserproklamation in Versailles verwendeten R. besorgte der Berliner Kaufmann *Carl Louis Magnus.* In späterer Zeit wurde der Adler noch zweimal verändert. Um den aufgelegten Hohenzollernschild war die Kette des preußischen ↑ Schwarzen Adlerordens gelegt.

Nach der Novemberrevolution 1918 fielen die monarchistischen und preußischen Symbole weg.

*Literatur*

*Peppermann, A.*: Der deutsche Reichsadler. Dresden 1848

*Korn, J. E.*: Adler und Doppeladler. Ein Zeichen im Wandel der Geschichte. Diss. Göttingen 1967

**Reichsapfel:** Kugel mit Kreuz, die sich auf Abbildungen, Münzen und Siegeln in der linken Hand der Kaiser, auf einigen Kronen sowie auch als selbständiges Wappenbild findet. Der bereits in der Antike auftauchende, die weltliche Macht symbolisierende R. ging mit einem christlichen Kreuz verziert auf die byzantinischen, später auf die römisch-deutschen Kaiser über und wurde dann auch von den königlichen Häusern bei besonderen Festlichkeiten gemeinsam mit den Kroninsignien benutzt. Dem

Kaiser wurde der R. von einem besonderen Beamten, dem Truchseß, dessen Amtszeichen er auch darstellte, vorangetragen. Die Pfalzgrafen bei Rhein als Erztruchsesse des Heiligen Römischen Reiches Deutscher Nation hatten den R. deshalb in ihr Wappen aufgenommen. So gelangte er auch in das bayrische, als die Kurpfalz durch Erbfolge

*Reichsapfel im Amtswappen der Erbtruchsessen von Waldburg und der Kurfürsten bei Rhein als Erztruchsessen*

1777 an Bayern fiel. In der Regel ist der R. golden, der preußische z. B. ist jedoch blau, mit einem Goldreif und einem goldenem Kreuz versehen und mit Edelsteinen besetzt. Ein R. erscheint z. B. auch im Stadtwappen von Bad Soden (Taunus). Vgl. Abb. bei Kurfürst. Abb.

**Reichsbanner:** vom Kaiser bzw. König oder dem von ihnen ernannten Oberbefehlshaber bei der Sammlung des Reichsheeres aufgepflanztes bzw. im Feld mitgeführtes Hoheitszeichen. Das R. zeigte unter *Heinrich I.* (919–936) und *Otto I.* (936–973) den Erzengel *Michael*, unter *Friedrich I.* (1152–1190) einen Adler, unter *Otto IV.* (1198–1215, gest. 1218) einen Adler über einem Drachen schwebend und wahrscheinlich seit *Sigismund* (1410–1437) den Reichsadler in gelbem Feld. Die besondere Obhut des R. wurde gewöhnlich einem Vasallen anvertraut, der vom Kaiser ernannt wurde. Gegen Ende des 17. Jahrhunderts entstand ein heftiger Streit, als Hannover mit der Kurwürde das R.amt als Erzamt erhalten sollte. Sachsen und Württemberg protestierten, so daß *Kaiser Leopold I.* (1658–1705) schließlich nachgeben mußte. Vgl. Reichssturmfahne, Erzämter.

**Reichsfreie** ↑ Reichsritterschaft.

**Reichskrone:** mitunter auch offiziell benutzte Bezeichnung der Kaiserkrone des Römisch-Deutschen Reiches bzw. nach 1806 der des Kaiserreiches Österreich und des Deutschen Reiches von 1871 bis 1918 sowie der russischen Zarenkrone. Vgl. Kaiserkrone.

**Reichsritterschaft,** *freie Ritterschaft, Reichsfreie*: im Römisch-Deutschen Reich die Gemeinschaft jener freien Herren, die sich auf ihren Herrschaften in Schwaben, Franken und am Rhein selbständig behauptet und die unmittelbare Unterordnung unter Kaiser und Reich bewahrt hatten, ohne jedoch auf den Reichstagen Sitz und Stimme zu haben. Im Jahre 1577 entstand eine Verbindung der Ritterschaften in Schwaben, Franken und den Rheinlanden. Sie wurde als die drei *Ritterkreise* bezeichnet, die wiederum in Ritterkantone und Orte eingeteilt wurden. Die Leitung der Geschäfte besorgte ein abwechselndes Direktorium. Jeder Kanton hatte seinen Ritterhauptmann, dem wiederum Räte und Ausschüsse unterstanden. Über die zur R. gehörenden Personen und Güter wurde ein Verzeichnis, die *Rittermatrikel,* geführt. Die R. war befreit von Reichssteuern sowie von Einquartierungen. In ihren Besitzungen hatten die Reichsritter landesherrliche Rechte. Durch die nach dem Frieden von Lunéville im Jahre 1801 erfolgte Abtretung des linken Rheinufers fielen die Kantone Ober- und Niederrhein an Frankreich. Mit der Gründung des Rheinbundes im Jahre 1806 wurden die reichsritterschaftlichen Gebiete der Hoheit der Rheinbundfürsten, von deren Territorien sie eingeschlossen waren, unterstellt.

*Literatur*

*Eberbach, O.*: Die deutsche Reichsritterschaft in ihrer staatsrechtlich-politischen Entwicklung von den Anfängen bis 1495. Leipzig, Berlin 1913, Nachdr. Hildesheim 1974

*Press, V.*: Kaiser Karl V., König Ferdinand und die Entstehung der Reichsritterschaft. Wiesbaden 1980

**Reichssturmfahne:** kleiner gehaltenes, an

*Reichssturmfahne auf einer württembergischen Medaille o. J. von P. H. Müller (um 1698)*

einer Art Pike befestigtes ↑ Reichsbanner, das vom Kaiser oder seinem Stellvertreter in der Schlacht vorangetragen wurde. Wegen des Reichsbanneramtes erschien die R. auf blauem Grund im herzoglich württembergischen Wappen. Sie war 1336 von *Kaiser Ludwig* (1314/1328–1347) dem *Grafen Ulrich von Württemberg* (1325–1344) übertragen worden und der *Graf Eberhard im Bart* (1457–1496) wurde bei seiner Erhebung zum Herzog am 21. Juli 1495 mit der R. belehnt. Als dann das Erzbanneramt zusammen mit der R. 1694 dem *Herzog Ernst August von Braunschweig und Lüneburg* (1679–1698) als Erzamt verliehen werden sollte, protestierte der württembergische *Herzog Eberhard Ludwig* (1677–1733) dagegen. Der Streit zog sich über Jahre hin. 1705 nahm Württemberg dann eine Wappenänderung vor, um seine Ansprüche auf die R. deutlich zu dokumentieren. Die R. rückte vom dritten in das zweite Feld unter gleichzeitiger Hinzufügung eines Helmes mit wachsendem schwarzem Adler.
Nachdem Württemberg 1803 zum Kurfürstentum erhoben worden war und die R. das Symbol des Erzamtes darstellte, führte Württemberg nur noch einen gespaltenen Schild mit der R. und den drei Hirschhörnern. Nach der Auflösung des Heiligen Römischen Reiches Deutscher Nation 1806 und der Erhebung Württembergs zum Königreich durch *Napoleon I.* (1804–1814, 1815) verschwand die R. aus dem Wappen von Württemberg, da mit der Auflösung des Reiches auch die Erzämter erloschen waren.
Die R. führt noch heute die 1718 von *Herzog Eberhard Ludwig* gegründete Stadt Ludwigsburg im Wappen. Abb.

**Reichsvikar:** Stellvertreter. Als Stellvertreter des Kaisers übten die Herzöge von Sachsen und die Pfalzgrafen bei Rhein in der Zeit zwischen dem Tode eines Kaisers und der

*Kanone der sächsischen Festung Königstein, die 1741 gegossen wurde und auf dem Rohr den nimbierten kaiserlichen Doppeladler mit aufgelegtem sächsisch-polnischem Wappen zeigt. Kurfürst Friedrich August II. (1733–1763), der Sohn Augusts des Starken (1694–1733), war 1740/41 nach dem Tod Kaiser Karls VI. (1711–1740) bis zur Wahl Kaiser Karls VII. (1742–1745) als Reichsvikar berechtigt, dieses Wappen zu führen*

Wahl des Nachfolgers in ihrer Eigenschaft als R. dessen Amtsgeschäfte aus. Vgl. Reichsadel. Abb.

**reihenweise gespitzt,** *reihenweise Spitzen*: mit nebeneinandergesetzten Spitzen versehener Wappenschild. Die Spitzen können in mehreren Reihen erscheinen, sind jedoch immer versetzt dargestellt. Die Anzahl der Reihen muß besonders gemeldet werden. Sind die Spitzen übereinander angeordnet, so spricht man von *pfahlweise gespitzt*.

**Reiher:** seltenes Wappenbild. Der R. erscheint als Wappenfigur mit einem Schopf am Hinterkopf und teils halberhobenen, teils anliegenden Flügeln. Mitunter kommt er auch mit einer Krone um den Hals vor. Die Federn des R. waren als ritterlicher Schmuck und später an den Mützen der ungarischen Magnaten und Husaren beliebt. Mit Bezug auf die drei R. im Wappen führte die *Familie Heron* den Wahlspruch «Ardua petit ardea» [lat., der Reiher sucht die steilen Höhen].

**Reiter:** gemeine Figur, die in der Regel geharnischt und oft mit Schwert oder Lanze bzw. Fahne in den Wappen auftritt. Häufig werden der heilige ↑ *Georg* und der heilige ↑ *Martin von Tours* als R. in den Wappen dargestellt. Ein bekanntes R.wappen ist das alte Wappen von Litauen, das als Bestandteil des alten polnischen Wappens auch auf sächsischen Münzen aus der Regierungszeit *Friedrich Augusts I.* (1694–1733) und seines Sohnes *Friedrich August II.* (1733–1763) zu finden war, als die sächsischen Kurfürsten auch die polnische Königskrone trugen. Einige Stadtwappen wurden von den R.siegeln ihrer Landesherren übernommen, z. B. die R.wappen von Marburg (Hessen) und Schwerin (Mecklenburg). Der R. im Schweriner Wappen ist der Gründer der Stadt, *Herzog Heinrich der Löwe* (1142–1180, gest. 1195). Im Stadtwappen von Heiligenstadt (Eichsfeld) befindet sich der Erzbischof von Mainz, zu dessen Erzbistum die Stadt gehörte.

*Literatur*

*Lampe, H. P.*: Pferde und Reiter in deutschen Städtewappen, in: Pferd und Reiter. Frankfurt/Main 1962

**Reitersiegel:** bereits im hohen Mittelalter aufgekommene ↑ Siegel, auf denen der Siegelführende in seiner Rüstung zu Pferde erscheint. Meist hält er seinen Wappenschild im Arm. R. wurden im Mittelalter hauptsächlich vom hohen Adel geführt. Abb. auf S. 330.

**Rektor** ↑ Abt.

**Renesse,** Theodore Comte de: 1854/1927, Gouverneur der belgischen Provinz Limburg, Präsident des Königlich Belgischen Heroldsamtes. Sein in französischer Sprache geschriebenes Hauptwerk «Dictionnaire des figures héraldique», Brüssel 1894, enthält 116 000 nach Bildern geordnete Wappen. Der Autor unterscheidet drei große Gruppen: vollständige Wappen (armes complets), aus mehreren Feldern bestehende (armes non complets) und quadrierte (armes écartelés). Das umständliche Gliederungssystem erschwert jedoch die Benutzung des Werkes.

**rennend** ↑ laufend.

**Renntartsche** ↑ Tartsche.

**Rentzmann,** Wilhelm: 1824/1880, Rendant am Joachimsthalschen Gymnasium in Berlin, Schriftführer der Berliner Numismatischen Gesellschaft. R. erarbeitete das «Numismatische Wappen-Lexicon des Mittelalters und der Neuzeit. Staaten- und Städtewappen», Berlin 1876. 1969 erschien davon in Osnabrück eine von *Ottfried Neubecker* bearbeitete und erweiterte Ausgabe und 1978 beim transpress VEB Verlag für Verkehrswesen Berlin ein unveränderter Nachdruck. Das Buch zeigt neben Wappendarstellungen, die auf Münzen vorkommen, auch viele wappenähnliche und unheraldische Darstellungen, die jedoch zeitlich nicht eingeordnet sind. Die Zusammenstellung der Wappenbilder erfolgte nicht nach heraldischen Gesichtspunkten, sondern alphabetisch nach den Bezeichnungen der Heroldsbilder und gemeinen Figuren. Das Werk war und ist für Münzsammler gedacht, die es zur Bestimmung von Münzen nutzen können, die keine oder nur eine stark abgekürzte Umschrift aufweisen.

Schon 1865/66 gab R. ein «Numismatisches Legenden-Lexicon des Mittelalters und der

*Reitersiegel des Henry de Percy 1301. Das Siegel zeigt den typischen Topfhelm*

Neuzeit» heraus, das in der zweiten Abteilung ein «Verzeichnis der auf Münzen vorkommenden Heiligen» enthält und auch die entsprechenden ↑ Attribute aufführt. Auch von diesem Buch gibt es einen unveränderten Nachdruck von 1977.

**RERE VAKA NA KALOU KA DOKA NA TUI** [Fürchte Gott und ehre den König]: Wahlspruch unter dem Wappen von Fidschi.

**Retberg,** Ralf von: 1812/1885, Herr auf Wettbergen, Heraldiker.

*Werke*

Kleine Bemerkungen zur Wappenkunde, in: heraldische Zeitschrift «Adler». Wien 1873

Musterrolle für Wappenbeschreibungen (1875)

Geschichte der deutschen Wappenbilder. Wien 1887, 1888

**Reute** ↑ Rodehacke.

**Revel,** Guillaume: Herold *König Karls VII. von Frankreich* (1422–1461). R. verfaßte unter dem Titel «Armorial d'Auvergne et Forest» eine Wappensammlung.

**Rheingraf:** Titel der Grafen im Rheingau. Die Stammburg der R.en war der R.enstein bei Kreuznach. Der erste R. war *Hatto VI.* (937–960). Durch Heirat des R.en *Johann III.* (1383–1428) mit der Tochter des letzten *Wildgrafen von Kyrburg* verschmolzen beide Geschlechter, so daß ihre Nachkommen den Titel Wildgraf und R. führten. Nach ihren unter *Johann V.* (1476–1495) erworbenen zahlreichen Besitzungen in der Grafschaft Obersalm nannten sie sich auch *Grafen von Salm.* Den Titel Wildgraf und R. führten die späteren *Fürsten von Salm* von der Linie Obersalm weiter.

**R H V:** Buchstaben im Staatswappen der afrikanischen Republik Obervolta (seit 1984 Bourkina Fasso). Sie waren die Abkürzung der ehemaligen offiziellen Staatsbezeichnung *R*épublique de *H*aute-*V*olta.

**Richental,** Ulrich: Kaufmann und Bürger von Konstanz, Chronist; lebte in der ersten Hälfte des 15. Jahrhunderts. Während des Konzils zu Konstanz (1414–1418) wurde R. zu Kanzleigeschäften herangezogen und beobachtete dessen Verlauf, die Feierlichkeiten und Aufzüge, Teilnehmer usw. mit großem Interesse. Auch lud er wiederholt Herolde zu sich ein, um sich von den Vorgängen beim Konzil berichten zu lassen. Da er auch Urkunden zur Verfügung erhielt, ist seine «Chronik des Konzils zu Konstanz» besonders wertvoll. Die darin enthaltenen Wappendarstellungen der Konzilteilnehmer sind für die heraldische Forschung von großer Bedeutung.

**Richentals Chronik des Konzils zu Konstanz:** zwischen 1420 und 1430 entstandene, in der Urschrift nicht mehr erhaltene, in neun Abschriften aus dem 15. Jahrhundert überlieferte Chronik. Die Abschriften befinden sich in Konstanz, Prag, Wien, Leningrad, Aulendorf, Karlsruhe und in der ehemaligen Königlichen Privatbibliothek in Stuttgart.

Die Chronik enthält neben einer ausführlichen Schilderung der Vorgänge beim Konzil die Wappen der bedeutendsten Teilnehmer, unter ihnen die von 60 Kardinälen, 167 Bischöfen, 15 Abteien, 11 Hoch- und Großmeistern verschiedener Ritterorden, 14 Hochschulen, 10 Fürstinnen, 37 Fürsten, 130 Grafen, 56 Freiherren und über 100 Rittern, Knechten usw. sowie einige erfundene biblischer, altgeschichtlicher und sagenhafter Persönlichkeiten. Eine Neuherausgabe der Chronik wurde im Jahre 1936 nach dem Aulendorfer Exemplar in Leipzig vorgenommen.

**Richmond** ↑ Herald's College.

**Riddare** ↑ Adel.

**Riefenkreuz:** aus der englischen Heraldik bekanntes Kreuz, dessen Arme kleine halbkreisförmige Vertiefungen aufweisen.

**Riemen** ↑ Gehr.

**Rietstap,** Johann Baptiste: 1828/1891, Parlamentsstenograph und Heraldiker in Den Haag. Das Hauptwerk von R. «Armorial général», Gouda 1884–1887, verbesserter Neudruck Berlin 1934 (Nachdruck Den Haag 1950), gehört mit seinen annähernd 116 000 Wappenbeschreibungen zu den umfangreichsten Wappenbüchern überhaupt. Sein «Handboek der Wapenkunde», Leyden 1856, wurde als 3. Auflage 1943 von *C. Pama* herausgegeben.

**Riksheraldiker:** bis 1953 Titel des schwedischen Reichsheroldsmeisters, des Leiters des Reichsheroldsamtes des Königreiches Schweden. Vgl. Fleetwood.

**Riksheraldikerämbetet:** bis 1953 tätiges Reichsheroldsamt des Königreiches Schweden, dessen Aufgaben jetzt von einer Abteilung des Riksarchives (Reichsarchives) wahrgenommen werden. Der letzte schwedische Reichsheroldsmeister war der über die Grenzen seines Landes hinaus bekannte Heraldiker *Freiherr* ↑ *Fleetwood.*

**Ring:** in vielfältigen Darstellungsformen auftretendes Wappenbild, das im frühen Mittelalter als Zeichen der bischöflichen Würde angesehen wurde. Die Farbe eines eventuellen Steines muß mit genannt werden. Ein goldener R. mit blauem Stein auf rotem Grund befand sich im Wappen der wettinischen Herrschaft Wolkenstein. Drei silberne R. in Blau zeigt das Stadtwappen von Saint-Beuvc (Normandie).

**Ringkreuz:** ↑ gemeines Kreuz, dessen Enden aus Ringen gebildet werden.

**Rink,** Eucharius Gottlieb: 1670/1746, Jurist, Heraldiker. R. entstammte der im 15. Jahrhundert geadelten *Familie Rink von Dorstig,* Erbherren auf Stötteritz bei Leipzig, und erhielt an der Universität Altorf, wo er auch studierte, 1707 den Lehrstuhl für deutsches Staatsrecht. Er beschäftigte sich mit alten Siegeln als Quellen für seine heraldischen Studien und vertrat die Ansicht, alle Wappen seien in deutschen Gebieten entstanden. R. war der Erfinder der heraldischen

Schraffuren für Eisen und für die Naturfarbe.

*Werk*

De eo quod iustam est circa Galeam. Helmstedt 1726

**Rinken: 1.** Haken zum Verschließen von Gürteln und Kleidern sowie an Büchern. R. befinden sich z. B. im Wappen der *Familie von Zedlitz.*

**2.** *Kessel-R.*: Ring oder Griff des Kessels, z. B. im Wappen der polnischen *Familie von Nowina.*

**Ritter: 1.** im Mittelalter aus den altgermanischen Gefolgs- und Lehensleuten hervorgegangener Kriegerstand. Das R.tum nahm um das Jahr 1000 feste Formen an und bildete seit dem 11. Jahrhundert in den romanischen Ländern einen besonderen Stand. Im deutschen Reich war die R.würde anfangs nicht erblich, sondern mußte persönlich auf dem Schlachtfeld oder an den Höfen als Auszeichnung erworben werden. Daher ist es nicht korrekt, in dieser frühen Zeit von R.familien zu sprechen, zumal der weitaus größere Teil des Adels die kostspielige R.würde nicht erwarb. Erst durch den Landfrieden von 1186 begann der R.stand erblich zu werden. Zum *freien R.stand* zählten R., die nur dem Kaiser verantwortlich waren. Die reichsfreien Adelsfamilien bildeten dann die ↑ Reichsritterschaft, der hohe Adel schied aus und der niedere Landadel war in eigenen R.schaften vereinigt, unabhängig davon, ob ihre Angehörigen selbst den ↑ Ritterschlag empfangen hatten oder nicht. Vgl. Ritterschaft. Abb.

**2.** vor allem im alten Bayern und Österreich Bezeichnung für eine Stufe des Adels, die zwischen Freiherr und dem untitulierten Adel rangierte. In England gibt es einen nicht erblichen R.stand und -titel (knights), der vom König bzw. der Königin auf Lebenszeit verliehen wird und in den meisten Fällen mit dem Besitz eines höheren englischen Ordens verbunden ist. Mit diesem Titel ist die Anrede «Sir» verbunden.

**3.** Bezeichnung der Inhaber der einklassigen hohen Haus- und Hoforden oder der Träger der niedrigsten Stufe (R.kreuz) der verschiedenen Verdienstorden.

*Gewappneter Ritter (Ulrich von Lichtenstein) mit ungewöhnlicher Helmzier auf einer Darstellung der Großen Heidelberger Liederhandschrift*

*Literatur*

*Aue, K. v.*: Das Ritterwesen und die Ritterorden. Merseburg 1825

*Borst, A.*: Das Rittertum im Mittelalter. Darmstadt 1976

*Hansen, W.*: Die Ritter. Bergisch-Gladbach 1978

**Ritterbank,** *Herrenbank*: im Römisch-Deutschen Reich Abteilung in manchen Kollegien, z. B. im Reichshofrat, in der nur Adlige Platz nahmen. Im alten Königreich Böhmen war R. der Ausdruck für den gesamten niederen Adel. Der höhere Adel trug die Bezeichnung *Fürsten-* und *Grafenbank.*

**ritterbürtig:** gleichbedeutend mit von ritterlicher bzw. altadliger Herkunft.

**Rittergut:** aus Ritterlehen entstandener Großgrundbesitz, der mit verschiedenen Privilegien verbunden war, z. B. Befreiung von Steuern, niedere Gerichtsbarkeit,

Jagdgerechtigkeit usw. Seit dem Beginn des 19. Jahrhunderts wurde im Zuge der bürgerlich-liberalen Reformen ein großer Teil dieser Vorrechte beseitigt. Seit dem ausgehenden Mittelalter konnten in manchen Territorien auch Bürgerliche Rittergüter erwerben.

**Ritterkreise** ↑ Reichsritterschaft.

**Ritterkrone** ↑ Adelskrone.

**Rittermatrikel** ↑ Reichsritterschaft.

**Ritterorden:** im Mittelalter, vor allem in der Zeit der Kreuzzüge, unter dem Einfluß der katholischen Kirche entstandene Gemeinschaften, die neben Mönchsgelübden auch das Gelöbnis des Kampfes gegen «Ungläubige» ablegten. Die R. bildeten anfangs eine Verschmelzung von geistlichem und weltlichem Dienst. Nach dem Vorbild der geistlichen R. schufen die Fürsten später weltliche, aus denen sich die Haus-, Hof- und Verdienstorden entwickelten. Zu den heute noch bestehenden R. im ursprünglichen Sinne gehören z. B. der ↑ Johanniterorden und der Deutsche R., wobei der Kampf gegen Angehörige anderer Religionen nicht mehr zu deren Aufgaben zählt. Vgl. Orden.

*Literatur*

*Aue, K. v.*: Das Ritterwesen und die Ritterorden. Merseburg 1825

*Voigt, J.*: Geschichte des deutschen Ritterordens in seinen 12 Balleien in Deutschland. Berlin 1857–1859

*Schultze, W.*: Deutschlands Ritter- und Verdienstorden der Gegenwart. Berlin 1900

*Prutz, H.*: Die geistlichen Ritterorden. Berlin 1908, Nachdr. Berlin [West] 1977

*Wolfhart, H.*: Die Welt der Ritterorden. Wien 1978

**Ritterschaft:** anfangs die Gesamtheit der ↑ Ritter, später die Bezeichnung eines besonderen Geburtsstandes, der hohe Adel jedoch ausgenommen. Im Römisch-Deutschen Reich wurde die R. in *reichsunmittelbare*, d. h. nur dem Kaiser unterstehende, und die *mittelbare* oder *landsässige* eingeteilt. Vgl. Reichsritterschaft.

*Literatur*

*Wedel, H. v.*: Deutschlands Ritterschaft, ihre Entwicklung und ihre Blüte. Görlitz 1904

*Ungern-Sternberg, W., Freiherr v.*: Geschichte der Baltischen Ritterschaften. Limburg/Lahn 1963

*Kageneck, A., Graf v.*: Die Breisgauer Ritterschaft und ihre Mitglieder, in: Archiv für Sippenforschung, 1967, Heft 27

**Ritterschlag:** Zeichen der Aufnahme in den Ritterstand. Die Erziehung zum Ritter begann mit dem siebenten Lebensjahr, von dem an der Knabe am Hof eines Fürsten oder bei einem anderen Ritter als Edelknabe dienen mußte. Mit dem 14. Lebensjahr wurde er zum Knappen erhoben und nach bestandener Knappschaft in der Regel mit 21 Jahren zum Ritter «geschlagen», indem ihm die flache Schwertklinge unter einigen Zeremonien auf den Nacken gelegt wurde.

*Roch*

**Ritterstand, freier: 1.** ↑ Adel. – **2.** ↑ Ritter (1.).

**Ritterstraße:** alter heraldischer Terminus für ↑ Balken.

**Roch:** alte Bezeichnung für den Turm im Schachspiel. Dieses hauptsächlich in der westeuropäischen Heraldik vorhandene Wappenbild ähnelt in seiner eigentümlichen Form der heraldischen Lilie und kommt im englischen Wappenwesen bereits im 13. Jahrhundert vor. Als redendes Wappenbild erscheint der R. in den Wappen der französischen *Familie Roquette*, der aragonesischen *Familie Roquesens* und der *Familie Reynegom* in Brabant sowie der ehemaligen sächsischen Herrschaft Rochlitz (zwei halbe R. sind im Stadtwappen von Rochlitz). Diese Wappenfigur wurde in vielen Fällen von älteren Heraldikern mißverstanden und somit falsch blasoniert. Aufgrund dieser

Mißverständnisse wurden aus den drei R. im Wappen der alten märkischen *Familie von Rochow* später drei Lilien. Abb.

**Rochus** (von Montpellier): christlicher Heiliger, Patron der Pestkranken, gest. 1327. Der Heilige wird meist als Pilger mit einer Pestbeule am linken Schenkel, mit Pestkranken und einem Hund neben sich dargestellt. Als Brustbild erscheint er im Wappen der niederbayrischen Gemeinde Langquaid. Dieses Wappenbild wird auch für den heiligen ↑ *Jakobus* in Anspruch genommen.

**Rodehacke,** *Reute*: als gemeine Figur auftretendes landwirtschaftliches Gerät. Zwei R. gekreuzt führt z. B. als redendes Wappen die Stadt Bayreuth. Auch in den Wappen der Städte Homburg v. d. Höhe und Friedrichroda (Thüringen) befindet sich eine R. als Schildbild.

**röhrenüberzogen:** alte Bezeichnung für Wappen, die mit mehreren schmalen Pfählen bzw. Balken versehen sind.

**Roick,** Oskar: 1870/1926, Wappenmaler. Die hervorragenden, heraldisch exakten Arbeiten des Künstlers wirkten sich wesentlich auf die Wappenkunst des ausgehenden 19. und des 20. Jahrhunderts aus. R. war auch Mitarbeiter am ↑ Neuen Siebmacher.

**«Roland»:** am 18. Januar 1902 von dem Studienrat Prof. Dr. *H. Unbescheid* gegründeter, bis 1945 bestehender Verein zur Förderung der Stamm-, Wappen- und Siegelkunde mit Sitz in Dresden. Der Verein gab eine Monatsschrift «Archiv für Stamm- und Wappenkunde» (vgl. «Der Wappensammler») heraus, die der Festlegung von Familiengeschichte und Familienwappen, dem Austausch für die Familiengeschichtsforscher, Wappen-, Exlibris-, Siegel- und Münzsammler sowie den heraldisch-genealogischen Vereinen diente.

**Rôle d'armes Bigot:** 1254 entstandene Wappensammlung mit 295 Wappenbeschreibungen der an einem Feldzug in Flandern und dem Waffenstillstand beteiligten Ritter. Die Sammlung ist in der heraldischen Fachsprache und dem Dialekt der Picardie abgefaßt. Eine im 17. Jahrhundert angefertigte Kopie des inzwischen verlorengegangenen Originales befindet sich in der Bibliothèque Nationale in Paris.

**Römerstab:** alter Ausdruck für den in einigen Wappen vorkommenden ↑ Pilgerstab.

**Römisch-Deutsches Reich** ↑ Heiliges Römisches Reich Deutscher Nation.

**Romreich** [von Römisches Reich]: Amtsname der Herolde des römisch-deutschen Kaisers. Diese Amtsbezeichnung führten die kaiserlichen Herolde noch unter den *Kaisern Friedrich III.* (1440–1493) und *Maximilian I.* (1493–1519). Im Laufe der Zeit wurden die Amtsnamen vielfach mißverstanden. So wird z. B. in einer Beschreibung des Reichstages zu Köln 1512 der kaiserliche Herold als «Raumrich» bezeichnet. *Kaiser Karl V.* (1519–1556, gest. 1558) änderte 1521 die Amtsbezeichnung seines Heroldes in *Teutschland* um.

**Rondel:** mittelalterlicher Rundschild, in dessen Mitte ein stark plastischer Buckel (Nabel) angebracht ist.

**Rose,** *Wappenrose*: in der Heraldik in der Regel nicht in seiner natürlichen Form erscheinendes, sondern stark stilisiertes Wappenbild. Von den Blumen erhielten als erste die R. und die Lilie eine besondere heraldische Form. Die R. wird als Wappenbild als eine von vorn gesehene offene Blüte mit fünf, sechs oder acht herzförmigen Blättern und eingebogenem Rand dargestellt. In der Mitte ist die in der Regel golden tingierte Samenkapsel zwischen den Blütenblättern und den spitzen grünen Kelchblättern sichtbar. Die Tingierung der R. zeigt nicht das natürliche Rosenrot, sondern die heraldische Tinktur Rot. Seltener erscheinen goldene, silberne und blaue R. Es kommen auch ↑ gefüllte R. mit mehreren Blattlagen vor. Bekannteste Beispiele der heraldischen R. sind die in den Wappen der Grafen und späteren *Fürsten zur Lippe* und der *Burggrafen von Altenburg* sowie die R. der englischen hochadligen *Häuser York* und *Lancaster*. Die Stadt Southampton führt z. B. in ihrem Wappen die R. beider Häuser (zwei weiße und eine rote R.). Auch verschiedene Städte im ehemaligen Fürstentum Lippe führen R. im Wappen, z. B. Lemgo, Lippstadt. Natürliche R. erscheinen meist in Form eines

*Rose im Wappen der Burggrafschaft Altenburg*

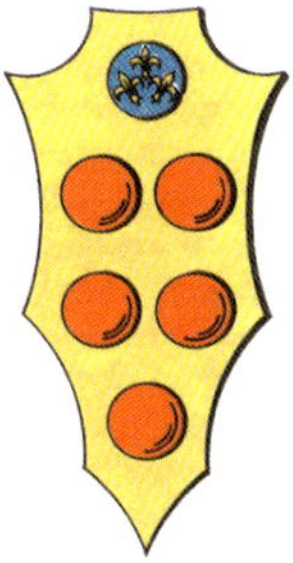

*Roßstirnschild mit dem Wappen der Medici*

Kranzes, z. B. im Wappen der *Fürsten von Wrede.* Vgl. Tudorrose. Abb.

*Literatur*

*Köhler, F.*: Geschichte des Fürstlich Lippischen Wappens. Detmold 1893

*Herrmann, G.*: Die Lutherrose. Luthers Wappen. Zwickau 1933

*Veddeler, P.*: Die lippische Rose. Entstehung und Entwicklung des lippischen Wappens bis zur Gegenwart. Detmold 1978

**Rosenblut** ↑ Rosenplüt.

**Rosenkranz,** *Paternoster*: seit dem 14. Jahrhundert in der katholischen Kirche gebräuchliche, mit Perlen versehene Gebetschnur, mit deren Hilfe nach der Anzahl der Perlen das Vaterunser und das Ave Maria gebetet werden. Als Symbole ihrer geistlichen Würde hatten die Priore, Priorinnen und Prälaten teilweise neben dem ↑ Pilgerstab einen großkugligen, um ihre Wappen gelegten R.

**Rosenplüt** (auch *Rosenblut*), Hans, genannt der *Schnepperer* [Schwätzer]: um 1400 bis um 1470 Nürnberger Meistersinger. R. schrieb u. a. ausgehend von der Wappendichtung volkstümliche antibischöfliche Fastnachtsspiele und gab somit der Wappendichtung bürgerlichen Inhalt.

**Rosenschapel:** aus Rosenblüten und -ästen geflochtener Kranz, z. B. im Wappen der *Fürsten Wrede.* Vgl. Schapel.

**Rosensiegel:** besondere Form des Siegelbildes, die als ein symbolische Zeichen des Frauendienstes in den östlichen Alpenländern zur Zeit des Minnesängers *Ulrich von Lichtenstein* (um 1200/1275 oder 1276) in Mode waren. Auf die das Siegel ausfüllenden Blätter einer stilisierten Rose wurden die Wappenschilde oder -bilder aufgelegt. Mitunter stellte man auch Dreieckschilde rosettenförmig zusammen.

*Literatur*

*Siegenfeld, A., Ritter v.*: Innerösterreichische Rosensiegel, in: Jubiläumsjahrbuch des «Adler» 1895

**Roß** ↑ Pferd.

**Roßbremse** ↑ Pferdebremse.

**Roßkamm:** mit gebogenen, aber auch mit geraden (im Wappen der *Fürsten von Schwarzburg*) Zinken dargestelltes Wappenbild. Der im Wappen des Fürstentumes Schwarzburg-Sondershausen enthaltene rote R. im goldenen Feld (bei Schwarzburg-Rudolstadt im silbernen) sowie die *Streugabel* deuten auf die Herrschaft Leutenberg, es soll sich hierbei um das Wappenbild der ausgestorbenen *Grafen von Käfernburg* gehandelt haben. Die Meinung, dieses Wappenbild sei das Zeichen der schon von den *Herren von Leutenberg* geführten Reichsstallmeisterwürde, wurde schon im 18. Jahrhundert angezweifelt.

**Roßstirnschild:** nur in der italienischen Renaissanceheraldik, z. B. als Wappenschild der *Medici*, nachgewiesene Schildform, die an den Stirn- bzw. Kopfpanzer der Pferde angelehnt ist. Abb.

**Rosthelm** ↑ Spangenhelm.

**rotbrennend:** ↑ gemeine Figur, meist Berge oder Äste, die mit mehreren roten Flammen besetzt oder umgeben sind. Vgl. Brand.

**Roter Adlerorden:** am 17. November 1705 durch Erbprinz *Georg Wilhelm von Brandenburg-Bayreuth* gestifteter und 1792 vom Königreich Preußen übernommener Orden. Organisiert und zum Hausorden erklärt wurde der R. A. 1712 durch *Markgraf Georg Wilhelm* (1712–1726). Der seinerzeit unter dem Namen «de la Sincérité» [franz., von der Aufrichtigkeit] gestiftete Orden war fürstlichen Personen sowie «hohen Herren von gutem Lebenswandel und Aufrichtigkeit» vorbehalten, die mindestens 25 Jahre alt waren. Nach dem Tode des Stifters geriet der Orden fast in Vergessenheit und wurde erst 1734 von *Markgraf Georg Friedrich Karl* (1726–1735, in Kulmbach seit 1708) unter dem Namen «Orden des Brandenburgischen Roten Adlers» reorganisiert. Unter *Markgraf Friedrich Christian* (1763–1769) verfiel der Orden abermals. *Markgraf Christian Friedrich Karl Alexander von Brandenburg-Ansbach* (1757–1791, gest. 1806) gab dem Orden 1777 neue Statuten und nannte ihn «Hochfürstlicher Brandenburgischer Roter Adlerorden». Als die Fürstentümer am 2. Dezember 1791 an Preußen abgetreten wurden, ging auch der R. A. an die Krone Preußens über und wurde 1792 von *König Friedrich Wilhelm II.* (1786–1797) zum zweiten Ritterorden des Königreiches erhoben. *König Friedrich Wilhelm III.* (1797–1840) erweiterte ihn um zwei Klassen und gab dem O. eine neue Form. Das Ordenszeichen konnte in den verschiedensten Varianten (Schwerter, Eichenlaub, seit 1892 mit Krone über dem Kreuz, Jubiläumszahlen usw.) verliehen werden. Das Großkreuz und die Kette stiftete *König Wilhelm I.* (1861–1888) am 18. Oktober 1861. Das Ordenszeichen bestand seit 1810 aus einem sich nach oben verbreiternden, weißemaillierten Kreuz. Das Medaillon der Vorderseite zeigt den roten brandenburgischen Adler mit einem grünen Lorbeerzweig in den Fängen, das der Rückseite das Monogramm «FW» unter der preußischen Königskrone.

Das 1861 gestiftete Großkreuz besteht aus einem weißemaillierten ↑ Malteserkreuz mit roten Adlern in den Kreuzwinkeln. Das goldene Medaillon der Vorderseite zeigt den Namenszug König Wilhelms I. «WR», darum auf blauem Grund die Ordensdevise «SINCERE ET CONSTANTER» [lat., aufrichtig und beständig]. Im goldenen Medaillon der Rückseite befindet sich innerhalb eines Eichenkranzes das Datum der Stiftung «DEN 18. OCTB. 1861». Das Großkreuz des Ordens erschien an der Kette hängend unter dem großen Wappen des Königreiches Preußen.

*Literatur*

*Schneider, L.*: Das Buch vom Rothen Adler Orden. Das Grosskreuz. Berlin 1863

*Schneider, L.*: Der Rothe Adler-Orden. Berlin 1868

**Rothe,** Johannes: gest. 1434, Geistlicher, Chronist. R., dessen Geburtsjahr unbekannt ist, stammte aus Creuzburg an der Werra und war zuerst Stadtschreiber in Eisenach. Im Jahre 1387 wird er als Priester des Marienstiftes urkundlich erwähnt. 1394 war er Vikar, 1418 Kanonikus und 1422 Scholastikus. In seinem um 1402 erschienenem «Ritterspiegel» (veröffentlicht von *K. Bartsch* 1860 in den «Mittelhochdeutschen Gedichten») kommen Wappenbeschreibungen vor. Außerdem verfaßte er eine «Düringische Chronik».

**Rothesay** ↑ Herald's College.

**Roth von Schreckenstein,** Karl, Freiherr v.: 1823/1894, Dr. phil., Direktor des Badischen Landesarchives, Heraldiker. In den Jahren von 1871 bis 1886 erarbeitete der Autor eine Geschichte der Reichsritterschaft. Seit 1856 war er Mitarbeiter am ↑ Neuen Siebmacher (Band Souveräne).

**Rouge Croix** ↑ Herald's College.

**Rouge Dragon** ↑ Herald's College.

**Roundels, Roundlets** ↑ Kugeln.

**Rubin,** *Rubinfarbe*: in älteren Wappenbüchern oder -diplomen Bezeichnung für die rote heraldische ↑ Tinktur.

**Rückenschild** ↑ Hauptschild.

**rückschauend,** *rücksehend*: Wappentier, das den Kopf nach rückwärts gekehrt hat. Diese Stellung ist auch bei ↑ Schildhaltern häufig anzutreffen. Vgl. Abb. bei Kranich.

**Rudbert** ↑ Rupertus.

**Rüde:** in der Heraldik starker Hund mit Stutzohren, der oft mit einem Stachelhalsband dargestellt wird. Mitunter kommt auch nur der Kopf des R. als Wappenbild vor.

**Rudolphi,** J(ohann?) A(nton?): Verfasser

des 1698 in Nürnberg erschienenen heraldischen Lehrbuches «Heraldica curiosa», wahrscheinlich Pseudonym für den Geheimen Rat *Johann Anton Kroll von Freyen.* In diesem Werk wird an vielen Stellen auf *P. J.* ↑ *Spener* verwiesen, was dessen starken Einfluß auf diese Arbeit erkennen läßt. Auf 15 Kupfertafeln sind über 1 200 Wappenbeispiele abgebildet, die mit der Erklärung der Schildbilder und den Namen der Wappeninhaber versehen sind.

**Rudolfskrone:** mitunter für die österreichische Hauskrone (vgl. Kaiserkrone) verwendeter Begriff.

**ruhend:** liegende Tiere, die keine Pranke bzw. Pfote erhoben haben.

*Rumpf als Helmzier*

**Rümpfe:** in der Regel als ↑ Helmkleinod vorkommende Menschen- und Tierfiguren, bei denen nur Kopf und Oberkörper sichtbar sind, Arme bzw. Vorderfüße aber fehlen. R. erscheinen seit dem Ende des 14. Jahrhunderts in der Heraldik. Sie sind oft schwungvoll gezeichnet. Die Männer sind bärtig und tragen die verschiedenartigsten Mützen. Frauen wurden mit starker Brust und zierlichen Zöpfen, die mitunter steif abstehen, dargestellt. Bekleidet sind die R. entweder mit der Helmdecke oder sie erscheinen in der Tracht der Zeit. Bisweilen stellen sie die fantastischsten Gebilde dar, z. B. Frauen mit Bischofsmützen, Köpfe mit Hirschstangen oder Storchenschnäbel statt der Nase, mit Eselsohren usw. Manchmal wurden sie statt der Arme mit anderen Figuren versehen, z. B. Hörner, Flügel, Rosen, Fische usw. Von den Tieren sind Adler, Löwe, Bracke, Schwan, Einhorn und Greif häufig. Abb.

**Rundnagelkopfkreuz:** ↑ gemeines Kreuz, dessen Kreuzenden halbrunden Nagelköpfen gleichen.

**Rundspitzlein:** alter heraldischer Ausdruck für einen als Zeichen der Marschallwürde hinter dem Schild aufrecht angebrachten *Kommandostab.* Mitunter kommen auch zwei gekreuzt vor. Vgl. Hinterwappen.

**Runen:** älteste germanische, vor allem von den Nordgermanen verwendete, in Stäbe oder Steine geritzte Schriftzeichen, die ursprünglich als Symbole für kultische Zwecke dienten. Bei den R. handelt es sich nicht immer um Lautzeichen, sondern mitunter auch um Sinnzeichen. Entgegen der Theorie des Heraldikers ↑ *Koerner* können sie mit der Entwicklung der Heraldik bzw. des Wappenwesens nicht in Zusammenhang gebracht werden. Da die R. stets eine geometrische Form haben, ist es nicht ausgeschlossen, daß sie in einigen Fällen als Anregung für die später entstandenen Schildteilungen und Heroldsbilder eine Rolle spielten. Auch in einigen Hausmarken, die vielfach zu Wappenbildern wurden, lassen sich R. nachweisen.

**Runge,** Heinrich: 1817/1886, Konservator, Heraldiker. Der in Zehdenick geborene Sohn eines später nach Berlin übergesiedelten Holz- und Kohlenhändlers war bereits 1844 Stadtverordneter in Berlin. Als Teilnehmer an der Revolution von 1848 ständigen Repressalien ausgesetzt, siedelte er 1851 in die Schweiz über. In der Zeit von 1854 bis 1861 war er als Konservator am Antiquarischen Museum in Zürich tätig, wo er auch gleichzeitig Vorstandsmitglied der Antiquarischen Gesellschaft war. 1861 kehrte er nach Berlin zurück und erhielt sofort den Posten eines Stadtrates und Abgeordneten. Im Jahre 1872 berief ihn die Stadt Berlin zum Stadtkämmerer. In diesem Amt verblieb er bis zu seinem Tode. R. erkannte den historischen Wert der ↑ Züricher Wappenrolle und setzte sich aktiv für deren Neuherausgabe ein, die dann auch 1860 erfolgte. Mit seinem Vorwort lieferte er als erster eine wissenschaftliche Bearbeitung des Werkes.

**Rupertus,** *Rudbert*: christlicher Heiliger, Bischof von Salzburg, vorher von Worms, gestorben wahrscheinlich 718. Seine Gebeine ruhen unter dem Hochaltar der im 17. Jahrhundert errichteten Kathedrale von Salzburg. In der alten Stiftskirche St. Peter erinnert ein kostbarer Schrein an dessen ursprüngliche Ruhestätte. Der Heilige, der als Bischof mit einem Salzfaß in der Hand dargestellt wird, ist der Patron des Landes Salzburg sowie vieler oberösterreichischer Kirchen. Die Bergleute des Landes verehren ihn als Schutzheiligen. Er wurde sehr häufig auf salzburgischen Münzen abgebildet.

**russische Heraldik:** Während die polnischen Wappen von Anfang an ein nationales Gepräge hatten, sind die russischen Wappen, von wenigen Ausnahmen abgesehen, in der Hauptsache erst im 18. Jahrhundert von Westeuropa importiert worden, was vor allem mit der Reorganisation des Adels unter *Peter I.* (1688–1725) zusammenhing. Für das Wappenwesen des zaristischen Rußlands ist eine Überladung und Verschnörkelung typisch, die auf ein gänzliches Verkennen der wahren Bedeutung der heraldischen Prinzipien schließen läßt. So erscheint z. B. im Wappen des berühmten Heerführers *A. Suworow* (1729/1800) die Landkarte von Italien sowie ein Federbusch. Die älteren Fürstenhäuser bildeten, je nach ihrer Abstammung von den ehemaligen Teilfürsten, heraldische Gruppen. So führten z. B. die vom heiligen *Michael von Tschernigow* abstammenden *Fürsten Odojewski, Gortschakow* usw. den Tschernigow'schen Adler. Eine weitere Eigenart der r. H. sind die als Schildhalter vorkommenden Soldaten, die zum Teil als besondere Ehrenstücke verliehen wurden, z. B. im Wappen des *Fürsten Menschikow.* Mit der Neugestaltung des bereits 1497 eingeführten russischen Reichswappens um 1850 entstand auch ein neues Wappengesetz, das eine wesentliche Verbesserung des russischen Wappenwesens zur Folge hatte.

Ungewöhnlich waren auch die Vorschriften der russischen Städteheraldik. Ein Ukas von 1785 ordnete an, daß jede Stadt ein amtlich verliehenes Wappen führen mußte. 1859 wurde die Bedeutung der einzelnen Städte durch entsprechende Kronen über den Schilden ausgedrückt. Moskau und Petersburg erhielten die Kaiserkrone zugewiesen, Odessa die Malteserkrone, Kiew, Nowgorod, Smolensk, Wladimir u. a. die ↑ Monomachoskappe, Gouvernementshauptstädte und Städte mit über 50 000 Einwohnern eine goldene Mauerkrone mit 5 Zinnen, Kreisstädte eine silberne Mauerkrone mit 3 Zinnen, alle übrigen Städte eine rote Mauerkrone mit 3 Zinnen. Festungen führten über der Krone einen Adler. Hatten sich Städte im Kampf gegen Angreifer standhaft geschlagen, so wurde ihnen das Monogramm des regierenden Zaren in das Wappen gesetzt.

Interessant ist auch die Bedeutung des ↑ Turnierkragens in der russischen Städteheraldik. Er drückte die einstmalige Abhängigkeit von einer anderen Stadt aus.

*Literatur*

*Kamencewa, E. N., Ustjugow, H. B.*: Russische Sphragistik und Heraldik. Moskau 1963

*russisches Kreuz*

**russisches Kreuz:** Kreuz mit schrägem unterem Arm, der das Suppedaneum (Fußtritt, Fußbank) andeutet. Das r. K. wird mitunter auch fälschlich als *ungarisches Kreuz* bezeichnet. Abb.

**Rute:** alter Ausdruck für ↑ Pfahlfaden.

**Rutenbündel** ↑ Fasces.

**Rüxner,** Georg: Herold des *Pfalzgrafen Fried-*

*rich II.* (1508–1556) mit dem Amtsnamen «Jerusalem»; lebte in der ersten Hälfte des 16. Jahrhunderts. R. verfaßte ein berühmtes Turnierbuch mit dem Titel «Anfang: Ursprung: unnd herkommen des Thurnirs in Teutscher nation». Das 1530 in Simmern gedruckte Buch enthält zahlreiche Holzschnitte mit Wappendarstellungen sowie die Abbildungen mehrerer Herolde.

**Ruyers** ↑ Marches.

# S

**Sachsen,** *Achseln*: Flügelknochen des Adlers, an denen sich die Federn befinden. Die S. bilden den inneren, die Federn den äußeren Teil der Flügel. In der älteren heraldischen Literatur wird ein ↑ Flug *offen* genannt, wenn die S. einwärts gekehrt sind.

**Sachsenroß** ↑ Welfenroß.

**Sachsenschild:** volkstümlicher Ausdruck für das sächsische Rautenwappen.

**Sachsenspiegel:** um 1230 von *Eike von Repgow* verfaßte Aufzeichnungen des sächsischen Land- und Lehensrechtes. In der Universitätsbibliothek Heidelberg befinden sich 30 Blatt, die um 1300 entstanden sind. Die Großherzogliche Privatbibliothek Oldenburg besitzt 136 Blatt, geschrieben im Kloster Rastede von *Hinrik Gloyesten* für den *Grafen Johann von Oldenburg* (1301–1345). Das Exemplar in der Sächsischen Landesbibliothek in Dresden wurde zwischen 1350 und 1375 kopiert. Die 86 Blätter in der Bibliothek Wolfenbüttel stammen aus der Zeit um 1370. Der S. enthält vier Blatt mit den Wappen der Kurfürsten, der sieben Heerschilde und der sieben Fahnenlehen des damaligen sächsischen Gebietes sowie 25 weitere Wappenschilde.

*Literatur*

*Amira, K. v.:* Die Dresdener Bilderhandschrift des Sachsenspiegels. Leipzig 1892

**Sack:** seltenes Wappenbild. Bei der schlesischen *Familie von Sack* bilden vier in Schragenform gestellte Säcke das redende Wappenbild.

**Säcke:** in älteren heraldischen Werken aus Unkenntnis verwendeter Ausdruck für ↑ Tränen.

**Sacken,** Eduard, Freiherr v.: 1825/1883, Altertumsforscher, Heraldiker. S. studierte Philosophie in Wien, wurde 1854 Kustos und 1871 Direktor des dortigen Münz- und Antikenkabinetts. Neben vielen kunstgeschichtlichen Publikationen verfaßte er ein heraldisches Werk, in dem in kurzer, wissenschaftlich exakter Form ein Überblick über diese Disziplin vermittelt wird. Sein Inhalt entspricht zum größten Teil auch noch dem heutigen Stand der heraldischen Forschung.

*Werk*

Katechismus der Heraldik. 5. Aufl. Leipzig 1893

**Säge:** nach einigen Heraldikern den gewerblichen Fleiß der Wappenträger symbolisierendes Schildbild. Als Attribut des Apostels *Simon* wurde die S. auch von denjenigen als Wappenfigur gewählt, die diesen als Namenspatron verehrten oder sie wurden denen erteilt, deren Wappenbriefe am 28. Oktober, dem Simonstag, ausgestellt wurden.

**Säkularabt:** von einem Landesherren in den Nießbrauch einer Abtei eingesetzter Laie.

**Säkularisation:** Überführung kirchlichen Besitzes in weltliches Eigentum. Das Recht zu einer S. suchte man aus dem Dominium eminens, dem Obereigentum des Staates, abzuleiten, kraft dessen er sich in Fällen der Not Privateigentum entschädigungslos aneignen dürfe. Richtiger ist es, die S. als politische und ökonomische Maßnahme zu sehen. Bereits nach der Reformation wurde von den nunmehr protestantisch gewordenen Fürsten zahlreicher Kirchenbesitz säkularisiert. Zur Entschädigung weltlicher Fürsten erfolgte nach dem Westfälischen Frieden 1648 die S. der geistlichen Stifter Magdeburg (vollzogen 1680), Halberstadt, Bremen, Minden, Schwerin u. a. Die zweite größere S. fand als Ergebnis des Friedens von Lunéville 1801 durch den Reichsdepu-

*Drei einen Reichsapfel umgebende Salzpfannen im Wappen der Erbsälzer zu Werle (links) Gekrönte Säule im Wappen der Grafschaft Römbild (rechts)*

tationshauptschluß von 1803 statt. Mit wenigen Ausnahmen wurden sämtliche reichsunmittelbaren Güter der katholischen Kirche in Deutschland säkularisiert und weltlichen Landesherren überwiesen. So z. B. die 23 Bistümer bzw. Erzbistümer Brixen, Trient, Salzburg, Eichstätt, Würzburg, Bamberg, Freising, Augsburg, Passau, Hildesheim, Paderborn, Osnabrück, Lübeck, Fulda, Corvey, Konstanz, Speyer, Basel, Straßburg, Mainz, Worms, Trier und Köln.
In Frankreich erklärte die Nationalversammlung 1789 sämtliche Kirchengüter zum Nationaleigentum. Nach der Einigung Italiens 1860 wurde ein großer Teil der Klöster und 1870 der Kirchenstaat säkularisiert. Nach Abschluß der Lateranverträge 1929 wurde der Kirchenstaat (Vatikan) – allerdings extrem verkleinert – wieder gebildet.

**Salade** ↑ Schallern.

**Saladinadler:** in den Wappen einiger islamischer Staaten, z. B. Ägypten, Irak, Syrien, Volksdemokratische Republik Jemen, vorkommender Adler, den bereits *Sultan Saladin* (1171–1193) im Kampf gegen die Kreuzfahrerheere geführt haben soll.

**Salamander:** stets von Flammen umgebenes, selten vorkommendes Wappentier, z. B. als ↑ Bilddevise von *König Franz I. von Frankreich* (1515–1547). Der S. befindet sich auch im Wappen der 1517 von *Franz I.* gegründeten Stadt Le Havre.

**Salomonsiegel:** Bezeichnung des grün tingierten, seit 1915 in der Flagge und seit 1958 im Wappen und der Nationalflagge Marokkos befindlichen ↑ Davidsternes.

**SALUS POPULI SUPREMA LEX ESTO** [lat., das Wohl des Volkes sei oberstes Gesetz]: Wahlspruch unter dem Wappen des US-Bundesstaates Missouri.

**Salzpfanne:** Handwerksgerät der Salzsieder, das als Wappenbild viereckig mit oder ohne kurzen Handgriff dargestellt wurde. Die S. war einzeln oder mehrfach als gemeinschaftliches Wappenbild den Familienwappen der verschiedenen adligen Erbsälzer zu Werle (Familien oder Personen, die zu der westfälischen Salzgewerkschaft zu Werle gehörten) beigefügt, z. B. im Wappen der *Familie Brandis,* Erbsälzer zu Werle. Abb.

**Salzscheibe:** dem Schöpfen des Salzes dienendes hölzernes, oben offenes Faß mit Querbalken zwischen den Henkeln. Eine S. kommt z. B. in den Wappen der *Salzpfännerfamilien von Mellin* und *von Seltzer* vor.

**Samenbutzen** ↑ Butzen.

**Sanduhr:** Attribut des Todes. Als Wappenfigur begegnet man der S. im Wappen der schlesischen *Familie von Heyne,* die auch den Sensenmann in ganzer Figur als Helmzier führt.

**Saphir:** von den älteren Heraldikern für die blaue heraldische ↑ Tinktur verwendeter Ausdruck.

**Saufeder:** als Wappenfigur selten vorkommende Jagdwaffe, die zur Wildschweinjagd und Bärenhetze verwendet wurde.

**Säule: 1.** besonders in der niederländischen Heraldik beliebtes Wappenbild. Im Wappenwesen ist die S. gewöhnlich mit Kapitell und Fuß dargestellt. Sie kann mit einer Krone bedeckt, z. B. im Wappen der sächsisch-ernestinischen Herrschaft Römhild, oder ungekrönt vorkommen. In der älteren Wappenkunst wurde die S. oft auch als Helmzier verwendet. Aus diesen wurden meist von den späteren Heraldikern aus Unkenntnis Schäfte oder Spitzhüte gemacht. Bei einer S. auf dem Helm ist stets von einer Spitz-S. zu sprechen. Nach der älteren Wappensymbolik wurde die S. als Sinnbild der Pracht, Stärke und Festigkeit angesehen. So bezieht sich z. B. auch die ↑ Devise der italienischen *Familie Colonna «Contemnit tuta procellas»* [lat., in ihrer Sicherheit verachtet sie die Stürme] auf die S. in ihrem reden-

den Wappen. Durch verwandtschaftliche Beziehungen der *Colonna* mit den *Grafen von Henneberg* gelangte die S. auch in das hennebergische und nach dem Aussterben des gräflichen Hauses 1559 in das sächsische Wappen.
Wie bei den *Colonna* beziehen sich die Wappendevisen in anderen S.nwappen auf das Wappenbild. Die ehemalige Freie Reichsstadt Besançon führte z. B. zwei S., die den kaiserlichen Adler einfaßten. Der Wappenspruch «Stabunt» [lat., sie werden stehen bleiben] meint die S. Die *Familie von Walewski* führte z. B. zur S. den Spruch «Sto rectitudine» [lat., ich stehe aufrecht]. Abb.
**2.** fälschlich für ↑ Pfahl verwendeter Begriff. Vgl. Weyte.

**Säulen des Herkules:** in der Antike die Vorgebirge Abila, heute Ceuta, auf der afrikanischen und Calpe, heute Gibraltar, auf der europäischen Seite der Straße von Gibraltar. In der griechischen Mythologie sollen diese von *Herkules* errichtet worden sein. Als Säulen dargestellt erscheinen diese beiden Gebirge seit *Kaiser Karl V.* (1519–1556, gest. 1558) in der Staatssymbolik Spaniens. Eine Säule trägt die Kaiserkrone des ↑ Heiligen Römischen Reiches Deutscher Nation, die andere die spanische Königskrone. Auf älteren Münzen sowie im Avers des 1815 gestifteten spanischen Ordens Isabellas der Katholischen befinden sich zwischen den mit den Spruchbändern «PLUS ULTRA» [lat., darüber hinaus] umwundenen Säulen zwei Weltkugeln, die alte und die neue Welt (Amerika) symbolisierend. Die das spanische Wappen flankierenden S. d. H. entfielen nach der Errichtung der Republik 1931, wurden aber von *Franco* 1938 wieder eingeführt. Die Stadt Cádiz (Spanien) führt z. B. in ihrem Wappen *Herkules* mit den beiden Säulen. Abb.

*Säulen des Herkules auf einem 8-Reales-Stück von Mexiko 1736. Die Säulen sind unkorrekterweise nicht unterschiedlich bekrönt (vgl. Abb. bei Johannisadler)*

*Schachbrett · Schachbalken*

**Säulenkreuz** ↑ Schwellenkreuz.

**Saum:** seltene Bezeichnung für ↑ innere Einfassung.

**Savoie:** im Mittelalter Amtsname des Heroldes der *Herzöge von Savoyen.*

**Schabeisen:** **1.** ↑ Ledermesser. – **2.** falscher Ausdruck für ↑ Wolfsangel.

**Schach** ↑ geschacht.

**Schachbalken,** *Schachtband, Schachtzagel:* das Heroldsbild ↑ Balken, das mit einem Schachmuster (↑ geschacht) versehen ist. Der S. kann verschiedenartig in den Wappen erscheinen. Bei dem z. B. im kursächsischen und preußischen Gesamtwappen enthaltenen Wappen der Grafschaft Mark befindet sich ein rot-weißer S. im goldenen Feld. Dieser S. wurde auch in die Wappen verschiedener Städte der ehemaligen Grafschaft übernommen, z. B. Hamm (Westfalen). Einen blau-weißen S. führt z. B. die *Familie von Schlieben,* zwei rot-silberne in Gold die *Truchsesse von Welzhausen.* Abb.

**Schachbrett:** seltenes Wappenbild, das zu den gemeinen Figuren zählt. Das S. darf nicht mit dem Heroldsbild Schach (↑ geschacht) verwechselt werden und muß in der Darstellung immer als S. erkennbar sein. In vielen Fällen wird es perspektivisch in das Wappen übernommen. Abb.

**Schächerkreuz** ↑ Gabelkreuz.

**Schachfeld:** ein nur mit dem Heroldsbild Schach versehenes Wappenfeld (oder auch Schild), z. B. das rot-weiß geschachte Wappen von Kroatien.
**Schachfiguren:** seltene gemeine Figuren. Im Wappenwesen sind von den S. nur der Bauer, der ↑ Roch (Turm) und der Läufer nachgewiesen.
**Schachkreuz:** mit einem Schachmuster bedecktes ↑ gemeines Kreuz.
**Schachtband** ↑ Schachbalken.
**Schachtzagel** ↑ Schachbalken.
**Schachziegel:** altheraldische Bezeichnung der Quadrate eines ↑ geschachten Wappenschildes.
**Schaf** ↑ Widder.
**Schäferstab:** als Wappenbild selten vorkommender, oben schaufelförmiger Stab, den die Schäfer benutzten, um sich von der Herde entfernende Schafe durch Erdwurf zurückzuschrecken. Einen S. hält z. B. der sich im Wappen der *Familie von Herder* befindende Schäfer.
**Schaffhausener Wappenbuch** ↑ Wernigeroder Wappenbuch.
**Schallern,** *Salade*: im 15. Jahrhundert ge-

*Schildhalter mit Schallern am alten ungarischen Wappen im Corvinus-Relief von 1488 am Görlitzer Rathaus*

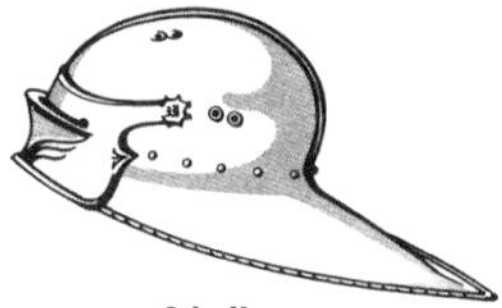

*Schallern*

bräuchlicher Helm mit beweglichem oder festem Nackenschutz sowie aufklappbarem Scharnier. Diese Form gehört eigentlich nicht zu den typischen heraldischen Helmen, kommt aber z. B. auf dem Wappen des *Herzoges Ludwig IX. von Bayern* (1450–1479) vor. Abb.
**Schapel,** *Sendelbinde*: aus einem Kreuz von Blumen bestehender mittelalterlicher Kopfputz der Frauen. Die S. diente vielfach als Geschenk der Frauen an die Ritter, die sie dann am Helm trugen. Oft wurde sie auch als wesentlicher Zusatz an den ↑ Helmkleinodien angebracht. Nach der Auffassung einiger Heraldiker ist hiervon der ↑ Rautenkranz abgeleitet.
**Schapla:** Wasserlilie, Nationalpflanze von Bangladesh, wo sie auch im Staatswappen vorkommt.
**Scharten:** ältere, fälschliche Bezeichnung für ↑ Zinne.
**Schartenkreuz:** ↑ gemeines Kreuz, dessen Kreuzenden mit ↑ Scharten (Zinnen) versehen sind.
**Schattenfarbe:** Darstellung einer Wappenfigur mittels schwarzer Konturen, so daß diese nur in ihren Umrissen erscheint und der farbige Untergrund durch sie hindurchscheint. Die S. gehört zu den heraldischen Kuriosa und kommt wahrscheinlich nur im Wappen der niederländischen *Barone von Trazegnies* vor. In der modernen Heraldik findet sich die S. – allerdings mit weißen Konturen – im 1973 neu gestalteten Stadtwappen von Neustadt-Glewe. Vgl. schwarz gemauert. Abb.
**Schattenkreuz** ↑ Konturenkreuz.
**Schattenmühleisenkreuz:** aus schwarzen Linien (vgl. Schattenfarbe) gebildetes ↑ gemeines Kreuz mit nach außen verbreiterten Enden, dessen Kreuzarme offen sind. Wie

diese Bezeichnung entstand, ist bisher ungeklärt. Abb.

**Schaumburg-Lippescher Hausorden:** bis 1918 verliehener, höchster Orden des Fürstentumes Schaumburg-Lippe. Der Hausorden ging aus dem am 25. Oktober 1869 von den *Fürsten Paul Friedrich Emil Leopold zur Lippe* (1851–1875) und *Adolph Georg Fürst zu Schaumburg-Lippe* (1860–1893) gestifteten Ehrenkreuz des Fürstlich Lippeschen Gesamthauses hervor. Durch Beschluß beider Häuser wurde die gemeinsame Verleihung des Ordens eingestellt, und jedes der beiden Fürstentümer verlieh den Hausorden für sich. Die Statuten des Hausordens von Schaumburg-Lippe stammen vom 18. September 1890 und besagen, daß der vierklassige Orden «als ein öffentliches Zeichen für getreue, um das Vaterland verdiente Untertanen, an Staatsdiener, welche durch Dienstleistungen, Treue und Ergebenheit in ihrem Berufe sich hervorgetan haben, an wohlverdiente, dem Fürstenhause ergebene Männer und an Ausländer, die sich um das Fürstenhaus und Fürstentum verdient gemacht haben», verliehen werden soll. Das

*Schattenmühleisenkreuz*

*Schattenfarbiger Löwe im Wappen der niederländischen Barone von Trazegnies*

Ordenszeichen besteht aus einem weißemaillierten ↑ Malteserkreuz, das bei der 1. Klasse von einer Krone überhöht ist. Das Medaillon der Vorderseite zeigt auf einem Stern liegend das silberne ↑ Nesselblatt mit der lippeschen Rose und außen herum einen blauen Schriftreif mit der Inschrift «FÜR TREUE UND VERDIENST». Auf der Rückseite befindet sich das Monogramm des *Fürsten Adolph Georg.* Das Ordenszeichen erschien an einem roten, goldgesäumten Band unter dem großen Wappen des Fürstentumes Schaumburg-Lippe.

**Schebbes** ↑ Judenhut.

**Scheibe: 1.** zu den gemeinen Figuren zählendes, meist in der Mehrzahl vorkommendes, verschiedenfarbig tingiertes Wappenbild. – **2.** ↑ Schirmbrett.

**Scheibler'sches Wappenbuch:** um 1450 entstandenes handgemaltes Wappenbuch, das sich in Den Haag in Privatbesitz befindet. Das Buch enthält auf 365 Blättern insgesamt 467 blattgroße Wappen bekannter Adelsfamilien des südlichen Deutschlands, von Österreich, Savoyen, Tirol und Liechtenstein.

**Scheinadel:** Personen oder Familien, die durch Adoption das Adelsprädikat erhalten haben.

**Scheit** ↑ Schirmbrett.

**Schelle:** an Halsbändern von Schafen und Kühen und auch an Pferdekumten sowie Kleidern angebrachte kugelförmige Glöckchen, die mitunter mit einem knopfartigen Ansatz versehen sind. Einzeln ist die S. als Wappenbild selten.

**Schembarthelm:** unheraldische, meist aus dem Bügelhelm (↑ Spangenhelm) abgeleitete Helmform, die vor allem in den Wappendarstellungen des 18. Jahrhunderts auftrat. S. waren meist mit Ornamenten, Löwenköpfen, Masken usw. verziert und widersprachen damit den Formen, die in der Entstehungs- und Blütezeit der Wappenkunst gebräuchlich waren.

**Schenkenbecher:** ↑ Amtswappen der *Grafen von Limburg* als Erbschenken des Heiligen Römischen Reiches Deutscher Nation. Die Figur des S. wurde von den Erbschenken ungewöhnlicherweise ohne Schild auf das Geschlechterwappen aufgelegt. Vgl. Scheuer.

**Scherbvogel:** mehr naturalistisch als heraldisch dargestellter auffliegender Adler, z. B. der Adler des napoleonischen Kaiserreiches, oder Formen des ↑ Phönix. Von älteren Heraldikern wurde auch der römische Jupiteradler als S. bezeichnet.

**Schere:** als Wappenbild in den verschiedensten Varianten, z. B. als Schneider-, Tuch- und Schaf-S., vorkommend. Im Wappen der *Grafen von Bronkhorst* erscheint die S. wegen der Herrschaft Batenburg. Auch findet sie sich in einigen Innungswappen der Schneider und Tuchscherer.

**scheu:** veralteter und unpassender Ausdruck für ↑ mutig.

**Scheuer:** breites, stark gebauchtes Metalltrinkgefäß mit schmalerem Fuß. Eine Doppel-S. befindet sich an Stelle des Mittelschildes im Wappen der *Grafen von Limburg* als Zeichen der Erbschenkenwürde des Römisch-Deutschen Reiches.

**schief:** selten vorkommender älterer Ausdruck für ↑ schräg.

**Schiff:** vor allem in der englischen Heraldik und in den Wappen von Seestädten begegnendes Wappenbild. Am häufigsten findet man die Darstellung von Segel-S.en,die in der früheren Zeit meist in der Seitenansicht, später jedoch vielfach perspektivisch gezeichnet wurden. Die Masten sind oft beflaggt. Auf den Einfluß der englischen Heraldik zurückzuführen sind auch die S.sdarstellungen in den Wappen ehemaliger britischer Kolonien, z. B. Neuseeland, Grenada, Bahamas, Mauritius, der Städte Sydney, Kalkutta, Wellington u. a. S. befinden sich u. a. auch in den Wappen der Städte Paris, Nantes, La Rochelle, Abidjan, Buenos Aires, Lissabon. Seltener finden sich Darstellungen antiker Galeeren, z. B. im Wappen von Illyrien. Abb.

**Schiffsbrücke:** seltenes Wappenbild, das – von oben gesehen – im Wappen der Stadt Innsbruck enthalten ist.

**Schiffshaken,** *Enterhaken*: oben stark gebogener Haken, z. B. im Wappen derer *von Oppel* und *von Bischofswerda.* Abb.

**Schiffskrone:** seltene Kronenform, bei der auf dem Stirnreif abwechselnd Schiffsschnäbel und Segel angebracht sind. In der Mitte befindet sich die Darstellung des Hecks eines Segelschiffes. Die S. befindet sich z. B. über den Wappen der englischen Städte Chatham, Ramsgate und Devonshire sowie seit 1959 im Zinnenschildhaupt des Wappens der britischen Kronkolonie Hongkong. Abb.

*Schiffskrone*

*Schiffshaken*

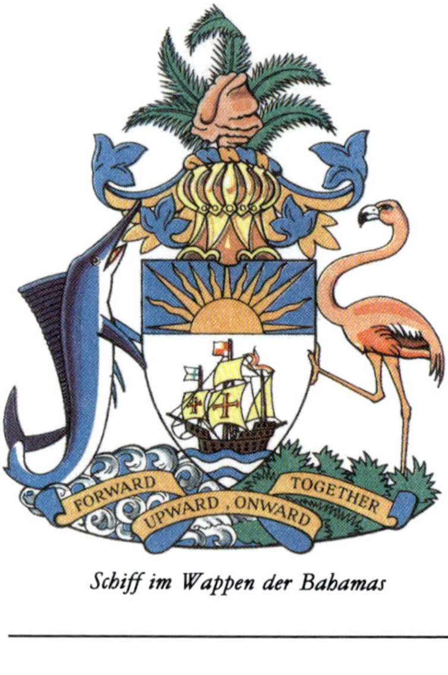


*Schiff im Wappen der Bahamas*

*Runder Schild mit dem mecklenburgischen Wappen auf einer Kaskadengruppe von R. Kaplunger (1746/1795) im Schloßpark von Ludwigslust. Als Schildhalter dienen zwei Flußgötter*

**Schiffsseilkreuz:** unkorrekter Ausdruck für ↑ Seilkreuz.

**Schild:** **1.** wesentlichster Bestandteil eines Wappens, was auch darin zum Ausdruck kommt, daß der S. auch allein als Wappenträger verwendet werden kann. Das ist bei allem anderen heraldischen Beiwerk in der Regel nicht möglich. Nicht jeder S. – auch wenn er bemalt ist – kann aber als heraldisch bezeichnet werden. Im 11. und 12. Jahrhundert tauchten S. auf, die bereits erste heraldische Elemente aufwiesen. Gegen Ende des 12. Jahrhunderts dann – mit dem Aufkommen der Wappen – werden die mit den Wappen versehenen, wirklich getragenen Kampf-S. auch zu heraldischen S.en. Der Begriff S. kommt von dem mittelhochdeutschen Wort «schilt», das ursprünglich «Brett» oder «Abgespaltenes vom Baum» bedeutete und in fast allen nordeuropäischen Sprachen ähnlich ist. Die später abgewandelte Form «das Schild – die Schilder» hat für die Heraldik keine Bedeutung. Man unterscheidet zwischen heraldischen und unheraldischen S.en. Ein S. erhält erst dann heraldischen Charakter, wenn seine Oberfläche mit farbigen Bildern bedeckt ist, mit denen die Person des Trägers kenntlich gemacht wurde. Deshalb dürfen die bemalten S. aus vorheraldischer Zeit nicht zu den heraldischen S.en gezählt werden. Die in der zweiten Hälfte des 12. Jahrhunderts sehr verbreiteten ↑ Normannenschilde wurden nicht zu heraldischen S.en. Der blaue, mit sechs goldenen Löwen bedeckte S. des *Gottfried Plantagenet, Graf von Maine und Anjou* (gest. 1149) bildete eine der wenigen Ausnahmen. Erst die späteren ↑ Dreieckschilde und ↑ Tartschen in ihren verschiedenen Varianten wurden zu den eigentlichen Wappenträgern. Die noch wirklich getragenen S. der frühen Zeit bestanden aus Holz, das mit Leinwand oder Leder überzogen war. Auch die im Mittelalter in hoher Blüte stehende Lederplastik wurde bevorzugt angewendet. Das in Öl gesottene Leder wurde entweder frei getrieben oder in eine Hohlform gepreßt. Auf ähnliche Weise entstanden die in Kreide und Leim getauchten Leinwandpressungen. Die so modellierten Wappenfiguren wurden dann in der Regel mit Temperafarben bemalt. Der mit dem Wappenbild geschmückte S. wurde zusätzlich häufig der Festigkeit wegen mit Metallbeschlägen versehen, aus denen später vielfach Heroldsbilder wurden. Die Herstellung und Dekoration der S. lag in den Händen der Schilterzünfte, die im Mittelalter in hohem Ansehen standen. Die in der älteren Literatur oft verwendeten Bezeichnungen deutscher, englischer, französischer, spanischer S. usw. sind an sich unbegründet, da diese S.formen in fast allen europäischen Ländern gleichzeitig verwendet wurden

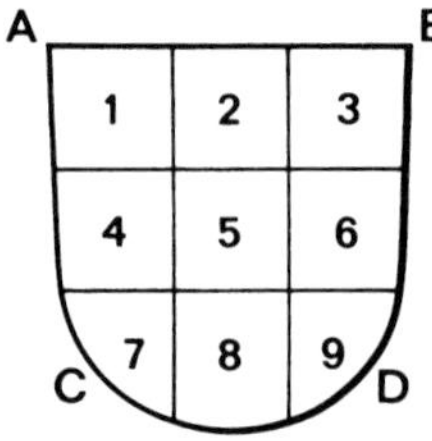


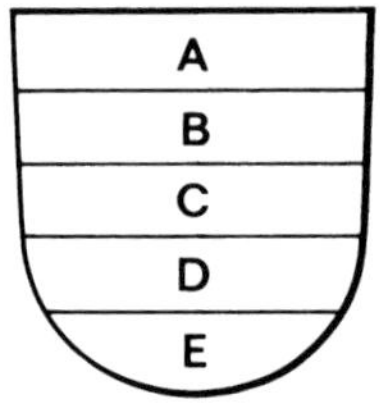


*Die Einteilung des Wappenschildes (linke Abb.)*
*A.B. Oberrand*
*C.D. Unterrand (Spitze)*
*A.C. rechter Seitenrand*
*B.D. linker Seitenrand*
*Die Bezeichnungen der einzelnen Felder:*
*1.2.3. Schildhaupt (Hauptstelle)*
*7.8.9. Schildfuß (Fußstelle)*
*4.5.6. Balken (Mittel- bzw. Balkenstelle)*
*1.4.7. rechte Flankenstelle*
*3.6.9. linke Flankenstelle*
*2.5.8. Pfahlstelle*
*Ferner werden die einzelnen Plätze wie folgt benannt:*
*1. rechte Oberstelle*
*3. linke Oberstelle*
*2. Ortstelle*
*7. rechte Unterstelle*
*9. linke Unterstelle*
*8. Fersenstelle*
*4. rechte Hüftstelle*
*6. linke Hüftstelle*
*5. Herzstelle*

*Der Raum zwischen 2. und 5. ist die Bruststelle. Der Raum zwischen 5. und 8. ist die Nabelstelle. 1. und 9., 3. und 7., 2. und 8., 4. und 6. sind jeweils einander entsprechende Plätze.*
*Bei mehreren Schilden in einem Wappen bezeichnet man als Haupt- oder Rückenschild den, der einen oder mehrere kleine trägt.*
*Als Herzschild wird der bezeichnet, der auf der Herzstelle (5.) liegt.*
*Die zwischen dem Haupt- und Herzschild liegenden Mittel- und Herzschilde haben stets die Form des Hauptschildes.*
*Außerdem findet sich in der älteren Literatur noch eine andere Einteilung (rechte Abb.)*
*A Hauptreihe*
*B Ehrenreihe*
*C Mittelreihe*
*(Gürtelreihe, Bandreihe, Schildesstraße)*
*D Nabelreihe*
*E Fußreihe*
*Statt «Reihe» kann auch der Begriff «Stelle» verwendet werden.*

und die so angesprochenen S. keine nationalen Eigenheiten ausdrücken.
Die Zeit der Renaissance und des Barock brachten heraldische S.formen hervor, die ihren wahren Ursprung nicht einmal mehr ahnen lassen, jedoch aus künstlerischer Sicht recht ansprechend und dekorativ sind. Die besonders im 18. Jahrhundert beliebten runden und ovalen S. sind jedoch als unheraldisch zu betrachten. Vgl. Ancile. Abb.
**2.** gemeine Figur. Hierbei ist der S. selbst Wappenfigur und erscheint in seiner natürlichen, d. h. nicht heraldisch stilisierten, Form. Dieses seltene Wappenbild befindet sich z. B. im Wappen der polnischen *Fürsten Sobieski.* Mit dem Heroldsbild ↑ Schildlein darf der S. (2.) nicht verwechselt werden.
*Literatur*
*Nickel, H.:* Der mittelalterliche Reiterschild des Abendlandes. Berlin [West] 1958
**Schildbeschlag:** in prä- und frühheraldischer Zeit auf den Schilden angebrachte Beschläge, die der Festigkeit des Schildes oder der Anbringung von Wappenbildern dienten. Der S. wurde später in vielen Fällen selbst zum Wappenbild, z. B. das ↑ Nesselblatt im Wappen der Grafen und späteren *Fürsten von Schaumburg-Lippe.*

**Schildbild:** manchmal allgemein für Wappenbild verwendeter Begriff.
**Schildbuben** ↑ Schildhalter.
**Schildchen:** wahrscheinlich aus dem Heroldsbild ↑ Schildlein entstandene, stets in der Mehrzahl vorkommende gemeine Figur. S. waren besonders in der portugiesischen Heraldik beliebt. Es finden sich auch Heroldsbilder, die mit ihnen versehen sind. Ein bekanntes Beispiel des Vorkommens von S. ist das ↑ Künstlerwappen. Drei S. führen z. B. die *Grafen von Rappoltstein,* ein in die rechte obere Schildecke gerücktes die *Herzöge von Béthune.* Vgl. Quinas.
**Schildeinteilung:** Aufbau des Schildes bei zusammengesetzten Wappen in Plätze und besonders bezeichnete Stellen. Abb.
**Schildereien:** ältere Bezeichnung für in Schlössern und Gutshäusern aufgehängte, mit den Familienwappen bemalte Schilde. Dieser Begriff ging dann später allgemein auf Darstellungen über, auf denen ausschließlich Wappen abgebildet waren.
**Schildesrand:** seltene Bezeichnung für ↑ Bord.
**Schildesstraße:** veralteter Ausdruck für ↑ Balkenreihe.
**Schildesteilung,** *Sektion*: in der älteren Heraldik zur Unterscheidung von den Heroldsbildern gebrauchte Bezeichnung der Teilungen, bei denen jede der zwei oder mehreren vorhandenen Tinkturen gleichviel Plätze einnimmt. Da diese Unterschiede in der Benennung während der Blütezeit der Heraldik nicht gemacht wurden, zählt die moderne Heraldik die S. ebenfalls zu den Heroldsbildern.
**Schildfuß,** *Fuß*: Heroldsbild, das durch eine Teilungslinie im unteren Drittel des Schildes entsteht und in der Regel zwei Siebentel der Schildhöhe beträgt. Der S. kann bisweilen statt von einer geraden auch von einer aus- oder eingebogenen Linie begrenzt sein. Auch können sich in der Mitte kreuz-, kleeblattförmige oder lindenblattähnliche Figuren befinden. Es existieren auch stufenförmige, getreppte Schildfüße. Ist der S. von drei bogenförmigen Linien begrenzt, deren mittlerer höher ist, spricht man von einem Dreiberg (↑ Berg), der wahrscheinlich ursprünglichen Form des S.es. Vgl. Boden, Grund, Schrägfuß, Terrasse. Abb.
**Schildfußbalken** ↑ Fußbalken.
**Schildfußpfahl:** in den ↑ Schildfuß verlaufender ↑ Pfahl in gleicher Tinktur. Abb.
**Schildhalter,** *Garden, Schildbuben, Schildhüter, Schildwächter, Telamonen, Wappenhalter, Wappenknechte, Wappenstützen*: zu den heraldischen ↑ Prachtstücken zählende menschliche Figuren oder Tiere, die den Wappenschild tragen oder halten und neben oder hinter den Schild gestellt sind. Die S. sind auf das mittelalterliche Siegelwesen zurückzuführen und tauchen bereits in der Frühzeit des Wappenwesens, im 12. Jahrhundert, auf. Der wesentlichste Unterschied zwischen den frühen S. zu den später in die Heraldik übernommenen besteht darin, daß erstere in der Regel den Wappenherren, meist in voller Rüstung, zeigen, der seinen eigenen Schild selbst trägt, während die späteren natürliche oder fantastische Menschen- oder Tiergestalten darstellen. Da die S. zu den heraldischen Nebenstücken gehören, war es auch dem Wappeninhaber möglich, diese nach freiem Ermessen zu wählen. Es bildete sich auch keine allgemeingültige Regel heraus. Erst im Laufe der Zeit wurden aus Traditionsgefühl die S. bei einigen Familien erblich. Die in den mittelalterlichen Siegeln vorkommenden S. hatten in den meisten Fällen den Charakter von Füllbildern. Bereits im 14. Jahrhundert lassen sich eine Fülle von S. als Bestandteile der Wappen nachweisen. Die geschmackvollsten und verschiedenartigsten lieferte das 15. Jahrhundert, die meisten brachte das 16. und 17. Jahrhundert hervor. Bedeutende Künstler, wie *Albrecht Dürer, Jost Amman*

*Schildfuß · Schildfußpfahl*

u. a., schufen künstlerisch hervorragende Beispiele, die jedoch heraldisch gesehen einen gewissen Verfall darstellen. Die älteste Form sind geharnischte Männer, die z. B. die Städte Bamberg und Ingolstadt bereits zu Beginn des 13. Jahrhunderts führten. Mit der zweiten Hälfte des 14. Jahrhunderts wurden bereits fantastische Wappentiere, später dann auch allegorische Figuren verwendet. Sie traten aber in dieser Zeit nur vereinzelt auf und kamen erst im 15. und auch 16. Jahrhundert häufiger vor. Besonders beliebt waren nackte, oft stark behaarte Waldmenschen, die «Wilden Männer» und «Wilden Frauen». Sie tragen in den Darstellungen oft Laubkränze und mächtige Keulen. Im 15. Jahrhundert wurden gern stehende, kniende oder fliegende Engel als S. gewählt, z. B. im Wappen der Könige von Frankreich. Im 16. Jahrhundert wurden dann einem oder zwei S. der Vorzug gegeben. Im 18. Jahrhundert konnten sie auch förmlich von der kaiserlichen Kanzlei in Wien als Auszeichnung verliehen werden. Diese heraldischen Nebenstücke mußten nicht in Beziehung zu den Wappenbildern im Schild stehen. Während viele Wappen mit verschiedenen S. vorkommen, wurden sie bei einigen Staatswappen offiziell festgesetzt, z. B. die «Wilden Männer» des preußischen Wappens. Das Führen von S. war an keinen bestimmten Rang gebunden. Es gab jedoch auch Souveräne, die sich ihrer nicht bedienten, z. B. der *Großherzog von Oldenburg*. In England bezeichnen die verschiedenen Seetiere, Matrosen oder Männer in Amtstracht den Rang oder die Würde des Wappeninhabers. Eine Anspielung der S. auf den Namen des Wappenführenden, z. B. die Mönche beim Wappen des Fürstentumes Monaco, findet sich selten. Landes- oder Stadtpatrone wurden gern als S. verwendet.

Anfangs waren die S. immer heraldisch stilisiert, seit der Renaissance wurde dann die Darstellung immer naturalistischer. S. wurden in der Regel aufrecht stehend, den Schild mit den Händen (bei Tieren mit den Vorderpranken) haltend, gezeichnet. Mitunter befinden sie sich auch wie Wächter neben dem Schild, ohne denselben zu berühren. Es existieren auch kniende und lehnende S. und liegende Tiere. Letztere sind seltener, da derartige Darstellungen dem heraldischen Charakter nicht angemessen sind. Das trifft auch bei den mitunter vorkommenden Adlern als S. zu, die in diesen Fällen ihre typische wappenmäßige Form verlieren. Bei mehrfach behelmten Wappen wurden die äußeren Helme in einigen Fällen den S. aufgesetzt. Auch entstand der heraldische Grundsatz, daß die S. stets auf einem Boden stehen müssen und nicht frei in der Luft schweben dürfen. Vgl. Bannerträger. Abb.

*Literatur*

*Hoffmann, A.*: Ueber die Wappen-Schildhalter. Tübingen 1779

**Schildhaupt,** *Haupt, Hauptstück*: Heroldsbild, das durch eine in das obere Drittel des Schildes verlegte Teilungslinie entsteht, wodurch ein an den Oberrand verlegter Balken von in der Regel zwei Siebentel, vielfach aber einem Drittel, der Schildhöhe gebildet wird. Befindet sich unter dem S. ein schmaler Platz von einer anderen Tinktur, so spricht man von einem *unterstützten S.*, liegt dieser Platz darüber, so ist es ein *überstiegenes S.* Ein schmales S. heißt *Giebel*. Dieser ist dann vielfach durch einen Balken vom Schild abgetrennt. Das S. kann verschieden ausgeführt sein, z. B. bordiert, gestückt, geschacht, mit Wolkenschnitt geteilt, gewöhnlich geteilt, mit Heroldsbildern oder gemeinen Figuren belegt. Tiere erscheinen im S. stets schreitend bzw. wachsend.

In der Heraldik des ersten napoleonischen Kaiserreiches (↑ napoleonische Heraldik) wurde das S. als Würdezeichen angebracht. In den Wappen der großen französischen Städte (bonnes villes) befand sich ein rotes S. mit drei steigenden Bienen, dem Wappentier *Napoleon Bonapartes*. Die neuernannten Herzöge führten z. B. ein rotes, mit fünfstrahligen Sternchen besätes S., die Prinzen-Großwürdenträger ein blaues.

Auch in der preußischen Heraldik des 19. Jahrhunderts spielte das S. eine besondere Rolle. So wurde allen bei der Krönung *König Wilhelms I.* am 18. Oktober 1861 Ge-

*Einzelne Schildhalterin mit Banner und dem Wappen von Kurköln aus Jost Ammans Wappenbuch*

adelten zur Erinnerung an diesen Tag in ihr bereits geführtes Wappen ein purpurnes, bei roten Feldern ein schwarzes S. mit der preußischen Königskrone verliehen. Die im Krieg gegen Dänemark 1864 geadelten Offiziere der preußischen Armee erhielten ein rotes S. mit zwei gekreuzten Schwertern. Auch die Inhaber des Eisernen Kreuzes, die während des Krieges 1870/71 geadelt wurden, bekamen ein silbernes S., in dem sich das Ehrenzeichen befand. Eine besondere S.figur wurde in Preußen 1896 geschaffen. Die am 18. Januar 1896, dem 25. Jahrestag der Gründung des Deutschen Kaiserreiches, geadelten preußischen Offiziere erhielten im purpurroten S. das preußische Zepter, das mit einem Schwert gekreuzt und von zwei grünen Eichenzweigen durchflochten war. Diese Dekoration wurde als gemeinsame S.figur des sogenannten preußischen ↑ Schwertadels bezeichnet.

Das Belegen des S.es mit besonderen Dekorationen wurde bereits in der älteren Heraldik praktiziert. So befindet sich z. B. im Wappen der *Grafen von Pappenheim* als kaiserliches Gnadengeschenk der schwarze kaiserliche Adler im goldenen S. Vgl. ajouré, chaperonné, chef, couvert. Abb.

**Schildhauptbalken:** auf die Hälfte seiner natürlichen Breite verringerter ↑ Balken, dessen Mittellinie gleichzeitig die Abgrenzungslinie des Schildhauptes ist.

**Schildhauptpfahl:** ein in das Schildhaupt verlaufender ↑ Pfahl von gleicher Tinktur.

**Schildhauptscharte:** Zwischenraum zweier ↑ Schildhauptzinnen. Vgl. ajouré.

**Schildhauptzinne:** eine ↑ Zinne in der gewöhnlichen Pfahlbreite und Farbe des Schildes, die in das andersfarbige Schildhaupt hineinragt.

**Schildhüter,** *Schildknechte*: von einigen älteren Heraldikern für ↑ Schildhalter verwendete Begriffe. Wahrscheinlich gehen diese Bezeichnungen auf die wirklichen Schildträger bei den mittelalterlichen Turnieren zurück.

**Schildlein:** ein kleiner, einzelner, an der ↑ Herzstelle des Wappenschildes befindlicher ↑ Schild von etwa Balkenhöhe und

*Schildhaupt (links)*
*Schildlein im Wappen der Grafen Droste von Vischering (rechts)*

*Schindeln*

Pfahlbreite, der weder eine besondere Figur noch Heroldsbilder tragen darf und selbst zu den Heroldsbildern gezählt wird. Das S. entsteht durch einen sehr breiten ↑ Bord und zeigt nur die Tinktur. Wird es mit Heroldsbildern oder gemeinen Figuren versehen, handelt es sich um einen selbständigen ↑ Mittelschild. In einigen Wappen kommt das S. auch in der Mehrzahl vor, z. B. drei silberne S. im roten Feld im Wappen der *Herzöge von Uslingen.* Abb.

**Schildrand,** *Bordüre*: eine natürliche Begrenzungslinie des Wappenschildes, die nicht mit dem Heroldsbild Schildesrand (↑ Bord) verwechselt werden darf.

**Schildwächter:** seltener Name für ↑ Schildhalter.

**Schildzehner:** auf die römische Zahl X anspielender älterer Ausdruck für das ↑ Andreaskreuz.

**Schilter:** Angehörige der im Mittelalter mit der Herstellung der bemalten Schilde beauftragten Zunft. Die S. hatten etwa die gleiche Bedeutung wie die heutigen Maler. Die S.zünfte beschäftigten sich auch mit der Herstellung des Reitzeuges, da es ebenso wie der Helm und dessen Kleinod heraldisch dekoriert werden mußte. Die Zunft der S. genoß in der damaligen Zeit hohes Ansehen. So ist z. B. von einer niederrheinischen S.zunft überliefert, daß sie im Jahre 1260 kostbare Schilde nach Paris lieferte. Auch in Wien bestand eine solche berühmte S.zunft. Im dortigen Stadtarchiv befindet sich eine Urkunde aus dem Jahre 1446, die das Meisterstück der Gesellen der St. Lukasgilde betrifft. In dieser Urkunde heißt es u. a.: «Item ain Schilter sol machen vir neue Stuckh mit sein selbs hand, ain Stechsattel, ain prustleder, ain Rosskoph und ein stechschilt das sol er tun in acht wochen und soll auch das mit sein selbs hand malen kunnen als es Ritter und Knecht am In vordernt».

**Schimpfwappen:** Wappen bzw. Wappenfiguren, die einer Person oder Familie als Zeichen landesherrlicher Ungnade zugesprochen wurden. Im Laufe der Zeit wurden diese Wappen von den entsprechenden Familien oder Städten umgestaltet oder anders blasoniert. So wurde z. B. der im Jahre 1310 der venezianischen *Familie Tiepoli* wegen einer Konspiration gegen den Dogen zuerkannte Skorpionschwanz später in veränderter Form dargestellt und als venezianische Herzogsmütze blasoniert.

**Schindeln,** *Billet, Brieflein, Späne, Staindel, Steine, Ziegel*: Heroldsbild, das durch sich kreuzende senkrechte und waagerechte Linien gebildet wird und aus länglichen Vierecken besteht. Ein mit S. bedeckter Schild wird auch als *geschindelt* oder *schmal geschacht*

*Schirmbrett mit Pfauenfedern bestückt und auf einem Helmkissen stehend*

*Schlange als Wappen der Visconti auf einem Grosso von Mailand (15. Jahrhundert)*

bezeichnet. Mitunter können S. auch einzeln im Schild erscheinen. Vgl. Schrägschindeln. Abb.

**Schirmbrett,** *Scheit, Spiegel, Würtel*: besonders im Mittelalter beliebtes ↑ Hilfskleinod, auf dem in der Regel das ganze Bild des Schildes wiederholt wurde. Das S. besteht aus runden *Scheiben* oder eckigen, ausgezackten, fächerartigen Brettern, die auf dem Helm aufrecht stehend angebracht wurden. Der Rand oder die Spitzen sind oft mit Quasten, Schellen, Knöpfen oder Pfauenfedern besteckt. Mitunter erscheinen die S.er auch in Form von Kissen, die auf einer Kante oder Ecke aufrecht stehen. Abb.

**schlafend:** ein mit geschlossenen Augen, den Kopf auf den Vorderbeinen, liegendes Tier.

**Schlägel und Eisen:** fast ausschließlich gekreuzt in den Wappen auftretende Werkzeuge der Bergleute, die als Symbole des Bergbaues vor allem in der deutschen Heraldik gelten. Im Wappen von Altenberg (Erzgebirge) ist z. B. ein Bergmann bei der Arbeit mit S. u. E. dargestellt. S. u. E. werden sowohl als gemeine Figur im Feld, z. B. Johanngeorgenstadt (Erzgebirge), als auch als beigefügtes Symbol, z. B. Annaberg (Erzgebirge), verwendet. Der Stadtschild von Falkenstein (Vogtland) zeigt sogar nur S. u. E. als alleinige Schildfigur. Vgl. Bergbauwappen.

**Schlange:** meist aufgerichtet bzw. kampfbereit dargestellte, relativ häufige gemeine Figur. Die gespaltene Zunge der S. wird in der Heraldik mit einer Pfeilspitze versehen. Eine grün tingierte, eine rote menschliche Figur ausspuckende (nach anderer Auffassung auch fressende) S. war das Wappen-

bild der *Visconti* (vgl. cuivre). Geflügelt erschien eine S. im Wappen des *Lucas Cranach*. Als Wappenbilder wurden auch spezielle S.narten verwendet, z. B. in dem Wappen der bayrischen *Familie Oberndorffer von Stefanskirchen* eine Natter, bei denen *von Wussow* eine Blindschleiche und bei den russischen *Orloffs* eine aus der antiken Mythologie entlehnte Hydra.
In den Wappen einiger Mediziner und Apotheker wand sich eine S. um den Aeskulapstab. Abb.

**Schlangenkreuz,** *Schlangenkopfkreuz*: zu den seltensten Erscheinungen in der Heraldik gehörendes Kreuz, an dessen vier Armen sich je ein Schlangenkopf befindet. Es existieren auch Kreuze mit je zwei Schlangenköpfen an den Enden *(Doppel-S.)*. Die bretonische *Familie von Kaer* führte ein S. Ein doppeltes S. war das Wappenbild der *Familie Krummel* am Niederrhein.

**Schlangenschnitt** ↑ Wellenschnitt.

**Schleife:** eine seltene Bezeichnung für den ↑ Sparren mit eingebogenen Begrenzungslinien. Dieser Begriff soll von einem landwirtschaftlichen Gerät, ähnlich einer Egge, entlehnt sein. Nach anderen symbolisiert der Sparren einen Dachsparren.

**schlimm herab:** in älteren Wappenbeschreibungen Ausdruck für *senkrecht* bzw. *pfahlweise gestellt.*

**Schlittenkufen** ↑ Angelhaken.

*Schlüssel im Wappen von Bremen*

**Schlüssel:** häufiges und variantenreiches Wappenbild. Bei der Blasonierung ist stets anzugeben, ob es sich um gekreuzte, querliegende oder *Doppel-S.*, d. h. solche mit zwei Bärten und einer gemeinsamen Raute, handelt. Die Stellung des Bartes ist besonders zu melden. In den Wappen geistlicher Stifter ist der S. meist als Anspielung auf den Schutzpatron, den heiligen *Petrus* (vgl. Petrischlüssel), zu verstehen. S. befinden sich z. B. in den Wappen der Städte Bremen, Regensburg, Stade, Soest u. a. In den Wappen des höheren und niederen Adels erscheint er in den verschiedensten Gestaltungen, oft auch mehrfach, z. B. im Wappen *Blüchers*. Die Wappenbilder des Benediktinerstiftes Melk und der Stadt Nidwalden (Schweiz) zeigen z. B. einen Doppel-S. Vgl. Bindeschlüssel, Heilige. Abb.

*Literatur*

*Tardel, H.:* Der Bremer Schlüssel. Zur Geschichte des Wahrzeichens. Bremen 1946

**Schlüsselkreuz,** *Schlüsselbortkreuz*: in der älteren heraldischen Literatur Bezeichnung für ↑ Tolosanerkreuz.

**Schlüsselringkreuz: 1.** aus vier um einen Ring gestellten, stilisierten Schlüsselrauten gebildetes Kreuz. – **2.** ↑ Tolosanerkreuz.

**schmachtend:** Delphin ohne Zunge, der das Maul aufsperrt und die Augen geschlossen hat.

**schmal:** nach einigen Heraldikern Heroldsbilder, die nur die Hälfte ihrer natürlichen Breite aufweisen.

**schmal geschacht:** mit ↑ geschindelt gleichzusetzender Begriff. Vgl. Schindeln.

**Schmeitzel,** Martin: 1679/1747, Historiker, Heraldiker. Der in seiner Heimat Siebenbürgen vorgebildete Sohn eines Pfarrers studierte an den Universitäten Jena, Wittenberg, Greifswald und Halle Geschichte und Staatsrecht. Von 1706 bis 1712 war S. Hofmeister junger, studierender, deutscher und schwedischer Edelleute. 1712 erwarb er die Magisterwürde und wurde 1714 Dozent an der Universität Jena und 1720 Adjunkt der philosophischen Fakultät. Bereits 1721 ernannte man ihn zum außerordentlichen Professor und Inspektor der Universitätsbibliothek. Seit dem 13. September 1731 hielt S. als königlich preußischer Hofrat und ordentlicher Professor für Staatsrecht und Geschichte an der Universität Halle Vorlesungen über Staatsrecht, Geschichte, Geographie und Heraldik. Neben vielen Publikationen über Geschichte und Staatsrecht verfaßte S. auch einige Werke über die He-

*Schmetterlingsfeh · Schnecke*

raldik, die in ihrer wissenschaftlichen Aussage das Niveau ihrer Zeit weit überstiegen. Die Arbeiten von S. zeichnen sich vor denen anderer Zeitgenossen durch eine exakte, logische Gliederung aus, was auch die dem Hauptwerk beigefügten zahlreichen Kupferstiche zeigen. Obwohl auch er die Herkunft der meisten Heroldsbilder noch nicht nachweisen konnte, erkennt man die Bemühung, diese zumindest nach ihrer geometrischen Grundlage zu ordnen. Anhand des preußischen Wappens bringt S. ein Beispiel einer guten, sachlichen Blasonierung.

*Werke*

De natura et indole Heraldicae (Dissertation). Jena 1720

Einleitung in die Wappenlehre, 1. Aufl. Jena 1723, 2. Aufl. Jena 1734

**Schmelzwerk:** ältere, unkorrekte Benennung der heraldischen ↑ Tinkturen. In der Frühzeit der Heraldik waren die Wappendarstellungen auf den Schilden niemals in Email ausgeführt.

**Schmetterlingsfeh:** sehr seltene Abart des heraldischen ↑ Pelzwerkes, das aus roten, halbkreisförmigen, gelb- bzw. goldgesäumten Bogen besteht. Beim S. handelt es sich um eine ältere, erstarrte Form des wappenmäßigen Fehmusters. Abb.

**schmiegend** ↑ gekrüpft.

**Schnecke:** in der Regel mit Haus dargestelltes, seltenes Wappenbild. Eine S. erscheint z. B. in den redenden Wappen der *Schneck* in Franken, *Schnegg und Moser am Weyer* in Bayern. Ferner führen sie auch die *von Stedman* in Schottland, die *Barton,* genannt *von Stedman am Rhein,* die *Grenzer* und *Zeneggen.* Der im Wappen derer *von Bach* in Bayern befindliche sogenannte *Meerschneck* war wahrscheinlich ursprünglich ein Widder- oder Trinkhorn, was der darauf befindliche goldene Beschlag beweist. Abb.

**Schneckenschnitt,** *Wendeltreppenschnitt*: sehr seltene Schildteilung, die aus einer schnekkenförmigen, vom Schildrand bis zum Mittelpunkt verlaufenden Linie gebildet wird. Es existieren auch S. in zweifacher Tinktur, die mitunter an der Spitze auch mit einem Blatt besetzt sein können. Im Wappen der *Freiherren von Brauneck* befindet sich ein S. von Silber und Rot.

**Schnitt:** durch krummlinige Begrenzungslinien bewirkte Schildteilungen. Vgl. Schnekkenschnitt, Wolkenschnitt, Mondschnitt.

**Schnur** ↑ Stabbord.

**Schnüre:** den ↑ Wappenmantel bzw. das ↑ Wappenzelt zusammenhaltende goldene bzw. silberne Bänder, deren Enden vielfach mit Quasten versehen sind.

**Schoß,** *Schoos*: in älteren heraldischen Werken Bezeichnung für ↑ Ständer.

**Schraffuren, heraldische:** grafische Darstellung der heraldischen ↑ Tinkturen mittels Strichen und Punkten. Besonders durch das Aufkommen des Holzschnittes und Kupferstiches ergab sich die Notwendigkeit der besonderen Kenntlichmachung der heraldischen Tinkturen bei schwarz-weißen Wappendarstellungen. Anfangs versah man die Wappen mit Worten, die die entsprechende Farbe bezeichneten, z. B. in dem 1576 erschienenem Wappenbuch von *Martin Schrot. Christian Urstis,* ein Mathematiker aus Basel, bediente sich aber bereits 1580 in seiner «Baselischen Chronik» nur der Anfangsbuchstaben der Farben. Etwa zur gleichen Zeit führte *Alphonsus Ciacconius* die Anfangsbuchstaben der lateinischen Benennungen ein, z. B. für Gold ein großes A (aurum), das kleine lateinische a (argentum) für Silber bzw. Weiß. Die erste Ausgabe des ↑ Siebmacher'schen Wappenbuches von 1606 zeigt noch keine Farbangaben, was darauf schließen läßt, daß sie dem Autor damals noch nicht bekannt waren. *Siebmacher* machte erst in seinem 1609 erschienenen zweiten Teil des Wappenbuches von dieser Neuerung Gebrauch. In seiner 1654 von *Eduard Bissäus* herausgegebenen «Aspilogia» bediente sich der englische Ritter *Heinrich*

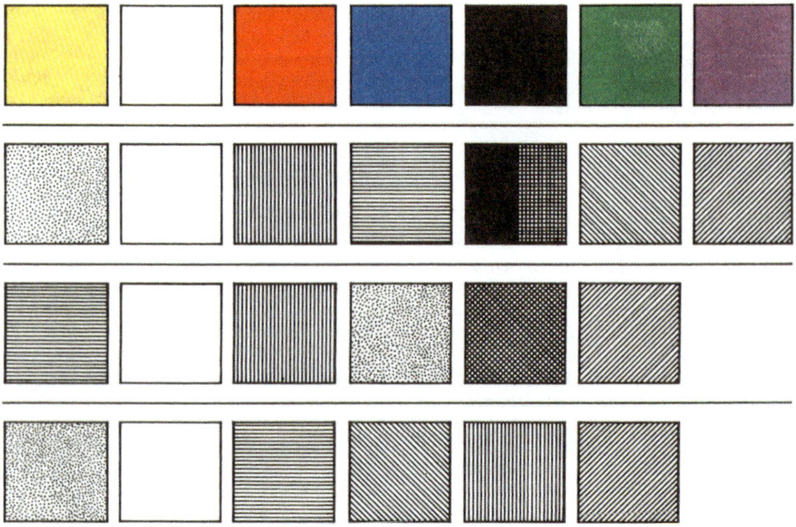

*Heraldische Schraffuren, von oben nach unten nach Petra Sancta und Colombiere 1638 bzw. 1639, nach Franquarts 1623 und nach Gelenius 1645*

*Speelmann* (1561/1641) der Planetenzeichen für die Farbangaben. Diese Methode hatte den Nachteil, daß dadurch die Wappenbilder verunstaltet wurden. Die heute noch gebräuchliche h. S. wird dem Franzosen *Markus Vulson de la* ↑ *Colombiere* zugeschrieben, der diese 1639 erstmalig anwandte. Andere sehen in dem Jesuitenpater *Silvester* ↑ *Petra Sancta* den Urheber, der sie bereits in seinen 1638 erschienenen «Tesseris gentilitiis» anwandte. Ersterer behauptete jedoch, er hätte sein System *Petra Sancta* sehen lassen, wodurch dieser erst die Möglichkeit gehabt hätte, es anzuwenden. Die Anregung für sein Schraffursystem dürfte *Colombiere* wahrscheinlich von *Jakob Franquarts* erhalten haben. In dessen prächtigem Werk «pompa funebris Alberti Pii Austriaci», Brüssel 1623, befindet sich auf der 47. Kupfertafel eine Abbildung eines dem des *Colombiere* ähnlichen Systems. Ein anderes System, das sich jedoch nicht durchsetzen konnte, schuf der Kölner Kanonikus *Aegidius Gelenius* im Jahre 1645. Der Heraldiker ↑ *Rink* erweiterte das System *Colombieres* gegen Ende des 18. Jahrhunderts um die h. S. für Natur- und Eisenfarbe, denen dann der Heraldiker ↑ *Bernd* im 19. Jahrhundert noch die für Umbra, Rotgelb, Stahlblau und Blutfarbe hinzufügte (haben sich alle nicht durchsetzen können). Die ↑ Naturfarbe wird nicht schraffiert. Das heraldische ↑ Pelzwerk wird in den ihnen eigenen Mustern dargestellt. Abb.

**Schrag:** von dem Heraldiker ↑ *Bernd* für den schrägrechten Balken verwendeter Begriff, der seiner Kürze wegen für Blasonierungen sehr gut geeignet ist.

**schräg:** Bezeichnung für jede Figur, Teilung oder Richtung, die sich diagonal *s.rechts* oder *s.links* im Schild oder Feld befindet. S.rechts bedeutet von heraldisch rechts oben nach heraldisch links unten, s.links analog dazu. In der modernen Heraldik wird nur s.links gemeldet, da s.rechts als normal angenommen wird. Es können auch mehrfache S.teilungen vorkommen.

**schräg aufgestellt** ↑ gelehnt.

**Schrägbalken,** *Querbalken, Strebe, Wappenschärpe*: häufiges und variantenreiches Heroldsbild. Der S. entsteht, wenn ein Schild durch zwei parallellaufende, schräge Linien in drei Plätze geteilt wird, wovon zwei die gleiche Tinktur aufweisen. Bei zwei Schräglinien in gleicher Richtung und drei verschiedenen Tinkturen entsteht eine zweifache Schrägteilung. Mehrere Linien in ungerader Anzahl bilden Schrägteilungen, in gerader Anzahl entstehen die halbe Anzahl S. In der Regel soll der S. zwei Siebentel der Schildhöhe betragen, es kommen jedoch vielfach auch solche von einem Drittel vor. Noch schmalere S. haben die Bezeichnung Stab- oder Strichbalken. Treten diese paarweise auf, so spricht man von ↑ Zwillingsbalken. Der S. kann auch mit Heroldsbildern oder Pelzwerk versehen sein. Vgl. Schrägfaden, Linkbalken, Strichbalken, gefischereckt. Abb.

**Schrägeck:** Heroldsbild, das durch eine von der Mitte des Ober- bzw. Unterrandes bis zur Mitte der daranstoßenden Schildseiten gezogenen Schräglinie entsteht. Das S. kann oben und unten sowie rechts und links im Schilde vorkommen. Mitunter ist es auch mit einem Lindenblatt oder einer Glevenspitze verziert. Ein solcher Fall ist besonders zu melden, z. B. Lindenblattspitze im linken Obereck. Abb.

**Schragen:** alter heraldischer Ausdruck für ↑ Andreaskreuz. Die Breite der Kreuzarme beträgt in der Regel zwei Siebentel der Schildbreite. Ein auf ein Siebentel reduzierter S. wird als Leisten-S. angesprochen. Der S. kann in den verschiedensten Varianten auftreten, z. B. mit Heroldsbildern oder auch gemeinen Figuren belegt, wellenförmig usw.

Einen weißen S. auf rotem Feld führt z. B. das Kloster Disentis im Kanton Graubünden (Schweiz), auf blauem Feld die Gemeinde Disentis sowie Schottland. Einen weißen auf ein rotes ↑ Schildchen und ↑ Eisenhütlein gelegten S. führen die Grafen und späteren *Fürsten von Öttingen.* Rote S. be-

*Schrägbalken · Schrägeck*

finden sich in den Wappen von Seraing (Belgien) (in weiß, von vier schwarzen Löwen bewinkelt) und der Stadt Ellwangen (in rot, von vier goldenen Lilien bewinkelt). Einen grünen S. auf weißem Feld, bewinkelt von vier schwarzen Türmen, enthält das Wappen der englischen Stadt Plymouth und einen blauen mit einem ↑ Mittelschild belegten S. auf weißem Grund seit 1929 das Wappen der kanadischen Provinz Neuschottland. Die Burggrafschaft Meißen hatte einen schwarzen S. auf gelbem Grund im Wappen. Neben dem Andreaskreuz befindet sich als weiterer S. das ↑ Patrickskreuz im ↑ Union Jack. Vgl. bewinkelt, Fadenschrägkreuz. Abb.

**schräges Kreuz** ↑ Andreaskreuz.

**Schrägfaden,** *Schrägleiste*: schmaler, auf die Hälfte seiner natürlichen Breite gebrachter ↑ Schrägbalken, der in der Regel als Beizeichen verwendet wurde. Vgl. Bastardfaden.

**Schrägfuß:** eine Abart des ↑ Schildfußes, seltenes Heroldsbild. Der S. stellt einen Abschnitt an den Unterecken der Schildfläche dar. Seine Begrenzungslinie läuft von der Mitte des Seitenrandes zur Mitte des Fußrandes des Schildes. Es gibt den rechten und den linken S. Abb. auf S. 356.

*Schragen (links)*
*Über zwei Heroldsbilder gelegter Schragen im Wappen der Fürsten von Öttingen (rechts)*

**schräg geschacht** ↑ gerautet.
**schräg geteilt,** *durchschnitten*: Schildteilung mittels einer schrägrechten oder schräglinken Teilungslinie. Abb.
**schräg geviert,** *schräg quadriert, übereck gezogen*: Schildteilung, die durch zwei gekreuzte Schräglinien gebildet wird. Die dadurch entstehenden Plätze werden wie folgt bezeichnet: am Schildhaupt mit 1, am Schildfuß mit 2, die an die Seitenränder stoßenden mit 3 und 4. 1 und 4 sowie 2 und 3 haben in der Regel die gleiche Tinktur. Abb.
**Schräggitter:** das Heroldsbild ↑ Gitter, jedoch mit schrägen Linien.
**Schräghaupt:** Variante des ↑ Schildhauptes, dessen Begrenzungslinie von der Mitte des Oberrandes bis zur Mitte des Seitenrandes verläuft.
**Schrägkreuz** ↑ Andreaskreuz. Vgl. Schragen.
**Schrägkreuzchen:** deutsche Bezeichnung für ↑ flanchis.
**Schrägleiste** ↑ Schrägfaden.
**Schräglinien,** *Teilung in diagonaler Richtung*: Schildteilung mittels von rechts oben nach links unten bzw. umgekehrt verlaufender S. Das von dem Heraldiker ↑ *Bernd* dafür eingeführte Wort «gehren» ist seit Ende des 19. Jahrhunderts nicht mehr in Gebrauch.
**schräglinks, schrägrechts** ↑ schräg.
**Schräglinksstrom:** von der heraldisch linken oberen nach der rechten unteren Seite des Schildes verlaufender Strom (↑ Fluß).
**schräg quadriert** ↑ schräg geviert.
**Schrägrechtsfluß:** wellenförmiger, schrägrechter ↑ Balken. Der silberne bzw. weiße S. in grünem Feld im Wappen des Großherzogtumes Niederrhein soll den Rhein symbolisieren. Vgl. Abb. bei Fluß.
**Schrägschindeln:** das Heroldsbild ↑ Schindeln, jedoch mit schrägen Begrenzungslinien dargestellt.
**Schrägwinkelkreuz:** auf eine Kreuzspitze gestellte ↑ Swastika.
**Schreffe:** in der älteren heraldischen Literatur Bezeichnung für den schräglinken ↑ Balken.
**schreitend** ↑ gehend.
**Schrembs** ↑ nach der Schrembs.

*Fallgatter*
*auf einem englischen $^{1}/_{2}$-Dollar-Stück aus dem Jahre 1600 für den Handel mit Indien*

*schräg geteilt · schräg geviert*

*Schrägfuß (links)*
*Schwarzes Fallgatter im silbernen Feld als Wappen derer von Schwarzkoppen (rechts)*

**Schroffen:** Bezeichnung für mehrkuppige heraldische ↑ Berge. In der Regel wird dieser Begriff für Berge mit mehr als sechs Hügeln verwendet.
**Schröterhorn:** andere, vielfach gebrauchte, aber nicht zutreffende Bezeichnung für ↑ Seeblatt.
**Schuhe:** sehr unterschiedlich dargestelltes Wappenbild. S. wurden vielfach als redendes Wappenbild verwendet, z. B. im Wappen der Nürnberger *Familie Holzschuher*. Vgl. Abb. bei querrechts.
**Schulterschnitt:** von einigen, vor allem älteren Heraldikern für die schrägrechte Schildteilung verwendeter Begriff.

**Schuppenbalken:** ↑ Balken, dessen Begrenzungslinien mit ↑ Schuppenschnitt versehen sind.

**Schuppenkreuz:** ↑ gemeines Kreuz, dessen Begrenzungslinien durch einen ↑ Schuppenschnitt gebildet werden.

**Schuppenschnitt: 1.** aus einer Kerblinie mit entgegengesetzten kleinen, halbkreisförmigen Bogen (Schuppen) gebildete Schildteilung. – **2.** ↑ Dornenschnitt.

**Schurfeisen:** andere, wahrscheinlich auf einem Mißverständnis beruhende Bezeichnung für ↑ Feuerstahl.

**Schützenhut:** spitzer, breitkrempiger Hut, der dem ↑ Eisenhütlein (3.) oder dem ↑ Kesselhut ähnelt, jedoch keine besondere heraldische Kopfbedeckung darstellt. Die Hüte im Wappen der *Familie Schütze* werden mitunter als Schützenhüte angesprochen.

**Schutzgatter,** *Fallgatter*: innerhalb der Torflügel von Burgen oder Stadttürmen an Ketten hängendes Gitter, das in vielen Varianten in der deutschen und ausländischen Heraldik als Wappenbild auftaucht. In Dänemark wird das S. als *Forsvars*, d. h. Verteidigungstor, bezeichnet. S. finden sich vielfach an den in Städtewappen dargestellten Toren, Türmen und Mauern, z. B. in den Wappen von Guben, Harzgerode, Kamenz und Warendorf. Sie können als Wappenbild auch einzeln vorkommen, z. B. im Wappen derer *von Woldenstein*. In der englischen Heraldik wird das S. als *Porticulli* bezeichnet. Abb.

**Schutzmarke:** aus den Hausmarken und später teilweise auch aus den Wappen entstandenes, wappenartiges Symbol zur Kennzeichnung von Handwerksarbeiten und Industriewaren. Nachdem die ursprünglich werbenden Hauszeichen zu Wappenfiguren geworden waren, wurden diese Wappen später selbst zu werbenden Firmenschilden, z. B. Handwerkerschilde, Gasthauszeichen, Apothekensymbole. Durch den Brauch der Handwerker, ihre Produkte mit ihren persönlichen Wappen zu versehen, übernahmen diese den Charakter von S., die vor Nachahmung und Fälschung schützen sollten und für die Qualität der Arbeit und des Materiales bürgten. Diese Funktion hatten auch die Beschauzeichen und die Eichstempel. So stellen auch fast alle heute noch gebräuchlichen S. Wappen oder wappenähnliche Zeichen mit mehr oder weniger persönlicher Beziehung zu den Urhebern dar.

**Schutzwappen,** *vergönnetes Wappen*: landesherrliches Wappen, das von Familien oder Personen zum Zeichen der Abhängigkeit oder eines gewährten Schutzes dem eigenen beigefügt wurde. Während die S. im Römisch-Deutschen Reich äußerst selten waren, finden sie sich in Italien sehr häufig. So führten z. B. Kardinäle, die nicht dem hohen Adel entstammten, in ihren Wappen das des Papstes. Bischöfe, Äbte, Äbtissinnen konnten ihrem Wappen das ihrer Stifter beifügen. Stifter, die größere Schenkungen erhielten, nahmen die Wappen derselben an. Sie ähnelten dann den ↑ Landeswappen und galten bisweilen als solche.

**Schwalbenschwanzkreuz:** ↑ Malteserkreuz mit stark geschweiften und ausgebogenen Armen, die in Form von Schwalbenschwänzen enden.

**Schwan:** relativ häufiges Wappenbild, das meist weiß oder schwarz tingiert ist. Ein S. befindet sich z. B. im Wappen von Westaustralien (dadurch auch im Wappen von Australien), von Stormarn (Schleswig-Holstein), Boulogne-sur-Mer (Frankreich), Bad Doberan (Mecklenburg), Prenzlau (Uckermark), drei Schwäne im Stadtwappen von Zwickau (Sachsen). Der S. im Stadtwappen von Prenzlau bezieht sich auf die S.enjagden, die vom preußischen *König Friedrich I.* (1701–1713) zu Beginn des 18. Jahrhunderts in der Umgebung der Stadt veranstaltet wurden. Die Schwäne im Zwickauer Wappen sind wahrscheinlich als ↑ onomatopoetisches Wappen zu deuten. Der lateinische Stadtname Cygnea bedeutet S.enstadt. Vgl. Abb. bei verkappt.

**Schwanenorden:** am 29. September 1440 von *Kurfürst Friedrich II. von Brandenburg* (1440–1471) gestifteter Ritterorden. Der als «Gesellschaft Unserer Lieben Frauen» gestiftete Orden erhielt seine Statuten am 15. August 1443, die 1484 durch *Kurfürst Albrecht Achilles* (1471–1486) verändert wurden. In ↑ Conrad Grünenbergs Wappenbuch erscheint der Orden unter dem Wappen des Kurfürstentumes Brandenburg. Das Ordenszeichen bestand aus einer auf einem Halbmond befindlichen Muttergottesdarstellung, darunter innerhalb eines zur Schleife gebundenen Handtuches ein weißer Schwan. Der Orden schien nicht lange bestanden zu haben, seine Spuren verlieren sich bald. Erst *König Friedrich Wilhelm IV.* (1840–1861) erneuerte ihn am 24. Dezember 1843 als «eine freie Gesellschaft von Männern und Frauen aller Stände und Konfessionen, mit der Aufgabe, durch vereinte Kräfte physische und moralische Leiden zu lindern». Die Absicht des Königs, diesen Orden zu verleihen, kam durch die Revolution von 1848 nicht mehr zur Ausführung. Noch einmal tauchte er in einem Entwurf für das neue Reichswappen von 1871 auf, der von dem *Grafen ↑ Stillfried-Alcántara* stammte.

**Schwarzer Adlerorden,** *Hoher Orden vom Schwarzen Adler*: am 17. Januar 1701, dem Tage vor seiner Krönung zum König in Preußen, von dem *Kurfürsten Friedrich III.* (1688–1701, 1701–1713 als *Friedrich I.* König) gestifteter, bis 1918 höchster Orden Preußens. Ursprünglich sollte die Zahl der preußischen Ordensträger, die Prinzen des königlichen Hauses nicht mitgerechnet, nur 30 betragen. Personen von nicht reichsfürstlicher Geburt sollten den Orden nicht vor der Erreichung des 30. Lebensjahres und nach nachgewiesener Abstammung von acht adligen Ahnen erhalten. Die preußischen Prinzen erhielten ihn mit der Offiziersuniform bei erreichtem 10. Lebensjahr. Am 20. Februar 1848 wurden die Ordensstatuten zeitgemäß abgeändert, die Ahnenprobe abgeschafft, und nichtadlige Personen erhielten durch die Ordensverleihung den erblichen Adelsstand. Auch wurde im Laufe der Zeit die Zahl der Ritter stark vergrößert. Die Ritter des S. A. tragen stets das Großkreuz des ↑ Roten Adlerordens am Hals. Ursprünglich nichtadlige Ritter erhielten, da das Ordensdiplom bereits den Adel verlieh, lediglich einen Wappenbrief über das vom König bewilligte Wappen. Als besondere Auszeichnung konnte der einklassige Orden mit Brillanten sowie mit der Ordenskette verliehen werden (z. B. an *Fürst Otto von Bismarck,* 1815/1898). Seit dem Ende des 19. Jahrhunderts konnten ihn auch fürstliche Damen erhalten. Das Ordenszeichen besteht aus einem blauemaillierten ↑ Malteserkreuz mit schwarzen Adlern in den Kreuzwinkeln. In der Mitte befindet sich in einem goldenen Medaillon der verschlungene Namenszug des Stifters «FR». Im Medaillon des Ordenssternes ist der preußische schwarze Adler innerhalb der Ordensdevise «SUUM CUIQUE» [lat., jedem das Seine] angebracht. Der Orden erschien unter dem großen und mittleren preußischen Wappen sowie um den deutschen Reichsadler von 1871 bis 1918. Die Ritter des S. A. waren berechtigt, das Ordenszeichen unter ihrem Wappen zu führen. Gegenwärtig wird er vom *Haus Hohenzollern* noch als Familienorden inoffiziell verliehen.

*Literatur*

*Schneider, L.:* Das Buch vom Schwarzen Adler-Orden. Berlin 1870

Die Ritter des Königlich Preußischen Hohen Ordens vom Schwarzen Adler und ihre Wappen (mit 1129 Wappendarstellungen). Berlin 1901

**schwarzer Schach:** seltener altheraldischer Ausdruck für ↑ gerautet.

**schwarz gemauert,** *gemauert*: diejenigen Teilungen oder Figuren, in deren Tinktur sich ein mit schwarzen Strichen angedeutetes Mauerwerk mit schwarzen Fugen befindet. Diese Art der Darstellung ist der ↑ Schattenfarbe und der ↑ Damaszierung ähnlich. Abb.

**schwarzgeschuppt:** treffenderer Ausdruck für ↑ geschuppt. Die Darstellung entspricht der der ↑ schwarz gemauerten, anstelle des Mauerwerkes befinden sich jedoch Schuppen, d. h. kleine halbkreisförmige Bogen.

**schwebend:** Heroldsbilder, die eigentlich nach der heraldischen Regel die Schildränder berühren müßten, aber ausnahmsweise anders dargestellt sind. Gemeine Figuren sind ganz freistehend abgebildet oder berühren nur einen Schildrand, meist den Schildfuß. S. Figuren über dem Wappen oder Helm sind unheraldisch und nicht

*Schweifspiegelnder Pfau auf einem Rupienstück von Burma 1860 (vergrößert)*

statthaft. Auch darf der Helm über dem Wappen nicht weggelassen und durch einen bloßen s.en Helmschmuck ersetzt werden.

**schweifspiegelnd:** ↑ Pfau, der mit ausgebreitetem Schwanz dargestellt ist. Abb.

**Schweifstern** ↑ Komet.

**Schweißtuch,** *Sudarium*: das Tuch, das die heilige *Veronika* der Überlieferung nach Christus auf dem Wege zum Kreuz gereicht haben soll. Heraldisch erscheint es um den Krummstab geschlungen im Hinterwappen der Äbte und Äbtissinnen. Als Attribut der Heiligen, mit dem Kopfbild Christi versehen, kommt es als Wappenfigur sehr selten vor.

*schwarz gemauert (links)*
*In Silber und Rot gemauert (rechts)*

*Schwellenkreuz*

**schweizerische Heraldik:** Die Schweiz zählt zu den wappenfreudigsten Ländern überhaupt. Hier überwiegen die selbst angenommenen Wappen. In der wechselvollen Vergangenheit des Landes erfolgten auch viele Wappenverleihungen fremder Fürsten, die die heraldischen Einflüsse aller Nachbarstaaten widerspiegeln. Die heraldische Klarheit der meisten kantonalen, kommunalen und persönlichen Wappen ist geradezu beispielhaft. Die hervorragend wappenmäßig stilisierten Bildmotive aus dem menschlichen Lebens- und Tätigkeitsbereich sind eine Eigenart der s. H. Um etwa 1800 tritt an Stelle des Helmes der «Tellenhut», das nationale Freiheitssymbol der Schweiz. Auch die schönsten und frühesten ↑ Zunftwappen stammen aus diesem Land.

*Literatur*

*Ganz, P.:* Geschichte der heraldischen Kunst in der Schweiz im 12. und 13. Jahrhundert. Frauenfeld 1899

Die Wappen der Schweiz. Armorial de la Suisse (Sammelbuch für Kaffee-Hag-Wappenmarken) o. J. (um 1930)

*Iten, A., Zumbach, E.:* Das Zuger Wappenbuch. Zug 1975

*Mühlemann, L.:* Wappen und Fahnen der Schweiz. Luzern 1977

**Schweizerische Heraldische Gesellschaft:** im Jahre 1891 gegründete heraldisch-genealogische Gesellschaft der Schweiz. Die Bibliothek der Gesellschaft befindet sich in der Kantons- und Universitätsbibliothek Freiburg (Fribourg).

*Publikation*

Schweizerisches Archiv für Heraldik (seit 1887)

**Schwellenkreuz,** *Absatzkreuz, Säulenkreuz, Staffelkreuz, Stufenkreuz*: Kreuz, dessen Arme mit stufenartigen Enden versehen sind. Abb.

**Schwenkel:** rechteckige Streifen an einigen Fahnen. Das Führen von roten S. war ein besonderes Vorrecht, ähnlich dem Recht, mit rotem Wachs zu siegeln.

**Schwert:** in vielen Formen und Kombinationen auftretendes Wappenbild. Bei der Blasonierung ist besonders zu melden, ob der Knopf der Parierstange rund, kleeblattförmig oder zweizinkig ist. Wenn nicht anders angegeben, sind Knauf, Griff und Parierstange stets golden. Es kommen auch nur S.scheiden als Wappenbilder vor. Ein S. erscheint z. B. in den Stadtwappen von Essen, Haarlem (Niederlande) und Zaltbommel (Niederlande). Zwei gekreuzte S.er bilden das Wappen des Bistumes Essen und der Städte Solingen und Schwerte (redendes Wappen).

**Schwertadel, preußischer:** Bezeichnung der nach dem Sieg im deutsch-französischen Krieg 1870/71 vom König von Preußen geadelten Militärs. Bereits am Tage des Einzuges der preußischen Truppen in Berlin verlieh *König Wilhelm I.* (1861–1888) 42 Stabsoffizieren den erblichen Adelstitel «in Anerkennung ihres tapferen Verhaltens während des jüngsten Feldzuges gegen Frankreich». In den folgenden Jahren kamen dann noch weitere 73 Nobilitierungen hinzu. *König Friedrich III.* (1888) vermehrte diesen Personenkreis um fünf Namen, *Wilhelm II.* (1888–1918) um 54. Als besonderer Anlaß weiterer Adelsverleihungen galt die 25-Jahr-Feier des Sieges am 18. Januar 1896, wo weitere 20 Militärs «in Anerkennung der im Kriege wie im Frieden geleisteten guten und treuen Dienste» geadelt wurden. Sie erhielten als gemeinsames Wappenmerkmal ein purpurnes ↑ Schildhaupt verliehen, in dem sich innerhalb eines grünen Eichenkranzes ein gekreuztes Zepter und Schwert befinden.

*Literatur*

Preußens Schwertadel 1871–1896. Ein genealogisches Handbuch. Berlin 1897

(Das Buch enthält alle vom 16. Juni 1871 bis zum 16. Juni 1896 geadelten Offiziere des p. S. mit ihrer Genealogie und Wappenbeschreibung).

**Schwertgurtschnalle** ↑ Spornschnalle.

**Schwertseite:** auf Grabdenkmälern die linke, die Wappen des Vaters und der Großmutter väterlicherseits tragende Seite. Vgl. Grabdenkmal.

**schwimmend:** Fische, die ihrer Länge nach, also waagerecht, dargestellt sind. Vgl. Abb. bei gegengewendet und pfahlweise.

*St. Sebaldus mit Kirchenmodell auf einem Gulden zu 60 Kreuzer der Stadt Nürnberg*

**Schwurhand:** zur Eidesleistung ausgestreckte oder erhobene Hand mit aufwärts gestrecktem Daumen, Zeige- und Mittelfinger und niedergebogenem Ring- und kleinem Finger. Eine S. führte z. B. die *Familie Friederich* im Kanton St. Gallen, wobei die S. als Helmzier wiederkehrt.

**Sebaldus:** ein erst seit 1072 nachgewiesener Nürnberger Lokalheiliger. S. war nach einer Lebensbeschreibung aus dem 12. bzw. 13. Jahrhundert ein dänischer Königssohn, der im 8. Jahrhundert in Bayern missioniert und als Einsiedler in einem Walde bei Nürnberg gelebt haben soll. Er wollte dort begraben sein, wohin zwei, nach anderen vier, sich selbst überlassene Ochsen seinen Leichnam auf einem Wagen bringen würden; sie blieben an dem Berg stehen, wo heute die S.kirche steht. An dem berühmten Grabmal des Heiligen sind dessen Wunder dargestellt. So wurde z. B. ein Frevler, der ihn verspottete, von der Erde verschlungen. Bei einem armen Wagner, der ihn beherbergte, verwandelte er Eiszapfen in Brennholz. Die Kanonisation dieses Heiligen erfolgte endgültig erst 1425. Er wird gewöhnlich als Eremit von Ochsen begleitet, seltener als Ritter dargestellt. Der heilige S. ist Schutzpatron von Nürnberg und wurde häufig als Münzbild gewählt. Abb.

**Sebastian:** christlicher Heiliger und Märtyrer, gest. wahrscheinlich um 290 in Rom. Nach der Legende war St. S. römischer Offizier und wurde wegen seines christlichen Bekenntnisses auf Befehl des *Kaisers Diocletianus* (284–305) mit Pfeilen durchbohrt.

Als er wieder zu sich kam und dem Kaiser dann Vorwürfe wegen seiner Grausamkeit machte, wurde er mit Knüppeln erschlagen. Über seinem Grab erhebt sich eine der sieben Hauptbasiliken Roms. Als Patron zahlreicher Handwerkerzünfte (die Büchsenmacherzunft zu Linz z. B. führte St. S. im Zunftwappen) und Bruderschaften wurde er als Helfer gegen die Pest u. a. Epidemien angerufen. St. S. wird in der Regel stehend nackt an einen Baum gebunden und von Pfeilen durchbohrt dargestellt. Sein Bild erscheint z. B. auf einem – allerdings sehr seltenen – Taler des Bistumes Chiemsee, auf Münzen der Grafschaft Öttingen u. a. Als Wappenbild führt ihn z. B. die Stadt Blankenstein.

**Sechsberg:** aus sechs Hügeln gebildete Wappenfigur. Der S. ist hauptsächlich ein Motiv der süddeutschen, schweizerischen und italienischen Heraldik. In den italienischen Wappen erscheinen die Kuppen nicht kugelrund wie in den deutschen, sondern sind ellipsenförmig gestaltet. Ein S. ist z. B. das Wappenbild der Stadt Breisach (Baden). Vgl. Abb. bei italienischer Heraldik. Abb.

**Sedisvakanz** [lat. sedis vacans, leerer Stuhl]: die während der Zeit des verwaisten päpstlichen oder bischöflichen Stuhles vom Kardinalskollegium bzw. vom Domkapitel ausgeübte Regierungsgewalt. Die S. wirkte und wirkt sich auch heraldisch aus. Die Münzen des Kirchenstaates zeigten in dieser Zeit in der Regel die Schlüssel Petri unter dem Schirm mit dem Wappen des päpstlichen Kämmerers. Auf Münzen und Medaillen wurde während der S. häufig der Schutzpatron umgeben von den Wappen der Mitglieder des Domkapitels dargestellt. Abb.

*St. Petrus mit Schlüssel auf einer Sedisvakanz-Medaille von 1729 des Erzbistumes Trier. Im Kreis sind die Wappen der Mitglieder des Domkapitels angeordnet*

*Sechsberg (links) Drei Seeblätter im Wappen derer von Seebach (rechts)*

**Seeblatt,** *Mumblatt*: in seiner ursprünglichen und eigentlichen Gestalt dem Lindenblatt ähnliches Blatt der Wasserlilie. Im Mittelalter war das S. oft auch ornamental im Dreipaß durchbrochen, mitunter auch herzförmig dargestellt, so daß es in späterer Zeit aus Unkenntnis der mittelalterlichen Wappenkunst oft unrichtig als Schröterhorn oder Herz gedeutet und bezeichnet wurde. Kurioserweise wurde es auch für eine Flamme gehalten. Die französische Heraldik benennt eine ähnliche Figur gleichen Ursprungs *bouterolle*, d. h. das Ortband an der Scheide des Degens, Säbels oder Pallasches. Seeblätter kommen z. B. in den Wappen des Herzogtumes Engern, der Grafschaft Brehna, im Wappen derer *von Seebach* vor. Die Stadt Bitterfeld (bei Halle) führt z. B. drei Seeblätter im Wappen, weil sie im 13. Jahrhundert im Besitz des *Grafen von Brehna* war. Abb.

**Seelöwe,** *seehafter Löwe*: heraldisches Fabeltier, das einen Löwen darstellt, dessen hinterer Teil in einem Fischschwanz endet. Der Fischschwanz befindet sich in der Regel bogenförmig über dem Rücken, z. B. im

Wappen der Nürnberger *Familie Imhoff.* Abb.

**Segenshand,** *segnende Hand*: gesenkte Hand, deren Mittel- und Zeigefinger wie zum Erteilen des Segens ausgebreitet sind. Im Gegensatz zur ↑ Schwurhand ist sie meist querliegend und in der Regel auf der ↑ Pfahlstelle des Wappens dargestellt. Vgl. Hand.

**Seilkreuz,** *gewundenes Kreuz, Schiffsseilkreuz*: aus kettengliederartigen, in Kreuzform gewundenen Seilen oder Stricken bestehendes Kreuz. Obwohl es in fast allen heraldischen Fachbüchern erwähnt ist, konnte noch kein S. als Wappenbild aufgefunden werden. Abb.

**Seilschragenkreuz:** ↑ Schragen, dessen Balken mit einer seilartigen Schraffur versehen sind.

**Seite:** anderer, weniger gebräuchlicher Ausdruck für ↑ Flanke.

**Seitenbalken** ↑ Flankenbalken.

**Seitenlatz:** die beiden äußeren ↑ Lätze des ↑ Turnierkragens.

**Sekretärvogel:** zu den Kranichgeiern zählender Vogel, der z. B. das Staatssymbol der Republik Sudan darstellt. Abb.

**Sekretsiegel:** im Gegensatz zum großen Fürsten- oder Staatssiegel ein kleines Siegel zum persönlichen Gebrauch des Fürsten und zur Verwendung bei weniger wichtigen Schriftstücken.

**Sektion:** ältere Bezeichnung für ↑ Schildesteilung.

**Semigotha:** im Jahre 1912 erstmalig erschienenes antisemitisches Sammelwerk, das die Verbreitung der Juden im Adel nachweisen sollte. Der nicht genannte Herausgeber des 1912 kurzzeitig verbotenen Taschenbuches war der ehemalige österreichische Offizier *Wilhelm Pickl Edler von Witkenberg.* Die Jahrgänge 1 und 2 erschienen unter dem Titel «Weimarer historisch-genealoges Taschenbuch des gesamten Adels jehudäischen Ursprungs, d. h. der im Mannesstamm aus dem Judentum hervorgegangenen Adelsfamilien ohne Ansehung ihrer Konfession». Weimar 1912, 1913. Dem folgte 1914 der dritte Jahrgang unter der Bezeichnung «Semigothaisches Genealogisches Taschenbuch

*Seilkreuz*

*Seelöwe im Wappen der Nürnberger Patrizierfamilie Imhoff*

*Sekretärvogel als Staatssymbol der Republik Sudan*

ari(st)okratisch-jüdischer Heiraten mit Enkel-Listen Deszendenz-Verfolgen». München 1914. Später erschienen dann noch die «Semigothaismen» (1914) und der «Semi-Imperator», München 1919. Die Ausgaben von 1912/1913 und 1914 enthalten teilweise ausführliche Wappenblasonierungen und -abbildungen.

**Sendelbinde** ↑ Schapel.

**senkrecht gestellt** ↑ schlimm herab.

**senkrecht gestreift** ↑ gespalten.

**Sense:** häufiges Wappenbild, dessen Stiel in der Regel anders tingiert ist als das Eisen. Mit Beziehung auf die S. im Wappen führen die *Meyer* den Wahlspruch «Capita ut segestes» [lat., sie schneiden die Köpfe wie Ähren]. Nach einigen Heraldikern läßt die S. in bürgerlichen Wappen eine Beteiligung an den Bauernkriegen erkennen.

**Sensenblattkreuz:** ↑ gemeines Kreuz, an dessen Kreuzenden sich stilisierte Sensenblätter befinden.

**Seraphinenorden:** von dem *König Friedrich I.* (1720–1751) als Erneuerung eines bereits im 14. Jahrhundert bestehenden Ordens gleichen Namens am 23. Februar 1748 gestifteter, seither höchster schwedischer Orden. Die letzten Statuten erhielt der Orden am 22. März 1952. Die schwedischen Prinzen sind von Geburt an Seraphinenritter, während andere Personen erst das Großkreuz eines anderen schwedischen Ordens besitzen müssen, bevor sie den S. erhalten können. Der einklassige Orden soll in der Regel nur höchsten inländischen Würdenträgern sowie ausländischen Fürsten oder Staatsoberhäuptern verliehen werden. Der regierende Monarch ist Ordensherr. Nach dem Tode eines Ritters läuten von der Ridderholmskyrkan in Stockholm die Glocken, und der Wappenschild des Verstorbenen wird in der Kirche aufgehängt. Als besondere Auszeichnung können das Ordenskreuz in Brillanten sowie auch die ↑ Kollane verliehen werden. Das Ordenszeichen besteht aus einem weißemaillierten ↑ Malteserkreuz, das unter der schwedischen Königskrone hängt. Das Medaillon der Vorderseite trägt das Christusmonogramm «IHS» [lat. Jesus Hominum Salvator, Jesus, Erlöser der Menschen], das von den drei goldenen Kronen Schwedens umgeben ist, dazu ein lateinisches Kreuz und drei Kreuznägel auf blauem Grund. Das Medaillon der Rückseite zeigt das Monogramm des Stifters «FRS» [lat. Fridericus Rex Sueciae, Friedrich König von Schweden]. Der an der ↑ Kollane hängende S. befindet sich unter dem Staatswappen des Königreiches Schweden.

**Seraphskopf** ↑ Cherubkopf.

**Setztartsche** ↑ Pavese.

**Seyler,** Gustav Adelbert: 1846/1935, Bibliothekar im preußischen Ministerium für Handel und Gewerbe, Heraldiker. Die heraldischen Arbeiten S. gehören zu den grundlegendsten der modernen wissenschaftlichen Wappenkunde. Er versuchte als erster, die Geschichte der Heraldik mit zeitgenössischen Quellen, von den Dichtungen der Minnesänger bis zur Neuzeit, zu belegen. In einem über tausend Seiten umfassenden Werk finden sich Textauszüge besonders aus den höfischen Dichtungen des Mittelalters sowie eine große Anzahl zeitgenössischen Bildmateriales. Den ↑ Neuen Siebmacher bereicherte S. durch acht Teilbände.

*Werke*

Geschichte der Heraldik (Einführungsband zu Siebmachers neuem Wappenbuch, Band A.). Nürnberg 1885–1889, Nachdr., Neustadt a. d. Aisch 1970

Geschichte der Siegel. Leipzig 1894

Das heraldische Lehensrecht. Eine Untersuchung. Berlin 1872

**Sichel:** Wappenbild, das entweder die Landwirtschaft bzw. den Bauernstand, z. B. im Wappen der Stadt Hilden (Nordrhein-Westfalen), oder die Stahl- und Eisenwarenindustrie versinnbildlicht, z. B. im Stadtwappen von Remscheid (Nordrhein-Westfalen). Zwei gegeneinander gewendete S. befinden sich z. B. im Wappen derer *von Lüttichau*. Vgl. Hammer und Sichel.

**sich erhebend** ↑ aufrecht.

**Sicile:** im Mittelalter der Amtsname des Heroldes von *König Alfons V. von Aragon* (1416–1458), der auch in Sizilien regierte. Vgl. Courteois, Jean.

**SIC SEMPER TYRANNIS** [lat., in dieser Weise immer gegen die Tyrannen]: Wahlspruch im Wappen des US-Bundesstaates Virginia.

**Sidoni** ↑ Panthaleon.

**Siebmacher,** Johann: gest. 1611, Zeichner und Kupferstecher in Nürnberg, Begründer des bekannten ↑ Siebmacher'schen Wappenbuches.

**Siebmacher'sches Wappenbuch:** von *Johann* ↑ *Siebmacher* begründete, bis 1806 fortgesetzte und erweiterte und bis dahin wohl umfangreichste Wappensammlung. Bereits 1596 veröffentlichte *Siebmacher* ein 19 Tafeln umfassendes «Wappenbüchlein». Die von dem Kupferstecher *Friedrich Dürer* gefertigten Abbildungen zeigen Muster heraldischer Zeichnungen mit teilweise anonymen Wappeninhalten. Einen Neudruck dieses Büchleins veranlaßte der Heraldiker *A. M.* ↑ *Hildebrandt* 1893. Der heute noch vielzitierte «Siebmacher» erschien 1605 unter dem Titel «New Wapenbuch». Das in kleinem Querformat gehaltene Werk enthält 226 Tafeln mit meist 15 Wappen auf der Seite, eine Vorrede, den Beginn einer Einführung in das Wappenwesen sowie einen umfangreichen Text mit Wappenbeschreibungen. Da die Farben der einzelnen Wappen noch nicht gekennzeichnet sind, enthält dieser u. a. auch Anweisungen zum Kolorieren. Dem Buch ist ein Register beigegeben. Die einzelnen Tafeln enthalten folgende Wappen: 1 Kaiser, 2 Königreiche, 3 Kurfürsten, 4–7 Herzöge, 8 Fürsten, 9–12 Bistümer, 13 Abteien, 14–18 Grafen, 19–33 Freiherren. Von hier an erscheinen die Wappen des Adels unter der entsprechenden Länderbezeichnung: 34–41 Österreich, 42–44 Tirol, 45–47 Kärnten, 48–49 Steiermark, 50–76 Schlesien, 77–99 Bayern, 100–109 Franken, 110–121 Schwaben, 122–133 Rheinland, 134–143 Hessen, 144–150 Thüringen, 151–165 (Mark) Meißen, 166–173 Sachsen, 174–178 Mark (Brandenburg), 179–186 Braunschweig, 187–191 Westfalen, 192–196 Elsaß, 197–204 Schweiz, 205–206 Nürnberg, 207–208 Augsburg, 218 Ulm, 219–226 weitere Städte.

Der 1609 von Siebmacher herausgegebene zweite Band enthält 164 Tafeln und eine Kennzeichnung der Wappenfarben durch entsprechende Buchstaben. Für die Angaben zu den Wappen standen dem Verfasser etwa zehn Mitarbeiter zur Verfügung. Nach dem Tode *Siebmachers* am 23. März 1611 veröffentlichte dessen Witwe in den Jahren 1612 und 1630 zwei neue Ausgaben des zweibändigen Werkes. Am 18. Juli 1653 kaufte der Drucker und Verleger *Paul Fürst* (gest. 1666) die Kupferplatten auf und gab 1655 bis 1657 eine durch einen dritten und vierten Teil ergänzte Neuauflage des Wappenbuches heraus. In der Ausgabe von 1657 befinden sich u. a. folgende, etwas ungewöhnliche ↑ Fantasiewappen: 1. die drei ersten Wappen: die erste Welt, *Adam, Noah,* 2. die drei guten Juden: *Josua, David, Maccabeus,* 3. die drei guten Jüdinnen: *Esther, Judith, Jael,* 4. die drei guten Heiden: *Hector, Alexander der Große, Julius Caesar,* 5. die drei guten Heidinnen: *Lucretia, Veturia, Virginia,* 6. die drei guten Christen: *Karl der Große, König Artus, Gottfried von Bouillon,* 7. die drei guten Christinnen: *Helena, Brigitta, Elisabeth,* 8. die Heiligen Drei Könige: *Caspar, Balthasar, Melchior.*

Am 26. Juli 1655 erhielt das Werk durch kaiserliche Urkunde ein Schutzprivileg. Kurz vor seinem Tode ergänzte *Fürst* das Wappenbuch durch einen fünften Band, in dem das Patriziat der Freien Reichsstädte besonders berücksichtigt wurde. Fürsts Erben, sein Schwiegersohn *Rudolf Johann Helmer* (Drucker), seine Tochter *Magdalena* (Malerin, 1652/1717) und sein Sohn *Wolfgang Gottlieb* besorgten Neuauflagen und weitere Ergänzungen. Im Jahre 1695 vereinigte *Helmer* alle bisher bestehenden Teile seiner Ausgabe in einem Band in Folio-Format und erarbeitete ein gemeinsames Register. Auf jedem Blatt erschienen jetzt zwei Tafeln übereinander. Diese Anordnung der Tafeln blieb bis zur letzten Ausgabe von 1772 unverändert erhalten.

Zu Beginn des 18. Jahrhunderts wurde ein großer Teil der Kupferplatten gepfändet, einige verschwanden sogar aus Nürnberg. Die Witwe des Druckers und Kupferste-

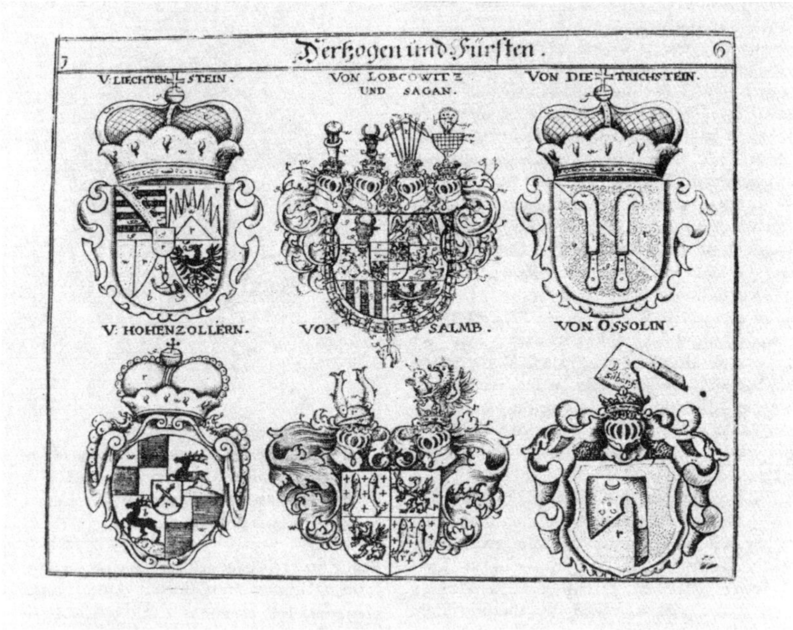


*Faksimile einer Seite des Siebmacher'schen Wappenbuches der Ausgabe von 1612*

chers *Christoph Weigel* (1654/1725) kaufte jedoch ab 1731 die verstreuten Kupfertafeln auf und bereitete eine neue Auflage vor. Im Jahre 1734 erschien dann eine Neuausgabe des Siebmacher'schen Gesamtwerkes im Verlag der Witwe *Weigel.* Ergänzungen und eine Neufassung der Einführung in die Heraldik schuf der Professor für Geschichte an der Universität Altdorf, *Johann David Koehler* (1684/1755), der Herausgeber der «Münzbelustigungen». Einige falsche Wappen wurden entfernt bzw. berichtigt, manche der bisher leeren Schilde mit Inhalten versehen. Obwohl die Anzahl der Tafeln vermehrt wurde, verringerte sich jedoch die Anzahl der Wappen gegenüber den Voraufagen, 102 Wappen waren neu hinzugekommen. Das Wappenbuch enthielt nun 14767 Wappen.

Das berühmte Sammelwerk hatte von 1655 bis 1695 die Bezeichnung «Fürst'sches» und dann «Helmer'sches», bis 1765 «Weigel'sches Wappenbuch». Im Jahre 1753 wurde es durch eine erste Ergänzung (Supplement) sowie durch eine erweiterte Wiederholung der Abhandlung *Koehlers* über das Wappenwesen vermehrt. Herausgeber wurde nun *Martin Tyroff* (1705/1758), Schwiegersohn des Malers und Kupferstechers *Johann Kenckel* (1688/1722), der eine Tochter *Weigels* heiratete. *Tyroffs* Sohn *Johann David* gab 1759 einen zweiten, 1765 einen dritten und 1767 die ersten Tafeln eines vierten Supplementes heraus. Die Wappen der Familien wurden mit den betreffenden Namen überschrieben, es fehlte aber die Angabe des Herkunftslandes. Um 1765 ging der «Siebmacher»-Verlag an *Gabriel*

*Niklas Raspe* (gest. 1785) über. Das vierte Supplement wurde abgeschlossen (es wurde in einem etwas größeren Format gedruckt), ein fünftes hinzugefügt sowie ein gemeinsames Register für die Ergänzungen 1–4 geschaffen. Im Jahre 1772 verlegte *Raspe* die letzte Gesamtausgabe der sechs «Siebmacher»-Teile. Die Vorrede *Koehlers* aus der Ausgabe von 1734 wurde zwar beibehalten, Widmung und Text aber neu gestaltet. *Raspe* setzte auch den Namen *Siebmachers* wieder auf das Titelblatt und bewahrte ihn so vor der Vergessenheit. Von 1783 bis 1795 erschienen die Supplemente 6–11 und 1806 wurde das Werk mit der 12. Lieferung, einer Ergänzung, abgeschlossen. Das Gesamtwerk enthält etwa 19000 Wappendarstellungen. 1979 wurde vom Battenberg-Verlag, München, ein Faksimile-Nachdruck der sechs «Siebmacher»-Teile von 1772 und der zwölf Supplemente von 1753 bis 1806 herausgegeben.
1854 begründete der Heraldiker *Otto Titan von ↑ Hefner* in Anlehnung an den ursprünglichen «Siebmacher» eine neue, groß angelegte Wappensammlung unter dem Titel ↑ Neuer Siebmacher. Einen Generalindex aller S. W., einschließlich des «Neuen Siebmacher», erarbeitete *Hanns Jaeger-Sunstenau*. Dieses Werk, das auch die Geschichte der berühmten Wappenbücher enthält, erschien 1964 in Graz, ein Nachtrag 1969. Abb.

**Siegel** [lat. sigillum, Bildchen]: Abdruck eines vertieft gravierten Stempels. Ursprünglich hatte er den Zweck, einer Urkunde Glaubwürdigkeit und Rechtskraft zu verleihen. Heute werden nichtamtliche S. nur noch für Wertsendungen verwendet. Die S.stempel bestehen aus Metall, mitunter auch aus geschnittenen Edel- oder Halbedelsteinen, die Abdrücke aus Wachs, seit etwa 1560 aus S.lack. Eine besondere Art sind die *Bullen*, deren Material Gold oder Blei ist. S. sind entweder rund, oval, spitzoval, dreieckig in Schildform, seltener herzförmig, vier-, fünf- oder mehreckig. Der spitzovalen Form bediente sich seit dem 12. Jahrhundert vorwiegend die Geistlichkeit (↑ Mandorla). Allerdings wurde diese Form auch bei S. weltlicher Herren, Damen

*Siegel des Konvents der Marienkirche von Bernay (Normandie), links Maria mit dem Jesuskind, rechts Johannes der Täufer mit dem Lamm, unten Stiftswappen*

und Zünften aufgegriffen. In den folgenden Jahrhunderten dominierten dann runde S. Ursprünglich wurden S. aufgedrückt. Seit etwa der zweiten Hälfte des 12. Jahrhunderts stellte man isolierte Abdrücke her, die mit Hilfe von Schnüren oder Pergamentstreifen an die Urkunde gehängt wurden und der besseren Haltbarkeit wegen in Metall- oder Holzkapseln eingeschlossen waren. Nach der Einführung des Papiers auch für Urkunden begann man wieder, die S. aufzudrücken. Man teilt sie in Bild-, Porträt-, Wappen- und Schrift-S. ein. Die Wappen-S. wurden von der zweiten Hälfte des 12. Jahrhunderts an üblich. Gegenwärtig haben die S. von Privatpersonen jeden rechtlichen Wert verloren; sie wurden auch durch das Aufkommen der gummierten Briefumschläge überflüssig. Seit etwa 1500 setzten sich im behördlichen Schriftverkehr die S.-oblaten durch. Diese Oblaten sind teilweise zweifarbige Pressungen in aufgeklebte Papierstückchen. Vgl. Reitersiegel, Rosensiegel, Birkenrindesiegel, Sekretsiegel, Votivsiegel. Abb.

*Literatur*
*Berchem, E. v.:* Siegel. Berlin 1923
*Seyler, G. A.:* Geschichte der Siegel. Leipzig 1894
*Posse, O.:* Die Siegel der deutschen Kaiser und Könige von 751 bis 1913. Dresden 1909, Nachdr. Leipzig 1983
*Kittel, E.:* Siegel. Braunschweig 1970

**Siegelkunde** ↑ Sphragistik.

**Simbabwe-Vogel**: Symbol im Staatswappen und der Nationalflagge von Simbabwe, der früheren britischen Kolonie Südrhodesien. Der S. hat seinen Ursprung in der Religion des Schonastammes. Der S. wurde wahrscheinlich als Mittler zwischen den Menschen und Gott aufgefaßt.

Die wenigen bekannten Exemplare des S. sind aus Speckstein geschnitten, zwischen 20 und 30 cm hoch und befinden sich auf etwa 2 m hohen Pfeilern in den Ruinen von Great Simbabwe. Entdeckt wurden die Simbabwe-Vögel am 5. September 1871 von dem deutschen Forscher *Karl Mauch.*

Der S. wurde schon 1932 auf Münzen der Kolonie Südrhodesien abgebildet.

**Simpliciuswappen**: dem heiligen *Simplicius,* der gemeinsam mit seinen Geschwistern *Faustinus* und *Beatrix* um 305 in Rom den Martertod erlitt, zugeschriebenes Wappen (vgl. Heiligenwappen). Das Wappen besteht aus einem roten Schild mit drei aus einem grünen Dreiberg wachsenden weißen Lilien. Im Wappen der thüringischen Stadt Geisa wird das S. gemeinsam mit dem Stiftswappen von Fulda vom heiligen *Gangolf* gehalten. Das Wappen läßt die ehemalige Zugehörigkeit der Stadt zum Kloster Fulda erkennen. Abb.

**sinister:** moderne internationale Bezeichnung für heraldisch links.

**sinkend** ↑ untergehend.

**sinople** [franz., grün]: in der französischen Heraldik anfangs für die rote, später für die grüne Tinktur verwendete Bezeichnung. Der mit dem Wort Zinnober zusammenhängende Begriff wurde etwa seit Ende des 14. Jahrhunderts für die grüne Tinktur verwendet, ohne daß ein Anlaß für diesen Bedeutungswandel bekannt ist.

**Sippe** ↑ Geschlecht.

**SI QUAERIS PENINSULAM AMOENAM CIRCUMSPICE** [lat., wenn du eine liebliche Halbinsel suchst, schau dich um]: Wahlspruch unter dem Wappen des US-Bundesstaates Michigan.

**Sirene** ↑ Melusine.

**SIT NOMINE DIGNA** [lat., sei seines Namens würdig]: Wahlspruch unter dem Wappen der ehemaligen britischen Kolonie Südrhodesien (heute Simbabwe). Der Wahlspruch spielte auf den britischen Kolonialpolitiker *Cecil Rhodes* (1853/1902) an, nach dem die Kolonie benannt war.

**sitzend**: ruhendes, auf die Vorderbeine gestütztes Tier. Sind die Vorderbeine emporgestreckt, so spricht man von einer *dienenden* oder *ergebenen Stellung.*

*Simpliciuswappen im Stadtwappen von Geisa*

**Sixtus II.**: christlicher Heiliger und Märtyrer, Papst (257–258). Der Heilige starb vier Tage vor dem heiligen ↑ *Laurentius* bei der Christenverfolgung unter *Kaiser Valerianus* (253–259/260) in Rom den Tod eines Blutzeugen durch das Schwert. Er ist der Schutzpatron eines ehemals mit dem Hochstift St. Laurentii verbundenen Kollegiatstiftes zu Merseburg sowie Kompatron des Bistumes Halberstadt. Sein Bild wurde vom *Prinzregenten Luitpold* (1886–1912) der bayerischen Gemeinde Schliersee als Wappen verliehen.

**SIYINQABA** [Siswali, wir sind die Festung]: Wappendevise unter dem Staatswappen des afrikanischen Königreiches Swasiland.

**sizilianisches Kreuz:** von einigen Heraldikern für ↑ Andreaskreuz verwendeter Begriff.

**Skanderbeghelm:** der mit einem Ziegenkopf geschmückte Helm des albanischen Nationalhelden *Skanderbeg* (eigentlich *Georg Kastrioti,* 1405/1468). Der S. erschien bereits unter dem *Prinzen Wilhelm zu Wied* (1914, gest. 1945) anstelle des Mittelschildes im albanischen Doppeladler. Unter *König Zogu I.* (1928–1939) bekrönte er dann den Wappenmantel.

**skandinavisches Kreuz:** nach dem Vorbild des ↑ Danebrog von allen skandinavischen Staaten in ihren Flaggen geführtes ↑ gemeines Kreuz von jedoch unterschiedlicher Farbgebung.

**Smaragd:** veralteter Ausdruck für die grüne heraldische ↑ Tinktur.

**Smert,** John: Wappenkönig des englischen ↑ Hosenbandordens von 1450 bis 1478.

**Societas Heraldica Scandinavica:** am 27. Mai 1959 durch Zusammenfassung mehrerer dänischer Vereine entstandene heraldische Gesellschaft der skandinavischen Länder mit Sitz in Kopenhagen. Ihr gehören Mitglieder aus Dänemark, Schweden, Norwegen, Finnland und Island an.

*Publikation*

Heraldisk Tidskrift (seit 1960)

**Société Française d'Héraldique et de Sigillographie:** im Jahre 1880 gegründete heraldische und sphragistische Gesellschaft Frankreichs mit Sitz in Paris.

*Publikation*

Revue française d'héraldique et de sigillographie. Paris (seit 1938)

**Sockelfuß:** unterer, sockelartiger Teil einer ↑ gemeinen Figur, z. B. heraldische ↑ Lilie, Kreuz. Die Lilien im Wappen von Clutinc (Brabant, um 1370) haben z. B. einen S.

**Solis,** Virgilius: 1514/1562, Zeichner, Kupferstecher. Neben Motiven aus der antiken Mythologie, Geschichte und Religion schuf S. ein Wappenbuch, dessen Darstellungen stark vom künstlerischen Geschmack seiner Zeit beeinflußt waren. Eine Faksimileausgabe seines «Wappenbüchleins» erschien 1886 in München.

**Somerset** ↑ Herald's College.

**Sonderwappen:** im hohen Mittelalter den Herren mit ritterlichen Gefolge eigenes, also personengebundenes, Wappen. In der Mitte des 13. Jahrhunderts konnten sich nur Personen vom sechsten ↑ Heerschild an aufwärts eines S. bedienen. Es kam jedoch vor, daß die Inhaber eines S. auch das ihres Lehens- oder Dienstherren, in dessen Gefolge sie ritten, gleichzeitig führten. Auch brachten sie mitunter ihr S. in dem ihres Lehnsherren, zumindest in der Helmzier, an. *Ulrich von Lichtenstein* (um 1200/1275 oder 1276) beschreibt ein Turnier, auf dem er mit einem Gefolge von 50 Rittern erschien, die alle «nach seinem Schilde» gewappnet waren, wobei aber jeder außerdem noch sein eigenes Wappen bei sich hatte. Vgl. Einschildritter.

**Sonne:** häufiges Wappenbild. Die S. wird häufig mit einem menschlichen Gesicht und sechzehn abwechselnd geraden und gekrümmten Strahlen dargestellt, z. B. im Wappen von Ekuador. Ohne Gesicht spricht man von *S. ohne Gesicht* oder *ungebildeter S.* Befindet sie sich im rechten Obereck des Schildes, so blasoniert man sie als *aufgehend,* im linken als *untergehend.* Eine in der Mitte des Schildes dargestellte S. wird als *Mittags-S.* bezeichnet. Ist sie mit geraden, also nicht geflammten Strahlen abgebildet, so wird sie als *strahlend* angesprochen. Vgl. Abb. bei flammend.

**Sonnenrad:** ↑ Swastika mit gebogenen Querbalken.

**Sonnenschatten:** von einigen Heraldikern für eine nicht golden bzw. gelb tingierte Sonne gewählter Ausdruck. Teilweise wird auch eine Sonne ohne Gesicht (vgl. ungebildet) als S. bezeichnet.

**Sonnenstrahlen:** verschiedenartig gestaltete bzw. stilisierte Strahlen heraldischer Sonnendarstellungen. Mitunter wird ihnen im Wappenwesen symbolische Bedeutung beigelegt, so bedeuten z. B. die acht S. im Wappen der Philippinen die Aufstandsprovinzen des Jahres 1896.

**Sorgnicht:** mittelalterlicher Amtsname des Heroldes der *Grafen von Öttingen.*

**sousbrisures** ↑ Lätze.

**sowjetische Heraldik:** das im Jahre 1918

völlig neu gestaltete Wappenwesen Rußlands. Das erste Staatssiegel der Russischen Sozialistischen Föderativen Sowjetrepublik (RSFSR) wurde im Juli 1918 *W. I. Lenin* (1870/1924) vorgelegt. Innerhalb der kreisförmig angeordneten Aufschrift in russischer Sprache «Sozialistische Föderative Sowjetrepublik Rußlands» befand sich von Ähren umgeben ein länglicher Schild mit Hammer und Sichel, darunter ein Schriftfeld mit der russischen Inschrift «Proletarier aller Länder vereinigt Euch». Nach der Proklamierung der Union der Sozialistischen Sowjetrepubliken am 30. Dezember 1922 wurde das 1918 geschaffene Wappen verändert. Es besteht seit dieser Zeit aus einer von einem roten Stern überhöhten, mit Hammer und Sichel belegten Erdkugel, die über einer aufgehenden Sonne schwebt. Umgeben ist sie von goldenen, mit roten Spruchbändern umwundenen Weizenähren. Die Spruchbänder zeigen die Devise «Proletarier aller Länder vereinigt Euch» in den Sprachen der einzelnen Sowjetrepubliken, unten in der Mitte steht die Devise in russischer Sprache. Die offizielle Erläuterung der Symbole lautet: «Sichel und Hammer verkörpern den unzerstörbaren Bund der Arbeiter und Bauern, die die kapitalistische Ordnung vernichtet und die sozialistische Gesellschaft aufgebaut haben; die Darstellung von Sichel und Hammer auf der Erdkugel symbolisieren aber, daß die Errungenschaften der Werktätigen der UdSSR auch von den Werktätigen der anderen Länder erlangt werden können». Nach der Großen Sowjetenzyklopädie «spiegeln die sowjetischen Staatswappen eine neue sozialistische Ideologie wider, die dem neuen Staatstyp entspricht. Sie symbolisieren eine neue gesellschaftliche Situation. Die Darstellung von Sichel und Hammer in den sowjetischen Staatswappen zeigt die Embleme der friedlichen Arbeit und daß die Sowjetunion als ein Staat der Arbeiter und Bauern die Macht in die Hand der Werktätigen legt. Die unter der Erdkugel strahlende Sonne symbolisiert die helle Zukunft der Menschheit». Im Jahre 1924 waren es sechs Spruchbänder im Wappen (russisch, usbekisch, weißrussisch, georgisch, armenisch und turkotatarisch). 1936 waren es elf und ab Oktober 1945 16 Spruchbänder (russisch, ukrainisch, weißrussisch, aserbaidshanisch, georgisch, armenisch, turkmenisch, usbekisch, tadshikisch, kasachisch, kirgisisch, karelofinnisch, moldauisch, litauisch, lettisch und estnisch). Durch Erlaß des Präsidiums des Obersten Sowjets der UdSSR wurden 1946 die verschiedenen Fassungen des Wahlspruches revidiert und zu einer auf der kyrillischen Schrift aufgebauten Transkription übergegangen. Nach der Eingliederung der Karelofinnischen Republik in die RSFSR 1956 entfiel deren Bandschleife, so daß das Wappen der UdSSR heute noch fünfzehn Spruchbänder zeigt.

Die einzelnen Sowjetrepubliken führen noch besondere eigene Wappen und Flaggen, deren Symbolik auf die jeweiligen nationalen Eigenheiten abgestimmt ist. Die s. H. wurde nach 1945 zum Vorbild für die Wappen der sozialistischen Staaten, außer Polen und der ČSSR.

*Literatur*

Sovjetskoje gosudarstvennoje pravo (Sowjetisches Staatsrecht). Moskau 1950

*Neubecker, O.:* Neues zur sowjetischen Heraldik, in: «Der Herold» Vierteljahresschrift für Heraldik, Genealogie und verwandte Wissenschaften, Band 4, Heft 3. Berlin 1959

*Herzog, H. U.:* BI-Taschenlexikon Flaggen und Wappen. 2. Aufl. Leipzig 1982

*Spaltfeh*

**Spaltfeh:** Heroldsbild, bei dem die Hüte und die dazwischenliegenden Gegenhüte der ↑ Eisenhütlein jeweils zur Hälfte blau und weiß dargestellt sind. Abb.

**Spaltung:** senkrechte Teilung des Schildes

*Spange im Wappen derer von Zedlitz*

oder Feldes bzw. eines Heroldsbildes oder einer gemeinen Figur.

**Späne:** veraltete Bezeichnung für ↑ Schindeln.

**Spange: 1.** *Gürtelschnalle,* seltenes, oft stark stilisiertes Wappenbild, z. B. im Wappen derer *von Zedlitz.* Abb.
**2.** in der älteren heraldischen Literatur für ein achtarmiges ↑ Lilienkreuz verwendeter Begriff.

**Spangenberg,** Cyriacus: 1528/1604, Geistlicher, Heraldiker. S. gehörte einer bekannten mitteldeutschen Theologenfamilie an. Sein «Adelsspiegel» war die erste deutsche selbständige Lehrschrift, in der dieses Gebiet zusammenhängend dargestellt war.
*Werke*
Adelsspiegel. Schmalkalden 1591
Adelsspiegel, 2. Teil. Schmalkalden 1594

**Spangenhelm,** *Bügelhelm, Hundsgugel, Kolbenturnierhelm:* im 15. Jahrhundert aufgekommene und zum Kolbenturnier verwendete Helmform mit Spangen am Sehschlitz. Der S. ähnelt dem ↑ Stechhelm, hat jedoch in der Mitte kein Profil, sondern ist abgerundet. Der Sehschlitz ist breiter und mit fünf bis sieben Spangen versehen, die stark gewölbt aus dem Helm herausgearbeitet oder oben und unten angenietet wurden. Dem Stil der Renaissance entsprechend wurde ihre Form oft stark übertrieben. Die Gesichtsöffnung erreichte später fast die ganze Größe des Gesichtes. Helme, bei denen überdies noch Querspangen angebracht sind, tragen die Bezeichnung *Rosthelm.* Beide Helmarten, die mitunter mit rotem Tuch ausgeschlagen waren, wurden bei Turnieren mit Streitkolben oder stumpfen Schwertern verwendet. Der ausschließlich vom «turnierfähigen» Adel verwendete S. gelangte in der Heraldik zu hohem Ansehen und verdrängte bald seinen Vorgänger, den ↑ Kübelhelm, aus dem Wappenwesen. Gegen Ende des 15. Jahrhunderts bemächtigten sich, trotz heftiger Proteste der Turniergeschlechter, auch der niedere sowie der Briefadel dieser Wappenhelme, was im Laufe der Zeit auch stillschweigend geduldet wurde. Auch bürgerliche Familien führten hin und wieder diesen eigentlich dem hohen Adel vorbehaltenen Helm. Eine Ausnahme bildeten die Gelehrten. Ihnen war es gestattet, S. über ihren Wappen zu führen. Vgl. Abb. bei Helm.

**spanische Heraldik:** Das spanische Wappenwesen ist zum überwiegenden Teil der französischen Heraldik entlehnt. Die Wappen weisen häufig viele Felder auf. Neben dem Namen des Vaters wurde bzw. wird meist auch der der Mutter, oft sogar auch der der Großmutter beibehalten. Das wirkte sich auch heraldisch aus und führte zu vielfeldrigen Wappen. Der sich für diese zusammengesetzten mehrfeldrigen Wappen am besten eignende Halbrundschild ist in Spanien bereits seit dem 13. Jahrhundert nachweisbar und bis heute die beliebteste Schildform geblieben. Die individuellen Wappen sind meist aus den Wappen mehrerer Geschlechter zusammengesetzt. Der besonders häufig vorkommende ↑ Bord dient bei ↑ Ehewappen zur Aufnahme des Wappenbildes der Frau bzw. eines Bildmotives aus diesem in mehrfacher Wiederholung, zur Unterbringung von Wortdevisen oder Beizeichen. Während frontal gestellte goldene Bügelhelme dem Königshaus vorbehalten sind, führen die Herzöge und Marquis frontal gestellte silberne, der niedere Adel und das Bürgertum im Profil auf den Schild gesetzte Helme. Häufiger als Helme befinden sich über den Schilden ↑ Rangkronen. In der Kommunalheraldik dominiert ebenfalls der Bord, der vielfach mit den Wappenbildern von Kastilien und Leon belegt ist.
Die den spanischen Eroberern Mittel- und Südamerikas im 15. und 16. Jahrhundert verliehenen sogenannten Konquistadorenwappen bezeugen in Erfindung und Gestal-

tung den Verfall der vordem hochkultivierten s. H. In ihnen gibt es entgegen den heraldischen Regeln eine Vielzahl naturalistisch dargestellter Wappenbilder sowie eine teilweise unheraldische Farbgebung. Die s. H. wirkte sich auch nachhaltig auf das Wappenwesen der ehemaligen spanischen Gebiete (Sizilien, Südamerika) aus.

*Literatur*

*Ansensio y Torres, J.:* Tratado de heraldica y blason. Madrid 1929

*Cascante, J. V.:* Heraldica General y fuentes de las Armas de España. Barcelona 1974

**spanischer Reiter:** bewegliches Hindernis z. B. auf Straßen und vor Befestigungsanlagen, das als Wappenbild hauptsächlich in der englischen Heraldik auftritt.

**spanischer Schild,** *halbrunder Schild*: weitverbreitete, aber ungerechtfertigte Bezeichnung für den unten ausgerundeten, halbrunden Schild. Der ungefähr seit Ende des 14. Jahrhunderts verwendete Schild kam etwa zugleich mit den quadrierten Schilden auf und eignete sich gut zur Unterbringung mehrerer Wappenfiguren. Er wurde zu dieser Zeit in fast ganz Europa, also nicht ausschließlich in Spanien, benutzt.

**spanisches Kreuz:** mitunter für das Patriarchenkreuz (↑ Doppelkreuz) verwendeter Begriff.

**Sparre:** in alten Wappenbüchern mitunter Bezeichnung für ↑ Pfahl. Dieser Begriff darf nicht mit dem ↑ Sparren verwechselt werden.

**Sparren,** *Schleife, Sparrenstreif, Streiff*: häufiges und variantenreiches Heroldsbild, das entsteht, wenn die Teilungslinien einer ↑ Spitze durch parallellaufende Linien ergänzt werden. Die Breite der einzelnen Schenkel des S. soll in der Regel zwei Siebentel der Breite des Schildes betragen. Die Spitze, die die obere Begrenzungslinie bildet, heißt *Giebel.* Die Schenkel des S. treffen sich in der Mitte des Oberrandes des Schildes bzw. Feldes. Der S. kann mit Heroldsbildern oder gemeinen Figuren belegt sein. Heraldisch ist es nicht von Bedeutung, ob der S. mit der Spitze den oberen Schildrand berührt oder ob noch ein kleiner Raum dazwischen liegt. Letztere Darstellung wurde

*Schwarzer Sparren im goldenen Feld*

von den französischen Heraldikern oft verwendet. In diesem Fall muß der S. noch nicht als erniedrigt (↑ erhöht) blasoniert werden. Der S. kann auch mehrfach vorkommen. Seine Breite reduziert sich dann proportional. Unzutreffend wird der S. auch als *Spieß-* und *Spitzbalken* bezeichnet. Vgl. Stütze, Sparrenleiste, chevronel. Vgl. Abb. bei abgeledigt und durchbrochen. Abb.

**Sparrenkreuz:** frei im Schild schwebender ↑ Sparren, dessen rechter oder linker Balken mit einem Querbalken versehen ist. Ist diese Balkenseite nach unten hin verschoben, spricht man von einem *zerbrochenen S.*

**Sparrenleiste:** ↑ Sparren, der auf die Hälfte seiner natürlichen Schenkelbreite reduziert ist.

**Sparrenstreif:** bei ↑ *Rudolphi* für ↑ Sparren verwendeter Begriff.

**Sparrenstütze** ↑ Stütze.

**Sparrenteilung:** durch mehrere kleine ↑ Sparren bewirkte Schildteilung. Vgl. gesparrt.

**Speerruhe:** halbkreisförmige Aussparung der ↑ Tartsche. Die S. befindet sich in der heraldischen Darstellung stets auf jener Seite des Schildes, nach der dieser geneigt ist.

**Speerschuh:** als Wappenbild selten vorkommendes Eisen, das neben das Zelt gesteckt der Aufnahme des Schaftes der Turnierlanze diente. Der S. wurde in älteren Blasonierungen oft fälschlich als gestürzte Lanzenspitze gedeutet.

**Spener,** Christian Maximilian: 1678/1714, Mediziner, Heraldiker. Der älteste Sohn des berühmten Theologen *Philipp Jacob* ↑ *Spener* studierte Medizin und wurde 1701 «Hofmedicus» in Berlin. 1705 erhielt er an der neu errichteten Ritterakademie die Professur für

Genealogie und Heraldik und wurde 1706 Oberheroldsrat des Königreiches Preußen. Im Jahre 1711 ernannte ihn der Kurfürst von Sachsen während des Reichsvikariates zum ↑ Hofpfalzgrafen [comes palatinus]. Nach dem Tode *König Friedrichs I. in Preußen* (1701–1713) beauftragte ihn dessen Nachfolger *Friedrich Wilhelm I.* (1713–1740) mit der Errichtung einer Anatomiekammer. S. konnte sein Versprechen, das Hauptwerk seines Vaters fortzusetzen, nicht einlösen.

**Spener,** Philipp Jacob: 1635/1705, Theologe, Begründer des deutschen Pietismus, wohl bedeutendster deutscher Heraldiker seiner Zeit. Der Sohn eines im Dienste des *Grafen von Rappoltstein* stehenden Beamten ging 1651 nach Straßburg, wo er 1653 Magister und 1664 Doktor der Theologie wurde. Nach seiner späteren Tätigkeit als Pastor in Frankfurt am Main ist er 1668 bereits als Oberhofprediger in Dresden und 1691 als Propst und Konsistorialrat in Berlin tätig, wo er sich bis an sein Lebensende aufhielt. S. stand seit etwa 1662 mit dem damals bedeutendsten Heraldiker, dem Jesuitenpater *Claude Menestrier*, in Verbindung, von dem er für seine heraldischen Forschungen wertvolle Anregungen erhielt. Die 1668 von S. verfaßte Beschreibung des sächsischen Wappens erregte schon damals allgemeines Aufsehen. Bereits in diesem Werk brach er mit dem damaligen Brauch, die Wappen nur symbolisch auszulegen, und erforschte als erster die historischen Hintergründe der Wappenentstehung überhaupt. Kurze Zeit später erschienen seine heraldischen Hauptwerke in lateinischer Sprache, 1680 der spezielle Teil «Historia insignium illustrium» und in Frankfurt am Main 1690 der allgemeine Teil «Insignium theoria». Beide Teile wurden unter dem Titel «Opus heraldicum» (2. Aufl. 1717) zusammengefaßt. Der Autor verstand es meisterhaft, das bereits hochkultivierte französische Wappenwesen der deutschen Eigenart anzupassen. Er schuf auch ein neues System der Wappenbeschreibung. Der Schild und der Helm waren bei ihm bereits Hauptbestandteile des Wappens, denen die Schildeinteilung mit allem, was darauf dargestellt ist, folgte. Den in diesem Werk aufgeführten heraldischen Kunstwörtern sind zahlreiche Beispiele beigegeben. Auch den heraldischen Tinkturen und Figuren gab er ein festes Einteilungsprinzip. Den Schluß dieses Schemas bildeten die Beizeichen, Kronen, Hüte und Mützen sowie die ↑ redenden Wappen. Durch dieses System begründete er die moderne wissenschaftliche Heraldik und schuf die Grundlage fast aller später erschienenen Fachbücher. *König Friedrich I. in Preußen* (1701–1713) schätzte die Verdienste S. so hoch, daß er ihm eine Pension von jährlich 300 Talern bewilligte, die dann später auch auf seine Söhne übertragen wurde. Die heraldischen Arbeiten von S. lösten in der Folgezeit eine wahre Flut ähnlicher Schriften und Traktate von mehr oder weniger guter Qualität aus. Jedoch wurden die Erkenntnisse S. mehr und mehr mißverstanden, und die Epigonen des großen Heraldikers machten diese Wissenschaft in den meisten Fällen zu einer Hilfsdisziplin abgeschmacktester Blumensprache.

**Spes:** römische Gottheit der Hoffnung, als weibliche Figur mit einem Anker in der Hand dargestellt. Eine derartige Darstellung befindet sich z. B. im Wappen der Republik Südafrika für die Provinz Kapland.

**SPES BONA** [lat., gute Hoffnung]: Wahlspruch unter dem Wappen der ehemaligen britischen Kapkolonie.

**Sperling:** gemeine Figur, die oft als redendes Wappen verwendet wurde, z. B. drei S. im Wappen der mecklenburgischen *Familie von Sperling* (vgl. Panzerarm). Meist kann nur durch den Namen erkannt werden, daß es sich bei dem entsprechenden Vogel im Wappen um einen S. handelt.

**Sphinx:** als Wappenbild seltenes Fabelwesen aus der antiken Mythologie, das ein Mädchenbrustbild mit einem Löwenkörper darstellt.

**Sphragistik,** *Siegelkunde*: zu den historischen Hilfswissenschaften zählende Disziplin, die sich mit der Auswertung der ↑ Siegel als Quelle für die Geschichtsforschung beschäftigt.

Über die Bedeutung der S. für die Erfor-

*Spickel · Spickelflanke*

schung der Genealogie und Heraldik schrieb z. B. der bekannte Siegelforscher *Otto Posse* in dem Vorwort zu seinem Werk über die Siegel des Adels der Wettiner Lande bis zum Jahre 1500 (Dresden 1903): «Für die Erforschung der Geschlechtergeschichte des Mittelalters ist die Sphragistik eine der wesentlichsten Hilfswissenschaften. Oft wird hierbei dem mit dieser vertrauten Forscher das Siegel, in Anbetracht seiner großen Bedeutung, die es im Rechtsleben des Mittelalters gehabt hat, wertvolleren Aufschluß geben, als der oft recht dürftige Rechtsinhalt der Urkunde, z. B. die Schenkung von einigen Schock Groschen u. a.». So untersuchte der französische Siegelforscher *G. Demay* eine Reihe Reitersiegel aus der zweiten Hälfte des 12. Jahrhunderts, die von ein und derselben Person nacheinander verwendet wurden und sich nur dadurch unterscheiden, daß die älteren Stücke auf den Schilden nur einen Beschlag oder eine einfache Verzierung aufweisen, während die jüngeren schon deutliche Wappenbilder zeigen. Aus dieser Tatsache schloß er, daß in Frankreich die Wappen in der Zeit zwischen 1150 und 1190 in Mode gekommen sein müssen.
Die sphragistischen Forschungen sind wichtige Hilfsmittel für die Geschichte der Heraldik. Fast alle heraldischen Vereine befassen sich mit dieser historischen Hilfswissenschaft.

*Literatur*

*Grotefend, H.:* Über Sphragistik. Breslau 1875
*Seyler, G. A.:* Abriß der Sphragistik. Wien 1894
*Ewald, W.:* Siegelkunde. München, Berlin 1914, Reprint München, Wien 1975
*Kittel, E.:* Siegel. Braunschweig 1970

**Spickel,** *Zwickel*: von einigen Heraldikern für die abgekürzte, stehende ↑ Spitze verwendeter Begriff, wenn diese mit ihren Schenkeln nicht unmittelbar an, sondern neben den beiden unteren Schildecken einsetzt. Der S. kann auch in der Mehrzahl vorkommen. Abb.

**Spickelfeh:** heraldisches Dessin, das aus auf rote Querbalken gesetzten ↑ Spickeln in mehreren Reihen besteht.

**Spickelflanke:** durch Spickelschnitt (↑ Spikkel) begrenzte ↑ Flanke, deren Begrenzungslinie gegenüber dem Schild jedoch nicht fehlen darf, sonst ist es das Heroldsbild ↑ Flankenspickel. Abb.

**Spickelkreuz:** Kreuz, dessen Arme aus je zwei übereinandergestellten ↑ Spickeln bestehen.

**Spiegel:** **1.** seltener Begriff für die Wiederholung der im Schild befindlichen Wappenbilder als Helmzier (↑ Helmkleinod). **2.** seltener Ausdruck für ↑ Schirmbrett.

**Spieß:** vielfach als Speer blasoniertes Wappenbild, das oft mit einer Quaste unterhalb der Spitze dargestellt wird. Das S.eisen kann auch einzeln als Wappenfigur vorkommen.

**Spießbalken** ↑ Sparren.

**Spießlein:** alte Bezeichnung des ↑ Rautenstengels, wenn dieser mit Rauten besetzt ist.

**Spindel:** **1.** ↑ Weberschiffchen. – **2.** ↑ Rauten.

**Spindelbalken:** aus mehreren aneinandergereihten ↑ Spindeln (1.) bestehender Balken.

**Spindeln:** älterer und seltener Ausdruck für ↑ Wecken.

**Spindelseite:** bei Grabdenkmälern die rechte, die Wappen der Mutter und der mütterlichen Großmutter tragende Seite. Sie ist nach der Spindel am Spinnrad, einem für die weibliche Hausarbeit besonders wichtigen Gegenstand, benannt. Vgl. Grabdenkmal.

**Spiralkreuz:** Kreuz, dessen Arme von Spiralen gebildet werden.

**Spitzbalken** ↑ Sparren.

**Spitze,** *Gern, Keil, Pyramide, Sporn*: Heroldsbild, das durch zwei von der Mitte des

Oberrandes des Schildes nach den beiden Unterecken laufende Linien gebildet wird. Die S. kann in den verschiedensten Varianten vorkommen, z. B. als eingebogene, wellenförmige, erhöhte, flache gestürzte S., aber auch mit anderen Heroldsbildern oder gemeinen Figuren belegt sein. Vgl. Spickel, Dornenspitze. Abb.

**Spitzen:** **1.** im spitzen Winkel in das Feld oder den Schild gestellte Heroldsbilder oder Schildteilungen. Ob diese als rechte oder linke S. bezeichnet werden, hängt von der Richtung des Winkels ab. – **2.** ↑ Bärtigen.

**Spitzenteilung,** *Spitzenschnitt*: durch kleinere oder größere Spitzen bewirkte Schildteilung. Mit besonders kleinen Spitzen dargestellte S.en werden als *gezahnt* oder *gezähnelt* bezeichnet. Vgl. Mantelzug, mit Spitzenschnitt geviert. Abb.

**spitzkappenförmig:** in der älteren heraldischen Literatur Bezeichnung für das Heroldsbild ↑ Spitze bzw. Pyramide, wenn es das ganze Feld ausfüllt.

**Spitznagelkopfkreuz:** ↑ gemeines Kreuz, dessen Kreuzenden aus flachen Dreiecken bestehen.

**Spitzrauten, Spitzwecken:** seltene Ausdrücke für ↑ Wecken.

**spitzweise gezogener Balken** ↑ eckig gezogen.

**SPLENDOR SINE OCCASU** [lat., Glanz ohne Untergang]: Wahlspruch unter dem Wappen der kanadischen Provinz British-Columbia.

**Splittflagge** ↑ Doppelstander.

**Sponton:** hauptsächlich in der preußischen Heraldik des 18. Jahrhunderts vorkommende, zur Ausrüstung der Offiziere und Kornets gehörende lanzenförmige Stichwaffe mit einem S-förmig gebogenen Querknebel. Die pommersche *Familie von Alemann* führte zwei gekreuzte S. z. B. im Hinterwappen, als Helmzier erschienen drei S. im Wappen der *Familie von Rüchel-Kleist*.

**Sporenrädlein:** sechsstrahliges sternförmiges Heroldsbild mit runder Öffnung in der Mitte, die die Tinktur des Feldes sehen läßt. Abb.

**Sporn:** seltene alte Bezeichnung für ↑ Spitze.

*Spitze*

*Spitzenschnitt · Spitzenteilung*

*Sporenrädlein · Goldener Stabbord*

**Spornschnalle,** *Schwertgurtschnalle*: in vielen Wappen teils rund mit geradem Dorn, teils oval mit S-förmigem Dorn vorkommendes Bild. Kleeblattartig ornamentiert befindet sie sich im Wappen derer *von Zedlitz*.

**S P Q R:** Abkürzung für lat. *S*enatus *P*opulusque *R*omanus [Senat und Volk von Rom], in der Antike ein römisches Hoheitszeichen. Seit dem Mittelalter befindet sich dieses Symbol im Stadtwappen von Rom.

**sprechend:** weitverbreitete, jedoch unkorrekte Bezeichnung für ↑ redend. Vgl. redende Wappen.

**springend:** Darstellung eines vierfüßigen Tieres, das auf den Hinterfüßen steht und die erhobenen Vorderfüße leicht nach unten abknickt.

**Staatsblume:** typische Wappenblume eines Staates, z. B. die ↑ Distel von Schottland, die ↑ Rose von England usw.

**Staatsflagge:** in einigen Staaten mit der ↑ Nationalflagge identisches Hoheitszeichen des Staates. Die S. ist in der Regel dem Gebrauch durch staatliche Dienststellen vorbehalten.

**Staatskrone: 1.** ↑ Krönungskrone. – **2.** ↑ Imperial State Crown.

**Staatswappen:** nationales Ehren- bzw. Hoheitszeichen. Im Mittelalter führten die Landesherren für jedes ihrer verschiedenen Territorien ein eigenes Wappen, das dann auch auf dem bei den Belehnungen übergebenen Banner erschien. So sind die Landeswappen in manchen Fällen auf die mittelalterlichen Heerbannzeichen zurückzuführen. Parallel hierzu entwickelten sich die Landeswappen vorwiegend aus den Stamm- und Hauswappen der Fürstenhäuser, was jedoch nicht so häufig geschah, wie meist angenommen wird. In späterer Zeit führten die Landesherren in vielen Fällen das Landeswappen in Verbindung mit ihrem Hauswappen, woraus dann nach Erlangung der vollen Souveränität das S. entstand. Jeder Staat hat, wenn auch nicht immer heraldisch exakt, sein S., dessen Führung nur dessen Behörden zusteht. Die von den ehemaligen Hoflieferanten geführten Wappen waren keine S., sondern stets die persönlichen Wappen der betreffenden Fürsten. In der Gegenwart benutzen viele Staaten kein S., sondern ein Emblem, das nicht den heraldischen Regeln folgt. Vgl. Landeswappen.

*Literatur*

Staatswappen aller Länder der Erde. Frankfurt am Main o. J.

*Ströhl, H. G.:* Deutsche Wappenrolle. Stuttgart 1897

*Ströhl, H. G.:* Österreichisch-Ungarische Wappenrolle. Wien 1900

*Smith, W.:* Wappen und Flaggen aller Nationen. München 1981

*Herzog, H.-U.:* BI-Taschenlexikon Flaggen und Wappen. 2. Aufl. Leipzig 1982

**Stab** ↑ Pfahlfaden.

**Stabbalken** ↑ Strichbalken. Vgl. Leiste.

**Stabbord,** *Schnur:* schmale Einfassung eines Schildes oder schmaler Schildesrand. Der S. wurde bei Standeserhöhungen oft anstelle einer anderen Vermehrung oder Verbesserung dem ursprünglichen Wappen des Betreffenden beigegeben. Abb.

**Stabkreuz: 1.** von dem Heraldiker *von* ↑ *Sakken* verwendete Bezeichnung für ↑ Kreuzfaden. – **2.** ↑ Kreuzschnitt.

**Stäbler** ↑ Grießwärtel.

**Stadel:** als Wappenbild selten vorkommendes kleines Häuschen mit spitzem Dach, das mitunter auch als *Kemenate* bezeichnet wird.

**Städtewappen:** von Städten und Stadtgemeinden geführte Wappen, die ihren Ursprung in den seit dem 12. Jahrhundert nachweisbaren städtischen Siegeln haben. Echte S. sind erst seit dem 14. Jahrhundert bekannt. In dieser Zeit wurden die nicht immer den Siegeln entnommenen Bilder in einen Schild gesetzt und als Wappen benutzt. Da man dabei das Wesen der alten Wappen in vielen Fällen mißverstand, gebrauchte man kritiklos die Siegelbilder als Wappenbilder, was sich bei vielen S. heraldisch negativ auswirkte. Die weitverbreitete Ansicht, daß die S. in den meisten Fällen vom Kaiser oder Landesfürsten verliehen worden sind, ist historisch nicht haltbar; landesherrliche Wappenverleihungen oder -bestätigungen treten erst um 1400 auf. Die Abhängigkeit vom jeweiligen Landesherren kommt in einigen S. durch das beigefügte Wappen desselben zum Ausdruck. Vielfach wurde das landesherrliche Wappen ganz oder zum Teil in das S. übernommen. Erst in späterer Zeit bestand bei den S., da es sich hier bei den Stadtverwaltungen um Behörden handelt, ein fürstliches Genehmigungsrecht. S., die außer dem Schild noch andere heraldische Beigaben zeigen, sind selten. Helm und Helmzier trugen im Deutschen Reich nur einige wenige S. in Sachsen, Schlesien und Hannover. Der Schild der S. kann auch eine Mauerkrone tragen, deren Zinnenzahl die Bedeutung und Größe der Stadt zum Ausdruck bringen sollte (vgl. russische Heraldik). Rangkronen, wie z. B. in den alten Wappen der Städte Königsberg (Kaliningrad), Emden, Darmstadt, bedurften einer besonderen landesherrlichen Verleihung.

Weit einfacher als bei den meisten Adels-

oder sonstigen privaten Wappen ist bei den S. die Absicht der Wahl des Wappenbildes zu erkennen. In vielen Fällen erschienen bereits in der heraldischen Frühzeit den Siegelbildern entnommene Darstellungen. Dominierend waren die Mauerkränze mit ihren Tor- und Verteidigungstürmen als dem die Stadt vom Dorf unterscheidenden äußeren Merkmal. Eine Mauer mit einem Turm führen z. B. die Städte Glauchau (Sachsen) und Schleswig, mit zwei Türmen Hannover und Eichstätt, mit drei Lüneburg und Hamburg. Während sich z. B. in den Wappen von Meerane (Sachsen) und Meiningen (Thüringen) mehr als drei Türme befinden, verzichteten z. B. Bautzen (Lausitz) und Emden (Ostfriesland) gänzlich auf diese. Neben den stilisierten Darstellungen der Stadtmauer erschienen bereits sehr zeitig auch die Darstellungen konkreter wichtiger Gebäude (Schlösser, Kirchen, Rathäuser). So zeigt z. B. ein aus dem 13. Jahrhundert stammendes Siegel der Stadt Speyer den bekannten romanischen Kaiserdom. Neben den Abbildungen von Gebäuden bzw. Stadtmauern nahm die Städteheraldik bereits früh Symbole der Hauptberufstätigkeit ihrer Bewohner sowie Andeutungen der geographischen Lage auf. Wegen des Bergbaus erscheinen z. B. Schlägel und Eisen in den Wappen von Annaberg-Buchholz (Erzgebirge), Brotterode (Harz) und Freital (Sachsen). Die Fischerei wird z. B. im Wappen der Ostseestadt Barth durch drei balkenweise, schräggestellte Fische ausgedrückt. Auf die geographische Lage sowie auf die Zusammenlegung von drei Gemeinden zur Stadt spielt z. B. das 1938 der Stadt Kühlungsborn (Ostsee) verliehene Wappen an. Symbole der ansässigen Industrie sind auch beliebte Wappenbilder der modernen Heraldik der DDR, z. B. das Wappen der 1953 entstandenen Stadt Eisenhüttenstadt sowie von Wolfen. Auf städtischen Münzen des Mittelalters, mitunter aber auch in den Siegeln und Wappen, erscheint der Anfangsbuchstabe des Stadtnamens, z. B. im Wappen von Marburg (Hessen) und Aurich (Ostfriesland). Das im Wappen von Breslau befindliche «W» bezieht sich auf die ursprüngliche und heute wieder gültige Namensform Wraczlaw [lat., Wratislawia, poln. Wrocław]. Besonders häufig greift die Städteheraldik auf die Schutzpatrone bzw. die Patrone einzelner Kirchen (besonders der Haupt- oder Pfarrkirche) zurück. Vielfach finden sich nur die ↑ Attribute des entsprechenden Heiligen, mitunter kommt aber auch beides gemeinsam vor. Die Abhängigkeit von dem Landes- oder irgendeinem Grundherren drückte sich bereits früh in den Wappen einer großen Anzahl von Städten aus. In einigen Fällen erscheint die direkte Darstellung des Landes- bzw. Grundherren, so z. B. sitzend im Wappen von Aschaffenburg (Unterfranken), stehend im alten Wappen von Brandenburg, zu Pferd in denen von Schwerin (Mecklenburg) und Marburg (Hessen). Diese Art der Darstellung ist auf die persönlichen Siegel der weltlichen und geistlichen Fürsten des Mittelalters zurückzuführen. Städte, die von einem Bistum, einer Abtei oder einem Domstift abhängig waren, drückten das heraldisch durch die Darstellung des entsprechenden Schutzheiligen bzw. seines Attributes oder durch Krummstäbe aus, z. B. Luckenwalde, das bis 1648 zum Erzstift Magdeburg gehörte. Bei einer Vielzahl von S. wurde auch der Wappenschild des Landes- oder Grundherren direkt übernommen. Besonders häufig geschah das mit dem alten sowie dem neuen Adler des römisch-deutschen Kaisers in den verschiedensten Tingierungen. Die Wappen vieler ehemaliger freier Reichsstädte zeigen ihn meist schwarz in Gold bzw. Gelb, z. B. Esslingen, Goslar, Essen, Görlitz, Minden. Schwarz in Silber führt ihn Aachen, silbern in Rot Frankfurt am Main. Im Gebiet der alten Mark Brandenburg dominiert der brandenburgische, in Schlesien der schlesische sowie im Gebiet des alten Königreiches Polen der polnische Adler in den Wappen der Städte. Ebenso gehen viele Löwen in den S. auf das Wappen des Landesherren zurück. Der meißnische (wettinische) Löwe findet sich z. B. in den Wappen von Dresden, Leipzig, Karl-Marx-Stadt (Chemnitz) und Weimar, während der hessische z. B. in den

*Pfälzische Stammbaummedaille aus dem Jahre 1696. Über dem schlafenden, am kurpfälzischen Wappen lehnenden Kurfürsten Johann Wilhelm (1690–1716) erhebt sich ein Lorbeerbaum mit neun gekrönten Portraitmedaillons mit den Bildern seiner Brüder Alexander Sigismund, Bischof von Augsburg, Friedrich Ludwig, Bischof von Breslau, sowie seiner Kinder Karl Philipp, Eleonore Magdalene, der Kaiserin, und vier weiterer Prinzessinnen*

Wappen von Schmalkalden, Hersfeld und Hildburghausen enthalten ist. Der pfälzische Löwe ist in den S. der früheren Kurpfalz sowie in Bayern besonders häufig. Der Stierkopf, das Wappenbild der mecklenburgischen Herzöge, später Großherzöge, kommt z. B. in den Wappen von Neustrelitz und Wismar vor, während z. B. die pommerischen Städte Greifswald, Anklam und Stargard den Greif führen. Die in den Wappen vieler einst abhängiger Städte enthaltenen Adelswappen sind mitunter oft der einzige Beweis dafür, daß die Stadt den betreffenden Geschlechtern einmal gehörte. Viele Städte bevorzugten ↑ redende Wappen. Diese Wappenbilder waren in der Regel dem Namen der Stadt entlehnt oder bilden zumindest eine Art Rebus, der ihn unschwer erraten läßt (vgl. onomatopoetische Wappen), z. B. bei Magdeburg die Darstellung einer Jungfrau (Magd) auf einer stilisierten Burg. Das die Wahl redender Wappenbilder in vielen Fällen etymologisch nicht begründbar ist, zeigt der Bär von Berlin, da der Name der Stadt eine andere Bedeutung hat.

*Literatur*

*Beckherrn, C.:* Die Wappen der Städte Alt-Preußens. Königsberg 1892

*Hupp, O.:* Deutsche Ortswappen. Kaffee-Hag-AG Bremen o. J., Neuherausgabe durch *K. Stadtler*, Bremen 1964

*Decken, J.:* Deutsche Länder- und Städtewappen. Bonn 1956

*Stadtler, K.:* Deutsche Wappen. Bremen 1964

*Novak, J.:* Slovenske mestske a obecne erby. Bratislava 1967

*Louda, J.:* Europäische Städtewappen. Balzers/Liechtenstein 1969

*Blaschke, K.-H., Kehrer, G., Machatschek, H.:* Lexikon Städte und Wappen der DDR. Leipzig 1979, 2. erw. Aufl. 1984

**Stadtpyr** ↑ Pinienzapfen.
**Staffel** ↑ Stufe.
**Staffelkreuz:** seltene Bezeichnung für ↑ Schwellenkreuz.
**Stahlfarbe** ↑ Eisenfarbe.
**Staindel,** *Stainel*: alte Bezeichnungen für Steine bzw. ↑ Schindeln.
**Stammbaum:** grafische Darstellung einer ↑ Ahnentafel in Form eines Baumes, bei dem der älteste Vorfahr an der Wurzel verzeichnet wird, die späteren Stammfolger bilden die Äste und Zweige. Dem S. wurden in vielen Fällen die Wappen der einzelnen Vorfahren beigefügt. Abb. auf S. 377.
**Stammbuch,** *Album*: zur Erinnerung an Freunde und Bekannte angelegtes Buch, das in vielen Fällen mit den Wappen der sich Eintragenden versehen wurde. Das S. ist wahrscheinlich aus dem Turnier-, Familien- oder Geschlechterbuch entstanden. Diese Vermutung wird durch den Umstand untermauert, daß die ältesten Stammbücher fast nur aus eingemalten Wappen und den Namensunterschriften der Inhaber bestehen. Ursprünglich nur von den Fürsten und Rittern gepflegt, übernahmen später die Gelehrten, das Bürgertum und die akademische Jugend das S. Besonders die Patrizier in den Reichsstädten, die den Adel und die Gelehrten nachahmten, schmückten ihre Stammbücher mit den prächtigsten Wappen u. a. kostbaren Malereien. Die Glanzzeit des S.es war das 16. und 17. Jahrhundert. In den Stammbüchern befinden sich sonst völlig unbekannte Wappen. Daraus ergibt sich deren hohe Bedeutung für die Heraldik. Die reichhaltigste Sammlung von Stammbüchern befindet sich in der Staatsbibiliothek zu Weimar. Abb.
*Literatur*
*Schmidt, G.*: Stammbuchblätter deutscher Edelleute. Berlin 1907
**Stammtafel** ↑ Ahnentafel.
**Stammwappen:** Wappen, das ein Geschlecht bereits bei seinem ersten Auftreten geführt hat. Zu dem S. kamen in späterer Zeit eigenmächtig angenommene oder verliehene Wappen hinzu (vgl. Wappenbesserung). Neben dem vermehrten Wappen wurde meistens das S. beibehalten, indem

*Ausschnitt aus einem sächsischen Stammbuch etwa aus der Zeit 1500 bis 1550 mit den Wappen von Sachsen, Thüringen (↑ bunter Löwe), Meißen, der Pfalz Sachsen und in der Mitte dem Amtswappen der sächsischen Kurfürsten, die Kurschwerter, als Zeichen des Erzmarschallamtes*

es z. B. im ↑ Herzschild eines zusammengesetzten Wappens angebracht wurde.
**Standarte:** ursprünglich das kaiserliche Reichsbanner, später Reiterfahne, heute auch allgemein eine kleine quadratische ↑ Fahne. Die S. unterscheidet sich von der Fahne vor allem durch ihre kleineren Abmessungen. Der Begriff S. für die ↑ Flagge des Staatsoberhauptes kam durch die Unwissenheit englischer Flaggenfabrikanten um 1830 auf, die das englische Königsbanner «standart» nannten. Diese Bezeichnung bürgerte sich später in fast allen Sprachen ein.

**Ständer,** *dreieckige Wappenflügel, Schoos, Schoß*: Heroldsbild, das aus demjenigen achten Teil des Schildes oder Feldes entsteht, der mittels gerader und schräger Quadrierung gebildet wird und von rechts und oben mit der Spitze nach der Schildmitte weist. Eine andere Stellung des S. muß besonders gemeldet werden. Der Ausdruck *Zwickel* für den S. ist nicht korrekt. Abb.

**Ständerkreuz:** durch schräge ↑ Ständerung entstehendes Kreuz. In den meisten Fällen nimmt das S. weniger Raum als das Feld ein, da bei gleicher Verteilung der Plätze kein besonderes Heroldsbild, sondern eine Schildteilung (schräge Ständerung) entstehen würde. Abb.

**Ständerung:** Schildteilung, die durch die gleichzeitige Anwendung der Spaltung, Teilung, Rechts- und Linksschrägung oder aus der Verbindung der gewöhnlichen mit der schrägen Quadrierung in abwechselnden Tinkturen entsteht. Die achtmalige S. mit zugleich acht Plätzen gilt als normal und muß bei der Blasonierung nicht besonders angegeben werden. Es sind auch mehrfache S.en möglich. Die Tinktur des normalen ↑ Ständers muß zuerst gemeldet werden. In einigen älteren heraldischen Werken wird die S. als *Windmühlenflügel* blasoniert und auch darauf zurückgeführt. Der wirkliche Ursprung der S. ist bisher noch unklar. Nach einigen Heraldikern soll sie auf die alte Feld- und Waldeinteilung zurückzuführen sein, z. B. das Wappen der *Waldbott von Bassenheim*. Vgl. Oberständer. Abb.

**Standesherr** ↑ Mediatisation.

**Standeskronen** vgl. Rangkronen.

**Standeswappen:** ↑ Amtswappen, mit deren Verleihung zugleich auch eine Standeserhöhung verbunden war. Sie waren erblich, wenn auch Amtswürde und Adelstitel erblich waren. Selbst wenn S. noch nach der Amtszeit beibehalten wurden, sind sie nicht als Familienwappen anzusehen. Im Aufbau stimmen die S. im wesentlichen mit den ↑ Personenwappen überein, jedoch sind nicht alle S. Personenwappen. So wurden z. B. die Wappen der Erbämter von dem gesamten damit beliehenen Geschlecht geführt, im Gegensatz zu den Erzämtern, deren Symbole nur vom entsprechenden Kurfürsten im Wappen verwendet werden durften. Vgl. Würdewappen.

**Stanitzen:** Fahnenbilder der polnischen Urdynastengeschlechter, aus denen die meisten der alten polnischen Wappenbilder entstanden sind. Die von den nordischen Runen abgeleiteten Zeichen wurden nach der Christianisierung Polens vielfach geändert, indem man, um den neuen Glauben auszudrücken, in die S. Kreuzlinien einsetzte. Diese ursprünglichen Bilder führten nach dem Tode der Dynasten nur deren älteste Söhne weiter, die jüngeren mußten das Zeichen der Wojewodenwürde, die Rune tyr, ablegen und die S. in Form eines Kreuzes führen, durch dessen unteren Teil ein Halbkreis gezogen ist. Mitunter benutzten sie auch die Seniorats-S., jedoch gestürzt. Nachdem am Anfang des 14. Jahrhunderts die Bildsprache der westeuropäischen Heraldik in Polen bekannt wurde, versuchte man die bereits unverständlich gewordenen Zeichen der S. durch ihrer Form entsprechende ↑ gemeine Figuren zu ersetzen. So entstanden z. B. die in der polnischen Heraldik beliebten gestürzten Hufeisen mit dem von ihnen umschlossenen Kreuz, z. B. im Wappen der *Zastřembiec*, sowie der steigende Halbmond mit eingesetz-

*Rechter oberer Flankenständer*

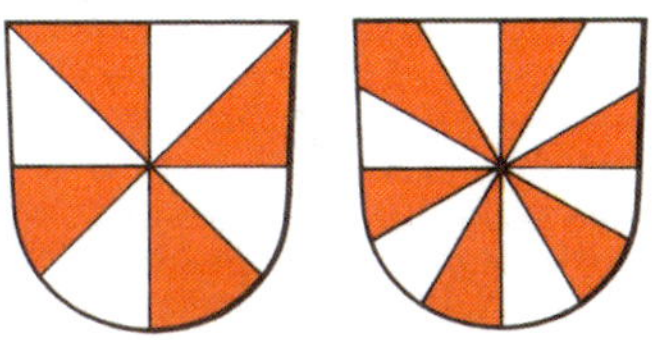

*Rotes Ständerkreuz im silbernen Feld (links)*
*Ständerung (rechts)*

tem Kreuz, z. B. im Wappen der *Szeliga*. Auch das Jagdhorn mit dem aufgesetzten Kreuz im Wappen der *Suchekownaty* entstand auf diese Weise.

*Literatur*

*Ströhl, H. G.:* Heraldischer Atlas. Stuttgart 1900

*Piekosinski, F.:* Rycerstwo polskie wiekow srednich. Krakau 1897

*Gumowski, M.:* Handbuch der polnischen Heraldik. Graz 1969

**Star:** seltenes Wappenbild, das z. B. redend im Wappen der bayrischen Stadt Starnberg erscheint.

**State Crown: 1.** ↑ Krönungskrone. – **2.** ↑ Imperial State Crown.

**STATE SOVEREIGNTY NATIONAL UNION** [engl., staatliche Unabhängigkeit, nationale Einigkeit]: Wahlspruch über dem Wappen des US-Bundesstaates Illinois.

*Goldener Steigbaum im schwarzen Feld*

**STATIO HAUD MALEFIDA CARINIS** [lat., den Schiffen ein zuverlässiger Hafen]: Wahlspruch im Wappen der ehemaligen britischen Kolonie Saint Lucia.

**Staurologie** [griech., Kreuzkunde]: Hilfswissenschaft, die sich mit der Erforschung und Beschreibung alter bzw. aller Kreuzformen und Kruzifixe beschäftigt.

**Stechhelm:** seit dem Ende des 14. Jahrhunderts auf den Wappen vorkommende, später vorzugsweise den bürgerlichen Wappen vorbehaltene Helmform. Der S. entwickelte sich aus dem ↑ Kübelhelm und hat im Gegensatz zum ↑ Spangenhelm nur einen schmalen waagerechten Sehschlitz. Der Unterteil des Helmes hat vorn in der Mitte eine Schneide und tritt oben stark hervor, so daß er im Profil eine Spitze bildet. Er reichte bis zu Brust und Nacken herab, wo er angeschraubt oder angeschnallt wurde. Vgl. Abb. bei Helm.

**Stechschild** ↑ Tartsche.

**Stechzeug:** Bezeichnung für Sattel und Zaumzeug eines gesattelten und gezäumten Pferdes, das beim Stechen im Turnier getragen wurde. Das S. war in vielen Fällen mit heraldischem Schmuck versehen.

**Stecken:** ältere, selten gebrauchte Bezeichnung für ↑ Faden.

**Steckkreuz:** überflüssige Bezeichnung für ein unten zugespitztes ↑ Kreuz.

**Steg: 1.** alte, kaum noch bekannte Bezeichnung für den ↑ Turnierkragen.

**2.** als einfache Brücke mit quadratischem Durchlaß dargestelltes Wappenbild, das nicht mit dem Turnierkragen verwechselt werden darf.

**stehend:** Tier, das mit allen seinen Füßen auf dem Boden steht.

**Steigbaum:** als Wappenbild in den verschiedensten Varianten auftretendes, leiterähnliches Gerät (mit nur einem Holm) des mittelalterlichen Kriegswesens. Ein S. kommt z. B. im Wappen derer *von Bredow* vor. Abb.

**Steigbügel:** als Wappenbild in der modernen dreieckigen, aber auch in der sogenannten sarazenischen oder polnischen (abgerundeten) Form vorkommende Schildfigur.

**steigend:** Wappentiere, die mit dem Kopf nach oben, den Schwanz nach unten dargestellt sind.

**steigender Halbmond** ↑ Halbmond.

**steigender Komet** ↑ Komet.

**Steinbock:** meist springend dargestellte Schildfigur, die mit großen, knorpeligen Hörnern versehen ist. Diese und die Klauen sind in der Regel abstechend tingiert. Die meisten Heraldiker nahmen an, daß im Wappenwesen jeder Bock einen S. symbolisierte. Die Hörner des S.es können auch einzeln als Wappenbild vorkommen. Ein goldener S. mit roten Klauen und Hörnern auf blauem Grund befand sich z. B. im Wappen der ehemaligen österreichischen Markgrafschaft Istrien, und noch heute ist der S. das Wappentier des Kantons Graubünden. Auch auf Münzen des Erzbistums

*Steinbock im Wappen der ehemaligen Markgrafschaft Istrien*

Salzburg ist der S. zu finden. Er war das Familienwappen des Erzbischofes *Markus Sittikus von Hohenems* (1612–1619). Abb.

**Steine:** alte Bezeichnung der ↑ Schindeln, mitunter auch fälschlich der ↑ Rauten.

**Steinmetzeisen:** in älteren Blasonierungen mitunter fälschlich für ↑ Wolfsangel verwendeter Begriff.

**Steinmetzzeichen:** in Stein gemeißelte persönliche Marken (Erkennungszeichen) der Steinmetzen, die ähnlich wie die Künstlersignaturen zur Kennzeichnung der Arbeit dienten. Die S. ähneln stark den ↑ Hausmarken.

**STELLA CLAVISQUE MARIS INDICI** [lat., Stern und Schlüssel der Indischen See]: Wahlspruch unter dem 1906 neu verliehenen Wappen der Insel Mauritius.

**Stellung der Wappenfiguren:** Anordnung zusammengehöriger gleichartiger Symbole oder Figuren auf dem Schild. Durch die Dreieckform der Schilde in der Frühzeit des Wappenwesens bedingt, ist die Normalstellung der Wappenfiguren 2.1., d. h., im oberen Teil des Schildes muß sich immer die Mehrzahl der Figuren befinden. Nach unten nimmt deren Anzahl auf dem ursprünglich schmaler werdenden Schild ab. Diese Verteilung wurde später zu einem ungeschriebenen heraldischen Gesetz und muß bei der Blasonierung nicht besonders gemeldet werden. In späterer Zeit entstanden jedoch auch Ausnahmen, die besonders angegeben werden müssen.

**Stephanskrone:** Krone der ungarischen Könige und altes ungarisches Staatssymbol. Die S. besteht aus zwei Kronen, der lateinischen und der byzantinischen. Erstere, eine Goldblechhaube mit zwei sich kreuzenden Bügeln, soll *König Stephan I.* (997/1001 bis 1038) von dem *Papst Silvester II.* (999–1003) erhalten haben, letztere, ein Diadem, war ein Geschenk des oströmischen *Kaisers Michael Dukas* (1071–1078) an *Herzog Geza I.* (1064–1074), König (1075–1077) im Jahre 1075. Das Kreuz ist eine spätere Zutat.
Die S. hatte ein wechselvolles Schicksal. Mehrmals entführt, war sie von 1848 bis 1853 bei Orsova vergraben. Ende des Zweiten Weltkrieges verschwand sie nach Amerika und kehrte erst 1978 nach Budapest zurück, wo sie im Nationalmuseum aufbewahrt wird. Die S. erscheint etwas stilisiert auf dem alten Wappen Ungarns. Abb.

*Literatur*

*Deér, J.:* Die heilige Krone Ungarns. Wien 1966

*Stephanskrone*

*Bárány-Oberschall, M.:* Die Sankt Stephanskrone und die Insignien des Königreiches Ungarn. 2. Aufl. Wien 1974

Kovács, E., Lovag, Z.: Die ungarischen Krönungsinsignien. Budapest 1980

**Stephansorden: 1.** nach dem Schutzpatron Ungarns benannter, am 5. Mai 1764 durch *Kaiserin Maria Theresia* (1740–1780) gestifteter höchster ungarischer Orden. Die Dekoration des dreiklassigen Ordens besteht aus einem grün emaillierten, von der ↑ Stephanskrone überhöhten Kreuz. Das Medaillon der Vorderseite zeigt das Wappen Ungarns, grüner Dreiberg (↑ Berg) mit weißem ↑ Doppelkreuz, daneben die Buchstaben «M. T.» [Maria Theresia] umgeben von einem weißen Schriftkreis mit der Ordensdevise «PUBLICUM MERITORUM PRAEMIUM» [lat., ein öffentlicher Lohn der

Verdienste]. Mitunter erscheint das Ordenskreuz unter dem ungarischen Wappen.

**2.** von *Cosimo II. (I.) von Medici* (1537–1574), dem ersten Großherzog von Toskana, in Erinnerung an die am 2. August 1554 (Stephanstag) gegen den Marschall von Frankreich, *Piero Strozzi* (gest. 1558), gewonnene Schlacht gestifteter militärischer Orden. *Großherzog Ferdinand III.* (1790–1801 und 1814–1824) erneuerte den Orden am 22. Dezember 1817 und teilte ihn in vier Klassen. Das Ordenszeichen des höchsten toskanischen Ordens besteht aus einem rotemaillierten ↑ Malteserkreuz, das von einer offenen Bügelkrone überhöht ist und in den Winkeln Lilien trägt. In einigen Fällen erschien das rote Ordenskreuz hinter den Wappen der Großherzöge.

*St. Stephanus*
*mit seinen Attributen Palmwedel und Buch,*
*auf dem drei Steine liegen,*
*auf einem gemeinschaftlichen Taler*
*der Stadt und des Domkapitels Halberstadt*
*aus dem Jahre 1691*

**Stephanus:** christlicher Heiliger, Diakon der Kirche zu Jerusalem, erster Blutzeuge (Protomartyr) der christlichen Kirche. Er wird mit der Palme als Zeichen der Märtyrer und Steine tragend (weil er gesteinigt wurde) dargestellt. Der heilige S. wurde als Schutzpatron der Pferde verehrt und ist Schutzpatron vieler Länder, Städte, Gemeinden und Kirchen, z. B. der Bistümer Halberstadt und Metz, von Bayern, Nijmwegen, Ostfriesland, Regensburg, Speyer usw. In der Heraldik erscheint er z. B. in den Wappen der Städte Gerbstedt (Bezirk Halle) und Hitdorf (Rheinland). Abb.

**Stern:** in der deutschen Heraldik meist sechsstrahlig, in der französischen, englischen und italienischen fünf- bis achtstrahlig dargestelltes Wappenbild. Das ebenfalls auf den Wappen häufig vorkommende ↑ Sporenrädlein wird mitunter fälschlich als S. angesprochen.

Der S. bzw. mehrere S. erscheinen in den verschiedensten Gestaltungen und Farben in Familien- und auch Staatswappen. Als redendes Wappenbild befindet sich ein S. z. B. im Wappen der böhmischen *Uradelsfamilie von Sternberg.* Der schwarze S. auf goldenem Feld im Wappen der *Fürsten von Waldeck* entstand aus einem roten, achtspitzigen, den die *Dynasten Schwalenberg* führten; die sich abtrennende Linie Waldeck verwandelte den roten S. in einen schwarzen, um sich von der Schwalenberger Linie zu unterscheiden. Der Waldecker S. befindet sich z. B. auch im Stadtwappen von Bad Wildungen. Einen silbernen, sechsstrahligen S. auf blauem Feld erwählte sich *Goethe* zum Wappenbild. Den interessanten Beweggrund für diese eigenmächtige Wappenannahme schilderte der Dichter im Jahre 1775 in einem Brief an den Herzog von Weimar: «Sonntags früh bei Tagesanbruch: Fatales Tauwetter, und so der Ton des ganzen Tages verstimmt, wollen sehen wie wir ihn wieder aufbringen. Der herrliche Morgenstern, den ich von nun an zum Wappen nehme, steht hoch am Himmel...» *Goethe* machte von dem sich selbst zugelegten Wappen regen Gebrauch und benutzte es auch zum Siegeln. Als sich der Herzog im Jahre 1782 für die Adelung seines Freundes beim Kaiser in Wien verwendete, ließ er ihm das Wappen als adliges verleihen und erklärte ausdrücklich, daß ihm jede Änderung desselben unerwünscht sei.

Eine Vielzahl von S.en begegnet uns in heutigen Staatswappen. So z. B. symbolisieren die vier über einem Halbmond befindlichen S. im Wappen der Republik Komoren die vier Inseln, aus denen dieser Staat besteht. Halbmond und S., das Emblem des Is-

*Wappenentwurf mit großem Stern im Schild von Hugo ↑ Ströhl (um 1890) für die bürgerliche Familie Pscherer, Malerei auf Porzellan*

lam, erscheinen seit langer Zeit im Wappen der Türkei sowie auch in den Wappen anderer islamischer Staaten. Im Jahre 1964 verlieh die Königin der Niederlande den Niederländischen Antillen ein neues Wappen, in dem sich auf gelbem Grund sechs blaue S. befinden, die für die sechs Inseln stehen. Die fünf S. im Wappen von Singapur werden als Sinnbilder für Demokratie, Frieden, Fortschritt, Recht und Gleichheit gedeutet. Seit 1975 findet sich ein roter S. im Wappen der Volksrepublik Benin. Fünf goldene S. auf rotem Grund trägt das Wappen der Volksrepublik China. Der Fahne der Aufständischen um 1811 wurde im Jahre 1842 der goldene S. im Wappen von Paraguay entnommen. Das Wappen Brasiliens besteht aus einem S., auf den als Medaillon seit 1889 das S.bild «Kreuz des Südens» aufgelegt ist. Rote S. finden sich in fast allen Wappen der sozialistischen Staaten. Vgl. gesenkt, mullet. Abb.

**Sternenbanner** [engl. stars and stripes, Sterne und Streifen]: Nationalflagge der Vereinigten Staaten von Amerika. Das erste S. von 1775 hatte neben 13 rot-weißen Streifen noch den ↑ Union Jack im Obereck. Am 14. Juli 1777 wurde der Union Jack durch 13 kreisförmig angeordnete Sterne ersetzt. Es wurde festgelegt, daß künftig die Anzahl der Streifen und Sterne mit der Anzahl der Bundesstaaten übereinstimmen soll. Da durch die wachsende Anzahl der Unionsstaaten die Zahl der Streifen die ästhetische Gesamtwirkung der Flagge verminderte, beschloß man im Jahre 1818, daß das S. wie ursprünglich nur 13 Streifen haben und die Anzahl der einzelnen Staaten nur durch die Sterne symbolisiert werden soll. Eine letzte Änderung erfuhr die Flagge am 4. Juli 1960, als sie den 50. Stern für Hawaii erhielt.

**Sternkreuz:** vierstrahliger Stern, der mit seinen Strahlen nach dem Mittelpunkt der vier Schildränder zeigt. Die sprachlich unklare Bezeichnung erweckt den Eindruck, daß es sich hier um ein aus einzelnen Sternen gebildetes Kreuz handelt. Abb.

*Rotes Sternkreuz im silbernen Feld*

**Stieglitz:** seltenes Wappenbild, z. B. im Familienwappen derer *von Stieglitz* als redende, gemeine Figur.

**Stier,** *Ochs*: schreitend, stehend oder aufgerichtet dargestellte Wappenfigur. Die alten Heraldiker sahen in dem in der Regel zottig und wild dargestellten S. den jagdbaren Büffel-S. Der Kopf des S.es kann als Wappenbild auch allein vorkommen, z. B. im mecklenburgischen Wappen und in den Wappen mecklenburgischer und schlesischer Städte (vgl. Stierkopfschild). Meist befindet sich daran ein Stück abgerissenes Halsfell, das als ↑ abgerissen gemeldet werden muß. Einen aufgerichteten S. führt z. B. die Stadt Turin (Italien) als Wappen. Vgl. Uristier. Abb.

**Stierkopfschild:** Bezeichnung des Wappens des Herzogtumes Mecklenburg (in Gold ein goldbekrönter, silbern gehörnter, schwarzer Stierkopf). Der Stierkopf ist in der mecklenburgischen Städteheraldik häufig anzutreffen, z. B. in den Stadtwappen von Dargun, Gadebusch, Grevesmühlen, Neustrelitz, Parchim usw. Abb.

Einen S. führt z. B. auch der Schweizer Kanton Uri, und er stellte auch das Wappenbild des Fürstentumes Moldau dar.

**Stift:** mit Vermächtnissen und Rechten ausgestattete, zu kirchlichen Zwecken bestimmte und einer geistlichen Korporation angehörende Anstalt mit allen dazugehörigen Personen, Gebäuden und Liegenschaften. Die ältesten Einrichtungen dieser Art waren die Klöster. Nach deren Vorbild entstanden später die bischöflichen Dom-, Erz- und Hoch-S.er, deren Geistlichkeit ebenfalls eine mönchische Verfassung annahm. Ursprünglich führten die Mitglieder des Domkapitels, die Kanoniker, Kapitularen, Dom-, Chor- oder S.sherren, ein gemeinschaftliches Leben. Später lebten die Mitglieder, meist Adlige, in besonderen Amtswohnungen und ließen ihre geistlichen Obliegenheiten durch Vikare besorgen. Dem Domkapitel fiel die Wahl des Bischofes zu. Auch in den bei der Reformation protestantisch gewordenen Landesteilen haben sich S.er zum Teil bis heute erhalten, ohne jedoch einen organischen Bestandteil der evangelischen Kirchenverfassung zu bilden. Außer den Dom-S.ern gab es auch geistliche und weltliche Damen-S.er. Diese Institutionen nahmen Töchter aus Adelsfamilien oder von verdienten Beamten auf, um ihnen ein standesgemäßes Leben zu garantieren. Die meisten der S.er führten besondere Wappen. Vgl. Stiftswappen.

**Stiftswappen:** Wappen der Klöster und Damenstifter. Die S., die bereits im Hochmittelalter auftreten, haben in ihren Darstellungen meist eine religiöse Beziehung, oft auf die Attribute ihrer Schutzpatrone. Fast alle deutschen Erzbischöfe und Bischöfe vereinigten das Wappen des Stiftes mit ihrem angestammten Familienwappen. Seit dem 14. Jahrhundert erschienen in den Siegeln der Bischöfe und Äbte neben dem Bild des Siegelführers oder des Schutzheiligen rechts ein Schildchen mit dem S., links der Familienwappenschild des betreffenden geistlichen Würdenträgers. Etwa 100 Jahre später, als die gevierten Schilde aufkamen, nahm das S. das erste und vierte Feld ein. Oft wurden S. und Privatwappen in zwei gesonderten Schilden nebeneinander gestellt. Einige Damenstifter führten das Wappen ihres Begründers bzw. ihrer Begründerin in zum Teil etwas abgewandelter Form.

*Golden bewehrter Stier auf grünem Grund als Stadtwappen von Luckau (Niederlausitz)*

*Stierkopfschild aus dem Gesamtwappen der mecklenburgischen Großherzogstümer*

**Stil, heraldischer:** nur dem Wappenwesen eigene künstlerische Darstellungsform der Wappenbilder. In der heraldischen Frühzeit war das leichte Erkennen der Wappen aus großer Entfernung besonders wichtig. Dieses Kriterium trat später in den Hintergrund.

Der h. S. wurde immer von der jeweils herrschenden Kunstrichtung beeinflußt und variierte auch territorial. Für die Zeit der Frühgotik war der Dreieckschild mit dem Topf- oder Kübelhelm typisch. Die Wappenbilder waren eckig und langgezogen gestaltet. Von etwa 1150 bis 1375 waren die Helmdecken noch wirklicher Nackenschutz und somit einfach stilisiert dargestellt. Erst seit etwa dem 15. Jahrhundert wurden sie ornamental behandelt. In der Zeit der Hochgotik, etwa um 1400, kam der ↑ Stechhelm auf. Die Spätgotik brachte den unten abgerundeten Schild und den ↑ Spangenhelm. Dieser Zeitstil wurde für die meisten späteren Wappendarstellungen verbindlich. Die Wappenfiguren verloren ihre starre Form und wurden naturalistischer. Die aus der Zeit der «lebenden» Heraldik stammenden Grundelemente wurden in der Renaissance künstlerisch stark umgestaltet, was zwar von künstlerischer Wirkung war, aber dem ursprünglichen Wesen der Wappen sehr widersprach. Barock und Rokoko trugen dann zum Verfall der alten, soliden Heroldskunst bei, der am Anfang des 19. Jahrhunderts seinen Tiefpunkt erreichte. In der Zeit der Romantik nahm das Interesse an der Kultur des Mittelalters spürbar zu, was sich auch auf die Heraldik positiv auswirkte. Intensive Studien über das mittelalterliche Wappenwesen erweckten u. a. auch die guten, dem Wesen der Sache entsprechenden heraldischen Formen zu neuem Leben.

**Stillfried-Alcántara,** Rudolf Maria Bernhard, Graf v.: 1804/1882, königlich preußischer Oberzeremonienmeister, Schriftsteller, Heraldiker. S. besuchte das Gymnasium in Breslau, danach im Jahre 1819 die Ritterakademie in Liegnitz und das katholische Gymnasium in Koblenz. 1824 begann er an der Universität Breslau das Studium der Rechte, das er 1830 aufgab, um als Privatmann auf seinen schlesischen Gütern zu leben. 1833/34 wurde er mit dem preußischen Kronprinzen, dem späteren *König Friedrich Wilhelm IV.* (1840–1861), bekannt, der auf seine literarischen Arbeiten aufmerksam wurde. Nach der Thronbesteigung übertrug der König S. die Gestaltung des neuen Wappens und Staatssiegels. 1843 ernannte er ihn zum Zeremonien-, 1853 zum Oberzeremonienmeister. Ein Jahr später wurde er Vorstand des neu gegründeten preußischen Heroldsamtes und 1856 Mitglied der preußischen General-Ordenskommission. In den Jahren 1852 bis 1868 war er auch Leiter des als selbständige Behörde ins Leben gerufenen königlichen Hausarchives. S. war auch als Konservator an der Restaurierung mehrerer historischer Bauten, z. B. der Burg Hohenzollern in Württemberg, beteiligt. Er begleitete die dem König von Portugal vermählte *Prinzessin Stephanie von Hohenzollern-Sigmaringen* nach Portugal und wurde dafür von diesem zum Grafen von Alcántara und zum Granden von Portugal erhoben. Im Jahre 1879 wurde er Ritter des preußischen Schwarzen Adlerordens. S. erwarb sich große Verdienste als Förderer der heraldischen Wissenschaft. So veranlaßte er z. B. 1875 die Neuherausgabe des ↑ Conrad Grünenberg'schen Wappenbuches aus dem Jahre 1483. Die erste Form des neuen Reichsadlers von 1871 geht auf seine Entwürfe zurück.

**Stock:** ältere Bezeichnung für ↑ Mauerbrecher.

**Stocker:** **1.** ↑ Falke. – **2.** ↑ redende Wappen.

**Stockkreuz:** verschiedene Kreuzformen, deren unterer Kreuzarm in einer Spitze ausläuft. Die Bezeichnung ist vom Einstecken in die Erde abgeleitet.

**Stollen** ↑ Hufeisen.

**Storch:** seltene Wappenfigur, die meist stehend, teilweise auch flugbereit, dargestellt wird. Mitunter hält der S. im Schnabel einen Frosch, eine Schlange oder einen Schlüssel. Der Schnabel und die Beine sind in der Regel rot tingiert, die Flügeldecken schwarz, z. B. im Stadtwappen von Den Haag (Niederlande).

**Strahl,** *Stral* [poln. strzala, Pfeil]: Bezeichnung einer Pfeilspitze mit zwei besonders langen Widerhaken. Als redendes Wappenbild erscheint der S. im Wappen der Stadt Stralsund sowie der dort beheimateten *Familie von Hagemeister*. Bei den im Wappen

*Silberner Strahl im roten Feld, wie er sich ähnlich (mit einem Kreuz über der Spitze) im Stadtwappen von Stralsund befindet*

der aus Mecklenburg stammenden *Familie von Stralendorf* befindlichen Pfeilen handelt es sich ebenfalls um S.en. Abb.

**strahlend:** heraldische Sonne, deren Strahlen alle gespitzt sind.

**Strahlenkrone** ↑ Zackenkrone.

**Strahlenspitzenkreuz,** *zugespitztes Kreuz*: Kreuz, dessen Enden mit widerhakenähnlichen Spitzen versehen sind.

**Stral** ↑ Strahl.

**Straße: 1.** altheraldischer Ausdruck für einen den Schild teilenden ↑ Pfahl.
**2.** alte, unkorrekte Bezeichnung für ↑ Balken. Nach einigen älteren Heraldikern auch für den schräglinken Balken verwendeter Begriff.

**Strauß:** mit nacktem Hals und starkem Federschweif dargestellte Wappenfigur, die meist ein Hufeisen im Schnabel hält. Das Hufeisen ist auf die mittelalterliche Ansicht zurückzuführen, daß der S. Eisen und Steine verdauen könne. In dieser Form erschien der S. z. B. auch im Wappen des berühmten «Doktor Eisenbart» (*J. A. Eisenbart*, 1666/1727), der durch die zu Unrecht gedichteten Knittelverse noch heute bekannt ist. Die Stadt Strausberg führt einen S. als redendes Wappen.
Den Rumpf des S. führen z. B. die bayrischen *Familien von Heydeck* und *von Strauss*. Einzelne oder mehrere Federn dienten als Helmschmuck und auch als Wappenbild. So befinden sich z. B. drei S.enfedern im Wappen von San Marino, und das persönliche ↑ Badge des Prince of Wales sind ebenfalls drei S.enfedern. Ein S. befand sich z. B. in der Helmzier der ungarischen *Anjou*. Als Schildfigur kommen sie z. B. bei den polnischen *Familien von Piora* und *von Konczyc* vor. Vgl. Federn.

**Strebe:** veralteter Ausdruck für ↑ Balken oder auch ↑ Schrägbalken.

**Streiff:** veraltet für ↑ Faden, wenn dieser den dritten Teil der Balkenhöhe oder Pfahlbreite hat. Von ↑ *Rudolphi* wurden mit diesem Begriff z. B. verschiedene Balken, der ↑ Pfahl und sogar der ↑ Sparren bezeichnet.

**Streitaxt:** der Zimmermannsaxt ähnliche Hiebwaffe der Ritter. In der Heraldik wurde die S. mit gerader Schneide und am Ende etwas gebogenem Stiel dargestellt.

**streitfertig:** Hahn, der die Krallen emporreckt.

**Streitgabel:** als zweizinkige Gabel mit geraden Spitzen dargestelltes Wappenbild, z. B. im Wappen der *Familie von Gablentz*. Die S. wurde mitunter auch irrtümlich als Heugabel blasoniert.

**Streithorst:** dem aus der antiken Mythologie bekannten Dreizack des Neptun ähnliche alte Stangenwaffe [lat. tridens bellicus, Kriegsdreizack]. Wahrscheinlich sind die Heugabeln im *von Hopfgarten'schen* Wappen aus dem S. hervorgegangen.

**Streitkolben:** mit eisernem Handstück und prismatischem oder achteckigem Ende dargestelltes Wappenbild.

**Streugabel** ↑ Roßkamm.

**Streumuster:** über den ganzen Schild verstreute kleine Wappenbilder in großer Anzahl, auf die wiederum ein ↑ Heroldsbild oder eine ↑ gemeine Figur gelegt ist, z. B. im Wappen von Orlamünde (Thüringen).

**Strich: 1.** bei einigen älteren Heraldikern Name für den ↑ Balken.
**2.** teilweise Bezeichnung für einen ein Zwölftel der Schildbreite betragenden Stab bzw. ↑ Pfahlfaden. In der Regel beträgt der Stab die Hälfte der Pfahlbreite, der S. die Hälfte der Stabbreite. Diese Differenzierung war allerdings in der deutschen Heraldik nicht beliebt.

**Strichbalken,** *Balkenfaden, Leiste, Stabbalken*: Bezeichnung für einen ein Zwölftel der Schildhöhe breiten ↑ Balken. Vgl. Schrägbalken.

**Ströhl,** Hugo Gerhard: 1851/1919, kunstgewerblicher Zeichner, Schriftsteller, Heraldiker. Neben seiner Tätigkeit als Zeichenlehrer in Wien verfaßte S. eine Vielzahl von Publikationen auf verschiedenen Gebieten. Seine Vorliebe galt der Heraldik, über die er mehr als zwanzig Arbeiten veröffentlichte. Am bemerkenswertesten dürfte sein 1899 in Stuttgart erschienener «Heraldischer Atlas» sein. Das Werk zeigt auf vielen Tafeln Wappenproben vom frühen Mittelalter bis zur Neuzeit aus fast allen Ländern. Die beigefügten Erläuterungen vermitteln einen interessanten Überblick über das Gesamtgebiet der Heraldik.

*Werke*

Deutsche Wappenrolle. Stuttgart 1897
Österreichisch-Ungarische Wappenrolle. Wien 1900
Die Wappen der Buchgewerbe. Wien 1900
Staatsheraldik. Wien 1909
Die Heraldik der katholischen Kirche. Wien 1910

**Strom** vgl. Fluß.

**Stubben,** *Baumstamm*: Wappenbild, das einen meist querliegenden Baumstumpf, oft mit einem Ast versehen, darstellt. Abb.

**Stübich:** als gemeine Figur seltenes, stark gerundetes Holzfaß ohne Spundloch. Als redendes Wappenbild erscheint ein S. z. B. im Wappen der *Familie von Stibich.*

**Studentenwappen:** in der Verfallszeit der Heraldik entstandene Wappen der studentischen Vereinigungen, wie Korps, Burschenschaften. Fast alle S. wurden inhaltlich nach einer festgelegten Schablone gestaltet, so daß sie – von wenigen Ausnahmen abgesehen – heraldisch von geringem Interesse sind. Die mit stereotypen Symbolen überladenen, mehrfeldrigen Schilde entsprachen in den wenigsten Fällen den heraldischen Regeln, da die Darstellungen meist in natürlichen Formen und Farben gehalten wurden. Für die Helmzier (↑ Helmkleinod) verwendete man meist Straußenfedern in den Farben der jeweiligen Verbindung. Typisch für S. ist der sogenannte *studentische Zirkel,* ornamental verbundene Buchstaben ähnlich einem Zeichen. Vielfach standen darunter die Stiftungsdaten der Verbindung.

*Stubben*

*Rote Stufe · Stufenschnitt*

**Stufe,** *Absatz, Staffel*: Heroldsbild, das aus zwei Querlinien und einer senkrechten Linie gebildet wird. Man unterscheidet zwischen der linken, der ↑ Aufstufe, und der rechten, der ↑ Abstufe. Eine aus mehreren S. gebildete Schildteilung heißt ↑ Stufenschnitt bzw. Treppenschnitt. Dieser kann auch schräg dargestellt sein. Eine beiderseits nach der Schildmitte verlaufende S.nlinie wird als gestufte bzw. abgetreppte Spitze bezeichnet. Abb.

**Stufengiebelbalken:** ↑ Balken, dessen obere Begrenzungslinie aus einem stufenförmigen, stark stilisierten Häusergiebel gebildet wird.

**Stufengiebelkreuz:** ↑ gemeines Kreuz, dessen Kreuzenden nach oben hin abgestuft sind.

**Stufenkreuz:** ein seltener Ausdruck für ↑ Schwellenkreuz.

**Stufenschnitt:** aus mehreren Stufen bestehende Schildteilung. Vgl. Stufe. Abb.

**Stulp:** Aufschlag oder Vorstoß einer Mütze oder eines Hutes, der in den heraldischen Darstellungen meist aus Hermelin besteht.

**Stulphut** ↑ Hut.

**Stummelschwalbe:** nicht exakter Ausdruck für eine ↑ gestümmelte Amsel. Vgl. Merlette.

*Stützbogenkreuz*

*Sturzfeh · Sturzschindelfeh*

**Stumpfsparren:** Bezeichnung für einen ↑ gestutzten ↑ Sparren.

**Sturm,** Caspar: 1475 bis etwa 1558, Reichsherold. S. wurde am 27. Oktober 1520 in Aachen von *Kaiser Karl V.* (1519–1556, gest. 1558) zum Reichsherold mit dem Amtsnamen *Teutschland* bzw. *Germania* ernannt und im gleichen Jahr von *Albrecht Dürer* porträtiert. S. begleitete im April 1521 *Martin Luther* auf der Reise von Wittenberg zum Reichstag in Worms. Neben den vielen Publikationen von S. ist besonders ein handschriftliches Wappenbuch, die Wappen des Kaisers, der Kurfürsten, Fürsten und kaiserlichen Räte enthaltend, hervorzuheben. Während der Abwesenheit des Kaisers war S. im Dienste des *Kurfürsten Ludwig V. von der Pfalz* (1508–1544) und begleitete diesen als Herold während des Feldzuges gegen *Franz von Sickingen* (1481/1523) im Jahre 1523. Über diesen Feldzug veröffentlichte er dann 1553 einen Bericht. Bereits 1530 schrieb *Hans Sachs* ein auf S. bezügliches Gedicht.

**Sturmfähnlein** ↑ Bannerfähnlein.

**Sturmhut** ↑ Hut.

**Sturmleiter:** Wappenbild, das eine Leiter zur Erstürmung von Festungswällen darstellt, z. B. im Wappen derer *von Lützow*. Vgl. Mauerbrecher.

**stürzend:** abwärts fliegender Vogel mit herabhängenden ↑ Sachsen und nach unten gerichtetem Kopf.

**Sturzfeh** ↑ Eisenhütlein. Abb.

**Sturzgegenfeh:** Gegenfeh (↑ Eisenhütlein), bei dem sich die weißen Eisenhütlein in der Mehrzahl befinden. Das Muster beginnt rechts oben statt mit einem halben gestürzten weißen und darauf folgenden blauen Eisenhütlein mit umgekehrter Färbung.

**Sturzpfahlfeh:** ↑ Pfahlfeh, bei dem die blauen ↑ Eisenhütlein gestürzt, die weißen steigend dargestellt sind. Abb.

**Sturzschindelfeh:** zum stilisierten, heraldischen ↑ Pelzwerk zählende Schildmusterung. Abb.

**Stuttgarter Wappenbuch:** zwei in den Jahren 1430 und 1446 entstandene Wappenbücher, von denen sich nur noch Reste im Besitz des Württembergischen Hauptstaatsarchives Stuttgart befinden. Die beiden Bücher enthalten rund 250 Vollwappen des römisch-deutschen Kaisers, der Kurfürsten und Fürsten sowie einige Fabelwappen, z. B. das der Heiligen ↑ Drei Könige, der Heiligen *Eustachius, Benedikt, Bernardus* usw. (vgl. Heiligenwappen). Im zweiten Teil befinden sich 110 Wappen süddeutscher Geschlechter sowie einiger aus dem Deutschordensland und aus Schweden.

**Stützbogenkreuz:** Kreuz, dessen Arme aus vier nach innen gebogenen Halbkreisen bestehen. Abb.

**Stütze,** *Sparrenstütze*: ein um die Hälfte oder mehr gegenüber seiner ursprünglichen Breite verringerter ↑ Sparren. Dieses Heroldsbild kann auch mehrfach vorkommen.

**SUB LEGE LIBERTAS** [lat., unter dem Gesetz ist Freiheit]: Wahlspruch unter dem Wappen des brasilianischen Bundesstaates Sergipe.

**SUB UMBRA FLOREO** [lat., unter deinem Schatten gedeihe ich]: Wappenspruch des Commonwealth-Staates Belize, den auch schon die Kolonie Britisch-Honduras geführt hatte.

**Suchenwirt** [abgeleitet von «such den Wirt»]: mittelalterlicher Amtsname für den herzoglich österreichischen Herold.

*Superexlibris des sächsischen Kurfürsten August (1553–1586) aus dem Jahre 1572. Angefertigt wurde der Einband vom Hofbuchbinder Jakob Krause (1531/1585) aus braunem Kalbsleder mit reicher Handvergoldung*

**Suchenwirt,** Peter: um 1335/1395, österreichischer Herold, wichtigster Vertreter der sogenannten ↑ Heroldsdichtung. In den Dichtungen von S. finden sich zahlreiche Wappenbeschreibungen, die Zeugnis davon geben, daß er die in ihrer Entstehung befindliche heraldische Kunstsprache in höchster Vollendung beherrschte.
**Sudarium** ↑ Schweißtuch.
**Sühnekreuz** ↑ Radkreuz.
**Superexlibris,** *Außenbibliothekszeichen, Supralibros*: auf der Außenseite eines Buchdeckels angebrachtes Besitzzeichen. Das S. kann aus in Golddruck, Blinddruck oder mehrfarbig in den äußeren Deckel eingepreßten Namen, Monogrammen oder Wappen bestehen. Die Blütezeit dieser Deckelpressungen in Deutschland fällt in das 15. und 16. Jahrhundert. In Frankreich z. B. stand diese Kunst noch im späten 19. Jahrhundert in hohem Ansehen. Künstlerisch stehen in den meisten Fällen die frühen S. den ↑ Bücherzeichen des 15. und 16. Jahrhunderts wesentlich nach. Manchmal, besonders bei Büchereinbänden des 16. Jahrhunders Leipziger Herkunft, sind die S. auch gleichzeitig Besitzzeichen. Man verzierte hier die Bucheinbände mit den Wappen bekannter Fürstlichkeiten oder Zeitgenossen. Da die hierfür verwendeten Metallstempel vorrätig gehalten und beliebig als Buchschmuck verwendet wurden, kann diese Buchzier nicht als S. bezeichnet werden. Abb. auf S. 389.
**Surrey** ↑ Herald's College.
**SUSCIPERE ET FINIRE** [lat., unternehmen und vollbringen]: Wahlspruch unter den Wappen des Königs und des Kronprinzen von Hannover.
**Swasi-Schild:** afrikanischer Kampfschild, der z. B. im Wappen des Königreiches Swasiland vorkommt.
**Swastika,** *Hakenkreuz, Winkelkreuz*: ↑ gemeines Kreuz mit in Uhrzeigerrichtung angebrachten Querbalken an den Kreuzenden. Die S. ist ein prähistorisches Symbol der Sonne und des Lebens und in Europa seit dem 3. Jahrtausend v. u. Z. sowie auch in Indien und Japan nachweisbar. Sie befand sich auf altgermanischen Waffen sowie auf antiken griechischen Münzen. In Indien und Japan kommt sie als Beizeichen des Buddha vor. Nach dem Ersten Weltkrieg verwendete die faschistische NSDAP ein schwarzes Hakenkreuz auf weißem Grund als Symbol. Als solches war es seit 1935 unter dem deutschen Reichsadler angebracht. Besonders häufig ist die S. in der ↑ japanischen Heraldik anzutreffen. Als Kettenglied in der ↑ Kollane des Ordens der finnischen Weißen Rose wurde sie 1963 gegen stilisierte Tannenzweige ausgewechselt. Die S. kommt auch mit geflammten Kreuzarmen vor. Das Hakenkreuz des Wappenwesens besteht aus vier spitzen Haken, ähnlich zwei sich rechtwinklig kreuzenden ↑ Wolfseisen, aber auch in anderen Formen ist es vertreten. Als *Gnostikerkreuz* konnte es auch aus vier aneinandergesetzen Beinen gebildet werden (vgl. Triquetra).
**Swenner** ↑ Adel.
**Sykes** ↑ Kugeln.
**symbolische Figuren:** in den ↑ redenden Wappen erscheinende Wappenbilder.
**symbolische Kärtchen:** von einigen älteren Heraldikern für das Schach (↑ geschacht), die ↑ Rauten und ↑ Wecken verwendete Bezeichnung.

# T

**T'ae-guk** [chines. Yin-Yang]: im Wappen Süd-Koreas befindlicher, durch eine S-förmige Linie in Rot und Blau geteilter Kreis, der das alles beherrschende männliche und weibliche Prinzip verkörpern soll.
**TANINDRAZANA TOLOM-PIAVOTANA FAHAFANA** [madag., Vaterland, Revolution, Freiheit]: Wahlspruch unter dem Wappen von Madagaskar.
**Tanne:** Wappenfigur mit unterschiedlichem Symbolgehalt. Nach mittelalterlicher Auffassung war die immergrüne T. ein Sinnbild für Treue und Beständigkeit. In den Stadtwappen von Tambach-Dietharz (Thüringen) und Auma (Thüringen) jedoch kenn-

zeichnen die drei T. lediglich die waldreiche Umgebung der Städte. Im Stadtwappen von Thann (Oberelsaß) ist die T. eine redende Figur. Abb.

**Tannenkreuz:** aus dem ↑ Tannenschnitt entstandene, hauptsächlich in Finnland benutzte Kreuzform, z. B. im Wappen der finnischen Stadt Nilsiä. Abb.

**Tannenschnitt:** nach 1949 in Finnland entstandene, mit stilisierten Tannenzweigen ausgeführte ↑ Schildesteilung, z. B. im Wappen der finnischen Gemeinde Varpaisjärvi. Abb.

**Tappen** ↑ Tatzen.

**Tappert,** *Wappenmantel, Wappenrock*: Amtskleidung der Herolde. Der dem Übergewand eines katholischen Priesters ähnliche T. ist mit dem Wappen des entsprechenden Herren oder dem Ordenszeichen des entsprechenden Ordens, den der Herold vertritt, versehen. Der T. des englischen Wappenkönigs (vgl. Garter King of Arms) trug ursprünglich nur das Wappen Englands, das mit dem Frankreichs geviert war. Seit dem 17. Jahrhundert kamen die Wappen Schottlands und Irlands hinzu, das französische entfiel zu Beginn des 19. Jahrhunderts. Der Wappenmantel des Heroldes von Geldern (vgl. Gelres Wappenbuch) zeigte das Wappenbild des Herzoges, in Blau ein doppelschwänziger, rotbewehrter, goldener Löwe. Auf der Amtstracht der französischen Wappenkönige erschien im 15. Jahrhundert das Wappen Grutuse, im gevierten Schild in 1 und 4 ein schwarzes gemeines Kreuz in Gold und in 2 und 3 in Rot ein silbernes Andreaskreuz. Hierbei handelte es sich wahrscheinlich um das Wappen des *Louis de Bruges*, Seigneur de Grutuse. Die Darstellungen der Reichsherolde des Römisch-Deutschen Reiches zeigten im 16. Jahrhundert verschiedene Wappenbilder auf dem T. Während der kaiserliche Adler immer beibehalten wurde, änderte sich der auf diesem befindliche Mittelschild. Eine Federzeichnung *Hans Holbeins* im Kupferstichkabinett Dresden zeigt den kaiserlichen Herold mit den Wappen von Österreich und Burgund, auf anderen Darstellungen erschienen die Schilde von Kastilien und Österreich. Auf einer Darstellung des Reichsheroldes *Caspar* ↑ *Sturm* ist der Adler mit den Wappen Kastiliens und Burgunds belegt. Ein altes und neues Wappen kombiniert befand sich auf dem T. der königlich ungarischen Herolde des 16. Jahrhunderts. Auf dem Wappenmantel *Johann von* ↑ *Francolins* war das neue Wappen Ungarns, ein in Rot auf einem grünen Dreiberg stehendes Patriarchenkreuz, sowie das alte Wappen des Königreiches, ein von Rot und Silber siebenmal geteilter Schild, aufgestickt. Der T. des kurfürstlich brandenburgischen Heroldes in der zweiten Hälfte des 17. Jahrhunderts war blau und mit reicher Goldstickerei versehen. Auf der Brust und an den Ärmeln war der branden-

*Eine Tanne als redende Figur im Stadtschild eines Talers der Stadt Thann von 1557*

*Tannenkreuz*

*Tannenschnitt in verwechselten Farben*

*Der Herold des Heiligen Römischen Reiches Deutscher Nation mit dem Amtsnamen Teutschland in seinem Tappert und mit geschultertem Heroldsstab*

burgische rote Adler angebracht. Die Amtskleidungen der Herolde des 19. Jahrhunderts waren im wesentlichen den historischen angeglichen, obwohl sich von Großbritannien abgesehen die Bedeutung dieser Institution grundlegend geändert hatte. Vgl. heraldisches Gewand, Abb. bei Herold, Teutschland.

**Tartsche,** *Renntartsche, Stechschild*: gewölbter, an einer Seite zum Einlegen der Lanze halbkreisförmig ausgeschnittener Turnierschild. Dieser Ausschnitt wird als ↑ Speerruhe bezeichnet. Ende des 14. Jahrhunderts wurde die T. in die Heraldik eingeführt und war bis um 1500 als Wappenschild beliebt. In einer T. dargestellte Wappenbilder in Seitenansicht müssen immer gegen den Ausschnitt gewendet sein. Sind zwei T. in einem ↑ Ehewappen nebeneinandergestellt, so ist die heraldisch linke als Spiegelbild zu sehen, so daß sich die Ausschnitte immer nebeneinander befinden. Vgl. Pavese, Abb. bei italienischer Heraldik. Abb.

**Taschenzug:** Bezeichnung für die gestürzte geschweifte ↑ Spitzenteilung. Vgl. Mantelzug. Abb.

**tatarische Mütze,** *albanische Mütze, Heidenhut, ungarische Mütze*: meist spitz geformte, bisweilen oben umgebogene Mütze mit breitem ↑ Stulp aus Hermelin und einer Quaste oder Troddel an der Spitze. Die t. M. kommt in den verschiedensten Varianten vor, in einigen Fällen auch als Helmzier. Abb.

**Tatzen,** *Tappen*: Bezeichnung für die Pfoten des Bären.

**Tatzenankerkreuz:** ↑ Ankerkreuz mit geschweiften Kreuzarmen.

**Tatzenkreuz,** *ausgerundetes Kreuz, Mantuanisches Kreuz*: von vielen Bistümern und Abteien in den verschiedensten Tinkturen geführtes Kreuz, dessen Arme sich nach außen verbreitern und leicht geschweift sind. Das T. kommt in den verschiedensten Varianten vor, so z. B. mit einem Schildchen in gleicher Tinktur belegt oder auch mit unterschiedlicher Balkenbreite. Befindet sich ein Viereck in der Mitte, so spricht man von einem *quadrierten T.* Ein T. führen z. B. die *Grafen von Stadion* im Wappen und die Stadt Oberwiesenthal (Erzgebirge) in einem Feld des Stadtwappens. Abb.

**Tatzenwiederkreuz:** aus vier ↑ Tatzenkreuzen gebildetes Kreuz.

**Tau:** im griechischen Alphabet der Buchstabe T. In der Heraldik wird das ↑ Antoniuskreuz hin und wieder T.kreuz genannt.

**Taube:** christliche Darstellungsform des Heiligen Geistes. Die T. ist als Wappenbild nicht häufig, erscheint jedoch auf den Ordenszeichen des altfranzösischen ↑ Ordens vom Heiligen Geist.

Als Symbol des Friedens befindet sich je eine weiße T. mit einem Zweig im Schnabel in den Staatswappen der Fidschi-Inseln, des Königreiches Tonga und der Republik Zypern.

Eine T. als Attribut der heiligen *Adelgundis*

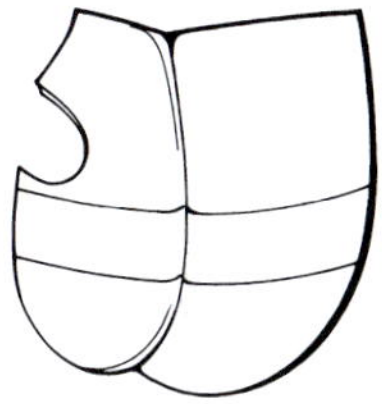

*Tartsche*

*Taschenzug · tatarische Mütze*

*Tatzenkreuz*

befindet sich im Wappen der Gemeinde Wiebelsheim (Rheinland-Pfalz).
**Taukreuz** ↑ Antoniuskreuz.
**Teilung** vgl. Schildesteilung.
**Teilung in diagonaler Richtung** ↑ Schräglinien.
**Teilungsbilder:** von dem Heraldiker ↑ *Bernd* für die Sektionen oder ↑ Schildesteilungen verwendeter Begriff. Die Bezeichnung T. wurde in die moderne heraldische Terminologie nicht aufgenommen.
**Telamonen** [griech., Wehrgehänge]: in der älteren Heraldik mitunter für ↑ Schildhalter verwendeter Begriff.
**Tellenhut,** *Freiheitshut*: Filzhut mit breiter Krempe. Der T. erscheint oft über den Wappen der schweizerischen Kantone.
**TE MAURI TE RAOI AO TE TABAMOA** [Glück, Frieden, Fortschritt]: Spruch unter dem Wappen von Kiribati, des ehemaligen britischen Protektorates Gilbertinseln.
**tenny** ↑ Aurorafarbe.
**Terminologie, heraldische** vgl. Kunstsprache, heraldische.
**Terrasse:** in der älteren deutschen, vor allem aber in der französischen Heraldik Ausdruck für einen in der Höhe verringerten ↑ Schildfuß.
**Territorialwappen** ↑ Landeswappen.
**Teutschland:** im Jahre 1521 von ↑ Romreich in T. geänderter Amtsname des kaiserlichen Heroldes (Reichsherold). Abb. auf S. 392.
**THE LAND DIVIDED, THE WORLD UNITED** [engl., das Land zerteilt, die Welt verbunden]: Wahlspruch unter dem Wappen der Panama-Kanalzone.
**THE LAND THE PEOPLE THE LIGHT** [engl., das Land, das Volk, das Licht]: Wahlspruch unter dem Wappen des Commonwealth-Staates Saint Lucia.
**THE LOVE OF LIBERTY BROUGHT US HERE** [engl., die Liebe zur Freiheit brachte uns hierher]: Wahlspruch über dem Wappen der Republik Liberia.
**THE UNION** [engl., die Vereinigung]: Wahlspruch im Wappen des US-Bundesstaates Oregon.
**Thronzelt:** von einigen Heraldikern für den fürstlichen ↑ Wappenmantel verwendeter Begriff.
**Tiara,** *Regnum, Triregnum*: Krone des Papstes. Die päpstliche Krone war ursprünglich eine weiße Mütze in Zuckerhutform. Im 13. Jahrhundert wurde ihr ein verzierter goldener Stirnreif beigefügt, unter *Papst Bonifatius VIII.* (1294–1303) ein zweiter und unter *Papst Clemens V.* (1305–1314) ein dritter. Seit *Papst Paul II.* (1464–1471) befinden sich zwischen den einzelnen Kronenreifen der T. ein purpurner, ein blauer und ein grüner Streifen. Im 16. Jahrhundert erhielt die Krone ihre oben etwas abgerundete Spitze. Die T. erscheint über den persönlichen Wappen der Päpste sowie im Wappen des Vatikan. Abb.

*Päpstliche Tiara über den gekreuzten ↑ Bindeschlüssel und Löseschlüssel*

**tingieren:** in der Heraldik Ausdruck für das Färben der Wappenbilder bzw. -schilde. Vgl. Tinkturen, heraldische, Schraffuren, heraldische.
**Tinkturen, heraldische,** *Wappenfarben*: zusammenfassender Begriff für die den Schild oder die Wappenbilder bedeckenden Metalle und Farben sowie das heraldische ↑ Pelzwerk. Die in der Heraldik angewendeten Metalle sind Gold und Silber, die auch durch Gelb und Weiß wiedergegeben werden können. Als Farben gibt es Rot (Zinnoberrot), Blau (Kobalt- oder Ultramarinblau), Grün, Schwarz und ↑ Purpur, in späterer Zeit auch die unheraldischen Farben

↑ Braun, ↑ Aschfarbe, Eisenfarbe und nach einigen Heraldikern auch fälschlich die ↑ Naturfarbe. Zum heraldischen ↑ Pelzwerk gehören: ↑ Kürsch, ↑ Hermelin und ↑ Eisenhütlein. Alle Farben sind im Wert gleich und haben im Wappenwesen keine bestimmte Bedeutung. Allerdings bildeten sich schon früh Vorzugsfarben heraus (s. u.). Eine Farbensymbolik wurde der Heraldik erst in späterer Zeit von einigen Heraldikern untergeschoben.
Wie wichtig die Farbe im Wappenwesen ist, zeigt die Tatsache, daß es zwar Wappen ohne Bilder gibt, aber niemals ohne Farbe. So zeigen die ältesten überlieferten Beispiele meist noch keine Bilder, sondern sie bestehen nur aus Farbzusammenstellungen. Hieraus erklären sich wahrscheinlich auch die späteren Schildteilungen, die geschaffen wurden, um mehrere Wappen von gleicher Farbe voneinander unterscheiden zu können. Nur von der Farbigkeit der Wappendarstellungen ausgehend, gelangt man zu einem richtigen Standpunkt in der Beurteilung anderer komplizierter heraldischer Probleme. Da kein sachlicher Unterschied zwischen einer Schildesteilung in ihrer verschiedensten Form und den figürlichen Schildbildern besteht, dienen beide nur als Mittel zum Zweck. Jede Darstellung auf einem Wappen ist daher als Träger der Farbe zu verstehen, also als Hilfsmittel der Abgrenzung zwischen ihnen. Das änderte sich erst in der Zeit, da die mit dem Wappen geschmückten Schilde nicht mehr wirklich getragen wurden und die Heraldik eine selbständige Disziplin wurde.
Die Zeit der «lebenden» Heraldik verlangte aus großer Entfernung gut erkennbare Schilde. Aus dieser Notwendigkeit heraus entstanden bereits in früher Zeit heraldische Farbgesetze, die dann später wegen ihrer tiefverwurzelten Tradition beibehalten wurden. In der zweiten Hälfte des 13. Jahrhunderts bestand ein ungeschriebenes Gesetz, daß ein Wappen nicht weniger, aber auch nicht ohne Grund mehr als zwei Farben aufweisen solle. Nach den Anschauungen über die allgemeine Farbsymbolik dieser Zeit galten mehr als zwei Farben auf dem Schild als Zeichen der Unbeständigkeit. Einfarbige Schilde wurden nur zur Wahrung des Inkognitos des Schildträgers verwendet. Alle Wappen mußten jedoch die Metalle Gold oder Silber enthalten. Ein heraldisches Kuriosum stellt das Wappen der lothringischen *Familie de Combles* dar, in dem sich alle heraldischen Farben befinden.
In der alten Heraldik bildete sich bald der Grundsatz heraus, daß niemals Farbe auf Farbe und Metall auf Metall gemalt werden dürfe, da sich die Farben, aus weiter Entfernung gesehen, neutralisieren würden. Es gibt allerdings auch Ausnahmen, z. B. die päpstlichen Farben Gold und Silber. Diese erst in der späteren Zeit weniger beachteten Farbgesetze nahmen die Wappenkundigen des Mittelalters mit fast kleinlicher Strenge ernst, da ja ohne deren Beachtung die Wappen ihren praktischen Zweck nicht erfüllt hätten. Bereits in der Mitte des 12. Jahrhunderts bezeichnete man die Träger mißfarbiger Wappen als «nicht rechte Leute». Obwohl die Farben anfangs im Wert gleich waren, zeichnete sich schon bald eine Bevorzugung von Gold und Rot ab. Der römisch-deutsche Kaiser führte z. B. einen goldenen Schild. Wie Gold bei den Metallen, so hatte bald Rot unter den Farben den Vorzug. Aus diesem Grund wandelten später viele Angehörige des hohen Adels ihre silbernen Wappenschilde in rote um. Die älteren Autoren heraldischer Werke, die die Wappen symbolisch zu deuten versuchten, fanden für alle h. T. die merkwürdigsten Auslegungen. Nachdem der berühmte Heraldiker *P. J.* ↑ *Spener* alle derartigen unsachgemäßen Deutungen aus der Heraldik verbannt hatte, verschwanden sie dann im 19. Jahrhundert fast gänzlich. Infolge der natürlichen Veränderung der Farben durch Oxydation und Verwitterung entstanden die ↑ Rätselwappen. Eine schwarz-weiße Darstellung der Wappen wird durch die heraldischen ↑ Schraffuren ermöglicht.

**Tintenfaß:** sehr seltenes Wappenbild. Drei (2.1.) weiße Tintenfässer auf blauem Grund waren z. B. im Wappen der Notare zu Bologna, das in einem Fenster aus dem

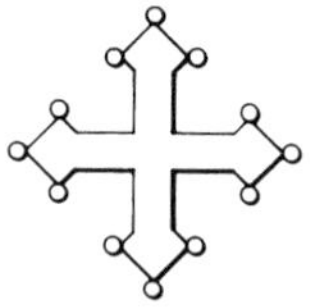

*Tolosanerkreuz*

*Toque*

*Tortillon*

15. Jahrhundert in der San-Petronio-Kirche zu Bologna dargestellt ist.

**Tirolisch-Vorarlbergischer Wappenschlüssel:** von 1938 bis 1951 von dem österreichischen Heraldiker K. ↑ *Fischnaler* herausgegebene, regional begrenzte und nach Bildern geordnete Wappenpublikation. Der Autor ordnete die 100 000 Wappenvorkommen in erster Linie nach den Schildteilungen (vgl. Heroldsbilder) sowie innerhalb dieser Gruppen nach ↑ gemeinen Figuren. Durch dieses Gliederungssystem, die teilweise mißverständlichen Verweisungen und die eigenwillige Terminologie ist dieses Werk allerdings schwer zu erschließen.

**Titularfürst** ↑ Fürst.

**Tod:** als menschliches Skelett dargestelltes seltenes Wappenbild. Sitzend, auf schwarzem Grund neben einer Burg bildet der T. das Wappen der nordirischen Stadt Londonderry. Das Wappenbild bezieht sich auf die Hungersnot, die 1689 in der von Truppen des aus England vertriebenen *Königs Jakob II.* (1685–1688) belagerten Stadt Derry herrschte. Nach der Vertreibung der Belagerer durch Londoner Truppen nahm die Stadt den Namen Londonderry an.
Zwischen einem Bohrer und einer Knochensäge stehend war er z. B. auch das Wappenbild der Chirurgen-«Zunft» zu Berlin (1727).

**TOGETHER WE ASPIRE TOGETHER WE ACHIEVE** [engl., gemeinsam streben wir, gemeinsam haben wir Erfolg]: Wahlspruch unter dem Wappen der Republik Trinidad und Tobago.

**Toison d'or:** französische Bezeichnung des österreichischen und spanischen ↑ Ordens vom Goldenen Vlies.

**TO LEAD IS TO SERVE** [engl., führen heißt dienen]: Wahlspruch unter dem Wappen der Salomonen-Inseln.

**Tolosanerkreuz,** *Schlüsselbordkreuz, Schlüsselkreuz*: seltene Kreuzform, deren Enden nach den Seiten und nach oben gespitzt sind. An den Spitzen befinden sich Kügelchen. Ein blaues T. befindet sich im Wappen der *Familie Manfredi.* Das T. wurde auch irrtümlich als *Schlüsselringkreuz,* bei ↑ *Rudolphi* sogar als *Blattkreuz* bezeichnet. Abb.

**Topfhelm,** *Faßhelm, Helmvaz*: aus dem Ende des 12. Jahrhunderts stammende, älteste heraldische Helmform. Der T. ist oben abgeflacht und ruhte direkt auf der Schädeldecke des Trägers. Die Helmdecken reichen hier nur bis zum unteren Rand des Helmes. Aus diesem Helm entwickelte sich der im 14. Jahrhundert allgemein übliche ↑ Kübelhelm. Vgl. Abb. bei Reitersiegel und Helm.

**Toque:** in der Zeit *Napoleons I.* (1804–1814, 1815) in die französische Heraldik eingeführtes besonderes Barett, das an Stelle der eigentlich üblichen ↑ Rangkrone über dem Wappen angebracht wurde. Abb.

**Tor,** *Burgtor, byzantinisches Tor, Pforte*: mit geöffneter oder verschlossener Tür dargestelltes häufiges Wappenbild. Es ist besonders zu melden, ob Torflügel vorhanden sind, ob diese geöffnet oder geschlossen bzw. mit einem ↑ Schutzgatter versehen sind.

**Torteau** ↑ Kugeln.

**Tortillon:** zweifarbige, wulstartige Kopfbedeckung mit abflatternden Bändern, die im alten Frankreich den ↑ Chevaliers als Auszeichnung verliehen wurde. Abb.

**tote Heraldik:** Bezeichnung für den Zeitraum nach 1450, als die Wappen ihren praktischen, militärischen Charakter verloren hatten. Vgl. Heraldik.

**Totenbuch der Franziskaner in Bamberg:** zwischen 1486 und 1492 entstandenes und bis etwa 1757 fortgeführtes, handschriftliches Buch mit Wappendarstellungen. Es befindet sich im Besitz des Historischen Vereines für Oberfranken in Bamberg. Das Buch enthält auf 66 Blatt etwa 210 farbige Wappen der Bamberger Bischöfe, Mitglieder des Domkapitels und der übrigen Bamberger Stifter, der städtischen Patrizier, Bürger und Handwerker.

**Totenbuch der Franziskaner in Landshut:** um 1400 angefertigtes Wappenbuch; im Besitz des Hauptstaatsarchives München. Das Buch zeigt auf den 41 Blättern 61 Wappenschilde hauptsächlich bayrischer Geschlechter.

*Treue Hände im Staatswappen von Argentinien*

**Totenschild:** hölzerne Tafel mit dem Wappen des Verstorbenen, die zum Andenken in der Kirche aufgehängt wurde. Dieser Brauch kam im 13. Jahrhundert auf und wurde bis in das 19. Jahrhundert hinein gepflegt. Besonders in Süddeutschland sind noch heute viele dieser T. erhalten. Vgl. Funeralheraldik.

**tourelles** [franz.]: vor allem im Wappenwesen der Picardie (Frankreich) auftretende, in abgezählten Mengen dargestellte, streng stilisierte kleine Kastelle, z. B. im Wappen des *Robert de la Tournelle* (Beauvaisis) um 1280.

**Tränen:** in der Heraldik kleine, rot tingierte, tropfenförmige Figürchen. Mitunter werden die T. auch als *Blutstropfen*, bei goldener Tinktur als *Flammen* oder *Flämmlein*, etwas größer und in geringerer Zahl dargestellt als *Säcke* angesprochen.

**Trautmannsdorff-Weinsberg,** Josef, Graf zu: 1807/1867, Heraldiker. Seit 1856 war er Mitarbeiter am ↑ Neuen Siebmacher (Band Souveräne).

**TRAVAIL DÉMOCRATIE PAIX** [franz., Arbeit, Demokratie, Frieden]: Wahlspruch unter dem Wappen der Republik Kongo.

**TRAVAIL ET PROGRÈS** [franz., Arbeit und Fortschritt]: Wahlspruch unter dem Wappen der ehemaligen belgischen Kolonie Belgisch-Kongo, dem heutigen Zaïre.

**TRAVAIL JUSTICE SOLIDARITÉ** [franz., Arbeit, Gerechtigkeit, Solidarität]: Wahlspruch unter dem Wappen der Republik Guinea.

**Treppenkreuz:** ↑ gemeines Kreuz, dessen Enden sich nach oben hin treppenartig verbreitern.

**Treppenschnitt** ↑ Stufe.

**Treubund:** von einigen älteren Heraldikern für ↑ treue Hände verwendeter Begriff.

**treue Hände,** *Treubund*: Darstellung zweier sich gegenseitig zur Begrüßung anfassender Hände. T. H. befinden sich z. B. im Staatswappen von Argentinien, wo sie eine Stange mit der ↑ Freiheitsmütze halten, und im Stadtwappen von Pesaro (Italien). In diesem Stadtwappen wird der Symbolgehalt der zwei t. H. noch durch das Wort «FIDELITAS» [lat., Treue] im Wappen unterstrichen. Abb.

**triangelförmig**: mehrere Wappen auf Figuren, die in der Form eines gleichseitigen Dreieckes dargestellt sind.

**Triangelkreuz**: ↑ gemeines Kreuz mit in Dreiecken auslaufenden Kreuzenden.

**Triangelschrägkreuz**: ↑ Andreaskreuz (Schragen) mit flachen Dreiecken an den Kreuzenden.

*Französische Trikolore*

**Trier**, Johann Wolfgang: 1686/etwa 1750, Jurist, Heraldiker. Der in Möhra (Thüringen) geborene Wissenschaftler wurde 1709 Doktor der Rechte an der Universität Leiden und bereits zwei Jahre später Professor für Heraldik an der Universität Leipzig. Nach dreizehnjähriger Tätigkeit in Sachsen ernannte ihn der König von Preußen zum Hofrat und ordentlichen Professor der Rechte an der Universität Frankfurt an der Oder, wo er bald die Stellung eines Primarius der juristischen Fakultät einnahm. Wegen «äußerster Unverträglichkeit» entlassen, begab er sich 1743 nach Dänemark in den Dienst einer Handels- und Schiffahrtsgesellschaft, wo er bis zu seinem Tod blieb. Neben vielen Schmähschriften gegen Kollegen und andere Zeitgenossen wurde T. durch seine «Einleitung zur Wappenkunst» bekannt, die 1729 in Leipzig erschien. Das bemerkenswerte Werk besteht aus zwei Abteilungen. In der ersten werden die heraldischen Grundbegriffe behandelt, die zweite enthält die Wappen der damaligen gekrönten Häupter, der Kurfürsten, geistlichen und weltlichen Herrscher sowie der Reichsgrafen, einiger ausländischer Fürsten, der Reichsstädte und der Republiken. Jedem der im Kupferstich dargestellten Wappen ist eine für diese Zeit erstaunlich exakte Beschreibung sowie eine historische Erklärung beigegeben. Dieses Werk, das vielen späteren Autoren als Vorbild diente, zählt zu den interessantesten Quellenwerken des 18. Jahrhunderts.

**Trikolore** [franz.]: dreifarbige Flagge mit gleichbreiten, senkrechten Streifen. Die blau-weiß-rote T., die Nationalflagge Frankreichs, wurde während der Französischen Revolution 1789 eingeführt. Sie entstand aus der Kombination der weißen Fahne der *Bourbonen*, der regierenden französischen Dynastie, mit den Stadtfarben von Paris. Damit wurde die Bedeutung des Dritten Standes gegenüber dem Königtum ausgedrückt.

Eine grün-weiß-rote T. ist beispielsweise die Nationalflagge der Republik Italien. Im weiteren Sinne gilt der Name T. im Sprachgebrauch auch für dreifarbige Fahnen allgemein. Abb.

**Triquetra** [lat.], *Dreibein, Triskelis*: drei an den Schenkeln dreieckförmig zusammengesetzte menschliche Beine, z. B. im Wappen der Insel Man (geharnischt) oder des Königreiches Sizilien. Die T. im Wappen der Insel Man bezieht sich auf die geographische Lage der Insel in der Irischen See. Nach einer Deutung des Wappenbildes «kniet die Insel auf England, tritt gegen Schottland und zeigt Irland seine Verachtung». Der Wahlspruch der Insel Man «Quocunque jeceris stabit» [lat., es steht, wohin du es auch wirfst] spielt auf das Wappenbild an. Eine T. führen auch die Stadt Füssen (Bayern) und die fränkische *Familie von Rabenstein* als Schildbild. Vgl. Panzerbein. Abb.

*Literatur*

*Wiggers, H. B.*: Zur Geschichte und Deutung des Dreibeins, in: Festgabe Peter Berghaus zum 50. Geburtstag ... Münster 1969

**Triregnum** ↑ Tiara.

**Triskelis** ↑ Triquetra.

**Tritone**: als Wappenbild seltene, fischgeschwänzte, männliche Figur der antiken Mythologie.

**Trommel:** Herrschaftssymbol in der afrikanischen Heraldik, das z. B. in den Staatswappen von Burundi, Rwanda und Uganda enthalten ist. Im europäischen Wappenwesen ist die T. ein seltenes Schildbild und kommt besonders im 18. Jahrhundert meist in den ↑ Armaturen vor.
**Trompeten** ↑ Büffelhörner.
**Tschakra,** *Dharma Tschakra* [Hindi, Rad der Lehre, Lebensrad]: in der Heraldik buddhistischer Länder benutztes religiöses Symbol, z. B. in den Wappen von Indien und Sri Lanka. Vgl. Abb. bei Aschokalöwen.
**Tudorrose:** Kombination der weißen Rose des *Hauses York* mit der roten des *Hauses Lancaster* zu einer Wappenfigur der englischen Heraldik. Im Wappen von Oxford erscheint als ↑ crest eine von einem blauen Löwen gehaltene T. Als Folge der ↑ Kolonialheraldik befindet sich die T. z. B. auch im Staatswappen des Commonwealth-Staates Saint Lucia. Vgl. Abb. bei Zuckerrohrkreuz.
**Tughra** [alttürk. turgaj, es stehe, es habe Bestand]: Namenszug der Sultane des Osmanischen Reiches. Die T. bestand aus den in kalligraphischen Verschlingungen dargestellten Namen des jeweiligen Sultans und seines Vaters, mitunter auch des Großvaters, sowie des Zusatzes «immer siegreich». Durch ihre vielfältige offizielle Verwendung trug sie Wappencharakter und erschien z. B. auf Urkunden, über den Toren öffentlicher Gebäude, Kasernen, Schulen, auf Münzen und Briefmarken. Der Sage nach entstand die T. aus dem Abdruck der Finger des *Sultans Murad I.* (1357–1389), der auf diese Weise eine Urkunde beglaubigt haben soll.
**Tume:** sehr selten als Wappenbild vorkommendes, offenes, hölzernes Wasserfaß, als redendes Wappenbild z. B. im Wappen der mecklenburgischen *Familie von Thien.*
**Türhaspe:** in der Heraldik in verschiedenen Varianten bekannter Eisenbeschlag für Türen und Tore. Die im Wappen derer *von Gontard* befindliche T. wurde mitunter fälschlich als *Bajonett* blasoniert.
**Turiner Wappenbuch:** im Jahre 1312 entstandenes handgemaltes Wappenbuch; im Besitz des Staatsarchives Turin. Das Buch besteht aus einem langen, aus zwei Stücken zusammengenähten und fünfmal gefalteten Pergamentblatt mit 119 Wappenbeschreibungen der Wappen der Teilnehmer an der Kaiserkrönung *Heinrichs VII.* (1312–1313) in Rom am 29. Juni 1312. Es ist in französischer Sprache abgefaßt.
**Türkenbund:** vom Turban abgeleiteter, veralteter Ausdruck für den ↑ Wulst über dem Wappenhelm.

*Triquetra*

**Turm:** häufiges und variantenreiches Wappenbild, das mit Zinnen oder einem Spitzdach vorkommen kann. In verschiedenen Städtewappen (z. B. Hamburg, Lüneburg) befinden sich die Türme auf einer Stadt- bzw. Burgmauer, in der häufig noch ein Tor mit ↑ Schutzgatter zu sehen ist. Drei einzelne Türme weist z. B. das Stadtwappen von Havanna (Kuba) auf. Eventuelle Kuppeln sind besonders zu melden. Vgl. Roch.
**Turnier:** ein mittelalterliches Kampfspiel zweier Reiterscharen oder Einzelpersonen, das der Vorbereitung auf das Kriegshandwerk diente, später aber den Charakter von Festspielen hatte. Die T. bildeten im Mittelalter gesellschaftliche Ereignisse ersten Ranges. Der bei diesen Spielen entwickelte Prunk geht aus vielen zeitgenössischen Darstellungen und Schilderungen hervor. Die T. sowie die dabei tätigen ↑ Herolde trugen wesentlich zur Entwicklung des Wappenwesens, besonders zur Herausbildung der heraldischen Regeln, bei. Die Herolde überprüften z. B. bei den T.en die Bewerber auf ihre T.fähigkeit, kontrollierten die Einhal-

*Turnierhut des frühen 16. Jahrhunderts*

*Blauer Turnierkragen auf rotem, golden bekröntem und bewehrtem Löwen*

*Türriegel im Wappen der Familie von Maucler*

tung der Farbregeln bei den Wappendarstellungen (verstießen Wappen dagegen, wurden sie zurückgewiesen) u. a. Für junge Adlige war die Teilnahme an einem T. neben der Beteiligung an einem Kriegszug Bedingung für die Aufnahme unter die Ritter. Seit der zweiten Hälfte des 15. Jahrhunderts ging die T.freudigkeit deutlich zurück. Das war vor allem auf Veränderungen in der Kampftaktik zurückzuführen. Vgl. Helmschau. Abb.

*Literatur*

*Haenel, E.*: Der sächsischen Kurfürsten Turnierbücher. Frankfurt/Main 1910

**Turnierhelm:** ausschließlich für die Turniere verwendeter Helm, der dann meist zum heraldischen Helm wurde. Die eigentlichen T. sind der ↑ Stechhelm, der bei den Turnieren mit Stangenwaffen benutzt wurde, und der zum Kolbenturnier verwendete ↑ Spangenhelm oder Rosthelm.

**Turnierhut,** *niederer Hut*: flacher, meist mit einem ↑ Stulp aus Hermelin versehener Hut. Aus Unkenntnis und falscher, oft zu hoher Vorstellung von der ehemaligen Stellung des einen T. als Wappenbild führenden Geschlechtes wurde er oft mit dem ↑ Kurhut oder ↑ Fürstenhut verwechselt, z. B. in den Wappen der *Familien von Witzleben* und *von Wangenheim*. Spätere Varianten des T.es sind das Barett, die ↑ Toque und der Doktorhut. Abb.

**Turnierkragen** [franz. lambeau], *Bank, Steg, Brücke, Rechen*: als ↑ Beizeichen verwendeter, abwärts breitgezinnter Balken mit in der Regel drei, seltener fünf herabhängenden Lätzen. Der T. verläuft über den ganzen Schild und dessen Bild oder ist schwebend, in der Regel im Schildhaupt, dargestellt. Seine Farbe ist abstechend von der des Schildes, ist aber wie die aller Beizeichen nicht an die heraldischen ↑ Farbregeln gebunden. Daher können farbige T. auf farbigen Feldern vorkommen. In Frankreich befand sich dieses Beizeichen gewöhnlich in den Wappen der jüngeren Söhne zur Unterscheidung ihres Wappens von dem des Vaters und des älteren Bruders. Es entfiel, wenn der jüngere Sohn die Nachfolge des Vaters antrat. In England führt jedes Fami-

*Turnierdarstellung mit den Rittern*
*Neithardt von Wolmarshausen (links) und Thomas von Pallandt um 1480*

lienmitglied einen speziellen T., z. B. der Prince of Wales einen silbernen im englischen Wappenschild. Diese Sitte geht auf *König Heinrich III.* (1216–1272) zurück, dessen Sohn, der spätere *König Eduard I.* (1272–1307), als Prince of Wales erstmals einen T. auf den englischen Wappenschild legte. In Frankreich benutzte der zweite Sohn des Königs, der Herzog von Orléans, einen silbernen T. als Beizeichen. Das *jüngere Haus Anjou* führte einen roten vierlätzigen T. in dem mit goldenen Lilien besäten blauen Schild. Von einigen italienischen Familien wurde der T. als Gunst- und Erinnerungszeichen in ihre Wappen aufgenommen. Der seit dem 13. Jahrhundert am häufigsten in Frankreich vorkommende T. gelangte von dort nach England und später auch an den Niederrhein. In der englischen Heraldik wurde er zu weiteren Unterscheidungen noch mit besonderen Figuren versehen. Gegenwärtig werden in Großbritannien als Unterscheidungszeichen auf dem T. rote Georgskreuze, ↑ Tudorrosen, blaue Anker und Lilien, rote Herzen, rote englische Löwen und schottische Disteln verwendet. Die Königskrone auf dem T. des späteren *Königs Eduard VIII.* (1936) war ein einmaliger Fall.

Eine besondere Form, wahrscheinlich vom wirklichen T. abgeleitet, kommt unter der Bezeichnung ↑ Bank als Zeichen der Gerichtsbarkeit z. B. bei etwa 300 rheinischen Adelsgeschlechtern als eigentliches Wappenbild vor. Diese findet sich auch in den Niederlanden, Belgien usw. Vgl. Lätze, Steg (2.), Abb. bei angeschoben und Quinas. Abb.

**Türriegel:** seltenes, in starker Stilisierung vorkommendes Wappenbild, z. B. im Wappen der württembergischen *Familie von Maucler.* Abb.

**TUVALU MO TE ATUA** [Tuvalu für Gott]: Spruch unter dem Wappen von Tuvalu, des ehemaligen britischen Protektorates Elliceinseln.

# U

**UA MAU KE EA O KA AINA I KA PONO** [Das Leben des Landes ist durch das Recht gesichert]: Wahlspruch unter dem Wappen der Hawaii-Inseln (US-Bundesstaat).

**überdeckt:** Wappenfigur oder Heroldsbild, die bzw. das von einer anderen Figur oder einem anderen Heroldsbild belegt und dadurch verdeckt ist. Vgl. beladen.

**übereck geteilt, übereck gezogen:** ältere Ausdrücke für ↑ schräg geviert.

**übereinander:** Figuren, die in Balken- oder Schrägbalkenrichtung mit parallelen Längsachsen dargestellt sind.

**übereinander gefällt,** *übereinander geschränkt* ↑ gefällt.

**übereinander gestürzte Eisenhütlein:** in älteren Wappenbüchern Bezeichnung für ↑ Pfahlfeh.

**überfüllt** ↑ comble.

**Übergehung:** veralteter Begriff für den Übergang von einer heraldischen ↑ Tinktur in ein ↑ Metall oder umgekehrt. Vgl. abwechselnde Tinkturen.

**überhöht:** oberhalb einer Wappenfigur befindliche kleinere Figuren.

**überkappt** ↑ chaperonné.

**überstellt:** Wappenfigur, über die eine andere gestellt ist.

**überstiegen:** ↑ Schildhaupt, an dessen oberer Linie sich ein schmaler, andersfarbiger Streifen befindet. Abb.

**UBERTAS ET FIDELITAS** [lat., Fruchtbarkeit und Treue]: Wahlspruch unter dem Wappen des australischen Bundesstaates Tasmanien.

**überzogen:** kleine Wappenfiguren, die mit einem Heroldsbild belegt sind.

**überzwerch,** *überzwarch*: alte Ausdrücke für quer (geteilt).

**Uffenbach'sches Wappenbuch:** ein gegen Ende des 14. Jahrhunderts am Oberrhein entstandenes handgemaltes Wappenbuch; im Besitz der Staatsbibliothek Hamburg. Das Buch zeigt auf 160 Seiten, die mit je vier ohne Helm gezeichneten Wappen versehen sind, die Wappen des Kaisers sowie Geschlechterwappen aus Frankreich, Spanien, Burgund, England, der Lombardei, Italien, dem Elsaß, vom Niederrhein, aus Böhmen, Bayern, Franken, der Ost- und Westschweiz und Österreich. Es sind auch eine große Anzahl Fantasiewappen biblischer Personen und orientalischer Herrscher dargestellt. Außerdem enthält es weitere deutsche Wappen aus allen Gegenden.

**UHURU NA UMOJA** [swahil., Freiheit und Einheit]: Wahlspruch unter dem Wappen von Tansania. Der Bezug auf die Einheit resultiert aus der Bildung des Staates Tansania aus dem ehemaligen britischen Mandats- und Treuhandgebiet *Tan*ganjika (dem früheren Deutsch-Ostafrika) und der Insel *San*sibar am 27. April 1964.

**Ulmenstein,** Christian Ulrich, Freiherr v.: 1909/1944, Dr. jur. habil., Regierungsrat, Privatdozent an der Universität Berlin, Heraldiker.

*Werk*

Über den Ursprung und Entstehung des Wappenwesens. Eine rechtsgeschichtliche Untersuchung. Weimar 1941 (unveränderter Neudruck der Ausgabe von 1935)

**Ulrichskreuz:** ↑ Tatzenkreuz mit besonders breiten Kreuzarmen.

**Ulster King of Arms** ↑ Herald's College.

**umgeben** ↑ umstellt.

**umgebogene Spitze:** eine ↑ Spitze, deren oberer Teil schneckenförmig umgebogen ist. Abb.

**umgekehrt gewechseltes Feld** ↑ verwechselte Farben.

**umgestürzt** ↑ gestürzt.

**umlegt** ↑ umstellt.

**umsäumt** ↑ besäumt.

**umschlossen:** Wappenfigur, um die eine andere gelegt ist.

**Umschweif:** älterer Ausdruck für ↑ Bord. Der U. darf nicht mit ↑ Umzug verwechselt werden.

**umstellt,** *umgeben, umlegt*: Wappenfigur, um die mehrere andere gelegt oder gestellt

*Überstiegenes Schildhaupt · umgebogene Spitze*

sind, so daß sich diese in der Mitte befindet.

**Umstrich:** von *Rudolphi* für ↑ Stabbord verwendeter Ausdruck.

**Umzug:** veraltete Bezeichnung der ↑ inneren Einfassung. Vgl. Umschweif.

**UNA GRANDE LIBRE** [span., einig, groß, frei]: Devise über dem Staatswappen Spaniens.

**unbewaffnet:** heraldische Tierdarstellung ohne Krallen, Klauen oder Hauer.

**unbezungt:** Bezeichnung des heraldischen Adlers oder Löwen, wenn die Zunge nicht sichtbar ist.

**UNDER GOD THE PEOPLE RULES** [engl., unter Gott herrscht das Volk]: Wahlspruch im Wappen des US-Bundesstaates Süddakota.

**ungarische Heraldik:** Anders als die polnische Heraldik beruht die ungarische mehr oder weniger auf der Grundlage des deutschen Wappenwesens. In Ungarn erhielten sich mittelalterliche Elemente jedoch länger als im Römisch-Deutschen Reich. Heraldische Eigenheiten entstanden besonders in der Zeit der Türkenkriege. Abgehauene,

*Typischer Schildinhalt der ungarischen Heraldik*

blutende Türkenköpfe sowie Türkensäbel, schwertschwingende geharnischte Arme, schwertschwingende Löwen, Greifen, Panduren und Husaren sind daher ein beliebter Motivschatz der u. H. Abb.

*Literatur*

*Nyarys, A.*: Heraldika Vegerfonala. Budapest 1886

**ungarische Mütze** ↑ tatarische Mütze.

**ungarisches Kreuz: 1.** ↑ Doppelkreuz. – **2.** ↑ russisches Kreuz.

**Ungarland** ↑ Königsberg, Johann.

**ungebildet:** ohne menschliches Gesicht dargestellte ↑ Sonne oder ↑ Mond.

**Ungeheuer,** *Fabelwesen*: der antiken Mythologie sowie der mittelalterlichen Fantasie entstammende Wappenfiguren, die besonders nach den Kreuzzügen unter dem Einfluß der orientalischen Kunst und Kultur in das Wappenwesen eindrangen. Zu den in den Wappen vorkommenden U. gehören u. a.: ↑ Lindwurm, ↑ Adlerlöwe, ↑ Greif, ↑ Seelöwe, ↑ Panther, ↑ Drache, ↑ Basilisk, ↑ Einhorn, ↑ Wolfsadler und ↑ Ziegenadler.

**ungewäffet** ↑ gewäffet.

**ungezählt geschacht** ↑ geschacht.

**ungeziert:** heraldischer Begriff für einen an den Geschlechtsteilen gestümmelten Löwen. Diese vorrangig in der französischen Heraldik vorkommende Darstellungsart ist im deutschen Wappenwesen selten.

**unheraldisch:** Wappendarstellungen bzw. heraldische Tinkturen, die den heraldischen Gesetzen sowie dem Wesen der ursprünglichen ↑ Heraldik widersprechen.

**Unicorn** ↑ Herald's College.

**UNIDADE DISCIPLINA TRABALHO** [port., Einheit, Disziplin, Arbeit]: Wahlspruch unter dem Wappen der Republik São Tomé und Príncipe.

**UNIDADE LUTA PROGRESSO** [port., Einheit, Kampf, Fortschritt]: Wahlspruch unter dem Wappen der Republik Guinea-Bissau.

**UNIDADE TRABALHO PROGRESSO** [port., Einheit, Arbeit, Fortschritt]: Wahlspruch im Wappen der Republik der Kapverden.

**UNIDAD PAZ JUSTICIA** [span., Einheit, Frieden, Gerechtigkeit]: Wahlspruch unter dem Wappen von Äquatorial-Guinea.

*Union Jack*

**Union Jack:** volkstümliche Bezeichnung der Nationalflagge Großbritanniens. Das rote Kreuz auf weißem Grunde ist das Symbol des heiligen ↑ *Georg,* dessen Kult sich in England zu Beginn des 15. Jahrhunderts durchsetzte, so daß das Georgskreuz zum Nationalabzeichen der Engländer wurde. Das weiße ↑ Andreaskreuz, Symbol des schottischen Landespatrones *St.* ↑ *Andreas,* ist bereits seit dem 12. Jahrhundert das Nationalabzeichen der Schotten. Im Jahre 1606 wurde das rote Georgskreuz (England) mit dem Andreaskreuz (Schottland) zu dem ersten U. J. verbunden (*König Jakob I.* [1603–1625] war seit 1567 als *Jakob VI.* König von Schottland und seit 1603 auch von England [Personalunion]). Durch die Errichtung des «Vereinigten Königreiches Großbritannien und Irland» 1801 kam nach dem Anschluß Irlands an Großbritannien noch das rote Schrägkreuz des irischen Schutzpatrones *St.* ↑ *Patrick* in die Nationalflagge. Abb.

**UNION JUSTICE CONFIDENCE** [engl., Einigkeit, Recht, Vertrauen]: Wahlspruch im Wappen des US-Bundesstaates Louisiana.

**UNION PAIX SOLIDARITÉ** [franz., Einigkeit, Frieden, Solidarität]: Wahlspruch über dem Wappen der Republik Togo.

**UNION TRAVAIL JUSTICE** [franz., Einigkeit, Arbeit, Gerechtigkeit]: Wahlspruch unter dem Wappen der Republik Gabun.

**UNITÉ DIGNITÉ TRAVAIL** [franz., Einheit, Würde, Arbeit]: Wahlspruch unter dem Wappen der Zentralafrikanischen Republik.

**UNITED WE STAND DIVIDED WE FALL** [engl., vereint stehen wir, getrennt fallen wir]: Wahlspruch unter dem Wappen des US-Bundesstaates Kentucky sowie um das Wappen von Missouri.

**UNITÉ TRAVAIL JUSTICE** [franz., Einheit, Arbeit, Gerechtigkeit]: Wahlspruch im Wappen der Republik Obervolta (seit 1984 Bourkina Fasso).

**UNITÉ TRAVAIL PROGRÈS** [franz., Einheit, Arbeit, Fortschritt]: Wahlspruch unter den Wappen von Burundi und Tschad.

**UNITY AND FAITH** [engl., Einheit und Treue]: Wahlspruch unter dem Wappen der Republik Nigeria.

**UNITY AND FREEDOM** [engl., Einheit und Freiheit]: Wahlspruch unter dem Wappen der ostafrikanischen Republik Malawi.

**UNITY FREEDOM JUSTICE** [engl., Einheit, Freiheit, Gerechtigkeit]: Wahlspruch unter dem Wappen der Republik Sierra Leone.

**Universitätsheraldik:** Wappenwesen der Universitäten und Hochschulen. Da es sich bei den Universitäten anfangs um geistliche Körperschaften und Institutionen der Gelehrsamkeit handelte, sie also dem Waffendienst fernstanden, war ihr Verhältnis zur Heraldik stets vom geistlichen Wappenwesen abhängig. Die Bildmotive auf Siegeln können heraldisch oder auch unheraldisch bzw. beides zusammen sein (in England sind jedoch echte Wappen die Regel). Die bereits in den Wappenbüchern des Mittelalters vorkommenden Wappen der Universitäten zeigen meist Darstellungen von Heiligen oder auch eine Kombination des regionalen Wappens mit dem Symbol der Gelehrsamkeit, dem Buch. Dieses erscheint auch in einigen Fällen in der Mitte des Wappens, ähnlich einem ↑ Mittelschild. Das Siegel- und Wappenwesen der Universitäten entwickelte sich, wie bei vielen Städten, voneinander unabhängig.

*Literatur*

*Sack, R.*: Akademische Wappenkunde. Neu-Isenburg 1935

*Gritzner, E.*: Berufswappen. Die Wappen der deutschen Universitäten. Neustadt a. d. Aisch 1976 (Nachdruck des ↑ Neuen Siebmacher von 1906)

**UN PEUPLE UN BUT UNE FOI** [franz., ein Volk, ein Zweck, ein Glaube]: Wahlspruch im Wappen von Mali und Senegal.

**unsinnig:** falscher Ausdruck für ↑ wütend.
**unten** ↑ oben.
**Untereck** ↑ Breitbalkenflanke.
**untergehend,** *sinkend*: fünfstrahliger Stern, bei dem zwei Strahlen in die Höhe und drei abwärts gerichtet sind. Von einigen Heraldikern wird die Sonne als u. bezeichnet, wenn sie im linken Obereck des Schildes dargestellt ist.
**untergeschlagen,** *durchgeschwungen*: Begriff für den Schwanz eines Tieres, der unter dem Bauch zwischen die Beine gelegt ist.
**unterlegt:** Schild, hinter dem sich Gegenstände, z. B. Krummstab, Schwerter, Schlüssel, befinden.
**Unterschiedswappen:** nach ↑ *Trier* Wappen, die nur zum Unterschied eines Geschlechtes, einer Gesellschaft oder Person geführt wurden. *Trier* zählt hierzu die ↑ bürgerlichen Wappen.
**Unterstrich:** ungeeignete Bezeichnung für den ↑ Pfahl, verschiedentlich auch fälschlich für den ↑ Balken verwendet.
**unterstützt:** ↑ Schildhaupt, an dessen unterer Begrenzungslinie sich ein schmaler, andersfarbiger Streifen befindet. Abb.
**Upstalsboom** [niederdt., Aufstellbaum]: vom 12. bis 15. Jahrhundert Versammlungsplatz (Thingstätte) der friesischen Landschaften zwischen Zuidersee und Weser. Der Landtag trat alljährlich in der Pfingstwoche am U. bei Aurich zusammen. Der U. ist heute ein Hügel, auf dem eine Steinpyramide für die Gefallenen der Freiheitskriege 1813/14 steht. Ursprünglich muß sich dort ein Baum befunden haben. Der U. erschien im Wappen der nach 1866 mit Hannover an Preußen gefallenen Landschaft Ostfriesland. Die preußische Provinz Hannover gliederte sich in sieben Landschaften: 1. Landschaft für die Fürstentümer Calenberg, Göttingen und Grubenhagen, 2. Landschaft für das Fürstentum Lüneburg, 3. Landschaft für die Grafschaften Hoya und Diepholz, 4. Landschaft für die Herzogtümer Bremen und Verden, 5. Landschaft für das Fürstentum Osnabrück, 6. Landschaft für das Fürstentum Hildesheim und 7. Landschaft für das Fürstentum Ostfriesland. Durch kaiserliche Verleihung vom 24. Januar 1678 erhielt diese Landschaft folgendes Wappen: in Rot auf grünem Rasen befindet sich links neben einer natürlichen Eiche ein geharnischter Ritter mit vier Helmfedern (blau, weiß, blau, weiß) und blauer Feldbinde, in der Rechten eine Lanze, in der Linken ein Schwert haltend. Der gekrönte Spangenhelm, mit rechts blau-silberner, links rot-silberner Decke, trägt als Kleinod einen geharnischten, ein Schwert schwingenden Arm, der mit einem abfliegenden blauen Band umwunden ist. Dieses Motiv wurde auch für die Rückseite des U.talers von 1865 gewählt, der im damaligen Königreich Hannover aus Anlaß des 50. Jahrestages des Anschlusses von Ostfriesland an Hannover ausgegeben wurde.

*Unterstütztes Schildhaupt*

**Uradel** ↑ Adel.
**Urbanus:** christlicher Heiliger, Bischof von Langres (Frankreich) im 5. Jahrhundert, Schutzpatron des Weinbaues und der Stadt Maastricht (Niederlande). Das Attribut des Heiligen ist der Weinstock, weil er sich nach der Legende hinter einem solchen vor seinen Verfolgern versteckt haben soll. Das Attribut des Heiligen ist in vielen Winzerwappen und Wappen von Städten in Weinbaugebieten enthalten. Dabei ist es oft nicht möglich zu unterscheiden, ob der betreffende Weinstock das Attribut des Heiligen oder lediglich allgemeines Symbol des Weinbaues sein soll.
**Uristier:** Bezeichnung des nasenberingten schwarzen Stieres im Wappen des Schweizer Kantons Uri.
**Ursula** [lat., kleine Bärin]: christliche Heilige und Märtyrerin. Der Überlieferung nach war die Heilige die Tochter eines Königs aus Britannien und die Führerin der 11000 Jungfrauen, mit denen sie zu Schiffe

nach Gallien, dann den Rhein hinauf über Köln nach Basel und zu Fuß nach Italien zog. Auf dem Rückweg fielen sie in die Hände der die Stadt belagernden Hunnen, und alle sollen als Märtyrer gestorben sein. Die Legende beruht wohl auf der falschen Deutung des Märtyrertodes von Jungfrauen, die eine Inschrift der U.kirche in Köln bezeugt.
Die mit einem Pfeil dargestellte Heilige erscheint z. B. im Wappen der Stadt Oberursel (Taunus).

**Ursus** [lat., Bär]: christlicher Heiliger und Märtyrer, gest. 303. Der Legende nach war U. Ritter der thebanischen Legion. Der Heilige wird meist geharnischt mit umgegürtetem Schwert, in der Rechten eine Fahne, die Linke auf das Schwert gestützt oder einen Schild mit einem Kreuz haltend dargestellt. Der heilige U. ist Patron des Kantons Solothurn und wurde z. B. auf Münzen des Kantons abgebildet. Abb.

**Urwappen:** Wappen, die aus der Frühzeit der Heraldik stammen und ihre Gültigkeit stillschweigender Anerkennung verdanken.

**UT INCEPIT FIDELIS SIC PERMANET** [lat., wie der Treue begann, so beharrt er]: Wahlspruch unter dem Wappen der kanadischen Provinz Ontario.

**Uttenschwalbe:** ein in älteren Wappenbeschreibungen enthaltener Name für einen schwanenartigen Vogel in schwarzer Tinktur mit roter Bewehrung, bei dem es sich wahrscheinlich um den *Kormoran* handelt.

*St. Ursus auf einem Guldiner von Solothurn aus dem Jahre 1501*

# V

**Vaclav** ↑ Wenzel.

**vaire** [engl.]: Bezeichnung für ↑ Buntfeh.

**Vehem,** *natürlicher Hermelin*: Winterpelz des Hermelin, auf dem die schwarzen Schwanzspitzen «aufgenäht» sind. V. ist als Futter und Verbrämung der Fürstenhüte, Wappenzelte und Wappenmäntel zu finden. Mitunter erscheinen diese auch mit heraldisch stilisierten Schwänzchen (↑ Hermelin), was bei einer Blasonierung besonders gemeldet werden muß. Im Mittelalter ahmte man hin und wieder das teure Hermelinfell nach, indem die Schwänzchen auf einen weißbemalten Schild genagelt wurden, z. B. im Wappen derer *von Volkersdorf*.

**Veit** ↑ Vitus.

**Veneto:** in der mittelalterlichen englischen Heraldik Ausdruck für die blaue Tinktur.

**Verbindungswappen,** *Vereinswappen*: Wappen studentischer Verbindungen, Korps, Burschenschaften sowie der verschiedensten Vereine. Die Entstehung dieser Wappen fällt in die erste Hälfte des 19. Jahrhunderts. In den meisten Fällen widersprechen sie in ihrer Gestaltung den heraldischen Gesetzen. Die Wappen der studentischen Verbindungen zeigen neben den speziellen Symbolen auch die Farben des entsprechenden Korps oder der Burschenschaft. In den meisten Wappen der Turnvereine erschien das vierfache F [Frisch, Fromm, Fröhlich, Frei], das in einen Schild gesetzt zur Wappenfigur wird. Vgl. Studentenwappen.

**verbohrt geschacht:** altheraldischer Ausdruck für ↑ gerautet. Vgl. Raute.

**Verdienstorden der Bayerischen Krone:** am 27. Mai 1808 von *König Maximilian I. Joseph* (1799–1825, König seit 1806) gestifteter Zivilverdienstorden. Der Orden sollte «auch vorzüglichen Civil-Staats-Diensten und den hervorstechendsten Tugenden und Verdiensten der Staatsbürger aller Klassen eine ehrenvolle Auszeichnung gewähren». Die Träger der drei oberen Klassen des Ordens erhielten den persönlichen Adel und wurden Ritter der bayrischen Adelsmatrikel. *König Maximilian II.* (1848–1864) erweiterte am 24. Juni 1855 den Orden durch die Klasse der Großkomture. Das Ordenszeichen besteht aus acht sternförmig angeordneten, ausgezackten Armen, von denen vier etwas kürzer gehalten sind, mit goldenen Strahlen in den Winkeln. Um die Ordensdekoration ist ein grünemallierter Eichenkranz gelegt. Darüber befindet sich eine Königskrone. Das Medaillon der Vorderseite zeigt die bayrischen ↑ Wecken, auf die eine goldene Königskrone gelegt ist. Darum steht auf rotem Grund in Gold die Ordensdevise «VIRTUS ET HONOS» [lat., Tugend und Ehre]. Das Medaillon der Rückseite zeigt auf goldenem Strahlengrund den nach links gewendeten Kopf des Stifters, darum auf rotem Grund: «MAX. JOS. BOJOARIAE REX» [Maximilian Joseph König von Bayern]. An der ↑ Kollane hängend befand sich das Ordenszeichen unter dem großen Wappen des Königreiches Bayern. Vgl. Abb. bei Mittelschild.

**Vereinswappen** ↑ Verbindungswappen.

**Verfolger:** Bezeichnung für das litauische Wappen, den schwertschwingenden Reiter. Die Wappenfigur entwickelte sich aus dem Siegel der litauischen Großfürsten, die sich zu Pferde darstellen ließen.

**vergönnetes Wappen** ↑ Schutzwappen.

**Verjährungsadel** ↑ Adel.

**verkappt:** Wappentier, über dessen Kopf ein Helm gestülpt ist, z. B. im alten Wappen der Stadt Neuruppin (Bezirk Potsdam) und im Wappen von Prenzlau (Uckermark). Eine solche Wappendarstellung stellt in den meisten Fällen eine ↑ Wappenminderung dar.

Der Adler im Prenzlauer Stadtwappen z. B. wurde auf Weisung des brandenburgischen *Kurfürsten Friedrich I.* (1415–1440) v., nachdem die Stadt 1425 den pommerschen Truppen freiwillig die Tore geöffnet hatte, jedoch im darauffolgenden Jahr von Brandenburg zurückerobert worden war.

Die Stadt Usti nad Labem führt einen v.en

*verry*

böhmischen Löwen im Wappen. Es wurde der Stadt als Strafe für die Aufnahme der Hussiten verliehen. Abb.

**verkehrte Ordnung** ↑ in verkehrter Ordnung.

**verkehrtes Schach:** bei ↑ *Rudolphi* falscher Ausdruck für ↑ Rautenschach.

**verkehrt gegengewendet:** ↑ gegengewendete Wappenfiguren, deren oberste Figur nach links gerichtet ist.

**Verkehrthand** ↑ Hand.

**verrey:** englische Bezeichnung für normale ↑ Eisenhütlein.

**verry:** englische Variante der ↑ Eisenhütlein in grün-gelber oder gelb-grüner Tinktur. Abb.

**verschlossen:** bei ↑ *Rudolphi* Begriff für ein hinter einem Gitter dargestelltes Wappentier.

**verschoben,** *abgesetzt, aufgekantet:* ↑ Pfahl oder ↑ Balken, der in der Mitte durchschnitten und mit den Ecken entweder nach rechts oder links bzw. oben oder unten wieder zusammengesetzt ist. Es kommen auch

*Verkappter Adler im Stadtwappen von Prenzlau*

durch einen Schrägschnitt v. Pfähle bzw. Balken vor.
**verschobene Eisenhütlein** ↑ Eisenhütlein.
**verschobener Pfahl:** das Heroldsbild Pfahl, dessen oberer Teil gegenüber dem unteren versetzt ist. Abb.
**verschobenes Feh:** ↑ Eisenhütlein, bei denen die unteren gestürzten Hüte gegenüber den oberen verschoben sind. Abb.
**verschränkt** ↑ gekreuzt.
**verschränkte Farbe** ↑ geschränkte Farbe.
**versenkt,** *in der Vertiefung*: Bezeichnung einer Hauptfigur im Felde, die nicht oder nur unerheblich größer als die sie umgebenden Nebenfiguren ist. Als Hauptfigur kann sie nur dann angesprochen werden, wenn sie auf der ↑ Herzstelle des Schildes steht. Vgl. begleitet, beseitet.
**versetzt gegeneinander,** *versetzt umeinander*: veraltet für die beiden Tinkturen eines quadrierten Schildes (↑ geviert).
**verstützt** ↑ Wiederkreuz.
**verwechselte Farben,** *verwechselte Tinkturen*: unkorrekter Ausdruck für ↑ abwechselnde Tinkturen. Eine andere ältere Bezeichnung ist *umgekehrt gewechseltes Feld*. Richtig wäre die Anwendung des Begriffes für die als ↑ Beizeichen mitunter vorkommenden verwechselten Farben von Figur und Feld. Vgl. Abb. bei pfahlweise. Abb.
**Vexillogie:** moderner Fachausdruck für Flaggenkunde.
**Vicomte** [franz.], *Viscount* [engl.]: eigentlich Stellvertreter eines Grafen, später in England und Frankreich Titel für den zwischen Graf und Baron stehenden Adligen. Der Titel V. kommt in Frankreich erstmalig im Jahre 819 vor und wurde dann wahrscheinlich durch die Normannen in England eingeführt. Im alten Frankreich führte häufig der älteste Sohn eines Grafen oder Marquis den Titel V.
**Vidame:** Stellvertreter auf einer Herrschaft oder einem Schloß für den damit Belehnten, speziell der Stellvertreter eines mit weltlichen Gütern belehnten Geistlichen oder Klosters. V. war auch der Titel eines Schutzherren und Verwesers der geistlichen Güter, dem als Beamten der französischen Bischöfe die Leitung aller Maßregeln

*verschobenes Feh*

*verschobener Pfahl · verwechselte Farben*

*Vierung*

für die Bewahrung der Kirchenrechte oblag, etwa dem deutschen Stiftsammann entsprechend. Im Mittelalter hatten die V. den Titel eines ↑ Vicomte.
**viereckiger Span:** veraltet für Schach bzw. ↑ geschacht.
**viereckiges Kreuz:** seltenere Bezeichnung für ↑ gemeines Kreuz.
**viergeteilt,** *quadriert*: **1.** ↑ Quadrierung (1.). **2.** ↑ geviert.
**Vierpaß** ↑ Dreipaß.
**Vierung:** Heroldsbild, das in der Regel etwas weniger als den vierten Teil des Schildes ausmacht und aus einem gewöhnlich im rechten Obereck des Schildes befindlichen Viereck besteht. Bei geringerer Größe bezeichnet man es als *kleine V.*
In der deutschen Heraldik ist die V. besonders häufig in rheinischen Wappen vertreten. Sie erscheint ↑ ledig oder auch mit einem Heroldbild oder einer gemeinen Figur belegt. ↑ Bordierte V.en sind äußerst selten.

Als Würdeabzeichen wurde sie im Jahre 1701 dem preußischen Staatsminister *von Ilgen* mit der preußischen Königskrone versehen, der *Familie von Decker* und den *Freiherren von der Heydt* mit dem preußischen Adler belegt verliehen. Vgl. napoleonische Heraldik. Abb.

**Vierzehn Nothelfer:** nach der katholischen Überlieferung eine Gruppe von 14 Heiligen, von denen die Gläubigen in besonderen Nöten Hilfe erflehen. Der Legende nach sollen sie vor ihrem Märtyrertod Gott gebeten haben, allen jenen Hilfe zu gewähren, die in ihrem Namen darum bitten. In bildlichen Darstellungen und schriftlichen Quellen erscheinen die V. N. seit dem 14. Jahrhundert in folgender Zusammenstellung: Achatius, ↑ Ägidius, Barbara, ↑ Blasius, ↑ Christophorus, ↑ Cyriacus, ↑ Dionysius, Erasmus, Eustachius, ↑ Georg, ↑ Katharina, ↑ Margaretha, Pantaleon, ↑ Vitus. In manchen Gegenden werden einige Heilige gegen einen entsprechenden lokalen Schutzpatron ausgetauscht. Während in der bildenden Kunst mitunter alle V. N. zusammen dargestellt wurden, erscheinen sie in der Heraldik stets nur einzeln.

**VIGILANDO ASCENDIMUS** [lat., durch Wachsamkeit steigen wir empor]: Wahlspruch unter dem Wappen des Großherzogtumes Sachsen-Weimar-Eisenach sowie des Hausordens vom Weißen Falken (↑ Falkenorden).

**Vikar** ↑ Reichsvikar.

**Virgilius** (von Salzburg): christlicher Heiliger, Bischof von Salzburg, geb. nach 700 in Irland, gest. 784 in Salzburg. V. kam um 740 in das Frankenland als Missionar und wurde von *Herzog Otilo* (737–748) nach Bayern gerufen. Später wurde er Abt von St. Peter in Salzburg, seit 756 Bischof. Der als Bischof, das Modell einer Kirche in der Hand haltend, dargestellte Heilige ist Schutzpatron von Salzburg sowie Schutzpatron und Apostel von Kärnten und Steiermark. Er erscheint gemeinsam mit dem heiligen ↑ *Rupertus* auf Münzen von Salzburg.

**VIRIBUS UNITIS** [lat., mit vereinten Kräften]: seit 1962 Wahlspruch unter dem Wappen des von Südafrika besetzten Namibia sowie des 1849 gestifteten österreichischen Franz-Joseph-Ordens. V. U. war auch die persönliche Devise des *Kaisers Franz Joseph von Österreich* (1848–1916).

**VIRTUS UNITA FORTIOR** [lat., mit vereinter Kraft stärker]: Wahlspruch unter dem Wappen von Andorra.

**VIRTUTE ET ARMIS** [lat., durch Tugend und Waffen]: Wahlspruch unter dem Wappen des US-Bundesstaates Mississippi.

**Viscount** ↑ Vicomte.

**Visierbilder:** alter Ausdruck für Schildesteilungen und Heroldsbilder im Gegensatz zu den gemeinen Figuren.

**visieren:** die Neuschaffung, Konstruierung oder Vermehrung eines heraldischen Objektes, z. B. Schild, Vollwappen, nach den Regeln der ↑ Heraldik.

**Vitus,** *Veit*: christlicher Heiliger und Märtyrer, gest. um 304/305. Nach der Überlieferung wurde St. V. im heutigen Mazara del Vallo an der Südwestküste Siziliens geboren. Zusammen mit seinem Erzieher *Modestus* und seiner Amme *Crescentia* mußte V. im Alter von sieben Jahren nach Lukanien fliehen. Als Christen erkannt, brachte man sie nach Rom und verurteilte sie zum Tode. St. V. soll in einen Kessel siedenden Öles geworfen worden sein. Er wurde jedoch von Engeln gerettet und kehrte mit seinen Freunden nach Lukanien zurück, wo sie später den Martertod erlitten. Der Kult des Heiligen läßt sich bis in das 6. Jahrhundert zurückverfolgen. Seit dem Jahre 836 befan-

*St. Vitus mit Palmzweig, Buch und Adler, zu seinen Füßen ein Löwe, auf einem Taler von 1709 der Abtei Corvey*

den sich die Reliquien des Heiligen im Kloster Corvey an der Weser, das dadurch zum Zentrum der V.verehrung wurde. Aus Corvey stammt auch der Arm des Heiligen, dem zu Ehren *Herzog Wenzel der Heilige von Böhmen* (928–935) eine Kirche als Vorläufer des späteren St. Veitsdomes in Prag errichtete. Die Corveyer Reliquien verschwanden im Dreißigjährigen Krieg und gelangten wahrscheinlich alle nach Prag. Im Mittelalter war der Heilige in weit über 1 000 Orten Patron von Kirchen, Kapellen und Altären. Er zählt zu den Vierzehn Nothelfern und ist Schutzpatron der Apotheker, Bierbrauer, Gastwirte, Küfer und Kesselschmiede sowie zahlreicher Länder und Orte. Dargestellt wird er stehend mit einem bis zum Knie reichenden Rock, im rechten Arm ein geschlossenes Buch, auf dem ein Adler sitzt, in der Linken einen Palmenzweig, seltener nackt in einem Kessel sitzend. Besonders häufig wurde V. auf Münzen von Corvey abgebildet. Als Wappenbild führen ihn z. B. die Städte Mönchengladbach und Olfen (Westfalen). Abb.

**Vögel:** gemeine Figuren. In der Heraldik kommt eine Vielzahl verschiedener Vogelarten als Schildfigur, Schildhalter und als Helmzier vor. Sie erscheinen in ganzer Gestalt, wachsend oder nur in Teilen, besonders Kopf, Flügel und Federn. In den heraldischen Darstellungen zeigen vor allem die kleineren V., wenn auch in stilisierter Form, ihr natürliches Äußeres, und ihre unterscheidenden Merkmale sind besonders betont. Zu ihrer besseren Unterscheidung werden ihnen mitunter besondere Attribute beigegeben, z. B. beim ↑ Kranich ein Stein bzw. eine Kugel, beim ↑ Strauß ein Hufeisen. Anders ist das bei dem sehr häufig in

*Volkskreuz · volles Schächerkreuz*

*8-Reales-Stück von 1835 der Zentralamerikanischen Republik mit der Darstellung des Vulkanwappens auf der Vorderseite*

den Wappen erscheinenden ↑ Adler. Er wird oft stark stilisiert dargestellt.

**Vogelkopfkreuz:** ↑ Winzermesserkreuz, an dessen Kreuzenden sich in der Mitte Punkte stilisierter Vogelköpfe befinden.

**vol-bannerets:** fast ausschließlich in der niederländischen Heraldik vorkommende, rechteckige, fahnenförmige ↑ Schirmbretter, deren Oberkanten wie Schwungfedern ausgesägt sind. Sie ähneln dem ↑ Flug. Vgl. Abb. bei Helmdecke *(oben links)*.

**Volkskreuz** [ital., cruce di populi]: in der italienischen Heraldik vorkommendes, weißes, ↑ gemeines Kreuz im runden, roten Feld. Dieses Kreuz nahmen diejenigen italienischen Edelleute in ihre Wappen auf, die sich in den Kämpfen des 15. und 16. Jahrhunderts der Volkspartei (popolarità) anschlossen. Die «rote Kugel» mit dem weißen Kreuz erschien in der Regel im ersten Feld des Wappenschildes. Als Beibzw. Abzeichen führten es u. a. die *Familien della Tosa, Ubaldini, Argolanti, Archi, Ricasoli* und *Bellincioni*. Abb.

**Volkskrone:** stilisierte, den ganzen Schild bedeckende flache Blätterkrone, die nach 1918 die auf den Wappenschilden der deutschen Teilstaaten befindlichen monarchischen Kronen ersetzte. Gegenwärtig erscheint die V. auf einigen Länderwappen der Bundesrepublik Deutschland, so z. B. in Bayern, Baden-Württemberg, Hessen und Rheinland-Pfalz.

**volles Schächerkreuz:** ein Schächerkreuz (↑ Gabelkreuz), bei dem der Raum zwischen den beiden Balken in gleicher Tinktur ausgefüllt ist. Abb.
**Vollwappen:** vollständig dargestelltes Wappen, d. h. mit Helm, Helmdecken, eventuell Schildhalter, Wappenzelt usw. Vgl. z. B. Abb. bei Blasonierung.
**Volutenkreuz:** ↑ gemeines Kreuz, dessen Kreuzenden beiderseits eingerollt sind.
**vorn:** bei Wappenbeschreibungen Bezeichnung für die heraldisch rechte Seite. Vgl. rechts und links.
**Vortragskreuz,** *Vortragekreuz*: an einer langen Stange befestigtes Kreuz, manchmal ↑ Doppelkreuz, das den Prozessionen vorangetragen wurde. Einige geistliche Würdenträger bedienten sich eines V.es als Hinterwappen. Vgl. Abb. bei Bischofshut und Erzbischofshut.
**Votivkrone:** einem Heiligen aufgrund eines Gelübdes geweihte Krone. Zu den V., deren Vorhandensein bereits bei den Westgoten nachweisbar ist, gehört auch die in Monza aufbewahrte ↑ Eiserne Krone. Zum Verschwinden dieser Tradition schrieb *Heinz Biehn*: «Mit der untergehenden Welt des Mittelalters ist auch die Kraft der Reliquie erloschen und der Glanz der Reliquiare versunken. In den sogenannten aufgeklärten Jahrhunderten mußte die aus der Unbedingtheit mittelalterlichen Glaubens erwachsene Reliquienverehrung ihren ursprünglichen Sinn und ihre magische Wirkungskraft einbüßen. Mit dem Ausgang des Mittelalters waren die Zeiten, in denen Kaiser und Könige ihre Kronen den Heiligen stifteten, aber auch selbst zu Heiligen aufsteigen konnten, für immer vorbei. So vermochte weder der Dorn aus der Krone Christi noch das Büstenreliquiar des heiligen Wenzel die böhmische Krone auf die Dauer an ihren ursprünglichen Aufbewahrungsort zu fesseln, als sich die Bande der Gläubigkeit zu lockern begannen.»
**Votivsiegel:** von österreichischen Sphragistikern des 19. Jahrhunderts verwendeter Begriff für Siegel, deren Inhaber in Verrichtung der Andacht bzw. im Rahmen einer religiösen Darstellung auf diesen erscheinen. Derartige Siegel wurden vorzugsweise von Frauen oder Witwen geführt.
**Vulkanwappen:** von den Vereinigten Provinzen von Mittelamerika (1823/1838), denen Guatemala, El Salvador, Kostarika, Honduras und Nikaragua angehörten, geführtes Wappen mit der Darstellung von Vulkanen. Die genannten Republiken leiteten später ihre Staatswappen davon ab. El Salvador und Nikaragua führen noch heute ein V. Abb.

# W

**Waage:** Symbol der Gerechtigkeit, in der Regel mit gleichstehenden, golden tingierten Schenkeln dargestelltes Wappenbild. Teilweise ist es auch mit Schwert und Gesetzbuch kombiniert. Eine W. befindet sich z. B. in den Staatswappen von Kamerun, Tunesien und Uruguay.
**Wachel** ↑ Wecken.
**wachsam:** Bezeichnung für einen Kranich, der den inneren Fuß anhebt.
**wachsend,** *hervorwachsend*: aus einer Schildteilung, einer gemeinen Figur, einem Heroldsbild oder einem Helm nur in ihrer oberen Hälfte sichtbare menschliche oder tierische Gestalt. So dargestellte Wappenfiguren werden fälschlich auch als *Hals* bezeichnet.

*Wachsender, einen Stern haltender Löwe als Helmzier*

Von einigen Heraldikern wird der Begriff w. auch für ↑ hervorgehend verwendet. Dieser Ausdruck sollte aber mehr für Figuren benutzt werden, die aus den Seitenrändern des Schildes hervorkommend erscheinen. Vgl. halb. Abb.

**Wackel** ↑ Wecken.

**Waffen** ↑ Bewehrung.

**Wagenrunge:** Stütze, die den Wagenoberteil hält. Als redendes Wappenbild erscheint sie beispielsweise im Wappen derer *von Runge*.

**Wagensprit:** seltenes Wappenbild, das den die beiden Leiterbäume verbindenden, über der Hinterachse befindlichen Wagenoberteil darstellt, der meist durch mehrere Ringe zusammengehalten wird.

**Wagenwinde** ↑ Armbrust.

**Wahlspruch** ↑ Devise.

**Waidmesser** ↑ Jagdmesser.

**walachischer Adler:** der im Wappen des ehemaligen Königreiches Rumänien befindliche Adler, auf dem wiederum ein Schild mit den Wappen der Walachei, Moldau, Dobrudscha, von Banat, Siebenbürgen und als Mittelschild das Wappen des *Hauses Hohenzollern* aufgelegt ist. *Prinz Karl von Hohenzollern-Sigmaringen* (1866–1914) wurde als *Carol I.* 1866 Fürst und 1881 König von Rumänien.

**Walburga:** christliche Heilige, geb. um 710 in Wessex (England), gest. am 25. Februar 779 in Heidenheim (Mittelfranken). Die Tochter des heiligen *Richard* und Schwester der Heiligen *Willibald* und *Wunibald* wurde vermutlich im südenglischen Kloster Wimborn erzogen. Durch den heiligen *Bonifatius* kam sie als Missionshelferin in das Frankenreich und wurde später Äbtissin von Heidenheim bei Eichstätt. Im Jahre 870 wurden ihre sterblichen Überreste nach Eichstätt überführt.

Die Heilige wird oft stehend im weiten Gewand mit Krone und Schleier, in der rechten Hand ein Lilienzepter, in der linken ein geschlossenes Buch, auf dem zwei Ölfläschchen stehen, dargestellt. Mitunter hält sie auch einen Krummstab und ein geschlossenes Buch. Sie ist Patronin des Bistumes Eichstätt und erschien dort auch auf Münzen. Als Wappenfigur befindet sie sich z. B. im Wappen von Hausberge.

**Waldmann, Waldmensch** ↑ Wilder Mann.

**wälsche Zinne** ↑ Kerbzinne.

**wanderndes Wappen:** Wappenfeld in einem zusammengesetzten Wappen, dessen Stellung innerhalb des Schildes verändert wurde. Oft war das mit einer Bedeutungswandlung des entsprechenden Feldes verbunden. Als z. B. der württembergische *Herzog Eberhard Ludwig* (1677–1733) im Streit mit *Kaiser Leopold I.* (1658–1705) lag, weil ihm das Banneramt entzogen werden sollte (vgl. Reichssturmfahne, Erzämter), wanderte 1705 die bis dahin im vierten Feld befindliche Reichssturmfahne in das wichtigere zweite Feld, wobei für dieses Feld gleichzeitig dem Wappen ein weiterer Helm hinzugefügt wurde.

**wanderndes Wappenbild:** Wappenfigur, die im Laufe der Zeit ihren Platz im Wappenschild veränderte. Ein w. W. ist z. B. die das goldene Kreuz bedeckende Mitra im Wappen des Bistumes Lübeck. Erstmalig erschien das Kreuz ohne Mitra in den letzten Jahren des 14. Jahrhunderts und wurde in dieser Form bis zum 17. Jahrhundert beibehalten. Durch einen Irrtum geriet die Bischofsmütze, die sich auf dem oberen Schildrand befand, in den Schild hinein und erhielt ein eigenes Feld über dem Kreuz. Später wurde sie dann auf das Kreuz selbst gelegt.

**Wapeling,** *Wapener*: mittelalterliche niederrheinische Bezeichnung der ↑ Knappen von den Wappen.

**Wappen:** in die Form der mittelalterlichen Schutzwaffen, Helm und Schild, gebrachte, nach bestimmten Grundsätzen und Regeln verfertigte erbliche Bilder, die von Personen, Familien, Städten und Gemeinden sowie Körperschaften als bleibende Abzeichen geführt werden. Der Wortstamm des Begriffes W. ist von dem althochdeutschen Wort «wafen» [Waffen] abgeleitet. Da diese Symbole zuerst als Zierde und Erkennungszeichen der mittelalterlichen Ritter an deren Schutzwaffe, dem Schild, angebracht waren, ist in fast allen europäischen Sprachen eine Verwandtschaft des Wortes fest-

stellbar, z. B. französisch armoires, italienisch arma, englisch arms, schwedisch Vapen, was alles soviel wie Waffen und später dann im übertragenen Sinne W. bedeutet. Anfangs hatte man für den wappenähnlichen Schmuck, der sich in der Literatur bis in die Mitte des 12. Jahrhunderts zurückverfolgen läßt, noch keine besondere Bezeichnung. Diese Bilder hatten noch keinen Gattungsnamen, und die verschiedenen Begriffe dafür waren noch nicht an einen bestimmten Träger gebunden. Wie zeitgenössische Berichte und Schilderungen beweisen, gab es anfangs keine eindeutige Definition des W. Ab etwa 1180 tritt der Schild als W.träger in den Vordergrund, während die Fahne und das Banner auf eine untergeordnete Stufe zurückfallen und nicht mehr als Zeichen, sondern allgemein nur noch als Fahne bezeichnet werden. *Walther von der Vogelweide* nennt das Wappen bereits «herezeichen an dem schilte». Seit Mitte des 13. Jahrhunderts ist der Begriff «Zeichen» immer Synonym für W. Es fehlte jedoch noch die sich erst später entwickelnde Kunstsprache, so daß noch kein spezieller heraldischer Ausdruck für das den Schild kennzeichnende Bild bekannt war. So findet man in der frühesten Zeit nur einfache Umschreibungen. Das altdeutsche Wort «wâfen» hatte anfangs die Bedeutung von Schwert, es konnte aber auch den Notschrei «wafen!» [Zu den Waffen!] ausdrücken, für den Schild wurde es jedoch seltener verwendet. Für das letzte Jahrzehnt des 12. Jahrhunderts kann es aber schon als Bezeichnung für «Schild» und «Schildzeichen» nachgewiesen werden. Dieser Begriff, hier im Plural, war noch nicht eindeutig, sondern umfaßte sowohl W.schild als auch W.helm. Erst gegen Ende des 14. Jahrhunderts wurden diese Bestandteile als ein notwendiges einheitliches Ganzes verstanden, und die nun störende Pluralform begann um 1430 endgültig dem Singular zu weichen. Das Wort W. bezeichnete nicht mehr den Schild mit dem Bild, sondern das Bild auf dem Schild. Die Tatsache, daß mit dem W. das Bild auf dem Schild und nicht einschließlich des Schildes gemeint war, zeigt, daß in dieser Zeit der Schild noch nicht der einzige W.träger war, also noch eine untergeordnete Rolle spielte. Das beweisen z. B. auch die Siegel der zweiten Hälfte des 12. Jahrhunderts, in denen vielfach w.mäßige Bilder noch nicht in einen Schild gesetzt waren. Im 13. Jahrhundert wird der Schild zum Hauptträger des W.
Der genaue Zeitpunkt der Entstehung der W. ist bisher noch ungeklärt. Wahrscheinlich gingen sie in der zweiten Hälfte des 12. Jahrhunderts von Nordfrankreich aus, von wo sie sich über Flandern, ein damals bedeutendes Kulturzentrum, rasch in den Nachbarländern ausbreiteten. Das europäische W.wesen ist eine mittelalterliche Kulturerscheinung, die aus dem Bedürfnis heraus entstanden ist, die damals schwergepanzerten Ritter bei geschlossenem Visier zu erkennen. Es entwickelte sich nicht aus den Familien- oder Städteabzeichen der vorheraldischen Zeit bzw. aus den germanischen Runen und auch die seit Jahrhunderten verbreitete Meinung, das W. sei ein Gegenstand des Rechtes und schon bei seiner Entstehung juristisch geregelt gewesen, ist historisch unhaltbar. Natürlich entstanden im Laufe der Zeit auch hier «Gesetze», jedoch nicht im Rechtssinne, denn ihre Einhaltung konnte nicht gerichtlich erzwungen werden. Wesentliche Impulse dürfte das W.wesen durch die Kreuzzüge empfangen haben. W. wurden in den meisten Fällen eigenmächtig angenommen. Erst in späterer Zeit versuchten die Landesherren, W. gegen Gebühren zu verleihen (vgl. Wappenbrief). Jedoch brachten die häufigen Verbote gegen die eigenmächtige Annahme von W. nie den gewünschten Erfolg.

**Wappenahnentafel:** ↑ Ahnentafel, die neben den Namen, Geburts- und Sterbedaten auch die Familienwappen der betreffenden Personen aufweist.

**Wappenalmanach:** mit Wappen und verschiedenen Notizen versehene kalenderartige Tafeln in Buchform. Der erste W. wurde 1474 in lateinischer Sprache in Nürnberg für die Jahre 1475 bis 1506 herausgegeben und bis 1551 fortgesetzt. Jährliche Almanache sind wahrscheinlich erst im

16. Jahrhundert aufgekommen. Im 17. Jahrhundert begann man den bisher vorherrschenden astrologischen und meteorologischen Notizen auch anderweitige Nachrichten hinzuzufügen. Der im Jahre 1679 in Paris edierte *Almanach royal* enthielt erstmalig Notizen über Hoffeste, Märkte, die Genealogie des königlichen Hauses sowie ein Verzeichnis der höheren Geistlichkeit. Diesen Inhalt hatten auch die W., die in Deutschland und seit 1730 auch in England nachgeahmt wurden. Im 18. Jahrhundert waren neben den W.en der Domstifter auch die der weltlichen Ritterorden sehr beliebt. Die W. des bayrischen Hausritterordens vom heiligen Georg sowie des heiligen Michael z. B. sind mit prachtvollen Wappenkupfern der Ordensritter ausgestattet und erschienen bis weit in das 19. Jahrhundert hinein jährlich.

**Wappenbeschreibung** ↑ Blasonierung.

**Wappenbesserung:** durch Vermehrung des Besitzes, Heiraten, Erbschaften oder Standeserhöhungen, bedingte Erweiterung des bereits geführten Wappens. Im Laufe der Jahrhunderte wurden viele, seit langem bestehende Wappen verbessert oder vermehrt. Vom heraldischen Standpunkt verschlechterten sie sich dadurch in den meisten Fällen, da nach den ältesten Grundsätzen der Wappenkunst ein Wappen so einfach wie möglich sein sollte. Auf diese Weise entfernten sich selbst die ältesten Wappen immer mehr von ihrem ursprünglichen Vorbild. Im 19. Jahrhundert stellten etliche Familien durch Familienbeschluß ihr ursprüngliches Wappen wieder her.

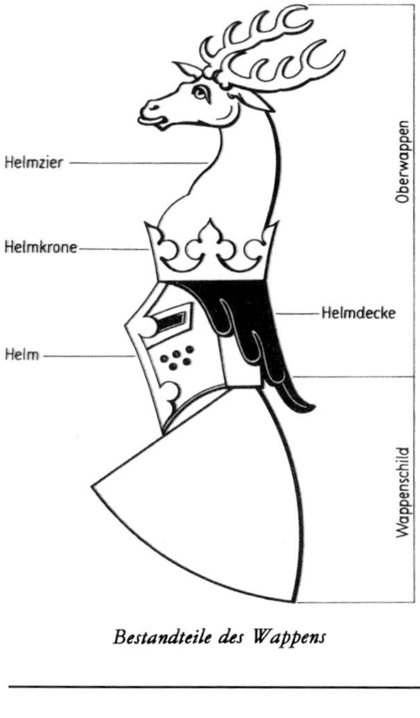


*Bestandteile des Wappens*

**Wappenbestandteile:** die bei der Darstellung eines Wappens gezeigten Teilstücke. Abb.

**Wappenbestimmung:** Feststellung der Herkunft oder des Alters der ↑ Wappen. Die Ermittlung eines alten ↑ Geschlechterwappens zählt häufig zu den schwierigsten Aufgaben der wissenschaftlichen Heraldik. Nur mit Hilfe genealogischer und historischer Forschung, großer Erfahrung und Übung kann der wappenkundige Fachmann Erfolg haben. Das trifft besonders auf sehr alte Wappen zu, deren Träger seit mehreren Jahrhunderten ausgestorben sind. Eine wesentliche Hilfe für die W. bilden alte Wappenbücher, so z. B. das ↑ Siebmacher'sche Wappenbuch.

**Wappenbrief,** *Diplom*: von einem Landesherren oder dessen Vertreter ausgestellte Urkunde, durch die einer Person oder Familie ein ↑ Wappen verliehen wurde. Neben der eigenmächtigen Annahme wurden Wappen seit dem 14. Jahrhundert auch durch den Kaiser, die Landesherren oder die ↑ Hofpfalzgrafen für besondere Verdienste oder gegen Bezahlung verliehen. Das älteste bekannte Exemplar eines kaiserlichen W.es ist der am 8. Februar 1338 von *Kaiser Ludwig IV., der Bayer* (1314/1328–1347), dem *Grafen Carbonesi* ausgestellte W. Vielfach wurden auch bereits bestehende, eigenmächtig angenommene Wappen durch gebührenpflichtige W. bestätigt. Die in den W.en dargestellten Wappen entsprachen nicht immer den heraldi-

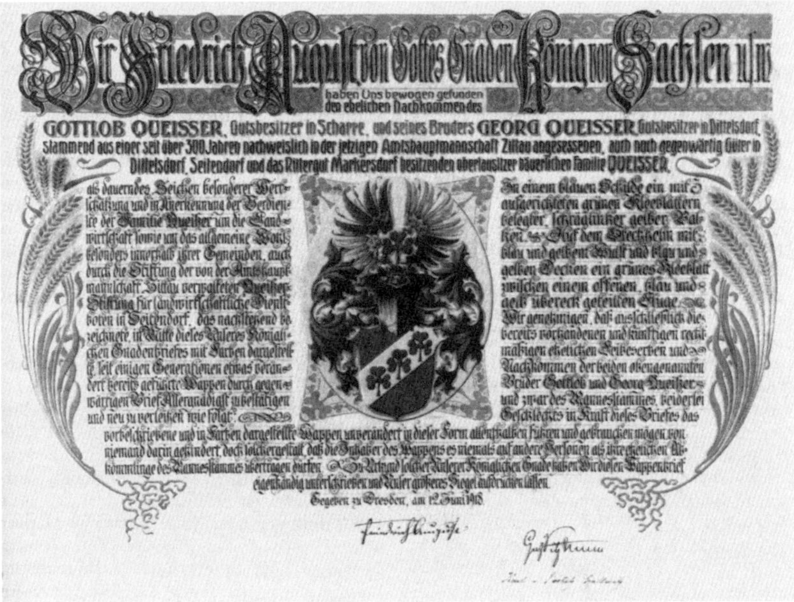


*Wappenbrief des sächsischen Königs Friedrich August III. (1904–1918) für die Familie Queisser vom 12. Juni 1918. In der Mitte das Familienwappen, bei dem sich die Kleeblätter des Schildes in der Helmzier wiederholen*

schen Regeln. Das trifft besonders auf W. des 17. und 18. Jahrhunderts zu. Die Erteilung eines W.es war nicht gleichbedeutend mit der Verleihung des Adels. Nach 1806 wurden bürgerliche W. seltener ausgestellt. Erst zwischen 1912 und 1918 verlieh z. B. der *König Friedrich August III. von Sachsen* wieder W. an bürgerliche Personen. Über die für diese Zeit ungewöhnlichen Wappen schrieb das königlich-sächsische Ministerium des Innern im Jahre 1913: «In der heraldisch-genealogischen Fachpresse sind in neuerer Zeit unrichtige und schiefe Auffassungen über die im Königreiche Sachsen an Private erteilten oder zu erteilenden Königlichen Wappenbriefe zutage getreten. Demgegenüber sei bemerkt, daß Seine Majestät der König von Sachsen das Ministerium des Innern ermächtigt hat, Ihm alljährlich eine Reihe von um das Land verdienten Personen sächsischer Lande zur Verleihung von bürgerlichen Wappen in Vorschlag zu bringen. Die Verleihung erfolgt durch Ausstellung Königlicher Wappenbriefe, mit deren Ausfertigung die von dem Königlichen Ministerium des Innern ins Leben gerufene Königlich Sächsische Stiftung für Familienforschung beauftragt ist. Hierbei sollen in erster Linie solche Familien bedacht werden, die sich durch Pflege langjährigen Besitzes oder durch ihre öffentliche oder private Wirksamkeit allgemeine Achtung und Ansehen erworben und die sich um das öffentliche Wohl verdient gemacht haben. Auch soll das Recht der Wappenführung auf die Nachkommen der damit Ausgezeichneten übergehen. Bei der heraldischen Gestaltung des zu verleihenden Wappens wird auf die Erhaltung bereits geführter Wappenbilder und auf besondere Wünsche der Familien gebührende Rücksicht genommen. Für Verleihungen kommen nur sächsische Staatsangehörige in Frage.» Abb.

*Literatur*

*Kilian, W.:* Kurpfälzische Wappenbriefe. Görlitz 1931

*Dachenhausen, A. v.:* Die kaiserlichen Wappenbriefe und Adelsdiplome. Wien o. J.

*Arndt, J.:* Die Entwicklung der Wappenbriefe von 1350 bis 1806 unter besonderer Berücksichtigung der Palatinatswappenbriefe, in: «Der Herold», Neue Folge, 7. Bd. 1970. Heft 8

**Wappenbuch:** meist nach Ständen oder Territorien geordnete Sammlung von Wappen. Man unterscheidet zwei Hauptgruppen von Wappenbüchern: einmal die nur beschreibenden und zum anderen diejenigen, in denen die Wappen gemalt wurden. Geschah das nur in schwarz-weißer Darstellung, wurden die Farben verbal eingetragen. Von beiden Gruppen lassen sich die ältesten Exemplare bereits aus dem 13. Jahrhundert nachweisen. Die frühesten sind handgemalt und gehören zum großen Teil zu den wichtigsten Quellenwerken der Heraldik. Sie tragen in der Regel die Namen ihrer Urheber oder Besitzer, z. B. ↑ Gelres Wappenbuch, ↑ Eichstätter Wappenbuch. Nach der Erfindung der Buchdruckerkunst entstand eine Fülle von Wappenbüchern, für deren Abbildungen meist Holzschnitte oder Kupferstiche hergestellt wurden. Von der Fülle des Inhaltes her sind das ↑ Siebmacher'sche Wappenbuch, der ↑ Neue Siebmacher sowie *Rietstaps* «Armorial général» die bedeutendsten Wappenbücher.

*Literatur*

*Rietstap, J. B.:* Armorial général (2 Supplementbände von *V. Rolland*). Gouda 1884/1887 (verbesserter Neudruck, Berlin 1934). Das Werk enthält etwa 116000 Wappenbeschreibungen in französischer Sprache.

*Hermann, H.:* Genealogie und Heraldik bürgerlicher Familien Österreich-Ungarns. Wien 1899/1902

Bücherei deutscher Wappen. Görlitz 1934–1943, 1. Mühlhausen, 2. Schlesien, 3. Hessen

Wappenrolle Dochtermann. Wappenführende Geschlechter der Bundesrepublik Deutschland. Stuttgart seit 1946 (bis 1981 sind 25 Bände erschienen)

*Koller, F., Schillings, A.:* Armorial Universel. Brüssel 1951

Deutsche Wappenrolle. Herausgegeben vom «Herold» in Berlin [West]. Neustadt a. d. Aisch seit 1959 (bis 1981 sind 35 Bände erschienen)

Generalregister zur Deutschen Wappenrolle. Herausgegeben vom «Herold» in Berlin [West]. Neustadt a. d. Aisch 1962

**Wappenbuch aus dem Breisgau:** ein gegen Ende des 15. Jahrhunderts entstandenes handgemaltes Wappenbuch; befindet sich in Privatbesitz. Es enthält auf 103 Blättern 1504 kolorierte Wappenskizzen von Geschlechterwappen aus dem Elsaß, dem Breisgau und aus Schwaben.

**Wappenbuch der österreichischen Herzöge,** *Österreichisches Wappenbuch*: zwischen 1445 und 1457 angefertigtes, handgemaltes Wappenbuch; im Besitz des Staatsarchives Wien. Das Buch umfaßt 50 Blätter, davon 34 mit 170 Wappendarstellungen (141 Vollwappen, 21 Schilde und 4 Doppelwappen) der österreichischen Herrscher vom 9. Jahrhundert an. Da es sich bei den Personen bis zum Ende des 12. Jahrhunderts um Herrscher aus vorheraldischer Zeit handelt, enthält das Buch viele unhistorische Darstellungen und Fantasiewappen.

**Wappenbuch des Conrad Grünenberg** ↑ Conrad Grünenbergs Wappenbuch.

**Wappenbuch des Gallus Öhem:** etwa 1496 entstandene Handschrift; im Besitz der Universitätsbibliothek Freiburg im Breisgau. Diese zeigt 503 Wappenschilde der Äbte und Kapitelherren der Abtei Reichenau sowie Wappen von Fürsten, Grafen und Herren, Bürgern, Lehensleuten und Wohltätern des Klosters, meist aus der Schweiz, Schwaben und Oberbaden.

**Wappenbuch des Reichsherolds Caspar Sturm:** zwischen 1529 und 1548 von *Caspar* ↑ *Sturm* angelegte, aus fünf verschiedenen

Teilen bestehende und wahrscheinlich erst zu Beginn des 18. Jahrhunderts zusammengebundene Wappensammlung, die sich seit 1889 im Besitz des heraldischen Vereins ↑ «Der Herold» befindet. Der erste Teil zeigt die Wappen des Kaisers sowie der Mitglieder des im Jahre 1500 ins Leben gerufenen und bereits 1530 wieder aufgelösten «Kaiserlichen» oder «Reichsregiments», einer geplanten obersten Zentralbehörde. Der zweite, nicht vollständig erhaltene Teil enthält die Wappen der Kurfürsten, Fürsten und Stände, die an dem Reichstag zu Speyer 1529 teilgenommen haben. Während beim dritten Teil nur bei den ersten Blättern ein gewisser Zusammenhang erkennbar ist, zeigen die anderen nur leere Schildumrahmungen mit Helm und Helmdecken. Der zweite Teil enthält das kleine Wappen *Kaiser Karls V.* (1519–1556, gest. 1558) sowie die Wappen von Nürnberger Ratsmitgliedern, das Reichswappen und die beiden Wappen der Stadt Nürnberg. Den Abschluß bildet das Selbstbildnis des Herolds, in den Händen die beiden Wappenschilde der Stadt Nürnberg haltend. Auf den letzten Seiten sind neben bürgerlichen auch eine Reihe Adelswappen in bunter Reihenfolge enthalten. Eingeschoben sind das Wappen des Erzbischofes von Mainz und die Wappen der zwölf Mainzer Suffragan-(Unter- oder Weih-)Bistümer Worms, Würzburg, Eichstätt, Straßburg, Speyer, Verden, Chur, Paderborn, Konstanz, Hildesheim, Halberstadt und Augsburg.
Der Wert dieses Wappenbuches wird vor allem durch die wundervolle Stilisierung sowie die künstlerisch vollendete Art der Darstellung der Wappen im Stil der Renaissance bestimmt.

*Literatur*

*Horstmann, H.:* Das Wappenbuch des Reichsherolds Caspar Sturm, in: «Der Herold», Neue Folge, 8. Bd. 1976. Heft 8

**Wappenbüchlein E. E. Zunft zu Pfisten in Luzern:** handgemaltes Wappenbuch aus dem Jahre 1408; im Besitz der Bürgerbibliothek Luzern. Es zeigt auf fünf Blättern 59 Wappenschilde der damaligen Zunftgenossen.

**Wappenbuch Nr. 2936:** handgemaltes Wappenbuch vom Ende des 15. Jahrhunderts; im Besitz der Nationalbibliothek Wien. Das Buch ist die älteste, planmäßig alphabetisch geordnete Wappensammlung und außerdem eines der wenigen erhaltenen niederrheinischen Wappenbücher. Auf 82 Seiten befinden sich 445 Wappen, in der Mehrzahl die der Geschlechter aus der Rhein- und Moselgegend.

**Wappenbuch Nr. 8769:** zwischen 1450 und 1460 angefertigtes handgemaltes Buch; im Besitz der Nationalbibliothek Wien. Es enthält auf 108 Blatt die Wappen des Papstes, des Kaisers, der Kurfürsten, der «Vierstände» des Reiches (↑ Quaternionen), etwa 520 Wappen des Adels und der schwäbischen und bayrischen Turniergesellschaften sowie eine Vielzahl Fantasiewappen.

**Wappenbuch «Von den Ersten»,** *Codex Seffken*: um 1380 entstandenes Skizzenbuch eines Heroldes vom Niederrhein. Das Buch enthält auf 42 Blättern 450 zum großen Teil nicht ausgeführte und nur teilweise bezeichnete Wappen von Kaisern und Königen, adligen Geschlechtern des Rheinlandes, des Elsaß', Schwabens, Frankens, der Schweiz, von Frankreich, England, Schottland und Italien. Darunter befinden sich einige Fantasiewappen, z. B. der *Heiligen Drei Könige,* des *Sultans von Babylon,* von *Hektor von Troja, Karl dem Großen* und des *Königs Artus.* Im 15. Jahrhundert wurden einige Wappen, 100 Jahre später einige Schriftzeichen nachgetragen. Eine Kopie aus dem Jahre 1578 befindet sich im herzoglich Arenbergischen Archiv zu Brüssel. Die getreu dem Original nachgestalteten Wappen der Brüsseler Kopie sind jedoch besser gemalt als die des Berliner Originales. Die Helmzierden sind hier bedeutend niedriger, nach niederländischer Manier gestaltet. Der Codex wurde 1893 in Berlin von *A. M. Hildebrandt* und *G. A.* ↑ *Seyler* neu herausgegeben.

**Wappenbuch von St. Gallen:** Wappenhandschrift, die zwischen 1466 und 1470 verfertigt wurde und sich jetzt im Besitz der Stiftsbibliothek von St. Gallen befindet. Die Handschrift umfaßt auf 338 Seiten rund

2000 Wappendarstellungen meist schweizerischer Geschlechter.
**Wappenbürger** ↑ Wappengenossen.
**Wappendichtung** ↑ Heroldsdichtung.
**Wappendifferenzierung:** Unterschied der Wappen innerhalb eines wappenführenden Geschlechtes. Bereits im Mittelalter waren die W.en üblich, um jüngere Nachkommen oder Nebenlinien eines Hauses von der Hauptlinie zu unterscheiden. Diese Art der Unterscheidung war vornehmlich in Frankreich, Westdeutschland (ganz besonders im Rheinland), den Niederlanden und England üblich. Sie erfolgte durch die Veränderung der Farben oder Stellung der Wappenbilder bzw. durch Vermehrung oder Verminderung der Wappenfiguren. So unterscheiden sich z. B. die einzelnen Linien des *Hauses Medici* durch die Anzahl der Kugeln (sechs bis acht) im Wappen. Vgl. Beizeichen.
**Wappenfähigkeit:** irrige Annahme, daß ein Wappen nur einem bestimmten Personenkreis zustehe bzw. nur durch landesherrliche oder staatliche Verleihung geführt werden dürfe. Im Gegensatz zur Lehensfähigkeit war der Begriff einer besonderen W. in den vergangenen Jahrhunderten unbekannt und dürfte eine willkürliche Erfindung des Heraldikers ↑ *Hauptmann* sein.
**Wappenfarben** ↑ Tinkturen, heraldische.
**Wappenfiguren** ↑ Figuren.
**Wappenflagge:** im Gegensatz zur ↑ Trikolore eine Flagge, die völlig von einem Wappen oder Teilen daraus bedeckt ist. Eine W. verwenden z. B. alle Schweizer Kantone.
**Wappenfolge von Erstfelden:** um 1350 entstandene, paarweise angeordnete Vollwappen, die sich früher im Turm des alten Meiersitzes zu Erstfelden im Kanton Uri befanden, jedoch längst verschwunden sind. Die Wappendarstellungen, die die Wappen des hohen Adels von Brabant, den Rhein hinauf bis Graubünden, der West- und Zentralschweiz, Frankreichs, Burgunds sowie die des Dienstadels von Basel, Aargau und der Urschweiz zeigten, sind nur durch Kopien erhalten. Nachzeichnungen von *Ägidius Tschudi* sind in einem Wappenbuch der Stiftsbibliothek von St. Gallen enthalten. Weitere Kopien sind in der Zentralbibliothek Zürich (87 Wappen), in Privatbesitz in Rüschlikon (84 Wappen, Kopie von 1583), in der Stadtbibliothek in Luzern vorhanden. Letztere wurde im Auftrag des Luzerner Stadtschreibers *Rennwart Cysat* 1590 angefertigt.
**Wappengebrauch** ↑ Gebrauch der Wappen.
**Wappengemeinschaft:** Führung des gleichen Wappens durch mehrere Familien. Dem Wunsche mehrerer Familien gleichen Namens, ein gemeinsames Wappen zu führen, konnte nur entsprochen werden, wenn diese nachweisbar im Mannesstamm miteinander verwandt waren.
**Wappengenossen:** im Mittelalter bis zum Ende der Regierung des *Kaisers Sigismund* (1410/1433–1437) die unterste Stufe des Adels. Obwohl sie fast gleichzeitig begonnen hatten ein Wappen zu führen, unterschieden sich die W. ausdrücklich von den Patriziern und Bürgern der Städte, den *Wappenbürgern.* Unter der Regierung *Kaiser Friedrichs III.* (1440–1493) wurde das Recht der Wappenverleihungen als kaiserliches Reservatrecht in Anspruch genommen und fiskalisch ausgebeutet, so daß um 1470 die W.schaft von der Rittermäßigkeit getrennt wurde. Im alten Ungarn hatten die W. die Bezeichnung *Armalisten* und bestanden aus Personen bürgerlichen Standes, die ein in aller Form verliehenes Wappen besaßen.
**Wappenglas:** diverse Trinkgläser und Pokale, auf denen sich die Wappen der Auftraggeber oder Besitzer befinden. Die Blütezeit der hauptsächlich in den Hofkellereien oder Zunfthäusern aufbewahrten Wappengläser erstreckt sich vom 16. bis in das 18. Jahrhundert. Die Darstellung der Wappen erfolgte in den verschiedensten Techniken, von einer farbenfrohen Emaillierung bis zum künstlerisch vollendeten Kristallschliff. Die hauptsächlich im 18. Jahrhundert entstandenen, vielfach von den Fürsten für Geschenkzwecke verwendeten Gläser zeigen neben dem Wappen vielfach noch das Porträt oder Monogramm derselben. Abb.
**Wappengruppen:** Wappen verschiedener Familien mit gleichen Schildbildern. Eine Wappengleichheit bzw. -ähnlichkeit hat in

*Wappenglas (Deckelpokal) mit dem bekrönten russischen Doppeladler auf Armaturen (Fahnen und Trommeln), 1. Hälfte des 18. Jahrhunderts. Der Doppeladler trägt Zepter und Reichsapfel in den Fängen. Im Brustschild des Doppeladlers befindet sich die Darstellung des reitenden St. ↑ Georg, der mit der Lanze den Drachen ersticht.*

sehr vielen Fällen zu unbewiesenen Behauptungen hinsichtlich einer Stammesgemeinschaft zwischen gleichnamigen Dynasten- und Burgmannengeschlechtern geführt. Manche Familien führten auch zwei verschiedene Wappen. Die Wappenduplizität einiger Familien ist wahrscheinlich darauf zurückzuführen, daß ein Mitglied des betreffenden Geschlechtes infolge seines Ministerialenverhältnisses das lehensherrliche Wappen annahm oder auch annehmen mußte. Dessen Nachkommen führten es dann weiter, während die nicht in einem Lehensverhältnis stehenden Familienmitglieder das ursprüngliche Stammwappen beibehielten.

*Literatur*

*Gruber, O.:* Wappengruppen. Ein Beitrag zu ihrer Entstehungsgeschichte und ihrer Systematisierung, in: «Der Herold», Neue Folge, 8. Bd. 1977. Heft 11

**Wappenhalter** ↑ Schildhalter.

**Wappenheimfallrecht:** aufgrund von lehensrechtlichen Vorstellungen das Recht des Landesherren, beim völligen Aussterben einer wappenführenden Adelsfamilie deren Wappen zurückzunehmen, also sich «anheimfallen» zu lassen. Die Landesherren verliehen in seltenen Fällen später diese Wappen durch Hoheitsakt an andere Familien weiter. Nach der Novemberrevolution von 1918 wurde im Deutschen Reich das W. gegenstandslos, da keine landesherrlichen Wappenverleihungen mehr erfolgen konnten.

**Wappenhelm:** Bezeichnung für die ausschließlich in der Heraldik vorkommenden Helme. Nicht alle Helme können als wappenmäßig bezeichnet werden. Nur die in der Entstehungszeit der Wappen für diese verwendeten werden als W. angesprochen. Vgl. Helm.

**Wappenhüter:** ein seltener Ausdruck für ↑ Schildhalter.

**Wappeninspektor:** seit etwa 1630 von dem römisch-deutschen Kaiser ernannter ↑ Hofpfalzgraf, der die Befugnisse hatte, über jedermanns Wappen Erkundigungen einzuziehen und gegebenenfalls unberechtigt geführte Wappen abzuerkennen bzw.

zu kassieren. Zu regelmäßigen Visitationen der Wappenführung des Adels, ähnlich wie z. B. in England, oder zu einer in dieser Zeit in Frankreich gebräuchlichen Registrierpflicht kam es im Römisch-Deutschen Reich nicht. Noch am Anfang des 18. Jahrhunderts sind W.en nachweisbar, z. B. 1707 der Hofpfalzgraf *Wilhelm O'Kelly* mit der Bezeichnung «kaiserlicher W.»

**Wappenirrtum:** aus mangelnder Kenntnis und in gutem Glauben erfolgte Annahme eines Wappens gleichen Namens ohne nachweisbaren genealogischen Zusammenhang. Solche Fälle waren in der ersten Hälfte des 19. Jahrhunderts besonders häufig, da das in den meisten Fällen als Grundlage für eine Wappenannahme dienende ↑ Siebmacher'sche Wappenbuch keine genealogischen Angaben enthält.

**Wappenkarfunkel** ↑ Lilienzepterstern.

**Wappenkleid,** *Kursit*: ärmelloser, bis zu den Knien reichender Rock, der unten aufge-

*Gepanzerter Ritter im Wappenkleid*

schlitzt war, um nicht beim Reiten zu behindern. Das in den ersten Jahrzehnten des 13. Jahrhunderts aufgekommene W. hatte die Aufgabe, die Eisenrüstung vor Feuchtigkeit zu schützen oder zu verhindern, daß sie durch die Sonnenstrahlen zu sehr erwärmt wurde. In welchem Verhältnis das W. zum Wappenrock steht, ist unklar. Oft werden beide nebeneinander genannt. Das W. war mitunter aus kostbarer Seide und mit Pelz gefüttert. Seine Farbe entsprach der des Schildfeldes, mit Gold oder Silber waren die Schildbilder darauf gestickt. W.er wurden auch von den Damen ihren Rittern verehrt. Das ursprünglich nur von den Rittern getragene W. ging später auf die ↑ Herolde sowie teilweise auf die Dienstmannen der Ritter über. Abb.

**Wappenknaben** ↑ Knappen von den Wappen.

**Wappenknechte:** von einigen älteren Heraldikern für ↑ Schildhalter verwendeter Begriff, der wahrscheinlich auf die Knechte bzw. Knappen, die bei den Turnieren den Schild trugen oder hielten, zurückzuführen ist.

**Wappenkönig:** im französischen und englischen Heroldswesen der oberste Herold. Die Einrichtung der W. geht auf die mittelalterlichen Spielmannskönige zurück, die gemeinsam als Anführer der fahrenden Leute mit den ↑ Knappen von den Wappen, den späteren ↑ Herolden, eine große, einheitliche Zunft bildeten. So entspricht z. B. eine Bestallungsurkunde für den W. *Romreich* aus dem Jahre 1442 genau denen aus der Kanzlei *Kaiser Karls IV.* (1346/1355 bis 1378), mit denen die Spielmannskönige ernannt wurden. Zur Wahl eines W. wurden alle erreichbaren W. und Herolde zusammengerufen. Der Fürst setzte ihm eine Krone auf und verlieh ihm den neuen Amtsnamen.

Verschiedene deutsche Einzelstaaten bildeten den Bezirk eines «Königreiches» der fahrenden Leute (↑ Marches). Nach dem 15. Jahrhundert lassen sich im Römisch-Deutschen Reich keine Spuren dieser Einrichtung mehr nachweisen. Der Titel W. wird noch heute vom Chef des britischen Heroldsamtes (vgl. Herald's College) geführt.

**Wappenkönigreiche** ↑ Marches.

**Wappenkreis:** Begriff bei der Beschreibung

*Wappenkreis auf einem einseitigen Medaillon o. J.*
*des sächsischen Kurfürsten Friedrich August I. (1694–1733).*
*Unter der Krone oben das Allianzwappen Sachsen-Polen.*
*Der äußere Wappenkreis zeigt in Uhrzeigerrichtung folgende Wappenschilde:*
*Meißen, Niederlausitz, Pfalz Thüringen, Henneberg, Orlamünde, Altenburg, Eisenberg, Ravensberg, Barby, Mark, Brehna, Pleißenland, Magdeburg, Landsberg, Pfalz Sachsen, Oberlausitz, Thüringen.*
*Im Innenkreis sind die Schilde von Jülich, Berg, Brehna, Regalienschild mit Damaszierung, Pfalz Sachsen, Cleve, Sachsen-Wittenberg*

von Münzen und Medaillen. Ein W. besteht dabei aus einer ringförmigen Aneinanderreihung sämtlicher Teilwappen oder ausgewählter Wappen eines Gesamtwappens. Vgl. Abb. bei Devise. Abb.

**Wappenkunde** ↑ Heraldik.

**Wappenkunst:** neben der theoretischen Wappenkunde zweiter Hauptbestandteil der ↑ Heraldik, der sich mit der Darstellung der Wappen und ihrer Bilder nach den Regeln des Wappenwesens beschäftigt. Entsprechend der ursprünglichen Stellung des Wappens im Heerwesen als rein kriegerisches Symbol und Erkennungszeichen, konnte sich eine «Wappenkunst» nur in den engen Schranken der Bewaffnungstechnik entwickeln. Es waren nur solche Darstellungen möglich, die sich dem vorgegebenen Rahmen anpassen ließen. Da am Wappen sein Inhaber möglichst schon von weitem erkennbar sein sollte, spielten vor allem die Farben und die Farbgesetze eine Rolle. Auch die Notwendigkeit, sich möglichst vieler Wappen entsinnen zu können, zwang zu einfacher und übersichtlicher, wenig detaillierter Gestaltung. Die im Mittelalter in die Wappen aufgenommenen Tiere, vor allem Löwe und Adler, zeigten daher auch nur dürftige Spuren einer künstlerischen Behandlung. Größere Gegenstände wurden nur einzeln verwendet, kleinere jedoch mehrfach. Die zunehmende Zahl immer neuer Wappenbilder führte bald zu weiteren Unterscheidungsmerkmalen. Das wurde bereits im 13. Jahrhundert durch die ↑ Heroldsbilder, also durch geometrische Schildesteilungen oder -einteilungen, erreicht. Über den wirklichen Ursprung der Heroldsbilder konnte bisher noch keine restlose Klarheit geschaffen werden, es gibt dazu die verschiedensten Theorien. Naheliegend ist jedoch, daß sie ihre Entstehung dem völlig willkürlich gewählten Schildschmuck aus vorheraldischer Zeit sowie den der Festigkeit der Schilde dienenden und auf diesen angebrachten Metallverstärkungen verdanken. Dafür spricht auch die Bedeutung des Wappenschildes in der damaligen Zeit, dessen heraldischer Schmuck seit dem Ende des 12. Jahrhunderts dann mehr und mehr erblich wurde. Die Heroldsbilder machten den herkömmlichen Wappenfiguren, vor allem Löwe und Adler, starke Konkurrenz, so daß dann später in vielen Fällen beide in einem Wappenbild vereinigt wurden. Sehr oft verdrängte die neue Wappenfigur auch das bisherige Wappenbild, besonders dann, wenn das vom Wappeninhaber beherrschte Gebiet nicht groß genug war, um zwei verschiedene Bilder zu rechtfertigen. Nicht nur, weil die vielfach variierbaren Heroldsbilder neu waren, wurden sie immer beliebter, sondern auch die günstigen Farbwirkungen trugen dazu bei. Diese Neuerung im Wappenwesen förderte auch den praktischen Zweck im Heerwesen und schuf die Möglichkeit, die Unterscheidungsmerkmale erheblich zu vermehren. Wie störend die bisherige, fast primitive Einfachheit der Wappenbilder empfunden wurde, zeigt die Tatsache, daß man nun häufig die ↑ gemeinen Figuren noch durch Belegen mit Heroldsbildern schmückte. So wurde durch die Heroldsbilder die Entwicklung des Wappenwesens sehr gefördert. Sie sicherten nicht nur den Bestand der Wappen, sondern legten auch den Grund zu einer wappenkünstlerischen Entwicklung. Durch das rasche Vordringen der Heroldsbilder entstanden in kurzer Zeit auch gewisse Regeln, deren Ursprung zwar nicht mehr rekonstruiert werden kann, die aber mit äußerster Konsequenz angewendet wurden. Die Lehre von den Heroldsbildern bildete bereits im 14. Jahrhundert den Kern der gesamten Heraldik. Der zeitliche Nachweis für den Beginn der Wappenvererbungen am Anfang des 13. Jahrhunderts sowie das erste Auftreten der Heroldsbilder etwa zur gleichen Zeit vereinfachte die Forschung ungemein, da nun nach Motiven für manche Neuerung oder Veränderung bestehender Wappen nicht mehr gesucht werden mußte. Die besonders auf das 13. Jahrhundert zurückgehende große Zahl der Heroldsbilder, die in Kombinationen mit den gemeinen Figuren auftauchten, sind nicht als Zusammenfassung zweier Wappen, sondern in vielen Fällen als ursprüngliche Einheit anzusehen und bedeuteten in der Regel einfach eine

↑ Wappenbesserung. Solche meist aus Modegründen vorgenommenen Kombinationen entsprachen aber häufig nicht den heraldischen Farbgesetzen. So entstanden auch Darstellungen, die nur in der einen Hälfte des geteilten Schildes eine Figur zeigten. Stellte man die gemeinen Figuren so, daß sie beide Hälften des geteilten Schildes einnahmen, so war ein Verstoß gegen die Farbgesetze unvermeidbar. Um das zu verhindern, wurde auf dem Schild Metall neben Metall oder Farbe neben Farbe gesetzt. Als andere Möglichkeit bot sich die sogenannte *Farbverwechslung* an. Bei den Farbverwechslungen zeigt die eine Seite einer Schildfigur die Farbe des Feldes der anderen. Zur Ausfüllung der Schildfelder wurden bereits im 13. Jahrhundert u. a. die ↑ Schindeln benutzt. Durch die Kombinationen von Heroldsbildern mit gemeinen Figuren in der W. traten auffallend viele Namenswappen auf, die vorher in ihrer ursprünglichen Einfachheit keiner Variation mehr fähig waren. Diese *Namenswappen* oder auch ↑ redenden Wappen drückten den Namen ihres Inhabers nicht immer voll aus, so daß mit dem gewählten Wappenbild oft nur ein Anklang erreicht wurde. Während z. B. im Wappen der *Grafen von Henneberg* der Name durch die auf dem Berg stehende Henne voll getroffen wurde, zeigte das Wappen derer *von Münchhausen* nur einen Bettelmönch, wogegen ein Haus oder ähnliches weggelassen wurde. Der dargestellte Mönch sollte hier nur eine Anspielung auf das «Münch» im Namen sein. In diesem Falle handelte es sich um ein ↑ onomatopoetisches Wappen. Die Modeerscheinung der Namenswappen wirkte auch auf die W. selbst zurück. Durch das Suchen nach heraldischen Namensbildern entstanden neue Heroldsbilder bzw. man gab den bereits bestehenden nachträglich eine symbolische Bedeutung. So ist z. B. die Entwicklung der heraldischen Bilder «Berg», «Burg», «Stein» und «Eck» interessant. Das heraldische Bild von «Burg», z. B. im Wappen von Tecklenburg, ist immer eine festungsartige Anlage. Das wirkliche Mauerwerk wurde durch ein stilisiertes mit Hilfe des Heroldsbildes Schach (↑ geschacht) ersetzt. Für den geographischen Begriff «Berg» kam in Süddeutschland und in der Schweiz die Heroldsfigur Dreiberg, Sechsberg (↑ Berg) usw. auf. Diese heraldischen «Berge» wurden zur Vervollständigung der Namenswappen beliebt und später mitunter auch für «Stein» bzw. «Burg» verwendet. Da in der mittelalterlichen Heraldik leere Stellen im Schild verpönt, in vielen Fällen aber unvermeidbar waren, wurde der heraldische «Berg» oft als Unterlage für die Hauptfiguren verwendet und füllte dann den ↑ Schildfuß aus. Während diese «Berge» bereits um 1237 z. B. in dem Wappen von Henneberg nachgewiesen wurden, waren sie noch zu Beginn des 14. Jahrhunderts in Norddeutschland selten. Bei den Heroldsbildern Zacke und ↑ Spitze handelt es sich um stark stilisierte Berge. Einen Bergvorsprung stellt wahrscheinlich das heraldische Zeichen «Eck» dar.

Von Bedeutung für die W. war die Vereinigung mehrerer Wappenbilder auf einem Schild. Um dabei die heraldischen Farbgesetze nicht zu verletzen, mußten entsprechend zweckmäßige Lösungen gefunden werden. Das wiederum hatte zur Folge, daß die aus der Anfangszeit des Wappenwesens stammende beliebte Zweizahl der Farben durchbrochen wurde. Dadurch wurde allerdings so manches Wappen nach den Ansichten der damaligen Zeit mißfarbig. Aus dieser Situation heraus entstand der Brauch, nicht nur die Wappenbilder aufeinanderzulegen, sondern auch die einzelnen Schilde, so daß ein Wappen als Einfassung des anderen erschien. Als Beispiel kann das Wappen der *Grafen von Nassau* dienen: Den ursprünglich gewählten Löwen, den *Heinrich II.* (1198–1247) auf einem mit Schindeln besäten Schild führte, versah sein Sohn *Otto I.* (1247–1290) mit einer zweireihig gestückten Einfassung. Eine andere Variante einer Wappenvereinigung ist der Schnitt durch die zu verbindenden Wappen: Man trennte das Wappenbild längs oder quer und setzte die linke Hälfte des einen mit der rechten Hälfte des anderen bzw. umgekehrt zusammen. Reichte eine Hälfte des Schildes für die Darstellung beider Wap-

penbilder aus, so blieb die andere meist ungeteilt. So war z. B. im gespaltenen Schild ein aus der Spaltlinie hervorwachsender Löwe selten, während dies bei einem geteilten Schild schon häufiger vorkam.
Als ältestes Beispiel der Vereinigung zweier Wappenbilder gilt das Siegel des *Heraud von Wildon* (um 1195). Es enthält im Schildhaupt ein schreitendes, unbestimmtes Tier, darunter drei Seeblätter. Diese Art der Wappengestaltung war in der damaligen Zeit umstritten. Der Gelehrte *Thomasin von Zerclaere* z. B. kritisierte in seinem «Wälschen Gast», einer Schrift aus der ersten Hälfte des 13. Jahrhunderts, das Wappen des *Kaisers Otto IV.* (1198/1209–1214, gest. 1218) wegen einer solchen Wappenvereinigung. Jedoch verstand man recht bald, daß ein halber Adler anstelle des ganzen Wappenvogels stehen sollte und die Kritik an dieser heraldischen Neuerung blieb wirkungslos. Dieser Schnitt, der den Schild in selbständige Hälften teilte, war von entscheidender Bedeutung für die weitere Entwicklung des Wappenwesens. Er beseitigte die anfänglichen Schwierigkeiten hinsichtlich der naturgetreuen Darstellung von Tieren, die man nun in dem platzmäßig günstigsten Teil des Schildes unterbringen konnte. Dadurch wurde auch der Weg für eine Vielzahl anderer Neuerungen frei. Viele Geschlechter, selbst aus dem hohen Adel, die bereits Wappen führten, formten diese der neuen Moderichtung entsprechend um. Fand sich kein Wappen, auf das man durch Erbschaft oder einen neuen Titel Anspruch erheben konnte, so nahmen die Wappeninhaber oft einen willkürlichen Zusatz an, nur um dem Wappen mehr Farbwirkung oder eine scheinbare sinnbildliche Bedeutung zu geben. Neben vielen anderen verbesserte auch die bekannte Nürnberger *Patrizierfamilie Holzschuher* in dieser Zeit ihr Wappen. Der frühere ganze wurde nun ein halber, wachsender Adler im oberen Feld, während sich darunter der auf den Namen anspielende Holzschuh befand. Die bisher ungewohnten Teilungen konnten sich nach und nach durchsetzen. Das traf besonders auf die aus rein praktischen Erwägungen günstige Längsteilung zu. Nur auf diese Weise konnte man zwei Wappenfiguren in einem größeren Maßstab darstellen, was bei einer Querteilung in den meisten Fällen schon schwieriger war.
Als symbolische Zusätze waren im 13. Jahrhundert besonders Rosen und Sterne beliebt. Die vielen Geschlechter, die sich erst im 13. Jahrhundert ein Wappen zulegten, fanden ein bereits hochentwickeltes Wappenwesen vor, das dem Geschmack der Betreffenden und auch den Wappenkünstlern großen Spielraum ließ. Die meisten Formen, die am Anfang jenes Jahrhunderts aus dem Bedürfnis der Wappenvereinigungen hervorgingen, galten vom 13. Jahrhundert an als Wappeneinheit, d. h. als Wappenbild selbst.
Im Rheinland besonders beliebt war das Auflegen eines sogenannten *Freiviertels* oder einer ↑ Vierung. Das geschah meist in der rechten oberen Ecke des Schildes. Diese Vierungen waren dann wiederum mit Heroldsbildern oder gemeinen Figuren belegt. Der Wappenvermehrung bzw. -besserung diente auch die im 14. Jahrhundert aufgekommene ↑ Quadrierung der Schilde, bei der zwei verschiedene Wappen ohne deren gestalterische Veränderung bzw. zur Unterscheidung von dem ursprünglich geführten Schild aufgenommen wurden. In Mitteleuropa führte als erster *König Johann von Böhmen* (1310–1346) aus dem *Hause Luxemburg* um 1323 einen quadrierten Schild. In England ließ *König Eduard III.* (1327–1377) sein Wappen um 1337 mit den französischen Lilien quadrieren. Bei diesen sogenannten *monogrammatischen Wappenvereinigungen* wurden mit der Zeit auch verschiedene Tiere auf diese Art und Weise miteinander verbunden. Treffen z. B. ein Adler und ein Löwe auf einem Wappen zusammen, so wurde von letzterem Rücken und Schwanz abgeschnitten und das auf diese Art geteilte Bild an den ebenfalls halbierten Adler angefügt. Derartige, häufig auch gekrönte Tierverbindungen kommen später auch als Wappeneinheit vor, da ihr ursprünglicher Sinn verkannt wurde. Aufgrund dieser Entwicklung gibt es in der Heraldik die kuriosesten

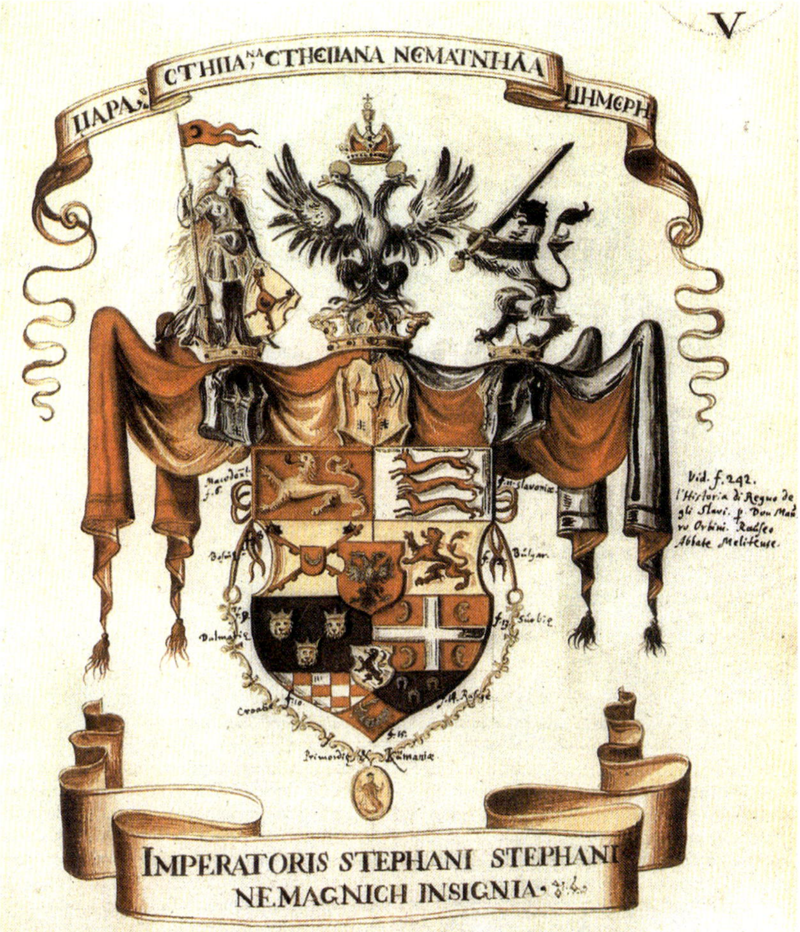


*Beispiel für eine eigenwillige Gestaltung des Wappenmantels*
*am Wappen des serbischen Zaren Stephan (1457–1471)*
*aus einem serbischen Wappenbuch des 17. Jahrhunderts*

*Das Wappen des Grafen von Normann-Ehrenfels mit einem Wappenmantel in ungewöhnlicher Tingierung*

Kombinationen. So wurden nicht nur Tiere zusammengesetzt, sondern auch Tiere und Menschen kombiniert. Dabei muß jedoch zwischen den aus der Praxis der Wappenkunst entstandenen gemeinen Figuren und den Fabelwesen (↑ Ungeheuer) unterschieden werden. Diese Unterscheidung ist oft nicht leicht. Zu den seltsamsten Beispielen zählen die Wappen der Städte Lüben (Schlesien) und Nürnberg. Im Wappen von Lüben (Lubin) wächst aus dem Körper eines Adlers an Stelle des Kopfes eine Madonna mit Kind hervor, während im Nürnberger Wappen der Kaiser sein Brustbild an die Stelle des Adlerkopfes setzte, um seine Schutzherrschaft über die Stadt zu symbolisieren. Aus dieser später mißverstandenen Symbolik wurde dann der bekannte Nürnberger ↑ Jungfrauenadler. Das der damaligen Mode entsprechende gelockte Kaiserbild wurde nach und nach entkleidet und mit Brüsten versehen.

Aus diesem Zusammenhang ergab sich auch die in der Geschichte der heraldischen Wissenschaft viel diskutierte Frage, ob der Ursprung des ↑ Doppeladlers ein aus zwei Einheiten gebildetes Doppeltier oder ein Fabelwesen sei. Ersteres wäre der Fall, wenn Feld und Figur von verschiedener Farbe geteilt und diese Teilung nicht nur zur Erzielung des Effektes der Farbenverwechslung gewählt wäre, was allerdings sel-

ten vorkam. Da der Doppeladler meist in einem einfarbigen Feld erschien und in den meisten Fällen selbst einfarbig war, kann er demnach nicht aus einer derartigen monogrammatischen Wappenvereinigung entstanden sein. Dafür spricht auch, daß er bereits viel früher, z. B. auf den Siegeln der *Grafen von Saarwerden* (um 1185), vorkommt (vgl. Doppeladler).
Nachdem im 13. Jahrhundert die Grundlagen für eine gestalterische W. geschaffen worden waren, entwickelte sich das Wappenwesen, indem es immer neue Kombinationen von Wappenbildern schuf. Bei jeder Neuschöpfung eines Wappens war jedoch stets der heraldische ↑ Stil zu beachten, der, vor allem im 17. und 18. Jahrhundert, aus streng heraldischer Sicht einen besonderen Tiefstand erreichte. Erst die wissenschaftliche Forschung auf dem Gebiet der Wappenkunde, die nach der Mitte des 19. Jahrhunderts einsetzte, konnte der W. neue Impulse geben.

*Literatur*

*Seyler, G. A.:* Moderne Wappenkunst. Frankfurt/Main 1885
*Hupp, O.:* Wappenkunst und Wappenkunde. München 1918
*Hussmann, H.:* Vom Zeichnen des Wappens. Köln 1964
*Hildebrandt, A. M.:* Heraldisches Musterbuch. Berlin [West] 1972
*Hussmann, H.:* Über deutsche Wappenkunst. Wiesbaden 1973
*Leonhard, W.:* Das große Buch der Wappenkunst, 2. Aufl. München 1978

**Wappenmantel,** *Pavillon, Thronzelt*: **1.** zu den heraldischen ↑ Prachtstücken gehörender, ausgespannter, oben mit einer Rangkrone zusammengehaltener Umhang, der den Schild umschließt. Der W. ist außen farbig, meist purpurn, und innen mit Pelz, in der Regel Hermelin, besetzt. Die Ränder sind mit goldenen Fransen und beiderseits mit goldenen Quastenschnüren versehen. Die ↑ Helmdecken durch den W. zu ersetzen bzw. diesen unter der Helmkrone hervorgehen zu lassen, ist unheraldisch. Ein W. war vorzugsweise fürstlichen, seltener gräflichen Wappen vorbehalten. Vgl. Abb. bei Wappenzelt. Abb. auf S. 425/426. – **2.** ↑ Tappert.

**Wappenmatrikel:** staatliche Erfassung und Registrierung der Adelswappen. Während in Frankreich bereits in der Regierungszeit *König Ludwigs XIV.* (1643–1715) W. eingeführt wurden, setzten sich diese im Römisch-Deutschen Reich kaum durch. Die wenigen deutschen W. erfaßten nur Adelswappen. Erst in den Jahren von 1912 bis 1918 wurde im Königreich Sachsen eine Beurkundung und Registrierung der bürgerlichen Wappen durch eine staatliche Behörde eingeführt.

**Wappenminderung:** seitens der Landesherren vorgenommene Veränderungen bestehender Wappen, die deren ideellen Wert vermindern sollten. W. erfolgten beispielsweise als Strafmaßnahme gegen «unbotmäßige» Städte bzw. Familien. Sie konnten auf verschiedene Art erfolgen. Wappentiere z. B. erhielten einen Helm über den Kopf gestülpt (vgl. verkappt). Zu den W. können auch einige ↑ Beizeichen gerechnet werden. Vgl. Abb. bei verkappt.

**Wappennachschlagewerke:** Verzeichnisse, die, nach den Namen der enthaltenen Geschlechter, Staaten bzw. nach Wappenbildern geordnet, eine Beschreibung der entsprechenden Wappen enthalten, z. B.
*Rietstap, J. B.:* Armorial universel. Gouda 1884/1887
*Rietstap, J. B.:* Armorial général. Neuherausgabe der 2. Aufl., Berlin 1934
*Renesse, Th., Conte de:* Dictionnaire des figures héraldiques [Wappenlexikon nach Bildern]. Brüssel 1894–1903
*Rentzmann, W.:* Numismatisches Wappen-Lexicon des Mittelalters und der Neuzeit. Berlin 1864, Neuherausgabe Transpress-Verlag 1979
*Rentzmann, W./Neubecker, O.:* Wappenbilderlexikon. München 1974.

**Wappenpfahl** ↑ Pfahl.

**Wappenpfennige:** **1.** ↑ Kugeln. – **2.** ↑ Pfennig.

**Wappenportal:** mit dem oder den Wappen der Erbauer, Stifter, Besitzer oder Wohltäter geschmückter Eingang von Schlössern, Burgen, Kirchen, Klöstern oder Rathäusern.

*Wappenportale von links oben nach rechts unten: Rathaus von Strehla (Sachsen) mit dem Stadtwappen (rechts) und dem Wappen derer von Pflugk (links); Schloß Muskau (Oberlausitz) mit dem Wappen derer von Dohna-Callenberg; Wappentafel des Wilhelm von Effern (17. Jahrhundert) am Treppenturm des ehemaligen Bischofshofes in Ladenburg (Baden); sächsisches Wappen am Schloß Friedenstein in Gotha*

*Chinesischer Porzellanteller aus der 1. Hälfte des 18. Jahrhunderts mit Doppeladler, Wappen und Monogramm Kaiser Karls VI. (1711–1740)*

Die bereits in der Zeit der Gotik nachweisbaren W. erreichten in ihrer künstlerischen Gestaltung den Höhepunkt in der Zeit der Renaissance und des Barock. Da Burgen und Schlösser häufig die Besitzer wechselten, geben die an den Portalen oder an anderen Stellen dargestellten Wappen oft Auskunft über die jeweiligen Besitzverhältnisse dieser Gebäude. In den meisten Fällen wurden bestehende Wappendarstellungen belassen und durch die jeweils aktuellen erweitert. Den Adel nachahmend begann schon sehr früh auch das Bürgertum an den Rat- und Wohnhäusern W. anzubringen. Auf vielen Rathausportalen findet sich neben dem Wappen der Stadt auch noch das des Landesherren. Abb.

**Wappenporzellan**: zu Beginn des 18. Jahrhunderts in Mode gekommenes, mit Wappen als wichtigstes Motiv verziertes Tafelgeschirr, das anfangs ausschließlich in China angefertigt wurde. Die europäischen Auftraggeber schickten die Vorlagen der Wappen ihrer Kunden nach China, die dort abgezeichnet wurden. Das meist in Chin-Te-Chen fabrizierte Porzellan wurde in Kanton dekoriert und von dort aus nach Europa exportiert. Da die nach China gesandten Wappenvorlagen häufig die gleichen waren, wie die, nach denen auch die metallischen Geräte graviert wurden, tragen diese Porzellanmalereien oft den Charakter einer Gravur. Die meisten dieser Geschirre entstanden in der Mitte des 18. Jahrhunderts, die letzten um 1820. Durch das wiederholte Kopieren verflachten mit der Zeit die heraldischen Dekorationen. Im 18. Jahrhundert gingen auch andere Manufakturen zur Produktion von W. über, z. B. Wedgwood und Meißen sowie viele kleinere europäische Manufakturen. In Meißen wurden bereits auf das frühe Böttgersteinzeug Wappen eingeschliffen. Das erste datierbare W. dieser Manufaktur mit gemalten Wappen erhielt im Jahre 1725 der König von Sardinien. Abb.

*Literatur*

*Hofmann, F. H.:* Das Porzellan der europäischen Manufakturen im 18. Jahrhundert. Berlin 1932

*Schnyder von Wartensee, P.:* Meissner Wappenservice des 18. Jahrhunderts, in: Keramikfreunde der Schweiz. Mitteilungsblatt Nr. 50, April 1960

*Schnorr von Carolsfeld, L.:* Porzellan der europäischen Fabriken, herausgegeben und völlig neu bearbeitet von *E. Köllmann.* Braunschweig 1974

**Wappenrecht:** Grundlagen für die Annahme und Führung eines ↑ Wappens. Wie die Entstehungsgeschichte der Wappen zeigt, kann es ein W. im echten Sinn des Wortes nicht geben und hat es auch niemals gegeben. In den vergangenen Jahrhunderten gab es aber oft Versuche, ein solches zu schaffen bzw. zu konstruieren. Jeder, ob adlig oder bürgerlich, hatte und hat das Recht, sich ein Familienwappen zuzulegen, vorausgesetzt, daß das gewählte Wappen nicht schon von einer Familie geführt wird. Gegen die eigenmächtigen Wappenannahmen waren die landesherrlichen ↑ Wappenbriefe gerichtet. Sehr bald erkannten die Landesherren in den Wappenverleihungen eine willkommene Geldquelle und versuchten, sich das Monopol dafür zu sichern. Wie erfolglos der Versuch der Einführung eines W.es war, zeigen die ständigen Wiederholungen der Ver- und Gebote. Die Sitte, willkürlich ein Wappen anzunehmen, blieb vor allem beim Bürgertum erhalten. Die Annahme von Städte- oder Gemeindewappen war immer von einer staatlichen Genehmigung abhängig. Auch war es nicht statthaft, das Wappen mit den Abzeichen eines anderen Standes oder Titels auszuschmücken.

*Literatur*

*Hauptmann, F.:* Das Wappenrecht der Bürgerlichen. Bonn 1882

*Hauptmann, F.:* Das Wappenrecht. Bonn 1896

*Freier, W.:* Der Rechtsschutz des bürgerlichen Familienwappens. Greifswald 1920

*Beck, E.:* Grundfragen der Wappenlehre und des Wappenrechts. Speyer 1931

*Heim, B. B.:* Wappenbrauch und Wappenrecht in der Kirche. Olten 1948

**Wappenrock** ↑ Tappert.

**Wappenrolle:** ursprünglich auf Pergamentrollen gemalte Wappensammlungen (vgl. Züricher Wappenrolle). Später ging der Begriff teilweise auch auf Wappensammlungen enthaltende Bücher über. Im 19. Jahrhundert war eine W. ein amtliches Verzeichnis der staatlichen Wappenbehörden (Heroldsämter u. ä.) zur Eintragung neu verliehener Wappen.

*Literatur*

*Ausserer, K.:* Die heraldischen Handschriften der Wiener Nationalbibliothek. Wien 1926

**Wappenrolle von St. Gallen:** Wappensammlung vom Ende des 15. Jahrhunderts; im Besitz des Staatsarchives St. Gallen. Die 121 in drei Reihen auf Leinwand gemalten Wappen zeigen die des römisch-deutschen Kaisers, des Königs von Frankreich, der sieben Kurfürsten, von sechs Päpsten, der Stadt Rom, der römischen Kirche, der vier Ahnen des heiligen *Benedikt,* des Johanniter- und Deutschritterordens, einiger oberdeutscher Dynasten, des niederen Adels der Bodenseegegend, der Abtei St. Gallen und der Patrizier- und Bürgergeschlechter der Städte St. Gallen, Konstanz, Ravensburg und Lindau, die um 1500 im Leinwandhandel führend waren.

**Wappenrose** ↑ Rose.

**Wappensaal:** ein Raum in vielen Burgen, Schlössern und auch Rathäusern, an dessen Decke oder Wänden die Wappen der einzelnen Teilherrschaften oder Ahnen bzw. Familienmitglieder oder der benachbarten Städte angebracht sind. In den Gebäuden geistlicher Fürsten oder in Ordenshäusern finden sich vielfach die Wappen der Mitglieder des Domkapitels bzw. der Mitglie-

*Beispiel der Bemalung eines Wappensaales in der Albrechtsburg, Meißen.*
*Das Wappen der Mark Meißen wurde mit Wachsfarbe von Ernst Haendel (1813/1898) aufgetragen*

*Das Wappen des Züricher und Luzerner Geschlechtes von Lüttishofen auf einer Wappenscheibe aus dem Jahre 1410*

der des entsprechenden geistlichen oder weltlichen Ordens. Abb.

*Literatur*

*Zelenka, A.:* Der Wappenfries aus dem Wappensaal zu Lauf. Passau 1975

**Wappensagen:** meist unhistorische Deutungen der Herkunft der Wappen sowie ihrer Darstellungen. Die meisten der noch in unserer Zeit bekannten W. entsprangen der urwüchsigen Fantasie des Volkes. Die W. können auch teilweise gezielt von den Herolden verbreitet worden sein, um z. B. die Vorfahren des Wappeninhabers zu verherrlichen.

*Literatur*

*Graesse, J. G. Th.:* Geschlechts-, Namen- und Wappensagen des Adels deutscher Nation. Dresden 1876

*Hesekiel, G.:* Wappensagen. 2. Aufl., Halle 1905

**Wappensammler, Der** ↑ «Der Wappensammler».

**Wappenschärpe:** seltene Bezeichnung für ↑ Schrägbalken.

**Wappenscheiben:** in Schlössern, Klöstern, Kirchen, Rathäusern und anderen privaten und öffentlichen Gebäuden befindliche, mit Wappen oder heraldischen Symbolen, meist jenen der Stifter oder Besitzer, bemalte Fensterscheiben. Die Sitte der *Fenster-* und *Wappenschenkung* war vorrangig auf die Schweiz beschränkt. Diese Sitte begann im 15. und erhielt sich bis in das 17. Jahrhundert. Die hier entstandenen W. sind eine Hauptursache dafür, daß die Glasmalerei in der Schweiz eine Höhe der Technik erreichte, wie sie wohl kaum anderswo anzutreffen war. Die Stände ließen sich große Vorräte von diesen Scheiben malen und beschenkten sich untereinander, sobald sich eine Gelegenheit, z. B. ein Neubau oder eine Restaurierung, bot. So finden sich heute noch zahlreiche Beispiele in Rat-, Zunft- und Schützenhäusern, Kirchen und Klöstern sowie in Gasthäusern, die in der früheren Zeit zu den öffentlichen Gebäuden zählten. Die Sitte dieser Schenkungen, zuerst von den Ständen geübt, verallgemeinerte sich immer mehr, so daß sich in der Folgezeit auch Städte und Dörfer gegenseitig mit diesen Kunstwerken beschenkten. Selbst Bauern schmückten ihre Kirchen, Wallfahrtsorte und Häuser mit W. Die große Beliebtheit dieser Kunsterzeugnisse beweist die Tatsache, daß im Jahre 1516 in Zürich zehn, 1568 sogar 21, in Schaffhausen um 1610 zwölf Glasmaler tätig waren. Abb.

*Literatur*

*Staehelin-Paravicini:* Die Schliffscheiben der Schweiz. Basel 1927

*Boesch, P.:* Die Schweizer Glasmalerei. Basel 1955

*Boesch, P.:* Die alte Glasmalerei in St. Gallen. St. Gallen 1956

**Wappenschilde im Haus «Zum Loch» in Zürich:** um 1305 entstandene, heute im Schweizerischen Landesmuseum in Zürich befindliche, auf Balken gemalte Wappenschilde. Von den ursprünglich 200 Wappen, die im Haus des Ritters *Wisso Wiss* (gefallen 1315 in der Schlacht bei Morgarten) auf die Balken gemalt waren, sind nach dem Umbau des Saales im Jahre 1861 nur noch 162 erkennbar. Dargestellt sind die Wappen der Grafen, Freiherren und Ritter, die zum *Hause Habsburg* in Beziehung standen, sowie Wappendarstellungen des Stadtzüricher Adels und des Dienstadels der Nordostschweiz.

**Wappenschilde Mainzer Geschlechter:** handgemaltes Wappenbuch aus der Mitte des 14. Jahrhunderts; im Besitz des Staatsarchives Darmstadt. Es enthält 68 Blätter mit über 100 Darstellungen bürgerlicher Wappen.

**Wappensparren:** seltener Ausdruck für das Heroldsbild ↑ Sparren.

**Wappenspruch:** ↑ Devise, die ständig beim Wappen verblieb, also weiter vererbt wurde.

**Wappenstamm:** Bezeichnung für Familien eines Stammes, die ursprünglich ein gemeinsames Wappen geführt haben. In vielen Fällen wurde dieses Wappen dann im Laufe der Zeit mehreren Veränderungen unterworfen. Meist sind aber Grundelemente des Stammwappens erkennbar. Besondes häufig waren Wappenstämme in der ↑ polnischen Heraldik.

**Wappenstandarte:** mit Wappen versehene

Standarte, die meist in der Mehrzahl, mitunter als Dekoration des ↑ Hinterwappens, vorkommt. Die W. wird häufig von den ↑ Schildhaltern getragen, z. B. im Wappen der Fürstentümer Schwarzburg. Die neun über dem Wappen des Königreiches Belgien befindlichen W. symbolisieren z. B. die neun Provinzen des Landes. Vgl. Abb. bei Rautenkranz.

**Wappensteuer:** in England Luxussteuer für das Recht, Wappen zu führen. In der älteren Zeit wurde sie in Form einer Lizenz erhoben und war nach der Höhe der Wagensteuer, die der Wappenführende zahlte, abgestuft.

**Wappenstützen:** in einigen älteren Wappenbüchern für ↑ Schildhalter verwendeter Begriff.

**Wappensymbolik:** symbolischer Gehalt der auf den ↑ Wappen dargestellten Bilder. Die Entwicklung des Wappenwesens zeigt deutlich, daß sich diese mittelalterliche Kulturerscheinung aus rein praktischen Erwägungen verbreitete und zum größten Teil willkürlich und spontan gewählte Unterscheidungsmerkmale verwendete. Eine ausschließlich der Heraldik eigene Symbolik existierte ursprünglich nicht. Das änderte sich erst in der Zeit, als sich die Wappen von ihrer ursprünglichen Bestimmung lösten und sich nach und nach die an der Antike orientierte humanistische Bildung verbreitete. Die bereits bestehenden Wappen mit ihren mannigfaltigen Bildern und geometrischen Figuren boten sich geradezu an, ihnen nachträglich eine gewisse Symbolik zu unterstellen. Nach und nach entstanden dann Deutungen sagenhaften Charakters, die meist den Zweck verfolgten, den Wappeninhaber bzw. dessen Geschlecht zu verherrlichen. Erst bei den ab dem 14. Jahrhundert entstandenen Wappendarstellungen läßt sich feststellen, daß vielfach die allgemeine mittelalterliche Symbolik bewußt angewandt wurde. In den meisten Fällen ist es unmöglich, nach Jahrhunderten ermitteln zu wollen, was diesen oder jenen zur Wahl seines Wappenbildes veranlaßt haben kann. Auch wäre es vollkommen falsch und dem Wesen der Heraldik nicht entsprechend, den Heroldsbildern, die ja fast ausschließlich aus geometrischen Teilungen entstanden sind, eine symbolische Bedeutung zuschreiben zu wollen. Mißverstandene W. sowie kleinliche Deutelei wurden oft zu Wegbereitern späterer pseudowissenschaftlicher Theorien. Nachdem der für die Entwicklung der wissenschaftlichen Heraldik maßgebende Geistliche *Philipp Jacob* ↑ *Spener* gegen Ende des 17. Jahrhunderts viele der überlieferten irrigen Ansichten aus der Wappenkunde verbannt hatte, konnte sich dennoch ein großer Teil davon bis in unsere Zeit hinein behaupten. Den Höhepunkt gewollter Wappenauslegungen erreichte dann das 20. Jahrhundert mit den «Lehren» des österreichischen Dichters *Guido von List* (1848/1917) und auch *Bernhard* ↑ *Koerners* (1875/1952). Beide setzten sich über alle mühsam gewonnenen Erkenntnisse hinweg und propagierten, daß in allen Wappen «allerhand geheimnisvolle Beziehungen» sowie «ein tieferer, verborgener Sinn» zu suchen sei. Allen Wappen lägen die germanischen Runen zugrunde und somit sei der Ursprung des Wappenwesens bei den Germanen zu suchen.

*Literatur*

*Gründel, P.:* Die Wappensymbolik. Leipzig 1907 (sehr umfangreiches, jedoch in vielen Fällen nicht exakt wissenschaftliches Werk)

**Wappenteller:** mit den Wappen der Auftraggeber oder Besitzer geschmückte Zier- oder Gebrauchsteller. W. finden sich in den verschiedensten Materialien und Gestaltungen. Von besonderer künstlerischer Qualität sind die im 17. Jahrhundert in der Schweiz entstandenen zinnernen Reliefteller mit den Wappen der einzelnen Kantone. Auch die im 18. Jahrhundert in Europa entstandenen Porzellanmanufakturen schufen prachtvolle W., ja ganze Service. Selbst auf chinesischem Porzellan finden sich Wappendarstellungen der europäischen Auftraggeber. Vgl. Wappenporzellan. Abb.

**Wappenurkunden deutscher Ritter in Italien:** im Jahre 1361 zusammengestellte Wappensammlung im Archiv der *Familie Gonzaga* in Mantua, wo sich auch eine fast gleichzeitig angefertigte Kopie davon befin-

*Zinn-Wappenteller des 17. Jahrhunderts mit den Wappen der Schweizer Kantone (von oben in Uhrzeigerrichtung): Schwyz, Unterwalden, Zug, Glarus, Basel, Freiburg, Solothurn, Schaffhausen, Appenzell, Zürich, Bern, Luzern und Uri. In der Mitte der kaiserliche Doppeladler über den Schilden von St. Gallen*

det. Die zwei Pergamenturkunden zeigen insgesamt 106 farbige Wappenschilde deutscher Ritter aus Ober- und Niederdeutschland, die in Italien bei den Kämpfen gegen die *Familie Gonzaga* gefangengenommen wurden und nach Verpfändung ihres Ritterwortes wieder die Freiheit erlangten.

**Wappenvereinigung** ↑ zusammengesetzte Wappen.

**Wappenvermehrung** ↑ Wappenbesserung.

**Wappen von Rivoli:** zu Beginn des 14. Jahrhunderts entstandene Wappenmalereien im nach 1600 zerstörten Kastell Rivoli bei Turin. In Aufzeichnungen des 15. Jahrhunderts sind in einem 239 Seiten umfassenden Buch 33 Wappenbeschreibungen in altfranzösischer Sprache erhalten, die sich im Staatsarchiv Turin befinden.

**Wappenwandlung:** bei Standeserhöhungen innerhalb des Adels Veränderung des bereits geführten Wappens. In der k. u. k. Monarchie war es z. B. offiziell vorgeschrieben, den Rittern zwei und den Freiherren drei Helme auf den Schild zu setzen. Bei einer Erhebung Bürgerlicher in den Adelsstand wurde auch in den allermeisten Fällen das bereits geführte bürgerliche Wappen auf Wunsch des Wappeninhabers bezüglich des neuen Standes verändert. Die Abbildungen zeigen eine solche W. am Beispiel

*Wappenwandlung am Beispiel der Familie Kirchner von Neukirchen, von links oben nach rechts unten: erstes Wappen verliehen 1644, Änderung von 1648, Erhebung in den Adelsstand 1731. Verleihung des Titels «Ritter» 1892*

der Wappen der ursprünglich aus Nürnberg stammenden, später in Österreich ansässigen *Familie Kirchner von Neukirchen.* Das erste Wappen wurde dem Apotheker *Andreas Kirchner* für seine «mit unermüdlichen Eifer geleisteten Dienste» während des Dreißigjährigen Krieges von dem kaiserlichen ↑ Hofpfalzgrafen *Christof von Ruoff* in Prag im Jahre 1644 durch einen Wappenbrief verliehen, in dem ihm zugleich der Beiname *von Neukirchen* verliehen wurde. Die Familie blieb aber trotz des adlig klingenden Namens bürgerlich. Vier Jahre später bewarb sich der Beliehene um einen neuen Wappenbrief, da ihm sein 1644 verliehenes Wappen nicht mehr gefiel und er es durch eine amtliche Urkunde seinem Geschmack entsprechend verändern lassen wollte. Am 2. Mai 1648 erhielt er durch den kaiserlichen Hofpfalzgrafen *Caspar Hepp* einen neuen Wappenbrief. Eine weitere W. erfolgte unter dem Enkel *Georg Adalbert Kirchner,* der als Sekretär und Inspektor auf den Herrschaften des Statthalters in Böhmen im Jahre 1731 in den böhmischen Adelsstand erhoben wurde. Dabei wurde ihm der Beiname *von Neukirchen* erneut verliehen, jetzt aber als Adelsprädikat. Eine sehr selten vorkommende vierte W. geschah im Jahre 1892. Durch die Ernennung des k. u. k. Oberst i. R. *Karl Magnus Emil Vinzenz Kirchner von Neukirchen* zu einem Ritter des österreichischen Ordens der Eisernen Krone wurde er auch in den österreichischen Ritterstand erhoben. Am Wappen mußte eine W. vorgenommen werden, weil für den Ritterstand ein zweiter Helm vorgeschrieben war. Abb.

**Wappenzelt,** *Pavillon:* das ganze Wappen umschließender gekrönter Baldachin. Vom ↑ Wappenmantel unterscheidet sich das W. durch die Kuppel, auf der die Devise stehen kann. Die Farbe der W. ist außen meist purpurn, rot oder blau, innen Hermelin. Die Außenseiten sind oft mit dem Hauptwappenbild, z. B. bei Preußen mit Adlern, Frankreich mit Lilien, besät. W. kamen im 17. Jahrhundert auf, als Erfinder gilt der Franzose *Philipp Moreau.* Die Idee dafür dürfte von den Vorhängen und Thronbaldachinen der alten Fürstensiegel stammen. Zuerst wendete sie *Ludwig XIV. von Frankreich* (1643–1715) um 1680 an. In Preußen wurde das W. unter dem *König Friedrich I.* (1701–1713) eingeführt und im 18. Jahrhundert für fürstliche Wappen allgemein üblich. Abb. auf S. 438.

*Warteschild*
*im kurfürstlich hannoveranischen Wappen auf einem Taler des Herzoges und Kurfürsten Ernst August (1679–1698) aus dem Jahre 1694. In der Umschrift die persönliche Devise des Herzoges «SOLA BONA QUAE HONESTA» [lat., gut ist, was ehrbar ist]*

**Warenzeichen:** leicht erkennbare, einprägsame Symbole, die auf Waren zur Kennzeichnung des Herstellers verwendet werden. In der Regel verblieben die W. auch beim Wechsel der Firma an einen anderen Besitzer bei dem Betrieb. Obwohl sie in einigen Fällen die Form von Wappen haben, haben sie keinen heraldischen Charakter.

**Warnecke,** Friedrich: 1837/1894, Geheimer Rechnungsrat, Kunstsammler und Heraldiker in Berlin. Gründer des heraldischen Vereins ↑ «Der Herold».

*Werke*

Heraldisches Musterbuch. Görlitz 1880

Das Künstlerwappen. Ein Beitrag zur Kunstgeschichte. Berlin 1887

Heraldisches Handbuch. Frankfurt/Main 1893

Kriegsstammbuch aus den Jahren 1870/71. Berlin 1880

Die mittelalterlichen Kampfschilde in der St. Elisabethkirche zu Marburg. Berlin 1885

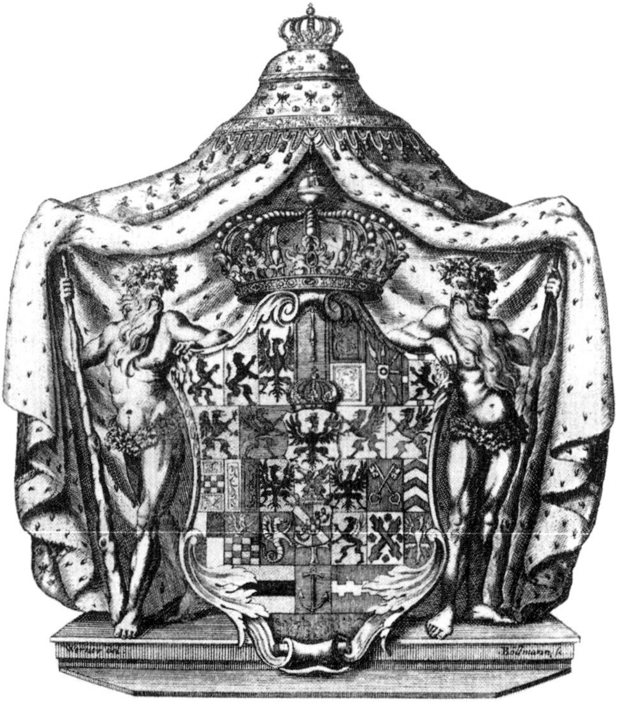

*Hermelingefüttertes Wappenzelt des preußischen Wappens nach einem Kupferstich von Böllmann um 1710*

**Warteschild:** vom Wappeninhaber zur späteren Aufnahme eines Wappenbildes bestimmter Ledigenschild (↑ ledig). Der im Jahre 1692 zum Kurfürsten ernannte *Herzog Ernst August von Braunschweig-Lüneburg* (1679–1698) z. B. führte bis zu seinem Tod einen solchen W. in seinem Gesamtwappen. Sein Sohn *Georg Ludwig* (1698–1727) konnte 1708 die kaiserliche Krone als Symbol der Erzschatzmeisterwürde in den Schild setzen. Abb. auf S. 437.

**Wasagarbe:** das aus einer gebundenen und gehenkelten goldenen Garbe bestehende Wappenbild des bis zum Jahr 1654 regierenden schwedischen Königshauses *Wasa,* das mit *Gustav I.* (1523–1560) 1523 auf den Thron gelangte. Da das schwedische Wort Wasa «Garbe» bedeutet, handelt es sich hier um ein redendes Wappenbild. Die W. erscheint noch gegenwärtig als Erinnerungswappen im Mittelschild des schwedischen Staatswappens sowie im Medaillon des heute noch verliehenen ↑ Wasaordens. Zur Zeit der polnischen Wasakönige *Sigismund III.* (1587–1632), *Wladislaw IV.* (1632–1648) und *Johann II. Kasimir* (1648–1668, gest. 1672) erschien die W. auch im polnischen Wappen. Die finnische Stadt Vaasa, die im Jahre 1606 durch den schwedischen *König Karl IX.* (1604–1611) gegründet wurde, führt eine große W. als Stadtwappen. Vgl. Garbe.

**Wasaorden:** ein von dem *König Gustav III.* (1771–1792) am 26. Mai 1772 gestifteter, gegenwärtig noch verliehener schwedischer Verdienstorden. Der auf den Namen der *Dynastie Wasa* anspielende dreiklassige Orden wird für Verdienste auf dem Gebiet des Ackerbaues, des Bergbaues, des Handels, der Industrie, der Kunst und des Unterrichtes sowie für die Verbreitung nützlicher Schriften auf diesen Gebieten verliehen. Das Ordenszeichen besteht aus einem weißemaillierten ↑ Malteserkreuz mit den dem ↑ Drei-Kronen-Wappen entlehnten Kronen in den Winkeln, darüber die Königskrone. Das ovale Medaillon beider Seiten enthält die ↑ Wasagarbe, darum die Umschrift auf rotem Grund «GUSTAV DEN III. INSTIKTARE MDCCLXXII» [schwed., Gustav der Dritte, Stifter, 1772]. Die Ritter des Ordens sind berechtigt, das Ordenszeichen unter ihren Wappen zu führen. Bis etwa zur Mitte des 19. Jahrhunderts bestand die Dekoration nur aus dem oben erwähnten Medaillon, das an der Ordenskette oder am grünen Band getragen wurde.

**Wasserfarbe:** dem neueren Wappenwesen angehörende, an sich unheraldische hellblaue Tinktur, deren heraldische ↑ Schraffur aus kleinen abgesetzten, waagerechten Strichen besteht. Die W. ist überflüssig, da Wasser immer blau tingiert wurde.

**Wasserfaß:** mit zwei kurzen Henkeln und einem Spundloch dargestelltes seltenes Wappenbild.

**Wasserschlauch:** sehr seltene, stark stilisierte Wappenfigur.

**waterbudges,** *waterbougets, bouses*: in der englischen Heraldik als Wappenbild vorkommende Doppelschläuche zum Wassertransport durch Saumtiere. Bereits in ↑ Gelres Wappenbuch kommen w. im Wappen des englischen Geschlechtes der *Herren von Bourchier* vor.

**Weberschiffchen,** *Webschütze*: Arbeitsgerät der Hand- und mechanischen Weberei, das vor allem in Städtewappen die ansässige Textilindustrie symbolisiert. Ein oder mehrere W. erscheinen z. B. in den Stadtwappen von Großröhrsdorf (Sachsen), Meuselwitz (bei Leipzig), Ronneburg (Thüringen), Greiz (Vogtland), und Triebes (Thüringen).
Ein weiteres Symbol der Textilindustrie ist die Spindel oder *Spinnspule,* z. B. in den Stadtwappen von Jeßnitz (Anhalt), Leinefelde (Eichsfeld) und Gummersbach (Nordrhein-Westfalen).

**Wechselpfahlfeh** ↑ Wogenfeh.

**Wechselzinnenbalken:** Heroldsbild ↑ Balken mit beidseitig versetzt dargestellten ↑ Zinnen. Abb.

**Wecken,** *Spindeln, Spitzrauten, symbolische Kärtchen, Wachel, Wackel*: längliche, mit zwei stumpfen und zwei spitzen Winkeln dargestellte ↑ Rauten. In der alten Heraldik wurde kein Unterschied zwischen W. und Rauten gemacht, da diese im gleichen Wappen einmal quadratisch, einmal länglich, aufrecht oder geneigt dargestellt wurden. Das Wappen von Bayern zeigt blau-silberne, das von Monaco rot-silberne W. Vgl. Abb. bei Mittelschild. Abb.

*Wechselzinnenbalken · Wecken*

*Wehrgehänge im Wappen derer von Metzrad*

**Weckenbalken:** aus aneinandergereihten ↑ Wecken gebildeter ↑ Balken.

**Weckenkreuz:** aus querliegenden ↑ Wecken zusammengestelltes Kreuz.

**Wehrgehänge:** **1.** altheraldische Bezeichnung für eine schräg über den Wappenschild gelegte, zusammenhängende Reihe von ↑ Rauten oder ↑ Wecken, z. B. im Wappen derer *von Metzrad.* Abb. – **2.** ↑ Telamonen.

**Weide:** Wappenfigur, die nach mittelalterlicher Auffassung die Trauer symbolisierte. Im Wappen der Stadt Weida (Thüringen) ist die W. jedoch redende Figur.

**weidend:** Lämmer oder Widder mit nach unten gesenktem Kopf.

**Weidmesser** ↑ Jagdmesser.

**Weihekreuz:** in einem Kreis befindliches, nur aus den Begrenzungslinien bestehendes ↑ Tatzenkreuz.

**Weingartner Liederhandschrift:** Handschrift aus dem Beginn des 14. Jahrhunderts mit einigen Wappendarstellungen; im Besitz der Öffentlichen Bibliothek Stuttgart. Die aus 158 Pergamentblättern bestehende Handschrift befand sich im 16. Jahrhundert im Besitz des *Marx Schultheiss* zu Konstanz, der sie der Benediktinerabtei Weingarten überließ, welche sie im Jahre 1613 noch besaß. 1810 gelangte das wertvolle historische Dokument in die Handbibliothek des Königs von Württemberg und wurde in der Württembergischen Landesbibliothek Stuttgart deponiert. Die W. L. enthält Dichtungen von 31 Minnesängern sowie 25 farbige Bilder, wovon 20 Wappen zeigen. Bei diesen Wappen wurde Gold überhaupt nicht, Silber nur in zwei Fällen verwendet. Der Stil dieser Wappen entspricht dem der letzten Jahre des 13. Jahrhunderts. Neben Wappen des Adels befinden sich in der Handschrift auch die der Dichter des Mittelalters. 1843 wurde die W. L. von *F. Pfeiffer* und *F. Fellner* neu herausgegeben.

**Weinheppe** ↑ Winzermesser.

**Weinleiter:** Leiter zum Herabrollen der Weinfässer. Sie erscheint meist in den Wappen der Weinbaugebiete, z. B. Rastatt (Baden), Weinheim (Pfalz).

**Weinmesser** ↑ Winzermesser.

**Weinpresse:** sehr seltenes Wappenbild, z. B. im Wappen der polnischen *Familie von Glienski.*

**Weintraube:** gemeine Figur, die in der Heraldik in der Regel als Symbol des Wein-

*Ordenskleinod des polnischen Weißen Adlerordens aus der Saphirgarnitur des Dresdner Grünen Gewölbes*

*Weißkopf als Wappenvogel der Vereinigten Staaten von Amerika*

baues sowie als Attribut des heiligen ↑ *Urbanus* verwendet wird. So findet sich die W. vor allem in den Wappen von Winzerfamilien und in Städten bzw. Gemeinden von Weinbaugebieten, z. B. Radebeul (Sachsen), Kötzschenbroda (Sachsen), Hattenstein (Hessen), Eibelstadt (Franken), Gemeinde Freinsheim (Pfalz). Im Stadtwappen von Roßwein z. B. ist die W. zusammen mit dem Roß ein redendes Wappen. Vgl. Abb. bei Klosterheraldik.

**Weißer Adlerorden:** am 1. November 1705 von *König August II. von Polen* (1697–1733) gestifteter, einklassiger, höchster Orden des Königreiches Polen. Das Ordenszeichen besteht aus einem achtspitzigen roten Kreuz mit weißer Einfassung und Strahlen in den Winkeln. Auf dem Kreuz liegt der weiße Adler, das Wappentier Polens. Der im 18. Jahrhundert im großen Ansehen stehende Orden befand sich in einigen Fällen unter dem polnischen Wappen sowie unter den Wappenschilden der Beliehenen. Am 25. Dezember 1831 wurde der W. A. zu einem kaiserlich-russischen Orden erhoben und das bisherige Ordenszeichen auf den zaristischen Doppeladler gelegt. In dieser Form wurde der Orden bis 1917 von den russischen Zaren verliehen. Nach dem Wiedererstehen des polnischen Staates wurde der Orden seit 1921 wieder in seiner ursprünglichen Form bis 1940 (also noch von der Londoner Exilregierung) verliehen. Abb.

**Weiße Sonne:** zwölfstrahlige, weiß tingierte Sonne auf blauem Feld (Himmel). Die W. S. war von 1928 bis 1949 das Staatswappen Chinas und ist gegenwärtig noch das von Taiwan.

**Weißkopf:** auf die weiße Färbung seines Kopfes anspielende Bezeichnung des Adlers (Weißkopf-Seeadler), das Wappen der Vereinigten Staaten von Amerika. Das Wappentier der USA befindet sich auch im Wappen der Philippinen, da die USA 1898 im Spanisch-Amerikanischen Krieg die Inseln besetzten. Allerdings trägt der W. in dem philippinischen Wappen lediglich drei Pfeile in den ↑ Fängen. Abb.

**Weiss von Starkenfels,** Alois, Freiherr: 1847/1893, Heraldiker, seit 1885 Mitarbeiter am ↑ Neuen Siebmacher (Band Oberösterreich).

*Silbernes Welfenroß im roten Feld als Wappen des Landes Niedersachsen*

**Weittenhiller,** Moritz Maria v.: 1847/1911, Kanzler des Deutschen Ritterordens, Heraldiker. Seit 1884 war W. Mitarbeiter (Autor und Zeichner) am ↑ Neuen Siebmacher (Band Salzburg).

**Welfenroß,** *Sachsenroß:* Bezeichnung des in den Wappen des Herzogtumes Braunschweig und des Königreiches Hannover

*Das Welfenroß (Westfalenroß) über Anlagen des Bergbaues auf der Rückseite eines Ausbeute-Lösers zu $1^1/_2$ Taler von 1671 des Herzoges Johann Friedrich von Braunschweig-Lüneburg (1665–1679)*

vorkommenden springenden Pferdes. In der Heraldik und auch auf den Münzen wird das W. stets nach links sprengend auf unebenem, steinigem Boden dargestellt und kann als Versinnbildlichung des Wahlspruches des Kurfürsten und späteren Königs von Hannover «NEC ASPERA TERRENT» [lat., selbst Schwierigkeiten schrecken nicht] angesehen werden. Allerdings wird diese Devise erst seit *Kurfürst Georg II.* (1727–1760) geführt, während das W. schon wesentlich früher im Wappen auftaucht.

Der Heraldiker *Otto* ↑ *Hupp* schrieb zu diesem Wappenbild: «Das Sachsenroß, das weiße Pferd im roten Felde, ist kein altes Wappenbild, sondern eine der vielen Erdichtungen von Wappen für wirkliche oder sagenhafte Helden aus vorheraldischer Zeit, deren das heraldische Schmuckbedürfnis seit der zweiten Hälfte des 14. Jahrhunderts benötigte. Den Anstoß zur Wahl gerade dieser Figur gab nicht das wohl erst um 1500 von dem Hamburger Theologen *Albert Krantz* erfundene Geschichtchen von dem schwarzen Roß des heidnischen und dem weißen Roß des getauften Wittekind, sondern die Sage von den sächsischen Eroberern Englands, Hengist und Horsa (beide Namen bedeuten Roß). Erst nach der Mitte des 14. Jahrhunderts erscheint das Pferd in heraldischen Verbindungen, zunächst nur vereinzelt, neben den alten Wappenfiguren in den Siegeln einiger Glieder des Welfenhauses; bald schreitend, bald springend, bald ledig, bald gezäumt, selten im Schilde, öfter auf dem Helm, auf einer Fahne oder sonstwie, stets willkürlich angebracht oder fortgelassen. Endlich aber nahmen die Erzbischöfe von Köln als Herzöge von Westfalen zu Ende des 15. Jahrhunderts das Roß als Münzbild an und setzten es von 1530 ab regelmäßig in eines der Felder ihres Wappens. Erst um die Mitte des 17. Jahrhunderts steht es als Wappen des Kreises Niedersachsen im Wappen einiger und bald aller Linien des Welfenhauses, kam als bevorzugtes ‹Stammwappen› ins kurfürstlich hannoversche und von 1714 bis 1837 ins englische Königswappen, und hat in Braunschweig die älteren Wappen zuletzt völlig verdrängt.» Abb.

*Literatur*

*Schnath, G.:* Das Sachsenroß. Entstehung und Bedeutung des Niedersächsischen Landeswappens, in: Schriftenreihe der Landeszentrale für politische Bildung in Niedersachsen, Reihe B, Heft 6, 2. Auflage. Hannover 1961

**Wellenbalken:** wellenförmiger in der Regel blau tingierter ↑ Balken. Drei blaue W. im Schildfuß symbolisieren z. B. im Wappen der englischen Stadt Oxford die Furt, an der die Stadt errichtet wurde.

**Wellendeichsel:** das Heroldsbild ↑ Deichsel mit wellenförmigen Begrenzungslinien. In der modernen Heraldik erscheint eine W. beispielsweise im Wappen des afrikanischen Staates Nigeria. Weiß auf schwarzem Grund soll sie hier den Zusammenfluß der Ströme Niger und Benuë symbolisieren. Abb.

**Wellenkreuz:** Kreuz, dessen Arme wellenförmig dargestellt sind.

**Wellenschnitt,** *Schlangenschnitt*: eine wellenförmige, waagerechte oder auch senkrechte Schildesteilung. Abb.

**«Wellers Archiv für Stamm- und Wappenkunde»** ↑ «Der Wappensammler».

**Welschzinnenkreuz:** ↑ gemeines Kreuz, dessen Kreuzarme sich nach außen verbreitern und an den Enden keilförmig eingeschnitten sind.

**Wendeltreppenschnitt** ↑ Schneckenschnitt.

**Wendische Krone: 1.** uraltes Symbol der ehemals das Gebiet des heutigen Mecklenburg beherrschenden Obotritenherzöge. Die Krone besteht aus einem grün emaillierten, mit einem Smaragd verzierten Reif mit einem turmartigen Aufbau in der Mitte. In ihrer Form wurde die Krone einem bei Trechow ausgegrabenen Bronzering aus der jüngeren Bronzezeit nachgebildet. Ab 1884 erschien die W. K. bis 1918 im Wappen des Großherzogtumes Mecklenburg-Schwerin. Abb. – **2.** ↑ Hausorden der Wendischen Krone.

**Wenzel, St.,** *St. Vaclav*: tschechischer Nationalheiliger. Der heiliggesprochene *Herzog Wenzel I.* (928–935) galt ursprünglich als Pa-

*Wellenschnitt*

*Wendische Krone*

*Wenzelskrone*

*Wellendeichsel im Staatswappen von Nigeria*

tron der *Przemyslidendynastie,* später von Böhmen sowie auch der gesamten böhmischen Ritterschaft. Als Wappenbild erscheint er z. B. im Wappen des Prager Stadtteils Vinihrady und als Schildfigur des Kollegiatskapitels von Stará Boleslav. In die deutsche Heraldik wurde der Heilige z. B. als Wappen des Bistumes und der Stadt Naumburg sowie der Stadt Rastenberg (Thüringen) aufgenommen.
Die ↑ Wenzelskrone ist nach ihm benannt, obwohl sie erst 1347, allerdings unter Verwendung der alten Przemyslidenkrone, hergestellt wurde.

**Wenzelskrone:** nach dem Schutzpatron Böhmens, dem heiligen ↑ *Wenzel,* benanntes Symbol des ehemaligen Königreiches Böhmen. Die W. wurde auf Veranlassung der Gemahlin *Kaiser Karls IV.* (1346/1355 bis 1378) im Jahre 1347 aus dem Material der alten Herzogskrone der Przemysliden nach dem Muster der alten französischen Königskrone angefertigt. Sie besteht aus vier mit Scharnieren verbundenen Teilen und hat einen Durchmesser von 20 cm; im Kreuz soll ein Dorn von der Dornenkrone Christi eingearbeitet sein. Die W. befindet sich in dem ehemaligen böhmischen Kronschatz in Prag. Abb.

*Literatur*

*Schwarzenberg, K.,* Fürst v.: Die Sankt Wenzels-Krone. Wien 1960

*Skýbová, A.:* Ceské královskie korunovacni klenoty. Prag 1982

**Werkmeisterkreuz:** kreuzförmige Zeichen, die sich die Baumeister und Bildhauer im 15. und 16. Jahrhundert als persönliche Zeichen beilegten, mitunter auch damit beliehen wurden. Hierbei handelt es sich eigentlich nicht um Kreuze, sondern um ↑ Hausmarken, die in den meisten Fällen ohne heraldischen Wert sind. Einige wurden jedoch in einen Schild gesetzt und damit zum Wappenbild.

**Wernigeroder Wappenbuch,** *Schaffhausener Wappenbuch*: zwischen 1486 und 1492 entstandenes, mit wenigen späteren Eintragungen versehenes handgemaltes Wappenbuch; kam 1931 in den Besitz des Heraldikers *Otto Hupp* (1859/1949).

Das als die besterhaltene Wappenhandschrift des 15. Jahrhunderts geltende Buch besteht aus zwei Bänden mit je 1870 und 1352 Wappen sagenhafter Könige, des Papstes, des Kaisers, von Fürsten des hohen Adels und des Turnieradels sowie Wappen schlesischer und polnischer Geschlechter und 48 Wappen von Kölner Bürgerfamilien.

**Wertstäbe:** alte, fälschliche Bezeichnung für ↑ Balken.

**wesentliche Stücke:** von einigen älteren Heraldikern, z. B. ↑ *Trier*, für den Schild, das Feld, die Tinkturen und die Wappenfiguren verwendeter Begriff.

**Wetschger:** eigenartig geformte Umhängetasche, die aufgrund ihrer stark stilisierten Darstellung leicht zu mißdeuten ist. Drei derartige Taschen führte die *Familie von Deschler* als redendes Wappenbild.

**Weyte:** von den älteren Heraldikern oft mit der ↑ Säule verwechseltes Instrument, das zum Abwickeln des gesponnenen Flachses vom Spinnrad diente.

**Widder,** *Schaf*: gemeine Figur, die nach einigen Heraldikern die den Wappenträgern zugestandene Schäfereigerechtigkeit symbolisierte. In alten Schweizer Wappen vorkommende W. lassen auf die Zugehörigkeit des Wappeninhabers zum «Orden der Böcke» zu Zürich schließen. Bezug auf den W. hat auch der Wahlspruch des *Paul Aresius* (gest. 1578) «Ut validius» [lat., zu um so größerer Kraft]. Im Wappen der Färöer [Schafinseln] erscheint der W. als redendes Bild. Das Wappen der Färöer befindet sich auch im geteilten und halbgespaltenen dritten Feld des dänischen Gesamtwappens. Auch die Stadt Schaffhausen (Schweiz) hat ein redendes Wappen mit einem W., ein Schafbock, der aus einem Haus springt.

**widergekrücktes Kreuz:** seltene, ältere Bezeichnung für ↑ Krückenkreuz.

**Widerhaken** ↑ Mauerhaken.

**Widernied:** in älteren Wappenbüchern für ↑ durchstochen verwendete Bezeichnung.

**widersehend** ↑ hersehend.

**Widerwappen:** umgekehrte Darstellung eines bereits bestehenden Grundwappens. W. entstehen z. B., wenn die Wappenfigur die Farbe des entsprechenden Schildes oder der Schild des Grundwappens die Farbe der anderen Schildfigur annimmt. Ursprünglich hatten die W. in vielen Fällen eine politische Bedeutung. Die Annahme eines solchen sollte eine Demonstration gegen die Person darstellen, die das Grundwappen führte. In anderen Fällen wurden W. gewählt, wenn man ein Bild in bestimmten Farben führen, jedoch Rücksicht auf den Inhaber des Grundwappens nehmen wollte.

**Wiedehopf,** *upupa epops*: als Wappentier selten vorkommender Vogel. Die Aufnahme in die Heraldik verdankt der W. der von seinem Ruf abgeleiteten volkstümlichen Bezeichnung *Hupup. M. W. Grube* führt in seinem Beitrag «Der Wiedehopf als Wappentier» (in: «Der Deutsche Herold», 1916, Nr. 5) u. a. folgende Wappenbeispiele an:
«Hupe, Diedrich, gest. 1498, war Ratsherr in Lübeck und führte in G.(old) auf gr.(ünen) Boden oder Zweig einen nat. Wiedehopf (Siebmacher III, 3 hat irrtümlich eine Gans gezeichnet), auf dem Helm einen wachsenden Mannesrumpf.
Bänhop, Nikolaus, 1787 in Lübeck, führte im Schilde den Hupup. Kapup, ein im 14. Jahrhundert in Perleberg, im 16. und 17. Jahrhundert in Köslin als Patrizier bezeichnetes Geschlecht, führte im Schild und auf dem Helm den Wiedehopf. Hier könnte neben dem Namensklang auch die Kappe, welche der Vogel auf dem Kopf trägt, zu seiner Wahl veranlaßt haben.
Köhnen, Katharina, gest. 1587, Gattin des lübeckischen Bürgermeisters Johann Brokes, führte im Schild und Helm den Wiedehopf. Da hier auch bei bestem Willen keine Namensähnlichkeit zu entdecken ist, muß ein anderer Grund zur Wappenwahl vorgelegen haben. Der ist auch unschwer zu finden, wenn man beachtet, daß die Mutter der Katharina Köhnen eine geborene Hupe war. Der Verfertiger der bronzenen Grabplatte des Bürgermeisterehepaares, von der wir das Wappen allein kennen, hat mangels eines väterlichen Wappens bei der Katharina Köhnen auf ihr mütterliches zurückgegriffen, dabei aber doch den Unterschied gemacht, daß er ihr die Schildfigur und

nicht das Hupesche Mannsbild als Helmschmuck gegeben hat.
Wedemhof, aus Westfalen nach Lübeck gekommenes Geschlecht. Das Wappen begnügt sich nicht mit einem einfachen Wiedehopf, sondern es setzt ihn auf einen Weidenbaum, der von einem Palisadenzaun umgeben ist, auf dem Helm wiederholt sich der Baum mit dem Vogel. Es ist also ein zweifach redendes Wappen entstanden, zum ersten der Weidenhof und zum anderen der Wiedehopf, beide nicht ganz genau den Namen deckend, aber doch offenbar der bürgerlichen Heraldik jener Zeit genügend.»

**Wiederkreuz:** ↑ gemeines Kreuz, dessen einzelne Arme wiederum mit Kreuzbalken versehen sind. Sind diese Kreuzbalken etwas verkürzt, so spricht man von einem *W. mit verstutzten Querarmen.*

**Wiederkrückenkreuz:** ↑ Krückenkreuz, an dessen an den Kreuzenden befindlichen Krücken wieder Krücken angebracht sind.

**Wiederquadrierung:** durch die zunehmende Anzahl der in einen Schild aufzunehmenden Wappen notwendige Erweiterung der ↑ Quadrierung (2.). Bei einer W. erscheinen die Felder eines quadrierten Wappens wiederum quadriert. Bis in das 15. Jahrhundert ging man möglichst über eine W. nicht hinaus. Erst danach kommen Beispiele einer von Quadrierung und W. unabhängigen Felderanordnung vor. Das führte dazu, daß besonders im 17. und 18. Jahrhundert die Wappen der Staaten und großen Familien auf diese Weise zu genealogischen und geographischen «Übersichten» wurden. Während in Frankreich im allgemeinen eine gewisse Schlichtheit der Wappen bewahrt wurde, zeigte z. B. der Gesamtschild *Franz' I.* (1792–1806 [1835]), des letzten Kaisers des Römisch-Deutschen Reiches, etwa 70(!) Felder.

**Wiederschrägkreuz:** ↑ Andreaskreuz, dessen Arme mit Querbalken versehen sind.

**Wiener Minoriten-Nekrologium:** eine gegen Ende des 14. Jahrhunderts begonnene und bis in das 16. Jahrhundert fortgeführte Wappenhandschrift; im Besitz der Städtischen Sammlungen Wien. Eine Kopie aus dem Jahre 1579 befindet sich in der Nationalbibliothek Wien, eine Abschrift ohne Titel in der Bibliothek zu Wolfenbüttel. Die auch unter dem Namen *Regesta sepulchorum* bekannte Handschrift enthält auf 52 Blättern 207 Wappen ohne Helm der Wohltäter des Klosters.

**Wigand von Marburg** ↑ Marburg, Wigand von.

**Wigbert,** *Wipert*: christlicher Heiliger, Abt von Fritzlar, gest. 747. Der mit einem Kelch mit Weintraube dargestellte Heilige ist Patron von Hersfeld, wohin im Jahre 780 seine Gebeine heimlich gebracht wurden. Er wurde in Quedlinburg sowie in vielen thüringischen Orten, die mit Hersfeld in Beziehung standen, verehrt. Der heilige W. erscheint z. B.im Stadtwappen von Kölleda (Thüringen). Abb.

**wild** ↑ aufgestiegen.

**Wilde Frau** vgl. Wilder Mann.

**Wilder Mann,** *Waldmann, Waldmensch*: im deutschen und slawischen Volksglauben des Mittelalters halbtierische Bewohner der Wälder. Diese Wesen, die auch als Frauen vorkommen können, sind wahrscheinlich auf die Faune, Silvane und Panisken des klassischen Altertums zurückzuführen. In der Heraldik kommen sie in der Regel als ↑ Schildhalter vor. So wird z. B. das große

*St. Wigbert im Stadtwappen von Kölleda. Der goldene Ahornast stammt aus dem Wappen der Grafen von Beichlingen, die Kölleda 1392 das Stadtrecht verliehen hatten.*

*Ein Wilder Mann auf dem sogenannten Hausknechtstaler von 1665 des Herzoges August des Jüngeren von Braunschweig-Lüneburg (1635–1666). Die quergehaltene Tanne war ungewöhnlich und gab der Talermünze den Namen (der Wilde Mann fegt für den Herzog den Wald). Die Umschrift «ALLES MIT BEDACHT» war die persönliche Devise des Herzoges*

*St. Willibald mit Krummstab und Buch auf einem Halbtaler des Bistumes Eichstätt von 1606*

preußische Gesamtwappen von zwei Wilden Männern, das Gesamtwappen der Fürstentümer Schwarzburg von einem W. M. und einer Wilden Frau gehalten. Auf Münzen der Herzöge von Braunschweig-Lüneburg wurde der W. M. sehr häufig als alleiniges Symbol verwendet. Abb.

**Wildgraf: 1.** ↑ Raugraf. – **2.** ↑ Rheingraf.

**Wilhelmsorden:** am 20. August 1851 von dem *Kurfürsten Friedrich Wilhelm von Hessen-Kassel* (1847–1866) aus den drei untersten, nur vorübergehend bestehenden Klassen des ↑ Hausordens vom Goldenen Löwen unter Hinzufügung eines Großkreuzes gestifteter Orden. Das Ordenszeichen des Großkreuzes besteht aus einem weißgeränderten und rotemaillierten, achtspitzigen Kreuz, das an einer Bügelkrone hängt. Das Medaillon der Vorderseite zeigt den hessischen Löwen innerhalb eines roten Schriftreifes mit der Ordensdevise «VIRTUTE ET FIDELITATE» [lat., durch Tugend und Treue], darum ein Strahlenkranz, der bei den anderen Ordensklassen fehlt. Der Orden erschien manchmal unter dem Wappen des Kurfürstentumes Hessen-Kassel.

**Willement's Roll:** um 1395 angelegte Wappenrolle mit 25 Schilden der Gründungsritter des Hosenbandordens sowie 576 Wappen des englischen Adels.

**Willibald:** christlicher Heiliger, gest. um 786, Bischof von Eichstätt. Die Darstellungen des Heiligen zeigen auf seiner Brust die Worte «Spes, Fides, Charitas» [lat., Hoffnung, Treue, Nächstenliebe]. Abb.

**Wind:** seltenes Wappenbild, das durch einen luftausblasenden Mund mit Hilfe von gestrichelten Linien dargestellt wird.

**Winde,** *Winden*: in alten Wappenbeschreibungen für ↑ Windhunde verwendeter Begriff.

**Windhund:** im Gegensatz zur ↑ Bracke oder zum ↑ Rüden schlank dargestellte, meist

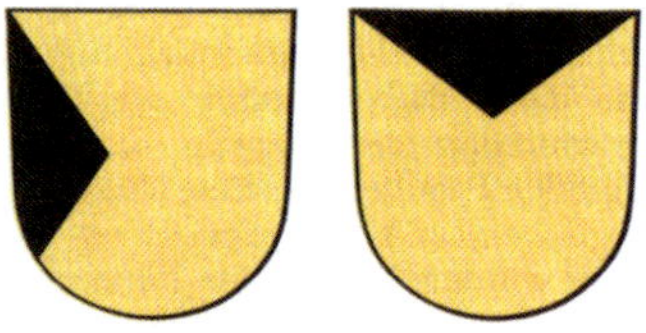

*Winkelflanke · Winkelhaupt*

*Winkelmaßkreuz*

*Winzermesser*
*im Wappen der Fürsten Dietrichstein*

rennende, stilisierte Hunde, z. B. im Wappen der *Familie von Brück*. Abb.

**Windmühle:** seltenes Wappenbild. Eine W. führt z. B. die vom *Grafen von Zeil* geadelte Lütticher *Familie Du Moulin* als ↑ redendes Wappen.

**Windmühlenflügel: 1.** gemeine Figur, die z. B. in Schragenform im Stadtwappen von New York erscheint. – **2.** ↑ Ständerung.

**Windsor** ↑ Herald's College.

**Winkel:** unkorrekte Bezeichnung für ledige ↑ Vierung.

**Winkelbalken:** aus zwei flachen, nebeneinandergestellten Winkeln gebildeter ↑ Balken.

**Winkelflanke:** Heroldsbild, das durch zwei aus dem Ober- und Untereck einer Seite hervorgehende, gleichlange, sich unter einem stumpfen Winkel treffende Schräglinien gebildet wird und deren Vereinigungspunkt noch innerhalb der gewöhnlichen Flankenbreite liegt. Abb.

**Winkelhaken,** *Winkelmaß*: **1.** rechtwinklige Vereinigung von einem abgekürzten Balken und einer abgekürzten Seite oder aber auch von einem abgekürzten ↑ Schildhaupt bzw. ↑ Schildfuß mit einem abgekürzten ↑ Pfahl zu einer Figur und Tinktur. Der W. kommt oft als redendes Wappenbild vor. Es ist besonders zu melden, wohin die Winkel gekehrt sind.
**2.** falsche Bezeichnung für Mauerhaken.

**Winkelhaupt:** aus den Oberecken des Schildes bzw. Feldes hervorgehender Winkel, dessen Eckpunkt die normale Breite des ↑ Schildhauptes aber nicht überragen darf. Abb.

**Winkelkreuz** ↑ Swastika.

**Winkelmaß** ↑ Winkelhaken.

**Winkelmaßkreuz:** ein dem Antoniuskreuz ähnliches Kreuz mit nur einem oberen Seitenarm. Diese von einigen Heraldikern zu den Kreuzen gerechnete gemeine Figur wäre besser als Winkelmaß (↑ Winkelhaken) zu blasonieren. Abb.

**Winkelmess:** unkorrekte Bezeichnung für ↑ Sparren.

**Winkelstreif:** falscher Ausdruck für Schächerkreuz (↑ Gabelkreuz).

**Winzermesser,** *Weinheppe, Weinmesser*: oben gekrümmtes Messer, dessen Stiel meist an-

*Ein Windhund im Schild*
*und zwei als Schildhalter in einer Darstellung*
*des Wappens des Marquis de Nicolay*
*aus der Isle de France und Vivarais*

dersfarbig tingiert ist. Zwei W. sind z. B. im Wappen der *Fürsten Dietrichstein* enthalten. Vgl. Jagdmesser. Abb.

**Winzermesserkreuz:** ein ↑ gemeines Kreuz, dessen Enden einseitig nach außen gebogen sind (stilisierte Winzermesser).

**Winzerwappen:** in den klassischen Weinbaugebieten als Herkunfts- und Qualitätszeichen der Weine auf Fässern und Flaschen angebrachte Wappendarstellungen. Bei den W. handelt es sich in den wenigsten Fällen um Familienwappen, sondern um reine Fantasiewappen, die den Charakter von ↑ Schutzmarken haben.

**Wipert** ↑ Wigbert.

**Witting,** Johann Baptist: 1855/1924, Dr. jur., Notar, Heraldiker. W. war von 1918 bis 1920 Mitarbeiter am ↑ Neuen Siebmacher (Bände Niederösterreich, Steiermark).

**Witwenwappen:** ein ↑ Ehewappen, dessen beide Schilde von einem aufgelösten ↑ Liebesseil umgeben sind.

**Wocken:** ältere Bezeichnung für ↑ Wekken.

**Wogenfeh,** *Wechselpfahlfeh*: ↑ Eisenhütlein, deren Reihen abwechselnd aus blauen und weißen fallenden und weißen und blauen steigenden bestehen. Durch die in der zweiten Pfahlreihe befindlichen Eisenhütlein entsteht eine wogenähnliche Zeichnung. Die Grundlinien der Eisenhütlein dürfen nicht mit eingezeichnet werden, da nach heraldischer Regel Plätze von gleicher Tinktur nicht durch Teilungsstriche getrennt werden dürfen.

**Wolf:** In den verschiedensten Tingierungen und Darstellungen erscheinendes Wappenbild. Häufig wird der W. auch als redende Wappenfigur verwendet, z. B. von der Schaffhausener *Familie Wolf*. Ein W. ist das Wappentier des Bistumes und der Stadt Passau (Bayern) sowie der Städte Peine (Westfalen), Remagen (Rheinland) und Wilkau-Haßlau (Sachsen). Dort ist der W. ein redendes Wappen [altsorb. wilk, Wolf].

**Wolfsadler:** heraldisches ↑ Ungeheuer, das einen Adler mit Wolfskopf darstellt und wahrscheinlich nur einmal, nämlich im Wappen der märkischen *Familie von Flans,* auftritt.

*Wolfszähne · Wolfszahnschnitt*

*Wolfseisen*

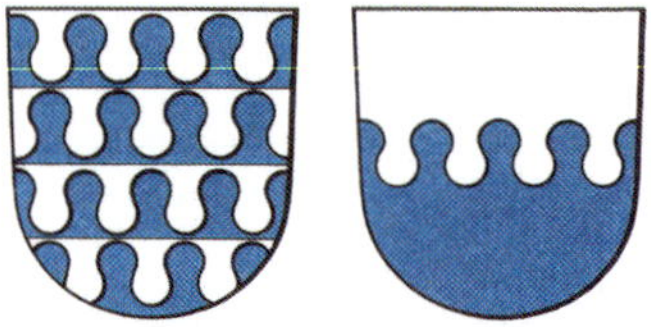

*Wolkenfeh · Wolkenschnitt*

*Wolkenbord*
*im Wappen der Fürsten von Fürstenberg*

**Wolfsangel:** ein der ↑ Wurfparte ähnliches Jagdgerät, das sich z. B. im Wappen der westfälischen *Familie von Brabeck* befindet. Vgl. Steinmetzeisen.
**Wolfseisen,** *Doppelwolfseisen*: in der Heraldik eigenartig stilisiertes Jagdgerät, z. B. im Wappen derer *von Hatzfeld*. Abb.
**Wolfseisenkreuz:** aus vier ↑ Wolfseisen gebildetes Kreuz. Vgl. Swastika.
**Wolfszähne:** Heroldsbild, das aus meist drei oder vier gebogenen Spitzen gebildet wird, die sich in der Regel an einem Schildrand befinden. W. sind z. B. im Wappen der *Freiherren von Tettau* vorhanden. Abb.
**Wolfszahnschnitt:** aus ↑ Wolfszähnen gebildete Schildesteilung. Abb.
**Wolken,** *Nebelschnitt*: Heroldsbild, das in der Regel aus blauen, an den Seiten etwas eingebogenen Halbkreisen besteht.
**Wolkenbalken:** aus beidseitig versetzt angeordneten, heraldischen ↑ Wolken gebildeter ↑ Balken.
**Wolkenbord:** das Heroldsbild ↑ Bord mit heraldisch stilisierten ↑ Wolken belegt. Ein W. umgibt z. B. das Wappen der *Fürsten von Fürstenberg*. Abb.
**Wolkenfeh:** aus waagerechten ↑ Wolkenlinien bestehendes heraldisches Muster. Aus dem W. ist später wahrscheinlich das Eisenhutmuster hervorgegangen. Abb.
**Wolkenkreuz:** aus vier heraldischen ↑ Wolken gebildetes Kreuz.
**Wolkenleiste:** quer über den Schild verlaufende, nur in ihren Konturen angedeutete heraldische ↑ Wolken.
**Wolkenlinie:** aus heraldischen ↑ Wolken gebildete Linie, die meist als Schildesteilung verwendet wird. Die einzelnen hervorragenden Wolkenteile werden mitunter auch *Glocken* genannt. Vgl. Wolkenschnitt.
**Wolkenschnitt,** *Perlenschnitt*: durch wolkenförmige Linien hervorgerufene Schildteilung. Vgl. Abb. *(unten)* bei englische Heraldik. Abb.
**Wort:** in einigen Wappen enthaltenes, zu den gemeinen Figuren zählendes unheraldisches Wappenbild, z. B. das W. «FIDELITAS» [lat., Treue] in schwarzen Buchstaben auf weiß eingefaßtem, gelbem Schrägbalken im roten Feld des Wappens der Stadt Karlsruhe, «LIBERTAS» in den Wappen der italienischen Stadt Bologna und der Stadt San Marino. Im Stadtwappen der Republik San Marino ist es keine gemeine Figur, sondern eine ↑ Devise. Mehrere W. erscheinen z. B. im Bord der Stadtwappen von Lima (Peru) und Montevideo (Uruguay). Vgl. Abb. bei Buchstabe.
**Wortdevise** vgl. Devise.
**Wulst,** *Bausch, Brünlöhr, Helmbinde, Helmwulst, Helmlöhr, Pausch, Türkenbund, Zindelbinde*: zwischen Helm und Helmkleinod befindliche gewundene Binde in den Tinkturen des Wappens. Eine W. erscheint vielfach als Ersatz für die ↑ Helmkrone auf bürgerlichen Wappen. In der englischen Heraldik kann sie auch auf den Schild gelegt werden. Vgl. bourlet. Abb.

*Wulst auf einem Spangenhelm mit Halskleinod*

**Würdewappen:** Wappen, das die gesellschaftliche Stellung des Wappeninhabers zum Ausdruck bringen soll.
**Würdezeichen:** meist hinter dem Wappenschild angebrachte Symbole der Würde des Wappeninhabers, z. B. Krummstab, Anker, Schwerter usw. Vgl. Hinterwappen.
**Wurfbeil:** der ↑ Parte ähnliches Wappenbild, jedoch mit einem kürzeren gekrümmten Stiel.
**Würfel:** als gemeine Figur in mehreren Wappen vorhandenes Schildbild. Um sie von den Heroldsbildern zu unterscheiden, sollten W. stets perspektivisch und mit den «Augen» versehen gezeichnet sein.
**Würfelknotenkreuz:** aus vier miteinander verbundenen Würfelkonturen gebildetes Kreuz.

*Wurfparte*

**Wurfparte:** an einem Seil befestigte Waffe, mit der der Gegner vom Pferd gerissen wurde. In der neueren Heraldik wurde die W. vielfach als Anker blasoniert oder durch willkürliches Hinzufügen eines Schwammholzes zu einem Anker umgedeutet. W. kommen in den Wappen derer *von Lüderitz*, der *Grafen von Stubenberg* und der polnischen *Familie von Tornow* vor. Abb.
**Würtel:** ältere Bezeichnung für ↑ Schirmbrett.
**wütend:** aufgerichtet dargestellter Büffel.
**wütig** ↑ aufgestiegen.

# Y · Z

**Yin Yang** ↑ T'ae-guk.
**York** ↑ Herald's College.
**yugo**↑ Joch.
**Zacke:** Heroldsbild, das aus einem stark stilisierten Berg entstanden ist.
**Zackenkrone,** *antike Krone, Davidskrone, Heidenkrone, Strahlenkrone*: Stirnreif mit zwölf Zinken, von denen sieben sichtbar sind. Die zwölf spitzen Zacken wurden in Beziehung zu den zwölf Monaten gesetzt. In der Heraldik kommt die Z. selten vor, z. B. im mittleren Staatswappen des alten Österreich, wo sie im Wappenschild von Illyrien erscheint. Über dem Wappen der Republik San Marino befindet sich eine Z. als Stirnreif einer Bügelkrone, die das Staatssymbol ist.
**Zackenrand:** ursprünglich der Festigkeit dienende Beschläge an mittelalterlichen Schilden, aus denen sich später zum Teil Heroldsbilder entwickelten, z. B. das ↑ Nesselblatt.
**Zackenschildhaupt:** ↑ Schildhaupt, dessen untere Begrenzungslinie aus mehreren Zakken besteht. Der rote Wappenschild des im Arabischen Golf gelegenen Staates Bahrein z. B. enthält ein silbernes bzw. weißes Z. Abb.
**Zagel,** *Zogel*: in älteren Wappenbüchern Bezeichnung für ↑ Pfahl, mitunter auch für ↑ Balken.
**Zahnbalken:** ↑ Balken, dessen Begrenzungslinien mit ↑ Zahnschnitt versehen sind.
**Zahnkreuz:** ↑ gemeines Kreuz, dessen Begrenzungslinien aus kleinen Zähnen gebildet werden.
**Zahnrad:** vor allem in der modernen Heraldik als Symbol der Arbeit erscheinendes Wappenbild. So ist es z. B. in den Wappen von Benin, Botswana, Burma, China, Kampuchea und – anstelle eines Schildes – im Wappen von Italien enthalten. Abb.
**Zahnschnitt:** Schildesteilung durch mehrere zahnartige, kleine Spitzen. Abb.
**Zahntatzenkreuz:** ↑ Tatzenkreuz mit gezähnten Kreuzenden.
**Zar** [von lat. Caesar]: ost- und südslawischer Herrschertitel, der in Bulgarien, Serbien und Rußland gebräuchlich war. In der älteren Zeit wurden auch die Khane der Mongolen als Z.en bezeichnet. In Rußland nahm als erster *Großfürst Wladimir II. von Kiew* (1113–1125) diesen Titel an, den dann seit *Iwan IV.* (1547–1584) alle russischen Herrscher führten. *Peter I.* (1689–1725) nahm 1721 den Titel «Kaiser und Selbstherrscher aller Reußen» an. Während sich von da ab alle Nachfolger dieses neuen Titels bedienten, blieb die Bezeichnung Z. für einzelne Teile des Reiches erhalten, z. B. Kasan, Astrachan, Sibirien, Grusinien. *Alexander I.* (1801–1825) nannte sich seit 1815 Z. von Polen. In Bulgarien trug als erster *Simeon I.* (893–927) den Titel Z. Auch *Ferdinand I.* (1887–1918) nahm im Jahre 1908 diesen Titel wieder an, der bis zur Beseitigung der Monarchie 1946 beibehalten wurde.

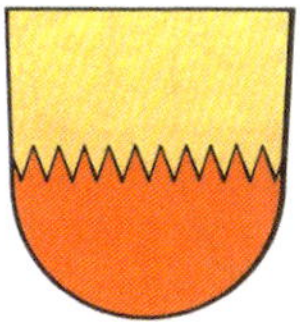

*Zahnschnitt*

*Zahnrad im Staatswappen von Italien*

*Zackenschildhaupt im Wappen des Staates Bahrein*

**Zarenkrone:** Rang- und Würdezeichen der ehemaligen russischen und bulgarischen Herrscher. Die *russische Z.* besteht aus einem Stirnreif, über dem sich an den Seiten zwei stark gewölbte Teile sowie ein Mittelbügel befinden. Sie ist mit 5 012 Brillanten besetzt und wird von einem Rubin von 399 Karat überragt. Hergestellt wurde sie in der Zeit der *Kaiserin Katharina II.* (1762–1796) von dem damals berühmten genuesischen Juwelier *Panzie.* In heraldischen Darstellungen erscheint die russische Z. etwas stilisiert und mit zwei blauen Kronenbändern. Die Z. für einige Teilgebiete Rußlands erinnern in ihrer Form an die altrussischen Bojarenmützen.
Die *bulgarische Z.* hat einen Stirnreif mit lilienförmigen Zinken, hinter denen sich acht Kronenbügel über einer niederen Purpurmütze wölben. Sie wurde von dem österreichischen Heraldiker *Heyer von Rosenfeld* 1891 entworfen. Die Kronenbänder zeigen die Landesfarben Weiß, Rot, Grün.

**Zarewitsch** ↑ Kronprinz.

**Zepter:** ursprünglich ein langer, mannshoher, als Stütze dienender Stab, später kürzer, aus Elfenbein oder Gold, der von den Königen als Zeichen ihrer Herrschaft geführt wurde. In der Heraldik erscheint das Z. gewöhnlich in den Klauen der Wappentiere oder z. B. im Wappen der *Kurfürsten von Brandenburg* als Zeichen der Erzkämmererwürde. Zwei gekreuzte Z. führten die *Fürsten von Hohenzollern* wegen der Würde der Erbkämmerer des Reiches. Abb. auf S. 452.

**Zepterlehen:** ein Lehen an geistlichen Landen, bei dessen Verleihung an Stelle der für die weltlichen Lehnsträger gebräuchlichen Fahne das Zepter als Symbol diente.

**zerbrochener Balken** ↑ Bruchbalken.

**zerbrochenes Sparrenkreuz** ↑ Sparrenkreuz.

**zerhauen:** Wappenfiguren, denen Teile abgehauen worden sind.

**zerschellt:** veralteter Begriff für Heroldsbilder, die gebrochen (nicht zerbrochen) sind, so daß die einzelnen Teile noch zusammenhängen.

**zerspalten:** gespaltene Figuren, deren beide Hälften mit den Schnittflächen wieder an die äußeren Ränder eines Heroldsbildes angeheftet sind, als ob dieses die Spaltung bewirkt habe.

**Zettel:** seltener Ausdruck für die ↑ Schindeln.

**Zickzackbalken:** das Heroldsbild ↑ Balken, dessen Begrenzungslinien mit versetzten Spitzen versehen sind. Sind die senkrechten Verbindungslinien eingezeichnet, so wird der Z. als *facettiert* angesprochen.

**Ziegel,** *Dachziegel*: in einigen Wappenbeschreibungen auch als ↑ Schindel angesprochenes Wappenbild, z. B. im Wappen der schlesischen *Familie von Frankenberg*.

**Ziegelspäne:** seltener Ausdruck für ↑ Schindeln.

**Ziegenadler:** zu den heraldischen ↑ Ungeheuern zählendes, seltenes Wappenbild, das einen Adler mit Ziegenkopf darstellt. Im Wappen der *Grafen von Reichenbach-Lessonitz* befindet sich ein Z. wegen der ursprünglich diesem Geschlecht gehörenden Stadt Ziegenhain.

**Zierlinie** ↑ Zierschnitt.

**Zierrahmen** ↑ Cartouche.

**Zierschnitt,** *Zierlinie*: alle nicht glatten Schnitte bzw. Schildteilungen. Derartige Schildteilungen waren in der mittelalterlichen Heraldik verpönt.

**Zimir** ↑ Cimir.

**Zimmermann,** Eduard: 1874/1951, Oberbaurat, Heraldiker. Der in Augsburg geborene Sohn eines Kunstmalers erhielt eine Professur an der Bauschule in München. In seiner Freizeit beschäftigte er sich sehr intensiv mit der Heraldik und legte eine rund 100000 Karteikarten umfassende Wappensammlung an. Die selbstgemalten Wappen waren mit einer einwandfreien Blasonierung, der Angabe des Fundortes, einem kurzen Abriß der jeweiligen Familiengeschichte der Wappeninhaber versehen und nach Heroldsbildern geordnet. Z. begründete seinen Ruf als Heraldiker mit seinem 1930 in München erschienenen Werk «Bayerische Klosterheraldik», in dem er etwa 1900 Wappen von Äbten der Klöster des altbayerischen und schwäbischen Gebietes behandelte. Diesem folgten noch weitere Publikationen. Die wertvolle Wap-

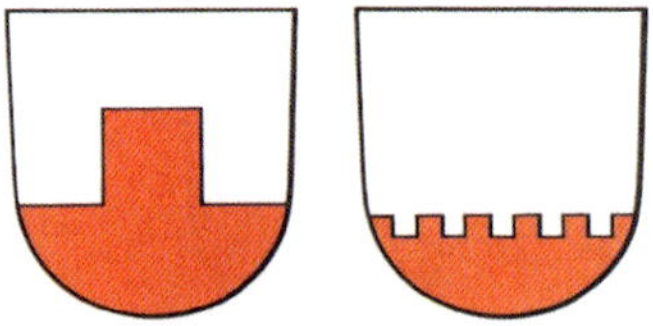

*Zinne · Zinnenfuß*

*Zinnenschnitt*

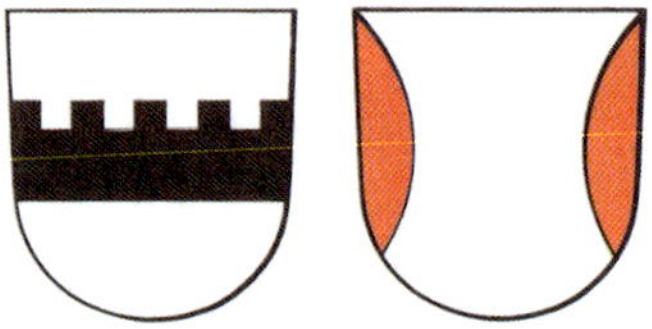

*Zinnenbalken · Zirkelstreife*

*Zepter*
*als Amtswappen der Kurfürsten von Brandenburg*
*als Erzkämmerer*
*des Römisch-Deutschen Reiches*

pensammlung schenkte Z. der Stadt Augsburg, wo sie sich heute in einem eigenen Raum im Stadtarchiv befindet.

**Zindelbinde** ↑ Wulst.

**Zinken:** Enden des Hirschgeweihes oder ↑ Halbgestänges.

**Zinne:** rechtwinklige Hervorragung an einer Teilungslinie. Sind mehr als zwei Z. vorhanden, so spricht man von *mit Z. geteilt* bzw. *gezinnt.* Befinden sich an den Seitenrändern des Schildes halbe Z., so werden zwei halbe für eine ganze gezählt. Jede Art der Schildteilung sowie fast jedes Heroldsbild kann mit Z. versehen sein. Sind bei einer einseitig gezinnten Figur die Z. an der oberen Begrenzungslinie, so muß das nicht besonders gemeldet werden. Vgl. Gegenzinnen. Abb.

**Zinnenbalken:** ein mit ↑ Zinnen versehener ↑ Balken. Der Z. kann auf einer oder auf beiden Seiten gezinnt sein. Abb.

**Zinnenfeh:** in der Regel von Silber über Blau durch ↑ Zinnenschnitt gebildetes heraldisches Muster.

**Zinnenfuß:** ein in ↑ Zinnen auslaufender ↑ Schildfuß. Abb.

**Zinnenschnitt:** durch ↑ Zinnen bewirkte Schildteilung. Abb.

**zinnenweise geteilt** ↑ Mauer.

**Zipfel:** seltener Ausdruck für die ↑ Lätze des ↑ Turnierkragens.

**Zirbelnuß** ↑ Pinienzapfen.

**Zirkel:** als Wappenbild hauptsächlich in ↑ Zunftwappen vorkommendes Zeichengerät, z. B. in den Wappen der Maurer zu Hamburg, der Tischler zu Göttingen, der Drechsler zu Spandau, der Faßbänder zu Köln, der Steinmetzen zu Magdeburg, der Müller zu Braunschweig und vieler Innungen der Zimmerleute. Einen Z. führte auch die in Neuchâtel (Schweiz) ansässige *Familie Barillier* als Wappenbild. Kombiniert mit einem Hammer bildet ein Z. das Staatswappen der Deutschen Demokratischen Republik.

**Zirkelkreuz:** ↑ Tatzenkreuz mit besonders stark geschweiften Armen.

**Zirkelschlagkreuz:** Kreuz mit stark geschweiften, nach dem Mittelpunkt spitz verlaufenden Kreuzarmen.

**Zirkelschnitt** ↑ Mondschnitt.

**Zirkelstreife:** zwei an den Schildrändern befindliche, halbkreisförmige Bogen von etwa Pfahlbreite. Abb.

**Zobel: 1.** im Mittelalter von den Minnesängern verwendeter Name für die schwarze Tinktur.

**2.** in der frühen Zeit der Heraldik wirkliche, auf dem Schild befestigte Z.pelze.

**Zogel: 1.** alter Name für den Schwanz eines Tieres. – **2.** ↑ Zagel.

**Zopf:** seltener Ausdruck für ↑ Quaste.

**Zschackwitz,** Johann Ehrenfried: 1669/1744, Historiker, Heraldiker. Der aus einer böhmischen Emigrantenfamilie stammende Sohn eines kursächsischen Floßverwalters besuchte das Stiftsgymnasium in Zeitz und studierte danach von 1688 bis 1691 an der Universität Leipzig Theologie, Jura und Geschichte. Nach vorübergehender Tätigkeit in der sächsischen Kriegskanzlei, versah er in den Jahren 1693 bis 1697 im Dienste des Herzoges von Sachsen-Gotha das Amt eines Auditeurs und Quartiermeisters im Kürassierregiment des *Feldmarschalleutnants von Wartensleben.* Danach wurde er Sekretär des kursächsischen Statthalters *Fürst Egon von Fürstenberg* in Dresden. Gleichzeitig war er im Dienst des Geheimrates *Marschall von Biberstein,* wo er sich in den verschiedensten diplomatischen Missionen Verdienste erwarb. Seit 1705 lebte Z. in Leipzig als Schriftsteller. Im Jahre 1711 wurde er Archivsekretär in Eisenach, 1713 Professor für Geschichte am akademischen Gymnasium in Coburg und 1716 Professor in Hildburghausen. Da sich Z. durch einige seiner Schriften die Ungnade *Kaiser Karls VI.* (1711–1740) zuzog, begab er sich unter den Schutz *Friedrich Wilhelms I. von Preußen* (1713–1740) und zog nach Halle. Hier wurde er 1731 außerordentlicher und 1738 ordentlicher Professor für Reichsgeschichte und öffentliches Recht. Z. zählt zu den typischen Polyhistoren seiner Zeit. Neben einer Fülle von historischen und juristischen Publikationen verfaßte er seine «Heraldica oder Wappen-Kunst ... nebst Nachricht von alten Kriegswesen ... und dem Ceremoniell großer Herren und deren Abgesandten», Leipzig 1735. Die heraldischen Arbei-

*Zuckerrohrkreuz im Wappen von Saint Lucia*

ten des Autors sind typisch für seine Zeit. Die im 17./18. Jahrhundert noch vorherrschende Unkenntnis der Kulturgeschichte des Mittelalters führte bei ihm zu der wissenschaftlich unhaltbaren Theorie, die Heroldsbilder seien ausschließlich auf Waffen bzw. alte Befestigungswerke zurückzuführen.

**Zuckerrohrkreuz:** wahrscheinlich nur einmal vorkommendes Kreuz, dessen Arme aus Zuckerrohrstengeln gebildet sind. Seit 1939 erscheint dieses Kreuz in Gold, begleitet von goldenen Rosen und Lilien auf schwarzem (1970 auf goldenem, gegenwärtig auf blauem) Grund im Wappen des zum britischen Commonwealth gehörenden karibischen Inselstaates Saint Lucia. Abb.

**zufällige Stücke:** bei einigen älteren Heraldikern, z. B. ↑ *Trier,* Bezeichnung für die heraldischen ↑ Prachtstücke.

**zu Felde geschlagenes Haar:** seltener heraldischer Ausdruck für hinter einer menschlichen Figur, einem Brustbild oder Rumpf hängendes Haupthaar.

**zugespitzt:** Figuren, die an einem oder zwei Enden angespitzt dargestellt sind, z. B. Balken im Wappenfeld.

**zugespitzter Zinnenschnitt** ↑ Cymbelschnitt.

**zugespitztes Kreuz** ↑ Strahlenspitzenkreuz.

**zugewendet:** Figuren, die mit ihren hervorstehenden Teilen, z. B. bei Menschen die Nasen, bei Monden die Hörner, gegeneinander gestellt sind. Vgl. abgewendet, gegengewendet. Abb.

**zum Fluge geschickt:** veralteter Ausdruck für ↑ fliegend.

**zum Gang geschickt:** veraltete Bezeichnung für ↑ Gang.

**zum Grimmen geschickt,** *grimmen*: veralteter Begriff für einen Löwen, der mit offenem Rachen, gesträubter Mähne, roter, ausgeschlagener Zunge und vorgeworfenen Vorderpranken dargestellt ist. Die Quaste des Schwanzes ist einwärts gekehrt. Dies ist die heraldische Normalstellung des Löwen.

**«Zum Kleeblatt»:** am 4. Dezember 1888 gegründete heraldisch-genealogische Gesellschaft mit Sitz in Hannover-Kirchrode, die noch heute besteht. Mitglieder des Vereins sind vor allem heraldisch tätige Künstler und Handwerker.

*Publikationen*

Heraldische Mitteilungen des Vereins zum Kleeblatt. Hannover 1892–1929 (seit 1929 erfolgen die Veröffentlichungen in den «Hannoverschen Geschichtsblättern»)

Aus der Wappenrolle und Geschichte des Heraldischen Vereins «Zum Kleeblatt», Hannover. Hannover 1941.

**zum Rand gespitzt** ↑ am Rand gespitzt.

**zum Raube geschickt:** veralteter heraldischer Ausdruck für aufgerichtete vierfüßige Tiere, vorzugsweise für den Bären.

**Zündgranate:** im Gegensatz zur einfachen ↑ Granate beidseitig brennend dargestelltes Wappenbild. Die Z. war besonders in der russischen und schwedischen Heraldik des 18. Jahrhunderts beliebt. Im Wappen der schwedischen *Familie von Ruden* befindet sich eine Z., bei der sich an vier Seiten Flammen befinden. In diesem Falle wird sie als *platzend* blasoniert.

**zunehmend:** Darstellung eines Mondes im ersten Viertel.

**Zunftwappen:** seit dem 14. Jahrhundert erscheinende Wappen der Zünfte, Gilden und später Innungen. Der Zusammenschluß der einzelnen Gewerke bzw. der Handwerker zu Zünften bzw. Gilden begann bereits gegen Ende des 11. Jahrhunderts. Zunächst führten sie ihre Gemeinschaftszeichen im Siegel und im Banner. Erstmals im 14. Jahrhundert wurden diese – in einen Schild gesetzt – zu heraldischen Zeichen für den gesamten Berufsstand der entsprechenden Handwerke. Die Z. durften von den einzelnen Zunftmitgliedern nicht als persönliches Wappen geführt werden, wohl aber an den Häusern als Hinweisschild bzw. Garantiezeichen für zunftmäßige Arbeit angebracht werden. Das Anbringen dieser Wappen war ein ausschließliches Vorrecht der Meister. In ihrer Entstehungszeit standen die Z. nicht unter der Aufsicht der Herolde und waren bis zum 16. Jahrhundert vielfachen Veränderungen unterworfen. Erst in jenem Jahrhundert wurden Inhalt und Form einheitlicher und bleibend. Die schon bestehenden, aus den Siegeln entstandenen Wappen wurden vom Kaiser, von den Hofkanzleien und auch von den Landesfürsten durch Wappenbriefe bestätigt bzw. neu verliehen. Seit dem 16. Jahrhundert traten bei den Z. nur noch stilistische Veränderungen auf. Die Schilde der Z. zeigen in der Regel Werkzeug oder Gerät sowie Erzeugnisse des betreffenden Handwerkes. Nur sehr wenige weisen nicht unmittelbar auf den Berufsstand hin. Die Wappen der Zünfte waren in den verschiedenen Ländern bzw. Territorien nicht einheitlich. Verbindungen mit dem Wappen des Landesherren oder einem Stadtwappen sind verliehene Auszeichnungen oder künden von besonderen Privilegien. Während Schildhalter sehr beliebt waren, wurden Helme, Helmzier und Helmdecken nur sehr unregelmäßig verwendet.

Für die Anbringung eines Z. boten sich vielfache Möglichkeiten. Sie erschienen z. B. an und in Zunfthäusern, an Gesellenherbergen, in Kapellen, an den Altären oder dem Gestühl der einzelnen Innungen in den Pfarrkirchen, auf Innungsladen, auf Zunftkleinodien, auf Grabsteinen und Epitaphien der Innungsmeister und ihrer Angehörigen, auf Innungsfahnen sowie zur Dekoration bei festlichen Gelegenheiten. Nicht immer trugen diese Wappenbilder

*Zwei zugewendete Spechte*

heraldischen Charakter, waren jedoch in den meisten Fällen redend und konnten fast alle unschwer in den Schilden angebracht werden. Oft geschah es, daß verschiedene Gewerbe zu einer Zunft zusammengeschlossen wurden. In diesem Falle wurden auch die entsprechenden Embleme in einem Wappen vereinigt. Vielfach erschienen auch die einzelnen Schutzheiligen bzw. deren Attribute auf den Wappen. Vgl. Gremialwappen.

*Auswahl der Schutzpatrone von Zünften*

| *Zunft* | *Schutzpatron* |
|---|---|
| Bäcker | Honoratus, Nikolaus, Elisabeth |
| Bader, Barbiere | Cosmas, Damion |
| Bergleute | Barbara |
| Böttcher | Georg |
| Brauer | Christina, Florian |
| Buchbinder | Ludwig IX. (der Heilige), König von Frankreich (1226–1270) |
| Buchdrucker | Johannes der Evangelist |
| Drechsler | Erasmus |
| Färber | Simon |
| Fischer | Petrus, Andreas |
| Fleischer | Antonius, Lukas, Bartholomäus |
| Gerber | Bartholomäus |
| Glaser | Lukas |
| Gold- und Silberschmiede | Eligius |
| Hutmacher | Barbara, Jakobus der Ältere |
| Kupferschmiede | Vitus |
| Kürschner | Johannes der Täufer |
| Maler | Lukas |
| Maurer | Barbara, Johannes der Täufer |
| Müller | Christina, Katharina |
| Schiffer | Nikolaus |
| Schlosser | Petrus |
| Schmiede | Barbara, Eligius |
| Schneider | Johannes der Täufer |
| Schuhmacher | Crispinus, Crispianus |
| Tischler | Joseph, Rochus |

*Literatur*

*Grenser, A.*: Zunftwappen und Handwerkerinsignien. Eine Heraldik der Künste und Gewerbe. Frankfurt/Main 1889, Nachdruck Wiesbaden 1971
Wappen und Siegel des Bäckerhandwerks. München 1912
*Hintze, E.*: Die deutschen Zinngießer und ihre Marken. Leipzig 1921–1928
*Rosenberg, M.*: Der Goldschmiede Merkzeichen. Frankfurt/Main. 1922–1924
*Reiner, I.*: Das Buch der Werkzeichen. St. Gallen 1945
Deutsche Zunftwappen (Zigarettenbilderalbum). Dresden o. J. (1933)
*Gutmann, S.*: Ärzte- und Apothekerwappen. Ettlingen 1962
*Henkel, A., Schöne, A.*: Emblemata, Handbuch zur Sinnbildkunst des 16. und 17. Jahrhunderts. Stuttgart 1967
Neuer Siebmacher, Band 7, Berufswappen, Neudruck Neustadt a. d. Aisch 1976

**Zunge: 1.** ↑ ausgeschlagen. – **2.** ↑ Doppelstander.

**Züricher Wappenrolle:** zwischen 1335 und 1345 entstandene, bedeutendste mittelalterliche Wappensammlung; im Besitz der Zentralbibliothek Zürich, deponiert im Schweizerischen Landesmuseum Zürich. Um 1700 befand sich die Z. W. im Besitz des damals berühmten Naturforschers *Johann Jacob Scheuchzer* und gelangte nach dessen Tod 1733 in die Stadtbibliothek Zürich. Gegenwärtig hat die Wappenrolle eine Länge von etwa vier Metern und eine Breite von zwölf Zentimetern. Die Z. W. besteht aus 13 mit Zwirn verbundenen Pergamentstücken und ist beidseitig mit Wappen bemalt. Ursprünglich war sie länger; das fehlende Stück mit 109 Wappen ist nur durch eine

*Ausschnitt aus der Züricher Wappenrolle. Deutlich ist bei vielen der Wappen zu sehen, daß die Schildfigur häufig ganz oder teilweise in der Helmzier wiederholt wurde*

BRE GEN S
1.
2.
·RÖTEL EN·
3.
4.
BETL ER·
5.
·HABSP· VRG·
6.
·RE HBERG
7.
BIE NB VR G
8.
·WA LBVR G
9.
·HELFEN STAIN·
10.
·WVL FLING EN·
11.
RISCH ACH
12.
13.
TIERBE RG
14.
OBA ERL OH·
15.
16.
·ROSNOW
17.
HAIG ENH OVE N
18.
19.
·PFIRT
20.

Kopie aus dem Jahre 1797 erhalten geblieben. Einschließlich dieser Kopie enthält die Wappenrolle 559 Wappendarstellungen sowie 28 bischöfliche Banner, 97 Wappen sind ohne Namensbezeichnungen. Die zum großen Teil nach Ständen geordneten Schilde zeigen Geschlechterwappen der deutschsprachigen Schweiz, des Elsaß, Badens und der Bodenseegegend. Eine Kopie aus dem 16. Jahrhundert befindet sich in der gräflich Königsegg'schen Bibliothek zu Aulendorf. Die erste wissenschaftliche Bearbeitung des Codex erfolgte bei seiner Neuherausgabe durch den damaligen Konservator am Antiquarischen Museum Zürich, *Heinrich* ↑ *Runge*, im Jahre 1860. Abb.

*Literatur*

*Merz, W., Hegi, F.* (Hrsg.): Die Wappenrolle von Zürich. Mit einer Einleitung sowie Erläuterungen der einzelnen Wappen, Kurzbiographien der Geschlechter und Sachregister. Zürich 1930

**Zur Katze** ↑ Geschlechtergesellschaft «Zur Katze» in Konstanz.

**zur Teilung geständert:** ↑ Ständerung, deren Spitzen an die Schildteilung stoßen.

**zurücksehend:** Tiere, deren Kopf nach hinten gewendet ist.

**zusammengesetzt** ↑ gestückt.

**zusammengesetzte Wappen,** *Wappenvereinigung*: Wappen, die aus mehreren einzelnen Wappenschilden bestehen, z. B. das Wappen eines Staates aus denen der einzelnen Länder bzw. Teilgebiete. Z. W. lassen sich bereits in der Frühzeit der Heraldik nachweisen. Schon um 1323 führte *König Johann von Böhmen* (1310–1346) einen quadrierten Schild. Der englische König quadrierte um 1337 seinen Schild mit den französischen Lilien und den englischen Leoparden. Wappenvereinigungen können entweder durch Verbindung der einzelnen Schilde entstehen oder durch Vereinigung mehrerer in einem Schild, wobei die einzelnen Wappen als Felder desselben erscheinen. Einzelschilde können durch Zusammenstellung der Schilde, indem zwei gegeneinander geneigt, drei in Gestalt eines Vierecks, vier zu 1. 2. 1. (der wichtigste Schild befindet sich immer oben), mehrere im Halbkreis oder Kreis (der Halbschild in der Mitte) verbunden werden. Andere Möglichkeiten sind das Zusammenschieben der Schilde, wobei sie sich mit einem Seitenrand der ganzen Länge nach berühren, und das Zusammenbinden mit Bändern oder Schleifen.

Die Wappenvereinigung in einem Schild kann erfolgen: 1. durch Einfassung, wobei ein kleinerer Schild auf einen größeren gelegt wird. Der kleinere Schild liegt in der Regel auf der mittleren Stelle (Herzstelle) des Rücken- oder Hauptschildes, selten etwas höher (Ehrenstelle) oder tiefer (Nabelstelle). Mehrere Schildchen werden pfahlweise oder in Form eines Kreuzes oder ↑ Schragens aufgelegt. Der Mittelschild befindet sich zwischen den Feldern, so daß nur ein kleiner Teil derselben verdeckt wird. 2. durch Verschränkung, wobei die einzelnen Wappen – in Längs- und Querlinien geordnet – den in mehrere Plätze eingeteilten Schild des Gesamtwappens bilden. Hierbei handelt es sich um die häufigste Form der z. W. Der zur Aufnahme mehrerer Wappen bestimmte Schild wird durch gerade Linien in so viele Plätze oder Felder geteilt, wie es die Zahl und Beschaffenheit der zu vereinigenden Wappen erfordert. Bei zwei Wappen wird er gespalten oder geteilt, vielfach aber quadriert. Mehrere Wappen stehen neben- oder übereinander. Häufig wird bei der Quadrierung ein Wappen im Schild verdoppelt. Das wichtigere Wappen steht in der Regel rechts oben oder im ↑ Mittelschild. In Staatswappen sind die Teilwappen in ihrer Rangfolge oder nach dem Zeitpunkt der Erwerbung angeordnet. Die ↑ Amtswappen, ↑ Gnadenwappen und ↑ Schutzwappen gehen den ↑ Geschlechterwappen im Rang voran. 3. durch Einpfropfung, d. h. das entsprechende Wappen oder eine Figur wird zwischen die einzelnen Felder des Hauptschildes in Gestalt einer Spitze, in der Regel in der Mitte des Unterrandes, eingeschaltet oder eingepfropft. 4. durch Einverleibung oder Auflegung, wobei die Figur eines Wappens mit der eines anderen belegt wird. Diese Wappenfiguren erscheinen dann in der Regel auf einem ↑ Pfahl oder ↑ Balken. Die Tinktur des auf-

*Formen zusammengesetzter Wappen mit der Reihenfolge ihrer Blasonierung*

gelegten Bildes muß immer von derjenigen, auf die es gelegt ist, abstechen. Häufig werden dazu ↑ verwechselte Farben verwendet. In der Regel erscheinen bei z. W. über dem Gesamtschild die Helme der Einzelschilde mit ihren Kleinoden. Seltener bringt man auf einem Helm die Kleinode zweier Wappen an. Vielfach erscheint der Helm des wichtigsten Wappens, die untergeordneten werden weggelassen. In der neueren Zeit wurde vielfach die die höchste Würde bezeichnende Rangkrone bei Wappenvereinigungen gewählt. Abb. auf S. 459 und 460.

**Zwerch** ↑ in die Zwerch.

**Zwerchbalken,** *Zwerchstab, Zwerchstrich*: in älteren Wappenbüchern Bezeichnung für

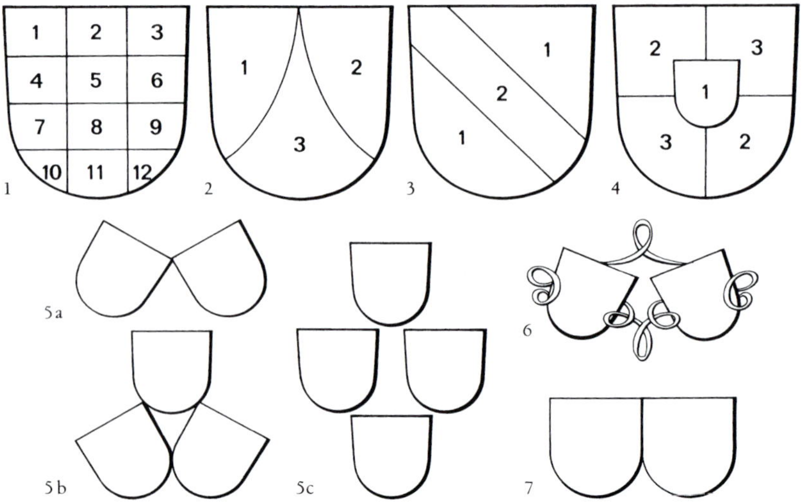


*Zusammengesetzte Wappen: 1 Verschränkung, 2 Einpfropfung, 3 Auflegung, 4 Einfassung, 5 a–c Zusammenstellung, 6 Zusammenbindung, 7 Zusammenschiebung*

↑ Balken, mitunter auch fälschlich für ↑ Schrägbalken.

**Zwerchkreuz:** unkorrekte Bezeichnung für ↑ Andreaskreuz.

**Zwerchstab** ↑ Zwerchbalken.

**Zwerchstrich** ↑ Zwerchbalken.

**Zwickel: 1.** ↑ Spickel. – **2.** ↑ Ständer.

**Zwieselkreuz:** schwebendes ↑ gemeines Kreuz, dessen vier Arme in einem flachen «V» enden.

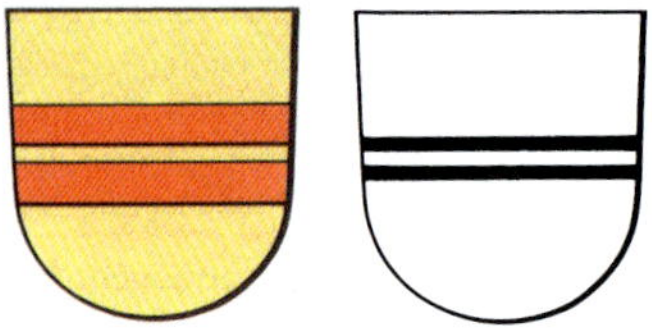

*Zwillingsbalken · Zwillingsstreifen*

**Zwillingsbalken:** zwei schmale, parallel verlaufende ↑ Balken, die einschließlich des Abstandes zwischen ihnen die normale Balkenbreite haben. Abb.

**Zwillingsfadenkreuz:** ↑ gemeines Kreuz, dessen Arme aus zwei parallellaufenden dünnen Fäden (↑ Faden) bestehen.

**Zwillingsstreifen,** *Doppelbändel*: zwei parallel verlaufende Fäden (↑ Faden). Z. waren besonders in der französischen Heraldik beliebt und kommen im deutschen Wappenwesen seltener vor. Es gibt auch *Drillingsstreifen*. Abb.

**zwischen:** Lage eines Gegenstandes (gemeine Figur), der von zwei gleichartigen flankiert wird.

# Personen- und Ortsregister

Das Register ist alphabetisch geordnet, wobei Klammerausdrücke und Zahlen, z. B. die Zählung bei Fürsten gleichen Namens, nicht berücksichtigt sind. Diese Zahlen sind jedoch jeweils in steigender Reihenfolge angeordnet.

Die Umlaute «ä», «ö» und «ü» nehmen keine Sonderstellung ein, sondern sind wie «a», «o» oder «u» behandelt; der Buchstabe «ß» ist wie «ss» eingeordnet. Der Gedankenstrich vor einem Stichwort steht für das erste vollständige Wort des vorhergehenden Stichwortes.

Personen, Familien, Dynastien («Häuser») sind wie in den Stichwörtern des lexikalischen Teiles auch im Register *kursiv* gesetzt. Staaten, Herrschaften, Städte, Bistümer u. ä. sind geradstehend aufgeführt.

## A

# B

## C

# D



# E

# F

# G

# H

# I



# J

# K

## L

# P



# Q



# R

# S

# T



# U

## X · Y



## Z